F. 2669.

F. 2735.
D.

12301

L'ESPRIT

DES

ORDONNANCES

DE LOUIS XIV.

OUVRAGE OU L'ON A RÉUNI LA THÉORIE
ET LA PRATIQUE DES ORDONNANCES.

TOME PREMIER,

CONTENANT l'Ordonnance de 1667, celle de 1669,
& l'Edit de 1669, servant de Reglement pour
les Epices & Vacations.

PAR M. SALLÉ, AVOCAT AU PARLEMENT.

Prix 10 livres relié.

A PARIS, AU PALAIS;

Chez { La Veuve ROUY, Libraire, à l'Epée Royale Herminée.
KNAPEN, Imprimeur-Libraire, au Bon Protecteur, & à
la Justice.

M. DCC. LV.

AVEC APPROBATION ET PRIVILEGE DU ROY.

A MONSEIGNEUR
LE MARQUIS DE PAULMY,
SECRETAIRE D'ETAT
AU DEPARTEMENT DE LA GUERRE,
CHANCELIER DE L'ORDRE DE S· LOUIS·

M ONSEIGNEUR,

ÊTRE né dans le sein des honneurs & des dignités :
compter, parmi ses Ayeux, une suite d'Hommes celebres
qui ont rempli avec éclat les places les plus éminentes :
joindre, à la noblesse la plus ancienne, le merite personnel

a ij

le plus diftingué : avoir foutenu , chez l'Etranger , les intérêts & la gloire de la Nation , avec autant d'habileté que de magnificence ; & rappellé dans le fein de la Patrie pour y être affocié au Miniftere , tenir déja d'une main fure les rennes de l'Etat , dans un âge où les autres commencent à peine leur carriere : un tel affemblage eft un Phénomêne rare , que l'on admire en Vous , mais dont on chercheroit en vain beaucoup d'autres exemples.

Cependant , malgré ces grands & fublimes avantages qui vous élevent fi fort au-deffus des autres hommes , Nouveau Mœcene , on ne Vous voit pas avec moins de bonté , MONSEIGNEUR , defcendre jufqu'aux Gens de Lettres , Vous ne Vous contentez pas même de les accueillir , de les aimer , de les encourager , de leur accorder une protection déclarée. Vous cultivez Vous-même les Mufes ; il n'eft aucun genre de Sciences qui Vous foit étranger ; & c'eft principalement à titre d'Homme de Lettres , que les deux plus fameufes Sociétés Litteraires de l'Europe (a) fe font honneur de Vous avoir pour Membre.

Ainfi , nul fuffrage n'étant à tous égards plus capable que le Vôtre , MONSEIGNEUR , de donner du poids à un Ouvrage , j'avouerai que cette confidération m'a fait naître le défir de préfenter le mien au Public fous vos aufpices. Trop heureux , fi je pouvois raifonnablement me flatter que l'Ouvrage répondît à la grandeur du Nom, fous la protection duquel il va paroître ! Mais j'efpere dumoins que Vous voudrez bien regarder les efforts que

(a) L'Académie Françoife & celle de Berlin.

j'ai faits pour le rendre digne de Vous, autant qu'il a été en moi, comme une preuve de l'envie extrême que j'ai, de meriter l'honneur de votre bienveillance.

Je suis avec un très-profond respect;

MONSEIGNEUR,

Votre très-humble & très-obéiffant Serviteur SALLÉ, Avocat au Parlement.

AVERTISSEMENT
SERVANT D'INTRODUCTION.

CEUX qui ont travaillé jufqu'ici fur les Ordonnances de Louis XIV. fe font bornés à donner des Notes ifolées fur quelques parties feulement de chacun des Articles ; fans avoir cherché à développer l'ordre general & l'enchaînement des difpofitions qui compofent ces Loix importantes.

On s'eft propofé, dans cet Ouvrage, un plan beaucoup plus étendu ; & l'on a entrepris de former un fiftême fuivi, & un corps lié de principes de procedures, tant en matiere Civile que Criminelle : en tâchant d'analifer chaque difpofition des Ordonnances de Louis XIV, de faire fentir le rapport & la liaifon que ces difpofitions ont entr'elles, & d'en fcruter exactement l'efprit & les motifs.

Pour remplir ce plan, on a d'abord mis, à la tête de chaque Titre, un court préambule qui en annonce l'objet general, & qui en prépare les différens Articles : on a joint enfuite, fur chaque Article particulier, des réflexions qui embraffent l'univerfalité de l'Article, & non quelques parties feulement ; de la même maniere que l'Auteur l'a déja pratiqué par rapport aux Ordonnances de Louis XV. Et comme, en matiere de procedure furtout, la *Théorie* n'inftruit qu'imparfaitement, fi l'on n'a pas en même-tems fous les yeux des exemples de *Pratique*, qui puiffent fixer les idées, & rendre fenfible l'application des régles ; pour ne rien laiffer à défirer à cet égard, autant qu'il a été poffible, on a ajouté, à la fin de chaque Titre, les formules des procedures qui y font relatives (a). Par ce moyen, la *Théorie* & la *Pratique* de l'Ordonnance fe trouvant raffemblées fous un feul & même point de vue, elles fe prêtent un jour & un fecours mutuels.

(a) On a diftingué avec foin, relativement à la procedure en premiere inftance, celle qui s'obferve aux Requêtes de l'Hôtel ou du Palais, d'avec celle que l'on pratique au Châtelet, & qui fert prefqu'univerfellement de modele dans les autres Jurifdictions inférieures ; la tournure des actes de procedures dans ces différens Tribunaux, n'étant prefque jamais la même, quoiqu'également bonne au fond, & tendante aux mêmes fins,

Enfin, comme nombre des difpofitions de l'Ordonnance font puifées dans de plus anciennes, & que plufieurs autres difpofitions ont été changées, abrogées, ou augmentées par des Ordonnances, Edits ou Déclarations intervenues depuis, on a mis en *Notes au bas des Pages*, le texte même de ces Loix antérieures ou poftérieures ; afin que ceux qui feront curieux de confulter, d'approfondir ou de conferer ce texte, puiffent fe fatisfaire fur le champ, fans être obligés d'aller chercher ailleurs ; & que ceux au contraire qui n'auront pas la même curiofité, puiffent laiffer ce texte à l'écart, s'ils le jugent à propos, fans que leur lecture en foit interrompue.

Le premier Volume de cet Ouvrage, (que l'on donne actuellement au Public,) contient tout ce qui a rapport au *Civil*, c'eft-à-dire les deux *Ordonnances de 1667 & de 1669*, ainfi que l'*Edit de 1669*, fervant de Reglement *pour les Epices & Vacations des Commiffaires.*

Le fecond Volume (qui fuivra de près, fi le premier eft agréé) renfermera l'*Ordonnance Criminelle de 1670*, l'*Ordonnance du Commerce de 1673*, & enfin l'*Edit de 1695 fur la Jurifdiction Eccléfiaftique.* A la fin de ce fecond Volume, fe trouvera une Table generale des Matieres contenues dans les deux Volumes.

SOMMAIRE GENERAL.

ORDONNANCE DE 1667.

EDIT DE 1669.

ORDONNANCE DE 1669.

ORDONNANCE

ORDONNANCE

DE 1667,

SUR LA PROCEDURE

CIVILE.

LOUIS par la grace de Dieu, Roi de France & de Navarre : A tous préfens & à venir, SALUT. Comme la Juftice eft le plus folide fondement de la durée des Etats, qu'elle affure le repos des familles, & le bonheur des Peuples, Nous avons employé tous nos foins pour la rétablir par l'autorité des Loix au-dedans de notre Royaume, après lui avoir donné la paix par la force de nos armes. C'eft pourquoi ayant connu par le rapport de perfonnes de grande expérience, que les Ordonnances fagement établies par les Rois nos prédéceffeurs, pour terminer les Procès, étoient négligées ou changées par le tems

A

& la malice des Plaideurs ; que même elles étoient observées différemment en plusieurs de nos Cours ; ce qui causoit la ruine des familles par la multiplicité des procedures, les frais de pourfuites, & la variété des Jugemens ; & qu'il étoit néceffaire d'y pourvoir, & rendre l'expédition des affaires plus prompte, plus facile & plus fure, par le retranchement de plusieurs délais & actes inutiles, & par l'établiffement d'un ftile uniforme dans toutes nos Cours & Siéges. A CES CAUSES, de l'avis de notre Conseil & de notre certaine science, pleine puiffance & autorité Royale, Nous avons dit, déclaré & ordonné, difons, déclarons & ordonnons & Nous plaît, ce qui enfuit.

TITRE PREMIER.

DE L'OBSERVATION

DES

ORDONNANCES.

TOUTES les difpofitions que renferme ce Titre n'ont aucun rapport direct & immédiat avec l'objet principal de l'Ordonnance, qui eft de donner une forme ftable à la procedure en matiere civile. Ces difpofitions concernent l'obfervation des Ordonnances en general, fans aucune détermination particuliere à celle dont il s'agit. C'eft pourquoi comme ce Titre eft en quelque forte ifolé, & n'a aucune liaifon avec ceux qui fuivent, on ne croit pas par cette raifon devoir s'arrêter fur les Articles qui le compofent.

ARTICLE PREMIER.

Voulons que la préfente Ordonnance , & celles que Nous ferons ci-après , enfemble les Edits & Décla-rations que Nous pourrons faire à l'avenir , foient gardées & obfervées par toutes nos Cours de Parlement, Grand-Confeil, Chambres des Comptes , Cours des Aydes , & autres nos Cours , Juges , Magiftrats , Officiers , tant de Nous que des Seigneurs , & par tous nos autres Sujets , même dans les Officialités.

ARTICLE II.

Seront tenues nos Cours de Parlement , & autres nos Cours , proceder inceffamment à la publication & enregiftrement des Ordonnances , Edits , Déclarations & autres Lettres , auffi-tôt qu'elles leur auront été envoyées , fans aucun retardement , & toutes affaires ceffantes , même la vifite & Jugement des Procès criminels , ou affaires particulieres des Compagnies.

ARTICLE III.

N'entendons toutefois empêcher que fi par la fuite du tems , ufage & expérience , aucuns Articles de la préfente Ordonnance fe trouvoient contre l'utilité ou commodité publique , ou être fujets à interprétation , déclaration ou modération , nos Cours ne puiffent en tous tems nous repréfenter ce qu'elles jugeront à propos , fans que fous ce prétexte l'exécution en puiffe être furfife.

Ces trois premiers Articles ont été puisés dans nos anciennes Ordonnances.

Commandons & très-expreſſément enjoignons à tous nos Juges, tant en nos Parlemens, Cours Souveraines, qu'autres ſubalternes & inférieures, de garder & faire obſerver nos Ordonnances faites ſur les remontrances des Etats tenus à Orleans, & toutes autres de nos prédéceſſeurs, où de Nous, non contraires, & auſquelles n'eſt dérogé par ces Préſentes. Ordon. de Rouſſillon, Art. 36.

Les Ordonnances par Nous faites depuis notre avenement à la Couronne, tant à la requête des trois Etats qu'autres, mêmement celles concernant le fait de la Juſtice, & ſemblablement celles de nos prédéceſſeurs qui ne ſeroient ſpécialement révoquées ou moderées, ſeront gardées & obſervées en nos Parlemens, Grand-Conſeil, Chambres des Comptes, & autres nos Cours & Juſtices, & entre tous nos Sujets, nonobſtant les remontrances faites ou réſervées à faire ſur aucuns Articles d'icelles; nonobſtant auſſi que leſdits Edits & Ordonnances n'ayent été publiés en aucunes deſdites Cours. Pourront néanmoins les Gens de noſdits Parlemens & Cours Souveraines (ſi par ſuccès de tems, uſage & expérience, aucuns Articles deſdites Ordonnances ſe trouvoient contre l'utilité & commodité publique, & être ſujets à interprétation, déclaration ou modération) Nous en faire telles remontrances qu'il appartiendra, pour y-être pourvû; & cependant noſdites Ordonnances tiendront ce que voulons avoir lieu, tant pour les Ordonnances ja faites, qu'à faire. Ordon. de Moulins, Art. 1.

Premierement, notre vouloir & intention a été & eſt, que tout le contenu en noſdites Ordonnances ſoit inviolablement gardé & obſervé, ſinon que pour grandes conſidérations Nous ayons depuis par nos Lettres Patentes à ces fins commandées & expédiées, reſtraint ou moderé à tems ou autrement, aucuns deſdits Articles. Premiere Déclarat. ſur l'Ordon. de Moulins au commencement : & à la fin de la même Déclaration, on lit ce qui ſuit : *Le ſurplus de tout le contenu ès autres Articles de noſdites Ordonnances, ſur leſquels n'avons ci devant ou par ces Préſentes fait particuliere Déclaration, demeure en ſon entier, pour être inviolablement obſervé & entretenu, ſans y contrevenir en aucune maniere.*

Cependant voulons que les Ordonnances faites tant par Nous que par les Rois nos prédéceſſeurs, qui ont été publiées en nos Cours de Parlement, mêmement celles concernant le fait de la Juſtice, & qui depuis n'ont été révoquées ni moderées, & ne le ſont par ces Préſentes; ſignamment celles faites par le feu Roi notre très-honoré Seigneur & Frere, à Orleans, Rouſſillon, Moulins & Amboiſe, inviolablement être gardées & obſervées. Enjoignons à tous nos Juges, Magiſtrats, Officiers & autres Juges, tant des Seigneurs Eccléſiaſtiques que Séculiers, de les garder & faire garder exactement, tant ès Jugemens des Procès, qu'autrement, ſans y contrevenir ni s'en diſpenſer, ni modérer les peines contenues en icelles, pour quelque occaſion & ſous quelque prétexte que ce ſoit, d'équité ou autrement : déclarons les Jugemens, Sentences & Arrêts qui ſeront donnés contre la forme & teneur d'icelles, nuls & de nul effet & valeur : & ſeront tenus nosdits *Juges*, *Procureurs & Officiers des Siéges inférieurs*, *à peine de privation de leurs états*, *de faire par chacun an receuil de nos Ordonnances mal observées en leurs Siéges* , *& les envoyer en nos Cours de Parlement de leur ressort*, *& Procureurs Generaux en icelles* , *avec Mémoires des occasions dont telles fautes procederont*, *afin d'y être par nosdites Cours pourvû.* Ord. de Blois, Art. 208.

Toutes les Ordonnances faites tant par les Rois nos prédécesseurs , *que par Nous depuis notre avenement à la Couronne* , *concernant tous les Ordres de notre Royaume* , *Reglement & Police d'iceux* , *exercice & droits des Charges de nos Officiers & autres* , *qui ne sont spécialement révoquées par aucunes subséquentes* , *ou par ces Présentes* , *& non abrogées par usage contraire reçû & approuvé de nos prédécesseurs ou de Nous* , *soient gardées & observées par toutes nos Cours de Parlement* , *Grand-Conseil* , *Chambres des Comptes* , *Cours des Aydes* , *& autres nos Cours* , *Juges* , *Magistrats* , *Officiers & Sujets*, *nonobstant toutes remontrances faites ou à faire sur aucuns des Articles d'icelles ou des Présentes.* Ordon. de 1629, Art. 1.

A R T I C L E   IV.

Les Ordonnances , *Edits* , *Déclarations & Lettres Patentes qui auront été publiées en notre présence* , *ou de notre exprès mandement portées par personnes que Nous aurons à ce commises*, *seront gardées & observées du jour de la publication qui en sera faite.*

A R T I C L E   V.

Et à l'égard des Ordonnances , *Edits* , *Déclarations & Lettres Patentes que Nous pourrons envoyer en nos Cours pour y être regiftrées* , *seront tenues nosdites Cours de Nous représenter ce qu'elles jugeront à propos dans la huitaine après la délibération* , *par les Compagnies qui se trouveront dans les lieux de notre séjour* ; *& dans six semaines pour les autres qui en seront plus éloignées. Après lequel tems elles seront tenues pour publiées* , *& en conséquence seront gardées & observées* , *& envoyées par nos Procureurs Generaux.*

aux *Baillages*, *Sénéchauffées*, *Elections & autres Siéges de leur reffort*, *pour y être pareillement gardées & obfervées*.

Article VI.

Voulons que toutes nos Ordonnances, *Edits*, *Déclarations & Lettres Patentes*, *foient obfervées tant au Jugement des Procès qu'autrement*, *fans y contrevenir*, *ni que fous prétexte d'équité*, *bien public*, *accélération de la Juftice*, *ou de ce que nos Cours auroient à Nous repréfenter*, *elles ni les autres Juges s'en puiffent difpenfer*, *ou en moderer les difpofitions*, *en quelque cas & pour quelque caufe que ce foit.*

Article VII.

Si dans les Jugemens des Procès qui feront pendans en nos Cours de Parlement & autres nos Cours, *il furvient aucun doute ou difficulté fur l'exécution de quelques Articles de nos Ordonnances*, *Edits*, *Déclarations & Lettres Patentes*, *Nous leur défendons de les interpréter; mais voulons qu'en ce cas elles ayent à fe retirer pardevers Nous*, *pour apprendre ce qui fera de notre intention.*

Il ne peut y avoir de meilleur interprete d'une Loi, que le Légiflateur lui-même. C'eft donc avec grande raifon que le Monarque Auteur de cette Ordonnance, a voulu que l'on s'adreffât à lui, s'il furvenoit des difficultés fur l'exécution de quelques Articles de fa Loi. C'eft auffi ce qui a été pratiqué depuis, & les repréfentations des Cours ont donné lieu à plufieurs Déclarations dont Nous aurons occafion de parler dans la fuite, & qui ont changé ou étendu quelques-unes de fes difpofitions. Feu M. le Chancelier Dagueffeau s'étoit même propofé de reprendre chaque Titre de notre Ordonnance, & d'en former autant de Corps de Loi différens, dans lesquels on auroit fait les changemens & augmentations dont l'expérience auroit fait connoître la nécessité ou l'utilité. Il avoit commencé l'exécution de ce grand projet dans la *Déclaration d'Avril* 1736, *sur les Regiftres de Baptêmes, Mariages, Sépultures,* &c. Mais la mort qui nous a ravi ce grand & sçavant Magiftrat, nous a en même-tems privé de la continuation d'un Ouvrage dont le Public auroit retiré de si grands avantages.

ARTICLE VIII.

Déclarons tous Arrêts & Jugemens qui feront donnés contre la difposition de nos Ordonnances, Edits & Déclarations, nuls & de nul effet & valeur; & les Juges qui les auront rendus, refponfables des dommages & interêts des Parties, ainfi qu'il fera par Nous avifé.

Les Arrêts & Jugemens ne font pas nuls *ipfo facto*, quoiqu'ils foient contraires à la difposition des Ordonnances; il faut préalablement qu'ils foient déclarés tels; fans quoi ce feroit rendre les Parties Juges dans leur propre caufe. Toutes celles qui fe trouveroient condamnées ne manqueroient pas d'arguer le Jugement qui les condamneroit, de contrarieté aux Ordonnances. C'eft pourquoi pour faire valoir efficacement ce moyen, il faut fe pourvoir en caffation au Confeil.

TITRE II.

DES AJOURNEMENS.

LEs Exploits d'affignation ou *Ajournemens* étant la baze de toute la procedure, le premier foin du Légiflateur a été de commencer par en regler les formalités.

Ces formalités font ou *intrinfeques* ou *extrinfeques.*

Les formalités *intrinseques* font celles qui entrent dans le corps de l'Exploit même, & qui en forment l'essence. Elles font de deux fortes, *generales* ou *particulieres*. Les formalités intrinseques *generales* ont lieu dans tous les Exploits. Telle est la nécessité de libeller l'Exploit, d'y inserer les conclusions, & sommairement les moyens de la demande, d'y déclarer la Jurisdiction où l'Huissier a été immatriculé, & à qui la copie de l'Exploit a été laissée. Les *particulieres* au contraire, varient suivant la différence des cas. Ainsi, pour déterminer où les Ajournemens doivent être faits, (lorsque la signification n'en est point faite à la personne) on distingue ceux qui ont un domicile connu, d'avec ceux qui n'en ont point. Ceux qui ont un domicile connu, doivent être ajournés à ce domicile. Ceux qui n'en ont point de connu, doivent l'être par cri public, au principal Marché du lieu de l'établissement du Siége où l'assignation est donnée. Les condamnés au bannissement ou aux Galeres, & les absens pour faillite ou voyage de long cours, qui, avant leur absence, ont eu un domicile connu, doivent être assignés à ce dernier domicile. Les Etrangers enfin, qui ont leur domicile hors du Royaume, doivent être ajournés aux Hôtels des Procureurs Generaux des Parlemens dans le ressort desquels ils font assignés.

Quant aux *formalités extrinseques*, ce font celles qui, sans faire partie de l'Exploit en lui-même, doivent néanmoins l'accompagner. Par exemple, l'Ordonnance exige que l'on donne, dans la même feuille ou cahier de l'Exploit, copie des Pieces sur

lesquelles

lefquelles la demande eft fondée. D'un autre côté, on ne peut affigner aux Requêtes du Palais ou de l'Hôtel, qu'en vertu de *Committimus*, & aux Cours Souveraines, qu'en vertu de Commiffions ou Arrêts dont copie doit auffi être laiffée en tête de l'affignation.

Ces notions préliminaires vont acquerir plus d'étendue, par l'examen détaillé des différens Articles qui compofent le préfent Titre.

ARTICLE PREMIER.

Les ajournemens & citations en toutes matieres & en toutes Jurifdictions, feront libellées, contiendront les conclufions, & fommairement les moyens de la demande, à peine de nullité des Exploits, & de vingt livres d'amende contre les Huiffiers, Sergens ou Appariteurs, applicable moitié aux réparations de l'Auditoire, & l'autre moitié aux Pauvres du lieu, fans qu'elle puiffe être remife ou moderée, pour quelque caufe que ce foit. (a)

Ce font les conclufions qui conftituent une demande ; par conféquent elles forment la principale partie d'un Exploit d'affignation. Mais ce n'eft point affez de faire connoître à quelqu'un ce que nous lui demandons, il faut encore lui expliquer les motifs de notre demande, & les moyens fur lefquels elle eft fondée ; afin que fi, nonobftant ces précautions, il s'obftine à s'oppofer à une prétention jufte en elle-même, & bien juftifiée, il ne puiffe imputer qu'à lui la condamnation de dépens, qui eft la peine naturelle des Plaideurs téméraires.

(a) „ Tous Exploits d'ajournement feront libellés, & d'iceux baillé copie, à peine de nullité „ defdits Exploits, & des depens de l'affignation ; fauf le recours contre le Se gent. *Ordon, de* „ *Rouffillon, Art.* I.
„ Tous ajournemens pour faire & intenter nouveaux Procès, feront libellés fommairement, „ & contiendront la demande & moyens dudit Demandeur en brief, pour en venir près à défendre „ par le Défendeur au jour de la premiere affignation. *Même Ordon. Art.* 16.

B

C'eſt pourquoi l'Ordonnance exige que les Exploits d'ajournemens ſoient libellés ; c'eſt-à-dire, qu'ils contiennent, 1°. les concluſions ; 2°. les moyens de la demande, du moins ſommairement ; & afin qu'on ne crût point qu'il eſt des matieres ou des Juriſdictions qui puiſſent être affranchies de cette formalité importante, notre Article porte : *En toutes matieres & en toutes Juriſdictions.*

Faute d'obſerver cette formalité, la Partie & l'Huiſſier ſont également puniſſables. La peine prononcée contre la Partie, c'eſt la nullité de l'Exploit. L'Huiſſier beaucoup plus répréhenſible, parce qu'il ne doit pas ignorer la diſpoſition de la Loi, eſt mulcté d'une amende de vingt-livres, qui ne peut être, dans aucun cas, remiſe ni moderée.

A R T I C L E   I I.

Tous Sergens & Huiſſiers, même de nos Cours de Parlement, Grand-Conſeil, Chambre des Comptes, Cours des Aydes, Requêtes de notre Hôtel & du Palais, ſeront tenus en tous Exploits d'ajournemens de ſe faire aſſiſter de deux Témoins ou Records, qui ſigneront avec eux l'original & la copie des Exploits, ſans qu'ils puiſſent ſe ſervir de Records qui ne ſçachent écrire, ni qui ſoient parens, alliés ou Domeſtiques de la Partie. Déclareront auſſi les Huiſſiers & Sergens par leurs Exploits, les Juriſdictions où ils ſont immatriculés, leur domicile & celui de leurs Records, avec leur nom, ſurnom & vacation, le domicile & la qualité de la Partie ; le tout à peine de nullité, & de vingt livres d'amende, applicable comme deſſus. (a)

La premiere partie de cette diſpoſition, qui concerne l'injonction faite aux Huiſſiers de ſe faire aſſiſter de deux Records dans les ajourne-

---

(a) „ Tous ajournemens ſeront faits en préſence de Records & de Témoins qui ſeront „ inſcrits au Rapport & Exploit de l'Huiſſier ou Sergent, ſurpeine de dix livres pariſis d'amen- „ contre ceux qui ſeront trouvés en faute. *Ordon. de* 1539, *Art.* 9.
„ Seront tenus tous Huiſſiers ou Sergens nommer en leurs Exploits leurs Records & les domiciles „ d'iceux, à peine de nullité deſdits Exploits, & d'amende arbitraire. *Ord. d'Orleans, Art.* 93.
„ L'Article 173, de l'Ordonnance de Blois, enjoint auſſi aux Sergens d'inſerer dans leurs „ Exploits *les noms & domiciles de leurs Records, ſur peine d'amende, & ſuſpenſion de leurs Offices,*

mens, a été abrogée par un Edit & une Déclaration poſtérieurs ; elle avoit pour objet de donner des ſurveillans aux Huiſſiers & Sergens pour empêcher les antidates & autres fauſſetés. Mais l'expérience fit bien-tôt connoître que les Huiſſiers ſe ſervoient de Records les uns aux autres, & ſe confioient réciproquement leurs ſignatures, pour ſe diſpenſer d'être préſens, & d'aſſiſter l'Officier qui délivroit les Actes aux Parties. Par ce moyen les précautions de l'Ordonnance à cet égard, au lieu de rendre les Exploits plus authentiques, & d'en aſſurer la date, ne ſervoient que de prétexte aux Huiſſiers pour émolumenter. D'un autre côté les Marchands & Négocians repréſenterent, qu'encore que les ſignifications qui leur étoient faites, ne fuſſent le plus ſouvent que des protêts de Lettres de Change qu'ils étoient obligés de laiſſer faire faute d'en avoir les fonds, cependant l'appareil ſcandaleux d'un nombre d'Officiers employés pour leur faire ces ſignifications, préjudicioit à leur réputation & au bien du commerce. La réunion de ces différentes conſidérations a déterminé le feu Roi à ſubſtituer à la formalité des Records, celle du contrôle des Exploits que les Huiſſiers ſont obligés de faire contrôler dans les trois jours, afin que la date n'en puiſſe être altérée. L'Edit donné à ce ſujet eſt du mois d'Août 1669. Mais comme il s'exprimoit en termes un peu trop generaux, il a été expliqué & développé par une Déclaration du 21 Mars 1671. Il faut cependant obſerver que la néceſſité des Records a encore lieu dans pluſieurs Exploits d'une nature plus importante ; comme ſont les ſaiſies exécutions, les ſaiſies féodales, les ſaiſies réelles, criées, appoſitions d'affiches, & les commendemens qui précédent ces ſortes d'Actes, & qui par cette raiſon s'appellent *Commendemens recordés*, pour les diſtinguer des *Commendemens ſimples*, où l'Huiſſier n'eſt point aſſiſté de Records.

Dans la ſeconde partie de notre Article, les Huiſſiers & Sergens ſont aſſujettis à déclarer dans leurs Exploits, 1°. la Juriſdiction où ils ſont immatriculés, & leur domicile ; 2°. le domicile & la qualité de la Partie.

Et en effet, quant à la Déclaration de la Matricule des Huiſſiers, le pouvoir des Officiers étant circonſcrit dans les limites de leur Juriſdiction, hors deſquelles ils ne ſont plus que perſonnes privées, il eſt néceſſaire que l'Huiſſier qui donne un Exploit, déclare la Juriſdiction en laquelle il a été immatriculé, afin que l'on ſoit en état de connoître s'il avoit qualité & caractere public dans le lieu où l'aſſignation a été donnée. Cependant malgré cette diſpoſition & celle des anciennes Ordonnances, pluſieurs Huiſſiers & Sergens Royaux, contre la teneur du Titre même qui les rendoit Officiers, s'étoient maintenus dans l'uſage abuſif d'exercer leurs fonctions hors de l'étendue du Siége dans lequel ils étoient reçûs; & ce, non ſeulement dans différens Baillages & Préſidiaux, mais bien plus dans le reſſort de différens Parlemens. La proximité & le mêlange des territoires de quelques Juriſdictions avoit, à la vérité, ſervi quelquefois de prétexte à ces entrepriſes qui s'étoient enſuite affermies par une eſpece de poſſeſſion réciproque, condamnée dans quelques Siéges, mais approuvée ou du moins tolerée dans un plus grand nombre.

Comme la continuation d'un pareil défordre auroit été également contraire, & à l'intérêt des Parties qui par-là se trouvoient expofés à faire des procédures nulles, & au bien public, par l'incertitude du Tribunal qui devoit connoître des malverfations commifes par les Huiffiers ou Sergens, & par les conflits de Jurifdiêtions qu'ils ne manquoient pas de faire naître entre le Siége où ils avoient été reçus, & celui du délit dont ils étoient accufés; eft intervenue la Déclaration du premier Mars 1730. qui fait *défenfes à tous Huiffiers ou Sergens Royaux, de faire ou donner aucuns exploits d'ajournemens, commandemens ou faifies, ni autres aêtes de leur miniftere, hors de l'étendue de la Jurifdiêtion Royale, dont ils font Huiffiers ou Sergens par le titre de leurs Provifions, & dans laquelle ils font immatriculés, à peine de nullité defdits exploits ou autres aêtes, & de 500 liv. d'amende, même dans les lieux où jufqu'à-préfent lefdits Huiffiers ou Sergens auroient été en poffeffion publique d'inftrumenter hors du territoire de leur Siége.* Cependant, comme en remediant à cet inconvénient pour l'avenir, il eût été à craindre que, fous prétexte d'un défaut de caraêtere couvert en quelque forte par une longue poffeffion & par la bonne foi des Parties, on ne troublât l'état & la tranquillité des familles, en donnant atteinte à des procédures, ou même à des Jugemens fondés fur une erreur commune; la même Déclaration de 1730. veut *que dans lefdits lieux, les exploits ou autres aêtes du miniftere defdits Officiers, qu'ils auront ci-devant faits hors de l'étendue defdits Siéges, ne puiffent être attaqués fous ce prétexte, ni les Procedures faites en conféquence, ou Jugemens intervenus fur lefdits exploits ou aêtes.* La même Loi contient une exception en faveur des *Huiffiers au Châtelet de Paris, ayant pouvoir d'exploiter par tout le Royaume, & des autres Huiffiers qui pourroient avoir le même droit par le titre de leurs Offices; avec referve de pourvoir à ce qui les regarde, pour empêcher l'abus qu'ils pourroient faire de leur privilege.*

Mais s'il eft effentiel d'affujettir les Huiffiers à mettre dans leurs Exploits la Jurifdiêtion où ils font immatriculés, il ne l'eft pas moins de les obliger à y inferer le nom & qualité de leur Partie, fon domicile & celui de l'Officier qui donne l'Exploit. Comment, fans cela, en effet le Défendeur connoîtroit-il à qui il a affaire? Comment pourroit-il, en cas qu'il fe rendît juftice fur le champ, aller trouver fon adverfaire, ou, à fon défaut, l'Huiffier, pour empêcher le cours des procedures, en acquiefçant *de plano* à la demande?

L'inobfervation de ces formalités eft punie par l'Ordonnance de la nullité de l'Exploit par rapport à la Partie, & d'une amende de vingt livres à l'égard de l'Huiffier, par les motifs déjà expliqués fur l'article précedent.

Article III.

Tous Exploits d'Ajournement feront faits à per-
fonne ou domicile , & fera fait mention en l'original
& en la copie des perfonnes aufquelles ils auront été
laiffés , à peine de nullité & de pareille amende de
vingt livres. Pourront néanmoins les Exploits concer-
nant les Droits d'un Bénéfice , être faits au principal
manoir du Bénéfice ; comme auffi ceux concernans
les Droits & Fonctions des Offices ou Commiffions ,
ès lieux où s'en fait l'exercice. (a)

Ce n'eft point affez de libeller un exploit de demande , de maniere
que le Défendeur ne puiffe ignorer ni pour quelles caufes , ni par quels
motifs il eft affigné ; ce n'eft point affez non plus de conftater l'état , la
qualité & le domicile , tant de l'Huiffier que de la Partie , en déclarant
la Jurifdiction où l'Huiffier a été immatriculé, & fon domicile, ainfi que
le domicile & la qualité de la Partie. Il faut de plus que la Juftice puiffe
être affurée que la demande eft parvenue à la connoiffance de celui
contre lequel elle eft formée ; & pour cela il n'y a pas de moyen plus
sûr que d'obliger à donner l'affignation, ou en parlant à la perfonne ,
ou du moins au domicile , & conftater ce fait par l'exploit même.

Autrefois il n'étoit permis d'affigner au domicile , qu'après perquifition faite de la perfonne. Mais l'Ordonnance donne l'alternative ; au
moyen de quoi cette perquifition n'a plus lieu. Cependant , lorfque
l'affignation eft donnée au domicile , ou les Huiffiers y trouvent quelqu'un , ou ils n'y trouvent perfonne. S'ils y trouvent quelqu'un , ils
doivent faire mention, tant dans l'original que dans la copie , des
perfonnes aufquelles ils auront parlé, & à qui ils auront laiffé la copie
de leur exploit. Cette mention fait foi, jufqu'à infcription de faux.

Notre article admet pourtant une exception par rapport aux exploits
concernans les droits d'un Bénéfice , qui peuvent être faits au principal
manoir du Bénéfice : il en eft de même des affignations données pour
les droits & fonctions des Offices , qui peuvent l'être valablement aux
lieux où s'en fait l'exercice. Comme l'action en ce cas eft plûtôt réelle
que perfonnelle , c'eft la raifon pour laquelle on y confidere plus l'affiette
du Bénéfice ou de l'Office , que le domicile du Bénéficier ou de l'Officier. Il en feroit tout autrement , s'il étoit queftion du titre du Béné-

---

(a) „ Tous ajournemens feront faits à perfonne ou à domicile. *Ordon. de* 1539, *Art.* 9,

ficier ou de l'Officier, la contestation alors étant toute personnelle, il faudroit se renfermer dans l'exécution stricte de la regle générale, qui ne permet de donner les ajournemens qu'à personne ou domicile. Quoique l'Ordonnance enjoigne bien expressément aux Huissiers de faire mention de ceux à qui ils ont parlé ; & ce, *tant dans l'original que dans la copie*, néanmoins il s'étoit glissé sur cela un abus au Châtelet ; les Huissiers s'y contentoient d'inserer cette mention dans l'original seulement ; & dans la copie, ils remplissoient d'un trait de plume le blanc où devoit être mis le nom de la personne à qui l'Huissier avoit parlé. Mais cet abus ayant donné lieu à une contestation dans cette Jurisdiction, il fut reformé par Sentence de Reglement donné au Parc Civil, sur les Conclusions du Ministere public, M. le Camus, Lieutenant Civil, tenant le siége. Cette Sentence, en date du 20 Juin 1708. a ordonné l'exécution du présent article ; en conséquence l'Huissier a été condamné en l'amende portée par l'Ordonnance, pour n'avoir point rempli, dans la copie de son exploit, le nom de la personne à qui il avoit parlé ; défenses lui ont été faites, & à tous autres Huissiers, d'y contrevenir & de recediver, à peine de 20 liv. d'amende & de nullité, & il a été dit que la Sentence seroit signifiée aux trois Communautés des Huissiers-Priseurs, des Huissiers à Cheval & des Huissiers Sergens à Verge, à la diligence du Procureur du Roy ; & copie donnée d'icelle, ensemble de l'article 3. du titre 2. de l'Ordonnance du mois d'Avril 1667. à ce qu'aucuns n'en ignorent.

ARTICLE IV.

Si les Huissiers ou Sergens ne trouvent personne au domicile, ils seront tenus, à peine de nullité & de vingt livres d'amende, d'attacher leurs exploits à la porte, & d'en avertir le proche voisin, par lequel ils feront signer l'exploit, & s'il ne le veut, ou ne le peut signer, ils en feront mention, & en cas qu'il n'y eut aucun proche voisin, feront parapher leur exploit, & dater le jour du paraphe par le Juge du lieu, & en son absence ou refus, par le plus ancien Pratieien, ausquels nous enjoignons de le faire sans frais. (a)

(a) " Que de toutes commissions & ajournemens seront tenus les Sergens laisser la copie avec " l'exploit aux ajournes, ou à leurs gens, & serviteurs ; & les attacher à la porte de leur " domicile, encore qu'ils ne fussent point demandés, & en faire mention par l'Exploit ; & ce " aux dépens des Demandeurs & poursuivans, & sauf à les recouvrer à la fin de cause. *Ord. de 1539. Art. 22.*

Nous avons vû , fur le précédent Article , ce que doivent faire les Huiffiers , lorfqu'ils trouvent quelqu'un au domicile ; le préfent Article nous apprend de quelle maniere ils doivent fe comporter , quand il ne s'y rencontre perfonne. Il ne leur fuffit pas indiftinctement d'en faire mention ; ils doivent , après avoir attaché l'exploit à la porte , s'adreffer au plus proche voifin , afin qu'il en avertiffe celui à qui l'ajournement eft donné , & faire figner à ce voifin l'exploit , s'il peut ou veut le faire ; en cas de refus ou d'impuiffance de fa part , c'eft alors feulement qu'il fuffit à l'Huiffier d'en faire mention.

Mais il arrive quelquefois qu'il n'y a pas de voifin : l'Ordonnance prefcrit , dans ce cas (qui arrive très-rarement) à l'Huiffier de faire parapher l'exploit par le Juge du lieu , & en cas d'abfence ou de refus du Juge , par le plus ancien Praticien : l'un & l'autre font tenus de le faire fans frais. Ainfi par cette gradation fucceffive , l'Ordonnance a pourvû à tout.

ARTICLE V.

Tous Huiffires & Sergens feront tenus de mettre au bas de l'original des exploits les fommes qu'ils auront reçûes pour leurs falaires , à peine de vingt livres d'amende comme deffus. (a)

Nos plus anciennes Ordonnances , dont celle-ci n'eft que confirmative , obligent les Huiffiers à mettre le *folvit* au bas de leurs exploits. C'eft une précaution très-fage pour les contenir dans l'exacte obfervation des Réglemens , & pour mettre les Juges en état de leur faire reftituer aux Parties ce qu'ils auroient exigé de trop , & de les punir par une condamnation d'amende proportionnée ; elle doit être au moins de vingt livres , fuivant notre Article.

ARTICLE VI.

Les Demandeurs feront tenus de faire donner dans la même feuille ou cahier de l'exploit copie des pieces fur lefquelles la demande eft fondée , ou des extraits , fi elles font trop longues ; autrement les copies qu'ils donneront dans le cours de l'inftance , n'entreront en taxe , & les réponfes qui y feront faites , feront à leurs dépens & fans répétition.

(a) Les Sergens étoient auffi tenus par l'Art. 153. de l'Ordon de Blois , de mettre au bas de leur Exploit ce qu'ils auroient pris pour leurs falaires.

Auparavant l'Ordonnance, on ne donnoit communication des pieces justificatives de la demande, que lorsque la contestation étoit liée ; elle se faisoit par la voye du Greffe, comme elle se pratique encore au Châtelet, lorsqu'une partie est bien aise de voir les originaux des pieces, & qu'elle en requiert la communication.

Mais on a consideré qu'il se poursuivoit une infinité de procès, qui, peut-être, se termineroient dès l'entrée de la cause, si les Parties étoient d'abord respectivement instruites de leurs droits. C'est pour leur procurer cette instruction préliminaire, que l'Ordonnance assujettit ici le Demandeur à donner au Défendeur, dans le même cahier de l'exploit d'assignation, copies des pieces justificatives de la demande. De sorte que, si faute de cette communication primitive, le Défendeur n'a pas été d'abord mis en état de se rendre justice, il est équitable que le Demandeur supporte, en tout événement, les frais des copies de pieces qu'il sera obligé de donner dans le cours de l'instance, ainsi que des réponses qui y seront faites, comme étant frais préjudiciaux auxquels il a donné lieu.

A R T I C L E   V I I.

Les Etrangers qui seront hors le Royaume, seront ajournés ès hôtels de nos Procureurs Généraux des Parlemens, où ressortiront les appellations des Juges, devant lesquels ils seront assignés ; & ne seront plus données aucunes assignations sur la frontiere.

Les Articles 3. & 4. qui précédent, nous enseignent de quelle maniere on doit ajourner ceux qui demeurent dans le Royaume, & qui y ont un domicile fixe & connu. Mais cette forme d'ajournement seroit impraticable pour les Etrangers, qui n'étant point dans le Royaume, & n'y ayant point de domicile, ne peuvent conséquemment être ajournés, en parlant à personne ni au domicile.

La coutume étoit anciennement de faire transporter un Huissier sur la frontiere, & là, d'y ajourner l'Etranger à son de trompe ; formalité aussi dispendieuse qu'illusoire, puisque l'Etranger n'en avoit pas pour cela plus de connoissance de l'action qu'on intentoit contre lui !

Le parti au contraire qu'a pris l'Ordonnance d'astraindre dorénavant à ajourner les Etrangers aux hôtels des Procureurs Généraux des Parlemens, dans le ressort desquels ils seront assignés, pare aux inconvéniens autant qu'il est possible. Car si d'un côté l'on ne donne pas par ce moyen une connoissance prompte & immédiate à l'Etranger de la demande formée contre lui (ce qui est impossible, parce qu'aucun

Huissier

Huiffier n'a caractere pour ajourner devant un Juge du Royaume fous une domination étrangere.) D'un autre côté le domicile du Procureur Général étant univerfellement connu , & l'Ordonnance étant publique , les Etrangers qui fçavent avoir quelques interêts à difcuter dans le Royaume , peuvent , avec une entiere certitude , fçavoir à qui s'adreffer , pour s'inftruire , quand ils le jugeront à propos , fi l'on n'a pas formé contr'eux quelques demandes , & prendre leurs mefures en conféquence. On tient chez les Procureurs Généraux un régiftre exact de ces fortes d'affignations qui y font confervées avec le plus grand foin & le plus grand ordre ; de forte que , fur la moindre indication , rien n'eft plus facile que de chercher & de trouver celles dont on peut avoir befoin.

Article VIII.

Ceux qui feront condamnés au Banniffement ou aux Galeres à tems , & les abfens pour faillite , voyage de long cours , ou hors du Royaume , feront affignés à leur dernier domicile , fans qu'il foit befoin de procès-verbal de perquifition , ni de leur créer un Curateur dont nous abrogeons l'ufage.

Les condamnés au Banniffement & aux Galeres à tems , & les abfens, font un autre genre de perfonnes qu'il n'eft pas non plus poffible d'affujettir à la régle générale des ajournemens. Autrefois ceux qui avoient quelques demandes à former contr'eux, étoient dans l'obligation, pour fe conformer à un ufage reçû , de commencer par faire faire un procès-verbal de perquifition ; enfuite, de leur faire créer un Curateur, contre lequel on dirigeoit l'action que l'on avoit à intenter contre l'abfent ou le condamné aux Galeres ou Banniffement à tems ; & l'on fuivoit contre ce Curateur la procedure jufqu'à Sentence définitive ; de la même maniere que l'on fait encore aujourd'hui contre un Curateur à une fucceffion vacante.

Mais ces formalités n'operoient pas davantage la défenfe des droits de l'abfent ou du condamné ; ces Curateurs n'étant jamais que des prête-noms bannaux , qui n'ayant aucun intérêt réel , laiffent tout obtenir par défaut. C'eft pourquoi le Legiflateur en a aboli l'ufage à cet égard , & a décidé qu'il fuffiroit de faire affigner l'abfent ou le condamné au Banniffement & aux Galeres à tems , à fon dernier domicile.

C

ARTICLE IX.

Ceux qui n'ont, ou n'ont eu aucun domicile connu, feront affignés par un feul cri public au principal marché du lieu de l'établiffement du Siége où l'affignation fera donnée fans aucune perquifition ; & fera l'exploit paraphé par le Juge des lieux fans frais.

Il eft bien des gens qui, quoique Regnicoles, font errans & vagabonds, & n'ont aucun domicile fixe, les uns par goût, les autres par néceffité. Il a fallu trouver, au défaut de la régle générale, un expédient en faveur de ceux qui fe trouvent dans le cas d'actionner ces fortes de gens. On n'en a pû trouver de meilleur, que d'ordonner qu'ils feroient affignés par un feul cri public au principal marché du lieu de l'établiffement du Siége où l'affignation eft donnée. En effet, le concours de monde qu'attire le marché, eft le feul moyen de rendre authentique l'ajournement, & d'en faire parvenir, par la voix publique, s'il eft poffible, la connoiffance à la Partie intéreffée. Pour y donner encore un nouveau dégré de certitude, l'Ordonnance exige que l'exploit foit paraphé par le Juge des lieux, fans frais.

ARTICLE X.

Les ajournemens pourront être faits pardevant tous Juges en caufe principale & d'appel, fans aucune commiffion ni mandement, encore que les ajournés euffent leur domicile hors le Reffort des Juges, pardevant lefquels ils feront affignés.

Dans l'origine du Droit Romain, il étoit permis à toutes perfonnes de mener eux-mêmes devant le Juge ceux qu'ils y vouloient traduire, fans aucune autre formalité. Dans la fuite, l'Empereur Juftinien defira par fes dernieres Conftitutions, que l'on prit la permiffion du Juge au bas de la requête de la Partie, pour pouvoir appeller en Jugement, ce que les Loix appellent *adnotationem Judicis ad libellum.* Nous avions d'ailleurs adopté dans nos ufages les difpofitions du Droit Canon, qui exige des commiffions, refcrits & lettres, pour pouvoir traduire valablement en Juftice. Il eft vrai que nous en avions reconnu les inconvéniens avant l'Ordonnance. Mais on y diftinguoit encore les Juges en caufe principale d'avec ceux en caufe d'appel ; on avoit fecoué le joug des permiffions & commiffions à l'égard des premiers ; mais on les avoit confervés rélativement aux feconds. D'un autre côté , quand il étoit queftion d'ajourner quelqu'un hors de la Jurifdiction de fon domicile , on ne croyoit pas pouvoir le faire valablement , fans un *pareatis* du Juge du domicile.

Mais le feu Roi , déterminé à profcrire toutes les formalités qui n'ont point une rélation néceffaire à l'inftruction , a aboli , par le préfent Article , toutes ces permiffions , qui en elles-mêmes font parfaitement inutiles , & n'occafionnoient que des frais ; & cette abolition s'étend non-feulement aux caufes principales , mais encore à celles d'appel , pourvû que ce ne foit point en dernier reffort. On n'a non plus aucun égard fi l'ajourné a , ou n'a point , fon domicile hors le Reffort des Juges , pardevant lefquels il eft affigné. Dans tous les cas , & indiftinctement , les affignations peuvent être données , fans commiffion ni mandemens , dans les Jurifdictions fubalternes.

ARTICLE XI.

Ceux qui ont droit de Committimus *, ne pourront faire ajourner aux Requêtes de notre Hôtel ou du Palais , qu'en vertu de Lettres de* Committimus *, bien & dûement expédiées & non furannées , defquelles fera laiffée copie dans la même feuille ou cahier de l'Exploit. S'il y avoit néanmoins des inftances qui y fuffent liées ou retenues , les ajournemens pourront y être données en fommation ou autrement , fans Lettres , Requête ou Commiffion particuliere.*

Meffieurs des Requêtes de l'Hôtel & du Palais , font des Juges de Privilege , commis pour décider en premiere Inftance , & à la charge de l'appel au Parlement , les affaires perfonnelles , poffeffoires ou mixtes des Officiers Commenfaux de la Maifon du Roi , & de quelqu'autres perfonnes & Communautés à qui ce droit eft attribué par l'Ordonnance appellée des *Committimus.*

Le *Committimus* eft de deux fortes ; au grand Sceau ou au petit Sceau. Ceux qui jouiffent du droit de *Committimus* au grand Sceau , peuvent attirer aux Requêtes de l'Hôtel ou du Palais les affaires où ils font intéreffés de toute l'étendue du Royaume ; ceux au contraire qui ne l'ont qu'au petit Sceau , ne le peuvent mettre à exécution que dans le Reſſort du Parlement.

Pour faire uſage du droit de *Committimus* , il faut commencer par obtenir des Lettres en Chancellerie , que l'on appelle *Lettres de Committimus.* Elles ne peuvent ſervir que pendant l'année de leur obtention ; auſſi contiennent-elles toutes cette clauſe ; *ces préſentes après l'an non valables.* Mais pendant tout le cours de l'année de l'obtention , les mêmes Lettres ſervent pour toutes les affaires qui ſurviennent à ceux qui les ont obtenues.

Comme l'exercice du *Committimus* eſt contre l'ordre des Juriſdictions ordinaires , il faut commencer par juſtifier de ce droit à celui que l'on actionne. De-là , la néceſſité impoſée par le préſent Article à ceux qui ont droit de *Committimus* , de ne pouvoir ajourner aux Requêtes de l'Hôtel ou du Palais , qu'en donnant copie en tête de l'Exploit , des Lettres de *Committimus.* Ceci ſouffre cependant une exception ; car , lorſqu'il y a , dans l'une ou l'autre de ces Juriſdictions , une inſtance liée ou retenue , & que l'on eſt obligé d'aſſigner de nouvelles Parties , ſoit en garantie ou autrement , relativement & incidemment à l'inſtance liée ou retenue , il n'eſt pas alors beſoin d'obtenir ni de ſignifier aucunes Lettres de Chancellerie ni Commiſſion particuliere , les choſes rentrant dans l'ordre général. En effet , ce n'eſt point alors en vertu d'un Privilege particulier , qu'on traduit quelqu'un aux Requêtes du Palais ou de l'Hôtel ; c'eſt en vertu de la litiſpendance qui autoriſe à évoquer ou attirer dans une Juriſdiction , quelqu'elle ſoit , une conteſtation connexe & dépendante d'une autre que l'on a déjà dans cette même Juriſdiction , pour n'être point obligé de plaider dans deux Juriſdictions , pour raiſon d'une même choſe. Il faut cependant obſerver , ſur ce dernier point , qu'on ne peut former de pareilles demandes ſans Commiſſion aux Requêtes de l'Hôtel ou du Palais , qu'en ſe ſervant du Miniſtere des Huiſſiers de ces Juriſdictions. C'eſt pourquoi , lorſque la Partie que l'on veut ajourner ne demeure pas à Paris , & qu'elle eſt trop éloignée , de maniere qu'on ne puiſſe , ſans beaucoup de frais , y envoyer un Huiſſier des Requêtes de l'Hôtel ou du Palais , on eſt dans l'uſage de donner une Requête afin de permiſſion d'aſſigner aux fins des concluſions y contenues , & on prend au Greffe une Commiſſion ſur cette Requête , en vertu de laquelle tout Huiſſier Royal peut aſſigner valablement.

Ceux qui ont droit de *Committimus* , ont le choix des deux Tribunaux , ſoit des Requêtes de l'Hôtel , ou des Requêtes du Palais ; ſi l'on en excepte Meſſieurs les Maîtres des Requêtes & leurs veuves , qui ne peuvent ajourner , en vertu de leurs *Committimus* , qu'aux Requêtes du Palais ; de même , *vice verſâ* , Meſſieurs des Requêtes du Palais , ou leurs veuves , ne peuvent le faire qu'aux Requêtes de l'Hôtel , afin qu'on ne puiſſe point les ſuſpecter réciproquement de faveur , s'ils plaidoient dans les Tribunaux dont ils ſont membres.

ARTICLE XII.

Ne seront donnés aucuns ajournemens pardevant nos Cours & Juges en dernier ressort, soit en premiere instance, par appel ou autrement, qu'en vertu de Lettres de Chancellerie, Commission particuliere, ou Arrêt. Pourront néanmoins les Ducs & Pairs, pour raison de leurs Pairies, l'Hôtel-Dieu, le Grand Bureau des Pauvres, l'Hôpital Général de notre bonne Ville de Paris, & autres personnes & Communautés qui ont droit de plaider en premiere Instance, soit en la Grand'Chambre du Parlement de Paris, ou en nos autres Cours de Parlement, y faire donner des assignations sans Arrêt ni Commission.

L'usage confirmé par notre Article, de ne pouvoir faire assigner dans les Cours, qu'en vertu de Lettres de Chancellerie, Commission ou Arrêt, est des plus anciens. Il provient vraisemblablement de ce qu'originairement le recours aux Tribunaux supérieurs n'avoit point lieu de droit & indéfiniment comme aujourd'hui, mais seulement par forme de grace & en connoissance de cause; d'où résultoit la nécessité d'une permission antérieure qu'il falloit obtenir à cet effet, soit du Prince, soit des Cours elles-mêmes.

Quoi qu'il en soit au reste, il n'y a que ceux qui ont droit de plaider en premiere instance en la Grand'Chambre du Parlement, comme l'Hôtel-Dieu de Paris, l'Hôpital Général, & le Grand Bureau des Pauvres, qui soient affranchis de cette formalité. Les Ducs & Pairs jouissent aussi de la même franchise, mais pour leurs Duchés-Pairies seulement. Car dans les autres contestations, étrangeres aux droits de leurs Duchés-Pairies, ni eux, ni même les Princes du Sang, ne peuvent se pourvoir en premiere instance, qu'aux Requêtes du Palais ou de l'Hôtel, ou devant les Juges ordinaires, s'ils ne veulent point user de leur *Committimus*; sauf ensuite l'appel au Parlement.

ARTICLE XIII.

Ne pourront aussi être donnés aucuns ajournemens en notre Conseil, ni aux Requêtes de notre Hôtel, pour juger en dernier ressort, qu'en vertu d'Arrêt de notre Conseil, ou Commission de notre Grand Sceau.

Le Tribunal des Requêtes de l'Hôtel connoît en dernier ressort des appellations des procedures du Conseil d'Etat, & des contestations qui naissent au sujet de la liquidation des dépens adjugés par Arrêts du Conseil. Il rend encore des Jugemens Souverains dans les affaires qui lui sont renvoyées par le Conseil. Dans tous ces cas, on ne peut ajourner à ce Tribunal comme Souverain, qu'en vertu de Commission du Grand Sceau, ou Arrêt du Conseil.

Notre Article ordonne la même chose par rapport aux ajournemens qui se donnent au Conseil ; ce qui souffre néanmoins une exception, par rapport aux Instances d'évocations sur parentés & alliances qui sont introduites au Conseil par une simple assignation donnée en vertu de la cedule évocatoire, sans qu'il soit besoin de Lettres ni d'Arrêts. C'est la disposition textuelle des Articles 53. & 54. de l'Ordonnance du mois d'Août 1737, Titre des Evocations, & de l'Article 1. du Titre 1. du Reglement concernant la procedure du Conseil, du 28 Juin 1738.

ARTICLE XIV.

Enjoignons à tous Sergens qui ne sçavent écrire & signer, de se défaire de leurs Offices dans trois mois ; sinon ledit tems passé, les avons déclarés vacans & impétrables. Leur défendons dès-à-présent d'en faire aucune fonction, à peine de faux, vingt livres d'amende envers la Partie, & de tous dépens, dommages & interêts ; & aux Seigneurs Hauts-Justiciers, & tous autres qui ont droit d'établir des Sergens dans l'étendue de leurs Justices, d'en pourvoir aucuns qui ne sçâchent écrire & signer, à peine de déchéance & privation de leurs droits pour cette fois seulement, & d'y être par Nous pourvû.

Nos anciennes Ordonnances, & différens Arrêts de Reglemens, avoient déja pourvû à ce qu'on ne reçût aucuns Huissiers ou Sergens qui ne fçuffent lire & écrire. Il paroît pourtant que cette prohibition fage avoit reçû quelqu'atteinte lors de notre Ordonnance ; puifque le préfent Article, en la renouvellant, accorde un délai de trois mois à ceux qui fe trouvoient alors pourvûs d'Offices d'Huiffiers ou de Sergens fans fçavoir écrire & figner, pour s'en défaire ; paffé lequel tems, ces Offices ont été déclarés vacans & impétrables.

On ne peut trop exactement tenir la main à un Reglement auffi falutaire. Comment en effet des Huiffiers & Sergens peuvent-ils remplir les formalités que l'Ordonnance prefcrit pour la validité d'un Exploit, & dont ils font garans envers les Parties & le Public, s'ils ne fçavent pas même lire l'Acte qui doit les contenir ? Comment d'un autre côté feront-ils en état d'affurer par leur fignature l'autenticité de l'Acte dont ils font les Miniftres, s'ils ne fçavent ni écrire ni figner ?

Article XV.

Ceux qui demeureront ès Châteaux & Maifons fortes, feront tenus d'élire leur domicile en la plus prochaine Ville, & d'en faire enregiftrer l'Acte au Greffe de la Jurifdiction Royale du lieu ; finon les Exploits qui leur feront faits aux domiciles ou aux perfonnes de leurs Fermiers, Juges, Procureurs d'Office & Greffiers, vaudront comme faits à leur propre perfonne.

On a toujours pris des précautions prudentes pour mettre les Huiffiers à l'abri des excès qui pourroient être commis contr'eux. Ainfi il étoit autrefois permis d'affigner à fon de trompe, au plus prochain Marché du lieu du domicile, ceux qui avoient coutume d'infulter les Sergens qui leur venoient faire quelques fignifications.

Perfonne n'étoit plus en état d'ufer de ces fortes de voyes de fait, que ceux qui ont leur domicile dans les Châteaux & Maifons fortes. C'eft pourquoi comme il auroit été difficile de trouver des Officiers qui euffent ofé courir les rifques de leur porter un Exploit, l'Ordonnance les oblige à élire leur domicile dans la plus prochaine Ville, & d'en faire enregiftrer l'Acte au Greffe ; faute de quoi on peut les affigner valablement au domicile de leurs Fermiers, Juges, Procureurs Fifcaux ou Greffiers.

De tout ce que deffus réfultent quatre exceptions à la regle generale, qui veut que les *ajournemens* foient faits *à perfonne ou domicile* ; la premiere, par rapport aux Etrangers, que l'on affigne en l'Hôtel des Procureurs Generaux ; la feconde, à l'égard des condamnés & des abſens, que l'on ajourne à leur dernier domicile; la troiſiéme concerne ceux qui n'ont aucun domicile connu, & qui font aſſignés à cri public; la quatriéme & derniere enfin, comprend ceux qui demeurent dans les Châteaux & Maiſons fortes, que l'on aſſigne au domicile par eux élû dans la Ville la plus prochaine; & à défaut d'élection de domicile, à celui de leurs Fermiers ou Officiers de Juſtice.

ARTICLE XVI.

En tous Siéges & en toutes matieres où le miniſtere des Procureurs eſt néceſſaire, les Exploits d'ajourne-mens, d'intimations ou anticipations, contiendront le nom du Procureur du Demandeur, à peine de nullité des Exploits, & de tout ce qui pourroit être fait en exécution, & de vingt livres d'amende contre le Sergent.

Comme dans toutes les Juriſdictions où il y a des Procureurs en titre d'Office, on ne peut proceder que par leur miniſtere, il eſt eſſentiel que celui qui forme une demande, informe le Défendeur le plus promptement qu'il eſt poſſible, du nom du Procureur qui doit occuper pour lui, afin que le Défendeur puiſſe ſçavoir à qui il doit faire ſignifier ſes défenſes, & éviter par ce moyen les frais de contumace.

A cet effet il avoit été anciennement établi des Greffes de préſentations où devoient ſe préſenter, avant de faire aucunes procedures, tant les Demandeurs que les Défendeurs, & y cotter le nom de leurs Procureurs.

Mais le feu Roi crut qu'il étoit beaucoup plus ſimple & plus prompt, pour faire parvenir à la connoiſſance du Défendeur, le nom du Procureur qui devoit occuper pour le Demandeur, d'aſſujettir ce dernier à le dénommer par l'Exploit même d'aſſignation; & en conſéquence il abrogea l'uſage de la préſentation du Demandeur. Néanmoins quoique par Édit & Déclaration poſterieurs, la préſentation du Demandeur ait été rétablie & preſcrite de nouveau, & que les choſes ſemblent par-là remiſes ſur le pied où elles étoient avant l'Ordonnance; on n'en doit pas moins ponctuellement exécuter la préſente diſpoſition concernant la déclaration du nom du Procureur dans l'Exploit d'ajournement; 1°. parce que l'Edit & la Déclaration qui ont rétabli la préſentation du Demandeur, ne contiennent point de clauſe dérogatoire au préſent Article; 2°. en ce que cet Edit & cette Déclaration ne ſont en elles-mêmes que des Loix burſales qui ne peuvent ni ne doivent empêcher l'effet d'une diſpoſition qui prend ſa ſource dans le bien public. C'eſt ce que nous aurons occaſion de traiter plus amplement, en parlant des préſentations dans le Titre IV. qui ſuit.

FORMULES

FORMULES

DES ACTES DE PROCEDURE

RELATIFS

AU PRÉSENT TITRE.

Aux Requêtes de l'Hôtel & du Palais.

LOUIS par la Grace de Dieu, Roi de France & de Navarre : Au premier notre Huissier ou Sergent sur ce requis ; de la Partie de notre amé . . . . . (*l'on exprime ici la qualité de son privilege*) étant à cause de ce en notre protection & sauve-garde , Nous te mandons & enjoignons par ces Présentes , que toutes les dettes à lui dûes , tu les lui fasse payer , en y contraignant ses débiteurs par toutes voyes dûes & raisonnables , & ainsi qu'ils y sont obligés ; & en cas de refus , opposition ou délai , assignes les refusans , opposans ou délayans ; sçavoir les redevables de deux cens livres & au-dessus , pardevant nos amés & féaux Conseillers en nos Conseils , les Maîtres des Requêtes ordinaires de notre Hôtel , ou les Gens tenans les Requêtes de notre Palais à Paris , au choix & option dudit exposant ; & pour les sommes au-dessous , pardevant les Juges qui en doivent connoître ; & en outre te mandons qu'en vertu des Présentes tu fasses renvoi incontinent & sans délai esdites Requêtes de notre Hôtel ou de notre Palais à Paris , de toutes les causes personnelles , possessoires & mixtes que l'exposant a , ou aura ci-après , pardevant d'autres Juges , ou esquels il voudra intervenir , ou dont il voudra prendre la garantie , tant en demandant qu'en défendant , & en sommation , dénonciation & contre-sommation , pourvû qu'elles soient entieres & non contestées. De ce faire te donnons pouvoir. Te défendons connoissance de cause : ces Présentes après l'an non valables. CAR tel est notre plaisir. DONNE' en notre Chancellerie du Palais à Paris le . . . . jour du mois de . . . . l'an de Grace . . . & de notre Regne le

Par le Conseil.

L'an mil sept cent . . . . le . . . . jour du mois de . . . (*lorsque le Demandeur assigne en vertu de Lettres de Committimus , on ajoute :* En vertu des Lettres de Committimus obtenues en Chancellerie le . . . . Collationnées , signées & scellées) à la requête de . . . . demeurant à . . . . pour lequel domicile est élu en la maison de Me. . . . . son Procureur , sise à Paris , rue de . . . . Paroisse de . . . j'ai . . . . Huissier en . . . . . soussigné demeurant à . . . . . donné assignation à . . . . en son domicile scis . . . en parlant à . . . . . (*si l'Huissier qui donne l'assignation ne demeure pas dans le lieu de la personne qu'il assigne , il ajoutera ici :* Où je me suis transporté , distant de ma demeure ordinaire de . . . lieues) à comparoir à la . . . pardevant . . . . pour se voir condamner à . . . . & en outre répondre & proceder comme de raison , afin de dépens ; déclarant que ledit Me. . . . . occupera pour ledit . . . . . & j'ai à cet effet laissé copie audit . . . . tant (*il faut ici énoncer les pieces dont on donne copie , si l'on en donne*) dudit *Committimus* , que du présent.

Committimus.

Exploit d'assignation.

D

Exploit d'assignation en renvoi aux Requêtes de l'Hôtel, ou du Palais.

L'an, &c. (*suivre le modele ci-dessus jusqu'aux conclusions*) signifié & déclaré à .... en son domicile .... en parlant à .... que j'ai renvoyé & renvoye par ces Présentes devant Nosseigneurs des Requêtes du Palais (ou de l'Hôtel) l'assignation que ledit .... a fait donner audit .... au Châtelet (*ou autre Jurisdiction*) par exploit du .... & en outre, en vertu & à la requête que dessus, j'ai audit .... parlant comme dessus, donné assignation à comparoir à la huitaine pardevant Nosseigneurs des Requêtes du Palais (*ou* de l'Hôtel) pour proceder sur la demande portée par l'Exploit dudit jour, ainsi que de raison, afin de dépens, & déclaré, &c.

Procedure au Châtelet.

Exploit d'assignation

L'an mil sept cent .... le. .... à la requête de .... demeurant rue .... Paroisse .... j'ai .... soussigné donné assignation à .... en son domicile, scis rue .... Paroisse .... en parlant à .... à comparoir à huitaine pardevant M. le Prevôt de Paris, ou M. le Lieutenant Civil au Châtelet, pour être condamné à payer au Demandeur la somme de ....contenue en son billet du .... fait au profit dudit Demandeur dûment contrôlé, qu'il sera tenu de reconnoître, sinon qui sera tenu pour reconnu, aux interêts de ladite somme & aux dépens, & signifié que Me..... Procureur, occupera, & laisse audit ..... parlant comme dessus, copie, tant dudit billet, que du présent.

TITRE III.

DES DÉLAIS SUR LES ASSIGNATIONS
ET AJOURNEMENS.

POUR constituer en demeure le Défendeur, & mettre le Demandeur en état de le contumacer, il a fallu nécessairement fixer des délais convenables & proportionnés qui donnassent au Défendeur le tems nécessaire pour rassembler ses pieces & ses moyens de défenses, & se consulter sur l'action intentée contre lui.

Dans la fixation de ces délais, qui est l'objet du présent Titre, on y distingue de trois sortes de Jurisdictions différentes.

1°. Les *Prevôtés & Châtellenies.*

2°. Les *Baillages, Sénéchaussées & Siéges Présidiaux.*

3°. Les Tribunaux des *Requêtes de l'Hôtel & du Palais* , & ceux des *Juges-Conservateurs des privileges des Univerfités.*

Il n'eft point queftion ici des Cours Souveraines dont la procedure eft reglée par un Titre particulier que nous difcuterons par la fuite ; c'eft le Titre XI.

ARTICLE PREMIER.

Les termes & délais des affignations qui feront données aux Prevôtés & Châtellenies Royales , à des perfonnes domiciliées au lieu où eft établi le Siége de la Prevôté & Châtellenie , feront au moins de trois jours , & ne pourront être plus longs de huitaine.

ARTICLE II.

Si le Défendeur eft demeurant hors du lieu , & néanmoins en l'étendue du reffort , le délai de l'affignation fera au moins de huitaine , & ne pourra être plus long de quinzaine.

La Jurifdiction des Prevôtés & Châtellenies n'ayant gueres ordinairement que quelques lieues de circonférence, il n'étoit pas néceffaire de donner des délais bien longs à ceux que l'on affignoit dans une fi petite étendue. Cependant pour donner encore une proportion plus exacte à ces délais, relativement au plus ou moins d'éloignement, l'Ordonnance diftingue ceux qui font demeurans dans le lieu où eft établi le Siége de la Jurifdiction, d'avec ceux qui font domiciliés hors de ce lieu, mais néanmoins dans l'étendue du reffort. A l'égard des premiers, elle a eftimé qu'un délai de trois jours, ou tout au plus de huitaine, fuffifoit pour les mettre en état de fe défendre. Mais elle a étendu, en faveur des feconds, ce même délai jufqu'à huitaine au moins, & tout au plus jufqu'à quinzaine.

D ij

ARTICLE III.

Aux Siéges Préfidiaux, Baillages & Sénéchauffées Royales, le délai des affignations données à ceux qui font domiciliés où le Siège eft établi, ou dans la diftance de dix lieues, ne pourra auffi être moindre de huitaine, & plus long que de quinzaine ; & pour ceux qui font hors la diftance des dix lieues, le délai de l'affignation fera au moins de quinzaine, & au plus de trois femaines.

La proportion de l'étendue des Jurifdictions a encore fervi de regle au Légiflateur, dans la fixation de délai que contient notre Article. Le reffort des Préfidiaux, Baillages & Sénéchauffées, eft formé de l'arrondiffement. de plufieurs Prevôtés & Châtellenies qui leur font fubordonnées. Mais ce reffort eft toujours concentré dans une feule & même Province. En fuivant cette progreffion d'étendue de Jurifdiction, notre Article veut que ceux qui font domiciliés dans le lieu où le Siége du Préfidial, Baillage ou Sénéchauffée eft établi, ou dans les dix lieues, ne puiffent être ajournés à un moindre délais que de huitaine, & à un plus long que de quinzaine. Au-delà des dix lieues, ce délai eft prorogé à quinzaine au moins, & tout au plus à trois femaines.

ARTICLE IV.

Aux Requêtes de notre Hôtel, Requêtes du Palais, & aux Siéges des Confervations des privileges des Univerfités, les délais des affignations feront de huitaine pour ceux qui demeurent en la Ville où eft le Siége de la Jurifdiction ; de quinzaine pour ceux qui font dans l'étendue de dix lieues ; d'un mois pour ceux qui font dans la diftance de cinquante lieues ; & de fix femaines au-delà de cinquante lieues : le tout dans le reffort du même Parlement ; & de deux mois pour ceux qui font demeurans hors le reffort.

Quoique les Tribunaux mentionnés dans cet Article, ne jugent qu'à la charge de l'appel, de même que les Baillages & Sénéchauffées, il a fallu les envisager sous un autre point de vûe, relativement aux délais, & apprécier moins les limites de leur pouvoir, que celles de leurs Jurisdictions. En effet, la Jurisdiction des Requêtes du Palais & de l'Hôtel n'est pas seulement circonscrite & limitée dans le ressort du Parlement, elle s'étend partout le Royaume, eu égard à ceux qui ont droit de *Committimus* au Grand Sceau. Il en est de même des Juges-Conservateurs des privileges des Universités. Tout le monde sçait que ceux qui jouissent du privilege de scolarité, peuvent faire assigner devant les Juges de leur privilege, de toutes les parties du Royaume sans distinction.

Ces considérations ont fait admettre pour ces Tribunaux une maniere différente de fixer les délais des ajournemens. Ce délai est de huitaine pour ceux qui demeurent dans la Ville où le Siége est établi ; de quinzaine pour ceux qui sont dans les dix lieues ; d'un mois, dans les cinquante lieues, & de six semaines au-delà : le tout dans le ressort du même Parlement. Si l'assignation est donnée hors le ressort du Parlement où la Jurisdiction est établie, le délai est de deux mois indéfiniment.

ARTICLE V.

Si dans la huitaine après l'échéance de l'assignation le Défendeur ne constitue Procureur, & ne baille ses défenses, le Demandeur pourra lever son défaut au Greffe : mais il ne pourra le faire juger, sinon après un autre délai qui sera de huitaine pour ceux qu seront ajournés à huitaine ou à quinzaine ; & à l'égard des autres qui seront assignés à plus longs jours, le délai pour faire juger le défaut, outre celui de l'assignation & de huitaine pour défendre, sera encore de la moitié du tems porté par le délai de l'assignation ; lesquels délais seront pareillement observés en toutes nos Cours à l'égard du Demandeur & du Défendeur.

Outre les délais ci-dessus prescrits, donnés au Défendeur pour rassembler les materiaux de sa défense, l'Ordonnance lui accorde de plus un autre délai de huitaine, tant pour constituer Procureur, que pour fournir de défense. Ces deux délais expirés, sans que le Défendeur en ait profité pour se mettre en régle, le Demandeur peut bien lever fon défaut au Greffe, mais il ne peut le faire juger, fans laiffer encore écouler un troifiéme délai, qui eft de huitaine pour ceux qui font affignés à huitaine ou à quinzaine, & de la moitié du premier délai pour ceux qui font ajournés à plus long terme. Ainfi un Défendeur affigné à fix femaines, a d'abord huitaine en fus, pour conftituer Procureur & fournir de défenfe, enjoignant encore la moitié du premier délai, ce qui fait trois femaines ; il fuit qu'on ne peut dans cette hypothéfe faire juger de défaut contre lui, qu'après dix femaines entieres & revolues, & ainfi des autres à proportion.

ARTICLE VI.

Dans les délais des affignations & des procedures, ne feront compris les jours des fignifications des Exploits & Actes, ni les jours aufquels écheront les affignations.

ARTICLE VII.

Tous les autres jours feront continus & utiles pour les délais des affignations & procedures, même les Dimanches, Fêtes Solemnelles, & les jours des vacations, & autres aufquels il ne fe fait aucune expédition de Juftice.

C'eft un ancien axiome de droit que *dies termini non computantur in termino.* Mais notre Ordonnance décide ici que non-feulement le jour, ni celui de l'échéance, mais encore celui de la fignification, ne feront point compris dans les délais ; ce qui fait une nouvelle faveur pour le Défendeur. Mais tous les jours intermediaires font continus & utiles, quelqu'ils foient. En effet, n'étant accordés au Défendeur que pour fe mettre en état, il n'importe pour cela qu'il y ait des jours de Fêtes ou non. Tous les jours font propres, lorfqu'il n'y a aucune fignification à faire, & qu'il ne s'agit que de réunir fes pieces & de concerter fes moyens de défenfe.

NOTA. Ce Titre étant entierement relatif au précédent, nous n'avons aucunes formules particulieres d'Actes à donner à fon occafion ; d'autant qu'à l'égard des conftitutions de Procureur & défenfes dont il y eft fait mention, nous aurons lieu d'en traiter fpécialement fur le Titre 5. qui fuit.

TITRE IV.
DES PRÉSENTATIONS.

NOUS avons vû dans les deux Titres précédens ce que doit obferver le Demandeur pour donner une affignation valable. Comme on eft obligé de répondre à toute affignation, bonne ou maüvaife, la premiere démarche que doive de fon côté faire le Défendeur, eft de fe préfenter. Ce Titre va nous apprendre quelle doit être la forme de cette préfentation, pour être réguliere.

ARTICLE PREMIER.

En nos Cours de Parlement, Grand Confeil, Cours des Aides, & autres nos Cours où il y a des Greffes de préfentations, les Défendeurs, Intimés & Anticipés, feront tenus de fe préfenter & cotter le nom de leur Procureur fur le cahier des préfentations dans la quinzaine ; & en tous les autres Siéges où il y a pareillement des Greffes des Préfentations, dans la huitaine ; & aux matieres fommaires, tant en nos Cours qu'ès autres Siéges, dans trois jours, le tout après l'échéance de l'affignation : & feront les Préfentations faites tous les jours fans diftinction.

ARTICLE II.

Les Demandeurs & ceux qui ont relevé leur appel, ou qui ont fait anticiper, ne feront à l'avenir aucune préfentation, dont nous abrogeons l'ufage à leur égard, enfemble les délais pour la clôture des cahiers.

Pour obvier aux furprifes des Sentences ou Arrêts par défaut, il fut originairement établi des Greffes de préfentations qui avoient lieu tant pour les Demandeurs que pour les Défendeurs. Cet établiffement remonte au mois d'Août 1575 : par l'Edit de ce jour, le Roi Henry III. créa dans chaque Cour, Siéges Préfidiaux, Bailliages, Sénéchauffées & autres Juftices Royales, un Greffier, Garde des Préfentations, qui fut uni par le même Edit au Corps de la Jurifdiction, près de laquelle il devoit être établi ; par une Déclaration expédiée en exécution de ce premier Edit le 18 Juillet 1577. il fut fait défenfes aux Procureurs d'intervenir ni de paffer aucuns Actes, Sentences, Jugemens ou Arrêts, du confentement des Parties, fans s'être d'abord préfentés au Greffe. Cet établiffement fut rendu commun aux Cours des Aides, Elections, Greniers à Sel, & autres Jurifdictions en dépendant, par Déclaration du 2 Septembre 1578,

Pour empêcher qu'on ne confondît les préfentations des Demandeurs avec celles des Défendeurs, une autre Déclaration du 5 Mars 1587. ordonna que les Greffiers des Préfentations auroient deux Régiftres, dont l'un, appellé le régiftre des défauts, ferviroit pour les préfentations des Demandeurs ; & l'autre, appellé régiftre des congés, feroit deftiné à celles des Défendeurs.

Mais comme il pouvoit furvenir des conteftations à l'occafion des caufes pour lefquelles les Procureurs des Parties n'eftimoient pas devoir fe préfenter au Greffe, il fut fait au Confeil un Réglement général le 28 Avril 1621. envoyé dans toutes les Cours & Jurifdictions, où l'on détailla les affaires fujettes à préfentation & celles qui ne l'étoient pas.

Ce Réglement fubfifta jufqu'à la préfente Ordonnance, qui, en conféquence de ce qu'elle affujettit les Demandeurs à cotter le nom de leurs Procureurs, dans les Exploits même d'affignation, abroge à leur égard l'ufage des préfentations, comme devenant par ce moyen inutile & fuperflu.

Néanmoins, fous le fpécieux prétexte que les Procureurs des Demandeurs ne faifoient pas moins payer à leurs Parties, depuis cette Ordonnance, le droit de préfentation, quoiqu'ils n'en fiffent aucune, le feu Roi ayant créé de nouveaux Offices de Greffiers de préfentation, par Edit du mois d'Avril 1695. pour multiplier leurs émolumens & augmenter la finance de ces Offices, il rétablit la préfentation des Demandeurs en toutes caufes, foit de premiere inftance ou d'appel. Les droits de ces nouveaux Officiers furent réglés par une Déclaration poftérieure du 12 Juillet de la même année, qui confirme de nouveau la néceffité de préfentation de la part des Demandeurs, comme de celle des Défendeurs. Les intervenans y font même aftraints ; avec défenfes aux Procureurs de fuppléer à la préfentation par Actes fighifiés entr'eux.

Telles font les variations furvenues relativement aux Préfentations, & le dernier état de la Jurifprudence à cet égard.

FORMULES

FORMULE

DES ACTES DE PROCEDURE

RELATIFS

AU PRESENT TITRE.

DEFAUT à .... Demandeur aux fins de son Exploit du .....;   Cedule de préfentation du Demandeur.
Contre ...,.. Défendeur ...... Requêtes.
du ......

Congé à .... Défendeur Contre .... Demandeur aux fins de son   Cedule de préfentation du Défendeur
Exploit du .... Requêtes.
du .... *Ici dans l'un & l'autre , le nom du Procureur.*

NOTA. *A la minute qui reste au Greffe, on ajoute ,* pro duplicata.

TITRE V.

DES CONGÉS ET DÉFAUTS

EN MATIERE CIVILE.

NOus connoiſſons, dans l'état actuel de la procedure, de quatre ſortes de *défauts.*

1°. Le *défaut faute de comparoir*, qui s'obtient contre le Défendeur, lorſqu'il ne ſe préſente point, dans les délais de l'Ordonnance, ſur l'aſſignation qui lui a été donnée.

2°. Le *défaut faute de défendre*, qui s'accorde, lorſque le Défendeur, après s'être préſenté, ne ſignifie point ſes moyens de défenſes contre la demande.

3°. Le *défaut faute de plaider*; il a lieu, lorſque, après les défenſes fournies, le Demandeur ou le

E

Défendeur ne paroiſſent point à l'Audience, pour y plaider ou faire plaider leur cauſe.

4°. Enfin le *défaut faute de produire*, autrement appellé *forcluſion* : il s'accorde contre celle des Parties qui eſt en demeure de produire, dans une affaire appointée.

Ainſi les *défauts faute de comparoir* ou *de défendre*, ne s'obtiennent jamais que contre le Défendeur, parce qu'il n'y a que lui qui puiſſe être en demeure de comparoir ou de défendre ; ceux *faute de plaider* ou de *produire*, peuvent au contraire s'obtenir contre l'un ou contre l'autre indiſtinctement, parce que l'un ou l'autre peut être également en demeure de paroître à l'Audience pour plaider, ou de produire ſes pieces.

Il n'eſt queſtion dans le préſent Titre que des deux premiers genres de *défauts*.

ARTICLE PREMIER.

En toutes les cauſes qui ſeront pourſuivies aux Requêtes de notre Hôtel, Requêtes du Palais, Cours des Monnoyes, Siége des Grands Maîtres des Eaux & Forêts, Siéges Préſidiaux, Bailliages, Sénéchauſſées, Siéges des Conſervateurs des Privileges des Univerſités, Prévôtés & Châtellenies Royales, le Défendeur ſera tenu dans les délais à lui accordés, ſelon la diſtance des lieux (après le jour de l'aſſignation échûe) de nommer Procureur, & faire ſignifier ſes défenſes, ſignées de celui qui aura charge d'occuper, avec copie des pieces juſtificatives, ſi aucunes il a : autrement ſera donné défaut, avec profit, ſans autre acte ni ſommation préalable.

ARTICLE II.

Abrogeons en toutes caufes l'ufage des déboutés de défenfes & réajournemens ; défendons aux Procureurs, Greffiers, Huiffiers, & Sergens, de les obtenir, expedier ni fignifier, à peine de nullité, & de vingt livres d'amende en leurs noms.

Rien n'étoit plus compliqué que la procedure que l'on pratiquoit avant l'Ordonnance, pour pouvoir obtenir un défaut faute de comparoir.

On diftinguoit alors de deux fortes d'ajournemens ; fçavoir l'ajournement avec intimation & l'ajournement fimple.

Si l'ajournement étoit avec intimation, le défaut qui intervenoit en conféquence, adjugeoit tout de fuite le profit ; cet ajournement n'étoit autorifé que dans les matieres fommaires & privilegiées, qui par leur nature requeroient célérité, & pour raifon defquelles il y auroit eu péril dans la demeure.

Sur l'ajournement fimple au contraire, qui feul avoit lieu dans les matieres ordinaires, on obtenoit un premier défaut : lequel obtenu, on réajournoit le Défendeur avec intimation, & on levoit un fecond défaut fur ce réajournement. Enfuite le Demandeur produifoit les deux ajournemens & les deux défauts ; & le tout vû, le Juge déclaroit les défauts bien & dûement obtenus, déboutoit le défaillant de toutes exceptions & défenfes, & admettoit le Demandeur à vérifier fa demande. En vertu de ce Jugement de débouté de défenfes, on ajournoit encore de nouveau le défaillant, pour voir produire *titres & exploits* ; & ce n'étoit qu'après toute cette procedure préparatoire, qu'intervenoit la Sentence diffinitive qui faifoit droit fur le fond de la demande.

Mais le fage Monarque, à qui nous fommes redevables de l'Ordonnance de 1667. n'a vû dans toute cette multiplicité de procedures, qu'un circuit inutile à l'inftruction des Juges, ruineux pour les Parties, & n'ayant d'autre effet par fes longueurs que de favorifer la mauvaife foi d'un Plaideur, qui faifit avec avidité tous les moyens d'éluder une demande légitime. C'eft pourquoi en abrogeant déformais les réajournemens & déboutés de défenfes, ce Legiflateur a réduit la procedure néceffaire à l'obtention des *défauts*, foit *faute de comparoir*, foit *faute de défendre* à quelque chofe d'extrêmement fimple. Car fi, dans les délais prefcrits au Titre fecond qui précede, le Défendeur ne fe préfente point ou ne fournit point de défenfes, il n'eft pas befoin de le conftituer davantage en demeure par aucun acte ni aucune fommation. L'expiration des délais fuffit au Demandeur pour pouvoir obtenir fon défaut & en faire juger le profit.

E ij

ARTICLE III.

Si le Défendeur dans le délai ci-dessus à lui accordé, ne met Procureur, le Demandeur prendra son défaut au Greffe ; & si après avoir mis Procureur il ne baille copie de ses défenses, si aucunes il a, le Demandeur prendra défaut en l'Audience, sans autre acte ni sommation préalable ; & le profit du défaut en l'un & l'autre cas, sera jugé sur le champ, & les conclusions adjugées au Demandeur avec dépens, si la demande se trouve juste & bien vérifiée.

ARTICLE IV.

Si toutefois l'Exploit d'assignation contient plus de trois chefs de demandes, le profit du défaut pourra être jugé sur pieces vûes & mises sur le Bureau, sans qu'en ce cas les Juges puissent prendre aucunes épices.

Ces deux derniers Articles développent les deux précédens, en détaillant la maniere dont doivent s'obtenir les *défauts,* soit *faute de comparoir,* soit *faute de défendre.*

Quant au *défaut faute de comparoir ;* après l'expiration des délais, on leve au Greffe des Présentations un défaut, sur lequel le Procureur dresse une minute de Sentence adjudicative du profit du défaut. Il remet tant cette minute que le défaut au Greffier de la Chambre, qui expedie en conformité la Sentence par défaut faute de comparoir. Cette Sentence levée, on l'a fait signifier à personne ou domicile, avec assignation, pour voir taxer les dépens adjugés.

A l'égard du *défaut faute de défendre* (qui n'a lieu que lorsque le Défendeur, après s'être présenté & avoir constitué Procureur, est en retard de fournir de défenses) il doit, aux termes de l'Ordonnance, être obtenu à l'Audience. Cependant aux Requêtes du Palais & de l'Hôtel, il se prend au Greffe, & on en juge le profit à peu près de la même maniere que pour le défaut faute de comparoir.

On peut former opposition à l'un & à l'autre de ces défauts dans la huitaine de la signification ; mais cette opposition ne peut mettre à l'abri de la refusion des dépens de contumace, dont la répétition est toujours exigible, comme étant frais préjudiciaux.

A R T I C L E V.

Dans les défenses seront employées les fins de non-recevoir, nullités des Exploits, ou autres exceptions peremptoires, si aucunes y a, pour y être préalablement fait droit.

Les moyens de défenses que l'on a à oppofer contre une demande, peuvent être de deux fortes; ou ils font tirés de la forme, ou ils font tirés du fond. Les moyens de forme font ce que nous appellons fins de non-recevoir, exceptions, nullités de procedures : les moyens du fond font puifés, ou dans les Actes qui font la Loi des Parties, ou dans les Loix & Coutumes.

L'Ordonnance, voulant couper cours à la multiplicité des procedures, veut que l'on expofe cumulativement les moyens de forme & du fond dans fes défenfes, fans permettre qu'on les propofe féparément & dans differentes écritures ; fauf aux Juges à faire droit préalablement fur les exceptions & autres moyens de forme, s'ils font de nature à exiger une décifion préalable.

F O R M U L E

DES ACTES DE PROCEDURE

R E L A T I F S

AU PRESENT TITRE.

Aux Requêtes de l'Hôtel ou du Palais.

Extrait des Regiftres des Requêtes du Palais (*ou* de l'Hôtel) du . . . . Défaut faute de Défaut à . . . . Demandeur aux fins de fon Exploit . . . . . . comparoir (*ou* faute comparant par Me. . . . . fon Procureur. de défendre)

Contre . . . . Défendeur & Défaillant à faute de comparoir (*ou* de défendre) après que les délais de l'Ordonnance font expirés.

Délivré le . . . . . .

Minute de Sentence fur le profit du défaut.

Vû par la Cour le défaut faute de comparoir (*ou* de défendre) obtenu au Greffe des préfentations d'icelle par .... . Demandeur aux fins de fon Exploit en date du .... tendant à ce que .... comparant par Me.... fon Procureur. Contre .... Défendeur & Défaillant, faute de comparoir (*ou* de défendre.) Vû auffi la demande fur le profit dudit défaut, titres & pieces. Tout confideré, dit a été que la Cour déclare le défaut bien & dûement obtenu, & adjugeant le profit d'icelui, condamne le Défaillant .... & aux dépens dudit défaut & de tout ce qui a fuivi. ....

Exploit de fignifi- cation.

L'an .... (*de même qu'aux autres Exploits*) j'ai .... Huiffier .... fouffigné, fignifié & baillé copie à .... en fon domicile en parlant à .... de la Sentence rendue aux Requêtes du Palais (*ou* de l'Hôtel) par défaut faute de comparoir (*ou* de défendre) le .... à ce qu'il n'en ignore ; & en vertu de ladite Sentence fignée, fcellée & controllée, j'ai audit .... parlant comme deffus, donné affi- gnation à comparoir à la .... pardevant Noffeigneurs defdites Requêtes du Palais (*ou* de l'Hôtel) pour voir taxer les dépens adjugés par ladite Sentence, ainfi que de raifon, avec dépens, & déclaré que ledit Me.... occupera, & ai laiffé, parlant que deffus, copie, &c.

Requête d'oppofi- tion.

EXTRAIT des Régiftres des Requêtes du Palais (*ou* de l'Hôtel) du .....

Sur ce que Me.... Procureur de .... a requis qu'il plaife à la Cour recevoir ledit .... oppofant à la Sentence par défaut faute de comparoir (*ou* de défendre) furprife par .... le ..... & fignifiée le ..... faifant droit fur ladite oppofition, déclarer la procedure, fur laquelle ladite Sentence a été obtenue, nulle, au principal ordonner que les Parties en viendront au premier jour, & condamner ledit ..... aux dépens.

La Cour ordonne que les Parties en viendront au premier jour, & foit fignifié.

Collationné.

Sentence fur l'oppo- tion.

La Cour, du confentement du Défendeur, reçoit le défaillant oppofant à la Sentence par défaut faute de comparoir (*ou* de défendre) en réfondant néanmoins les dépens de contumace, & fourniffant de défenfes dans trois jours ; finon & à faute de ce faire, ordonne que lefdits frais feront taxés en la maniere accoutumée, condamne en outre ledit .... aux dépens de l'incident.

Acte d'occuper.

Me.... Procureur en la Cour ..... déclare à Me..... Procureur de .... qu'il a charge d'occuper pour ..... fur l'affignation à lui donnée aux Requêtes du Palais (*ou* de l'Hôtel) par Exploit du ..... à la requête dudit ..... fans aucune approbation préjudiciable, proteftant de nullité de tout ce qui pourroit être fait au préjudice des préfentes.

Sommation de four- nir de défenfes.

Me.... Procureur de ..... fomme Me..... Procureur de ..... de fournir de défenfes dans le jour contre la demande dudit ..... portée par fon Exploit du ..... finon protefte de lever fon défaut faute de défendre, & icelui faire juger en la maniere accoutumée, dont acte.

Défenfes.

Sieur ..... Défendeur.

Contre ...... Demandeur aux fins de fon Exploit du ...... tendant à ce que .....

Dit pardevant vous Noffeigneurs des Requêtes du Palais (*ou* de l'Hôtel) pour fins de non-recevoir & défenfes, que .....

Partant le Défendeur foutient qu'il y a lieu de déclarer le Demandeur non-recevoir & mal fondé dans fa demande , avec dépens.

Me..... Procureur de .....   *Avenir.*
déclare à Me..... Procureur de .....
que ..... prochain du matin (*ou* de relevée) il pourfuivra en la ..... Chambre
des Requêtes du Palais (*ou* de l'Hôtel) l'Audience de la caufe d'entre les Parties :
(*s'il y a un Avocat , ou ajoute :*) & que Me..... Avocat, eft chargé du fac, à ce
qu'il n'en ignore , dont acte.

Au Châtelet.

Pour ..... Demandeur.   *Cedule.*
Contre ..... Défendeur.
..... Procureur ..... le .....

Vû le défaut faute de comparoir obtenu au Greffe du Châtelet le ..... par   *Minute de Sentence*
Me..... Procureur de ..... Demandeur aux fins de l'Exploit fait à fa requête   *par défaut aux Ordon-*
le..... par ..... Huiffier en cette Cour , controllé à Paris le ..... & préfenté , *nances.*
tendant à ce que le Défendeur ci-après nommé foit condamné à lui payer la fomme
de..... contenu en fon billet qu'il feroit tenu de venir reconnoître , avec intérêts
& dépens. Contre ..... Défendeur & défaillant. Vû le billet & Exploit de demande
fufdatés ; oui le rapport de M. ..... Confeiller en cette Cour. Nous difons que
ledit défaut eft bon , bien & dûement obtenu ; & pour le profit condamnons le
défaillant à payer au Demandeur la fomme de ..... contenue en fon billet fufdaté
que nous avons tenu pour reconnu , aux intérêts de ladite fomme , fuivant
l'Ordonnance , & aux dépens ; ce qui fera executé fans préjudice de l'appel , &
foit fignifié.

Au premier jour à venir plaider à l'Audience du Parc Civil du Châtelet de   *Requête d'oppofition*
Paris par Me..... Procureur de ..... fur la requête de Me .... Procureur de ..... *formée dans la hui-*
à ce qu'il foit dit qu'il fera reçu oppofant à l'exécution de la Sentence furprife *taine de la fignifica-*
contre ledit ..... par défaut le ..... fignifié le ..... laquelle fera déclarée nulle ; *tion.*
que ledit ..... fera decharge des condamnations contre lui prononcées par ladite
Sentence , avec dépens , & aller en avant. Fait au Châtelet le .....

Au premier jour à venir plaider à l'Audience du Parc Civil du Châtelet de   *Requête d'oppofition*
Paris par Me.... Procureur de .... fur la requête de ..... Procureur de .... *formée hors la hui-*
à ce qu'il foit dit que ledit ..... aura lettres de ce qu'il interjette appel de la *taine.*
Sentence contre lui furprife par défaut le ..... fignifié le ..... & de la converfion
qu'il fait de fon appel en oppofition à ladite Sentence , laquelle fera déclarée
nulle , & en conféquence ledit ..... déchargé des condamnations contre lui
prononcées avec dépens , & aller en avant. Fait au Châtelet le ....

A la requête du Sr..... foit fignifié à Me..... Procureur de ..... que fur   *Acte d'occuper.*
l'exploit du ..... à lui donné à la requête dudit ..... il conftitue fon Procureur
Me..... dont acte.

A la requête de .... foit fommé Me..... Procureur de .... de fournir dans   *Sommation de four-*
le jour de defenfes par écrit fur la demande formée contre ledit ..... par   *nir de défenfes.*
Exploit du ..... finon fera pris jugement faute de défendre.

Le Sr..... Défendeur.   *Exceptions.*
Contre le Sr..... Demandeur.
Dit pour exceptions, qu'avant de pouvoir déduire fes moyens, le Demandeur doit

préalablement lui communiquer le prétendu billet qu'il dit avoir de lui, de la somme de . . . . . & ce, par la voye du Greffe, se reservant à dire & alleguer après ladite communication ce qui sera de raison ; & jusqu'à ce, soutient ledit sieur Demandeur non-recevable dans sa demande, avec dépens.

Réponses ausdites exceptions.

Le sieur . . . . . . Demandeur.
Contre . . . . Défendeur.
Dit, après avoir vû les exceptions signifiées le . . . . . que le sieur Défendeur n'a d'autre but que d'éloigner une condamnation inévitable, en demandant la communication de son billet, qui est le fondement de la demande contre lui formée ; cependant pour accélerer, ledit sieur Demandeur lui déclare qu'il a cejourd'huy fait metrre au Greffe de . . . . ledit billet, à ce qu'il ait à en prendre communication, sans déplacer dans le tems de l'Ordonnance ; sinon sera ledit billet retiré ; persévere au surplus dans les conclusions de sa demande, avec dépens.

Acte de dépôt & de remise.

Lettres à Me. . . . . . . Procureur de . . . . . . de ce qu'il a mis au Greffe un billet du sieur . . . . . . de la somme de . . . . au profit dudit . . . . . . pour être communiqué audit sieur. . . . . sans déplacer, & ledit billet a été rendu audit Me. . . . . . . après (*ou sans*) qu'il a été pris communication, dont acte *signé.*

Défenses.

Le sieur . . . .
Contre le sieur . . . . . . Demandeur aux fins de son exploit, tendant à ce que . . . .
Dit pour defenses à ladite demande . . . .
Ainsi à tous égards il y a lieu de soutenir ledit sieur Demandeur non-recevable & subsidiairement mal fondé dans sa demande dont il doit être debouté, avec dépens.

Avenir.

A la requête de . . . . . . soit sommé Me. . . . . Procureur de . . . . de comparoir . . . . à l'Audience du Parc Civil du Châtelet de Paris, pour plaider la cause des Parties, & signifié que Me. . . . . . Avocat, est chargé de la cause, dont acte,

TITRE VI.

DES FINS DE NON-PROCEDER.

LEs moyens de forme, connus dans le stile du Palais, sous la dénomination d'*exceptions*, sont d'une extrême importance dans l'ordre judiciaire ; puisque le plus-souvent ils empêchent l'effet
de

de la demande la plus juste en soi, & la mieux justifiée; c'est ce qui a donné lieu à ce proverbe : *La forme
emporte le fond.*

Nous admettons de trois sortes d'*exceptions ;*
sçavoir les *péremptoires*, les *dilatoires*, & les *déclinatoires.*

Les *exceptions péremptoires* sont celles qui, par
leur nature, périment & annéantissent l'action. De ce
nombre sont celles qui sont tirées du défaut de qualité
dans la personne du Demandeur, ou d'une supposi-
tion de qualité non existante dans celle du Défendeur.

Les *exceptions dilatoires* ont pour objet, non pas
de périmer l'action, mais seulement d'en différer
l'effet ; comme lorsqu'une personne est assignée en
qualité d'héritiere, & qu'elle excipe de ce que les
délais pour délivrer, ne sont point encore expirés.

Enfin les *exceptions déclinatoires* ou *fins de non-
proceder*, sont celles par lesquelles on prétend
n'avoir point été assigné dans un Tribunal compétent, & l'on demande en conséquence d'être renvoyé devant son Juge légitime. Ces dernieres
exceptions forment seules la matiere de ce Titre,
dans lequel le Législateur prescrit non-seulement la
procedure que l'on doit tenir devant les Juges
primitifs, pour y proposer son déclinatoire, mais
encore celle qui doit être observée en cause d'appel,
lorsqu'on n'a point obtenu en premiere Instance, le
renvoi que l'on se croyoit en droit de requerir.

F

ARTICLE PREMIER.

Défendons à tous nos Juges , comme auffi aux Juges Eccléfiaftiques & des Seigneurs , de retenir aucune Caufe , Inftance ou Procès dont la connoif-fance ne leur appartient ; mais leur enjoignons de renvoyer les Parties pardevant les Juges qui doivent en connoître , ou d'ordonner qu'elles fe pourvoiront , à peine de nullité des Jugemens ; & en cas de contra-vention , pourront les Juges être intimés & pris à partie. (a)

ARTICLE II.

Défendons auffi à tous nos Juges , fous les mêmes peines , & de nullité des Jugemens qui interviendront , d'évoquer les Caufes , Inftances & Procès pendans aux Siéges inférieurs , ou autres Jurifdictions , fous prétexte d'appel ou connexité , fi ce n'eft pour juger diffinitivement à l'Audience & fur le champ par un feul & même Jugement. (b)

ARTICLE III.

Enjoignons à tous nos Juges , fous les mêmes peines , de juger fommairement à l'Audience les renvois , incompétences & déclinatoires qui feront

---

» (a) Défendons à tous Juges pardevant lefquels les Parties tendront afin de proceder , de fe
» déclarer compétens , & denier le renvoi des caufes dont la connoiffance ne leur appartient
» par nos Edits & Ordonnances , fur peine d'être pris à partie , au cas qu'ils ayent ainfi jugé
» par dol , fraude ou concuffion ; ou que nos Cours trouvent qu'il y ait faute manifefte du
» Juge , par laquelle il doive être condamné en fon nom, *Ordon. de Blois* , Art. 147.
  » (b) Et pour le regard de nos Cours Souveraines , leur défendons , en procedant au Jugement
» des caufes d'appel , d'évoquer le principal de la matiere ; fi ce n'eft pour le vuider , & fur le
» champ. *Même Ordon. de Blois , Art. 149.*

requis & proposés, sous prétexte de litispendance, connexité ou autrement, sans appointer les Parties, lors même qu'il en sera déliberé sur le Registre, ni réserver & joindre au principal, pour y être préalablement ou autrement fait droit. (a)

Deux objets principaux font la matiere des trois Articles qui précédent, les *évocations* & les *renvois.*

Par rapport aux *evocations*, elles peuvent avoir lieu dans deux cas ; 1°. en cas de connexité ; 2°. en cas d'appel. Mais dans l'un & l'autre cas, l'Ordonnance ne permet de les mettre en usage, que pour juger sur le champ & définitivement à l'Audience.

En cas d'appel, & principalement lorsque cet appel est interjetté d'un Jugement qui a appointé, il ne paroît pas possible que l'on puisse s'écarter de la disposition de l'Ordonnance. Car ou l'affaire est décidée susceptible d'appointement par les Juges supérieurs, ou elle ne l'est pas. Si elle est décidée susceptible d'appointement, il faut en confirmant la Sentence renvoyer les Parties devant les premiers Juges sur le fond, parce que sans cela ce seroit les priver des émolumens qui peuvent leur être dûs par la suite. Si au contraire ils ont mal-à-propos appointé une cause qui n'étoit pas de nature à l'être, c'est alors aux Cours, en infirmant leur Sentence, à tirer tout d'un coup les Parties d'affaire, en évoquant le principal, & en le jugeant définitivement à l'Audience, conjointement avec l'appel de la Sentence d'appointement, & par un seul & même Arrêt. Mais il n'en est pas de même lorsque les evocations se font relativement à la connexité. La disposition de l'Ordonnance n'a pas été observée à la rigueur sur ce point, ni au Parlement, ni aux Requêtes du Palais, où l'on n'a jamais fait difficulté d'évoquer, & ensuite d'appointer une contestation, à cause de sa connexité avec une autre pendante dans le Tribunal. Et en effet, le bien des Peuples devant être le principe fondamental de toute Loi, n'est-il pas beaucoup plus avantageux aux Parties de ne plaider pour raison d'un même objet, qu'en une Jurisdiction, que d'être obligé d'essuyer autant de Procès & autant de Jurisdictions que cet objet peut avoir de branches différentes ? Et si l'affaire n'est point en elle-même susceptible de l'Audience, les Parties ne gagnent-elles pas beaucoup davantage à n'avoir qu'un seul & même Procès à instruire dans une même Jurisdiction, plûtôt que de se trouver dans la nécessité d'éprouver les frais ruineux d'autant d'appointemens qu'elles auront de parties de cette même affaire répandues dans divers Tribunaux ?

(a) Les fins de non-proceder seront jugées sommairement par nos Juges, sans appointer les Parties à mettre pardevers eux. *Ibidem*, *Art.* 154.

F ij

A l'égard des *renvois*, l'Ordonnance exige que les Juges les fassent, non-seulement quand ils en sont requis, mais encore d'office ; & lorsqu'il y a contestation devant eux pour raison de ce, entre les Parties, ils sont astraints à juger sommairement à l'Audience l'incident sur les exceptions déclinatoires qui leur sont proposées : disposition infiniment sage. Car rien n'est plus simple & plus sommaire en soi, que les exceptions déclinatoires ; elles procedent ou de l'incompétence de la Jurisdiction où l'on a fait assigner, ou du privilege de celui qui demande son renvoi devant le Juge de ce même privilege. On n'a jamais douté que le renvoi pour raison du privilege n'exigeât requisition ; parce qu'à défaut de requisition, le privilegié est censé avoir renoncé à son droit. Mais plusieurs ont prétendu que l'incompétence de la Jurisdiction ne se couvroit pas par le défaut de requisition des Parties, quand bien même elles auroient volontairement procedé devant le Juge incompetent, parce qu'elles ne sont point les maîtresses de se donner des Juges, & que les Jurisdictions sont de droit public. Cependant on se décide tous les jours au Parquet du Parlement dans les appels d'incompétence, par les fins de non-recevoir, lorsque les Parties ont reconnu la Jurisdiction, en y procedant. Le motif de cette Jurisprudence, c'est que, bien que dans l'ordre public il soit important de maintenir la balance entre les Jurisdictions, & d'empêcher qu'elles n'empietent les unes sur les autres ; cependant dans l'ordre particulier, & relativement aux Parties, il doit leur importer peu dans quel Tribunal elles soient jugées: & surtout lorsqu'elles ont reconnu ce Tribunal, en y procedant volontairement, elles sont censées n'avoir en vûe que de reculer une condamnation prochaine, en le récusant après-coup. C'est par une suite de ce même principe que, même dans les appels d'incompétence où l'on ne peut opposer aux Parties aucune reconnoissance du Tribunal inférieur, la Jurisprudence constante du Parquet, est, en infirmant la Sentence & en renvoyant devant les Juges compétens, de ne point adjuger les dépens à l'Appellant qui a réussi dans son appel d'incompétence, mais de réserver ces dépens en définitif, pour être supportés par celui qui succombera, comme y ayant indirectement donné lieu, en entreprenant ou en soutenant une contestation temeraire.

Avant de terminer ce qui concerne ces trois articles, il est encore quelques observations à faire sur les *prises à parties* qui y sont autorisées contre les Juges qui n'auroient fait renvoi des contestations dont ils ne sont pas compétens de connoître, & qui en auroient évoqué d'autres sans cause légitime, ou sans se conformer aux dispositions de la Loi pour les juger. Messieurs les Commissaires du Parlement, & surtout M. le Premier Président de Lamoignon, qui étoit à leur tête lors des Conférences qui se tinrent par ordre du Roi pour la rédaction de la présente Ordonnance, avoient réclamé avec force contre ces prises à parties, comme contraires à l'honneur de la Magistrature. Leurs vives représentations à cet égard n'eurent d'autre effet que de faire rayer des articles les Cours Superieures qui avoient été exposées à ces prises à parties comme les autres Juges, dans le projet de ces mêmes articles : mais les Juges inférieurs y demeurerent assujettis. Cependant le Parlement toujours attentif à conserver le lustre & la dignité des Juges inférieurs, & à ne point les exposer à des prises à parties témeraires, qui, même en ne réüslislant pas, laislent toujours une tache sur la réputation du Magistrat attaqué, le Parlement, disons-nous, a fait depuis l'Ordonnance différens Reglemens pour en temperer la rigüeur, & suivant lesquels il n'est point permis de prendre à partie un Juge, sans y avoir été préalablement autorisé par la Cour. Le dernier de ces Reglemens, en date du 4 Juin 1699, a été rendu, la Grand'Chambre & la Tournelle assemblées, sur le requisitoire de M. Daguesleau alors Avocat General, & depuis Chancellier, en confirmant un précédent Reglement de l'année 1693 ; il y est fait défenses à toutes personnes de quelqu'état & qualité qu'elles soient, de prendre à partie aucuns Juges, ni de les faire intimer en leur propre & privé nom sur l'appel des Jugemens par eux rendus, sans en avoir auparavant obtenu la permislion expreslément par Arrêt de la Cour, à peine de nullité des procedures, & de telle amende qu'il conviendra. Il y est de plus enjoint à tous ceux qui croiront devoir prendre des Juges à partie, de se contenter d'expliquer simplement, & avec la moderation convenable, les faits & les moyens qu'ils estimeront necessaires à la décision de leur cause, sans se servir de termes injurieux & contraires à l'honneur & à la dignité des Juges, à peine de punition exemplaire. L'Arrêt fut envoyé aux Baillages & Sénéchauslées du Reslort, pour y être registré. L'inobservation de ces Reglemens donna lieu à une contestation jugée en la Cour par Arrêt du 18 Août 1702. Un sieur Réal de Busly se qualifiant Avocat en la Cour, avoit obtenu du Lieutenant Criminel de Forests à Montbrison, une Ordonnance qui lui permettoit de prendre à partie le Juge Châtelain & le Procureur du Roi au Siége de Lavieu. Sur l'appel de cette Ordonnance, elle fut infirmée, avec défenses au Lieutenant Criminel de Montbrison, & à tous autres Juges du reslort, de permettre de prendre aucuns Juges à partie ; sauf aux Parties à se pourvoir en la Cour, pour en obtenir la permislion conformément aux Arrêts de Reglemens de 1693. & de 1699. qui seroient exécutés selon leur forme & teneur.

ARTICLE IV.

Les appellations de deni de renvoi & d'incompétence seront incessamment vuidées par l'avis de nos Avocats & Procureurs Generaux ; & les folles intimations & désertions d'appel, par l'avis d'un ancien Avocat dont les Avocats ou les Procureurs conviendront : & ceux qui succomberont, seront condamnés aux dépens , qui ne pourront être moderés , mais feront taxés par les Procureurs des Parties fur un fimple mémoire , fans frais & fans nouveau voyage.

ARTICLE V.

Dans les caufes qui fe vuideront par expédient ; la préfence du Procureur ne fera point neceffaire lorfque les Avocats feront chargés des pieces.

ARTICLE VI.

Les qualités feront fignifiées avant d'aller à l'expédient , & les prononciations rédigées & fignées auffi-tôt qu'elles auront été arrêtées.

ARTICLE VII.

En cas de refus de figner par l'Avocat de l'une des Parties , l'appointement fera reçû , pourvû qu'il foit figné de l'Avocat de l'autre Partie & du tiers , fans qu'il foit befoin de fommation , ni autre procedure.

ARTICLE VIII.

Les appointemens fur les appellations qui auront été vuidées par l'avis d'un ancien Avocat , ou par celui de nos Avocats & Procureurs Generaux , feront prononcés & reçûs en l'Audience fur la premiere fommation , s'il n'y a caufe légitime pour l'empêcher.

Les Articles précédens prefcrivent la forme dans laquelle on doit propofer & faire juger fes moyens d'incompétence en premiere Inftance: ces derniers Articles nous enfeignent la procedure que l'on doit tenir en caufe d'appel, lorfque les premiers Juges n'ont pas fait droit fur les fins déclinatoires, & ont retenu la conteftation ; c'eft ce que nous appellons *déni de renvoi* ou *appel d'incompétence.*

Ces fortes d'incidens étant, par leur nature, préliminaires au fond des contestations, & en retardant l'inftruction & le Jugement, nos Ordonnances anciennes & nouvelles ont toujours eu une attention finguliere pour en accélerer la décifion, par la brieveté des procedures. On ne peut rien de plus fommaire, que celle qui a lieu, fuivant notre Ordonnance, pour les appels d'incompétence ou dénis de renvoi. Après les préfentations & conftitutions refpectives des deux Parties qui a envie d'accélerer, fait fignifier à l'autre un appointement, avec fommation de le paffer. Trois jours au moins après, on fait une nouvelle fommation de comparoir au Parquet à un jour indiqué, pour y communiquer de la caufe à l'un de Meffieurs les Gens du Roi, dénommé dans la fommation.

Si les deux parties comparoiffent, on y plaide la caufe contradictoirement ; & celui de Meffieurs les Gens du Roi devant qui l'on a plaidé, écrit fur le doffier de celui qui a gagné fa caufe, la prononciation de l'Arrêt de fa propre main. On rédige enfuite un appointement dont le prononcé eft conforme à ce qui eft écrit fur le doffier. L'Avocat rapporte enfuite & le doffier & l'appointement rédigé à M. l'Avocat General, qui, après avoir collationné l'un & l'autre, raye ce qui eft écrit fur le doffier, & figne l'appointement.

Si au contraire l'une des Parties ne comparoît point, l'autre fait figner l'appointement par M. l'Avocat General. On le fait recevoir dans la forme qui fera ci-après expliquée. L'Arrêt de réception fignifié, on y peut former oppofition dans la huitaine. Mais fur cette oppofition Meffieurs les Gens du Roi font dans l'ufage de ne point figner l'appointement de débouté d'oppofition, qu'après avoir donné différens délais, à chacun defquels il faut renouveller les fommations. Lorfque la Partie défaillante n'en a point profité, l'appointement eft figné tant de M. l'Avocat General, que de l'Avocat de la Partie pourfuivante ; & on peut en pourfuivre la réception, tout de même que fi l'affaire avoit été plaidée contradictoirement.

Pour parvenir à cette réception d'appointement, la partie qui pourfuit, fait fignifier un avenir à cet effet en la Grand'Chambre, & l'appointement y eft reçû, fans aucun examen. Car quoique Meffieurs du Parquet femblent n'avoir en cette partie que voix confultative, (à s'en tenir à la forme de l'Arrêt) néanmoins leur décifion n'eft pas en ce point fujette à révifion; l'on ne peut pas remettre en queftion à la Chambre ce qu'ils ont décidé, fi ce n'eft pour des caufes bien extraordinaires. Cela eft fi vrai, qu'on n'eft pas même dans l'ufage de faire recevoir ces appointemens à l'Audience. Sur la jonction que l'on fait au Greffier de l'appointement figné, & de l'avenir, il en met l'Arrêt de réception fur la feuille du jour, & l'Arrêt eft expédié en conféquence.

Telle eft la forme de ce que l'on nomme au Palais affaires vuidées par *expédient*. Meffieurs du Parquet jugent encore de cette maniere les nullités d'affignations & autres incidens de procedure, ainfi que les autres affaires qui leur font renvoyées par la Chambre.

Les folles intimations & les défertions d'appel, doivent être jugées dans la même forme devant un ancien Avocat, aux termes de l'Ordonnance, Perfonne n'ignore que la folle intimation a lieu lorfqu'on a mis en caufe une Partie qui n'y devoit pas être appellée : & la défertion d'appel, lorfque l'Appellant, après avoir interjetté appel d'une Sentence, n'a pas relevé cet appel dans le délai prefcrit. Pour mettre cette défertion en état, il faut commencer par obtenir en Chancellerie des *Lettres* appellées de *défertion d'appel*. Mais comme cet incident fe borne toujours à faire convertir la demande en défertion d'appel, en anticipation ; pour éviter un circuit inutile, on aime beaucoup mieux prendre tout d'un coup le parti d'obtenir des lettres d'anticipation. Par ce moyen, on ne voit prefque plus au Palais d'incidens en défertion d'appel.

FORMULES

DES ACTES DE PROCEDURE

RELATIFS

AU PRESENT TITRE.

NOTA. *Ces formules ont trois objets, 1º. les* évocations *; 2º. les incidens d'incompétence, tant en premiere Inftance, qu'en caufe d'appel ; 3º. les folles intimations & défertion d'appel.*

Procedure pour faire évoquer une conteftation aux Requêtes du Palais ou de l'Hôtel.

Requête verbale lorfque la Partie adverfe demeure dans la Ville où Meffieurs des Requêtes tiennent leur Siége,

EXTRAIT des Regiftres des Requêtes du Palais (*ou* de l'Hôtel) du .... Sur ce que Me....... Procureur en la Cour & de .... a judiciairement remontré qu'il a été affigné à la requête de ..... en ...... par exploit du ..., pour fe voir condamner ...... (*expofer ici la nouvelle demande & la connexité avec celle pendante aux Requêtes*) & d'autant qu'il n'eft pas jufte que le Suppliant procede en deux Jurifdictions différentes pour raifon du même fait. A CES CAUSES, a ledit Me....... Procureur audit nom, requis & requiert qu'il plaife à la Cour, en conféquence de l'Inftance pendante en icelle, évoquer à elle la demande intentée contre ledit .... pardevant ...... par exploit dudit jour ..... ordonner que fur icelle, circonftances & dépendances, les Parties procederont en la Cour fuivant les derniers erremens ; faire défenfes au .... d'en plus connoître, & audit .... de faire pourfuites ailleurs qu'en la Cour, à peine de nullité, caffation

de

de procedure, cinq cens livres d'amende, & de tous dépens, dommages & intérêts ; fur quoi & après que ledit ..... a été appellé, & n'eft comparu ni Procureur pour lui, la Cour a contre lui donné défaut, & pour le profit ordonne que les Parties en viendront au premier jour, & foit fignifié.

EXTRAIT des Régiftres des Requêtes du Palais (*ou* de l'Hôtel) du ..... Défaut à ..... Demandeur aux fins de la requête verbale du..... à ce qu'il plaife à la Cour, en conféquence de l'inftance pendante en icelle, évoquer la demande formée contre ledit Demandeur en ..... par Exploit du ..... ce faifant qu'il fût ordonné que fur ladite demande les Parties procederoient en la Cour, fuivant les derniers erremens, avec défenfes audit Juge d'en plus connoître, & aux Parties de faire pourfuites & procedures ailleurs qu'en la Cour, à peine de nullité, caffation de procedures, cinq cens livres d'amende, & de tous dépens, dommages & interêts, comparant par Me..... fon Procureur. Contre ..... Défendeur & défaillant ; par vertu duquel la Cour, en conféquence de l'inftance pendante en icelle, a évoqué & évoque à elle la demande formée contre le Demandeur par le défaillant devant le ..... par Exploit dudit jour ..... ordonne que fur icelle les Parties procederont en la Cour, fuivant les derniers erremens ; fait défenfes audit Juge d'en plus connoître, & aux Parties de faire pourfuites & procedures ailleurs qu'en la Cour, à peine de nullité, caffation de procedures, cinq cens livres d'amende & de tous dépens, dommages & interêts, & fera la préfente Sentence executée, nonobftant oppofition ou appellation quelconque, & foit fignifié.

Sentence d'évocation fur la Requête ci-deffus.

A tous ceux qui ces préfentes Lettres verront ; les gens tenans les Requêtes du Palais (*ou* les Maîtres des Requêtes ordinaires de l'Hôtel du Roi) Salut ; fçavoir faifons, qu'entre ..... Demandeur, à ce qu'il plaife à la Cour, en conféquence de l'inftance pendante en icelle, évoquer la demande contre lui formée pardevant ..... par Exploit du ..... ce faifant il fut ordonné que fur icelle les Parties procederoient en la Cour fuivant les derniers erremens, avec défenfes audit Juge d'en connoître, à peine de nullité, caffation de procedures, cinq cens livres d'amende & de tous dépens, dommages & interêts, comparant par Me..... fon Procureur, & ..... Défendeur. Sur quoi & après que ledit Défendeur a été appellé & n'eft comparu, ni Procureur pour lui, la Cour a contre lui donné défaut, & pour le profit a évoqué & évoque à elle ladite demande, ordonne que fur icelle les Parties procederont en la Cour, fuivant les derniers erremens ; fait défenfes audit Juge d'en plus connoître, & aux Parties de faire pourfuites & procedures ailleurs qu'en la Cour, à peine de nullité, caffation de procedures, cinq cens livres d'amende, & de tous dépens, dommages & interêts ; & fera la préfente Sentence executée nonobftant oppofition ou appellation quelconque, & fans y préjudicier. Si mandons au premier Huiffier de la Cour, ou autre Huiffier ou Sergent Royal fur ce requis, mettre la préfente Sentence à exécution, felon fa forme & teneur. De ce faire lui donnons pouvoir. Donné à Paris fous le fcel defdites Requêtes, le.....

Sentence qui s'obtient fans Requête lorfque la Partie adverfe eft demeurante hors la Ville.

L'an mil fept cent ..... le ..... jour du mois de ..... à la requête de ..... demeurant à ..... pour lequel domicile eft élu en la maifon de Me..... fon Procureur, fife rue .... Paroiffe de .... j'ai, Huiffier ..... fouffigné, fignifié & baillé copie à ..... en fon domicile, rue ..... Paroiffe de ..... en parlant à ..... de la Sentence de Noffeigneurs des Requêtes ..... en date du ..... obtenue par ledit ..... à ce qu'il n'en ignore, & ai, en vertu d'icelle, & à la requête dudit ..... en parlant comme deffus, donné affignation audit ..... à comparoir à huitaine pardevant nofdits Seigneurs des Requêtes ..... pour proceder fur la demande évoquée par ladite Sentence, & en outre, comme de raifon, & déclaré que ledit Me.[i].... Procureur, occupera pour ledit ..... & ai laiffé, parlant comme deffus, copie, tant de ladite Sentence que du préfent.

Exploit de fignifi-cation.

G

Telle est la forme de ce que l'on nomme au Palais affaires vuidées par *expédient*. Messieurs du Parquet jugent encore de cette maniere les nullités d'assignations & autres incidens de procedure, ainsi que les autres affaires qui leur font renvoyées par la Chambre.

Les folles intimations & les défertions d'appel, doivent être jugées dans la même forme devant un ancien Avocat, aux termes de l'Ordonnance. Personne n'ignore que la folle intimation a lieu lorsqu'on a mis en cause une Partie qui n'y devoit pas être appellée : & la défertion d'appel, lorsque l'Appellant, après avoir interjetté appel d'une Sentence, n'a pas relevé cet appel dans le délai prescrit. Pour mettre cette défertion en état, il faut commencer par obtenir en Chancellerie des *Lettres* appellées *de défertion d'appel*. Mais comme cet incident se borne toujours à faire convertir la demande en défertion d'appel, en anticipation ; pour éviter un circuit inutile, on aime beaucoup mieux prendre tout d'un coup le parti d'obtenir des lettres d'anticipation. Par ce moyen, on ne voit presque plus au Palais d'incidens en défertion d'appel.

FORMULES

DES ACTES DE PROCEDURE

RELATIFS

AU PRESENT TITRE.

NOTA. *Ces formules ont trois objets,* 1°. *les évocations ;* 2°. *les incidens d'in-compétence, tant en premiere Instance, qu'en cause d'appel ;* 3°. *les folles intimations & défertion d'appel.*

Procedure pour faire évoquer une contestation aux Requêtes du Palais ou de l'Hôtel.

Requête verbale lorsque la Partie adverse demeure dans la Ville où Messieurs des Requêtes tiennent leur Siége,

EXTRAIT des Regiftres des Requêtes du Palais (*ou* de l'Hôtel) du . . . . Sur ce que Me. . . . . . Procureur en la Cour & de . . . . a judiciairement remontré qu'il a été affigné à la requête de . . . . . en . . . . . . par exploit du . . . . pour fe voir condamner . . . . . . (*expofer ici la nouvelle demande & la connexité avec celle pendante aux Requêtes*) & d'autant qu'il n'eft pas jufte que le Suppliant procede en deux Jurifdictions différentes pour raifon du même fait. A CES CAUSES, a ledit Me. . . . . . Procureur audit nom, requis & requiert qu'il plaife à la Cour, en conféquence de l'Inftance pendante en icelle, évoquer à elle la demande intentée contre ledit . . . . pardevant . . . . . par exploit dudit jour . . . . . ordonner que fur icelle, circonftances & dépendances, les Parties procederont en la Cour fuivant les derniers erremens ; faire défenfes au . . . . . . d'en plus connoître, & audit . . . . . . de faire pourfuites ailleurs qu'en la Cour, à peine de nullité, caffation

de

Congé défaut à . . . . . Défendeur en principal & Demandeur en renvoi , fuivant fes fins déclinatoires , fignifiées le . . . . . comparant par Mes. . . . . fes Avocat & Procureur. Contre . . . . Demandeur en principal aux fins de . . . . & Défendeur en renvoi & défaillant ; par vertu duquel la Cour a renvoyé & renvoye la connoiffance de la caufe dont eft queftion , pardevant . . . . . pour y proceder fuivant les derniers erremens , condamne le défaillant aux dépens , & foit fignifié.

Sentence par défaut contre le Demandeur en principal.

Caufe d'Appel.

Entre . . . . Appellant comme de Juge incompétent de la Sentence rendue en . . ., le . . . . . d'une part , & . . . . . intimé d'autre part. Après que Me. . . . . Avocat de l'Appellant , & Me. . . . . Avocat de l'Intimé , ont communiqué de la caufe , appointé eft , oui ce fur ce . . . . . pour le Procureur Général du Roi , que la Cour a mis & met l'appellation & ce dont eft appel au néant , émendant , pour faire droit fur la demande formée par l'Appellant contre l'Intimé , a renvoyé les Parties pardevant . . . . . . condamne l'Intimé aux dépens des caufes tant principales que d'appel ; (*& fi c'eft au contraire l'Intimé qui offre l'appointement*) , la Cour a mis & met l'appellation au néant , ordonne que ce dont eft appel fortira fon plein & entier effet , condamne l'Appellant en l'amende & aux dépens.

Appointement offert.

Me. . . . . Procureur en la Cour , & de . . . . . fomme Me. . . . . Procureur de . . . . de figner & paffer l'appointement à lui ce jourd'hui offert & fignifié , dont acte.

Sommation.

Me. . . . Procureur de . . . . fomme Me. . . . Procureur de . . . . de faire trouver le . . . . au Parquet de Meffieurs les Gens du Roi , fon Avocat , pour y communiquer de la caufe d'entre les Parties à M. . . . . Avocat Général , avec Me. . . . . Avocat de . . . . finon protefte de communiquer , tant en préfence qu'abfence , & de faire parapher l'appointement à lui ci-devant offert & fignifié , & d'en pourfuivre la reception en la manière accoutumée , dont acte.

Autre fommation.

Entre . . . . . Demandeur en Requête du . . . . . afin d'oppofition à l'Arrêt obtenu par défaut par le Défendeur ci-après nommé , le . . . . d'une part. Et . . . . Défendeur d'autre part. Après que Me. . . . . Avocat dudit Défendeur a communiqué de la caufe à Meffieurs les Gens du Roi. Appointé eft , que la Cour , oui fur ce . . . . . pour le Procureur Général du Roi , a débouté le Demandeur de fon oppofition , & l'a condamné aux dépens.

Appointement fur oppofition.

Entre . . . . Appellant comme de Juge incompétent de la Sentence rendue en . . . . le . . . . . d'une part , & . . . . . Intimé d'autre part ; après que . . . . . Avocat de l'Appellant , & . . . . . Avocat de l'Intimé , ont communiqué de la caufe d'entre les Parties ; appointé eft que (*tranfcrire le difpofitif conformément à celui écrit fur l'un des doffiers des Parties de la main de M. l'Avocat General.*)

Appointement rédigé en conféquence de la décifion du Parquet.

Me. . . . . Procureur de . . . . . déclare à Me. . . . . Procureur de . . . . . que . . . . . prochain du matin , il pourfuivra en l'Audience de la Grand'Chambre la reception de l'appointement réfolu au Parquet de Meffieurs les Gens du Roi , à ce qu'il n'en ignore , dont acte.

Avenir pour la reception de l'appointement.

Procedure fur la défertion d'appel & la folle intimation.

L o u i s , par la grace de Dieu , Roi de France & de Navarre , au premier notre Huiffier ou Sergent fur ce requis. Salut ; de la Partie de . . . . . Nous te

Lettres de défertion d'appel.

mandons affigner à certain & compétent jour en ..... pour voir déclarer l'appel par lui interjetté par acte du .... de la Sentence rendue au ..... le ..... nul & défert, faute par lui de l'avoir relevé dans le tems porté par l'Ordonnance , & proceder en outre comme de raifon , & déclarer que Me..... Procureur en ladite Cour , occupera pour l'expofant. De ce faire te donnons pouvoir. Car tel eft notre plaifir. Donné en notre Chancellerie du Palais à Paris , &c.

Appointement fur la défertion.

Entre ...... Demandeur aux fins de la Commiffion obtenue en Chancellerie ; le ..... tendante à ce que l'appel interjetté par le Défendeur ci - après nommé de la Sentence contre lui rendue en la Juftice de ..... fût déclaré nul & défert , faute d'avoir été relevé dans le tems de l'Ordonnance , & qu'en conféquence il fût ordonné que ladite Sentence foit executée felon fa forme & teneur , & le Défendeur condamné en l'amende & aux dépens , d'une part ; & ..... Défendeur d'autre part ; après que ..... Procureur du ..... Demandeur , & ..... Procureur de .... Défendeur , ont communiqué de la caufe à .... ancien Avocat, convenu entre les Parties , & par fon avis, demeuré d'accord de l'appointement qui fuit ; appointé eft que la Cour a déclaré ledit appel nul & défert , faute de l'avoir relevé dans le tems de l'Ordonnance ; en conféquence ordonne que ladite Sentence fera executée felon fa forme & teneur , condamne le Défendeur en l'amende & aux dépens. *L'on fait fignifier cet appointement avec une fommation de le paffer ; & quand les Procureurs des Parties font convenus d'un Avocat , les qualités de l'appointement font les mêmes que celles ci - deffus ; mais le difpofitif eft toujours ainfi qu'il fuit :* la Cour a converti la demande en défertion d'appel , en anticipation , ordonne que les Parties procederont en icelle en la maniere accoutumée , condamne la Partie de ..... aux dépens de l'incident.

Appointement fur la folle intimation.

Entre .... Appellant d'une Sentence rendue en .... le .... d'une part , & .... Intimé d'autre part ; après que Me..... Procureur de l'Appellant , & Me.... Procureur de l'Intimé , ont communiqué de la caufe à Me.... ancien Avocat , convenu entre les Parties , & par fon avis demeuré d'accord de l'appointement qui fuit. Appointé eft que la Cour a déclaré la Partie de ..... follement intimé , & le renvoye de l'intimation avec dépens.

T I T R E   V I I.

DES DELAIS POUR DELIBERER.

QUoiQUE, d'après la régle *le mort faifit le vif,* celui qui a droit de fucceder à un autre , foit faifi par la loi de toute la fucceffion du défunt , dès l'inftant même du décès , cependant il eft un autre principe qu'il faut concilier avec le premier ; c'eft celui-ci , *n'eft héritier qui ne veut.* En conféquence il eft permis à tout héritier préfomptif de renoncer à la fucceffion que là Loi lui défere, ou de l'accepter. Il peut faire cette acceptation de deux manieres ; ou *purement & fimplement*, lorfqu'il croit être fûr que le bénéfice n'excedera point les charges ; ou *par bénéfice d'inventaire*, lorfqu'il a lieu de craindre que les charges n'excedent le bénéfice.

Mais pour mettre l'héritier préfomptif à portée d'accepter la fucceffion, ou d'y renoncer en con-noiffance de caufe, il étoit néceffaire de lui donner un tems fuffifant, pour prendre à cet égard les éclairciffemens néceffaires ; ce qui ne fe peut faire que par un bon & fidéle inventaire qui puiffe faire la balance des forces & des charges de la fucceffion.

C'eft pour fixer ce tems, & empêcher que l'héritier préfomptif ne puiffe être pourfuivi pour les dettes & autres charges de la fucceffion, avant que d'avoir pû prendre les inftructions néceffaires pour fe déter-miner, que le Légiflateur a inferé dans l'Ordon-nance les difpofitions qui compofent le préfent Titre.

ARTICLE PREMIER.

L'héritier aura trois mois depuis l'ouverture de la fucceffion pour faire inventaire, & quarante jours pour déliberer ; & fi l'inventaire a été fait avant les trois mois, le délai de quarante jours commencera du jour qu'il aura été parachevé.

Aucune Loi Françoife, avant notre Ordonnançe, n'avoit pourvû à donner à l'héritier préfomptif un délai compétent pour examiner les forces de la fucceffion. Nous avons emprunté le droit de déliberer des Romains qui l'avoient introduit parmi eux, autant pour l'intérêt des •

défunts, que pour celui des héritiers ; pour l'interêt des défunts, afin qu'il se trouvât des héritiers attirés par la liberté de prendre connoiffance de l'état de la succeffion, avant que de s'y engager, & que par ce moyen leur succeffion ne fût point abandonnée, ce qui étoit un deshonneur très-grand chez les Romains ; ce droit de déliberer avoit auffi pour but principalement l'interêt des héritiers, afin qu'ils ne priffent point précipitamment & fans examen une qualité qui pourroit avoir pour eux des fuites ruineufes.

Mais ce droit de déliberer n'avoit lieu qu'autant qu'il étoit demandé. A cet effet l'héritier *ab inteftat* ou teftamentaire, s'adreffoit au Magiftrat, qui, fur fa requifition, lui accordoit un délai pour déliberer ; & ce délai ne pouvoit être moindre que de cent jours : *pauciores centum dierum non funt dandi*, porte la Loi feconde au digefte *de jure delib*. Il eft vrai que dans l'ancien droit ceux qui inftituoient des héritiers, pouvoient fixer par leur teftament un certain tems pour déliberer, paffé lequel l'héritier, qui n'avoit point accepté la succeffion, en étoit privé. Mais ce pouvoir fut ôté aux Teftateurs par la Loi 17. au Code *de jure delib*.

Notre Ordonnance, en adoptant le fond des difpofitions des Loix Romaines à cet égard, s'en eft néanmoins écartée dans plufieurs points effentiels.

1°. Le délai eft parmi nous fixé pour fa quotité, & ne dépend pas de l'arbitrage du Juge, comme chez les Romains ; il eft de trois mois & de quarante jours en fus, tant pour faire inventaire que pour déliberer ; avec ce correctif néanmoins que fi avant les trois mois l'inventaire fe trouvoit parachevé, les quarante jours pour déliberer commenceront à courir du jour de la confection définitive de l'inventaire.

2°. Ce même délai eft de droit par notre Ordonnance, & n'a pas befoin d'être requis, comme les Loix Romaines fembloient l'exiger.

ARTICLE II.

Celui qui aura été affigné comme héritier en action nouvelle ou en reprife, n'aura aucun délai de déliberer, fi avant l'échéance de l'affignation, il y a plus de quarante jours que l'inventaire ait été fait en fa préfence, ou de fon Procureur, ou lui dûement appellé.

ARTICLE III.

Si, au jour de l'échéance de l'assignation, les délais de trois mois pour faire inventaire, & quarante jours pour déliberer, n'étoient expirés, il aura le reste du délai, soit pour proceder à l'inventaire, soit pour faire sa déclaration ; & s'ils étoient expirés, encore que l'inventaire n'ait point été fait, ne sera accordé aucun délai pour déliberer.

ARTICLE IV.

S'il justifie néanmoins que l'inventaire n'ait pû être fait dans les trois mois, pour n'avoir eu connoissance du décès du défunt, ou à cause des oppositions ou contestations survenues, ou autrement, il lui sera accordé un délai convenable pour faire l'inventaire, & quarante jours pour déliberer ; lequel délai sera réglé en l'Audience, & sans que la cause puisse être appointée.

Ce seroit s'abuser que de penser que le délai marqué par l'Ordonnance pour faire inventaire & pour déliberer, fût tellement fatal, que, ce délai une fois expiré, l'héritier présomptif dût être irrévocablement regardé comme ayant accepté la succession, ou comme y ayant renoncé. Tant qu'un héritier présomptif n'a fait aucun acte d'héritier, & qu'il n'a point été forcé judiciairement de prendre qualité, il peut pendant trente ans accepter ou renoncer à son gré A quoi donc peut tendre ce délai fixé par notre Ordonnance, pour faire inventaire & pour déliberer ? Premierement, à donner à l'héritier présomptif un tems suffisant pour n'accepter ou ne renoncer qu'en connoissance de cause : secondement, à le forcer, après l'expiration de ce délai, de prendre qualité, lorsqu'il en est requis en Justice par les créanciers de la succession, ou ceux qui y ont quelque action à exercer contre elle. Ainsi donc ce délai a pour objet principal de donner un terme fixe & certain aux exceptions dilatoires que forment les héritiers présomptifs, quand ils font affignés, foit en reprife, foit par nouvelle action, fous prétexte qu'ils n'ont pû encore fe déterminer fur la qualité qu'ils doivent prendre, faute de notions fuffifantes des forces de la fucceffion.

Cela pofé, faifons-en l'application aux trois Articles qui précedent. L'Ordonnance y fuppofe deux cas ; ou le délai de quarante jours pour déliberer, après la confection entiere de l'inventaire, eft expiré, lorfque l'héritier préfomptif eft affigné en reprife ou en nouvelle action ; ou ce délai n'eft point expiré.

Si le délai eft expiré, on ne peut le proroger, foit que l'inventaire ait été fait, foit qu'il n'ait pas été fait ; parce que dans ce dernier cas, c'eft à l'héritier à s'imputer fa négligence de n'avoir pas profité du terme légal pour fe mettre en régle. Il y a cependant à cela une exception qu'autorife l'Ordonnance, & qui dérive de l'équité naturelle. Comme la Loi, en fixant un délai, a fuppofé qu'il ne fe rencontreroit aucun obftacle légitime qui empêcheroit l'héritier préfomptif d'en faire ufage, s'il juftifie qu'il eft furvenu quelque obftacle légitime, comme oppofitions, conteftations, ou autres de cette nature, ou bien qu'il n'a point eu connoiffance de la mort du défunt ; c'eft alors au Juge à péfer toutes ces circonftances, & à lui accorder une prolongation de délai, s'il y a lieu. Mais cet incident ne roulant que fur une exception dilatoire, qui eft fommaire de fa nature, il doit être décidé à l'Audience, fans que la caufe puiffe fur cela être appointée.

ARTICLE V.

La veuve qui fera affignée en qualité de commune ; aura les mêmes délais pour faire inventaire & déliberer, que ceux accordés ci-deffus à l'héritier, & fous les mêmes conditions.

Comme le Droit Romain n'admet point la communauté entre mari & femme, on n'y peut trouver aucune trace du délai de déliberer que notre Article accorde à la veuve commune.

Dans notre Droit François, il y a quelques Coutumes qui ne donnent aucun délai à la veuve commune pour accepter la communauté ou y renoncer. La Coutume de Vitry entr'autres porte que *la Veuve voulant renoncer à la communauté, fera tenue, dès lors du décès, d'en faire fa déclaration, & de mettre fa ceinture & fes clefs fur la foffe.*

On a pourtant cru dans l'ufage devoir accorder à la Veuve quelque délai pour fe déterminer. Mais la quotité de ce délai n'étoit rien moins qu'uniforme dans les Tribunaux. Au Parlement & aux Requêtes du Palais, on donnoit avant l'Ordonnance à la veuve quarante jours

pour

pour délibérer, & huitaine de confeil. Au Châtelet on lui donnoit trois quinzaines : la premiere commençoit à courir du jour de l'appointement, qui portoit qu'*elle feroit déclarée commune, fi elle ne faifoit fa déclaration fauf quinzaine.* Cette premiere quinzaine expirée, on laiffoit courir la feconde & enfuite la troifiéme ; après l'expiration de laquelle le Juge prononçoit qu'il jugeroit, fi la veuve ne donnoit fa déclaration ; de telle forte qu'il falloit plus de deux mois avant que l'on pût obliger la veuve de donner fa déclaration.

C'eft pour faire ceffer cette varieté, & rendre déformais le délai uniforme à cet égard, qu'eft intervenu le préfent Article. Le Legiflateur y a confideré que la veuve commune, lorfqu'elle eft affignee pour des dettes de la communauté, eft précifément dans le même cas que l'héritier. Ignorant ordinairement les forces de la communauté, dont le mari eft feul le maître tant qu'elle dure, jufqu'à ce qu'un bon & fidele inventaire les lui ait apprifes, elle eft dans une égale impuiffance de s'expliquer fur la qualité qu'elle doit prendre, jufqu'après la perfection de l'inventaire. C'eft donc avec jufte raifon que notre Loi lui accorde les mêmes delais qu'à l'héritier, foit pour faire inventaire, foit pour délibérer. Elle rifqueroit pourtant beaucoup moins que l'héritier, à prendre qualité inconfidérément. Car elle ne pourroit jamais être tenue au-delà de ce qu'elle amenderoit dans la communauté. Au lieu que l'héritier eft tenu indéfiniment, à moins qu'il n'ait pris la précaution fage de n'accepter la fucceffion que fous bénéfice d'inventaire. Pour pouvoir le faire, il a befoin en Pays Coutumier de Lettres du Prince à cet effet, qu'il faut enfuite faire enthériner par le Juge du lieu où la fucceffion eft ouverte. Ces Lettres font inutiles en Pays de Droit Ecrit. Un bon & fidéle inventaire & la déclaration de l'héritier y fuffifent.

Avant que de terminer ce Titre, il ne fera pas hors de propos de rendre compte d'un Arrêt de Réglement donné par le Parlement fur le réquifitoire des Gens du Roi, le 8 Juin 1693. pour la confection des inventaires : voici ce qui donna lieu à ce Réglement. On toleroit depuis long-tems au Châtelet, & dans les autres Juftices du Reffort de la Cour, un ufage très-abufif, qui confiftoit dans la permiffion que les Juges donnoient de lever les fcellés, incontinent après leur appofition dans les maifons de ceux qui décedoient. Par ce moyen l'inventaire fe trouvoit clos & parfait, avant que les créanciers ou autres intereffés puffent former leur oppofition, fouvent même avant que l'on eût connoiffance dans le voifinage de la mort du défunt. Pour arrêter déformais le cours de cet abus, la Cour fit défenfes à tous Juges, Commiffaires & Notaires du Reffort, de proceder à la levée des fcellés & confection des inventaires, & à tous Procureurs de les requerir & d'y affifter, que vingt-quatre heures après les enterremens faits publiquement des corps des défunts, à peine de nullité des inventaires, d'interdiction & de cent livres d'amende contre les Commiffaires, Notaires & Procureurs.

H

FORMULES

DES ACTES DE PROCEDURE

RELATIFS

AU PRESENT TITRE.

Procès-verbal d'ap- position de scellés.	L'AN mil sept cent ..... le ..... pardevant Nous ..... Conseiller du Roi , Commissaire au Châtelet de Paris , est comparue (*lorsque c'est la veuve qui provoque le scellé*) Demoiselle ..... veuve du Sieur .... laquelle Nous a dit que ledit Sieur ..... son mari est décédé le ..... & qu'ayant des reprises à exercer contre sa succession , elle a interêt de faire apposer le scellé sur les effets par lui délaissés ; à l'effet de quoi elle nous requiert qu'il nous plaise nous transporter à l'heure présente en la demeure où ledit Sieur .... est décédé , rue .... auquel requisitoire adhérant , nous nous sommes transportés à l'instant en ladite maison susdéclarée , & y avons procedé à l'apposition de nos scellés , & à la description de ce qui s'est trouvé en évidence , ainsi qu'il suit.

Premierement , &c.

Qui sont tous les lieux & effets à nous indiqués par ladite Demoiselle ..... après serment par elle fait devant Nous , qu'elle n'en a point caché ni détourné , & qu'elle n'a point connoissance qu'il ait été caché ni diverti aucuns desdits meubles & effets ; tous lesquels meubles & effets ci-dessus décrits , & nos scellés sains & entiers , nous avons laissé en la garde & possession de ladite Demoiselle.... laquelle s'est du tout volontairement chargée , comme dépositaire de biens de Justice , & a promis les représenter quand elle en sera requise , & à qui il appartiendra , & a signé.

Opposition aux scel- les sur le procès-ver- bal du Commissaire.	Et le ..... est comparu en notre Hôtel & pardevant Nous Sieur ..... lequel nous a dit qu'il est opposant , comme de fait il s'oppose par ces présentes à la reconnoissance & levée de nos scellés , pour être payé sur le prix desdits meubles & effets , de la somme de .... à lui dûe par ladite succession , & pour les autres causes & raisons qu'il déduira en tems & lieu , & a élu son domicile en la maison de Me.... Procureur au Châtelet , sise rue .... Paroisse de .... & a signé.

Autre opposition faite par Exploit.	L'an mil sept cent .... à la requête de .... demeurant .... qui a élu son domicile en la maison de Me.... Procureur au Châtelet , sise rue .... & Paroisse de .... j'ai .... soussigné déclaré à Me.... Commissaire au Châtelet de Paris , demeurant .... en parlant à .... que ledit Sieur .... est opposant , comme de fait il s'oppose par ces présentes à la reconnoissance & levée des scellés apposés par ledit Sieur Commissaire sur les effets délaissés après le décès de ..... pour les causes & raisons à déduire en tems & lieu ; protestant de nullité de tout ce qui pourroit être fait au préjudice des présentes , autrement qu'en la présence dudit opposant , ou lui dûement appellé ; auquel Commissaire , parlant comme dessus , j'ai laissé copie du présent Exploit.

A M. le Lieutenant Civil.

Requête afin de main-levée d'un scellé.

S. h...... veuve du Sieur.... Qu'il vous plaise, Monsieur, lui permettre de faire proceder à la levée des scellés apposés à sa requête par le Commissaire.... sur les effets délaissés après le décès dudit défunt son mari, & ensuite être procedé à l'inventaire & description de ce qui se trouvera sous iceux en évidence, les interessés présens ou dûement appellés ; & en cas d'absence, en présence du Subsitut de M. le Procureur du Roi. Et vous serez justice.

Ordonnance au bas de la Requête.

Permis de faire lever lesdits scellés par le Commissaire qui les a apposés, les interessés présens ou dûement appellés, & en cas d'absence, en présence du Subsitut de M. le Procureur du Roi. Fait ce....

Ordonnance du Commissaire pour assigner les opposans.

De l'Ordonnance de Nous....Conseiller du Roi, Commissaire au Châtelet ; Vous....le premier Huissier sur ce requis, à la requête de....pour laquelle domicile est élû en la maison de Me....Procureur au Châtelet, sise rue..... Paroisse de....sommez & donnez assignation à tous les particuliers qui vous seront indiqués, opposans à la levée & reconnoissance de nos scellés par Nous apposés sur les effets délaissés après le décès dudit Sieur....à comparoir le.. . heures....en la maison où est décédé ledit Sieur....sise rue....Paroisse de.... pour, en exécution de l'Ordonnance de M. le Lieutenant Civil étant au bas de la requête du.. . & de notre Ordonnance. être présens, si bon leur semble, à la reconnoissance & levée de nos scellés & à l'inventaire, prisée & description de ce qui se trouvera sous iceux en évidence ; leur déclarant que faute d'y comparoir, il y sera procedé, tant en absence que présence, & qu'en cas d'absence, il y sera appellé l'un des Subsituts de M. le Procureur du Roi, aux frais & dépens de qui il appartiendra. De ce faire vous donnons pouvoir. Fait & délivré en notre Hôtel, ce....& scellé le....

On assigne en conséquence tous les opposans, conformément à l'Ordonnance ci-dessus.

Procès-verbal de levée de scellés.

Et le....heure de....après qu'il nous est apparu de l'original de l'assignation donnée par.....en date du....en vertu de notre Ordonnance donnée en conséquence de celle de M. le Lieutenant Civil, étant au bas de la requête à lui présentée & mise en nos mains, Nous, Commissaire susdit, nous sommes transportés en la maison où ledit Sieur....est décédé, où étant est comparue ladite veuve.... assistée de Me.... son Procureur, laquelle a requis qu'il soit par Nous procedé à la reconnoissance & levée de nos scellés, & inventaire & description être faites par Me.... Notaire au Châtelet de Paris, & la prisée par....Huissier-Priseur ; le tout à la conservation des droits & actions de ladite veuve, & sauf à elle à prendre ci-après, telle qualité qu'elle jugera à propos, accepter la communauté ou y renoncer, s'il y échet, après qu'elle aura eu communication dudit inventaire, & a élû son domicile en la maison de Me....sise rue....Paroisse.... & a signé.

S'il y a des enfans mineurs, on ajoûte : est aussi comparu le Sieur....au nom & comme subrogé Tuteur aux enfans mineurs dudit défunt Sieur....& de ladite Demoiselle.....sa veuve, assisté de Me....son Procureur, lequel nous a dit qu'il consent pareillement qu'il soit par Nous procedé à la reconnoissance & levée de nos scellés, à l'inventaire, prisée & estimation d'iceux, & description par les Officiers ci-dessus nommés, à la conservation des droits & actions desdits mineurs, & sauf à prendre ci après par telle qualité qu'il sera arrêté entre leurs parens, & après toutefois qu'il aura eu communication dudit inventaire, dont il nous a requis acte, & a élû son domicile en la maison dudit Me....Procureur, sise rue....Paroisse....& a signé.

Eſt comparu pareillement Me.... Procureur au Châtelet , & du Sieur .... lequel nous a dit que les cauſes d'oppoſition dudit Sieur.... ſont afin d'être payé d'une ſomme de .... à lui dûe par ledit défunt portée dans .... n'empêchant neanmoins qu'à la charge de ſon oppoſition , il ne ſoit par Nous procedé à la reconnoiſſance & levé de noſdits ſcellés , inventaire & deſcription de ce qui ſe trouvera ſous iceux en évidence par les Officiers ci-deſſus nommés ; & a ledit Sieur ...... oppoſant , élû domicile en la maiſon dudit Me.... Procureur , rue.... Paroiſſe .... & a ſigné.

Les oppoſans expliquent ainſi ſucceſſivement les cauſes de leur oppoſition. Mais il n'y a que le Procureur le plus ancien des oppoſans qui reſte pour aſſiſter à toutes les vacations du ſcellé , avec le Procureur de la veuve & celui des héritiers. Il faut pourtant obſerver que ſi la Partie du plus ancien Procureur n'a pas un titre en forme exécutoire , il eſt exclu par un autre , quoique plus moderne , mais qui ſeroit muni de pieces exécutoires. : cette ancienneté & cette préférence ſe réglent à la premiere vacation.

Sur quoi , Nous Conſeiller du Roi , Commiſſaire ſuſdit , avons auſdites Parties donné acte de leurs comparutions , dires , requiſitions & proteſtations ; en conſéquence ſera procedé à la reconnoiſſance de noſdits ſcellés & à l'inventaire , priſée & deſcription par les Officiers ci-deſſus nommés.

Et à l'inſtant avons reconnu ſains & entiers , levé & ôté les ſcellés par nous appoſés ſur une armoire étant dans la chambre où eſt décedé ledit défunt , dont l'ouverture ayant été faite , a été procedé à l'inventaire de ce qui s'y eſt trouvé.

Plus avons reconnu ſains & entiers , levé & ôté les ſcellés par nous appoſés ſur un cabinet , &c.

On continue ainſi la reconnoiſſance de tous les ſcellés énoncés dans le procès-verbal d'appoſition de ſcellés.

Et après qu'il a été vaqué juſqu'à .... & qu'il ne reſte plus rien à inventorier ; du conſentement de toutes les Parties , les meubles meublans , linge , argenterie , vaiſſelle & uſtanciles de menage , ont été laiſſés en la garde & poſſeſſion de ladite Demoiſelle veuve .. . laquelle s'en eſt volontairement chargée comme dépoſitaire de biens de Juſtice , a promis le tout repréſenter , quand elle en ſera requiſe ; & à l'égard des titres & papiers inventoriés , ils ont été , auſſi du même conſentement des Parties , mis ès mains de ladite veuve qui s'en eſt volontairement chargée , & promis les repréſenter quand elle en ſera requiſe ; & a ſigné avec leſdites Parties comparantes.

S'il ſe trouve ſous les ſcellés un teſtament olographe , le Commiſſaire , 'après en avoir fait mention dans ſon procès-verbal , eſt obligé de le porter chez M. le Lieutenant Civil , & il ajoute à cet égard dans ſon procès-verbal général , un procès-verbal particulier dans la forme qui ſuit : & ledit jour .... heure de .... Nous Conſeiller-Commiſſaire ſuſdit , nous ſommes tranſportés en l'hôtel de M. le Lieutenant Civil , auquel ayant fait rapport de ce que deſſus , & repréſenté le paquet en queſtion , dans une enveloppe ſur laquelle ſont écrits ces mots : *ceci eſt mon teſtament olographe* ; ladite repréſentation faite en préſence de Me.... Procureur de la Demoiſelle veuve .... de Me..... Procureur de ..... leſquels Procureurs ont été entendus par M. le Lieutenant Civil.

M. le Lieutenant Civil a fait ouverture dudit paquet , dans lequel s'eſt trouvé le teſtament holographe dudit défunt écrit ſur ..... feuilles de papier non timbré commençant par ces mots .... & finiſſant par ces autres mots .... chacune deſquelles pages a été paraphée par premiere & derniere , & l'enveloppe auſſi paraphée & le blanc bâtonné ; le tout par M. le Lieutenant Civil qui a ordonné que ledit teſtament avec l'enveloppe qui a été remiſe , ſeroient par Nous dépoſés pour minute ès mains de Me.... Notaire , pour par lui être délivré les expéditions néceſſaires à qui il appartiendra , & la préſente Ordonnance exécutée , nonobſtant & ſans préjudice de l'appel. Signé ....

Suivant , & au déſir de ladite Ordonnance , Nous Conſeiller-Commiſſaire ſuſdit , nous ſommes tranſportés le .... en l'étude dudit Me... Notaire au Châtelet , ſiſe rue .... auquel ayant fait lecture de l'Ordonnance ci-deſſus , lui avons délivré &

mis ès mains le teftament & enveloppe expliqués en ladite Ordonnance ; defquelles pieces ledit Me.... Notaire , s'eft chargé pour être mifes au rang de fes minutes , & en délivrer expédition à qui il appartiendra ; defquelles pieces Nous Commiffaire demeurons déchargés , & avons auffi mis ès mains dudit Me.... Notaire , un extrait de notre proces-verbal contenant ladite Ordonnance en fon entier , à l'effet d'en faire mention dans toutes les expéditions qu il en délivrera, & a figné.

Inventaire.

L'A n mil fept cent ... le .... heure de .... à la requête de Demoifelle .... veuve du Sieur .... demeurant rue de .... Paroiffe de .... tant en fon nom , à caufe de la communauté de biens qui a été entr'elle & ledit défunt , qu'elle fe referve d'accepter ou de répudier , que comme tutrice de .... âgé de .... & de .... âgé de .... enfans mineurs dudit défunt & d'elle , & en la préfence du Sieur .... demeurant rue de .... Paroiffe de ..... au nom & comme fubrogé tuteur aufdits enfans mineurs ; lefdits veuve ..... & Sieur ..... élûs l'un & l'autre aufdites charges de tutrice & de fubrogé tuteur par l'avis des parens & amis defdits mineurs, homologué par Sentence du Châtelet étant au régître de Me... Greffier de la Chambre Civile du .... lefquels ont accepté lefdites charges par Acte étant au bas de ladite Sentence.

S'il y a des héritiers abfens , on ajoûte : en préfence de Me.... Confeiller du Roi , Subftitut de M. le Procureur du Roi au Châtelet , appellé pour l'abfence des autres héritiers préfomptifs , & pour la confervation de leurs droits & de tous autres qu'il appartiendra.

A été , par les Confeillers du Roi , Notaires au Châtelet de Paris , fouffignés , fait inventaire de tous & uns chacuns , les titres , papiers , marchandifes , & autres effets qui fe font trouvés après le décès dudit Sieur .... dans la maifon où il eft décédé , rue .... repréfentés & mis en évidence par ladite Demoifelle ... fa veuve , après ferment par elle fait ès mains defdits Notaires , de tout montrer & déclarer fous les peines de l'Ordonnance à elle montrée & donnée à entendre par l'un defdits Notaires ; lefdits biens meubles & effets prifés & eftimés par .... Huiffier - Prifeur - Vendeur de biens meubles au Châtelet , demeurant , rue .... Paroiffe .... (*lorfqu'il y a des marchandifes , les Parties conviennent de deux Marchands pour donner leur avis fur le prix des marchandifes : & lorfqu'il y a des livres , on prend des Libraires pour en faire la prifée*) lequel affifté de ..... Marchands , demeurans .... nommés & convenus par les Parties pour donner leur avis fur le prix & valeur defdites marchandifes , & ont promis de faire ladite prifée en leur confcience , eu égard au cours du tems , felon & ainfi qu'il enfuit : le tout après que les fcellés appofés fur lefdits biens & effets par M.... Commiffaire au Châtelet , ont été levés & par lui reconnus , en vertu de l'Ordonnance de M. le Lieutenant Civil , étant au bas de la Requête à lui préfentée à cette fin , jointe au procès-verbal dudit Sieur Commiffaire , & ont figné.

Dans la Cave.

Premierement ....
Item ....

Dans une Salle par bas.

Premierement ....
Item ....

Dans une Chambre.

Premierement ....
Item ....

Enſuivent les habits du Défunt.

Premierement . . . .
Item . . . .

Enſuit le Linge.

Premierement . . . .
Item . . . . ,

Enſuit la Vaiſſelle d'argent.

Premierement . . . .
Item . . . .

Enſuit l'or & l'argent monnoyé.

Premierement . . . .
Item . . . .

Enſuivent les Titres & Papiers.

Premierement . . . .
Item . . . .

Lorſqu'on fait pluſieurs vacations, on met à la fin de chaque vacation : Et après avoir vaqué juſqu'à . . . . a été ceſſé, & la continuation remiſe à . . . . & ont ſigné. *Enſuite on intitule le commencement de la vacation ſuivante, ainſi :* Dudit jour . . . . . avant (*ou* après) midy, en continuant par leſdits Notaires la confection du préſent inventaire ; à la requête & preſence que deſſus, a été inventorié ce qui ſuit . . . .
Enfin après la déclaration des dettes actives & paſſives, on finit ainſi : Et après avoir vaqué juſqu'à . . . . tout le contenu au préſent inventaire a été laiſſé en la garde & poſſeſſion de ladite Demoiſelle . . . . . veuve . . . . . du conſentement de toutes les Parties, laquelle s'en eſt volontairement chargée, & a promis le tout repréſenter, quand & ainſi qu'il appartiendra ; & ont ſigné.

Exceptions dilatoires de la veuve.

Dit pour exceptions qu'après le décès dudit Sieur ſon mari, elle a fait proceder par Me . . . . & ſon Confrere, Notaires à Paris, le . . . . à l'inventaire des meubles & effets délaiſſés après le décès dudit défunt ; & comme les quarante jours à elle accordés par la diſpoſition de l'Ordonnance, ne ſont point encore expirés, elle requiert que ce délai lui ſoit octroyé pour prendre telle qualité qu'elle jugera á propos, accepter la communauté ou y renoncer ; & juſqu'à ce, proteſte de nullité de toutes pourſuites.

Exceptions dilatoires du preſomptif héritier.

Dit pour exceptions qu'il eſt à la vérité habile à ſe dire & porter héritier de défunt Sieur . . . . Mais comme les trois mois pour faire inventaire & les quarante jours pour délibérer, à lui accordés par l'Ordonnance, ne ſont point encore expirés, il requiert que ledit délai lui ſoit octroyé, pour prendre telle qualité qu'il jugera à propos, accepter ladite ſucceſſion purement & ſimplement, ou ſous bénéfice d'inventaite, ou y renoncer ; & juſqu'à ce, proteſte de nullité de toutes pourſuites.

Est comparuë au Greffe Demoiselle . . . . veuve du Sieur . . . . laquelle a dit & déclaré qu'elle a renoncé & renonce par ces présentes à la communauté de biens d'entre ledit défunt son mari & elle, pour lui être icelle communauté plus onéreuse que profitable, après qu'elle a juré & affirmé qu'elle ne s'est point immiscée dans les biens de ladite communauté; déclarant qu'elle s'en tient à sa dot, douaire, reprises & conventions matrimoniales à elle dûes, résultantes de son contrat de mariage, & à ses autres dûs, droits & actions qu'elle se reserve d'exercer contre qui & ainsi qu'il appartiendra; & a signé.

Renonciation de la veuve à la communauté.

Est comparu au Greffe Sieur . . . . habile à se dire & porter héritier de défunt Sieur . . . . lequel a dit qu'il a renoncé & renonce par ces présentes à la succession dudit défunt Sieur . . . . pour lui être icelle plus onéreuse que profitable; après qu'il a juré & affirmé ne s'être point immiscé dans les biens de ladite succession, directement ni indirectement; sans préjudice néanmoins des autres dûs, droits & actions qu'il pourroit avoir contre ladite succession, & qu'il se reserve d'exercer & faire valoir, ainsi & comme il avisera bon être; & a signé.

Renonciation de l'heritier présomptif.

NOTA. *On peut aussi faire, si l'on veut, ces deux especes de renonciations pardevant Notaires.*

LOUIS, par la grace de Dieu, Roi de France & de Navarre : A notre Prévôt de Paris ou son Lieutenant Civil. Salut : Notre amé . . . . . . Nous a fait remontrer qu'il est habile à succeder à . . . . Néanmoins dans la crainte que sa succession ne lui soit plus onéreuse que profitable, il n'ose se porter héritier pur & simple; & désirant n'accepter ladite succession que sous bénéfice d'inventaire, il Nous a très-humblement fait supplier de lui accorder nos Lettres sur ce nécessaires. A ces Causes, voulant favorablement traiter l'Exposant, Nous lui avons permis & accordé, permettons & accordons par ces Présentes, de se dire & nommer héritier sous bénéfice d'inventaire dudit défunt . . . . & en cette qualité prendre tous & chacuns ses biens meubles & immeubles, pourvû qu'il n'ait fait aucun acte d'héritier pur & simple; à la charge de faire faire bon & fidéle inventaire, si fait n'a été, de la valeur duquel il baillera caution qui sera reçûe pardevant Vous; & si aucun se veut porter héritier pur & simple dudit défunt, il y sera reçû. Car tel est notre plaisir. Donné en notre Chancellerie du Palais à Paris, l'an de Grace . . . . le . . . . & de notre Regne le . . . .

Lettres de bénéfice d'inventaire.

Par le Conseil.

Il faut faire insinuer ces Lettres au Greffe des Insinuations; ensuite on les porte à l'un des Greffiers de la Chambre Civile, qui expedie la Sentence d'enterinement, dans la forme qui suit.

A tous ceux qui ces présentes Lettres verront . . . . Salut. Sçavoir faisons que l'an mil sept cent . . . . Vû par Nous . . . . les Lettres en forme de bénéfice d'inventaire données en la Chancellerie du Palais, le . . . . signées par le Conseil . . . . & scellées, insinuées au Greffe des Insinuations de cette Cour, le . . . . par . . . . lesdites Lettres obtenues par . . . . par lesquelles Lettres le Roi auroit permis audit Impétrant de se dire héritier sous bénéfice d'inventaire dudit défunt Sieur . . . . & en cette qualité Nous auroit requis l'enthérinement d'icelles; sur quoi & après que . . . . demeurant à . . . . s'est volontairement rendu caution; ce faisant, avons enthériné lesdites Lettres pour être exécutées selon leur forme & teneur, & jouir par l'Impétrant de l'effet & du contenu en icelles. En témoin de quoi Nous avons fait sceller ces Présentes. Donné au Châtelet par Nous Juge susdit lesdits jour & an. Signé & scellé.

Sentence d'enthérinement des Lettres de bénéfice d'inventaire.

TITRE VIII.

DES GARANS.

IL arrive fouvent, dans le cours d'une conteftation, que celui qui eft attaqué, prétend avoir un ou plufieurs garans qui doivent l'indemnifer en tout ou en partie, de l'évenement de la demande formée contre lui. Cette nouvelle action en garantie, quoique connexe de l'action principale & originaire, eu égard à l'objet qui eft le même dans l'un & l'autre, en eft néanmoins bien différente, fi l'on en confidere les Parties, les moyens, & les motifs de décifion.

La *garantie* peut être de deux fortes, ou *formelle* ou *fimple*.

Elle eft *formelle*, lorfque le garant eft obligé à indemnifer le garanti pour le tout, de maniere qu'il ne fouffre aucune forte de préjudice de l'évenement de la demande principale ; ce qui arrive dans les actions réelles & hypotequaires. C'eft ainfi que le vendeur eft obligé de garantir fon acquereur, & d'en prendre le fait & caufe, quand cet acquereur eft troublé dans la poffeffion de la chofe vendue.

La *garantie fimple* au contraire n'a pas un effet auffi étendu. Elle a lieu lorfque le garant n'eft obligé que de partager avec le garanti l'évenement de l'action principale, de telle forte que le garanti y demeure toujours perfonuellement intereffé pour partie ; ce qui arrive, lorfqu'un coproprietaire, un affocié, ou un cohéritier, font affignés pour une

dette

dette commune de la proprieté indivife, de la focieté ou de la fucceffion. Celui qui eft affigné dans ce cas, eft en droit de dénoncer l'action principale intentée contre lui feul, à fes co-intereffés. Mais cette dénonciation appellée *garantie fimple* ou *recours d'indemnité*, n'a jamais pour objet que d'obliger les garans à fe joindre avec le garanti, pour faire enfemble caufe commune.

Cette diftinction de *garantie fimple* & de *garantie formelle*, va trouver fon application dans la difcuffion des articles qui fuivent.

ARTICLE PREMIER.

Les garans, tant en garantie formelle pour les matieres réelles ou hypotequaires, qu'en garantie fimple pour toute autre matiere, feront affignés fans Commiffion ou Mandement du Juge, en quelque lieu qu'ils foient demeurans; fi ce n'eft en nos Cours, & à l'égard des Juges en dernier reffort, pardevant lefquels l'affignation ne fera donnée qu'en vertu d'Arrêt ou Commiffion.

Cette difpofition eft la même que celle qui eft comprife dans le Titre des Ajournemens. Cependant comme ce Titre ne concerne que les demandes originaires, peut-être auroit-on révoqué en doute, fi la même difpofition devoit avoir lieu pour les demandes en garantie; c'eft la raifon pour laquelle le Légiflateur a cru devoir en faire ici une mention nouvelle & particuliere.

ARTICLE II.

Le délai pour faire appeller garant, fera de huitaine du jour de la fignification de l'exploit du Demandeur

I

originaire, & encore de tout le tems qui sera néceffaire pour appeller le garant, selon la diftance du lieu de fa demeure, à raison d'un jour pour dix lieues, & autant pour retirer l'exploit.

ARTICLE III.

Si néanmoins le Défendeur originaire eft affigné en qualité d'héritier, & qu'il y ait lieu de lui donner délai pour déliberer, le délai de garant ne commencera que du jour que le délai pour déliberer fera expiré ; ce qui fera pareillement obfervé à l'égard des veuves, qui feront affignées en qualité de communes.

Le délai pour appeller garant a été toujours regardé comme de Juftice, afin de donner le tems à celui qui prétend ne devoir prendre aucune part à l'action principale, de mettre en caufe celui fur lequel il veut faire retomber le poids de la défenfe. Mais ce délai n'avoit aucunes bornes fixes avant l'Ordonnance ; il dépendoit entierement de l'arbitrage du Juge, eu égard à fa durée. On ne l'accordoit même que pour les garanties formelles ; & on le refufoit pour les garanties fimples.

Notre Art. 2. au contraire n'admet point cette diftinction ; il veut que dans la garantie fimple, auffi-bien que dans la garantie formelle, on jouiffe également de l'avantage du délai pour appeller garant. D'un autre côté, ce délai a été rendu fixe, d'arbitraire qu'il étoit auparavant. Il commence à courir du jour de la fignification de l'exploit contenant la demande originaire, comme étant l'époque où celui qui a un garant à mettre caufe, a commencé a avoir connoiffance de la demande principale intentée contre lui ; il eft de huitaine lorfque le garant eft dans le cas d'être affigné à huitaine. Mais fi l'éloignement du domicile du garant exigeoit un plus long délai, la prolongation du délai pour appeller le garant auroit lieu, a raifon d'un jour par dix lieues, & autant pour retirer l'exploit.

Notre Article 3. admet néanmoins une exception bien naturelle, quant au tems où doit commencer à courir le délai pour appeller garant ; c'eft lorfqu'un héritier préfomptif ou une veuve commune fe trouvent affignés, en l'une ou l'autre de ces qualités, avant l'expiration des délais que la Loi leur accorde pour faire inventaire & pour déliberer. Les obliger de mettre en caufe un garant (s'ils en avoient un) avant ces délais, ils ne pourroient le faire fans prendre qualité, & fans rendre par conféquent illuloire le benefice de la Loi qui leur eſt accordé pour ne point prendre qualité , ſi ce n'eſt en pleine connoiſſance de cauſe ; & pour nous ſervir des expreſſions Romaines , *niſi viſis tabulis & diſpunctis rationibus.* C'eſt pourquoi pour prendre un juſte tempéramment ſur ce point , notre Ordonnonce prononce que le délai pour appeller garant ne commencera à courir vis-à-vis de l'héritier préſomptif ou de la veuve commune, aſſignés l'un ou l'autre en cette qualité , *que du jour que le délai pour déliberer ſera expiré.*

A R T I C L E IV.

L'exploit en garantie ſera libellé , contiendra ſommairement les moyens du Demandeur , avec la copie des pieces juſtificatives de la garantie , de l'exploit du Demandeur originaire , & des pieces dont il aura donné copie , & y feront obſervées les autres formalités ordonnées pour les ajournemens.

Les exploits en garantie font , par cet Article , aſſujettis aux mêmes formalités que ceux des demandes originaires. Ils doivent ſurtout , comme eux, être libellés , contenir ſommairement les moyens de la demande , & être accompagnés de la copie des pieces qui ſervent de fondement à la garantie. Mais ils ont encore quelque choſe de plus ; il ne feroit pas ſuffiſant d'inſtruire le garant de tout ce qui peut concerner la demande en garantie, ſi on ne lui donnoit en même-tems des connoiſſances exactes de tout ce qui regarde la demande principale qui ſert de baze à la garantie. C'eſt pourquoi celui qui aſſigne un autre en garantie, doit lui donner de plus copie, tant de l'exploit du Demandeur originaire , que des pieces dont la ſignification auroit accompagné cet exploit ; afin que , dans le cas même où il croiroit devoir déferer à la demande en garantie , il puiſſe prendre un parti ſur la demande principale, ſoit pour y acceder , ſoit pour y défendre , ſans courir les riſques de s'engager dans une conteſtation temeraire.

A R T I C L E V.

Si le délai de l'aſſignation en garantie n'eſt échû en même-tems que celui de la demande originaire , il ne ſera pris aucun défaut contre le Défendeur originaire, en donnant par lui au Demandeur copie de l'exploit de la demande en garantie , & des pieces juſtificatives.

La préſente diſpoſition eſt une conſéquence neceſſaire de celles qui précédent. Inutilement en effet auroit-on accordé au Défendeur un délai pour mettre fon garant en caufe, fi dans l'intervale de ce délai il eût été expofé à être contumacé par le Demandeur originaire. Tant que ce délai dure, il, eft fous la protection & la fauve-garde de la Loi. Par conféquent, en juftifiant qu'il en a profité pour mettre en caufe fon garant, c'eft-à-dire en donnant copie au Demandeur originaire de l'exploit de demande en garantie & des pieces juftificatives, il doit être à l'abri de toutes pourfuites, & on ne peut prendre aucun défaut valable contre lui.

A R T I C L E   V I.

Si le Demandeur originaire foutient qu'il n'y a lieu ou délai pour appéller garant, l'incident fera jugé fommairement à l'Audiance.

Il arrive quelquefois que par la copie fignifié au Demandeur originaire de la demande en garantie & des pieces juftificatives d'icelle, aux termes de l'Article précédent, le Demandeur originaire eft en état de connoître que la garantie n'a point de fondement légitime, & n'eft qu'un fubterfuge du Défendeur pour gagner du tems, & éloigner le Jugement de la demande principale. Le Demandeur originaire, dans ce cas, eft en droit de foutenir qu'il n'y a lieu d'accorder délai au Défendeur pour appéller garant. Cet incident faifant en quelque forte partie de l'inftruction, eft une matiere fommaire qui doit recevoir fa décifion à l'Audiance, fur un fimple avenir pour y venir plaider.

A R T I C L E   V I I.

Il n'y aura point d'autre délai d'amener garant en quelque matiere que ce foit, fous prétexte de minorité, bien d'Eglife, ou autre caufe privilegiée, fauf après le Jugement de la demande principale à pourfuivre les garans. (a)

(a) „ Défendons tous autres délais accoutumés d'être prins auparavant la conteftation. . . . „ fors feulement le délai d'amener garant, fi la matiere y eft difpofée ; auquel cas y aura un „ feul délai pour amener ledit garant, qui fera ajourné à cette fin par ajournement libellé „ comme deffus. *Ord. de 1539. Art. 18.*

Notre Article aſſujettit à la diſpoſition generale les cauſes des mineurs, Gens d'Egliſes & autres de cette nature, qu'on auroit pu préſumer en être exceptées, par rapport à leur privilege & à la faveur de leur condition, s'ils n'y avoient été compris expreſſément, & il défend d'accorder aucun autre délai pour appeller garant, ſous quelque prétexte que ce puiſſe être. Le Légiſlateur eſt entré ſur cela dans l'eſprit de l'Ordonnance de 1539. qui porte, art. 18 : *Et défendons tous autres délais accoutumés d'être prins auparavant la conteſtation, ſoit d'avis, abſence, attente de conſeil ou autres ; fors ſeulemet le délai d'amener garant, ſi la matiere y eſt diſpoſée ; auquel cas y aura un ſeul délai pour amener ledit garant, qui ſera ajourné à cette fin par ajournement libellé comme deſſus.*

Cependant comme la fixation du délai pour amener garant, n'a pour but que d'empêcher le Demandeur d'abuſer de la circonſtance de la garantie, pour retarder l'inſtruction de la demande originaire, tout ce qui peut réſulter delà, c'eſt que le Défendeur qui n'en a pas profité pour ſe mettre en regle, ne peut plus ſe ſervir de ce prétexte pour arrêter l'inſtruction, & même la déciſion de la demande principale. Mais ſi en effet il a une action en garantie bien fondée, rien n'empêche que ſoit dans le cours de l'inſtruction de l'action originaire, & ſans retardation d'icelle, ſoit même après ſa déciſion, il ne puiſſe exercer & faire valoir cette garantie.

ARTICLE VIII.

Ceux qui ſeront aſſignés en garantie formelle ou ſimple, ſeront tenus de proceder en la Juriſdiction où la demande originaire ſera pendante, encore qu'ils dénient être garans ; ſi ce n'eſt que le garant ſoit privilegié, & qu'il demande ſon renvoi pardevant le Juge de ſon privilege. Mais s'il paroît par écrit, ou par l'évidence du fait, que la demande originaire n'ait été formée que pour traduire le garant hors de ſa Juriſdiction, enjoignons aux Juges de renvoyer la cauſe pardevant ceux qui en doivent connoître ; & en cas de contravention, pourront les Juges être intimés & pris à partie en leur nom.

La demande en garantie eſt un acceſſoire de la demande principale. Par conſéquent le Juge qui eſt ſaiſi de la demande principale, doit l'être auffi de la demande en garantie ; l'une & l'autre étant indivifibles, quant à leur objet.

Il y a cependant deux exceptions à cette regle, autorifées par l'Ordonnance. L'une, eft lorfque l'appellé en garantie eft privilegié ; il peut alors attirer, tant la demande en garantie que la demande principale, devant le Juge de fon privilege. L'autre exception, c'eft lorfqu'il y a preuve par écrit, ou qu'il paroît par l'évidence du fait que la demande originaire n'a été formée que pour traduire le garant hors de fa Jurifdiction.

ARTICLE IX.

En garantie formelle, les garans pourront prendre le fait & caufe pour le garanti, lequel fera mis hors de caufe, s'il le requiert avant la contestation. (a)

ARTICLE X.

Encore que le garanti ait été mis hors de caufe, il pourra y affifter pour la confervation de fes droits.

ARTICLE XI.

Les Jugemens rendus contre les garans, feront exécutoires contre les garantis ; fauf pour les dépens, dommages & interêts dont la liquidation & exécution ne fera faite que contre les garans, & fuffira de fignifier le Jugement aux garantis, foit qu'ils ayent été mis hors de caufe, ou qu'ils y ayent affifté, fans autre demande ni procedure. (b)

***

(a) „ Et fi ledit garant compare & veut prendre la garantie, il fera tenu de le faire au jour de „ la premiere affignation, & contefter. *Ordon. de* 1539. *Art.* 19.

(b) „ Les Sentences & Jugemens donnés contre les garans feront exécutoires contre les „ garantis, tout ainfi que contre lefdits garans condamnes ; fauf des dépens, dommages & „ interêts, dont la liquidation & exécution fe fera contre le garant feulement. *Ord. de* 1539. „ *Art.* 20.

Après avoir établi dans les huit premiers Articles de ce Titre, la procedure qui est commune à la garantie formelle & à la garantie simple, le Législateur établit dans les suivans, celle qui est particuliere à l'une & à l'autre.

Les trois Articles ci-dessus concernent la garantie formelle. Cette *garantie* considerée eu égard à son principe, procede ou du *droit* ou *du fait*. Elle procede du droit, lorsqu'indépendamment de toute stipulation, elle a lieu par elle même. Ainsi tout vendeur & tout cessionnaire font de droit garans que la chose vendue ou cedée subsiste, qu'elle leur appartient, & qu'elle n'est chargée d'aucunes hypoteques. La garantie procede du fait, quand elle n'a lieu qu'en conséquence d'une promesse & d'une stipulation speciale, comme lorsque l'on garantit que la chose que l'on vend est de telle qualité, que la dette que l'on cede est bonne, & que le débiteur est solvable. Cette derniere espece de garantie qui roule sur la bonté de la chose, n'a lieu qu'autant qu'elle est promise. Il n'y a en France que les Marchands de Chevaux qui soient tenus de droit de les garantir de la morve, pousse ou courbature, quoique ces défauts ne concernent que la qualité de la chose.

Mais soit que la *garantie formelle*, soit *de droit* ou *de fait*, lorsque le garant a reconnu la garantie, & qu'en conséquence il a pris le fait & cause du garanti, rien n'empêche que le garanti ne soit mis hors de cause; sa présence n'y étant plus nécessaire, au moyen de ce que le garant s'est chargé de tout le poids de la défense par la prise de fait & cause. Mais il faut pour cela que le garanti en fasse la requisition, avant que la contestation soit entamée avec lui. Car s'il étoit lui-même entré dans la contestation auparavant, il se feroit mis par-là dans le cas d'essuyer une condamnation personnelle de dépens vis-à-vis du Demandeur originaire, & se feroit conséquemment imposé la nécessité de demeurer en cause jusqu'après l'évenement de la contestation principale.

Néanmoins quoique les garantis ayent été mis hors de cause, les Jugemens qui interviennent contre leurs garans n'en sont pas moins exécutoires contr'eux pour le fond des condamnations seulement; parce que s'agissant ordinairement dans ces sortes de cas de matieres réelles ou hypotequaires, les condamnations inserées dans les Jugemens quant au fond de la contestation, participent nécessairement de leur nature; & en conséquence elles ont leur exécution contre les garantis comme détenteurs & possesseurs de la chose qui est l'objet de ces condamnations. C'est aussi par cette raison que le garanti ayant un aussi grand interêt aux condamnations qui peuvent intervenir, est le maître, bien que mis hors de cause, d'y assister pour la conservation de ses droits, & pour veiller à ce que, soit par négligence, soit par collusion entre le Demandeur originaire & le garant, il n'intervienne quelque Jugement qui lui soit préjudiciable.

Le Demandeur originaire ne peut cependant exécuter les Jugemens contre le garanti mis hors de caule avant contestation , que relativement aux condamnations réelles ; car quant aux condamnations personnelles , comme les dommages & interêts & les dépens, elles ne peuvent regarder que le garant personnellement , comme les ayant occasionnées , par une contestation temeraire.

Pour l'exécution des Jugemens contre les garantis , en ce qui peut les concerner , la simple signification du Jugement à eux faite , suffit sans aucune demande ni procedure ; & ce , soit qu'ils ayent été mis hors de cause , soit qu'ils ayent jugé à propos d'y assister jusqu'à l'entiere décision.

ARTICLE XII.

En garantie simple , les garans ne pourront prendre le fait & cause ; mais seulement intervenir, si bon leur semble.

La disposition présente caractérise parfaitement la garantie simple , & fait voir sa différence essentielle d'avec la garantie formelle. Nous avons vû que dans cette derniere, le garanti pouvoit être mis hors de cause, au moyen de la prise de fait & cause du garant. Mais la nature de la garantie simple s'oppose à ce qu'on puisse pratiquer la même chose à son égard. Le garanti simple , même après avoir appellé ses garans , a toujours dans la demande originaire un interêt personnel , qui ne permet pas qu'il puisse être mis hors de cause. Tout ce que peuvent faire en ce cas les garans simples , c'est d'intervenir pour se joindre à lui , & réunir ensemble leurs efforts pour leur défense commune. C'est ainsi qu'un héritier , un associé, un coproprietaire, actionné seul pour la chose commune, peut appeller en garantie simple ses co-interessés , non pas pour prendre son fait & cause , mais seulement pour intervenir , & se joindre à lui dans une défense qui leur est commune.

ARTICLE XIII.

Si la demande principale & celle en garantie , sont en même-tems en état d'être jugées , il y fera fait droit conjointement ; sinon le Demandeur originaire pourra faire juger sa demande séparément , trois jours après avoir

avoir fait fignifier que l'Inftance principale eft en état ; & le même Jugement prononcera fur la disjonction, fi les deux Inftances, originaires & en garantie, avoient été jointes ; fauf après le Jugement du principal à faire droit fur la garantie, s'il y échet.

On a fuppofé jufqu'à préfent que les Garans, foit formels, foit fimples, après avoir été mis en Caufe, ont acquiefcé à la garantie, & en conféquence ont pris le fait & caufe, ou font intervenus.

Mais fi ceux qui font appellés en garantie, croyent devoir la contefter, de telle forte que la demande principale & celle en garantie s'inftruifent réciproquement ; doivent-elles toujours marcher d'un pas égal, & l'une ne peut-elle jamais être décidée fans l'autre ? C'eft à quoi pourvoit notre Article ; & pour cela on y diftingue, fi les deux demandes font en même-tems en état d'être jugées, ou non. Dans le premier cas, il eft tout naturel qu'elles reçoivent en même-tems leur décifion, & que le même Jugement qui fera droit fur la demande principale, décide en même-tems du fort de la demande en garantie. Mais fi au contraire la demande principale fe trouve inftruite avant celle en garantie, il ne feroit pas jufte d'arrêter pour cela le Demandeur originaire, à qui la demande en garantie eft totalement étrangere & indifferente. C'eft pourquoi il eft alors autorifé à pourfuivre féparément le Jugement de la demande principale, trois jours après avoir fait fignifier qu'elle eft en état ; & en cas que les deux Inftances euffent été jointes, le même Jugement qui décidera la demande principale, prononcera la disjonction.

ARTICLE XIV.

Les garans qui fuccomberont, feront condamnés aux dépens de la caufe principale, du jour de la fommation feulement, & non de ceux faits auparavant, finon de l'exploit de demande originaire.

Quand les garans ont mal à propos contefté la garantie, ils doivent fans contredit non-feulement fupporter les dépens de la garantie, mais, foit qu'ils l'ayent contefté ou non, ils doivent les dépens de la caufe principale, lorfque le Demandeur originaire réuffit, mais du jour qu'ils ont été appellés en garantie feulement. Jufques-là, c'eft : u

K

garanti à s'imputer de n'avoir pas mis en cause son garant dès le principe de la contestation, ainsi que les Loix l'y autorisent, & d'avoir pris sur lui d'y défendre pendant un certain tems. C'est par cette raison qu'il doit supporter sans répétition cette portion de dépens, comme en ayant volontairement couru les risques. Par la même raison le Demandeur originaire ne peut exiger non plus, du garant qui succombe envers lui, les dépens faits par lui contre le Défendeur originaire, jusqu'au jour de la sommation en garantie, si ce n'est ceux de l'exploit de demande originaire, & ce, quand même le Défendeur originaire seroit notoirement insolvable ; parce que les dépens étant personnels de leur nature, ils ne sont devenus tels relativement au garant, que du jour qu'il a été appellé dans la contestation.

ARTICLE XV.

Les mêmes délais qui auront été donnés pour le premier garant, seront gardés à l'égard du second ; & s'il y a plusieurs garans interessés en une même garantie, il n'y aura qu'un seul délai pour tous, qui sera réglé selon la demeure du garant le plus éloigné.

L'Ordonnance de 1539. (Article 19.) avoit aussi statué qu'en cas que le garant comparut, & *voulut amener autre garant, il lui seroit pourvû d'un autre seul délai.* Mais notre Article a donné plus d'étendue & de clarté à cette disposition. Il y est dit d'abord que le premier garant aura, pour mettre en cause le second garant, les mêmes délais que le Défendeur a eus pour le mettre en cause, eu égard à l'éloignement du domicile. Mais il peut arriver, & il arrive souvent, qu'il se rencontre plusieurs interessés dans une même garantie, comme sont les héritiers d'un défunt qui étoit lui-même garant. Faut-il alors multiplier les délais, à proportion du nombre des interessés ? ou n'en doit-on accorder qu'un seul ? Comme l'objet de la garantie est le même pour tous, il ne faut qu'un seul délai. Mais il doit être mesuré sur la demeure du garant le plus éloigné. Parce que la demande dans ces circonstances étant indivisible, on ne pourroit régulierement contumacer l'un d'eux, que les délais ne fussent échûs contre tous. C'est aussi la régle qu'il faut suivre, pour toutes sortes de demandes en général, où il y a plusieurs interessés d'assignés conjointement pour un seul & même objet.

FORMULES

DES ACTES ET PROCEDURES

RELATIFS

AU PRÉSENT TITRE.

Aux Requêtes.

A Nosseigneurs des Requêtes d .... Supplie humblement .... Difant, &c. Ce confideré, Noffeigneurs, il Vous plaife permettre au Suppliant de faire affigner en la Cour le .... pour voir dire qu'il aura acte de la fommation & dénonciation qu'il fait audit .... de la demande contre lui intentée à la requête de .... & que ledit .... fera tenu de prendre fon fait & caufe, & de faire ceffer ladite demande, finon & à faute de ce faire, d'acquitter, garantir & indemnifer le Suppliant des condamnations qui pourroient intervenir contre lui, en principal & intérêts, dommages & intérêts, frais & dépens, tant en demandant & défendant, que de la fommation & dénonciation ; & Vous ferez bien. *En vertu de l'Ordonnance de foient Parties appellées, étant au bas de cette Requête, on fait affigner le garant pour proceder aux fins d'icelle.*

Requête pour mettre en caufe un garant formel.

A Noffeigneurs des Requêtes ......
Supplie humblement .... Difant, &c.
Ce confideré, Noffeigneurs, il Vous plaife donner acte au Suppliant, de ce qu'il prend le fait & caufe dudit .... fur la demande contre lui formée par ledit .... par Exploit du .... en conféquence ordonner que ledit .... fera mis hors de caufe, & que les procedures & pourfuites encommencées fur ladite demande, feront continuées avec le Suppliant. Et vous ferez bien.

Requête de prife de fait & caufe du garant formel.

A Noffeigneurs des Requêtes ......
Supplie humblement .... Difant, &c. Ce confideré, Noffeigneurs, il Vous plaife permettre au Suppliant de faire affigner en la Cour ledit .... pour voir dire que le Suppliant aura acte de la fommation & dénonciation qu'il fait audit .... de la demande contre lui formée par ledit .... par Exploit du .... & que ledit .... fera tenu d'intervenir & de fe joindre au Suppliant pour défendre à ladite demande ; finon & ou ledit .... obtiendroit à fes fins, fe voir ledit .... condamner d'acquitter, garantir & indemnifer le Suppliant de ladite demande pour ce dont il peut en être tenu, en principal, intérêts, frais, dommages & intérêts & dépens, tant en demandant & défendant, que de la fommation & dénonciation, & vous ferez bien.

Requête pour mettre en caufe un garant fimple.

A Noffeigneurs des Requêtes d ....
Supplie humblement ..... Difant, &c. Ce confideré, Noffeigneurs, il Vous plaife recevoir le Suppliant Partie intervenante en la caufe (*ou* inftance) pendante en la Cour entre .... Donner acte au Supppliant de ce que pour moyens d'inter-

Requête d'intervention du garant fimple.

K ij

vention, il employe le contenu en la préfente Requête ; faifant droit fur ladite intervention, &c. Et vous ferez bien.

NOTA. *Au Châtelet & dans les autres Jurifdictions inférieures, on ne donne point de requête ; on affigne tout de fuite par un fimple Exploit, où l'on prend les mêmes conclufions que celles annoncées ci-deffus, foit pour la garantie formelle, foit pour la garantie fimple, ainfi qu'il fera expliqué ci-après.*

Au Châtelet.

<table>
<tr><td>Affignation en garantie formelle.</td><td>L'an mil fept cent ..... le .....à la requête de ..... Bourgeois-de-Paris, y demeurant, rue .... Paroiffe de .... où il a élû fon domicile, j'ai .... fouffigné, donné affignation au Sieur .... auffi Bourgeois de Paris, y demeurant, rue .... & Paroiffe de .... en parlant à .... à comparoir à la .... au Parc Civil du Châtelet de Paris, pour entendre fur ce que par contrat paffé devant .... Notaires, le .... ledit Sr.... lui a vendu avec garantie une maifon fife à Paris, rue .... moyennant la fomme de .... de laquelle fe croyant vrai proprietaire, il a été furpris de fe voir affigner le .... à la requête du Sr.... à l'effet de lui abandonner la proprieté de ladite maifon, & comme ledit Sr.... eft fon garant formel, à ces caufes, conclut contre lui à ce qu'il foit dit qu'il aura lettres de ce qu'il aura fommation & dénonciation qu'il lui fait par ces préfentes de la demande originaire dudit Sr.... en conféquence tenu d'intervenir dans l'inftance, prendre fon fait & caufe contre ledit Sr.... faire mettre ledit Demandeur hors de caufe, & faire ceffer ladite demande ; finon & où ledit Sr.... obtiendroit à fes fins, qu'il fera tenu de l'acquitter, garantir & indemnifer des condamnations qui pourroient être prononcées contre lui en principal, dommages, interêts & dépens, tant en demandant, défendant, que de la fommation, & fignifié que Me.... Procureur, occupera ; & j'ai audit Sr.... parlant comme deffus, laiffé copie, tant de la demande dudit Sr.... que du contrat de vente dudit jour .... & du préfent.</td></tr>

<tr><td>Requête de prife de fait & caufe du garant formel.</td><td>Au premier jour à venir plaider au Parc Civil du Châtelet de Paris par Me.... Procureur du Sr.... & Me.... Procureur de ....
Sur la requête de Me.... Procureur de .... *On explique ici le fait & les moyens ; enfuite on conclut ainfi :* A ce qu'il foit dit qu'il aura lettres de ce qu'il prend le fait & caufe dudit Sr.... contre la demande dudit .... lequel Sr.... fera mis hors de caufe ; au principal que ledit .... fera débouté de fa demande avec dépens, & aller en avant. Fait au Châtelet le ....</td></tr>

<tr><td>Affignation en garantie fimple.</td><td>L'an, &c. à ce qu'il foit dit qu'il aura lettres de la fommation & dénonciation qu'il fait audit .... de la demande contre lui formée par ledit .... par Exploit du .... en conféquence ledit ..... tenu d'intervenir dans l'inftance ; fe joindre audit Demandeur pour défendre à ladite demande ; finon & où ledit .... obtiendroit à fes fins, voir dire & ordonner qu'il fera condamné à acquitter & indemnifer ledit Demandeur de ladite demande, en principal interêt, dommages, interêts & dépens, tant en demandant, défendant, que de la fommation, &c.</td></tr>

<tr><td>Requête d'intervention du garant fimple.</td><td>Au premier jour à venir plaider au Parc Civil du Châtelet de Paris par Me.... Procureur de .... & Me.... Procureur de ....
Sur la requête de Me .... Procureur de ....
A ces caufes conclut ledit Sr.... à ce qu'il foit dit qu'il fera reçû Partie intervenante en l'inftance d'entre lefdits Sieurs .... faifant droit fur fon intervention .... à l'effet de quoi il aura lettres de ce qu'il employe le contenu en la préfente Requête pour fes moyens d'intervention, & aller en avant. Fait au Châtelet, le ....</td></tr>
</table>

TITRE IX.

DES EXCEPTIONS DILATOIRES,

ET DE L'ABROGATION

DES VUES ET MONTRE'ES.

LE s exceptions dilatoires font le fecond genre d'exceptions qu'un Défendeur puiffe oppofer contre une demande ; elles tendent , comme nous l'avons déjà obfervé plus haut, à éloigner & retarder la difcuffion de la demande.

Une des principales exceptions dilatoires, avant l'Ordonnance , & qui fe préfentoit le plus fouvent & occafionnoit le plus de longeurs & de frais , étoit celle qu'on appelloit de *vûes & montrées* , & qui avoit lieu dans toutes les actions réelles & hypotéquaires ; elle eft abrogée par notre Ordonnance. C'eft pour cela que l'abrogation en eft inferée dans le préfent Titre , qui traite des exceptions dilatoires , dont celle-ci faifoit autrefois partie. Nous allons avoir occafion dans le moment d'expliquer en quoi elle confiftoit.

ARTICLE PREMIER.

Celui qui aura plufieurs exceptions dilatoires, fera tenu de les propofer par un même Acte.

ARTICLE II.

„*Si néanmoins un héritier, ou une veuve en qualité de commune, font affignés, ne feront tenus de propofer les autres exceptions dilatoires, qu'après le terme pour déliberer expiré.*

Les exceptions *dilatoires* tendantes à differer la pourfuite de l'action d'après leur propre dénomination, elles doivent fe propofer avant que de fournir de défenfes. Les principales font, lorfqu'on eft attaqué par un mineur avant qu'il foit pourvû d'un Tuteur ou d'un Curateur, ou par un étranger avant qu'il ait donné caution *judicatum folvi*, ou par une femme, fans qu'elle foit autorifée de fon mari ; lorfqu'un tiers détempteur affigné en déclaration d'hypotéque prétend faire ufage du bénéfice de difcuffion des biens du debiteur principal ; lorfqu'un Procureur a formé une infcription de faux, fans être fondé préalablement d'une procuration fpéciale de fa Partie ; lorfqu'un Demandeur a actionné fans avoir donné copie ou communiqué les pieces juftificatives de fa demande. Mais celle qui tient fans contredit le premier rang parmi les exceptions dilatoires, c'e t lorfqu'un héritier ou une veuve commune ont été affignés en l'une ou l'autre de ces qualités, avant l'expiration des délais, pour faire inventaire & pour déliberer. Auffi l'Ordonnance en fait-elle une diftinction particuliere. Car après avoir d'abord ftatué que toutes les exceptions dilatoires feront propofées par un même Acte, pour empêcher qu'on ne perpetuât à l'avenir les conteftations, en permettant de les fubftituer les unes aux autres ; elle met l'exception de l'héritier ou de la veuve commune naiffante du défaut d'expiration du délai pour deliberer dans une claffe particuliere ; & elle permet à l'un & à l'autre de la propofer feule, de maniere qu'ils ne font tenus de propofer les autres exceptions dilatoires qu'ils peuvent avoir, qu'après que le délai pour déliberer eft expiré.

ARTICLE III.

Ceux qui feront demande de cenfives par action, ou de la proprieté de quelque héritage, rente fonciere, charge réelle ou hypotéque, feront tenus, à peine de nullité, de déclarer par leur premier Exploit le Bourg,

Village ou Hameau , le terroir & la contrée où l'héritage est situé ; sa consistance , ses nouveaux tenans & aboutissans , du côté du Septentrion , Midi , Orient & Occident ; sa nature au tems de l'Exploit , si c'est terre labourable , prés , bois , vignes , ou d'autre qualité ; ensorte que le Défendeur ne puisse ignorer pour quel héritage il est assigné.

ARTICLE IV.

S'il est question du corps d'une terre ou métairie , il suffira d'en désigner le nom & la situation ; & si c'est d'une maison , les tenans & aboutissans seront désignés en la même maniere.

ARTICLE V.

Abrogeons les exceptions des vûes & montrées pour quelque cause que ce soit.

Nous avions emprunté des Loix Romaines l'exception de vûe & montrée qui avoit lieu avant l'Ordonnance , & en vertu de laquelle celui qui étoit actionné en matiere réelle ou hypotéquaire pour raison d'un héritage ou charge fonciere , commençoit par requerir que l'héritage , pour raison duquel il étoit assigné , lui fût montré & exhibé. Quand le Juge avoit fait droit sur ce requisitoire , le Demandeur faisoit sommer le Défendeur de se trouver à heure & jour certains dans un endroit désigné , pour aller ensemble sur le lieu ou les lieux contentieux. Si le Défendeur obéissoit à la sommation , lorsqu'il étoit arrivé sur le lieu , le Demandeur lui montroit l'héritage dont étoit question , & le lui confrontoit par deux tenans & aboutissans au moins , en présence d'un Huissier qui en dressoit procès-verbal. Mais si le Défendeur ne comparoissoit point sur la sommation , l'Huissier donnoit contre lui défaut & pour le profit , il se transportoit avec le Demandeur & deux records sur les lieux dont il s'agissoit , & sur la démonstration & la confrontation que lui en faisoit le Demandeur , il en dressoit procès-verbal.

Dans l'un ou l'autre cas, ou le Défendeur contestoit l'identité de l'héritage montré avec celui dont étoit question, ou il en convenoit ; s'il la contestoit, le Juge ordonnoit une descente sur les lieux, avec Experts & Arpenteurs, qui en dressoient une description & un plan figuratif, pour éclaircir l'identité contestée. Si au contraire le Défendeur avouoit l'identité, l'exception dilatoire de vûe & montrée prenoit fin & on procedoit sur le fond.

Mais cette exception dispendieuse pour les Parties, a fait place dans notre Ordonnance à une formalité qui en remplit beaucoup mieux l'objet, lequel étoit d'instruire en même-tems & le Défendeur & le Juge, de la chose pour laquelle l'assignation avoit été donnée. Pour cela on oblige le Demandeur (dans toutes les demandes qui pouvoient autrefois donner lieu à la requisition de *vûe & montrée*) de désigner si bien dans l'Exploit même de demande l'héritage dont est question, qu'on ne puisse s'y méprendre. Or comme l'obscurité provenoit le plus souvent de ce que dans l'Exploit l'on confrontoit l'héritage par les anciens tenans & aboutissans exprimés dans les Titres & qu'on ne pouvoit plus reconnoître, attendu les changemens arrivés dans ces tenans & aboutissans, l'Ordonnance veut que l'on déclare dans l'exploit, non-seulement le bourg, village ou hameau, & la contrée où l'héritage est situé, mais encore ses nouveaux tenans & aboutissans, & leur aspect du côté du Septentrion, Midy, Orient & Occident ; que l'on y énonce la nature de l'héritage & sa qualité lors de l'exploit, c'est-à-dire, si c'est terre labourable, pré ou vigne. Avec de telles précautions, lorsqu'elles sont exactement observées, il est impossible que le Défendeur ignore pour quel héritage il est actionné, & qu'il ne soit en état de diriger sa défense en conséquence.

Il est pourtant des cas où il n'est pas nécessaire d'entrer dans tous ces détails, pour instruire le Défendeur des héritages pour lesquels on l'assigne, c'est lorsqu'il s'agit du corps d'une ferme ou terre, ou d'une maison. S'il est question d'une terre ou d'une ferme, leur nom & leur situation, & s'il s'agit d'une maison, ses tenans & aboutissans, sont des indices & des désignations suffisantes, pour que le Défendeur ne puisse ignorer pour raison de quoi il est assigné.

TITRE

TITRE X.

DES INTERROGATOIRES

SUR FAITS ET ARTICLES.

LEs *conteftations* font, ou *de droit*, ou *de fait.* Celles qui roulent fur le *fait*, fe décident par les preuves qui établiffent la vérité des faits conteftés.

Les preuves des faits font de plufieurs fortes ; elles réfultent, ou de la confeffion de la Partie adverfe, ou des écrits, ou du témoignage des perfonnes qui fçavent les faits dont eft queftion ; ces deux derniers genres de preuves font connus fous la dénomination de *preuve litterale* & *preuve teftimoniale.*

Pour parvenir à la preuve qui fe tire de la con-feffion de la Partie adverfe, on permet à ceux qui veulent ufer de cette voye, de propofer les faits fur lefquels il leur eft important d'avoir, ou l'aveu de leur Adverfaire, ou du moins des réponfes qui mettent au jour fa mauvaife foi, foit par leurs variations, foit par les autres circonftances qui peuvent les accompagner.

C'eft cette premiere efpece de preuve qui occupe le préfent Titre de l'Ordonnance ; ou du moins les difpofitions qu'il renferme, déterminent les forma-lités qu'il faut obferver pour l'acquerir avec plus de fureté.

L

ARTICLE PREMIER.

Permettons aux Parties de se faire interroger en tout état de cause, sur Faits & Articles pertinens, concernant seulement la matiere dont est question, pardevant le Juge où le differend est pendant, & en cas d'absence de la Partie, pardevant le Juge, qui sera par lui commis ; le tout sans retardation de l'instruction & jugement.

Nos Ordonnances ont toujours donné la liberté à chaque Partie de proposer des faits, & de demander que la Partie adverse soit obligée d'y répondre sur son serment, & de déclarer sur chaque fait ce qui est de sa connoissance ; afin de pouvoir tirer ensuite, des interrogations, aveux, dénégations & autres circonstances, les conséquences qui peuvent servir à la preuve des faits dont on veut faire connoître la vérité.

L'Ordonnance donnée à Villers-Coterests en 1539. permettoit, de même que la nôtre, *aux parties se faire interroger l'une l'autre pendant le procès, & sans retardation d'icelui, par le Juge de la cause, ou autre plus prochain, des demeurances des parties, qui à ce sera commis, sur faits & articles pertinens, & concernant la cause & matiere dont est question entr'elles.* Cette disposition a été confirmée par les Ordonnances postérieures, & notamment par celle de Roussillon, Art. 6. celle de Blois, Art. 168. & enfin par la nôtre, qui en la renouvellant, en a emprunté jusqu'aux exceptions.

Pour détailler avec quelque exactitude la disposition dont il s'agit ; par rapport aux interrogatoires sur faits & articles, il faut y distinguer, les *personnes*, le *tems*, l'*objet*, & la *Jurisdiction*.

Quant aux *personnes*, toutes les Parties indistinctement peuvent se faire réciproquement interroger, les unes pour éclaircir les faits qui établissent leur demande ; les autres pour approfondir ceux qui peuvent tendre à leur défense ; c'est ce que l'Article exprime disertement en ces termes : *permettons aux parties, &c.*

A l'égard du *tems*, comme il n'y a point de fin de non-recevoir contre la recherche de la vérité, l'interrogatoire peut être fait *en tout état de cause* ; depuis la contestation entamée contradictoirement jusqu'au Jugement définitif, & en cause d'appel, comme en cause principale.

Par rapport à l'*objet*, l'interrogatoire sur faits & articles n'en peut avoir d'autre que de découvrir *les faits de la cause*, c'est-à-dire, ceux qui concernent la matiere dont est question ; ce sont les seuls que l'on peut regarder comme *pertinens & admiſſibles.* Tous les faits étrangers, ceux qui ne tendent qu'à ſatisfaire l'animoſité des Parties, en un mot tous les faits qui n'ont point un rapport direct à la conteſtation, doivent être rejettés, parce qu'ils ſont contraires à l'*objet*, pour lequel les interrogatoires ſur faits & articles ſont autoriſés.

Enfin, relativement à la *Juriſdiction*, comme ces ſortes d'interrogatoires ſont principalement pour l'inſtruction du Juge qui eſt ſaiſi de la conteſtation, lui ſeul eſt compétent pour les faire. Il y a cependant ſur cela une exception, c'eſt lorſque la Partie que l'on veut faire interroger n'eſt pas préſente, & qu'elle a un domicile éloigné du lieu où ſe tient la Juriſdiction. Alors le Juge, où le differend eſt pendant, peut commettre celui du lieu du domicile de la Partie, pour faire l'interrogatoire, ou quelqu'autre à portée de le faire. Mais, comme dans ce cas, ce n'eſt que ſur le mandement du Juge ſaiſi de la conteſtation, que l'interrogatoire ſe fait, il eſt cenſé avoir été fait par lui-même. Ainſi cette exception eſt elle-même une confirmation de la régle générale.

ARTICLE II.

Les aſſignations pour répondre ſur faits & articles, ſeront données en vertu d'Ordonnance du Juge, ſans Commiſſion du Greffe, encore que la Partie fût demeurante hors du lieu où le differend eſt pendant; & ſans que, pour l'Ordonnance, le Juge & le Greffier puiſſent prétendre aucune choſe.

On ne peut donner aſſignation pour faire interroger ſur faits & articles, ſans obtenir du Juge une Ordonnance qui le permette. Pour cela on préſente une Requête au Siége où le differend eſt pendant; l'Ordonnance qui eſt miſe au bas, commet un des Conſeillers du Tribunal à l'effet de faire l'interrogatoire; ſi l'affaire eſt appointée, c'eſt ordinairement le Conſeiller-Rapporteur qui eſt commis. On prend enſuite l'Ordonnance du Conſeiller-Commis. Et en vertu de cette ſeule Ordonnance, qui eſt exécutoire par-tout même hors du Reſſort, on donne l'aſſignation au jour & à l'heure indiqués par le Commiſſaire dans ſon Ordonnance.

ARTICLE III.

L'aſſignation ſera donnée à perſonne ou domicile

L ij

de la Partie, & non à aucun domicile élû, ni à celui du Procureur, & sera donné copie de l'Ordonnance du Juge & des faits & articles.

L'interrogatoire sur faits & articles n'étant point une demande principale, mais seulement un incident de l'instance, on auroit pû croire que l'assignation pour le subir, auroit pû aussi-bien être donnée au domicile du Procureur qu'à celui de la Partie. Mais la considération déterminante, c'est que l'interrogatoire sur faits & articles est un acte purement personnel à la Partie, qu'il est étranger au ministere du Procureur, dont la négligence ou l'oubli pourroient mettre la Partie dans le cas de perdre sa cause, sans qu'on pût rien lui imputer, & ce, faute d'avoir été averti. C'est pourquoi l'Ordonnance exige que les assignations pour ces interrogatoires, soient données ou à la personne, ou au domicile de la Partie.

Il faut de plus que cette assignation soit accompagnée de copie de l'Ordonnance & des faits & articles. Sur quoi l'on peut observer que cette communication préalable des faits, est souvent un moyen que l'on donne à la Partie pour se préparer contre la vérité ; qu'on n'a pas besoin de préparation pour répondre sur un fait ; que cette communication n'est le plus souvent que l'occasion d'un parjure prémedité ; au lieu qu'une Partie qui vient subir interrogatoire sans préparation, en voulant déguiser la vérité, tombe nécessairement dans des contradictions qui servent à la faire découvrir.

On opposoit d'un autre côté, que cette communication empêchoit qu'une personne simple ne fût surprise par la proposition de faits imprévûs, & dont il auroit perdu la memoire par leur éloignement ; que d'ailleurs un héritier interrogé sur le fait d'une succession nouvellement recueillie, ne pouvoit répondre sans s'en être informé auparavant, & conséquemment sans préparation, & ainsi des autres qui se trouvent dans le même cas.

Cette contrarieté de raisons pour & contre, donnoit lieu, avant l'Ordonnance, à une contrarieté de Jurisprudence. Au Parlement de Paris & dans son Ressort, on étoit dans l'usage de donner communication des faits avant l'interrogatoire. Au Parlement de Normandie cette communication n'étoit point tolerée, & les Parties étoient obligées de répondre sans préparation.

L'Ordonnance a donné la préference à la Jurisprudence du Parlement de Paris, en prescrivant que l'on donnât copie des faits & articles avec l'assignation. Cependant cette disposition est mitigée dans l'usage. Car, quoiqu'on semble satisfaire à la Loi, en donnant copie de certains faits avec l'assignation, on garde ordinairement les plus importans, dont on fait un memoire secret que l'on donne au Commissaire, lequel interroge la Partie tant sur les uns que sur les autres,

ARTICLE IV.

Si la Partie ne compare aux jours & lieux qui seront assignés, ou fait refus de répondre, sera dressé un procès-verbal sommaire, faisant mention de l'assignation & du refus ; & sur le procès-verbal, seront les faits tenus pour confessés & averrés en toutes Jurisdictions & Justices, même en nos Cours de Parlement, Grand Conseil, Chambre des Comptes, Cour des Aides, & autres nos Cours, sans obtenir aucun Arrêt ou Jugement, & sans réassignation.

ARTICLE V.

Voulons néanmoins que si la Partie se présente avant le Jugement du Procès, pour subir l'interrogatoire, elle soit reçûe à répondre, à la charge de payer les frais de l'interrogatoire, & d'en bailler copie à la Partie, même de rembourser les dépens du premier Procès - verbal, sans les pouvoir répeter, & sans retardation du Jugement du Procès.

L'Ordonnance de Roussillon (Article 6.) parloit de même que la nôtre : *& en défaut de comparoir aux jours & lieux qui pour ce seront assignés, seront les faits tenus pour confessés & averés.* Cependant, quoique cette disposition fût précise & générale, elle n'étoit régulierement observée que dans les Tribunaux subalternes ; les Cours Souveraines se contentoient de joindre les procès - verbaux de non-comparution au procès, pour en jugeant y avoir tel égard que de raison. La raison que l'on donnoit de cette difference, c'est qu'en premiere instance, il y avoit la voye d'appel ; au lieu qu'en Cour Souveraine, & après un Arrêt qui auroit tenu les faits pour averés, il n'y avoit plus de retour.

Mais on a consideré en même-tems que cette tolerance produisoit un très-grand abus, en ce que la Partie que l'on vouloit faire interroger, étoit toujours défaillante en Cour Souveraine, se fiant sur ce que son défaut de comparution n'étoit point fatal pour elle. C'est pourquoi notre Ordonnance a voulu que la disposition devînt générale, afin qu'une Partie étant instruite, qu'elle ne pouvoit se dispenser de paroître pour répondre, sans risquer de perdre son procès ; elle fut plus ponctuelle à satisfaire aux ordres de la Justice, & à venir aux jour & heure marqués rendre un compte judiciaire des faits, dont il importe d'avoir connoissance pour la décision du procès. C'est pour cela que notre Ordonnance porte que *sur le procès-verbal* de non-comparution *les faits seront tenus pour confessés & avérés en toutes Jurisdictions & Justices, même en nos Cours de Parlement, Grand Conseil, Chambres des Comptes, Cours des Aides, & autres nos Cours.* Celui qui comparoît, mais qui refuse de répondre aux interrogations qui lui sont faites par le Juge, est dans le même cas que celui qui ne comparoît pas. Il doit être parconséquent sujet à la même peine.

Cependant, quoique par la non-comparution les faits doivent demeurer pour avérés, l'Ordonnance donne une ressource à la Partie non-comparante, pour se relever de cette peine ; c'est de se présenter avant le Jugement du procès pour subir l'interrogatoire. Elle est à la vérité reçûe à répondre, & par ce moyen les faits cessent d'être tenus pour confessés. Mais comme elle est toujours répréhensible de ne s'être point présentée d'abord, non-seulement les frais de son interrogatoire sont à sa charge, mais encore elle est obligée de rembourser les dépens du procès-verbal de non-comparution, sans pouvoir jamais les répéter en définitif, même en gagnant son procès.

ARTICLE VI.

La Partie répondra en personne, & non par Procureur, ni par écrit ; & en cas de maladie, ou empêchement légitime, le Juge se transportera en son domicile, pour recevoir son interrogatoire.

Avant l'Ordonnance de Roussillon, il étoit permis de répondre par écrit aux faits & articles, & par Procureur pourvû que ce fût en vertu de procuration spéciale. Mais il arrivoit que bien des gens se portoient bien plus aisément à nier ou à pallier la vérité des faits, en ne répondant que par écrit ou par Procureur, que lorsque, comparoissant en personne, ils étoient retenus par l'appareil & la religion du serment, & par la présence du Juge. C'est ce qui fit que par l'Ordonnance de Roussillon (même Art. 6.) il fut dit que dorénavant *les réponses de vérité sur articles pertinens seroient faites par les parties en perſonne* , *& non par Procureur* , *ni par écrit.* La même Ordonnance avoit auſſi prévû le cas de maladie où d'empêchement légitime ; & elle ajoutoit à cet égard : *en cas de maladie ou empêchement légitime & néceſſaire* , *ou ſi la qualité des Parties le requeroit* , *le Juge ſe tranſportera devers elles pour cet effet.*

ARTICLE VII.

Le Juge , après avoir pris le ſerment , recevra les réponſes ſur chacun fait & article , & pourra même d'office interroger ſur aucuns faits , quoiqu'il n'en ait été donné copie.

ARTICLE VIII.

Les réponſes ſeront préciſes & pertinentes ſur chacun fait , & ſans aucun terme injurieux ni calomnieux.

L'Ordonnance, dans un des Articles précedens, ayant exigé que l'on donnât connoiſſance à la Partie des faits ſur leſquels on veut la faire interroger , & que l'aſſignation même en contînt la copie en tête ; il ſembloit ſuivre de-là que l'on ne pouvoit l'interroger ſur d'autres faits , ſans rendre la diſpoſition de la Loi illuſoire. Cependant les réponſes de la Partie interrogée peuvent quelquefois donner lieu au Juge de l'interroger d'office ſur certains faits réſultans de ces réponſes même. De-là , la diſpoſition de l'Ordonnance de Rouſſillon (ſuſdit art. 6.) qui autoriſe le Juge , *outre les articles baillés par les Parties à faire d'office tels interrogatoires pertinens qu'il verra être à faire.* Mais cette diſpoſition avoit ceſſé d'être obſervée dans l'uſage , lorſqu'elle a été renouvellée par l'Article qui précede.

Cependant , à prendre exactement la lettre , & même l'eſprit de cet Article , ainſi que de celui de l'Ordonnance de Rouſſillon que nous venons de citer , il paroîtroit que ces *interrogatoires d'office* ne doivent avoir lieu qu'autant qu'ils ſont faits du *propre mouvement* du Juge , à l'occaſion des réponſes de la Partie interrogée , & non pas lorſqu'ils ſont ſuggerés au Juge par l'autre Partie. On voit néanmoins tous les jours que ces interrogatoires d'office ne ſe font que ſur un memoire que joint au Juge la Partie qui provoque l'interrogatoire ; & c'eſt ce qu'on appelle les *faits ſecrets.* Auſſi voyons - nous quelques Juges qui ſe renfermant ſtrictement dans la lettre de l'Ordonnance , ne veulent point recevoir ces fortes de faits, & qui prétendent que c'eft en cela feul que confifte la difference qu'il y a entre les interrogatoires en matiere criminelle, & ceux en matiere civile ; dans les premiers, on peut interroger l'accufé, non-feulement fur les faits de la plainte, mais encore fur ceux qui font indiqués au Juge par la Partie civile, parce que l'Ordonnance criminelle y eft précife, & qu'on n'eft obligé de faire aucune communication préalable aux accufés. Mais dans les interrogatoires en matiere civile où la communication préalable des faits eft jugée néceffaire, ne feroit-ce pas rendre cette communication inutile, fi on en obmettoit les faits les plus effentiels, pour les donner enfuite fecretement au Juge, & en faire la matiere de l'interrogatoire d'office ?

Il faut convenir que la conduite des Juges qui fe refufent à interroger fur les *faits* qu'on nomme *fecrets*, eft plus conféquente & plus conforme à la difpofition litterale de la Loi. L'ufage contraire eft pourtant plus univerfellement répandu, & l'on ne voit point qu'il produife d'inconvéniens. Bien au contraire, étant employé avec prudence par le Juge, il contribue beaucoup plus que la communication préalable des faits, à la découverte de la vérité.

Les réponfes de la Partie qu'on interroge (foit qu'elles foient faites fur faits préalablement communiqués, ou fur interrogatoire d'office) doivent être affujetties aux mêmes régles que les faits qui leur fervent de fondement ; c'eft-à-dire, qu'elles doivent être précifes & relatives à chaque fait, & dépouillées de termes injurieux & calomnieux.

ARTICLE IX.

Seront tenus les Chapitres, Corps & Communautés, nommer un Sindic, Procureur ou Officier, pour répondre fur les faits & articles qui lui auront été communiqués ; & à cette fin pafferont un pouvoir fpécial, dans lequel les réponfes feront expliquées & affirmées véritables ; autrement feront les faits tenus pour confeffés & avérés, fans préjudice de faire interroger les Sindics, Procureurs & autres, qui ont agi par les ordres de la Communauté, fur les faits qui les concerneront en particulier, pour y avoir par le Juge tel égard que de raifon.

Cet Article eft une exception à l'Article 5. qui veut que les inter-

rogatoires

rogatoires foient fubis en perfonne, & non par Procureur ni par écrit. Mais lorfqu'il s'agit d'un Corps ou d'une Communauté compofée d'un grand nombre de perfonnes, il ne feroit pas poffible de mettre l'Article 5. à exécution. Cette impoffibilité a déterminé le Legiflateur à déroger, en ce point feulement, à la régle générale, en permettant que les Chapitres, Corps & Communautés puiffent répondre aux faits & articles par Procureur ; mais fous la condition expreffe que le pouvoir fera fpécial, & que de plus on y détaillera & affirmera véritables les réponfes à chacun des faits. Cela prévient un abus qui s'étoit introduit, avant l'Ordonnance, dans ces fortes de cas. Les Corps & Communautés affignés pour être interrogés fur faits & articles, chargeoient, de la procuration pour répondre, le plus jeune des Chanoines ou des Religieux qui n'avoit aucune connoiffance des affaires, & qui conféquemment ne pouvoit répondre pertinemment fur les faits; de-là ces interrogatoires devenoient fans fruit & étoient autant d'illufions à la Juftice. Mais la procuration devant maintenant contenir les réponfes à chaque fait, le fondé de procuration ne fait plus que l'office de fimple Mandataire ; il n'eft en quelque forte que l'écho du Chapitre ou de la Communauté ; il ne met rien du fien dans les réponfes, puifqu'elles font énoncées, expliquées & affirmées véritables par le Chapitre, Corps ou Communauté, dans la procuration même.

Il eft pourtant, dans les affaires de Communauté, certains faits qui font perfonnels & particuliers à ceux qui en ont geré les affaires, & qu'il eft important d'éclaircir par leur propre bouche. Dans ces fortes de cas, l'Ordonnance permet *de faire interroger les Sindics, Procureurs & autres, qui ont agi par les ordres de la Communauté fur les faits qui les concerneront en particulier, pour y avoir par le Juge tel égard que de raifon.*

ARTICLE X.

Les interrogatoires fe feront aux frais & dépens de ceux qui les auront requis, fans qu'ils puiffent en demander aucune répétition, ni les faire entrer en taxe, même en cas de condamnation de dépens.

Il paroît au premier abord bien extraordinaire qu'une Partie qui aura gagné fon procès, au moyen de l'interrogatoire qu'il aura fait fubir à fon adverfaire, fupporte même en définitif les frais de cet interrogatoire, qui dans ce cas eft devenu une piece effentielle & néceffaire à l'inftruction. Dans le Droit Romain, ces interrogatoires fe faifoient à frais communs. Dans la fuite on chargea ceux qui les provoquoient, d'en faire les avances, mais avec répétition en cas de gain du procès.

M

Mais le Legiſlateur, dans notre Ordonnance, les a mis au nombre des frais préjudiciaux ; il a cru que c'étoit le ſeul moyen efficace pour retrancher le grand nombre de faits dont on chargeoit les interrogatoires, & obliger la Partie provocante, par ſon propre interêt, à les reſtraindre aux ſeuls faits néceſſaires.

F O R M U L E
DES ACTES DE PROCEDURE.
R E L A T I F S.
AU PRESENT TITRE.

Requête de Committitur.

SUPPLIE humblement ..... Qu'il Vous plaiſe permettre d'interroger ...... ſur les faits & articles pertinens & admiſſibles qui lui ſeront ſignifiés & communiqués, concernant la cauſe (*ou* inſtance) d'entre les Parties, & à cet effet commettre tel de Meſſieurs qu'il plaira à la Cour. Et Vous ſerez bien.

Ordonnance du Commiſſaire pour faire aſſigner.

De l'Ordonnance de Nous ..... Conſeiller du Roi en ſa Cour de Parlement, & Commiſſaire en cette partie : Mandons au premier Huiſſier de la Cour, à la requête de .... aſſigner .... à comparoir à .... prochain (*l'heure*) en notre Hôtel, fiſe rue .... Paroiſſe de .... pour être oui & interrogé ſur les faits & articles qui lui ſeront ſignifiés, & autres ſur leſquels il Nous plaira l'interroger ; ſinon ſeront leſdits faits tenus pour reconnus confeſſés & avérés. Fait en notre Hôtel le ....

Faits & Articles.

Faits & Articles pertinens ſur leſquels le Sr..... entend faire ouir & interroger le Sieur ......
Premierement, s'il n'eſt pas vrai, &c.

Exploit d'aſſignation.

L'an, &c. à la requête de, &c. j'ai .... Huiſſier .... ſouſſigné ſignifié & baillé copie des faits & articles, Requête & Ordonnance ci-deſſus, enſemble donné aſſignation audit .... en parlant à .... à comparoir en l'Hôtel de .... le .... pour répondre ſur les faits dont eſt queſtion, & laiſſé, parlant comme deſſus, copie, tant de ladite Requête, Ordonnance, & Faits & Articles, que du préſent ; à ce qu'il n'en ignore.

Procès-verbal d'interrogatoire par défaut.

Aujourd'hui .... eſt comparu en notre Hôtel Me.... Procureur de .... lequel Nous a dit qu'en vertu de notre Ordonnance du .... il a fait aſſigner à ce jour le Sr.... par Exploit du .... à comparoir pardevant Nous pour être interrogé ſur les faits & articles dont il lui a été donné copie avec ledit Exploit, ainſi que de notre Ordonnance, leſquels Nous ont été repréſentés ; & attendu qu'il eſt .... heures, Nous a requis défaut contre ledit Sr.... non comparant. Sur quoi Nous Conſeiller-Commiſſaire ſuſdit, après avoir attendu juſqu'à .... heures ſonnées, avons audit Me..... donné défaut pour ſa Partie contre ledit ....& pour le profit avons leſdits faits & articles tenus pour confeffés & averés par ledit .... non-comparant. Fait en notre Hôtel lefdits jours & an que deffus.

A Noffeigneurs ......
Supplie humblement ...... Difant ......
Ce confideré, Noffeigneurs, il Vous plaife recevoir le Suppliant à répondre fur les faits & articles à lui fignifiés le .... à la requête de .... aux offres qu'il fait de fatisfaire à l'Ordonnance. Et vous ferez bien.

Requête du défail-lant, afin de permiffion de fubir interrogatoire.

Ordonnance : Nous avons reçû le Suppliant à répondre fur les faits & articles à lui fignifiés à la requête dudit .... pardevant Me. .... Confeiller, à la charge de payer les frais de fon interrogatoire, duquel il fera donné copie audit .... & de rembourfer le coût du procès-verbal du .... & fans retardation du Jugement du Procès.

N O T A. *Au Parlement & à la Cour des Aides, ces permiffions s'obtiennent par Arrêt fur Requête ; mais aux Requêtes de l'Hôtel & du Palais, on fait mettre fur la Requête une Ordonnance de Viennent, fur laquelle on obtient à l'Audience Sentence par défaut ou contradictoire, qui permet l'interrogatoire.*

Interrogatoire fait par Nous .... Confeiller du Roi .... & Commiffaire en cette partie, à la requête de .... fur les faits & articles mis en nos mains, defquels il a été donné copie ; auquel interrogatoire avons procédé, ainfi qu'il fuit.

Procès-verbal d'in-terrogatoire contradic-toire.

Aujourd'hui .... eft comparu pardevant Nous .... au défir de notre Ordonnance du .... pour être par Nous interrogé fur les faits & articles dont lui a été donné copie avec affignation à ce jour à la requête de .... Sur quoi, après avoir dudit .... comparant, pris ferment de dire vérité ; Nous l'avons interrogé fur le premier defdits faits contenant s'il n'eft pas vrai que .... lequel Nous a répondu que ....
Interrogé fur le fecond defdits faits contenant ..... a répondu .... que ..... &c.
Interrogé d'office, s'il n'eft pas vrai .... a répondu .... &c.
Après quoi avons fait lecture audit ..... du préfent interrogatoire & de fes réponfes, lequel a dit que fes réponfes contiennent vérité ; y a perfifté & a figné avec Nous, (*ou* a déclaré ne fçavoir figner de ce enquis.) Fait en notre Hôtel lefdits jour & an que deffus.

T I T R E   X I.

DES DÉLAIS ET PROCEDURES

ÈS COURS DE PARLEMENT,

GRAND CONSEIL ET COURS DES AIDES;

EN PREMIERE INSTANCE

E T   E N   C A U S E   D' A P P E L.

P O U R avoir une idée exacte des procedures qui fe font dans les Cours Souveraines, il faut foigneufement diftinguer celles qui ont pour objet

M ij

des conteſtations nées dans les Cours mêmes, d'avec celles qui n'y ſont venues que par appel, & après avoir été décidées une ou pluſieurs fois dans les Tribunaux inférieurs.

Les cauſes d'appel elles-mêmes peuvent encore être enviſagées ſous deux points de vûe differens; ou relativement à la matiere qui fait le ſujet de la conteſtation; ou relativement à la forme du Jugement qui donne lieu à l'appel.

Relativement à la matiere qui fait le ſujet de la conteſtation, *l'appel* eſt, ou *ſimple*, ou *comme d'abus*. L'appel eſt ſimple, lorſqu'il eſt interjetté d'une Sentence émanée d'un Juge Séculier; il eſt comme d'abus, lorſque la Sentence dont eſt appel a été rendue par un Juge Eccléſiaſtique; attendu que les Cours étant Juriſdictions Laïques, ne peuvent connoître des Jugemens Eccléſiaſtiques par la voye ordinaire de l'appel ſimple, mais ſeulement par la voye extraordinaire de l'appel comme d'abus.

Mais ſi l'on enviſage l'appel, eu égard à la forme des Jugemens qui y donnent lieu; ou ces Jugemens ont été rendus à l'Audience, ou ſur production des Parties. S'ils ont été rendus à l'Audience, ou même par forcluſion ſur appointement à mettre, *l'appel* eſt *verbal*, & ſe porte à la Grand'Chambre des Parlemens, ou Premiere Chambre des autres Compagnies Supérieures. Si le Jugement eſt intervenu ſur productions reſpectives des Parties, après un appointement à mettre & ſur productions reſpectives, & même par forcluſion, après un appointement en droit. L'appel eſt qualifié de *procès par écrit*, & l'inſtruction en eſt dévolue aux Cham-

bres des Enquêtes des Parlemens , ou secondes &
troisiémes Chambres des autres Cours ; & la distribution s'en fait suivant les differens usages des
Compagnies.

Telles sont les notions générales qu'il faut avoir
pour l'intelligence des Articles qui composent le
présent Titre.

Article Premier.

És Cours de Parlement , Grand Conseil & Cours
des Aides , tant en premiere instance qu'en cause
d'appel , les délais des assignations seront de huitaine
pour ceux qui demeurent en la même Ville où sont
établies nos Cours de Parlement & Cours des Aides ,
& où le Grand Conseil fera sa résidence ; de quinzaine
pour ceux qui sont demeurans hors la Ville , dans la
distance de dix lieues ; d'un mois pour ceux qui ont
leur domicile , au-delà de dix lieues , dans la distance
de cinquante ; de six semaines pour ceux qui sont
au-delà de cinquante lieues ; le tout dans le Ressort
du même Parlement ou Cour des Aides ; & de deux
mois pour les personnes qui sont domiciliées hors le
Ressort ; & pour le Grand Conseil , au-delà des
cinquante lieues , le délai des assignations sera
augmenté d'un jour pour dix lieues.

Avant l'Ordonnance de 1667. il n'y avoit aucune Loi qui fixât les
délais des assignations. Ce qui occasionnoit tous les jours des incidens
sur cette premiere & importante partie de la procedure.

Louis XIV. a établi sur cela une régle fixe & bien nécessaire pour
les Jurisdictions inférieures dans le Titre 3. Dans celui-ci , ce Prince
détermine les délais des ajournemens pour les Cours Souveraines , en
suivant toujours pour principe le plus ou le moins d'éloignement du

domicile de ceux que l'on affigne, eu égard à la Jurifdiction Souveraine où ils doivent comparoître. Ainfi ceux qui demeurent dans la
même Ville où font établies les Compagnies Souveraines; doivent être
affignées à huitaine; ceux qui font domiciliés hors la Ville dans la
diſtance de dix lieues, doivent l'être à quinzaine; le délai eſt d'un mois
pour ceux qui ont leur domicile au-delà des dix lieues dans la diſtance
de cinquante lieues, le tout dans le reſſort de chaque Cour; & hors du
reſſort, le délai eſt de deux mois indiſtinctement. Mais à l'égard du
Grand Confeil, dont le reſſort n'eſt point limité, & dont la Jurifdiction
s'étend par tout le Royaume, pour les matieres dont la connoiſſance
lui eſt attribuée, quand le domicile de la Partie affignée eſt au-delà
des cinquante lieues, on augmente le délai à raiſon d'un jour par dix
lieues.

ARTICLE II.

*És Caufes qui feront pourfuivies en premiere
inſtance en nos Cours de Parlement, Grand Confeil
& Cours des Aides, le Défendeur fera tenu dans les
délais ci-devant ordonnés, après l'échéance de l'affignation de mettre Procureur & fournir fes défenfes,
avec copie des pieces juſtificatives.*

ARTICLE III.

*Si dans le délai après l'échéance de l'affignation,
le Défendeur ne conſtitue Procureur, le Demandeur
levera fon défaut au Greffe, & huitaine après le
baillera à juger.*

ARTICLE IV.

*Si le Défendeur, après avoir mis Procureur, ne
fournit fes défenfes dans le même délai & copie des
pieces juſtificatives, fi aucunes il a, le Demandeur
prendra auffi fon défaut au Greffe, lequel il fera*

fignifier au Procureur du Défendeur , & huitaine après la fignification le baillera à juger.

ARTICLE V.

Pour le profit du défaut les conclufions feront adjugées au Demandeur avec dépens , fi elles font trouvées juftes & dûement vérifiées ; fans qu'en aucun cas les Juges puiffent prendre des épices pour le Jugement des défauts.

ARTICLE VI.

Si avant le Jugement des défauts , le Défendeur conftitue Procureur & fournit de défenfes avec copie des pieces juftificatives fur le principal , les Parties fe pourvoiront à l'Audience ; & néanmoins les dépens du défaut feront acquis au Demandeur. Mais s'il conftitue feulement Procureur , fans fournir de défenfes , le Demandeur pourra pourfuivre le Jugement de fon défaut , fans autre procedure ni fommation.

ARTICLE VII.

Ne feront pris à l'avenir aucuns défauts , fauf , purs & fimples , & aux Ordonnances , ni permiffion de les faire juger ; & ne feront faites autres procedures que celles ci-deffus ordonnées , fans aucuns réajournemens ; l'ufage defquelles procedures & réajournemens nous abrogeons.

Ces fix Articles nous apprennent la maniere dont on doit inftruire la contumace pour les affaires portées en premiere inſtance dans les Cours. Ces affaires ſont de trois ſortes. 1°. Celles qui s'inſtruiſent directement au Parlement, comme les cauſes des Hôpitaux, des Pairies, & autres qui ont ce privilege, & celles qui ſe portent au Grand Conſeil en vertu d'attributions, ſoit générales, ſoit particulieres. 2°. Les demandes qui ſe forment en exécution d'Arrêts. 3°. Enfin les incidens des inſtances & procès qui y ſont indécis.

Auparavant l'Ordonnance, toutes ces differentes ſortes d'inſtances s'inſtruiſoient de la même maniere dans les Cours. A cet effet celui qui intentoit l'action donnoit une requête au bas de laquelle on commettoit un de Meſſieurs pour cette inſtruction.

Cette Requête & cette Ordonnance appellées de *Committitur*, ſignifiées ; ſi la Partie aſſignée ne comparoiſſoit point, on prenoit un premier *défaut ſauf trois jours*, en vertu duquel on réajournoit. Si elle ne comparoiſſoit point encore, on levoit un ſecond *défaut* nommé *pur & ſimple*, que l'on faiſoit enſuite juger, & dont le profit étoit un *débouté de défenſes* : ſi la Partie réajournée une troiſiéme fois s'obſtinoit encore à ne point comparoir, on levoit un troiſiéme *défaut aux Ordonnances*, que l'on donnoit de même enſuite à juger ; & alors le profit emportoit l'adjudication des concluſions.

Mais ſi, avant l'Arrêt de débouté de défenſes, le Défendeur conſtituoit Procureur & fourniſſoit de défenſes, il étoit reçû ſans aucune refuſion de dépens. Si au contraire il attendoit après l'Arrêt de débouté de défenſes pour conſtituer Procureur, il étoit admis à ſe faire reſtituer dans les quatre mois & à fournir de défenſes, mais en refondant tous les frais de contumace.

La comparaiſon de ces differentes formalités, avec celles introduites par l'Ordonnance pour l'obtention & le Jugement des défauts, démontre combien elles ont été ſimplifiées. Le Legiſlateur a commencé par abroger toutes celles qui avoient lieu auparavant, c'eſt-à-dire *les défauts, ſauf trois jours, purs & ſimples & aux Ordonnances*, ainſi que les réajournemens & les Arrêts qu'il falloit obtenir pour le Jugement de ces défauts multipliés. Et comme les cauſes qui ſe portent en premiere inſtance dans les Cours, ſont de même genre à peu près que celles qui ſe portent en premiere inſtance dans les Juriſdictions inférieures, le Legiſlateur y a introduit la même eſpece d'inſtruction, avec très-peu de différence. Car ſi le Défendeur ne compare point dans les délais de l'aſſignation, le Demandeur eſt autoriſé à lever ſon défaut au Greffe, & huitaine après le donner à juger. Si au contraire après avoir comparu dans les délais, & avoir conſtitué Procureur, il ne fournit point de défenſes, le Demandeur eſt de même autoriſé à lever ſon défaut au Greffe, & à le faire ſignifier au Procureur conſtitué par le Défendeur. La ſeule différence qu'il y a ſur ce point entre les Tribunaux inférieurs & les Cours, c'eſt que dans les premiers, on ne peut pourſuivre le Jugement du défaut faute de défendre qu'à l'Audience ; au lieu que dans les Cours où les Audiences ſont beaucoup plus char-

gées,

gées, on fait juger le profit des défauts faute de défendre, de la même manière que ceux faute de comparoir ; & le Jugement de ce profit, dans l'un & l'autre cas, c'est l'adjudication des conclusions du Demandeur avec dépens, si elles sont trouvées justes & bien vérifiées. Cependant si avant le Jugement du profit de l'un ou de l'autre de ces défauts, le Défendeur comparoissoit & fournissoit de défenses, la Cause pourroit être portée à l'Audience, en refondant par lui les dépens de contumace, comme frais préjudiciaux ausquels il a donné lieu. Mais s'il se contentoit de constituer Procureur sans fournir de défenses, comme il n'auroit satisfait qu'en partie à la disposition de l'Ordonnance, le Demandeur n'en seroit pas moins pour cela le maître de poursuivre le Jugement de son défaut, sans autre procedure ni sommation. Cependant, dans l'usage du Palais, on a coutume, après la constitution de Procureur dans ce cas, de faire une sommation au Procureur constitué de fournir de défenses dans le jour, & de protester, qu'à faute de le faire, on poursuivra le Jugement du défaut en la manière accoutumée.

ARTICLE VIII.

Trois jours après les défenses fournies & la copie des pieces justificatives, la Cause sera poursuivie à l'Audience sur un simple Acte signé du Procureur & signifié, sans prendre au Greffe aucun avenir, desquels nous abrogeons l'usage en toutes nos Cours.

On ne pouvoit autrefois porter aucune cause à l'Audience dans les Cours, qu'on ne prît d'abord au Greffe une espece de Jugement qui y autorisât, & qu'on appelloit, à cause de ce, *avenir.* Mais cette formalité ne tendant qu'à augmenter les émolumens du Greffe, sans aucune utilité réelle, l'Ordonnance l'a abrogée & elle permet de porter *de plano* les Causes à l'Audience des Cours, de même qu'à celle des Jurisdictions inférieures, sur un simple acte signifié de Procureur à Procureur, indicatif du jour où l'on poursuivra le Jugement de la Cause, & qui a retenu l'ancienne dénomination des *avenirs* que l'on levoit au Greffe, & dont il tient lieu.

ARTICLE IX.

Aucune Cause ne pourra être appointée au Conseil, en droit ou à mettre, si ce n'est en l'Audience, à la

N

pluralité des voix , à peine de nullité ; & feront tenus les Juges de déliberer préalablement , fi la Caufe fera appointée ou jugée , avant que d'ouvrir leurs opinions fur le fonds ; ce qui fera obfervé dans toutes nos Cours, Jurifdictions & Juftices , même celle des Seigneurs.

ARTICLE X.

Pourront néanmoins être pris des appointemens au Greffe ès matieres de reddition de compte , liquidation de dommages & interêts , & appellation de taxe de dépens , lorfqu'il y aura plus de deux croix.

S'il étoit poffible que toutes les affaires fuffent de nature à recevoir à l'Audience leur décifion , ce feroit fans doute la voye la plus prompte & la moins difpendieufe pour les Parties. Dans cette vûe le Monarque auteur de notre Ordonnance , veut que toutes les affaires y foient portées ; de maniere qu'elles ne puiffent être appointées qu'en pleine connoiffance , après une mure déliberation , & dans le cas feulement où il y a impoffibilité de juger fur le champ définitivement. C'eft pour cela que les Juges font obligés par l'Ordonnance au préalable, de déliberer , fi l'affaire dont eft queftion eft fufceptible d'appointement , ou peut être jugée à l'Audience , avant que d'entamer les opinions fur le fonds : il eft pourtant une nature d'affaires qui exigeant néceffairement un examen de pieces, exigent par cela même un appointement néceffaire , & ne pourroient être portées à l'Audience , fans confommer inutilement un tems précieux ; de ce nombre font les redditions de comptes, les liquidations de dommages & interêts , & les appels de taxes de dépens. Auffi l'Ordonnance contient-elle une exception par rapport à ces matieres, fur lefquelles elle autorife les Parties à prendre des appointemens au Greffe , fans le porter à l'Audience.

Ainfi donc toutes les autres conteftations , tant en premiere inftance qu'en appel verbal, devant néceffairement paffer par le canal de l'Audience , & y être plaidées ; fi elles y font fuffifamment entendues , elles y reçoivent leur Jugement définitif. Si elles ne le font pas , ou elles font *appointées à mettre* , ou elles font *appointées en droit* , fuivant l'importance & la qualité des affaires. Lorfque l'appointement intervient fur une caufe d'appel , il eft qualifié *appointement au Confeil.*

Les differentes modifications que l'on chercha dans la fuite d'introduire contre cette difpofition de l'Ordonnance qui ne permet d'appointer que fur plaidoirie, donna lieu à la Déclaration du 12 Août 1669. qui renouvella les défenfes d'appointer aucunes Caufes, au Confeil, en droit ni à mettre, fi ce n'eft fur les plaidoiries des Parties, & à la pluralité des voix.

Cependant l'expérience fit bien-tôt connoître que s'il étoit facile d'executer cette partie de l'Ordonnance dans plufieurs Parlemens, dont la Jurifdiction a ordinairement pour bornes celles de la Province où ils font établis, elle devenoit impratiquable fur-tout au Parlement de Paris, dont le reffort a prefqu'autant d'étendue feul que celui de tous les autres Parlemens enfemble. C'eft pourquoi le feu Roi, en confirmant par fa Déclaration du 15 Mars 1673. l'ufage où étoit le Parlement de Paris de faire des rolles où étoient mifes les appellations verbales, tant fimples que d'abus, les Requêtes civiles, les demandes en exécution d'Arrêts, & autres demandes principales, pour être plaidés les Lundis, Mardis & Jeudis matin, & les Mardis & Vendredis de relevée; y ordonna en même-tems, qu'à la fin de chaque rolle, les Caufes qui refteroient à plaider, demeureroient *de droit appointées*, foit au Confeil ou en droit, par un Reglement général, à moins que par Arrêt il ne fût ordonné qu'elles feroient mifes fur un autre rolle : on en excepta feulement les appels comme d'abus, les Regales, les Requêtes civiles, les appels fimples d'une Sentence d'appointement à mettre. Ce Réglement n'a pas lieu pour les Rolles des Mercredis & Samedis, ni pour celui des Vendredis matin, appellés *Petits Rolles* : ou les Caufes qui ne viennent point à leur tour font reportées fur un autre Rolle. Il a été étendu à la Cour des Aides de Paris par une Déclaration particuliere du 17 Novembre de la même année 1673.

On a même encore été plus loin dans l'ufage du Palais, en permettant les *ajoutés au Rolle*, qui multiplient prefqu'à l'infini les Caufes qui fe trouvent appointées par le Réglement général, dont la clôture du Rolle eft accompagné.

ARTICLE XI.

Abrogeons toutes les inftructions à la Barre & pardevant les Confeillers Commis, comme auffi les renvois pardevant les Juges, a lieu, jour & heure extraordinaires ; n'entendons néanmoins en ce, y comprendre les comparutions fur les Clameurs de Haro & fur les Arrêts des perfonnes ou des biens, en vertu des Privileges des Villes ou des Foires.

Les inftructions qui fe faifoient à la Barre, non-feulement avoient

N ij

pour objet l'obtention des défauts , lorsqu'une des deux Parties ne comparoissoit point , ou ne fournissoit point de défenses , ainsi que nous venons de l'observer sur les Articles qui précedent ; elles s'y conti- nuoient encore , même après les défenses fournies & la contestation entamée contradictoirement. A cet effet , aussi-tôt que les défenses étoient fournies , on offroit un *appointement* qu'ils appelloient *par com- parans* , parce qu'alors l'une des Parties n'étoit plus défaillante. Cet appointement étoit signifié cinq fois ; & lorsque les délais y portés étoient expirés , le Demandeur produisoit au Greffe & obtenoit ses forclusions.

Le Parlement de Toulouse avoit encore sur cela une pratique assez singuliere. Tout s'y intruisoit par incidens qu'ils nommoient *loquatur* ; les Commissaires les jugeoient en premiere instance , & le Parlement connoissoit de leurs Ordonnances par appel.

Mais tout bien pésé & consideré , comme toutes les instructions qui se faisoient à la Barre , ne se faisoient jamais avec connoissance , & que les Procureurs y avoient seuls part , elles ont été , avec juste raison , abrogées comme superflues.

Le Prince n'a pourtant pas voulu que l'on inglobât dans cette abro- gation générale , les Clameurs de *Haro* qui ont lieu en Normandie , lorsqu'un homme , à qui on fait violence , implore le secours publique , ou lorsque l'on rencontre sa Partie & qu'on veut la conduire devant le Juge. Car alors elle est tenue de suivre celui qui a crié *Haro* sur elle ; & l'un & l'autre demeurent en prison ou en lieu de sûreté , jusqu'à ce que le Juge ait prononcé sur le differend , du moins par provision.

Les Arrêts des personnes & biens , en vertu des Privileges des Villes ou des Foires , sont aussi compris dans la même exception. Or l'Article 173. de la Coutume de Paris porte : *par Privilege usité , quiconque est Bourgeois demeurant & habitant à Paris , & par an & jour y a demeuré ,* (c'est à-dire , avec dessein d'y former son domicile , lui & sa famille) *il peut proceder par voye d'Arrêts sur les biens de ses debiteurs forains* (qui demeurent hors l'étendue de la Coutume) *trouvés en icelle Ville* (& Faubourgs) *posé qu'il n'y eût cedule ni obligation , & non sur autres debiteurs que forains.* L'Article 174. ajoute : *de tel Arrêt fait en la Ville & Fauxbourgs connoît le Prevôt de Paris & non autre.* Les Bourgeois de Montpellier ont aussi un Statut municipal qui leur donne le droit d'arrêter de leur propre autorité les personnes & biens des Etrangers , si après la Clameur exposée & le commandement fait , ils ne satisfont point à ce qu'ils doivent. Plusieurs autres Villes ont le même Privilege : on les appelle , à cause de ce , *Villes d'Arrêts.*

ARTICLE XII.

L'appointement en droit à écrire & produire , sera

de huitaine , & emportera auſſi réglement à contredire dans pareil délai ; encore que cela ne ſoit exprimé dans l'appointement.

Avant l'Ordonnance il y avoit de deux ſortes *d'appointement en droit* ; les uns n'autoriſoient ſimplement qu'à *écrire & produire* ; de ſorte que le Défendeur ne pouvoit *contredire*, ſans obtenir un ſecond appointement à cet effet. Les autres portoient en même-tems *à écrire & contredire de huitaine en huitaine.* Aujourd'hui cette diſtinction n'a plus lieu. L'Ordonnance veut que tous les appointemens en droit emportent réglement non-ſeulement à écrire & produire dans la huitaine , mais encore à contredire dans le même délai ; ſoit qu'on l'ait exprimé dans le Jugement d'appointement ou non.

Ainſi donc la ſeule procedure eſſentielle pour l'inſtruction d'un appointement en droit, c'eſt que le Demandeur détaille le fait & les moyens de ſa demande dans une piece d'écriture intitulé *avertiſſement* , & qu'il produiſe les pieces juſtificatives en conſéquence ; [on peut faire l'un & l'autre en même-tems par une ſeule & même Requête employée pour avertiſſement, écritures & production ;] & de l'autre part, que le Défendeur contrediſe enſuite les moyens & la production du Demandeur. Voilà où ſe borne exactement l'inſtruction de l'appointement en droit, en ſuivant ſtrictement l'Ordonnance ; & lorſqu'elle eſt achevée, on peut pourſuivre le Jugement définitif. Mais dans l'uſage on a coutume de l'étendre un peu davantage. Comme le Défendeur produit lui-même ſes pieces à l'appui de ſes contredits, le Demandeur prend de-là occaſion de contredire à ſon tour la production du Défendeur. Enſuite l'un & l'autre repliquent réciproquement à leurs contredits reſpectifs , par des *ſalvations de contredits de production*. S'il ſurvient enſuite dans le cours de l'inſtance de nouvelles pieces à produire : ces *nouvelles productions* donnent encore occaſion à de nouveaux contredits & à de nouvelles ſalvations. Il ſeroit à ſouhaiter que ces *productions nouvelles* n'euſſent jamais pour objet que des pieces qui auroient été effectivement recouvrées depuis la premiere production , & qui n'en auroient pû faire conſéquemment partie. Mais combien de fois arrive-t-il que les Procureurs ne compoſent leur premiere production que de procedures & de pieces de peu d'importance , en retenant à deſſein celles qui ſont les plus déciſives, pour ſe menager par-là après coup des productions nouvelles qu'ils multiplient ſouvent à l'infini ? Brigandage très-commun , egalement ruineux pour les Parties , & deshonorant pour la Juſtice , & auquel il ſeroit bien à déſirer que les premiers Magiſtrats puſſent trouver un remede efficace qui en arrêtât le cours ?

Il eſt encore un autre abus qu'il ne ſeroit pas moins important pour le bien public d'arrêter. Lorſqu'il ſe fait des Memoires imprimés dans les affaires appointées , il y a des Procureurs qui ne manquent jamais de les faire groſſoyer en requête, en y ajoutant quelques concluſions poſtiches à la fin, pour colorer la manœuvre, & la déguiſer. On n'a garde de joindre cette Requête au Rapporteur, qui, en ſentant au premier coup d'œil l'inutilité & le double emploi, ne manqueroit pas de provoquer la Juſtice à ſévir contre l'Officier. C'eſt pourquoi on ne la joint qu'après l'Arrêt rendu à celui qui eſt chargé d'en faire le vû, pour qu'elle y ſoit datée & inſerée, & qu'elle puiſſe paſſer en taxe. C'eſt ainſi que l'on trouve moyen d'éluder les plus ſages Loix, & de ſubſtituer aux procedures ſimples qu'elles ordonnent, un fratras & une multiplicité de choſes inutiles qui ne tendent qu'à appauvrir les Citoyens, pour enrichir des Officiers peu ſcrupuleux. Nous reprochera-t-on toujours d'avoir en France les plus belles Loix du monde, mais de les mal executer ?

L'appointemont au Conſeil, dans les Cauſes d'appel verbal, emporte, de même que celui en droit, Réglement à écrire & produire dans huitaine, & à contredire dans la huitaine ſuivante. La procedure y eſt conſéquemment la même que dans l'appointement en droit, à cette ſeule difference près, que la piece d'écritures de l'Appellant, qui doit être le premier produiſant, eſt intitulée, Cauſes & moyens d'appel, au lieu d'Avertiſſement.

ARTICLE XIII.

Sera néanmoins, aux affaires de peu de conſéquence, donné un ſimple appointement à mettre dans trois jours, pour être enſuite diſtribué à celui à qui la diſtribution appartiendra.

Les appointemens à mettre, ainſi que l'annonce notre Article, n'ont lieu que dans les affaires legeres. Auſſi l'inſtruction en eſt-elle des plus ſimples; elle ſe réduit uniquement à une production de part & d'autre, ſans qu'aucunes réponſes ni contredits y ſoient admis.

Cependant la malignité des Plaideurs ou l'avidité des Officiers, avoient trouvé moyen d'y donner plus d'étendue, ſous prétexte de demandes incidentes, & autres choſes de même eſpece. Sur cela intervint le Réglement du 25 Novembre 1689. qui ordonna que tous les frais qui ſeroient faits dans les inſtances d'appointé à mettre, compris le débourſé, même l'Arrêt de Réglement, & tout ce qui ſeroit fait, juſqu'à celui qui prononceroit ſur leſdites inſtances, ne pourroient exceder la ſomme de vingt livres, pour quelque cauſe & prétexte que ce pût être, ſoit pour le Demandeur, ſoit pour le Défendeur, & que le Procureur ne pourroit compter ni faire payer plus grande ſomme à ſa

Partie. Le même Arrêt de Réglement ordonna en même-tems que, si le Demandeur se trouvoit obligé depuis sa demande d'expliquer, d'étendre ou de restraindre ses conclusions ; ou si le Défendeur vouloit de sa part former quelques demandes qui se trouvassent dépendantes de la demande originaire, lesdites Requêtes seroient répondues d'une Ordonnance, portant qu'elles seroient signifiées à la Partie, pour y répondre, si bon lui sembloit, dans le tems qui seroit préfini, lequel ne pourroit être plus long de trois jours, & y être fait droit en jugeant, sans néanmoins que sous ce prétexte, ni aucun autre, les Défendeurs pussent former des demandes semblables aux conclusions qu'ils auroient prises par leurs défenses, ou qui produiroient le même effet. Il est pareillement ordonné qu'encore que les dépens fussent adjugés sur les instances appointées à mettre, le Procureur n'en seroit aucune déclaration, & ne pourroit prétendre aucuns droits pour la taxe, & que lorsque ces dépens seroient employés dans les déclarations de dépens, qui pourroient être donnés en conséquence des Arrêts définitifs, il n'y auroit qu'un seul Article à cet égard. Tel est le précis du Réglement de 1689. pour ce qui concerne les *appointemens à mettre.*

ARTICLE XIV.

Ès appellations qui seront relevées ès Cours de Parlement, Grand Conseil, Cour des Aides, Présidiaux, Bailliages, Sénéchaussées, & autres Siéges, des Sentences rendues sur des appointemens en droit, même par forclusion contre l'une des Parties, ou sur des appointemens à mettre, quand les deux Parties ont produit, chacune des Parties sera tenue dans la huitaine après l'échéance du délai de l'assignation pour comparoître, de mettre ses productions au Greffe de la Cour ou du Siége où l'appel ressortit, & le faire signifier au Procureur de la Partie adverse.

ARTICLE XV.

Trois jours après que le Procès aura été jugé, le Rapporteur mettra au Greffe le Dictum de la Sentence

& le Procès en entier, sans qu'il puisse après le Juge-
ment en donner communication aux Parties, ni à
leurs Procureurs, à peine de tous dépens, dommages
& interêts.

Article XVI.

Le Procès ayant été remis au Greffe, les Procureurs
retireront leurs productions : leur défendons de prendre
celles des Parties adverses, & aux Greffiers de les
bailler par communication, ni les mettre ès mains des
Messagers, à peine de vingt livres d'amende, & de
tous dépens, dommages & interêts, sauf aux Parties
de prendre des copies collationnées des pieces qui
auront été produites.

Nous avons vû précédemment la maniere d'instruire un *appel verbal*; les trois Articles qui précédent, & ceux qui suivent, concernent l'instruction du *Procès par écrit* : c'est-à-dire, lorsque l'appel est d'une Sentence rendue sur appointement en droit, même par forclusion contre l'une des Parties, ou même sur appointement à mettre, les deux Parties ayant produit, ainsi que s'en explique l'Article 14. sus-énoncé.

Autrefois, lorsqu'il étoit intervenu un Jugement en premiere instance sur productions, on ne remettoit point en cas d'appels les productions aux Parties. Sous prétexte que cette remise auroit pû leur donner lieu de les alterer & d'en soustraire quelques pieces qu'ils se seroient apperçû leur avoir fait préjudice devant le premier Juge, il étoit défendu aux Greffiers des Tribunaux inférieurs de remettre les productions à d'autres qu'à des Messagers reçus en la Cour qui s'en chargeoient, pour les faire tenir aux Greffiers de la Cour; à peu près de la même maniere que cela se pratique encore pour les Procedures criminelles. C'est ce qui résulte de l'Edit de Charles IX. donné à Paris au mois de Janvier 1573. Depuis, Henry III. son successeur, créa, par un autre Edit du mois de Novembre 1636. des Messagers en Titre d'Office dans chaque Bailliage, Sénéchaussée ou Election, pour l'apport aux Greffes des Cours, tant des Procès civils que des Procès criminels.

Mais, comme, tout bien pesé, personne n'est plus intéressé que ne le sont les Parties même à la conservation des pieces qu'ils ont mises sous les yeux de la Justice pour leur défense respective, la nouvelle

Loi

Loi les a affranchies de la voye toujours coûteuse des Meſſagers, pour les faire parvenir au Juge ſuperieur en cas d'appel. Mais pour que l'expédition des affaires n'en ſouffre aucun retardement, elle les oblige à mettre leurs productions au Greffe dans la huitaine de l'aſſignation. Et afin que les Parties ne trouvent de leur côté aucun obſtacle, on aſſujettit celui ſur le rapport duquel eſt intervenue la Sentence dont eſt appel dans le Tribunal inférieur, à mettre le *dictum* de la Sentence & le Procès entier au Greffe, trois jours après que le Procès aura été jugé ; afin qu'auſſi-tôt après cette remiſe les Procureurs qui ont occupé, puiſſent retirer chacun leurs productions, & les remettre à leurs Parties. Il eſt défendu au Greffier & au Rapporteur de donner à une Partie communication de la production de ſon adverſaire après le Jugement. Si cependant une des Parties craignoit que ſa Partie adverſe ne fît ſouſtraction en cauſe d'appel de quelques-unes des pieces par elle produites, elle peut en prendre des copies collationnées ; c'eſt ordinairement le ci-devant Rapporteur qui préſide à cette collation par droit de ſuite.

ARTICLE XVII.

Si l'une des Parties eſt en demeure de faire mettre ou joindre dans la huitaine ſes productions au Greffe de la Cour ou Siége d'appel, & de le ſignifier au Procureur de la Partie adverſe, elle en demeurera forcloſe de plein droit, & le Procès ſera jugé ſur ce qui ſe trouvera au Greffe, ſans faire aucun commandement, ſommation ni autre procedure ; & néanmoins les inductions, ſi aucunes ont été tirées des pieces, écritures & reconnoiſſances contenues ès productions du défaillant, demeureront pour conſtantes & averées contre lui.

ARTICLE XVIII.

Dans la même huitaine, après l'échéance de l'aſſignation pour comparoir, l'Intimé ſera tenu de fournir & mettre au Greffe la Sentence en forme, ou par

O

extrait, à son choix ; & à faute de ce faire dans ledit tems, l'Appellant, sans commandement ni signification préalable, pourra lever la Sentence par extrait, aux frais & dépens de l'Intimé, dont sera délivré exécutoire.

ARTICLE XIX.

Huitaine après que le Procès & la Sentence auront été mis au Greffe, le Procureur plus diligent offrira & fera signifier au Procureur de la Partie adverse l'appointement de conclusion, portant Réglement de fournir griefs & réponses de huitaine en huitaine, avec sommation de comparoir au Greffe pour le passer ; & à faute de ce faire, trois jours après la signification, sera le congé ou défaut délivré & jugé, & pour le profit l'Appellant déchû de son appel, & l'Intimé du profit de la Sentence.

L'Ordonnance, par les nouveaux délais qu'elle introduit, abbrege bien ceux qui avoient lieu auparavant pour l'instruction des Procès par écrit. Sans entrer dans un détail que nous croyons inutile à cet égard, nous observerons seulement, qu'il y avoit des délais considérables pour faire apporter le Procès, pour fournir la Sentence, pour conclure, &c. Mais aujourd'hui voici à quoi ces délais & la procedure des Procès par écrit se réduisent.

Lorsque l'Appellant & l'Intimé ont comparu, huitaine après l'échéance de l'assignation, l'un & l'autre sont obligés de mettre leurs productions respectives, sur lesquelles la Sentence dont est appel est intervenue, au Greffe destiné à cet effet. On nomme ces productions, *productions principales.* Cependant, quoique l'Ordonnance semble exiger que l'Appellant & l'Intimé soient tenus tous deux de mettre au Greffe leurs productions principales, dans l'usage du Palais il suffit que l'un des deux mette la sienne ; l'autre ne la joint que lorsque le Procès est distribué, attendu qu'il suffit qu'il y en ait une au Greffe pour la distribution.

Comme c'est l'Intimé qui est obligé de soutenir le bien-jugé de la Sentence dont est appel, c'est à lui à la lever & à en mettre l'original au Greffe à l'effet de conclure. En conséquence, fi l'Intimé ne fatisfait pas à cette obligation, & que l'Appellant ait interêt d'accelerer la conclufion du Procès, ce dernier peut en lever une expédition par extrait, & en obtenir exécutoire de rembourfement, en préfentant à à la Cour une requête à cet effet.

Huitaine après que l'une ou l'autre des Parties a mis au Greffe fa production principale & l'original de la Sentence, le Procureur le plus diligent offre l'appointement de conclufion, qu'il fait fignifier à l'autre, avec fommation de le paffer. On fait enfuite une copie au net de cet appointement fignifié que les Procureurs fignent, pour être mis au Greffe ; & c'eft fur cette copie fignée que s'expédie l'Arrêt de conclufion. Il faut avoir grand foin de mettre à la marge, que *l'amende a été confignée par quittance du ....* Car il eft très-expreffément défendu aux Procureurs de figner aucuns appointemens de conclufion, que l'amende n'ait été confignée ; & s'ils avoient l'imprudence de le faire, ils s'expoferoient à de rigoureufes pourfuites de la part du Fermier.

Si l'un ou l'autre des Procureurs refufe de figner l'appointement de conclufion, celui qui pourfuit, leve au Greffe des préfentations un *défaut faute de conclure*, que le Greffier délivre enfuite en parchemin ; trois jours après la fignification de ce défaut, celui qui le pourfuit, le produit & le fait diftribuer en la Grand'Chambre, de même qu'un défaut faute de défendre. Le profit du défaut contre l'Intimé, le déclare déchû du profit de la Sentence ; & quand c'eft contre l'Appellant que le défaut faute de conclure eft obtenu, pour le profit, il eft déclaré déchû de fon appel.

Pour ne point interrompre le fil de la procedure, nous avons omis de rendre compte en fon lieu d'un Arrêt de Réglement très-important, intervenu fur les Conclufions du Miniftere public le 8 Août 1714. au fujet de l'exécution de l'Article 18. du préfent Titre. Cet Article veut que dans les appellations des Sentences rendues fur procès par écrit, l'Intimé foit tenu de mettre la Sentence au Greffe en forme ou par extrait dans la huitaine de l'échéance de l'affignation. Mais comme il permet en même-tems à l'Appellant, en cas que l'Intimé n'ait pas fatisfait à cette difpofition, de la lever aux frais dudit Intimé ; de-là s'eft élevé une queftion, qui étoit de fçavoir quelle régle on devoit fuivre, lorfque les Parties étoient l'une & l'autre Appellantes de la même Sentence.

On prétendoit d'une part que la difpofition de l'Ordonnance étoit en termes précis contre l'Intimé ; qu'il étoit obligé de fournir la Sentence, parce qu'étant fon Titre, il eft obligé de la produire, auffi tôt qu'on l'attaque par la voye ordinaire de l'appel. D'où l'on concluoit que dès que l'Intimé devenoit lui-même Appellant, les qualités des Parties étant égales, l'une & l'autre étant en même-tems Appellant & Intimé, le motif de la Loi ceffoit dans cette égalité réciproque, & qu'ainfi c'étoit au plus diligent à lever la Sentence pour accelerer le Jugement, fans pouvoir exercer contre l'autre aucune dépofition.

On alleguoit de l'autre part que la qualité de premier Intimé devoit déterminer l'obligation impofée par l'Ordonnance de mettre la Sentence au Greffe ; que la Sentence ne ceffoit point d'être fon Titre , quoiqu'il devint lui même Appellant ; que d'ailleurs l'en difpenfer , ce feroit lui donner un moyen fûr d'éluder la Loi par l'appel qu'il pourroit interjetter.

Ces derniers motifs ont paru préponderans à Meffieurs les Gens du Roi ; & conformément à leurs conclufions, la Cour a ordonné que , lorfqu'il y auroit des appellations refpectivement interjettées par les Parties, de la Sentence qui feroit la matiere d'un procès par écrit, celui qui auroit été le premier intimé fur l'appel interjetté de ladite Sentence, feroit tenu dans le délai marqué par l'Article 18. du Titre 11. de l'Ordonnance, de mettre au Greffe ladite Sentence en forme ou par extrait à fon choix ; finon & à faute par le premier Intimé de le faire dans ledit tems , l'Arrêt permet à celui qui aura le premier interjetté appel de ladite Sentence , de la lever par extrait , & de la mettre au Greffe fans commandement ni fignification préalable , aux frais & dépens du premier intimé , dont fera délivré exécutoire au profit du premier Appellant. Cet Arrêt porte tous les caracteres diftinctifs d'un Arrêt de Réglement ; il eft enjoint d'en faire lecture, tant à la Communauté des Avocats & Procureurs de la Cour, qu'aux Bailliages & Sénéchauffées du Reffort.

ARTICLE XX.

Les délais de fournir griefs & réponfes , commenceront contre l'Appellant , du jour de la fommation qui en aura été faite à fon Procureur , par acte figné du Procureur de l'Intimé ; & contre l'Intimé du jour de la fignification qui aura été faite à fon Procureur des griefs de l'Appellant ; & fera la forclufion acquife de plein droit contre l'un & l'autre , fans autre commandement & procédure , à peine de nullité.

ARTICLE XXI.

Le même fera obfervé au lieu des forclufions de fournir des caufes d'appel , réponfes & contredits , ès inftances appointées au Confeil.

ARTICLE XXII.

*Défendons d'avoir égard aux réponses à griefs &
réponses à causes d'appel, si elles n'ont été signifiées.*

Ou c'est l'Appellant qui a poursuivi la conclusion du procès, ou c'est l'Intimé.

Si c'est l'Appellant, comme cette premiere demarche annonce une envie marquée de sa part d'accelerer le Jugement de l'appel, il ne manque pas ordinairement de faire suivre de près la signification de ses *griefs*. Mais lorsque c'est l'Intimé qui a provoqué la conclusion du procès, & qui en a levé & fait signifier l'Arrêt, il fait en même-tems, ou peu de tems après, une sommation à l'Appellant de fournir de griefs ; & c'est du jour de la signification de cet acte, que court la huitaine accordée par l'Ordonnance à cet effet, & passé laquelle on est en état de poursuivre la forclusion. Cependant, quoiqu'après cette sommation, l'Ordonnance décide que la forclusion est acquise de plein droit, sans autre commandement ni procedure, il faut, dans l'usage du Palais, que la sommation soit réiterée jusqu'à trois fois, pour qu'on puisse poursuivre le Jugement de la forclusion. Encore na la juge-t-on jamais dans le même Parlement où le procès a été conclu : c'est ce qui a donné lieu à ce proverbe trivial au Palais, qu'*on ne donne de forclusion qu'après l'année du conclu.* Les *griefs* s'intitulent *hors le procès*, parce qu'on les met dans un sac particulier, different de ceux qui contiennent les productions principales.

L'Appellant accompagne ordinairement la signification de ses *griefs*, d'une sommation de fournir de réponses. Mais cette sommation n'est pas nécessaire ; la seule signification des griefs suffit pour mettre l'Intimé en demeure de répondre. On ne suit point à la rigueur la disposition de l'Ordonnance pour la fixation des délais. Car ce seroit souvent réduire une Partie à l'impossible, que de l'obliger à faire signifier des réponses dans la huitaine de la signification des griefs.

Ce que nous avons dit des *griefs* & *réponses à griefs* en procès par écrit, doit aussi s'entendre des *causes d'appel* & *réponses à cause d'appel* en appel verbal, lorsque les Parties ont été appointées au Conseil. Ces écritures ont le même objet dans l'un & l'autre cas, & elles ne different entr'elles que par le seul intitulé. Souvent l'Appellant replique aux *réponses*, soit *à griefs*, soit *à causes d'appel*, par des écritures que l'on nomme *salvations*. Mais elles ne sont que de tolerance, ainsi que nous l'avons déja observé plus haut, & elles ne forment point une partie essentielle de l'instruction.

Comme c'est la seule signification qui donne la publicité à ces differentes écritures, & qui les rend contradictoires entre les Parties, sans cette fignification elles ne peuvent meriter aucune foi , & on n'y doit point avoir d'égard.

A R T I C L E   XXIII.

Si durant le cours du Procès principal , ou en cauſe d'appel , ſont formées des appellations ou demandes incidentes , ou qu'on obtienne des Lettres de reſtitution , reſciſion ou autres , la Partie ſera tenue d'expliquer ſes moyens dans les mêmes Lettres , ou dans la Requête qui contiendra ſes appellations & demandes , & d'y joindre les pieces juſtificatives , faire ſignifier le tout à l'Intimé & Défendeur , & lui en donner copie.

A R T I C L E   XXIV.

Les incidens ſeront réglés ſommairement & ſans épices , par la Chambre où le Procès ſera pendant , ſur une ſimple requête , qui ſera préſentée à cette fin par l'Appellant & Demandeur , laquelle contiendra les moyens & l'emploi fait de ſa part pour cauſes d'appel , écritures & productions , de ſes Requêtes & Lettres & des Pieces qui y ſeront jointes , dont ſera donné acte , & ordonné que le Défendeur ſera tenu de fournir de réponſes , écrire & produire de ſa part dans trois jours , ou autre plus bref délai , ſelon la nature & qualité des incidens , qui ſeront joints au Procès principal.

A R T I C L E   XXV.

Sera tenu le Défendeur ou Intimé dans le même

délai de faire bailler au Procureur du Demandeur &
Appellant, copie de l'inventaire de sa production &
des pieces y contenues, sans qu'on puisse donner des
contredits sur les incidens, sauf à y répondre par
Requête.

La disposition des deux Articles 23. & 24. ci-dessus énoncés, a été
renouvellée par un Arrêt de Réglement rendu sur les Conclusions de
M. le Procureur General le 9 Août 1669. Cet Arrêt, en prescrivant
l'exécution de ces deux Articles, ordonne que tous les incidens des
Procès & instances portés par lesdits Articles, seront réglés par les
Chambres où ils sont pendans, sur les Requêtes qui seront mises à cette
fin entre les mains des Conseillers-Rapporteurs ; avec défenses aux
Procureurs de poursuivre le Réglement desdites Requêtes à l'Audience,
ni autrement, & aux Greffiers de leur délivrer aucuns appointemens.
Malgré ce Réglement & les dispositions de l'Ordonnance qui lui
servent de base, on distingue encore actuellement dans la pratique du
Palais les incidens, qui exigent une production de pieces particuliere,
d'avec les demandes pures & simples. Quant aux demandes incidentes
qui exigent une production particuliere, comme sont les appels incidens, les demandes en entérinement de Lettres de Rescision, on a
conservé l'usage de prendre des Arrêts d'appointement & joint, soit
au Conseil, soit en droit, qui s'expedient sur les dispositifs signés des
Procureurs des Parties, & en vertu desquels on produit & contredit.
Ainsi on n'observe à la lettre la disposition de l'Ordonnance, que pour
les demandes pures & simples, c'est-à-dire, qui n'exigent aucunes
productions de pieces. A la fin des conclusions des Requêtes qui les
contiennent, on y demande que les Parties soient appointées en droit
& joint, & acte de l'emploi fait du contenu en la Requête pour avertissement, écritures & production. On donne cette Requête au Rapporteur qui la répond d'une Ordonnance *d'appointé en droit & joint &*
acte de l'emploi. Cette Requête signifiée, elle est sujette à contredits de
la part de la Partie adverse. Les demandes incidentes moins importantes
sont seulement répondues d'une Ordonnance *d'en jugeant.* Il faut néanmoins observer que, quoique notre Article 25. ne permette dans les
incidens les contredits que par requête, cependant on est dans l'usage
de contredire par écritures, lorsque les demandes sont de quelque conséquence ; & ces contredits passent en taxe sans aucune contradiction.
Pour multiplier les incidens, il arrivoit souvent que l'on formoit des
demandes incidentes qui n'avoient aucune sorte de connexité avec les
contestations indécises en la Cour. Il y fut pourvû dans la Mercuriale
tenue le 18 Avril 1692. dont l'Article 3. porte, que *l'on ne formera*
incidemment à des appellations, & particulierement de saisies & criées,

des demandes incidentes, qui ne foient acceffoires & dépendantes defdites
appellations; & en cas que l'on en faffe qui regardent les conteftations
principales pendantes devant les premiers Juges, enforte que la Cour foit
obligée d'y renvoyer les Parties pour procéder fur lefdites demandes, les
frais qui auront été faits en la Cour à cet égard par le Demandeur, ne
pourront entrer en taxe, & les Procureurs ne les pourront repeter, même
contre les Parties.

ARTICLE XXVI.

Ne feront expediées à l'avenir aucunes Lettres pour
articuler faits nouveaux. Mais les faits feront pofés
par une fimple Requête qui fera fignifiée & jointe au
Procès ; fauf au Défendeur d'y répondre par autre
Requête.

Comme on doit faciliter aux Parties dans l'inftruction, tout ce qui
peut tendre à la découverte de la vérité, on doit leur permettre d'articuler des *faits* même en caufe d'appel, lorfque ces faits font *nouveaux*,
& non une repetition de ceux qui peuvent avoir été articulés en premiere inftance.

Suivant l'ancien ftile du Parlement, une Partie ne pouvoit être
admife à articuler *faits nouveaux*, fans avoir préalablement obtenu des
Lettres en Chancellerie à cet effet. L'Ordonnance de 1539. ne l'ordonne
pas, mais le fuppofe dans l'Article 112. qui porte : *Nous voulons que*
les Impétrans de Lettres pour articuler calomnieufement faits nouveaux,
s'il eft trouvé qu'ils ne fervent à la décifion du Procès, feront condamnés
envers Nous en l'amende ordinaire du fol appel en nos Cours Souveraines,
& vingt livres parifis ès inférieures, & moitié moins aux Parties, & plus
groffe, fi meftier eft, comme deffus.

Notre Article abolit cet ufage des Lettres Royaux, comme étant
fouverainement inutiles. Au moyen de quoi, il fuffit maintenant d'articuler les faits par une Requête que l'on répond d'une Ordonnance *d'en*
jugeant, & que l'on joint au Procès après l'avoir fait fignifier. L'Adverfaire y peut défendre par une autre Requête que l'on joint de même au
principal, pour avoir à l'une & l'autre, en jugeant, tel égard que de
raifon.

ARTICLE XXVII.

Si durant le cours d'un Procès, une des Parties
forme

forme des demandes incidentes , prend des Lettres , ou interjette des appellations des Jugemens & appointemens qui auront été produits , elle fera tenue de faire tous les incidens par une feule & même Requête , laquelle fera réglée en la forme ci-deſſus ordonnée ; & à faute de ce faire , les autres incidens qui feront enfuite formés par la même Partie , avec les pieces juſtificatives qui les concerneront , feront joints au Procès , pour fur ces incidens , enfemble fur les requêtes & pieces qui pourront être jointes de la part de l'autre Partie , y être fait droit diffinitivement , ou autrement; & à cette fin les Parties feront tenues fe communiquer les Requêtes & pieces dont ils entendent fe fervir.

Le préfent Article eſt une fuite , ou plûtôt une explication des Articles 23. & 24. qui précedent. Si les incidens font prêts en même-tems , de maniere qu'on puiſſe les cumuler , & que ce foit une même Partie qui ait à les propoſer , il lui eſt prefcrit de les former par une feule & même Requête. Lorſqu'il eſt poſſible de pouvoir le faire , cela épargne confidérablement les frais & abrege les procedures. Mais quelquefois cette voye n'eſt pas pratiquable , foit parce que les incidens naiſſent fucceſſivement , foit parce que ce font differentes Parties qui en forment les demandes ; dans ces differens cas , on les régle fuivant leur nature , ainfi que nous l'avons détaillé , en traitant des Articles 23. 24. & 25.

ARTICLE XXVIII.

Toutes Requêtes d'intervention , tant en premiere inſtance qu'en caufe d'appel , en contiendront les moyens , & en fera baillé copie & des pieces juſtificatives , pour en venir à l'Audience des Siéges & Cours où le Procès principal fera pendant , pour être plaidées & jugées contradictoirement , ou par défaut , fur la premiere aſſignation , même ès Chambres des Enquêtes de nos Cours de Parlement. Ce que nous voulons être

P

obfervé, à peine de nullité & de caffation des Juge-
mens & Arrêts qui pourroient intervenir, & de répéti-
tion de tous dommages & interêts folidairement, tant
contre la Partie que contre les Procureurs en leurs
noms.

Les interventions font des incidens d'un genre particulier ; en ce qu'elles tendent à introduire dans la conteftation, des Parties qui n'y étoient pas dans l'origine. C'eft pourquoi, comme il faut commencer par juftifier, qu'on a qualité & interêt pour intervenir, s'il y a con-teftation, ou fur la qualité, ou fur l'interêt, il faut pour cela aller à l'Audience. Mais le plus ordinairement, une Partie qui demande à intervenir dans un Procès ou dans une Inftance, lorfqu'on ne lui con-tefte ni fa qualité ni fon interêt, eft reçû Partie intervenante, & le même Jugement, pour faire droit fur fon intervention, appointe les Parties en droit & joint ; en conféquence de ce Jugement, on écrit & produit de part & d'autre.

Notre Article veut que les demandes afin d'intervention, foient portées à l'Audience pour être plaidées *fur la premiere affignation* ; ce qui femble induire qu'il faut faire ajourner fur ces fortes de demandes à perfonne ou domicile, comme pour une demande principale. Cepen-dant l'ufage eft de ne faire fignifier les Requêtes d'intervention qu'aux Procureurs des Parties originaires : il n'en réfulte aucun inconvenient ; & cela épargne des frais.

Le même Article ajoute encore que les interventions feront plaidées à l'Audience des Siéges & Cours où le Procès principal eft pendant ; *même ès Chambres des Enquêtes de nos Cours de Parlement.* La raifon de cette difpofition, c'eft qu'avant l'Ordonnance, il n'y avoit point d'Audience aux Chambres des Enquêtes. Les incidens des Procès & Inftances, qui y étoient pendans, lorfqu'ils étoient de nature à être portés à l'Audience, fe plaidoient en la Grand'Chambre, comme étant la Chambre deftinée aux Plaidoyers. Mais depuis l'Ordonnance, on plaide dans chaque Chambre des Enquêtes, les demandes provifoires, les interventions, & autres incidens des Procès par écrit qui y font pendans. Qui pourroit mieux en effet décider de ces fortes d'incidens, que les Magiftrats qui font faifis de la connoiffance du principal ?

ARTICLE XXIX.

Ceux qui font profeffion de la Religion prétendue
reformée, ne pourront, fous prétexte d'intervention,

évoquer en la Chambre de l'Edit, les Procès pendans entre d'autres Parties ès Chambres de nos Cours de Parlement ; si l'intervention n'est faite dans le mois pour les causes d'Audience, à compter du jour de la publication du rolle, si elles y ont été mises, ou de la signification du premier Acte pour venir plaider ; & s'il y a appointement en droit ou au Conseil, du jour de l'appointement ; & à l'égard des Procès par écrit, du jour du premier Arrêt de Conclusion. Autrement ils ne seront recevables à évoquer, sauf à intervenir dans les Chambres où les Procès seront pendans, sans qu'ils en puissent évoquer.

ARTICLE XXX.

Si par le Jugement du Procés qui aura été évoqué és Chambres de l'Edit sur l'intervention d'aucun faisant profession de la Religion prétendue reformée, il paroît que l'Intervenant n'ait aucun intérêt au Procés, & qu'il ne fût intervenu que pour évoquer ; en ce cas il sera condamné aux dommages & interêts des Parties qui auront été évoquées, & en cent livres d'amende envers Nous, pour avoir abusé de son privilege.

ARTICLE XXXI.

Le Procureur de celui qui voudra évoquer en la Chambre de l'Edit, sera fondé de procuration speciale; autrement il en sera débouté.

Ces trois Articles sont maintenant sans objet, au moyen de la suppression faite par l'Edit de 1669. de la Chambre de l'Edit, qui avoit été accordée aux perſonnes de la Religion Prétendue Reformée, par les Edits de pacification.

ARTICLE XXXII.

Défendons à tous Greffiers, en quelque Siége & matiere que ce ſoit, d'écrire ſur leur feuille, ou dans le régiſtre de leurs minutes, & de délivrer, collationner ou parapher aucun congé ou défaut, appointement à mettre ou en droit, Arrêt, Jugement ou Ordonnance de Requêtes & pieces miſes és cauſes d'Audience, qu'il n'ait été prononcé publiquement par le Juge, à peine de faux, & de cent livres d'amende, applicable moitié à Nous, & moitié aux réparations de l'Auditoire.

Cette diſpoſition reçoit beaucoup de modification dans l'uſage. Car tous les jours, les Greffiers ne font point de difficulté de mettre ſur leur feuille les Jugemens dont le diſpoſitif eſt ſigné des Procureurs des Parties qui peuvent y avoir interêt, quoiqu'ils n'ayent point été prononcés à l'Audience, d'autant que *volenti non fit injuria.*

Quant aux Ordonnances des Requêtes où il n'y a point de Rapporteur, les Greffiers ſont encore dans un uſage conſtant de les répondre, ou d'une Ordonnance de *ſoient Parties appellées*, ou d'une Ordonnance de *Viennent*, ſuivant les circonſtances.

ARTICLE XXXIII.

Défendons pareillement aux Procureurs en toutes nos Cours, Juriſdictions & Juſtices, de mettre au Greffe des productions en blanc, ni aucun inventaire dont les cottes ne ſoient pas remplies, & aux Greffiers de les recevoir : & voulons que, s'il s'en trouve aucune à l'avenir de cette qualité, le Procureur qui l'aura miſe, & le Greffier qui l'aura reçûe, ſoient condamnés chacun en cent cinquante livres, applicable comme deſſus ; & ſera le Procés jugé, ſans qu'il ſoit beſoin de faire aucune pourſuite pour remplir l'inventaire.

Rien n'étoit plus commun avant l'Ordonnance que de ne point remplir les cottes des inventaires de production. On en étoit quitte pour mettre en marge de l'énoncé de la piece qui manquoit, cette apoſtille *debet* ou *deficit.* En ſorte qu'il falloit faire enſuite des pourſuites contre celui qui avoit produit, pour l'obliger à remplir les cottes de l'inventaire dont les pieces n'avoient point été produites. Notre Ordonnance ſévit avec grande raiſon contre un uſage auſſi abuſif. Elle défend auſſi les *productions en blanc.* Elles ont pourtant encore lieu dans un cas nonobſtant cette prohibition ; c'eſt lorſqu'une Partie eſt bien aiſe de voir la production de ſon adverſaire avant que de produire lui-même. Comme il ne peut, aux termes des Réglemens, prendre en communication la production adverſe, avant que d'avoir lui-même produit ; pour remplir la forme, il joint dans un ſac une ſimple requête de concluſions, ſans fait ni moyens, employée pour avertiſſement, écritures & production ; moyennant quoi on lui donne en communication l'inſtance ; & il eſt en état de travailler enſuite en pleine connoiſſance de cauſe.

PROCEDURES

RELATIVES

AU PRESENT TITRE.

Premiere Inſtance.

LOUIS, par la grace de Dieu, &c. de la Partie de .... Nous a été expoſé que .... pour ce eſt-il que Nous te mandons aſſigner à certain & compétent jour en notre Cour de Parlement à Paris .... pour être condamné .... & répondre & proceder comme de raiſon, & ſera déclaré que Me..... occupera pour ledit Expoſant ; de ce faire te donnons pouvoir. Car tel eſt notre plaiſir. Donné à Paris en notre Chancellerie du Palais ; l'an de grace .... & de notre regne le ....

Commiſſion

Par le Conſeil.

L'an, &c. en vertu de la Commiſſion obtenue en Chancellerie le .... ſignée par le Conſeil .... & ſcellée, à la requête de .... demeurant à .... pour lequel domicile eſt élû en la maiſon de Me.... ſon Procureur, ſiſe rue ..., Paroiſſe de ....

Aſſignation.

j'ai , Huissier , &c. soussigné donné assignation à .... en son domicile en parlant à .... à comparoir dans .... pardevant Nosseigneurs de Parlement , pour proceder sur la demande portée en ladite Commission , & en outre répondre & proceder comme de raison , & déclaré que ledit Me.... occupera pour ledit.... & laissé , parlant comme dessus , copie, tant de ladite Commission que du présent.

Défaut faute de comparoir.

Défaut à .... Demandeur aux fins des Commission & Exploit des .... comparant par Me.... son Procureur.

Contre .... Défendeur & Défaillant , faute de comparoir, après que les délais de l'Ordonnance sont expirés,

N O T A. A la Cour des Aides , on joint au défaut , une demande sur le profit du défaut , que l'on accompagne d'un inventaire des pieces justificatives de la demande ; ce qui n'a pas lieu au Parlement.

Demande sur le profit dudit défaut à la Cour des Aides.

Demande sur le profit du défaut que met & baille pardevant Vous Nosseigneurs de la Cour des Aides .... Demandeur aux fins des Commission & Exploit des ....

Contre .... Défendeur & Défaillant faute de comparoir , après que les delais portés par l'Ordonnance sont expirés.

A ce qu'il plaise à la Cour par l'Arrêt qui interviendra , déclarer ledit défaut avoir été bien & valablement obtenu , & pour le profit condamner .... & condamner le Défaillant aux dépens dudit défaut & de tout ce qui a suivi.

Inventaire sur défaut aussi à la Cour des Aides.

Inventaire de pieces que met & produit pardevant Vous Nosseigneurs de la Cour des Aides ..... Demandeur aux fins des Commission & Exploit des .....

Contre .... Défendeur & Défaillant faute de comparoir.

A ce qu'il plaise à la Cour , &c.

Pour faire voir à la Cour que les conclusions qu'il a prises lui doivent être adjugées, produit le Demandeur .... pieces.

La premiere du .... est la Commission contenant la demande du Demandeur.

La seconde du ...., est l'Exploit d'assignation donnée par le Demandeur au Défaillant en vertu de ladite Commission.

La troisiéme du .... est le défaut faute de comparoir obtenu par le Demandeur contre le Défendeur.

La quatriéme & derniere, est la demande sur le profit dudit défaut.

Et sont lesdites pieces ci-cottées par .... A.

Item , produit le présent inventaire ci-cotté par .... B.

Arrêt sur défaut faute de comparoir.

Vû par la Cour le défaut faute de comparoir obtenu au Greffe des présentations d'icelle par .... Demandeur aux fins des Commission & Exploit des .... comparant par Me.... son Procureur. Contre .... Défendeur & Défaillant , faute de comparoir, après que les délais de l'Ordonnance sont expirés. Vû aussi la demande sur le profit dudit défaut, inventaire , titres & pieces , & tout ce qui a été mis & produit pardevers la Cour ; tout confideré , la Cour a déclaré & déclare ledit défaut avoir été bien & dûement obtenu , & adjugeant le profit d'icelui, condamne le Défaillant .... condamne pareillement le Défaillant aux dépens dudit défaut , & de tout ce qui a suivi. Fait en .... le ....

On signifie cet Arrêt avec assignation pour voir taxer dépens , ainsi qu'il est expliqué plus haut , page ....

Défaut faute de défendre.

Défaut à .... Demandeur aux fins des Commission & Exploit des .... comparant par Me.... son Procureur. Contre .... Défendeur & Défaillant , faute de défendre , après que les délais de l'Ordonnance sont expirés,

Profit du défaut faute de défendre.

La Cour , avant faire droit sur le profit du défaut , ordonne que dans la huitaine , après la signification du présent défaut , le Défendeur écrira & produira sa demande

& pieces juftificatives d'icelle , conformément à l'Ordonnance ; pour ce fait &
rapporté être ordonné ce que de raifon. Fait en Parlement le ....
Cette buitaine paffée , on juge le profit du défant faute de défendre de la même maniere
que celui faute de comparoir ; & ces deux défauts font fufceptibles d'oppofition , en
refondant les dépens de contumace.

Défenfes.

Contre .... Défendeur.
Sieur .... Demandeur aux fins des Commiffion & Exploit des ....
Dit pardevant Vous Noffeigneurs de ....., pour défenfes. Contre ladite demande
tendante à ce que ....
Que ... ..
Partant foutient le Défendeur que le Demandeur doit être déclaré non-recevable
ou en tout cas débouté de fa demande & condamné aux dépens.

Appel comme d'abus.

Louis, &c. au premier, &c. de la Partie de .... Nous a été expofé que .... Sur
quoi ayant pris l'avis de .... Avocats en notredite Cour , dont la confultation eft
attachée fous le contre-fcel de notre Chancellerie , ils ont eftimé que l'Expofant
feroit bien fondé à interjetter appel comme d'abus de ladite Sentence rendue le ....
par l'Official de .... Pour ce eft-il que Nous te mandons à la requête de l'Expofant ,
tu affignes à certain & compétent jour en notre Cour de Parlement à Paris .....
pour proceder fur l'appel comme d'abus interjetté par l'Expofant , & qu'il interjette
par ces Préfentes de la Sentence de l'Official de .... rendue entre lefdites Parties
le .... & en outre proceder comme de raifon , & fera déclaré que Me.... Procureur
occupera pour l'Expofant. De ce faire te donnons pouvoir. Car tel eft notre plaifir.
Donné en notre Chancellerie du Palais à Paris le .... &c.

Relief d'appel comme
d'abus.

Plaife à Monfeigneur le Premier Préfident ordonner la Caufe être mife au Rolle.
Pour .... Appellant comme d'abus d'une Sentence rendue par l'Official de ... le ...
Contre .... Intimé. *Mettre enfuite un mot du fait.*

Placet.

Me.... Procureur en la Cour , & de .... Appellant comme d'abus de la Sentence
rendue par l'Official de .... le ....
Déclare à Me.... Procureur de .... Intimé.
Que la Caufe d'entre les Parties eft au Rolle de .... la .... à ce qu'il n'en ignore ,
& ait à charger un Avocat pour communiquer au Parquet de Meffieurs les Gens
du Roi , avec Me.... Avocat de l'Appellant ; dont acte.

Acte de déclaration.

A Noffeigneurs de Parlement en la Grand'Chambre.
Supplie humblement .... Difant que ....
Ce confideré , Noffeigneurs , il Vous plaife , en venant plaider la Caufe d'entre
les Parties fur l'appel comme d'abus interjetté par le Suppliant de la Sentence
rendue par l'Official de .... le .... ordonner qu'elles viendront pareillement plaider
fur la préfente Requête ; ce faifant mettre l'appellation & ce dont eft appel au
néant ; émendant , dire qu'il y a abus , condamner l'Intimé en tous les dépens
des caufes , tant principale que d'appel & demande , & vous ferez bien.

Requête de l'Appel-
lant.

Ce confideré , Noffeigneurs , il Vous plaife , en venant plaider la caufe d'entre
les Parties fur l'appel comme d'abus interjetté par .... de la Sentence rendue par
l'Official de ..... le .... ordonner qu'elles viendront pareillement plaider fur la
préfente Requère ; en conféquence , fans avoir égard audit appel , mettre l'appellation au néant ; ce faifant , dire qu'il n'y a abus , condamner l'Appellant en l'amende
& aux dépens , & vous ferez bien.

Conclufions de l'In-
timé.

Qualités.

Entre . . . . Appellant comme d'abus de la Sentence rendue par l'Official de . . . , le . . . . & Demandeur en requête du . . . à ce que l'appellation & ce dont est appel, fussent mis au néant ; émendant, il fût dit qu'il y avoit abus, & que l'Intimé fût condamné aux dépens des causes, tant principales que d'appel & demande, & Défendeur d'une part. Et . . . . Intimé, Défendeur & Demandeur, aux fins de la requête du . . . . à ce que, sans avoir égard audit appel comme d'abus, l'appellation fût mise au néant ; en conséquence il fût dit qu'il n'y avoit abus, & que l'Appellant fût condamné en l'amende & aux dépens, d'autre part.

Me. . . . Avocat de l'Appellant.
Me. . . . Avocat de l'Intimé.

Appel simple.

Relief d'appel.

L o u i s, par la grace de Dieu, Roi de France & de Navarre, au premier notre Huissier ou Sergent sur ce requis, à la requête de notre amé . . . . Nous te mandons assigner & intimer à certain & compétent jour en notre Cour de Parlement (*ou* des Aides) à Paris . . . , & tous autres qu'il appartiendra, pour proceder sur l'appel interjetté par l'Exposant, & qu'il interjette d'abondant par ces présentes, d'une Sentence rendue contre lui en . . . . le . . . . & de tout ce qui s'en est ensuivi, pour les torts & griefs à déduire en tems & lieu, & proceder en outre comme Me. . . . . Procureur en notredite Cour occupera pour l'Exposant. De ce faire te donnons pouvoir. Car tel est notre plaisir. Donné à Paris en notre Chancellerie du Palais, le . . . .

Lettres d'anticipation.

L o u i s, &c. au premier, &c. à la requête de notre amé . . . . Nous te mandons ajourner & anticiper à certain & compétent jour en notre Cour de Parlement (*ou* des Aides) à Paris . . . . . pour proceder sur l'appel interjetté par ledit . . . . de la Sentence contre lui rendue en la . . . . le . . . . & proceder en outre comme de raison ; déclarant que Me. . . . . . Procureur en ladite Cour occupera pour ledit Exposant. De ce faire te donnons pouvoir. Car tel est notre plaisir. Donné en notre Chancellerie du Palais à Paris, le . . . .

L'Exploit d'assignation en vertu de ces Lettres est le même qu'en vertu de Commission :
Voyez la page 117. *Ceci est commun tant à l'appel verbal qu'au procès par écrit.*

Appel verbal.

Qualités.

Entre . . . . Appellant d'une Sentence rendue en la . . . . le . . . . d'une part, & . . . . Intimé d'autre part.
Arrêt du . . . .
Me. . . . Avocat de l'Appellant.
Me. . . . Avocat de l'Intimé.

Appointement offert sur le Rolle.

Entre . . . . Appellant d'une Sentence rendue en la . . . . le . . . . d'une part, & . . . . Intimé d'autre part : Appointé est que la Cour, la Cause étant au Rolle des . . . . & n'étant venue à son tour, appointe les Parties au Conseil sur l'appel ; (& *s'il y a eu des demandes, on ajoute*) & sur les demandes en droit & joint.

Causes & moyens d'appel.

Causes & moyens d'appel que met & donne pardevant Vous Nosseigneurs de Parlement en la Grand'Chambre.
Sieur . . . . Appellant d'une Sentence rendue en la . . . . le . . . .
Contre . . . . Intimé.
Suivant & pour satisfaire à l'Arrêt d'appointement au Conseil du . . . .
A ce qu'il plaise à la Cour, par l'Arrêt qui interviendra, mettre l'appellation & ce dont est appel au néant ; émendant, décharger l'Appellant des condamnations

prononcées

prononcées par ladite Sentence , & condamner l'Intimé aux dépens des caufes , tant principale que d'appel.

Après le détail des faits & des moyens , on *fait ainfi* : Partant par ces raifons & autres qu'il plaira à la Cour fuppléer de droit & d'équité , l'Appellant perfifte dans les conclufions par lui ci-devant prifes avec dépens.

Me.... Procureur en la Cour , & de .... fomme & interpelle Me.... Procureur de .... de fatisfaire à l'Arrêt de la Cour du .... & fuivant icelui de fournir de réponfes aux caufes d'appel à lui ce jourd'hui fignifiées , finon déclare qu'il en demeurera forclos , dont acte.

Sommation.

Inventaire de production que met & donne pardevant Vous Noffeigneurs de Parlement en la Grand'Chambre.

Inventaire de production.

Sieur.... Appellant d'une Sentence rendue en la .... le ....
Contre.... Intimé.
Suivant & pour fatisfaire à l'Arrêt d'appointement au Confeil du ....
A ce qu'il plaife à la Cour (*on reprend les conclufions des caufes d'appel.*)
Pour juftifier de la légitimité de l'appel interjetté par l'Appellant de la Sentence du .... & dont eft queftion.
Produit fes caufes & moyens d'appel fignifiés le .... lefquels feront ci-cottés par A.
Pour juftifier du contenu aufdites caufes & moyens d'appel , & que (*on fuit ici l'ordre des faits des caufes & moyens d'appel , que l'on partage en differentes époques , dont on fait autant de cottes particulieres , après quoi on finit ainfi.*)
Produit le préfent inventaire ci-cotté par ....
Produit finalement fous acte de produit fous la cotte ....

Me.... Procureur de .... Appellant , déclare à Me .... Procureur de .... Intimé , que pour fatisfaire à l'Arrêt d'appointement au Confeil du .... il a ce jourd'hui produit au Greffe de la Cour , à ce qu'il n'en ignore & ait à faire le femblable , finon forclos ; dont acte.

Acte de produit.

Me.... Procureur de .... déclare à Me. .... Procureur de .... que l'inftance d'entre les Parties a été diftribuée à M..... Confeiller , à ce qu'il n'en ignore , & ait à fournir de réponfes aux caufes d'appel à lui ci-devant fignifiées , écrire & produire ; finon protefte de pourfuivre le Jugement de l'Inftance fur ce qui fe trouvera pardevers la Cour ; dont acte.

Acte de diftribution.

Réponfes à caufes d'appel que met & donne pardevant Vous Noffeigneurs de Parlement en la Grand'Chambre.

Réponfes à caufes d'appel.

Sieur .... Intimé.
Contre .... Appellant d'une Sentence rendue en la .... le ....
Suivant & pour fatisfaire à l'Arrêt d'appointement au Confeil du ....
A ce qu'il plaife à la Cour , par l'Arrêt qui interviendra , mettre l'appellation au néant , ordonner que ce dont eft appel fortira fon plein & entier effet , condamner l'Appellant en l'amende & aux dépens.
Mettre enfuite le fait & les moyens , & finir comme dans les caufes d'appel : Partant , &c.
Dans les contredits de production & les falvations , on prend les mêmes qualités que dans les caufes d'appel & réponfes , & on les termine de même.

Me....... Procureur de ...... fomme & interpelle Me....... Procureur de .... de fatisfaire à l'Arrêt d'appointement au Confeil du .... à lui ce jourd'hui fignifié , & fuivant icelui de fournir de caufes d'appel ; finon forclos , dont acte.

Sommation lorfque c'eft l'Intimé qui pourfuit.

Q

Inventaire de l'Intimé comme premier produisant.

. Inventaire de production que met & donne pardevant Vous Nosseigneurs de Parlement en la Grand'Chambre.

Sieur . . . . Intimé.

Contre . . . . Appellant d'une Sentence rendue en . . . . le . . . .

Suivant & pour satisfaire à l'Arrêt d'appointement au Conseil du . . . .

A ce qu'il plaise à la Cour, par l'Arrêt qui interviendra, mettre l'appellation au néant ; ordonner que ce dont est appel sortira son plein & entier effet, condamner l'Appellant en l'amende & aux dépens.

On rend ensuite compte du fait & des moyens qui justifient le bien-jugé de la Sentence ; après quoi l'on produit les pieces à l'appui sous differentes cottes, & l'on finit comme dans l'inventaire ci-dessus.

Sommation pour retirer les sacs, quand l'Instance est jugée.

Me. . . . Procureur de . . . . somme & interpelle Me. . . . Procureur de . . . . .

De se trouver demain . . . . heures du matin au Greffe de la Grand'Chambre, pour retirer les sacs de l'Instance d'entre les Parties jugée par Arrêt du . . . rendue au rapport de M. . . . Conseiller ; sinon & à faute de ce faire, proteste qu'il retirera les siens, tant en absence que présence, dont acte.

Procès par écrit.

Acte de mis.

Me. . . . Procureur de . . . . déclare à Me. . . . Procureur de . . . . qu'il a ce jourd'hui mis au Greffe des dépôts la production dud. . . sur laquelle est intervenue la Sentence du . . . . dont appel ; à ce qu'il n'en ignore, dont acte.

Acte de baillé copie de la Sentence dont est appel.

Me. . . . Procureur de . . . . baille copie à Me. . . . Procureur de . . . . de la Sentence rendue en . . . . le . . . . lui déclarant qu'il a mis l'original d'icelle au Greffe des Enquêtes, à l'effet de conclure, dont acte.

Sommation de donner copie de la Sentence dont est appel.

Me. . . . . Procureur de . . . . Appellant, somme & interpelle Me. . . . Procureur de . . . . Intime, de lui donner dans le jour copie de la Sentence rendue en la . . . . le . . . . & de mettre l'original au Greffe de la Cour à l'effet de conclure ; sinon & à faute de ce faire dans hui, proteste de lever une expedition par extrait de ladite Sentence, aux frais & dépens dudit Intimé, conformément à l'Ordonnance ; à ce qu'il n'en ignore, dont acte.

Requête de l'Appellant pour repeter les frais de la levée de ladite Sentence.

A Nosseigneurs de Parlement.

Supplie humblement . . . . disant qu'il a interjetté appel en la Cour d'une Sentence rendue sur productions respectives en la . . . . le . . . . sur lequel appel il a fait intimer le . . . . lequel a comparu & constitué Procureur, mais a refusé de donner copie au Procureur du Suppliant de ladite Sentence, & de mettre l'original d'icelle au Greffe, ainsi qu'il y étoit tenu aux termes de l'Ordonnance ; ce qui a mis le Suppliant dans la nécessité d'en lever une seconde expédition.

Ce consideré, Nosseigneurs, il Vous plaise ordonner exécutoire être délivré au profit du Suppliant de la somme de . . . . pour le coût de l'expédition de ladite Sentence. Et Vous ferez bien.

Cette Requête est répondue d'une Ordonnance de soit délivré exécutoire de la somme de . . . . en vertu de laquelle, après la signification de la Requête, le Greffier dresse un exécutoire conforme.

Appointement de conclusion.

Le Procès par écrit d'entre . . . . Appellant d'une Sentence rendue en la . . . . le . . . . d'une part, & . . . . Intimé d'autre part, est conclu & reçu pour juger en la maniere accoutumée, & sont les Parties appointées à fournir griefs & réponses, faire productions nouvelles, & icelles contredire dans le tems de l'Ordonnance, sauf à faire collation.

Me.... Procureur de .... fomme & interpelle Me.... Procureur de .... de figner & paffer l'appointement de conclufion à lui ce jourd'hui offert & fignifié ; finon protefte de lever fon défaut faute de conclure , & de le faire juger en la maniere accoutumée.

Sommation de paffer ledit appointement.

Défaut à .... Appellant d'une Sentence rendue en la .... le .... comparant par Me.... fon Procureur. Contre .... Intimé & Défaillant faute de conclure, après que les délais portés par l'Ordonnance font expirés , & foit fignifié. Exre. du .....

Défaut faute de conclure.

La Cour , avant faire droit fur le profit dudit défaut , ordonne que dans trois jours l'Appellant baillera & produira fa demande & pieces juftificatives d'icelle , conformément à l'Ordonnance, pour lui être fait droit , ainfi qu'il appartiendra.

Profit dudit défaut que l'on leve au Greffe.

Vû par la Cour le défaut faute de conclure, obtenu au Greffe d'icelle par .... Appellant d'une Sentence rendue en la .... le .... Contre .... Intimé & Défaillant faute de conclure. Vû auffi la demande fur le profit dudit défaut, memoire & pieces , & tout ce qui a été produit pardevers la Cour. Oui le rapport de M.... Confeiller. Tout confideré : La Cour a déclaré & déclare ledit défaut avoir été bien & dûement obtenu , & adjugeant le profit d'icelui , déclare l'Intimé déchû du profit de la Sentence dont eft appel , & le condamne aux dépens.

Minute d'Arrêt fur le profit du défaut , faute de conclure.

NOTA. *Si c'eft l'Appellant qui refufe de figner l'appointement de conclufion , & que ce foit l'Intimé qui obtienne le défaut faute de conclure ; le défaut commencera par ces mots :* Congé à .... Intimé. Contre .... Appellant de .... & Défaillant faute de conclure ; *& le prononcé de l'Arrêt qui en adjugera le profit , fera ainfi :* La Cour a déclaré & déclare ledit congé avoir été bien & dûement obtenu , & adjugeant le profit d'icelui , déclare l'Appellant déchû de fon appel , & le condamne en l'amende & aux dépens.

Me...: Procureur de .... déclare à Me.... Procureur de .... que le procès d'entre les Parties a été diftribué à M..... Confeiller en la ..... Chambre des Enquêtes, & ait à joindre fa production principale au Greffe ; finon pourfuivra le Jugement du Procès par forclufion, dont acte.

Acte de diftribution.

Me.... Procureur de .... fomme & interpelle Me.... Procureur de .... de fatisfaire à l'Arrêt de conclufion du .... à lui ce jourd'hui fignifié , & fuivant icelui , fournir fes pretendus griefs contre la Sentence dont il eft Appellant ; finon protefte qu'il en demeurera forclos , & qu'il fera paffé outre au Jugement du Procès fur ce qui fe trouvera pardevers la Cour , dont acte.

Sommation de fournir de griefs.

Griefs hors le Procès que met & donne pardevant Vous Noffeigneurs de Parlement en la .... Chambre des Enquêtes.
Mre.... Appellant d'une Sentence rendue en .... le ....
Contre .... Intimé.
Suivant & pour fatisfaire à l'Arrêt de conclufion du ....
A ce qu'il plaife à la Cour, par l'Arrêt qui interviendra , &c. *comme dans les caufes d'appel. Les réponfes à griefs & les falvations font les mêm s , à l'intitulé près , que les réponfes à caufes d'appel & falvations , dans les appointemens au Confeil.*

Griefs.

Incidens tant dans les appointemens au Confeil que Procès par écrit.

A Noffeigneurs de Parlement en la ....
Supplie humblement .... Difant ....

Requête contenant appel incident.

Ce confideré, Noſſeigneurs, il Vous plaiſe recevoir le Suppliant incidemment Appellant de .... ce faiſant mettre l'appellation & ce dont eſt appel au néant; émendant, &c. Et vous ſerez bien.

L'Arrêt qui ſurvient ſur cette Requête, reçoit incidemment Appellant, & pour faire droit ſur l'appel, appointe les Parties au Conſeil, & joint à l'inſtance (*ou Procès*) d'entr'elles, étant au rapport de M.... Conſeiller; pour leur être ſur le tout conjointement fait droit, ainſi que de raiſon : *En vertu de cet Arrêt, on écrit, produit & contredit ſur le nouvel appel dans la forme ordinaire.*

Lettres de Reſciſion.

LOUIS, par la grace de Dieu, Roi de France & de Navarre, à nos amés & féaux Conſeillers les Gens-tenans notre Cour de Parlement à Paris, Salut ; de la Partie de .... Nous a été expoſé que .... & déſirant l'Expoſant ſe pourvoir contre ledit acte, il Nous a très-humblement fait ſupplier de lui accorder nos Lettres ſur ce néceſſaires. A ces Cauſes, déſirant ſubvenir à nos Sujets, ſuivant l'exigeance des cas, Nous Vous mandons que les Parties dûement aſſignées pardevant Vous, s'il Vous appert de ce que deſſus, & notamment .... & autres cauſes, tant que ſuffire doit, & que les Parties ſoient dans le tems de reſtitution ; Vous, en ce cas, ſans avoir égard audit acte du ...... que Nous ne voulons nuire ni préjudicier audit Expoſant, & dont, en tant que beſoin eſt ou ſeroit, Nous l'avons relevé & relevons par ces Préſentes, remettiez les Parties en tel & ſemblable état qu'elles étoient auparavant ledit acte. Car tel eſt notre plaiſir. Donné, &c.

Requête en entérinement deſdites Lettres.

A Noſſeigneurs de Parlement en là ....
Supplie humblement .... Diſant ....

Ce confideré, Noſſeigneurs, il Vous plaiſe ordonner que les Lettres de Reſciſion obtenues en Chancellerie par le Suppliant le ..... ſeront entérinées ; ce faiſant que les Parties ſeront remiſes au même & ſemblable état qu'elles étoient auparavant l'acte dont eſt queſtion ; en conſéquence .... Et vous ſerez bien.

Cette Requête eſt répondue d'une Ordonnance de Vienne, pour venir à l'Audience ; & ſi les Lettres ſont incidentes à une Inſtance ou Procès, on y obtient Arrêt, qui ſur ladite demande appointe les Parties en droit & joint à l'Inſtance (ou Procès.) En vertu de cet Arrêt, on écrit & produit de part & d'autre.

Procedures pour avoir Arrêt de défenſes.

Requête afin de défenſes.

A Noſſeigneurs de Parlement ;
Supplie humblement .... Diſant ....

Ce confideré, Noſſeigneurs, il Vous plaiſe recevoir le Suppliant Appellant de la Sentence contre lui rendue au .... le .... & de tout ce qui a précédé & ſuivi ; ſur lequel appel il ſera permis au Suppliant d'intimer qui bon lui ſemblera ; & cependant faire défenſes d'éxécuter ladite Sentence, & de faire pourſuites ailleurs qu'en la Cour, à peine de nullité, mille livres d'amende, dépens, dommages &c intérêts. Et vous ſerez bien.

Sur cette Requête on obtient Arrêt qui reçoit Appellant & accorde des défenſes. Sur la ſignification de cet Arrêt, on peut y former oppoſition, laquelle fait toujours la matiere d'un appointement à mettre. Quelquefois l'Arrêt qui reçoit Appellant, renvoye à l'Audience à un jour indiqué ſur les défenſes requiſes. Si la Partie adverſe, aſſignée au jour indiqué, ne paroît point, on accorde les défenſes ; ſi elle paroît, on lui donne acte de ſa conſtitution de Procureur, & on appointe les Parties à mettre ſur la demande afin de défenſes.

TITRE XII.

DES COMPULSOIRES ET COLLATIONS DE PIECES.

LEs Notaires & autres Dépofitaires publics ne peuvent, aux termes des Ordonnances, délivrer des expéditions des Actes dont les Minutes leur font confiées, qu'à ceux qui y font parties, ou à leurs repréfentans. Cependant, fi dans un Procès une des Parties fe trouvoit avoir befoin, pour la juftification de fon droit, de l'expédition d'un Acte; quoiqu'elle n'eût pas pour l'exiger les qualités que demandent les Ordonnances, elle peut forcer le Notaire, par autorité de Juftice, à lui en laiffer prendre une copie collationnée. C'eft ce que l'on appelle *compulfer* un Acte. L'objet de notre Titre eft de régler la forme dans laquelle ces *Compulfoires* doivent être faits, pour être valables.

Mais, quoiqu'à s'en tenir à fon intitulé il femble en effet fe borner à cet objet unique, il en embraffe encore un autre non moins important qui en occupe les cinq derniers Articles : c'eft la *reconnoiffance & vérification des écritures privées*. Elles ont lieu, lorfqu'une action a pour bafe un Acte fous feing-privé, que l'adverfaire refufe de reconnoître, & dont il faut conféquemment faire faire la vérification par Experts & gens à ce connoiffans, avant que la Juftice puiffe ftatuer avec fûreté fur une piece de cette nature.

ARTICLE PREMIER.

Les affignations pour affifter aux compulfoires, extraits & collations de pieces, ne feront plus données aux portes des Eglifes, ou autres lieux publics, pour de-là, fe tranfporter ailleurs ; mais feront données à comparoir au domicile d'un Greffier ou Notaire, foit que les pieces qui doivent être compulfées, foient en leur poffeffion, ou entre les mains d'autres perfonnes.

On ne peut *compulfer* une piece dont la minute eft entre les mains d'un dépofitaire public ou autre, que par autorité de Juftice. Ainfi, lorfque le Procès eft pendant dans un Tribunal inférieur, on préfente au Juge une Requête, au bas de laquelle on obtient une Ordonnance, qui permet de compulfer l'acte dont eft queftion par le miniftere du premier Huiffier fur ce requis. Si le Procès eft pendant au Parlement ou aux Requêtes de l'Hôtel ou du Palais, on obtient à cette fin des Lettres en Chancellerie que l'on appelle *Lettres de Compulfoires.*

En vertu de cette Ordonnance ou de ces Lettres de Chancellerie, la Partie qui pourfuit le compulfoire, donne affignation à fa Partie adverfe, à l'effet de fe trouver au lieu & à l'heure indiqués, pour y être préfent, fi bon lui femble. Autrefois ces fortes d'affignations fe donnoient pour fe trouver à la porte d'une Eglife, ou d'un autre lieu public, & de-là, fe tranfporter au lieu où la collation devoit être faite ; d'où il réfultoit de très-grands abus. Pour rendre le lieu d'affemblée plus fixe & plus certain, l'Ordonnance a ftatué qu'on l'indiqueroit chez le Notaire ou le Greffier dépofitaires de la piece à compulfer, ou même chez un autre Notaire ou Greffier, quand ils ne feroient pas dépofitaires de l'acte.

Le compulfoire eft une voye de droit qu'on ne peut ni empêcher ni refufer ; c'eft ce qui a été jugé difertement par Arrêt rendu à l'Audience de la Grand'Chambre le 28 Novembre 1705. Il eft rapporté dans le Journal des Audiences.

ARTICLE II.

Le Procés-verbal de compulfoire & de collation, ne pourra être commencé qu'une heure aprés l'échéance de l'aſſignation , dont mention ſera faite dans le Procés-verbal.

Auparavant l'Ordonnance, on nommoit un Officier du *Siége* pour Commiſſaire, à l'effet de préſider au Procès-verbal de compulſoire & collation de pieces, s'il ſe faiſoit dans le lieu de la Juriſdiction. Si c'étoit ailleurs, on commettoit le Juge des lieux à cet effet. Maintenant on ne ſe ſert que du miniſtere d'un Huiſſier pour dreſſer le Procès-verbal de compulſoire, & faire la collation de la piece ou des pieces dont eſt queſtion ; ce qui épargne des frais de vacations aux Parties.

L'heure préciſe où l'on y doit proceder, doit être marquée dans l'aſſignation. Cependant comme la difference des horloges & mille autres circonſtances peuvent donner lieu à quelque retardement, pour ôter tout prétexte à la Partie aſſignée de ſe plaindre, on lui accorde encore au-delà une heure de grace ; de ſorte que le procès-verbal de compulſoire & collation de pieces, ne doit commencer qu'une heure après celle indiquée dans l'aſſignation ; & le procès-verbal doit en faire mention.

ARTICLE III.

Si la Partie qui requiert le compulſoire ne compare, ou Procureur pour lui à l'aſſignation , il payera à la Partie qui aura comparu, pour ſes dépens, dommages & interêts , la ſomme de vingt livres, & les frais de ſon voyage , s'il en échet , qui ſeront payés , comme frais préjudiciaux.

Celui qui pourſuit & ſollicite le compulſoire, eſt doublement coupable, lorſqu'il ne ſe rend pas lui-même à l'aſſignation qu'il a fait donner, pour y proceder. C'eſt par conſéquent avec grande raiſon, que l'Ordonnance l'oblige de payer à l'autre Partie qui a comparu, des dommages & interêts que la Loi évalue indiſtinctement à une ſomme de vingt livres, ſans y comprendre les frais de ſon voyage, ſi elle a été dans le cas d'en faire un pour ſe tranſporter au lieu de l'aſſignation. Ces dommages & interêts & frais de voyage doivent être payés & rembourſés ſur le champ, & comme frais préjudiciaux.

ARTICLE IV,

Les assignations données aux personnes ou domiciles des Procureurs , auront pareil effet pour les compulsoires , extraits ou collations de pieces , & pour les autres procedures , que si elles avoient été faites au domicile des Parties.

Les compulsoires sont des incidens au procès principal , & font partie de l'instruction. Par conséquent les assignations données à cette fin & autres procedures , peuvent également être signifiées au domicile des Procureurs & à celui des Parties.

ARTICLE V.

Les reconnoissances & vérifications d'écritures privées , se feront Partie présente ou dûement appellée , pardevant le Rapporteur , ou s'il n'y en a , pardevant l'un des Juges qui sera commis sur une simple requête, pourvû & non autrement que la Partie contre laquelle on prétend se servir des pieces , soit domiciliée ou présente , au lieu où l'affaire est pendante ; sinon la reconnoissance se fera pardevant le Juge Royal ordinaire du domicile de la Partie qui sera assignée à personne ou domicile , & sans prendre aucune commission : & s'il échet de faire quelque vérification , elle sera faite pardevant le Juge où est pendant le Procès principal.

Cet Article & les suivans jusqu'à la fin du présent Titre , concernent la reconnoissance & vérification des écritures privées. Mais les dispositions que ces Articles contiennent , ont éprouvé quelque changement par l'Edit du mois de Décembre 1684. Les differens usages qui s'étoient introduits dans plusieurs Siéges , & les frais ausquels ils donnoient lieu ,

ont

ont déterminé le Legiflateur à expliquer fes intentions d'une maniere plus développée, & qui pût fervir de réglement général pour tous les Tribunaux.

Dans cette vûe il ordonne (Article 1.) que celui qui demandera le payement d'une promeffe ou l'exécution d'un autre acte fous feing-privé, fera tenu d'en faire donner copie avec l'exploit d'affignation.

Il autorife en outre (Article 2.) *le créancier d'un billet ou promeffe, à faire déclarer à fa Partie par l'exploit de fa demande, qu'après un délai qui ne pourra être plus court que de trois jours, il demandera à l'Audience du Juge devant lequel il le fera affigner, que la promeffe ou billet foient tenus pour reconnus : s'il prétend qu'ils foient écrits ou fignés par le Défendeur, & qu'il ne comparoiffe pas au jour qui aura été marqué par l'exploit, le Juge ordonnera que lefdits promeffe ou billet demeureront pour reconnus, & que les Parties viendront plaider fur le principal dans les délais ordinaires.*

Mais comme il eft rare que l'on fe ferve de cette faculté de fincoper ainfi la demande en reconnoiffance du billet ou promeffe, d'avec celle en payement, dans ce cas la dénégation de la vérité de l'écriture ou fignature ne peut être faite par le Défendeur ; ou que dans fes défenfes ; ou lors de la plaidoirie ; ou dans le cours de l'inftruction de l'inftance ou procès, fi l'affaire eft appointée.

Dans la premiere hypothefe, c'eft-à-dire, *lorfque ledit Défendeur aura conftitué Procureur & fourni de défenfes, par lefquelles il déniera la vérité de l'écriture & des fignatures de l'acte fous feing-privé dont il fera queftion, le Demandeur le fera fommer par un acte de comparoir pardevant le Juge, pour proceder à la vérification dudit acte, fans qu'il foit befoin de prendre aucune Ordonnance du Juge pour cet effet.* Art. 3.

Si le Défendeur dénie dans la plaidoirie de la caufe au pendant l'inftruction d'un procès par écrit, la vérité des pieces fous feing-privé dont il s'agira, la vérification en fera faite pardevant l'un des Juges qui auront affifté à l'Audience, & qui fera commis fuivant l'ordre du Tableau par celui qui préfidera, ou pardevant le Rapporteur du Procès, s'il eft diftribué. Article 4.

ARTICLE VI.

Les pieces & écritures privées, dont on pourfuivra la reconnoiffance ou vérification, feront communiquées à la Partie, en préfence du Juge ou Commiffaire.

Cette difpofition a été adoptée & augmentée en quelques points par l'Edit de 1684. qui porte, Art. 5. *Les pieces fous feing-privé & écritures privées dont on pourfuivra la reconnoiffance, feront préfentées*

R

devant le Juge, aux jour & heure portés par la sommation qui aura été faite de comparoître devant lui, & seront paraphées par le Juge & communiquées en sa présence à la Partie.

ARTICLE VII.

A faute de comparoir par le Défendeur à l'assignation, sera donné défaut, pour le profit duquel, si l'on prétend que l'écriture soit de sa main, elle sera tenue pour reconnue ; & si elle est d'une autre main, il sera permis de la vérifier tant par témoins que par comparaison d'écritures publiques & authentiques.

ARTICLE VIII.

La vérification par comparaison d'écritures, sera faite par Experts sur les pieces de comparaison dont les Parties conviendront, & à cette fin elles seront assignées au premier jour.

ARTICLE IX.

Si au jour de l'assignation l'une des Parties ne compare, on ne veut nommer des Experts, la vérification se fera sur les pieces de comparaison par les Experts nommés par la Partie présente, & par ceux qui seront nommés par le Juge au lieu de la Partie refusante ou défaillante.

Voici maintenant de quelle maniere s'exprime sur les mêmes objets, l'Edit de 1684.

Si le Défendeur ne comparoît pas, le Juge donnera défaut, & ordonnera que la piece sera tenue pour reconnue (en cas que le Demandeur n'ait pas obtenu de Jugement à l'Audience qui l'ait ainsi ordonné) & qu'il prétende que la piece soit écrite ou signée de la main du Défendeur : & le Juge ne *prendra en ce cas aucunes vacations , & la Partie qui voudra lever le procès-verbal, payera feulement l'expédition de la groffe au Clerc du Juge.* Article 6.

Si on prétend que la piece foit écrite ou fignée d'une autre main que celle du Défendeur , le Demandeur nommera un Expert , & le Juge en nommera un autre, pour proceder à la vérification de la piece fur des écritures publiques & authentiques , qui feront repréfentées par le Demandeur. Art. 7.

Si les Parties comparoiffent , elles conviendront d'Experts & de pieces de comparaifon ; & fi l'une des Parties étant comparue, refufe de nommer des Experts , le Juge en nommera pour elle. Art. 8.

Par la combinaifon de ces Articles de l'Edit de 1684. avec ceux de notre Ordonnance, on n'y apperçoit d'autre difference effentielle , finon que ceux de l'Edit font plus détaillés & mieux circonftanciés.

On remarque néanmoins que lorfqu'il y a néceffité d'en venir à une vérification, l'Ordonnance de 1667. permet de la faire de deux manieres, *par comparaifon d'écritures* publiques & autentiques , ou *par témoins.* L'Edit de 1684. au contraire paroît n'admettre que *la vérification par comparaifon d'écritures* publiques & authentiques , ainfi qu'il réfulte des difpofitions fufénoncées. Cet Edit abrogeroit-il par-là tacitement la *vérification par témoins ?* Il eft cependant des cas où elle paroîtroit indifpenfable. Comment feroit-il poffible en effet de parvenir à vérifier une écriture ou fignature privée , autrement que par le témoignage de ceux qui l'auroient vû faire, fi celui qui feroit l'auteur du billet ou de la promeffe, n'avoit paffé aucuns actes publics & authentiques qui puffent fervir de pieces de comparaifon ?

Quoi qu'il en foit à cet égard, l'Edit de 1684. a été plus loin que l'Ordonnance. Le Legiflateur ne s'eft pas borné dans cet Edit à la *forme* des reconnoiffances & vérifications , il en détermine *l'effet* dans l'Art. 9. en difant que *lorfque le Demandeur aura obtenu un Jugement à l'Audience ou dans l'Hôtel du Juge , portant que la promeffe ou billet dont eft queftion , feront tenus pour reconnus , s'il obtient dans la fuite condamnation , à fon profit , du contenu dans lefdits actes , il aura l'hypotéque fur les biens de fon debiteur du jour du Jugement.*

L'Article 10. du même Edit , ajoute que *le Juge ne dreffera qu'un feul procès verbal pour la vérification d'une ou plufieurs pieces , lorfque la vérification fe fera en même tems & à la requête de la même Partie ; & il fera payé pour les procès-verbaux un écu aux Confeillers des Cours , quarante fols aux Lieutenans Généraux , & autres Officiers des Bailliages & Sénéchauffées où il y a Siége Préfidial , & vingt fols à ceux des autres Siéges Royaux ; autant à ceux des Duchés-Pairies , & des autres Siéges appartenans à des Seigneurs particuliers , lefquels reffortiffent directement aux Cours , & quinze fols aux Officiers des autres Juftices des Seigneurs ; & aux Clercs defdits Juges pour l'expédiion defdits procès-verbaux , ce qui fe trouvera leur être dû fuivant les taxes ordinaires pour le rolle :* c'eft-à-dire , à raifon de cinq fols par rolle.

Enfin , aux termes de l'Article 11. & dernier de cet Edit , *tous ceux qui dénieront leurs propres écritures & signatures, seront condamnés dans les Cours en cent livres d'amende envers le Roi, & en cinquante livres dans les autres Siéges Royaux & Jurisdictions, & en pareille somme envers qui il appartiendra dans les Justices des Seigneurs particuliers, outre les dépens, dommages & intérêts envers les Parties.*

Depuis l'Edit de 1684. est intervenue la Déclaration du 15 Mai 1703. qui a excepté des dispositions y contenues, les Jurisdictions Consulaires dans lesquelles les porteurs de billets, promesses ou autres actes sous seing-privé, peuvent obtenir des condamnations contre leurs debiteurs, sur de simples assignations, sans reconnoissance ni vérification préalables.

FORMULES

DES ACTES DE PROCEDURE

RELATIFS

AU PRÉSENT TITRE.

Procedures pour Compulsoire & Collation de Pieces.

Lettres de Compulsoire.

LOUIS, par la grace de Dieu, Roi de France & de Navarre ; au premier notre Huissier ou Sergent sur ce requis ; de la Partie de notre amé ......
Nous a été exposé que pour justifier du bon droit qu'il a en instance pendante en notre Cour de Parlement (ou Requêtes de notre Hôtel ou du Palais) à Paris, à l'encontre de .... il a besoin de plusieurs Titres, contrats, aveux - dénombremens, & autres pieces qui sont entre les mains de personnes publiques qui seroient difficulté de les représenter, s'ils n'y étoient contraints, en vertu de nos Lettres de compulsoire à ce nécessaires, qu'il Nous a très-humblement fait supplier de lui accorder. A ces Causes, Nous te mandons qu'à la requête dudit Exposant, tu fasses commandement de par Nous à tous Notaires, Greffiers, Curés, Vicaires, & autres personnes publiques, de t'exhiber & représenter tous & uns chacuns les Titres, Contrats, Aveux-dénombremens, Sentences & autres Actes qui te seront par l'Exposant indiqués, pour en être par toi fait extrait, *Vidimus & Collation*, Parties présentes ou dûement appellées ; pour ce fait, être délivré audit Exposant pour s'en servir en ladite Instance, & par tout ailleurs où il appartiendra ; & en cas de refus ou délai, ajourne les refusans ou délayans, à certain & compétent jour, en notredite Cour de Parlement (ou ausdites Requêtes de l'Hôtel ou du Palais) à Paris, pour en dire les causes. De ce faire te donnons pouvoir. Car tel est notre plaisir. Donné à Paris en notre Chancellerie du Palais le .... l'an de Grace .... & de notre Regne le .... Par le Conseil.

L'AN .... par vertu des Lettres de Compulſoire obtenues en Chancellerie le .... ſignées & ſcellées ; & à la requête de .... demeurant à .... qui a élû ſon domicile en la maiſon de .... j'ai .... Huiſſier .... ſouſſigné donné aſſignation à .... en ſon domicile, en parlant à .... à comparoir le .... heure .... en l'étude de Me .... Notaire (*on* Greffier) pour voir proceder à la collation, *vidimus* & extrait des pieces, dont ledit ..... entend ſe ſervir à l'encontre dudit ..... dans l'Inſtance pendante entr'eux pardevant Noſſeigneurs de .... autrement, & faute par ledit .... de s'y trouver, déclare qu'il ſera procedé à ladite collation, tant en abſence que préſence ; & laiſſé, parlant comme deſſus, copie, tant deſdites Lettres que du préſent.

Au jour & heure indiqués, l'Huiſſier procede au compulſoire & à la collation des pieces, & du tout dreſſe ſon procès-verbal tant en préſence qu'abſence. Si le Notaire ou autre Officier refuſoit d'obéir au compulſoire, l'Huiſſier dreſſeroit ſon procès-verbal de refus, & l'aſſigneroit au Tribunal où la conteſtation eſt pendante, dans les délais de l'Ordonnance, pour en déduire les cauſes.

Procedures pour reconnoiſſance & vérification.

L'AN .... le .... heure de .... pardevant Nous Conſeiller du Roi .... Commmiſſaire en cette Partie, en notre Hôtel, ſiſe rue .... Paroiſſe de .... eſt comparu Me .... Procureur en la Cour, & de ..... qui a dit que pour juſtifier de ſon droit en l'Inſtance (*ou* en la Cauſe) d'entre lui & le Sieur .... il lui eſt important de faire reconnoître audit .... une (*ou* pluſieurs) pieces ſous ſeing-privé que ledit .... ſemble vouloir dénier. C'eſt pourquoi il l'a fait ſommer par acte du .... au domicile de ſon Procureur, à comparoir cejourd'hui .... lieu & heure pardevant Nous, pour proceder à ladite reconnoiſſance, ainſi qu'il Nous a fait apparoir par Exploit de .... Huiſſier ; à l'effet de quoi il a préſentement mis entre nos mains les pieces qu'il prétend faire reconnoître, étant au nombre de .... ſçavoir, &c. pour être par Nous montré audit .... à ce qu'il ait à les reconnoître & conteſter, ſi bon lui ſemble, & en cas de conteſtation en voir ordonner la vérification, nommer de ſa part un Maître Ecrivain Expert, & convenir des pieces de comparaiſon qui ſeront indiquées & préſentées ; & les voir enſuite recevoir aux fins de ladite vérification, & a ſigné.

Si la Partie aſſignée compare, on continue ainſi :
Et à l'inſtant eſt auſſi comparu Me .... Procureur en la Cour, & de .... auquel Nous avons montré & repréſenté leſdites pieces ; & après les avoir lûes & regardées à loiſir, a dit que ....

Si au contraire la Partie aſſignée ne comparoît pas, au lieu de mettre & a ſigné, on continue de la maniere qui ſuit : lequel .... dûement appellé, ni Procureur pour lui, & après l'avoir attendu juſqu'à .... heure ſonnée, ledit Me .... audit nom, Nous auroit requis acte de ſa comparution, dire & réquiſition, & défaut contre le Défendeur non comparant, ni Procureur pour lui, & a ſigné.

Sur quoi Nous Conſeiller-Commiſſaire ſuſdit avons donné acte audit Me .... audit nom de ſa comparution, dire & requiſition, & de la repréſentation qu'il Nous a faite des pieces dont il s'agit, & défaut contre ledit .... non comparant, & pour le profit ordonnons que leſdites pieces demeureront pour reconnues. Fait en notre Hôtel leſdits jour & an que deſſus.

Le prononcé de l'Ordonnance ci-deſſus a lieu, lorſque l'on prétend que la piece dont on pourſuit la reconnoiſſance, eſt de la Partie adverſe. Mais ſi on la prétendoit écrite ou ſignée d'un autre, avant le prononcé commençant par ſur quoi, &c. il faudroit ajouter encore le préambule ſuivant : ce fait & à l'inſtant ledit Me .... Procureur dudit .... Nous a auſſi requis acte de la repréſentation à Nous faite deſdites pieces ſous ſeing-privé ; & attendu que ledit .... n'eſt comparu, comme dit eſt, ni Procureur pour lui, qu'il Nous plaiſe les recevoir & en ordonner la vérification ; en conſéquence

Nous a pareillement requis ledit Me. . . ., audit nom , qu'il Nous plaiſe recevoir pour pièces de comparaiſon .... pièces , ſçavoir , &c. & a requis notre Ordonnance pour faire aſſigner ledit .... pour convenir d'Experts , & voir prêter ſerment à .... qu'il a nommé pour Expert de ſa part à l'effet de proceder à ladite verification , & a ſigné.

Sur quoi Nous Conſeiller-Commiſſaire ſuſdit avons donné acte audit Me. . . . de ſa comparution pour ledit .... dire , requiſition & repréſentation par lui faite , tant deſdites .... pièces ſous ſeing-privé de la reconnoiſſance deſquelles il s'agit , que de . . . . . qu'il offre pareillement pour pièces de comparaiſon ; lui donnons pareillement acte de la nomination par lui faite de la perſonne de . . . . Maître Juré-Expert-Ecrivain pour Expert de ſa part. Donnons défaut contre ledit .... non comparant , & pour le profit nommons d'office pour Expert de la part dudit Défaillant .... leſquels Experts feront aſſignés en notre Hôtel le .... pour prêter ſerment de bien & fidélement proceder à la vérification dont il s'agit , & ledit Défendeur & Défaillant pour voir prêter ledit ſerment auſdits Experts. Fait en notre Hôtel leſdits jour & an que deſſus.

Les Experts aſſignés , on dreſſe procès - verbal du ferment par eux prêté ; enſuite de quoi on le continue ainſi : Et à l'inſtant avons mis auſdits Experts leſdites pièces , deſquelles la vérification eſt requiſe , enſemble les pièces de comparaiſon ſus-énonçées , leſquelles Nous ont été repréſentées par ledit .... & après avoir icelles vûes & examinées à loiſir , & ſi long-tems qu'ils ont voulu , & être ſuffiſamment inſtruits, ils ont dreſſé leur raport qu'ils Nous ont certifié véritable en leur ame & conſcience ; & l'ont mis en nos mains avec leſdites pièces , tant celles qu'il s'agit de vérifier , que celles de comparaiſon , & ont ſigné. Ce fait , avons attaché le ſuſdit rapport à la minute de notre préſent procès-verbal. Fait par Nous Conſeiller-Commiſſaire ſuſdit leſdits jour & an que deſſus.

La minute du procès-verbal doit être ſignée par les Parties comparantes , par leurs Procureurs , par les Experts & par M. le Rapporteur. Quant à la groſſe , il n'y a que M. le Rapporteur qui la ſigne.

Si la vérification eſt incidente à une inſtance ou procès , on en produit le procès-verbal par production nouvelle.

TITRE XIII.

DE L'ABROGATION DES ENQUÊTES

D'EXAMEN A FUTUR,

ET DES ENQUESTES PAR TURBES;

ARTICLE UNIQUE,

Abrogeons toutes les Enquêtes d'examen à futur & celles par turbes , touchant l'interpretation d'une

Coutume ou Ufage : & défendons à tous Juges de les ordonner ni d'y avoir égard, à peine de nullité.

Les *Enquêtes d'examen à futur*, abrogées par l'Ordonnance dans le préfent Titre, étoient en ufage, lorfque l'une des Parties, foit avant, foit depuis l'action intentée, mais cependant auparavant conteftation en caufe, avoit lieu de craindre que fes témoins ne fuffent prévenus par la mort, avant qu'il pût les faire entendre, foit à caufe de leur grand âge, foit à caufe de leurs infirmités, foit enfin à caufe d'une longue abfence prochaine. Pour fe menager par avance leur témoignage, elle obtenoit des Lettres Royaux adreffées au Juge Royal du lieu, ou à celui devant qui la demande étoit pendante, pour ouir ces témoins ; l'Enquête faite, le Juge ou Commiffaire la tenoit clofe & fecrete, jufqu'à ce que la Partie qui l'avoit provoquée, eût permiffion de la mettre au jour. Si c'étoit elle qui fût Demandereffe, elle devoit intenter fon action dans l'an & jour de l'Enquête ; paffé lequel tems elle ne pouvoit plus s'en aider. Si au contraire elle étoit Défendereffe, il n'y avoit contr'elle aucun délai fatal à cet égard; attendu que dans ce dernier cas, elle n'étoit ni maîtreffe, ni refponfable du tems auquel la demande feroit formée. Si les témoins entendus dans l'Enquête d'examen à futur, étoient encore vivans lors de la conteftation engagée, on les entendoit de nouveau par forme de recolement : à moins qu'ils n'euffent été ouis originairement en vertu de Commiffion du Parlement, auquel cas le recolement n'avoit pas lieu. Quant aux témoins décedés ou abfens au tems de la conteftation en caufe, on obtenoit Lettres Royaux portant mandement au Juge d'avoir égard à leurs dépofitions, de même que s'ils avoient été recolés. Ces fortes d'Enquêtes préfentant au premier coup d'œil un motif d'utilité publique, on avoit d'abord réfolu d'en conferver l'ufage dans la nouvelle Ordonnance, en retranchant les abus qui s'y étoient introduits. Mais lors des conferences qui furent tenues par ordre du Roi pour examiner le projet de la nouvelle Ordonnance, Meffieurs les Commiffaires du Parlement opinerent tous d'une voix pour l'abrogation de ces Enquêtes. M. le Premier Préfident de Lamoignon qui étoit à leur tête, repréfenta entr'autres chofes qu'il étoit extrêmement dangereux, avant l'admiffion des faits & même la conteftation en caufe, d'autorifer une Partie à faire des preuves telles qu'elle le vouloit par une Enquête, fans que fon adverfaire pût en faire de contraires ; que cette faculté étoit accordée en vertu de Lettres qui fe donnoient dans toutes les Chancelleries du Royaume, fans aucune connoiffance de caufe ; que l'on voyoit tous les jours que ces témoins moribonds recouvroient leur fanté, & ces gens prêts à entreprendre un voyage de long cours, en étoient de retour, auffi-tôt que leurs dépofitions étoient achevées ; que cependant fous ces prétextes illufoires, on donnoit de grandes pentes aux affaires ; que ces Enquêtes une fois faites, en vain difoit-on qu'elles ne feroient ouvertes, qu'au cas que les faits fuſſent admis ; que malgré cela, on les produiſoit dans les procès par écrit ; qu'on les mettoit dans les Cauſes d'Audience entre les mains de Meſſieurs les Gens du Roi, qui en déclamant contre cet abus, ne laiſſoient pas pourtant d'en rendre compte ; que malgré toutes les défenſes qui ſeroient faites de les ouvrir, on n'empêcheroit jamais qu'on ne ſçût ce qu'elles contenoient, & qu'elles ne fiſſent une impreſſion très-vive ſur l'eſprit des Juges ; que les Parties ſçachant qu'il y avoit au Greffe une piece importante pour leur cauſe, trouvoient mille moyens pour la mettre au jour ; que les Juges étoient eux-mêmes les premiers à ſolliciter pour la voir, comme un inſtrument propre à leur inſtruction & à la découverte de la vérité ; enfin que l'expérience avoit fait voir juſques-là que les *Enquêtes d'examen à futur* étoient inutiles lors même qu'on en uſoit bien, & très-dangereuſes lorſqu'on en abuſoit, ce qui arrivoit le plus ordinairement. Ces repréſentations ſolides miſes ſous les yeux du feu Roi, déterminerent ce grand Monarque à ſupprimer les Articles projettés pour corriger les abus de ces Enquêtes prématurées, & à les abroger tout-à-fait conformément à l'avis de Meſſieurs les Com-miſſaires du Parlement.

L'abrogation des *Enquêtes par turbes* prononcée auſſi par le préſent Article, ne fit pas tant de difficulté. On les pratiquoit avant l'Ordon-nance pour vérifier une Coutume non écrite où la maniere d'uſer de celles qui étoient rédigées par écrit, par la dépoſition des Officiers de Juſtice, dans les differens Siéges ſoumis à l'empire des Coutumes dont étoit queſtion ; la dépoſition de chaque Siége s'appelloit *Turbe* du mot latin *Turba*. L'uſage en étoit beaucoup plus fréquent avant la nouvelle réformation des Coutumes ; la plûpart ayant été dans l'origine fort imparfaitement rédigées, il étoit néceſſaire de ſuppléer par des *Enquêtes par Turbes* à ce qui avoit été omis, en conſtatant par cette voye ce qui ſe pratiquoit le plus fréquemment ſuivant l'uſage des lieux. Mais outre que la nouvelle réformation des Coutumes a diminué la néceſſité de cette ſorte de preuve, elle étoit toujours très-couteuſe & très-incertaine par elle-même. 1°. *L'Enquête par Turbes* ne faiſoit preuve, qu'autant qu'il y avoit pour le moins dix *turbes*, de chacune dix témoins ; & elle n'étoit valable que lorſqu'elle avoit été ordonnée par une Cour Supe-rieure, attendu qu'elle tendoit à un Réglement général que les Cours ſeules ſont compétentes de faire. 2°. On trouvoit le plus ſouvent les *Turbiers*, c'eſt-à-dire, les Officiers, Avocats & Procureurs des Siéges que l'on conſultoit, moins inſtruits des uſages dont on vouloit s'éclaircir, que les Juges qui cherchoient des éclairciſſemens par cette voye. De-là, on a cru devoir abolir les *Enquêtes par Turbes*, eu égard à l'incertitude de cette preuve & aux longueurs & aux frais immenſes qu'elle occa-ſionnoit, le plus ordinairement ſans aucun fruit. On y peut ſuppléer par des actes de notorieté des differens Tribunaux.

TITRE

TITRE XIV.

DES CONTESTATIONS EN CAUSE.

CE Titre eſt une ſuite du Titre V. (qui traite *des Congés & Défauts en matiere civile*) & de ceux qui le précédent. Nous avons vû en effet dans ces differens Titres quelle devoit être la forme réguliere des Ajournemens, de quelle maniere il falloit proceder en premiere Inſtance de la part du Demandeur & de la part du Défendeur, ſoit par défaut, ſoit contradictoirement, juſqu'aux défenſes incluſivement. Nous verrons dans celui-ci quelle doit être la ſuite de la Procedure & ſon enchaîne-ment, juſqu'au Jugement définitif.

ARTICLE PREMIER.

Trois jours après la ſignification des défenſes & des pieces juſtificatives, la Cauſe ſera pourſuivie en l'Audience ſur un ſimple Acte ſigné du Procureur & ſignifié, ſans qu'on puiſſe prendre aucun avenir ni Jugement, pour plaider au premier joùr, à peine de nullité, & de vingt livres d'amende contre chacun des Procureurs & Greffiers qui les auront pris & expediés.

Les défenſes une fois fournies, la Cauſe eſt cenſée ſuffiſamment inſtruite de part & d'autre ; de ſorte que trois jours après, à compter de la ſignification des défenſes, elle eſt en état d'être portée à l'Au-dience pour y être plaidée. Il ſuffit maintenant de faire ſignifier à cet effet un ſimple acte de Procureur à Procureur, par lequel la Partie qui pourſuit l'Audience, indique à l'autre, le jour, l'heure, le Tribunal & même le nom de l'Avocat dont il entend employer le miniſtere.

S

Auparavant l'Ordonnance, on ne pouvoit porter la Caufe à l'Audience fur le fond, qu'on n'eût fignifié deux Requêtes appellées *avenir*, fur lefquelles on obtenoit Jugemens qui ordonnoient que l'on viendroit plaider au premier jour : formalité auffi difpendieufe qu'inutile, & conféquemment retranchée avec grande raifon par le Legiflateur !

ARTICLE II.

Le Demandeur dans le même délai de trois jours, pourra, fi bon lui femble, fournir de répliques, fans que la Procedure en puiffe être arrêtée ni le délai prorogé.

ARTICLE III.

Abrogeons l'ufage des dupliques, tripliques, additions premieres & fecondes, & autres écritures femblables : défendons à tous Juges d'y avoir égard, & de les paffer en taxe.

Le délai de trois jours qui a lieu depuis la fignification des défenfes jufqu'au jour où il eft permis de pourfuivre l'Audience, femble n'avoir été accordé que pour donner le tems au Demandeur de repliquer aux défenfes, s'il le juge à propos.

Mais ces *repliques* ne font que de permiffion ; elles ne font point partie effentielle de l'inftruction. C'eft pourquoi quand les défenfes font une fois fignifiées, la Caufe eft en état d'être plaidée trois jours après, foit qu'il y ait des repliques ou non. On ne fe contentoit pas autrefois de *repliques* ; on y ajoutoit des *dupliques*, *tripliques*, *additions premieres* & *fecondes*, & autres écritures dont la multiplicité à l'infini ne contribuoit qu'à l'augmentation des frais & nullement à l'inftruction de la Caufe. Auffi l'Ordonnance les a-t-elle abrogées, avec défenfes expreffes aux Juges d'y avoir égard & de les paffer en taxe.

ARTICLE IV.

Les Procureurs feront tenus de comparoir en l'Audience au jour qu'écherra l'affignation & le délai pour

venir plaider ; & si la Cause est de la qualité de celles
qui ont besoin du ministere des Avocats , il les y
feront trouver , sinon sera donné défaut ou congé au
comparant qui sera jugé sur le champ ; & pour le
profit le Défendeur sera renvoyé absous ; & si c'est
le Demandeur ses conclusions lui seront adjugées , si
elles sont trouvées justes & bien vérifiées.

Lorsque l'Audience est provoquée par un avenir signifié de la part d'une des Parties , où elles se présentent contradictoirement pour plaider , où il n'y a que l'une d'elles qui comparoît.

Dans ce dernier cas la Partie qui comparoît obtient un *défaut faute de plaider*. Si la Partie comparante est Demanderesse , ce défaut lui adjuge les conclusions de sa demande , en cas qu'elle soit trouvée juste & bien vérifiée. Si au contraire c'est le Défendeur qui comparoît , & qui prend son avantage , le défaut est intitulé *Congé* , & pour le profit il est renvoyé de la demande avec dépens. Ce défaut n'est pourtant fatal dans aucune Jurisdiction (si ce n'est dans les Cours , lorsqu'il est pris sur le Rolle) on y peut former opposition dans la huitaine de la signification. Mais le second défaut qui déboute de l'opposition à la premiere , est sans retour , & on ne peut se pourvoir contre , que par appel ; si ce n'est aux Requêtes du Palais où il est d'usage d'obtenir trois défauts dont le dernier seul est fatal.

ARTICLE V.

Ne seront à l'avenir données & expediées aucunes
Sentences qui ordonnent le rapport ou le rabat des
défauts & congés , à peine de nullité & de vingt livres
d'amende contre chacun des Procureurs & Greffiers
qui les auront obtenues & expediées. Pourront néan-
moins les défauts & congés être rabatus par le Juge en
la même Audience en laquelle ils auront été prononcés;
auquel cas n'en sera délivré aucune expédition à l'une
& à l'autre des Parties , sous les mêmes peines.

Les premiers défauts que l'on obtenoit à l'Audience avant l'Ordonnance, ne prononçoient jamais *irrévocablement* sur le fond de la contestation ; ils n'étoient accordés qu'avec le correctif *sauf huitaine* ou *quinzaine* ; de sorte que pendant ce délai, la Partie adverse pouvoit les faire rabattre ou en faire ordonner le rapport. Souvent même, après l'expiration du délai, on le prolongeoit encore ; ce qui entraînoit des longueurs & des frais. Pour y obvier à l'avenir, l'Ordonnance défend ces sortes de rabat & de rapport de défauts. Elle permet seulement à une Partie qui se présente dans la même Audience, de faire rabattre le défaut obtenu contr'elle. Mais comme un défaut ainsi rabatu dans la même Audience, ne subsiste plus, & est réputé non obtenu, il est défendu aux Greffiers d'en délivrer aucune expédition, de même que s'il n'avoit jamais existé.

ARTICLE VI.

Si au jour de l'assignation la Cause n'a point été appellée, ou n'a pû être expediée, elle sera continuée & poursuivie en la prochaine Audience sur un simple acte signifié au Procureur, sans aucun avenir ni Jugement ; à peine de nullité & d'amende, comme dessus.

On fait une grande distinction dans l'usage du Palais entre une Cause qui n'a point été appellée, & une autre qui après l'avoir été, est continuée à l'Audience prochaine, faute d'avoir pû être expediée. Quand une Cause n'a point été appellée, il faut poursuivre l'Audience de nouveau, & si elle est appellée à l'Audience suivante, & qu'une des Parties soit défaillante, il faut prendre contr'elle un défaut à l'ordinaire qui est susceptible d'opposition.

Mais il en est tout autrement quand une Cause a été appellée & continuée ; si au jour indiqué pour la continuation de la Cause, une des Parties manque de se présenter, le défaut que l'on obtient contre elle est fatal ; la seule position des qualités faire contradictoirement à l'Audience, suffit même pour engager la Cause & operer cet effet.

ARTICLE VII.

La Cause étant plaidée, sera jugée en l'Audience, si la matiere y est disposée ; sinon les Parties seront réglées à mettre dans trois jours ; ou en droit à écrire & produire dans huitaine, selon la qualité de l'affaire.

Lorfque la Caufe a été portée à l'Audience, & y a été plaidée con-tradictoirement, les Juges ne peuvent prendre que l'un des trois partis qui fuivent : ou de la *juger définitivement* ; ou de *l'appointer à mettre*, fi l'objet eft de peu d'importance ; ou de *l'appointer en droit*, fi l'affaire eft de nature à exiger une inftruction plus étendue.

Quelquefois fans juger définitivement, ni fans appointer, on prend un parti mitoyen qui n'occafionne aucuns frais aux Parties, c'eft d'or-donner un *déliberé*. Nous en connoiffons de deux fortes, le *déliberé fur le champ*, c'eft-à-dire, que l'on juge dans la même Audience ; & le *déliberé fur le régître*, lorfqu'on en renvoye le Jugement à une Audience fubféquente. Comme il n'y a aucune forte d'inftruction dans le déliberé foit fur le champ, foit fur le régître, les Jugemens qui interviennent en conféquence, font cenfés rendus à l'Audience, & par une fuite néceffaire, l'appel qu'on peut interjetter de ces Jugemens, n'eft jamais qu'un appel verbal.

A R T I C L E   VIII.

Le Procureur qui aura produit, fera fignifier que fa production eft au Greffe, & du jour de la fignifi-cation, commenceront les délais tant de produire que de contredire, lefquels étant expirés, l'autre Partie demeurera forclofe de plein droit ; fans qu'à l'avenir en aucune Jurifdiction, même en nos Cours de Par-lement, Grand Confeil, Cours des Aides, & autres nos Cours, il foit baillé aucune Requête ni pris à l'Audience ou au Greffe aucun Acte de commande-ment ou forclufion de produire ou contredire ; l'ufage defquelles Procedures nous abrogeons & défendons de s'en fervir ni de les employer dans les déclarations de dépens, ni dans les mémoires de frais & falaires des Procureurs, à peine de vingt livres d'amende contre les Procureurs en leurs noms.

Cet Article eft commun tant aux appointemens à mettre qu'aux appointemens en droit. Auffi-tôt que le Procureur le plus diligent a fait fignifier fon *acte de produit*, huitaine après il eft en droit de pourfuivre le Jugement par forclufion, fi l'autre Partie n'a pas produit dans ce délai ; fans être obligé de faire aucun commandement, ni de donner aucune Requête ni prendre aucun Jugement de forclufion , foit au Greffe , foit à l'Audience , ainfi que cela fe pratiquoit auparavant.

ARTICLE IX.

Aucun ne pourra prendre communication de la production de la Partie adverfe , s'il n'a produit ou renoncé de produire par un acte figné de fon Procureur & fignifié.

ARTICLE X.

Les productions ne feront plus communiquées & retirées fur les Recepiffés des Procureurs. Mais les Procureurs en prendront communication par les mains des Rapporteurs.

ARTICLE XI.

Ne pourront les Greffiers délivrer aux Huiffiers les Procès mis au Greffe , ni les bailler en communication aux Procureurs ou autres , avant la diftribution ; à peine de cent livres d'amende , appliquable moitié à Nous , & moitié à la Partie qui en fera la plainte.

Nous avons déja expliqué plus haut , pourquoi il n'étoit pas permis de prendre en communication la production de fon adverfaire , fans avoir foi-même produit , ou renoncé formellement de produire ; c'eft que cette communication n'a pour objet que de contredire la production de la Partie adverfe ; ce qu'on ne doit point être admis à faire , qu'on ne fe foit mis foi-même préalablement en régle , en produifant de fon côté.

Mais comme il s'étoit gliffé beaucoup d'abus dans ces fortes de communications ; que les Procureurs les prenoient des Greffiers , même avant la diftribution , & qu'elles leur fervoient enfuite de prétexte pour tirer en longueur , par la difficulté qu'il y avoit de leur faire rendre les productions , quand ils les avoient une fois entre leurs mains , il est expressément défendu aux Greffiers de donner ces communications. Par ce moyen les Procureurs ne peuvent les prendre qu'après la distribution faite , & des mains des Rapporteurs eux - mêmes , vis-à-vis desquels ils s'en chargent par un *Recepissé.* S'ils gardent les productions trop long-tems , la Partie qui a interêt d'avancer , après quelques sommations préalables de remettre le procès , présente une Requête que le Rapporteur répond d'une Ordonnance de contrainte par corps contre le Procureur refusant. Si nonobstant la signification qui lui est faite de cette Ordonnance , il persiste dans son refus , ou la met à execution. L'usage bien entendu de ces contraintes par corps pare aux deux extremités. Car si d'un côté l'on doit laisser aux Avocats & Procureurs un tems suffisant , suivant la nature des affaires & des circonstances , pour discuter les interêts de leurs Parties & répondre aux moyens qui leur sont opposés , il faut d'un autre côté qu'il y ait un terme raisonnable , passé lequel les Procureurs puissent être contraints à rétablir entre les mains des Rapporteurs les productions qui leur ont été confiées.

ARTICLE XII.

Les contredits ne seront plus offerts en baillant , mais seront signifiés & baillé copie ; comme aussi des salvations , si aucunes sont fournies : sinon les contredits & salvations seront rejettés du Procès.

Auparavant l'Ordonnance , les *contredits* ne se signifioient point , non plus que les *salvations.* Quant aux contredits on offroit seulement de les communiquer de la main à la main ; ce qui s'appelloit en termes de Palais *offrir en baillant.* Mais à l'égard des *salvations ,* comme on n'étoit point tenu d'en fournir , on n'étoit pas non plus tenu , en les fournissant , d'en offrir aucune communication.

Cependant comme ce n'est que par la signification & la copie baillée judiciairement , que les écritures deviennent contradictoires , & que sans cela , elles sont regardées comme clandestines , l'Ordonnance défend qu'on ait aucun égard aux contredits & aux salvations qui n'auroient point été signifiés , & dont on n'auroit point donné copie. Il faut pourtant avouer que l'abus que l'on fait de ces sortes de significations , les a rendues une formalité presque inutile. Car les copies signifiées sont le plus souvent si tronquées , si incorrectes & si peu lisibles , qu'il est impossible d'en faire aucun usage , & qu'on est obligé de prendre en communication les grosses , pour pouvoir y répondre.

ARTICLE XIII.

La Cause sera tenue pour contestée par le premier Réglement, Appointement ou Jugement qui interviendra après les défenses fournies, encore qu'il n'ait point été signifié.

La question de sçavoir quand la Cause étoit tenue pour contestée, a partagé les Jurisconsultes avant l'Ordonnance. Les uns prétendoient qu'il y avoit contestation en Cause, aussi-tôt qu'il y avoit d'une part une demande, & de l'autre des défenses. Les autres soutenoient au contraire qu'il falloit outre cela que la contestation eût frappé l'oreille du Juge. D'autres disoient qu'il n'étoit pas besoin de défenses pour établir la contestation en Cause ; & que lorsque la Partie adverse étoit mise en demeure, soit par un défaut faute de comparoir, soit par un défaut faute de défendre, la Cause étoit, par cela seul, tenue pour contestée. C'étoit l'ancien stile du Palais auparavant l'Ordonnance. La Coutume de Paris avoit pourtant pris un milieu à cet égard, dans l'Article 104. qui porte : *Contestation en Cause est quand il y a réglement sur les demandes & défenses des Parties, ou bien quand le Défendeur est défaillant & débouté de défenses.* Cette derniere partie de l'Article pouvoit être bonne dans l'ancien usage où le profit du défaut n'emportoit qu'un débouté de défenses. Mais aujourd'hui que le profit du défaut, soit faute de comparoir, soit faute de défendre, emporte condamnation sur le fond, on ne pourroit appliquer la contestation en cause au défaut faute de comparoir ; parce que la cause se trouveroit tenue pour contestée après qu'elle auroit été jugée, ce qui impliqueroit contradiction. De-là, notre Article décide que la cause ne peut être tenue pour contestée ; 1°. qu'il n'y ait eu des défenses fournies ; 2°. que la cause n'ait ensuite été portée à l'Audience, & qu'il n'y soit intervenu un Jugement, soit interlocutoire, soit définitif : il n'est pas même besoin que ce Jugement soit signifié : sa seule prononciation à l'Audience constitue la contestation en cause.

ARTICLE XIV.

Aux Siéges des Maîtrises particulieres des Eaux & Forêts, Connétablies, Elections, Greniers à Sel, Traites Foraines, Conservations des Privileges des Foires,

Foires , & aux Juftices des Hôtels & Maifons de Villes , & autres Jurifdictions inférieures , lorfque le Défendeur fera domicilié ou préfent au lieu de l'établiffement du Siége , le délai des affignations ne pourra être moindre de vingt-quatre heures , s'il n'y a peril en la demeure , ni plus long de trois jours ; & de huitaine au plus pour ceux qui font demeurans ailleurs , dans la diftance de dix lieues ; & fi le Défendeur eft demeurant en lieu plus éloigné , le délai fera augmenté à proportion d'un jour pour dix lieues.

ARTICLE XV.

Vingt-quatre heures après l'échéance de l'affignation , les Parties feront ouies en l'Audience & jugées fur le champ , fans qu'elles foient obligées de fe fervir du miniftere des Procureurs.

Ces deux Articles réduifent la procedure que l'on doit tenir dans les Jurifdictions où il ne fe traite que des matieres fommaires , comme font les Maîtrifes particulieres des Eaux & Forêts, Connétablies , Elections, Greniers à Sel , Hôtels de Villes , & autres de cette nature , à la feule affignation fur laquelle on peut incontinent porter la Caufe à l'Audience , fans miniftere de Procureurs , à l'expiration des délais.

Ces délais y font beaucoup moindres que dans les autres Jurifdictions ; ils ne font que de vingt-quatre heures pour ceux qui réfident dans le lieu du Siége , & tout au plus de trois jours , encore peut-on y affigner du foir au matin , *s'il y a péril dans la demeure.* Ceux qui font demeurans ailleurs , dans la diftance de dix lieues , peuvent être ajournés à trois jours , & tout au plus à huitaine. Quand le domicile du Défendeur eft au-delà des dix lieues , le délai augmente à raifon d'un jour par dix lieues.

T

FORMULES

DES PROCEDURES

RELATIVES

AU PRESENT TITRE.

Aux Requêtes du Palais & de l'Hôtel.

Avenir.

ME.... Procureur de.... déclare à Me.... Procureur.... que.... prochain du.... en la.... Chambre des Requêtes du Palais (*ou de* l'Hôtel) il poursuivra l'Audience de la Cause d'entre les Parties , & que Me.... Avocat est chargé du sac.

Premiere Sentence par défaut faute de plaider.

EXTRAIT des Régistres des Requêtes du Palais (*ou de* l'Hôtel) du .... Défaut à.... Demandeur aux fins de l'Exploit du .. tendant à ce que le Défendeur ci-après .... comparant par Mes... ses Avocat & Procureur. Contre.... Défendeur & Défaillant , par vertu duquel la Cour condamne...... & aux dépens , & sera la présente Sentence exécutée nonobstant opposition ou appellation quelconque , & soit signifié.

Si c'est e Défendeur qui obtient la Sentence par défaut , elle commence par ces mots : Congé à.... Défendeur , &c. *& le prononcé ainsi qu'il suit :* par vertu duquel la Cour déboute le Défaillant de sa demande , & le condamne aux dépens.

Sentence de débouté d'opposition.

EXTRAIT des Régistres des Requêtes du Palais (*ou de* l'Hôtel) du .... Congé à..... Défendeur , comparant par Mes..... ses Avocat & Procureur. Contre..... Demandeurs en requête du .... à ce qu'il fût reçû opposant à la Sentence par défaut du .... contre lui obtenue , & signifiée le .... faisant droit sur l'opposition , que la procedure fût déclarée nulle avec dépens & Défaillant , par vertu duquel la Cour déboute le Défaillant de son opposition (*ou* déclare le Défaillant non-recevable dans son opposition , *si c'est une troisieme opposition*) & le condamne aux dépens , & soit signifié.

Qualités de Sentence contradictoires

Entre..... Demandeur , aux fins de l'Exploit du..... tendant à ce que le Défendeur ci-après nommé soit condamné.... comparant par Mes.... ses Avocat & Procureur , d'une part.

Et.... Défendeur , comparant par Mes.... ses Avocat & Procureur , d'autre part.

Sentence en la.... Chambre des Requêtes du Palais (*ou de* l'Hôtel) du....

Prononcé d'appointement à mettre.

La Cour , Parties ouies , ordonne que dans trois jours elles mettront leurs Requêtes & Pieces pardevant M.... Conseiller , pour leur être fait droit.

Inventaire de production sur appointé à mettre.

Inventaire de production que met & donne pardevant Vous Nosseigneurs des Requêtes du Palais (*ou de* l'Hôtel.)

Me...... Demandeur suivant son exploit du ......
Contre ..... Défendeur.
Suivant & pour satisfaire à la Sentence d'appointé à mettre du .....
A ce qu'il plaise à la Cour par la Sentence qui interviendra .... *prendre ses con-clusions, ensuite expliquer le fait & les moyens ; enfin produire sous differentes cottes les pieces à l'appui, & finir ainsi qu'il fait.*
Employe le Demandeur la production du Défendeur en ce que servir lui pourra & non autrement, & tenue pour cottée par ....
Produit le présent inventaire ci cotté par ....
Produit finalement son acte de produit ci cotté par ....

Me.... Procureur de .... déclare à Me.... Procureur de .... que suivant & pour satisfaire à la Sentence de la Cour du .... il a cejourd'hui produit au Greffe de la Cour sa production pour joindre à M..... Conseiller, à ce qu'il n'en ignore, & ait à faire le semblable de sa part, sinon il en demeurera forclos, dont acte.

La Cour, pour faire droit aux Parties, les appointe en droit à écrire & pro-duire pardevers M,.... Conseiller, donner contredits & salvations dans le tems de l'Ordonnance, pour leur être fait droit, ainsi que de raison.

Avertissement que met & donne pardevant Vous Nosseigneurs des Requêtes du Palais (*ou* de l'Hôtel) .... Demandeur aux fins de son exploit du ....
Contre .... Défendeur.
Suivant & pour satisfaire à la Sentence d'appointement en droit du ....
A ce qu'il plaise à la Cour, &c. *prendre les conclusions de l'exploit ; énoncer le fait & les moyens, & finir par ces mots :* Partant par ces raisons & autres qu'il plaira à la Cour suppléer de droit, le Demandeur persiste dans les conclusions par lui ci-devant prises, & requiert dépens.

Inventaire que met, &c..... Demandeur.
Contre ... Défendeur.
Suivant & pour satisfaire à la Sentence d'appointement en droit du ....
A ce qu'il plaise à la Cour, &c. *prendre les conclusions de l'avertissement ; & ensuite suivre ledit avertissement, en disant ;* pour justifier du contenu audit aver-tissement, & que, &c. produit le Demandeur .... pieces : la premiere, &c.
NOTA. *On produit par emploi les pieces qu'on ne peut produire en nature, & on finit par produire son inventaire & son acte de produit, qui est le même que dans l'appointement à mettre ci-dessus.*

Je soussigné Procureur en la Cour reconnois que M..... Conseiller en icelle, m'a cejourd'hui prêté en communication l'instance d'entre .... étant en .... sacs, dont les pieces sont paraphées par premiere & derniere, que je promets lui rendre à sa volonté. Fait à Paris, ce ....

Contredits de production que met & donne pardevant Vous, &c. .... Défendeur.
Contre .... Demandeur aux fins de son exploit du ....
Suivant & pour satisfaire à la Sentence d'appointement en droit du ....
A ce qu'il plaise à la Cour, par la Sentence qui interviendra, sans avoir égard à tout ce qui a été dit, écrit & produit par le Demandeur, adjuger au Défendeur les fins & conclusions par lui prises en l'instance, avec dépens.
On entre ensuite dans le détail des pieces & des moyens qu'on se propose de contredire ; & on termine les contredits par ces mots : Partant, &c.

Me.... Procureur de .... somme & interpelle Me.... Procureur de .... de rendre

Acte de produit

Prononcé d'appoin-tement en droit.

Avertissement.

Inventaire sur aver-tissement.

Recepissé de com-munication.

Contredits.

Sommation de rendre l'instance.

dans le jour à M.... Conseiller-Rapporteur, l'instance d'entre les Parties qu'il a retirée depuis long-tems sous son recepissé ; sinon proteste de donner sa requête pour l'y faire contraindre ; dont acte.

Requête de contrainte.

A Nosseigneurs, &c.

Supplie humblement .... Qu'il Vous plaise, faute par Me.... Procureur de .... d'avoir satisfait à la sommation à lui faite le .... & suivant icelle d'avoir rendu à M.... Conseiller en la Cour, l'instance d'entre les Parties qu'il retient depuis très-long-tems, ordonner qu'il y sera contraint par corps ; & vous ferez bien.

Au Châtelet.

Minute ou qualités de Sentence.

Sur la requête faite en Jugement devant Nous, à l'Audience du Parc Civil du Châtelet, par Me.... Procureur de .... Demandeur aux fins de l'exploit fait à sa requête par .... Huissier .... en cette Cour, controllé le .... présente ; tendant à .... Contre Me.... Procureur de .... Défendeur ; Parties ouies, Nous, &c. *Si la Sentence est par défaut, on substitue à ces mots,* Parties ouies, *ceux-ci :* Oui ledit Me..... en son plaidoyer, & par vertu du défaut de Nous donné contre ledit .... non comparant, ni autre pour lui dûement appelé ; lecture faite des pieces & avenir à ce jour, pour plaider, Nous, &c.

Qualités de Sentence, sur l'opposition à une premiere par défaut.

Sur la requête faite en Jugement, au Parc Civil du Châtelet, par Me..... Procureur de .... Demandeur en exécution de notre Sentence par defaut du .... & Défendeur à la requête d'opposition y formée par le ci-après nommé, avec dépens. Contre Me....Procureur de .... Défendeur & Opposant : Parties ouies, Nous, &c.

Sentence de délibéré.

Nous disons que les dossiers & pieces des Parties, seront mises sur le Bureau, ès mains de M.... Conseiller, pour en être délibéré sur le Régître, dépens reservés.

Sommation sur delibéré.

A la requête du Sr.... soit signifié à Me.... Procureur de .... Que suivant, & pour satisfaire à la Sentence de délibéré rendue entre les Parties le .... il a cejour-d'hui mis son dossier & pieces entre les mains de M.... Conseiller, à ce qu'il n'en ignore, & ait à faire le semblable de sa part ; dont acte.

Sentence d'appointement.

Nous, pour faire droit aux Parties sur leurs demandes & contestations, les avons appointées à écrire, produire, même contredire, s'il y échet dans le tems de l'Ordonnance, au rapport de M.... Conseiller, dépens reservés. Ce qui sera executé, &c.

Avertissement.

Avertissement que met & donne pardevant Vous, M. le Prévôt de Paris, M. le Lieutenant Civil, & Messieurs les Gens tenans la Chambre du Conseil au Châtelet de Paris.

Sieur.... Demandeur aux fins de son exploit du ....

Contre.... Défendeur.

Suivant & pour satisfaire à la Sentence d'appointement en droit du ....

A ce qu'il plaise à la Cour par la Sentence qui interviendra (*mettre ici les conclusions de la demande.*)

Ensuite on déduit le fait & les moyens ; & on termine ainsi : Partant par ces moyens & autres qu'il plaira à la Cour suppléer de droit, le Demandeur soutient que ses conclusions lui doivent être adjugées avec dépens.

Inventaire de production.

Inventaire de production que met & fournit pardevant Vous, M. le Prévôt de Paris, M. le Lieutenant Civil, & Messieurs les Gens tenans la Chambre du Conseil au Châtelet de Paris.

Sieur .... Demandeur.

Contre .... Défendeur.

Suivant & pour ſatisfaire à la Sentence d'appointement du ....

A ce qu'il plaiſe à la Cour par la Sentence dehnitive qui interviendra (*tranſcrire les concluſions de l'avert ſſement.*)

Pour juſtifier du contenu en l'avertiſſement ſignifié par le Demandeur le ....
& notamment que, &c. ....

Produit ledit Sieur Demandeur .... pieces.

La premiere ......

La ſeconde ......

Et ſont leſdites pieces ci cottées par ....

On diſtribue les pieces en differentes cottes, relativement à la nature de l'affaire.

Item produit le préſent inventaire ci-cotté par ....

Finalement produit ſon acte de produit ci-cotté par ....

A la requête de .... ſoit ſignifié à Me.... Procureur de .... qu'en exécution de la Sentence d'appointement du .... au rapport de M.... Conſeiller, il a mis ſes pieces, écritures & production au Greffe Civil du Châtelet, à ce qu'il n'en ignore, le ſommant de faire le ſemblable de ſa part, ſinon ſera le procès jugé ſur ce qui ſe trouvera produit en la Cour, & ledit Sr.... forclos, dont acte. | Acte de produit.

Contredits que met pardevant Vous, M. le Prévôt de Paris, M. le Lieutenant Civil, & Meſſieurs les Gens tenans la Chambre du Conſeil au Châtelet de Paris. | Contredits de production.

Sieur ....

Contre ....

Suivant & pour ſatisfaire à la Sentence d'appointement du ....

A ce qu'il plaiſe à la Cour, ſans avoir égard aux pieces produites par ledit ....
ni aux inductions qu'il en a tirées, adjuger audit Sr.... les concluſions par lui priſes en l'inſtance, avec dépens.

Après avoir contredit les pieces de ſon adverſaire, on finit ainſi : Par ces moyens & autres qu'il plaira à la Cour ſuppléer de droit & d'équité par ſon équité ordinaire, perſiſte ledit Sr.... dans ſes concluſions, avec dépens.

Salvations de contredits de production que met pardevant Vous, M. le Prévôt de Paris, M. le Lieutenant Civil, & Meſſieurs les Gens tenans la Chambre du Conſeil au Châtelet de Paris. | Salvations.

Sieur ......

Contre ......

Suivant & pour ſatisfaire à la Sentence d'appointement du ....

A ce qu'il plaiſe à la Cour, ſans avoir égard à tout ce qui a été dit, écrit & produit en l'inſtance par ledit Sr.... adjuger au Sr.... les fins & concluſions par lui priſes, avec dépens.

Après avoir repliqué aux contredits, on termine les ſalvations de la même maniere que les contredits.

Nous, pour faire droit aux Parties ſur la nouvelle demande, les avons appointées à écrire & produire, même contredire dans le tems de l'Ordonnance, & joint au premier appointement au rapport de M.... Conſeiller en cette Cour, dépens réſervés. | Appointement de jonction.

NOTA. *Indépendamment de la procedure générale dont on vient de rendre compte, qui a lieu au Châtelet pour toutes les conteſtations qui y prennent naiſſance, il y a une procedure particuliere pour les appellations des Sentences rendues aux Juriſdictions qui y reſſortiſſent ; ces appellations ſont portées au Préſidial : elles ſont de deux ſortes, de même qu'au Parlement, ou verbales ou par écrit. Comme l'inſtruction en eſt differente, Nous en allons tracer la forme, du moins ſommairement.*

Appellation verbale au Châtelet.

Affignation au Préfidial, pour y proceder fur un appel.

L'AN mil fept cent .... le .... &c. à comparoir à la huitaine pardevant Meſſieurs du Préfidial au Châtelet de Paris aux Cauſes d'appel, pour proceder fur l'appel interjetté par ledit Demandeur par acte du .... d'une Sentence rendue par le .... en date du .... voir dire & ordonner que ladite Sentence ſera infirmée, avec amende & dépens ; déclarant que Me.... eſt Procureur ; & parlant comme deſſus, j'ai audit .... laiſſé copie du préfent.

Exploit d'anticipation.

L'AN mil fept cent .... le .... &c. fouſſigné, anticipé & donné aſſignation à .... demeurant à .... en parlant à .... à comparoir d'hui à .... en l'Audience du Préfidial aux Cauſes d'appel du Châtelet de Paris, pour proceder & aller en avant fur l'appel que ledit .... a interjetté par acte du .... d'une Sentence rendue par .... le .... voir dire & ordonner que ladite Sentence ſera confirmée avec amende & dépens, déclarant que Me.... eſt Procureur, & lui ai, parlant comme deſſus, laiſſé copie du préfent.

Requête afin de défenſes.

A M. le Lieutenant Civil.
Supplie humblement .... Difant, &c.
Ce confideré, Monſieur, il Vous plaiſe recevoir le Suppliant Appellant de ladite Sentence contre lui rendue le .... par ... tenir icelui pour bien relevé, lui permettre de faire intimer qui bon lui femblera fur ledit appel, fur lequel les Parties auront Audience aux Cauſes d'appel ; cependant faire défenſes de mettre ladite Sentence à exécution, & de faire pourſuites ailleurs que pardevant Vous, à peine de nullité, caſſation de procedure, & de tous dépens, dommages & interêts ; & votre Ordonnance exécutée nonobſtant & ſans préjudice de l'appel ; & vous ferez juſtice.
Ordonnance : Le Suppliant reçû Appellant, tenu pour bien relevé fur l'appel ; les Parties auront audience aux Cauſes d'appel ; cependant défenſes d'executer ladite Sentence, & de faire pourſuites ailleurs que pardevant Nous, à peine de nullité & d'amende.

Exploit de fignification.

L'AN mil fept cent .... le .... en vertu de l'Ordonnance de M. le Lieutenant Civil, étant au bas de la requête ci-deſſus, & à la requête du Sr.... y nommé, demeurant à .... j'ai .... fouſſigné intimé & donné aſſignation à .... en parlant à .... à comparoir d'hui en .... à l'Audience du Préfidial aux Cauſes d'appel du Châtelet de Paris, pour proceder fur l'appel mentionné en ladite Requête & Ordonnance, & réiteré les défenſes y portées, fous les peines y exprimées ; auquel ..... parlant comme deſſus, j'ai laiſſé copie tant defdites Requête & Ordonnance que du préfent, déclarant que Me.... Procureur occupera.

Acte d'occuper.

Me.... Procureur au Châtelet de Paris, déclare à Me.... Procureur de .... qu'il eſt Procureur, & offre d'occuper pour .... fur l'intimation & aſſignation à lui donnée au Préfidial du Châtelet, aux fins de la Requête & Exploit du ..... proteſtant de nullité de tout ce qui pourroit être fait au préjudice des préfentes ; dont acte.

Acte de baillé copie de la Sentence dont eſt appel.

A la requête de .... intimé foit fignifié & donné copie à Me.... Procureur de .... Appellant, de la Sentence rendue par .... le .... à ce qu'il n'en ignore, dont acte.

Déclaration que la Cauſe a été mife au Rolle.

A la requête de .... foit fignifié à Me.... Procureur de .... que ledit Me.... a fait mettre aujourd'hui au Rolle des Cauſes d'appel du Châtelet de Paris, celle d'entre les Parties, à ce qu'il n'en ignore, le ſommant de comparoir à l'Audience du Préſidial, aux Cauſes d'appel du Châtelet, au jour & heure que la Cauſe ſera appellée ; ſinon déclare qu'il obtiendra Sentence à tour de rolle, dont acte. Me.... Avocat.

A la requête de .... ſoit ſommé Me.... Procureur de .... de conſigner dans le jour l'amende de ſon appel, & d'en faire ſignifier la quittance au Procureur dudit ... ſinon proteſte de la conſigner & d'en avancer les deniers, ſauf à repeter en definitif, dont acte.

Sommation de conſigner l'amende.

A la requête de .... Intimé ſoit ſignifié à Me.... Procureur de .... Appellant, d'une Sentence renduë par .... le .... & baillé copie de la quittance de l'amende conſignée par ledit .... pour proceder & aller en avant ſur l'appel de ladite Sentence, à ce qu'il n'en ignore, dont acte.

Signification de la quittance d'amende.

A la requête de .... ſoit ſignifié à Me.... Procureur de ....
Que la Cauſe d'entre les Parties ayant été appellée à ſon tour ſur le Rolle, & n'ayant pû être plaidée, attendu la remontrance de Me.. il a été ordonné qu'elle ſeroit réappellée ; en exécution duquel Jugement ledit Me...... a fait mettre aujourd'hui la Cauſe au Rolle au nombre des réappellées, à ce que ledit Me.... n'en ignore, & ait à comparoir à l'Audience du Préſidial aux Cauſes d'appel, le jour & heure qu'elle ſera réappellée ; ſinon lui déclare qu'il obtiendra Sentence à tour de rolle, dont acte.

Acte contenant que la Cauſe a été miſe aux réappellées.

Dire qu'il a été bien jugé par la Sentence dont eſt appel, mal & ſans griefs appellé ; ordonner que ce dont eſt appel, ſortira ſon plein & entier effet ; condamner l'Appellant en l'amende & aux dépens de la cauſe d'appel.

Concluſions pour l'Intimé.

Dire qu'il a été mal jugé par la Sentence dont eſt appel, bien appellé ; en conſéquence décharger l'Appellant des condamnations prononcées par ladite Sentence ; condamner l'Intimé aux dépens tant des cauſes principales que d'appel ; & ſera l'amende renduë.

Concluſions pour l'Appellant.

A venir au premier jour plaider au Préſidial aux Cauſes d'appel du Châtelet de Paris par Me.... Procureur de .... Intimé ; ſur la requête de Me.... Procureur de .... Appellant d'une Sentence contre lui renduë par .... le .... à ce qu'il ſoit dit que ledit Sr.... ſera reçû incidemment Appellant d'une autre Sentence renduë par le même Juge le .... par laquelle il a été ordonné que .... ſur lequel appel, enſemble ſur celui précédemment interjetté, les Parties procederont en la maniere accoutumée ; en conſéquence qu'il ſera dit qu'il a été mal jugé par leſdites Sentences, bien appellé, & ledit Sr..... déchargé des condamnations prononcées par icelles, & l'Intimé condamné aux dépens des cauſes tant principales que d'appel ; & aller en avant.

Requête verbale contenant appel incident.

Appellation par écrit au Châtelet.

Sur la requête faite en Jugement devant Nous à l'Audience du Préſidial aux Cauſes d'appel du Châtelet de Paris par Me.... Procureur du Sr.... Appellant d'une Sentence renduë ſur productions par le Prévôt de .... le ... ſuivant l'exploit d'intimation & aſſignation donnée par .... le .... controllé à Paris le .... par .... & préſenté au Greffe. Contre Me.... Procureur de .... Intimé. Parties ouies, & pour faire droit, Nous avons appointé à confirmer ou à infirmer ladite Sentence dont eſt appel, bailler par l'Appellant les griefs & par l'Intimé les réponſes huitaine après ; écrire, produire & contredire, s'il y échet, dans le tems de l'Ordonnance, ès mains de M.... Conſeiller, dépens reſervés.

Appointement à confirmer ou infirmer.

Griefs.

Griefs hors le procès que met & fournit pardevant Vous, M. le Prévôt de Paris, M. le Lieutenant Civil, & Meſſieurs tenans la Chambre du Conſeil au Châtelet de Paris.

Sieur .... Appellant d'une Sentence contre lui rendue en la Prévôté de .... le ....
Contre .... Intimé.

Suivant & pour ſatisfaire au Jugement contradictoire de la Cour du ..... par lequel, pour faire droit aux Parties, elles ont été appointées à confirmer ou infirmer, fournir griefs, réponſes, donner contredits, ſalvations, écrire, produire & contredire dans le tems de l'Ordonnance, ès mains de M.... Conſeiller en cette Cour.

A ce qu'il plaiſe à la Cour, par la Sentence définitive qui interviendra, dire qu'il a été mal jugé par la Sentence dont eſt appel, bien appellé ; émendant, décharger l'Appellant des condamnations contre lui prononcées par ladite Sentence, & condamner l'Intimé aux dépens, tant des cauſes principale que d'appel.

On détaille enſuite le fait & les moyens, & on termine de même que dans un avertiſſement.

Sommation de fournir de réponſes à griefs.

A la requête de .... Appellant, ſoit ſommé Me.... Procureur du Sieur .... Intimé, de ſatisfaire à la Sentence intervenue entre les Parties le : .... & ſuivant icelles fournir ſes réponſes aux griefs à lui cejourd'hui ſignifiés, écrire, produire & contredire, le tout dans le tems de l'Ordonnance, ès mains de M.... Conſeiller Rapporteur du Procès ; ſinon lui déclare qu'il en demeurera forclos, & ſera paſſé outre au Jugement du Procès ſur ce qui ſe trouvera produit, dont acte.

Réponſes à griefs.

Réponſes à griefs que met & fournit pardevant Vous, M. le Prévôt de Paris, M. le Lieutenant Civil, & Meſſieurs les Gens tenans la Chambre du Conſeil au Châtelet de Paris.

Sieur .... Intimé.
Contre .... Appellant d'une Sentence contre lui rendue en la Prévôté de .... le ....

Suivant & pour ſatisfaire à la Sentence de la Cour du .... par laquelle, pour faire droit aux Parties, elles ont été appointées à confirmer ou infirmer, fournir griefs, réponſes, donner contredits, ſalvations, écrire, produire & contredire dans le tems de l'Ordonnance, ès mains de M.... Conſeiller en cette Cour.

A ce qu'il plaiſe à la Cour, par la Sentence définitive qui interviendra, dire qu'il a été bien jugé par la Sentence dont eſt appel, mal & ſans griefs appellé ; ordonner que ce dont eſt appel ſortira ſon plein & entier effet ; condamner l'Appellant en l'amende & aux dépens de la cauſe d'appel.

Déduire le fait & les réponſes aux griefs.

Inventaire de production de l'Appellant.

Inventaire de production que met & fournit pardevant Vous (*le reſte de l'intitulé comme dans les griefs.*)

L'Appellant ſe flatte d'avoir démontré dans ſes griefs que la Sentence dont eſt appel ne peut ſe ſoutenir ; ainſi pour éviter toute répétition ſuperflue, l'Appellant ſe contentera de produire ici leſdits griefs dûement ſignifiés ſous la cotte A.

Pour juſtifier du contenu auſdits griefs.

Produit l'Appellant ſa production principale ſur laquelle la Sentence dont eſt appel eſt intervenue ; laquelle ſera ci-cottée par B.

Item, pour juſtifier de la Sentence dont eſt appel.

Produit l'Appellant ladite Sentence rendue en la Prévôté de .... ledit jour .... & ſera ladite Sentence ci-cottée par C.

Item, pour juſtifier de la procedure faite en la Cour ſur ledit appel.

Produit l'Appellant .... pieces.

La premiere du .... eſt l'exploit d'aſſignation donnée en la Cour à l'Intimé pour proceder ſur l'appel dont eſt queſtion.

La ſeconde du .... eſt l'acte d'occuper ſignifié de la part de l'Intimé.

La

La troisiéme du . . . . . est la Sentence contradictoire qui a appointé les Parties à confirmer ou à infirmer. . . .

Et sont lesdites pieces ci-cottées par D.

Item, produit le présent inventaire ci-cotté par E.

Item, produit son acte de produit contenant sommation de faire le semblable, ci-cotté par F.

Item, employe l'Appellant, en ce que servir lui pourra, & non autrement, la production de l'Intimé, & est ledit emploi ci-cotté par G.

A la requête de .... Appellant ; soit signifié & déclaré à Me.... Procureur de .... Intimé. Que pour satisfaire à la Sentence de Réglement intervenue entre les Parties le . . . . . il a cejourd'hui produit sa production au Greffe des dépôts du Châtelet, sommant ledit Me.... de faire le semblable de sa part, même de fournir, si bon lui semble, contredits contre ladite production dans le tems de l'Ordonnance, sinon en demeurera forclos, dont acte. *Acte de produit.*

Le reste de l'instruction est le même que dans les appointemens en droit.

A venir au premier jour plaider à l'Audience du Présidial du Châtelet par Me.... Procureur de .... *Requête afin d'enterinement de Lettres de Rescision incidentes au Procès.*

Sur la requête de Me.... Procureur de .... à ce qu'il soit dit que les Lettres de Rescision obtenues par le Demandeur en Chancellerie le . . . . . signées par le Conseil .... & scellées, seront entérinées ; ce faisant les Parties remises en tel & semblable état qu'elles étoient avant l'acte y énoncé, & les autres conclusions prises au Procès par le Demandeur à lui adjugées avec dépens, & aller avant ; & sera avec ces présentes donné copie desdites Lettres de Rescision.

Sur la requête faite en Jugement devant Nous à l'Audience du Présidial du Châtelet par Me..... Procureur de ..... Appellant d'une Sentence rendue en la Prévôté de .... le .... & incidemment Demandeur, suivant sa requête verbale signifiée le . . . . . afin d'entérinement de Lettres de Rescision obtenues en Chancellerie le .... contre l'acte y énoncé, avec dépens. Contre Me..... Procureur de .... Intimé & Défendeur. Parties ouies, & sans que les qualités puissent nuire ni préjudicier, & pour leur faire droit sur les nouvelles demandes, Nous les avons appointées en droit à écrire, produire & contredire, s'il y échet, dans le tems de l'Ordonnance, & joint au Procès distribué à M.... Conseiller, par notre Sentence du .... dépens réservés. *Appointement en droit & joint.*

En exécution de ce Jugement, on écrit & produit de part & d'autre.

V

TITRE XV.

DES PROCEDURES

SUR LE POSSESSOIRE DES BENEFICES

ET SUR LES REGALES.

CE Titre, d'après son Intitulé, embraffe deux objets, la *Procedure* particuliere *fur le poffef- foire dés Benefices* ; & celle à laquelle font affujetties les demandes en *Régale*.

En matiere bénéficiale comme en matiere civile, on diftingue le *petitoire* & le *poffeffoire*. Lorfque la demande eft au *petitoire* d'un Bénéfice, elle ne peut être portée que devant le Juge d'Eglife. Mais lorf- qu'elle ne tend qu'au *poffeffoire*, le Juge laïc eft feul compétent pour en connoître : c'eft un des princi- paux Articles des libertés de l'Eglife Gallicanne. Dans ce dernier cas, c'eft-à-dire, lorfque la Caufe fur le *poffeffoire* d'un Bénéfice eft portée au Tri- bunal laïc, le Juge ordonne de trois chofes l'une. Si le droit de l'un des Contendans eft vifiblement fuperieur à celui de l'autre, on le maintient dans la poffeffion du Bénéfice ; & ce Jugement de *pleine maintenue* ou au *plein poffeffoire*, étant rendu fur le vû des Titres des Parties au fond, on ne peut plus enfuite agiter de nouveau la queftion au *petitoire* devant le Juge Eccléfiaftique, parce que ce feroit indirectement foumettre le Jugement laïc à l'exa- men & à la correction du Juge Eccléfiaftique. Si la

matiere ne ſe trouve pas diſpoſée à maintenir définitivement l'un des Contendans plûtôt que l'autre ,
mais cependant que l'un des deux ait un droit plus
apparent , on lui adjuge la *récréance* , c'eſt-à-dire ,
la poſſeſſion proviſoire pendant la conteſtation.
Enfin ſi les deux Parties n'ont pas un droit plus
apparant l'une que l'autre , on ordonne le *ſéqueſtre*
proviſionel des fruits du Bénéfice contentieux , juſqu'à ce que le fond ſoit jugé.

Quant à la *Régale* , c'eſt le droit qu'a le Roi de
nommer , pendant la vacance des Archevêchés &
Evêchés , à tous les Bénéfices en dépendans , autres
que ceux à charge d'ames. La Grand'Chambre du
Parlement de Paris , a la connoiſſance générale &
exclufive de toutes les conteſtations qui naiſſent ſur
la Régale , dans toute l'étendue du Royaume. La
Procedure particuliere qui a lieu à cet égard ,
eſt développée dans les ſix derniers Articles de ce
Titre.

ARTICLE PREMIER.

Es matieres de complaintes pour le poſſeſſoire des
Bénéfices , les Exploits de demandes ſeront faits &
les aſſignations données en la forme & dans les délais
ci-deſſus preſcrits pour les autres affaires civiles.

La *complainte* pour le poſſeſſoire d'un Bénéfice , a lieu , lorſque celui
qui a pris poſſeſſion d'un Bénéfice , y eſt troublé , ſoit par une oppoſition
à ſa priſe de poſſeſſion , ſoit par une priſe de poſſeſſion poſtérieure.
Ainſi ce n'eſt autre choſe qu'une action , en vertu de laquelle celui
qui eſt troublé , demande d'être maintenu dans la poſſeſſion du Bénéfice , avec reſtitution de fruits , dommages , intérêts & dépens. Cette

action est assujettie aux formalités générales & aux délais des autres assignations en matiere civile : elle a cependant ses formalités particulieres que nous verrons dans les Articles qui suivent.

ARTICLE II.

Le Demandeur sera tenu d'exprimer dans l'Exploit le titre de sa provision & le genre de la vacance sur laquelle il a été pourvû, & bailler au Défendeur des copies signées de lui, du Sergent & des Records de ses titres & capacités.

Quoique cette disposition semble ajouter aux formalités générales des ajournemens en matiere civile ; cependant mieux approfondie, elle n'ordonne rien que ce qui est prescrit pour les assignations ordinaires. Car lorsqu'en matiere civile quelqu'un agit en qualité d'héritier, de donataire ou de legataire ; n'est-il pas obligé d'exprimer dans l'Exploit d'affignation la qualité en vertu de laquelle il agit ? De même en matiere de complainte bénéficiale, le Bénéficier complaignant ne peut en ajourner un autre pour être maintenu dans sa possession, sans exprimer dans l'Exploit le titre de sa provision & le genre de vacance sur laquelle il a été pourvû ; parce que c'est en quoi réside proprement son droit au Bénéfice contentieux.

D'un autre côté, par une suite du principe qui oblige tout Demandeur à donner copie, dès l'origine de l'action, des pieces justificatives de sa demande, le complaignant est tenu de donner copie en tête de son Exploit de ses *Titres & capacités*, qu'il ne faut pas confondre ensemble. Les *Titres* sont les actes qui établissent le droit au Bénéfice, comme les nominations, les provisions. Les *Capacités* sont les actes qui justifient que le pourvû a les qualités requises pour posséder le Bénéfice ; comme les Lettres de Tonsures pour les Bénéfices simples, les Lettres de Prêtrise pour les Bénéfices à charge d'ames, les Lettres de dégrés pour les Bénéfices qu'on ne peut posséder sans être gradué.

ARTICLE III.

L'Exploit d'affignation sera donné à la personne, ou au domicile du Défendeur, qui est en possession actuelle du Bénéfice ; sinon au lieu du Bénéfice.

Quand le Défendeur eft en poffeffion actuelle du Bénéfice contentieux, l'Ordonnance laiffe la liberté au complaignant de l'affigner ou
à perfonne ou domicile, ou au lieu du Bénéfice. Mais s'il n'étoit pas
en poffeffion actuelle, & que ce fût au contraire le Demandeur, on
ne pourroit permettre à ce dernier de donner l'affignation en complainte, au lieu du Bénéfice; parce qu'alors ce feroit fe la donner à
foi-même. Il ne pourroit donc dans ce dernier cas affigner le Défendeur
qu'à perfonne ou domicile.

ARTICLE IV.

Les complaintes pour Bénéfice feront pourfuivies
pardevant nos Juges, aufquels la connoiffance en
appartient, privativement aux Juges d'Eglife & à
ceux des Seigneurs, encore que les Bénéfices foient
de la fondation des Seigneurs, ou de leurs Auteurs,
& qu'ils en ayent la préfentation ou collation.

Les Juges Royaux font dans un ufage immémorial de connoître du
poffeffoire des Bénéfices. Cet ufage a été reconnu par les Papes eux-
mêmes, notamment par la Bulle de Martin V. de 1428. par celle
d'Eugène IV. de 1432. & par le Bref de Leon X. adreffé à François
I. le 17 Novembre 1513 (*a*). Il eft fondé fur ce principe général que
la poffeffion eft une queftion de fait dont la connoiffance doit appartenir aux Juges Royaux pour arrêter les troubles qui pourroient naître
des conteftations fur le poffeffoire.

Mais tous les Juges Royaux ne font pas compétens pour connoître
de ces conteftations. L'Ordonnance de Louis XI. enrégiftrée au Parlement le 30 Juillet 1464. en referve la connoiffance aux feuls Juges
Royaux reffortiffans nûment au Parlement. Par une fuite néceffaire,
Meffieurs des Requêtes du Palais & de l'Hôtel, étant une émanation
du Parlement même, ceux qui ont droit de *Committimus*, peuvent y
porter les complaintes fur les matieres bénéficiales par eux intentées,
& y faire évoquer celles dans lefquelles ils font Défendeurs ou Intervenans. Il en eft de même de ceux qui ont leurs caufes commifes devant
les Juges Confervateurs des Privileges d'une Univerfité, & de ceux
qui ont droit de plaider en première Inftance au Grand Confeil en
vertu de Lettres d'attribution de Jurifdiction.

(*a*) Voir les preuves des Libertés de l'Eglife Gallicanne.

ARTICLE V.

Ne feront dorénavant donnés aucuns appointemens à communiquer titres , ni à écrire par mémoire.

Avant cette difposition , la demande en maintenue étoit d'abord fuivie , aufli - tôt que les Parties avoient refpectivement comparues , d'un Jugement qui ordonnoit la communication des Titres. Cette communication faite , un fecond Jugement appointoit les Parties à écrire par mémoire. Ces deux appointemens , devenus inutiles par la juftification qui doit être faite des Titres par l'Exploit même d'afligna-tion , ont été avec raifon abrogés par le préfent Article.

ARTICLE VI.

Le Défendeur en complainte fera tenu dans les délais ci-devant accordés aux Défendeurs , fournir fes défenfes , dans lefquelles feront aufli expliqués le titre de fa provifion & le genre de la vacance fur laquelle il a été pourvû , & de bailler au Procureur du Demandeur des copies fignées de fon Procureur , tant des défenfes que de fes titres & capacités.

L'Ordonnance impofe ici au Défendeur la même obligation qu'elle a ci-devant impofée au Demandeur ; d'eft-à-dire , d'exprimer dans fes défenfes le titre de fa provifion & le genre de vacance fur laquelle il a été pourvû , & de donner avec fes défenfes copie de fes titres & capacités.

Quant au délai de fournir de défenfes ; il eft le même pour les complaintes que pour les matieres ordinaires.

ARTICLE VII.

Trois jours aprés, la Caufe fera portée à l'Audience fur un fimple acte fignifié à la requête du Procureur

plus diligent, pour être prononcé fur le champ, fi
faire fe peut, fur la pleine maintenue, fur la
récréance, ou fur le féqueftre, s'il y échet.

Cet Article exprime bien les trois efpeces de Jugemens qui peuvent
intervenir fur une demande en complainte bénéficiale, fçavoir ; ou
un Jugement de *pleine maintenue* en faveur de l'un des Contendans ;
ou un Jugement de *récréance*, c'eft-à-dire, de poffeffion provifionelle
pendant le Procès, en faveur de celui qui a le droit le plus apparant ;
ou, dans une égalité de doutes fur les droits refpectifs des Parties, un
Jugement qui prononce le *féqueftre* des fruits du Bénéfice, jufqu'à la
fin de la conteftation.

A R T I C L E   V I I I.

Il ne fera ajouté foi aux fignatures & expéditions
de Cour de Rome, fi elles ne font vérifiées ; & fera
la vérification faite par un fimple certificat de deux
Banquiers & Expéditionnaires, écrit fur l'original
des fignatures & expéditions ; fans autre formalité.

Souvent dans les complaintes, le droit des Parties ou de l'une d'elles,
eft fondé fur des provifions de Cour de Rome, comme il arrive dans
les réfignations en faveur & les permutations. Mais les expéditions de
Cour de Rome, étant une écriture étrangere, elles ne peuvent faire
foi parmi nous, qu'autant qu'elles ont été rendues authentiques par
une vérification. Pour épargner les frais d'une vérification dans la forme
ordinaire, l'Ordonnance fe contente qu'elle foit faite par un certificat
de deux Banquiers-Expéditionnaires en Cour de Rome, qui attefteront
la vérité des fignatures & expéditions fur les originaux même, fans
autre formalité. Comme ces deux Banquiers font choifis par la Partie
qui a befoin du certificat, s'il arrivoit dans la fuite conteftation fur la
vérité du certificat, ce feroit alors le cas d'avoir recours à la voye
ordinaire.

A R T I C L E   I X.

Les Sentences de récréance feront exécutées à la
caution juratoire, nonobftant oppofition ou appella-
tion quelconques, & fans y préjudicier.

ARTICLE X.

Les récréances & séqueſtres ſeront exécutées avant
qu'il ſoit procedé ſur la pleine maintenue.

La récréance eſt un proviſoire , & conſéquemment la Sentence qui
l'ordonne , doit être exécutée par proviſion & nonobſtant l'appel. Il
en doit être de même de celle de ſéqueſtre. La diſpoſition de notre
Ordonnance à cet égard eſt puiſée dans les plus anciennes Loix du
Royaume. (*a*) Mais ces Loix n'accordoient l'exécution proviſoire des
Jugemens de récréance qu'en donnant caution. Sur quoi la Juriſprudence a depuis diſtingué les Jugemens de cette eſpece rendus en Cour
Souveraine , & ceux intervenus dans les Juriſdictions inférieures. On
n'exigeoit aucune caution pour l'exécution des premiers , mais bien
pour les ſeconds (*b*). L'Ordonnance de 1667. a pris ſur cela un juſte
milieu ; elle ordonne l'exécution proviſoire des Jugemens de récréance
indiſtinctement , à la ſimple caution juratoire de ceux en faveur de qui
la récréance a été prononcée. Tout le monde ſçait que la caution
juratoire en pareil cas , n'eſt autre choſe qu'une ſoumiſſion faite judiciairement de rendre & reſtituer les fruits en définitif , en cas que l'on
ſuccombe ſur la pleine maintenue.

Si les Sentences de récréances doivent avoir leur exécution , quand
il y en a appel , & nonobſtant cet appel ; à combien plus forte raiſon
cette exécution proviſoire leur eſt-elle dûe , lorſque ſans en interjetter
appel , on pourſuit dans la même Juriſdiction ſur la pleine maintenue ?
De quel front oſeroit-on demander à un Juge une déciſion ſur le fond
avant que d'avoir exécuté ſon Jugement ſur le proviſoire , quand on
ne l'a attaqué par aucune voye de droit ?

Mais quel doit être l'effet de la récréance prononcée en faveur de l'une
des Parties ? Lui attribue-t-elle non-ſeulement les fruits à venir , mais
encore la reſtitution des fruits précédemment perçûs & le payement
des dépens , ſi aucuns avoient été adjugés par la Sentence de récréance !
Brodeau ſur M. Louet (*c*) rapporte nombre d'Arrêts qui ont conſtam-
ment jugé que la récréance emportoit avec elle la reſtitution des fruits
précédemment perçus & le rembourſement des dépens. Cependant je
ne crois pas que cette Juriſprudence puiſſe avoir lieu depuis la préſente
Ordonnance. Car dans le projet de cette Loi propoſé aux Commiſſaires
du Conſeil & du Parlement (*d*) on avoit inſéré un Article qui portoit,

---

» (*a*) Troiſiéme Déclaration ſur l'Edit de Cremieu. *Art. 14.* Ordon. de 1539. *Art. 46.*
» (*b*) Louet & Brodeau. Lettre R. Sommaire 23.
» (*c*) Loco citato.
» (*d*) Procès-verbal de l'Ordonnance de 1667. pag. 165.

conformément

conformément à la Juriſprudence qui avoit eu lieu juſques-là : *La récréance ſera exécutée, tant pour la reſtitution des fruits qui ont été perçûs par l'autre Partie, que pour le payement des dépens, lorſqu'il y en a condamnation, avant que de proceder ſur la pleine maintenue.* Mais ſur les difficultés qui furent alors propoſées, on retrancha totalement de l'Article ces mots, *tant pour la reſtitution des fruits, &c.* De-là nous nous croyons fondés à conclure que l'intention du Legiſlateur a été de ne donner d'effet à la récréance que pour la jouiſſance des fruits à venir incluſivement, ſans aucune reſtitution de ceux perçus par le paſſé, ni payement des dépens. Et en effet la récréance ſuppoſant un droit à la vérité apparent, mais néanmoins encore incertain, ce ſeroit lui donner trop de privileges que de l'étendre juſqu'à une reſtitution de fruits qui ne doit naturellement avoir lieu qu'en définitif.

Quant aux dépens, l'exécution proviſoire des Sentences en toute autre matiere, ne s'étend jamais juſqu'aux dépens, à l'égard deſquels l'appel eſt toujours ſuſpenſif. Pourquoi les Jugemens de récréance en matiere bénéficiale auroient-ils plus de prérogatives ? Il faut avouer d'un autre côté qu'il eſt rare de voir prononcer des dépens par les Sentences de récréance : on les reſerve ordinairement en définitif.

ARTICLE XI.

Si durant le cours de la procedure, celui qui avoit la poſſeſſion actuelle du Bénéfice, decede, l'état & la main-levée des fruits ſera donnée à l'autre Partie, ſur une ſimple requête qui ſera faite judiciairement à l'Audience, en rapportant l'Extrait du Regître Mortuaire, & les pieces juſtificatives de la Litiſpendance, ſans autres procedures.

Le droit que l'on a ou que l'on prétend avoir à un Bénéfice, eſt un droit perſonnel qui meurt conſéquemment avec la perſonne du Bénéficier ou du prétendant droit au Bénéfice, s'il décede ſans l'avoir réſigné. Par conſéquent lorſque deux Parties prétendent à un même Bénéfice, & que l'une des deux meurt pendant la conteſtation, ſon droit ou du moins ſa prétention s'éteignant avec elle, celle de l'autre Partie reprend toute ſa force & la conteſtation s'évanouit d'elle-même. Il ſuffit donc au Contendant ſurvivant de juſtifier de l'Extrait-Mortuaire de ſon Competiteur & de la Litiſpendance, pour s'aſſurer l'état du Bénéfice ci-devant contentieux & la main levée des fruits. La diſpoſition de l'Ordonnance ſur ce point a été confirmée toutes les fois que la queſtion

X

s'eſt préſentée. Elle a été jugée en faveur du pourvû par mort , par un Arrêt célébre, rendu le 7 Mars 1713. pour la Cure d'Ecouan, ſur les concluſions de M. l'Avocat General de Fleury. Feu M. Nouet plaidoit pour le pourvû par mort. M. Augeard dans le ſecond volume de ſes Arrêts Notables , en rapporte deux autres conformes à celui de 1713. l'un a été rendu en la Grand'Chambre le 9 Fevrier 1709. & l'autre en la Troiſiéme Chambre des Enquêtes le 12 May 1710.

Il eſt cependant un cas où cette regle ſouffre une exception ; c'eſt lorſque celui qui a droit de nommer au Benefice, a donné des Proviſions à un autre au lieu & place de celui qui eſt décedé, & que le nouveau pourvû a pris poſſeſſion. On ne pourroit alors donner l'état du Benefice au ſurvivant des Collitigans , ſans faire tort à un tiers. C'eſt l'eſpece d'un Arrêt du 16 May 1707. rapporté dans le troiſiéme volume des Arrêts de M. Augeard. En effet le principal motif de l'Ordonnance ayant été d'empêcher que les Benefices ne reſtaſſent vacans de fait, le motif ceſſe dès qu'il y a un Titulaire en poſſeſſion actuelle qui deſſert le Benefice , & qui en perçoit les fruits.

ARTICLE XII.

Celui qui interviendra en une complainte pour le poſſeſſoire d'un Benefice , ſera tenu d'expliquer dans ſa Requête ſes moyens d'intervention , & bailler copie ſignée de ſon Procureur , tant de la Requête que des titres & capacités , au Procureur de chacune des Parties.

Tout intervenant eſt obligé de droit de donner copie à ceux qui ſont Parties originaires dans la conteſtation où il intervient, tant de ſa Requête d'intervention que des pieces juſtificatives d'icelle. Or les titres & capacités d'un Eccleſiaſtique qui intervient dans une complainte beneficiale , ſont les pieces juſtificatives de ſon intervention, de même qu'ils le ſont de deux competiteurs originaires.

ARTICLE XIII.

Si aucun eſt pourvû d'un Benefice pour cauſe de dévolut, l'Audience lui ſera déniée juſqu'à ce qu'il ait donné bonne & ſuffiſante caution de la ſomme de

500 liv. & qu'il l'ait fait recevoir en la forme ordi-
naire ; & à faute de bailler caution dans le délai qui
lui aura été preſcrit, eu égard à la diſtance du lieu où
le Benefice eſt deſſervi & du domicile du Dévolu-
taire, il demeurera déchû de ſon droit, ſans qu'il
puiſſe être reçû à purger la demeure.

Tout le monde ſçait que les *Dévolutaires* ſont des gens qui obtiennent, ſoit en Cour de Rome, ſoit des Collateurs ordinaires, des proviſions de Benefices non vacans, ſur le fondement de l'incapacité ou de l'indignité des Titulaires. Ces ſortes de gens n'ayant en leur faveur qu'un titre toujours odieux, ſont aſſujettis à des regles & à des formalités plus auſteres que les autres Contendans à un Benefice. De-là, ils ſont tenus de prendre poſſeſſion dans l'année de leurs proviſions, & ſi on s'oppoſe à leur priſe de poſſeſſion, ou qu'ils y ſoient troublés, ils doivent faire appeller ceux qui les ont troublés, dans les trois mois de leur priſe de poſſeſſion ; ſinon ils ſont déchûs de plein droit, & ſans qu'il ſoit beſoin d'aucun Jugement, de toute prétention au Benefice (*a*). Il y a plus : lorſqu'il y a conteſtation entre le Dévolutaire & le Titulaire, pour que le Dévolutaire ne puiſſe éviter la peine dûe à ſa temerité, en cas qu'il ne puiſſe prouver ni indignité ni incapacité dans la perſonne du Beneficier qu'il veut dépouiller, il eſt obligé de donner caution ſuffiſante, juſqu'à concurrence de 500 liv. & juſqu'à ce, toute Audiance lui doit être déniée. Notre Ordonnance n'aſtreint le Dévolutaire à cette formalité, que d'après l'Ordonnance de Blois, article 46.

Cette regle toute generale qu'elle eſt, n'eſt pourtant pas ſans quelques exceptions. Il a été jugé au Grand Conſeil par Arrêt du 22 Mars 1684. qu'un Dévolutaire nommé par le Roy à un Canonicat de Verdun, n'étoit point tenu de donner caution, parce que le Roy n'eſt pas cenſé avoir fait la Loi contre lui-même, ni contre ceux qui tiennent leur droit de lui. Un autre Arrêt du Parlement de Paris du 26 May 1626. a diſpenſé un Dévolutaire de donner caution, ſur le fondement que celui contre lequel le dévolut étoit pris, avoit la qualité d'Etranger. Ce dernier Arrêt eſt rapporté dans le premier volume du Journal des Audiances, & dans le Recueil d'Arrêts de Bardet, tome 1.

(*a*),, Déclarat. de 1646. ſur les Inſinuations Eccleſiaſt. art. 15.

ARTICLE XIV.

Déclarons les mineurs de vingt-cinq ans, qui seront pourvûs de Benefices, capables d'agir en Justice, sans l'autorité & assistance d'un tuteur ou curateur, tant en ce qui concerne le possessoire, que pour les droits, fruits & revenus du Benefice.

Comme un mineur qui fait commerce, & une femme en puissance de mari qui est Marchande publique en son particulier, peuvent agir & s'engager, l'un sans l'autorité de son tuteur ou curateur, & l'autre sans celle de son mari, pour raison de leur commerce ; de même, un mineur pourvû d'un Benefice peut agir pour tout ce qui le concerne, seul & sans l'assistance de son tuteur ou curateur ; parce qu'aussi-tôt qu'un mineur a atteint l'âge compétent pour posseder le Benefice dont il est pourvû, il est censé avoir acquis une espece de majorité Canonique, qui lui donnant la capacité de posseder le Benefice, lui donne par conséquent celle de poursuivre tous les droits qui y sont attachés, & d'intenter toutes les actions qui en dépendent. C'est la disposition textuelle du Chapitre *si annum ; de judic. in 6°.*

Par une suite de ce principe, le Beneficier mineur ne peut demander compte à ses pere & mere des revenus de son Benefice, touchés pendant sa minorité, lorsqu'il n'y a aucun acte qui les en charge ; c'est ce qui a été jugé par Arrêt du 18 Juillet 1679. rapporté au quatriéme tome du Journal des Audiences. L'Abbé d'Apremont prétendant que son pere avoit perçû les revenus de son Benefice pendant sa minorité, en demanda compte à la Dame veuve d'Apremont sa mere. La Dame d'Apremont soutint que le mineur étant réputé majeur pour l'administration des fruits de son Benefice, n'étoit point recevable à en demander compte à la succession de son pere, qui ne s'en trouvoit chargée par aucun acte. L'Arrêt mit les Parties hors de Cour sur la demande de l'Abbé d'Apremont.

Il faudroit aussi conclure de-là, qu'un Beneficier mineur qui succombe dans un Procès pour raison de son Benefice, est sujet à la contrainte par corps, soit pour la restitution des fruits, soit pour les depens, après les quatre mois, de même que le majeur. Mornac sur la Loi 7. *dig de minor.* rapporte un Arrêt du 13 Octobre 1607. qui a prononcé en pareil cas la contrainte par corps contre un Beneficier âgé de dix-huit ans, qui étoit fils d'un Conseiller de la Cour. Cependant la même question s'étant présentée plus récemment, elle fut jugée d'une maniere toute contraire. En voici l'espece. Un Beneficier mineur ayant été condamné aux depens d'une Instance en Reglement de Juge par lui engagée au Conseil d'Etat, on obtint contre lui exécutoire portant contrainte par corps: il y forma opposition. L'Arrêt qui intervint aux Requêtes de l'Hôtel le 21 Mars 1676. reçut le mineur opposant à la contrainte par corps, sauf à se pourvoir contre lui après sa majorité. Il est rapporté dans le premier tome du Journal des Audiences. Cette varieté de Jurisprudence rend encore actuellement la question problématique.

Mais de ce que les Beneficiers mineurs sont réputés majeurs pour tout ce qui concerne leur Benefice, s'ensuit-il de-là qu'ils peuvent les résigner à leur gré, sans le consentement de leurs parens ? Pour résoudre cette question, il faut distinguer. Dans la théze generale, un Beneficier mineur peut résigner son Benefice ; parce que les parens ne peuvent obliger leurs enfans à garder un Benefice, lorsqu'ils n'ont point d'inclination pour cet état. Cependant s'il y avoit la moindre fraude & le moindre artifice employés de la part des Résignataires, pour abuser de l'âge foible & de la crédulité des mineurs, jusqu'au point de les faire dépouiller de leur Benefice en leur faveur par une résignation surprise, la résignation seroit déclarée nulle, & la fraude en pareil cas se présume facilement. C'est ainsi que l'on peut accorder plusieurs Arrêts contraires sur cette question, rapportés par les différens Arrêtistes. *(a)*

ARTICLE XV.

Si avant le Jugement de la complainte, l'une des Parties résigne son droit purement & simplement, ou en faveur, la procedure pourra être continuée contre le Résignant, jusqu'à ce que le Résignataire ait paru en cause.

ARTICLE XVI.

Pourra le Résignataire se faire subroger aux droits de son Résignant, & continuer la procedure sur une Requéte verbale faite judiciairement, sans appeller Parties, & sans obtenir Lettres de subrogation, que

(a) „ Brodeau sur M. Louet, lettre B. Somm. 7. Buffet, Arrêts du Parlement de Grenoble de 1618, 1643, & 1656. Journal du Palais, premier & second volumes.

nous défendons aux Officiers de nos Chancelleries de présenter , signer & sceller à l'avenir.

Il y a , ainsi que le désigne l'Ordonnance , de deux sortes de résignations : la *résignation pure & simple* , qui n'est autre chose qu'une démission de son Benefice faite purement & simplement entre les mains de l'Evêque ou autre Collateur ordinaire ; & la *résignation en faveur* , par laquelle le Titulaire d'un Benefice déclare au Pape qu'il se démet entre ses mains du Benefice dont il est pourvû, à condition que le Pape le conferera à celui qui est nommé dans l'acte de résignation. Comme la résignation en faveur est contraire au droit commun & aux vrais principes de la Discipline Ecclesiastique , il n'y a que le Pape qui puisse l'admettre.

On peut résigner non-seulement un Benefice , mais de plus le droit que l'on a à un Benefice, quoique ce droit soit encore litigieux. Dans ce dernier cas , lorsque la contestation a été entamée avant la résignation , le Résignataire présente une simple Requête d'intervention signifiée de Procureur à Procureur , par laquelle il demande la subrogation au lieu & place du Résignant. Autrefois il falloit pour cela obtenir des lettres de subrogation : l'usage en est abrogé par l'Ordonnance.

Mais jusqu'à ce que le Résignataire se soit fait connoître personnellement , pour se charger du poids de la défense , au lieu & place du Résignant , ce dernier auroit beau exciper de sa résignation ; la procedure n'en seroit pas moins valablement continuée contre lui, tant que le Résignataire ne paroîtroit point en cause. La raison s'en fait sentir d'elle-même.

ARTICLE XVII.

Les Sentences de recréanee , sequestre , ou de maintenue , ne seront valables , ni exécutoires , si elles ne sont données par plusieurs Juges , du moins au nombre de cinq , qui seront dénommés dans la Sentence ; & si elles sont rendues sur Instance , ils en signeront la minute. N'entendons toutefois rien changer pour ce regard en l'usage observé ès Requêtes de notre Hôtel & du Palais.

Les Jugemens de la nature de ceux qui sont énoncés dans le présent Article , ayant leur exécution provisoire nonobstant l'appel, ils doivent être rendus avec plus de maturité & de connoiffance de caufe que les autres. C'eft la raifon pour laquelle l'Ordonnance veut qu'ils ne puiffent être valables & exécutoires, qu'autant qu'ils font rendus par cinq Juges au moins. S'il n'y en a pas un affez grand nombre dans le Siége, on doit y faire monter des Avocats ou des Procureurs, ainfi que cela fe pratique en matiere criminelle. Pour que la Sentence contienne elle-même la preuve de l'exécution de la Loi à cet égard, on doit y dénom-mer les Juges qui y auront affifté, fi la Sentence eft intervenue à l'Au-dience. Si elle a été rendue fur rapport, les Juges doivent en figner la minute. L'Ordonnance de 1539. art. 62. attribuoit auffi l'exécution pro-vifoire en donnant caution, aux Sentences de recréance, pourvû qu'elles fuffent données par les Juges Royaux reffortiffans fans moyen aux Cours, *affiftans avec eux jufqu'an nombre de fix Confeillers du Siége, qui figneroient le Dicton avec le Juge, dont il feroit fait mention au bas de la Sentence.* Auffi aux termes de cette Ordonnance il falloit fept Juges au total. Mais comme il auroit été difficile dans bien des Tribunaux de raffembler ce nombre, même en y fuppléant par des Avocats & Pra-ticiens du Siége, notre Ordonnance le réduit à *cinq* ; & ne l'exige pas feulement pour les Sentences de *recréance*, comme l'Ordon-nance de 1539. mais encore pour celle de *fequeftre*, & même de pleine *maintenue*.

A R T I C L E XVIII.

S'il intervient aucune condamnation de reftitution de fruits, dépens, dommages & interêts, elle fera exécutée contre le Réfignataire, même pour les fruits échûs, & les dépens faits avant la réfignation admife, & néanmoins le Réfignant demeurera garant des fruits, dépens, dommages & interêts de fon tems.

Nous avons vû plus haut, au Titre des Garans, que les garans formels étoient feuls tenus [Art. XI.] des dépens, dommages & inte-rêts; mais que cependant eu égard aux dépens, on ne pouvoit [Art. XIV.] les repeter contr'eux que du jour de la dénonciation, ceux faits précédemment étant à la charge du garanti. Par une fuite neceffaire le Réfignataire qui s'eft fait fubroger au lieu & place du Réfi-gnant, étant devenu fon garant par cette fubrogation, fembleroit auffi ne devoir les dépens & la reftitution des fruits, que du jour de la demande qu'il en a formée, ou du moins du jour de l'admiffion de la refignation. Cependant notre Article décide que la Sentence de condamnation doit être exécutée contre lui , même pour les fruits échûs , & les dépens faits avant la réfignation admife , le Réfignant demeurant toujours garant des fruits , dommages & interêts échûs de fon tems. La raifon de la différence , c'eft que le garant en matiere civile , l'eft à titre oné- reux , & que la Loi doit conféquemment aller à fon fecours , pour ne point appefantir fa charge , plus qu'elle ne doit l'être de droit ; au lieu que le Réfignataire l'eft à titre lucratif ; il acquiert gratuitement un Benefice par la réfignation ; il l'acquiert même comme litigieux , & par conféquent avec la charge de fuivre le litige , & de fupporter les éve- nemens qui peuvent s'enfuivre ; ainfi *quem fequuntur commoda , debent etiam fequi incommoda.*

A R T I C L E XIX.

Le pétitoire des Benefices qui auront vaqué en Régale , fera pourfuivi en la Grand'Chambre de notre Cour de Parlement de Paris , qui en connoîtra privativement aux autres Chambres du même Parle- ment , & à toutes nos autres Cours & Juges.

Avant d'entrer plus avant dans l'examen de cet Article , & de ceux qui fuivent concernant la Régale , il eft bon d'avoir une idée , du moins generale , de ce droit , qui forme un des principaux appanages de la Couronne. Il feroit difficile de pouvoir remonter jufqu'à fon origine. Mais il a été folemnellement confirmé par le Concile de Lyon en l'année 1274. Dans fon principe , ce droit eft en même-tems *honorifique* & *lucratif* ; l'*honorifique* eft de conférer les Benefices non Cures dépendans de la collation des Evêques , lorfqu'ils viennent à vaquer pendant la vacance des Siéges Epifcopaux , ou lorfqu'ils fe trouvent non remplis lors de l'ouverture de cette vacance. Le *lucratif* confifte à pouvoir jouir des fruits de l'Evêché ou Archevêché , tant que dure la vacance. Mais le Roy n'a jamais appliqué ces fruits à fon profit ; ils ont été long-tems concedés à la Sainte Chapelle de Paris. Depuis ils lui ont été ôtés , & elle en a été dédommagée par l'union qui y a été faite de l'Abbaye de Saint Nicaife de Reims (a). Mais le Roy n'en a pas joui pour cela ; il ne s'en eft confervé que l'adminiftration , fous le nom d'un Econome par lui choifi , qui en rend compte au nouvel Evêque , lorfqu'il a prêté le

(a) „Edit de Louis XIII. de l'année 1641.

ferment

ſerment de fidelité. Par ce moyen le Roy a abandonné la *Régale tempo-relle*, ou *lucrative*, & ne s'eſt réſervé que la *ſpirituelle*, ou *honorifique.*

La Régale s'ouvre de différentes manieres, par la mort ou la démiſſion de l'Evêque Titulaire, par ſa tranſlation à un autre Siége, & par ſa promotion au Cardinalat. Elle ceſſe par la ſignification faite à la requête du nouvel Evêque, de l'Arrêt de la Chambre des Comptes *(a)* portant enregiſtrement de l'acte de ſerment de fidelité, aux Commiſſaires éta-blis pour la régie des fruits, & aux Officiers à la requête deſquels la ſaiſie en a dû être faite.

On a douté long-tems ſi le droit de Régale étoit univerſel pour tout le Royaume. Pluſieurs Provinces, comme le Languedoc, la Guyenne, la Provence & le Dauphiné, prétendoient en être affranchies. Mais elles y ont été déclarées ſujettes par la Déclaration du 10 Fevrier 1673. dont l'exécution a été conſentie par l'Aſſemblée Generale du Clergé du 3 Fevrier 1682. Il n'y a d'exception qu'en faveur des Evêchés qui prou-vent un *affranchiſſement* de ce droit fait à *titre onéreux.* Sans un titre de cette eſpece, la poſſeſſion la plus ancienne ſeroit impuiſſante ; parce que les droits de la Couronne, dont la Régale fait partie, ſont de leur nature impreſcriptibles. Il y a cependant encore une autre exception ſinguliere en faveur des Archevêché de Lyon, & Evêché d'Autun. Ces deux Siéges ont de tems immémorial une adminiſtration réciproque entr'eux, pendant la vacance de l'un ou de l'autre. Ainſi pendant la vacance du Siége Archiepiſcopal de Lyon, l'Evêque d'Autun confere les Benefices qui ſeroient à la collation de l'Archevêque de Lyon, ſi le Siége étoit rempli ; & reſpectivement, pendant la vacance de l'Evê-ché d'Autun, l'Archevêque de Lyon confere les Benefices vacans étant à la nomination de l'Evêque d'Autun. Ces deux Prélats ont été mainte-nus dans ce droit réciproque ; ſçavoir celui de Lyon par Arrêt du Parle-ment de Paris du premier Août 1669. & celui d'Autun par un autre Arrêt antérieur du même Parlement, en date du 11 May 1630. Ils ſont l'un & l'autre rapportés dans les Mémoires du Clergé, tome 2. Titre de la Régale.

Comme la Régale eſt un droit de la Couronne, la Grand'Chambre du Parlement de Paris a toujours été regardée comme ſeule compétente pour en connoître. On trouve des traces de cette *competence excluſive* qui lui eſt confirmée par notre Article dans pluſieurs des anciennes Loix du Royaume, & notamment dans l'Ordonnance de Charles VII. art. 5. Ce Roy dans l'énumération qu'il fait de cauſes qui ſont de nature à être portées au Parlement, met de ce nombre *les Régales.*

(a) La Chambre des Comptes de Paris eſt ſeule compétente pour enregiſtrer le ſerment de fidelité des Evêques, & leur accorder main-levée des fruits.

ARTICLE XX.

La demande en Régale sera formée & proposée verbalement en l'Audience, sans autre procedure ; & sur la Requête judiciaire, sera ordonné que toutes les Parties qui prétendent droit au même Benefice, seront assignées pour y venir défendre dans les délais ci-dessus reglés.

Lorsqu'un Régaliste rencontre des obstacles à l'exercice de son droit, soit parce qu'il trouve un autre en possession du Benefice, soit par des oppositions formées à sa prise de possession, en un mot lorsqu'il est troublé, soit de fait, soit de droit, il faut qu'il forme sa demande verbalement en la Grand'Chambre, où son Avocat obtient un Arrêt sur les conclusions des Gens du Roy, par lequel la Cour lui permet d'y faire assigner tous ceux qui prétendent droit au Benefice ; ce qui est une procedure particuliere à la demande en Régale.

ARTICLE XXI.

Après l'échéance de l'assignation, & les délais accordés ci-dessus aux Défendeurs, la Cause sera portée & jugée en l'Audience, sur un simple acte signifié à la requête du Procureur le plus diligent, sans autres procedures.

ARTICLE XXII.

Si l'une des Parties est en demeure de constituer Procureur dans les délais ci-dessus, ou si après avoir mis Procureur, il ne compare à l'Audience, sera pris un défaut ou congé contre le défaillant, & le profit jugé sur le champ.

Les Parties assignées aux fins de la demande en Régale, ou constituent Procureur dans les délais ordinaires, ou n'en conſtituent point. Dans le premier cas, cette ſeule conſtitution met la Cauſe en état d'être portée à l'Audience ſur un ſimple avenir, ſans défenſes ni autres procedures, & elle y eſt plaidée & jugée. Si au contraire il n'y a point de conſtitution de Procureur, ou qu'après la conſtitution de Procureur quelques-unes des Parties ne comparent point à l'Audience, on y prend un défaut, dont le profit eſt jugé par le même Arrêt. Ainſi en matiere de Régale, tout eſt ſommaire; on n'y connoît ni le *défaut faute de comparoir*, ni celui *faute de défendre*, mais ſeulement le *défaut faute de plaider.*

ARTICLE XXIII.

S'il y a conteſtation formée pardevant autres Juges pour le poſſeſſoire du même Benefice, entre autres Parties, du moment que la demande en Régale aura été ſignifiée aux contendans, le différend demeurera évoqué de plein droit en la Grand'Chambre de notre Cour de Parlement de Paris, pour être fait droit avec toutes les Parties ſur la demande en Régale.

La Régale étant un droit Royal dans la perſonne de celui qui le fait valoir, elle attire toutes les autres demandes; de même que la Garde Royale attire toutes les autres Gardes dans les Pays où elle a lieu. C'eſt pourquoi lorſqu'il y a Procès pardevant d'autres Juges, même dans un autre Parlement ou autre Cour Supérieure, entre d'autres Parties, au ſujet du Benefice demandé par le Régaliſte, il eſt de droit évoqué en la Grand'Chambre du Parlement de Paris; & ce Procès devenant par ce moyen un acceſſoire de la Régale, les contendans doivent venir plaider ſur le tout auſſi-tôt que la demande en Régale leur aura été ſignifiée.

ARTICLE XXIV.

La Cauſe ayant été plaidée en l'Audience, s'il ſe trouve que le Benefice ait vaqué en Régale, il ſera adjugé au Demandeur; ſinon ſera déclaré n'avoir vaqué en Régale; & en ce cas la pleine maintenue, ou la recréance du Benefice , sera adjugée à l'une des autres Parties.

Le présent Article suppose que les Parties se présentent contradictoirement à l'Audience , & que la Cause y soit plaidée entre le Régaliste & les autres contendans. Dans cette position , si la demande en Régale se trouve fondée , l'Arrêt déclare le Benefice avoir vaqué en Régale , & l'*adjuge* au Régaliste. Si au contraire ce dernier se trouve mal fondé , sans avoir égard à sa demande , ou *maintient* & garde dans la possession du Benefice , l'une des autres Parties , ou l'on lui en adjuge la recréance.

La différence de prononciation dans l'un & l'autre cas , marque bien la différence qu'il y a entre la demande en Régale &. les complaintes beneficiales. Dans les complaintes , les Cours n'étant Juges que du possessoire , ne peuvent que *maintenir & garder.* Dans la Régale , qui est un droit laïc , elles sont Juges du petitoire , & en cette qualité elles *adjugent* le Benefice au Régaliste , quand il se trouve avoir droit.

Quoiqu'il semble , d'après cet Article , qu'on ne puisse valablement juger une demande en Régale qu'à l'Audiance , on peut néanmoins apointer , quand la contestation n'est point assez instruite pour y recevoir la décision définitive. Alors , quand le Régaliste a le droit le plus apparent , on lui donne la provision qui s'appelle *état* en matiere de Régale.

FORMULES
DES PROCEDURES
RELATIVES
AU PRESENT TITRE.

Possessoire des Bénéfices.

Acte de prise de possession.   PARDEVANT &c. est comparu Me...... lequel Nous a requis de nous transporter avec lui en la Paroisse de ...... pour y dresser l'acte de prise de possession que ledit Me....... entend faire de ladite Cure. Surquoi Nous Notaires soussignés nous sommes transportés avec ledit Me.... au-devant de la principale

porte & entrée de l'Eglife Paroiffiale de. . . . . où étant ledit M. . . . . en conféquence des provifions par lui obtenues de . . . . . le . . . . . . a pris poffeffion réelle
& actuelle en perfonne de la Cure de ladite Paroiffe , & de tous les droits, fruits
& revenus en dépendans, en entrant dans l'Eglife , prenant de l'Eau-Bénite ,
afpergeant d'icelle les Paroiffiens & Affiftans , fe proſternant à genoux devant le
Maître-Autel , baifant icelui , touchant de fa main le Miffel & les Ornemens con-
facrés au Service Divin , fonnant les Cloches , montant à la Chaire , & obfervant
toutes les autres formalités requifes ; laquelle poffeffion ainfi prife par ledit Me. . . .
l'un des Notaires fouffignés l'a publiquement déclaré aux Paroiffiens & Affiftans ; à
laquelle prife de poffeffion perfonne ne s'eft oppofé, dont & de quoi Nous avons
audit Me. . . . . . ce requerant , donné acte. Fait à . . . . . . en préfence de . . . . .
témoins , & ont figné.
Il faut faire infinuer cette prife de poffeffion au Greffe des Infinuations Eccléfiaftiques du
Diocèfe dans lequel eft le Benefice.

L'A N mil fept cent. . . . . le. . . . . . . à la requête de Me. . . . . . Prêtre du
Diocèfe de . . . . . demeurant à . . . . . pour lequel domicile eft élû en la maifon
de Me. . . . . Procureur au Châtelet , fife rue. . . . . . Paroiffe de . . . . j'ai . . . .
fouffigné donné affignation à Me. . . . . Prêtre , demeurant à . . . . en parlant à . . . .
à comparoir à huitaine pardevant M. le Prevôt de Paris , M. le Lieutenant Civil ,
& Meffieurs les Gens tenans le Siége au Parc Civil dudit lieu , pour entendre fur ce
que ledit Me. . . . . . Demandeur , a été nommé à la Cure de la Paroiffe de . . . . .
vacante par le décès du fieur. . . . . par . . . . . Collateur de ladite Cure , qui lui
en a délivré des provifions , en conféquence defquelles , & du Vifa de Monfeigneur
l'Evêque de . . . . . Diocèzain de ladite Cure , il a pris poffeffion d'icelle le . . . . .
par acte reçu par . . . . . Notaires Apoftoliques , dûment controllé & infinué ; de
forte qu'ayant appris que depuis ledit Me. . . . prétendant auffi droit à ladite Cure ,
en avoit pris poffeffion , ce qui eft un trouble dans la poffeffion dudit Demandeur :
A ces caufes conclut ledit Demandeur , à ce qu'il foit maintenu & gardé en la
poffeffion & jouiffance de ladite Cure de . . . . de trouble par
ledit Demandeur en ladite poffeffion , le condamner à lui rendre & reftituer les
fruits par lui perçûs , avec dommages & interets ; & en cas de conteftation requiert
ledit Demandeur , comme ayant le droit le plus apparent, que la recréance lui
foit adjugée à fa caution juratoire , & proceder en outre comme de raifon ; afin
de dépens , & fignifié que Me. . . . . eft Procureur , & j'ai audit . . . . . parlant
comme deffus , laiffé copie . . . (*énoncer ici les titres & capacités du Demandeur*)
fignés de lui , & de moi Huiffier fouffigné , enfemble du préfent.

Me. . . . . Prêtre. . . . . Curé de la Paroiffe de . . . . Défendeur.
Contre Me. . . . Prêtre , fe difant auffi Curé de ladite Paroiffe , Demandeur en
complainte aux fins de fon Exploit du . . . .
Dit pour défenfes , que . . . en cet état ledit Me. fe conftitue de fon côté incidemment Demandeur , à ce qu'il lui foit donné Lettres de ce qu'il prend la demande
dudit . . . . pour trouble en fa poffeffion , & déboutant d'icelle ledit . . . . maintenir
& garder ledit Me. . . . en la poffeffion & jouiffance de ladite Cure , avec défenfes
audit . . . . de l'y troubler , le condamner en outre à rendre & reftituer audit
Me. . . . les fruits par lui perçûs ; & attendu que ledit . . . . a le droit le plus apparent , lui adjuger la recréance des fruits dudit Benefice à fa caution juratoire , avec
dépens ; & fera avec ces Préfentes donné copie audit . . . . de . . . . (*énoncer ici*
les titres & capacités du Défendeur.)

Nous avons la Partie de . . . . maintenu & gardé en la poffeffion & jouiffance de la
Cure de . . . fruits & revenus d'icelle ; défendons à la Partie de . . de l'y troubler ,
la condamnons à rendre & reftituer à ladite Partie de . . . les fruits par elle perçûs ,
fi aucuns ont été , & aux dépens.

Sentence de recréance. Nous pour faire droit au principal, avons les Parties appointé à écrire & produire, même contredire, s'il y échet dans le tems de l'Ordonnance au rapport de M.... Conseiller; & dès-à-préfent avons adjugé à la Partie de.... la recréance de ladite Cure, fruits & revenus d'icelle, du jour de fes provifions, à fa caution juratoire de les reftituer, s'il eft ainfi ordonné en fin de caufe; condamnons la Partie de,... à lui rendre les fruits, fi aucuns il a perçûs; & feront les Fermiers & débiteurs defdits fruits, condamnés à en payer & vuider leurs mains en celles de ladite partie de.... quoi faifant ils en feront bien & valablement déchargés, dépens réfervés.

Acte de caution juratoire. EXTRAIT des Regiftres du Greffe Civil du Châtelet de Paris, du....
Aujourd'hui eft comparu le fieur.... Prêtre-Curé de.... lequel en exécution de la Sentence contradictoire rendue entre lui & le fieur.... le.... qui adjuge audit.... la recréance de la Cure de.... du jour de fes provifions, a fait & fait fes foumiffions de rendre les fruits qu'il percevra de ladite Cure de.... à qui par Juftice fera ordonné en fin de Caufe, & a figné.

Sentence qui ordonne le Sequeftre. Nous, avant faire droit, difons que les fruits de la Cure dont eft queftion, feront fequeftrés, & à iceux établi Commiffaire dont les Parties conviendront dans.. pardevant Nous, dépens réfervés.

Sentence de nomination de fequeftre. Nous donnons Lettres aux Parties de... & de... de ce qu'elles nomment pour Sequeftre la perfonne de... lequel fera tenu de faire ferment de bien & fidelement faire ladite charge, dépens réfervés.

Sentence qui adjuge l'état du Benefice. Sur la Requête judiciairement faite devant Nous au Parc Civil du Châtelet de Paris, par Me.... Procureur de.... Prêtre pourvû de la Cure de.... à ce que l'état & main-levée des fruits de ladite Cure, lui foient donnés, attendu que... qui en avoit auffi pris poffeffion, eft décédé pendant l'Inftance pendante en la Cour pour raifon du poffeffoire de ladite Cure; lecture faite des Pieces juftificatives de ladite Inftance, de l'Extrait mortuaire de.... en date du.... délivré par le fieur... Curé de.... Nous avons fait main-levée à.... des fruits de ladite Cure, & lui adjugeons l'état d'icelle, fuivant l'Ordonnance.

Régale.

Requête en Régale. A Noffeigneurs de Parlement en la Grand'Chambre.
Supplie humblement.... Difant...
Ce confideré Noffeigneurs il vous plaife déclarer le (*nom du Benefice*) dont eft queftion avoir vaqué en Régale; ce faifant l'adjuger au Suppliant, avec défenfes audit.... de l'y troubler, le condamner à la reftitution des fruits, fi aucuns ont été par lui perçûs, & aux dépens.
Sur cette Requête intervient Arrêt d'Audience, qui ordonne que les Parties prétendans droit au Benefice en queftion, feront affignées, pour proceder aux fins de la Requête.
Les affignations données, on procede enfuite en la maniere ordinaire.

TITRE XVI.

DE LA FORME DE PROCEDER

PARDEVANT

LES JUGE ET CONSULS

DES MARCHANDS.

LA Jurifdiction Confulaire doit fon établiffe-ment à Charles IX. qui en fit la création par Édit du mois de Novembre 1563. Elle eft compo-fée de cinq Juges , tous Marchands, & natifs du Royaume. On appelle le premier *Juge* , & les quatre autres *Confuls*. Ils ne peuvent juger qu'ils ne foient au moins au nombre de trois.

Les Juge & Confuls conncifíent de toutes con-teftations pour fait de marchandifes entre Mar-chands , leurs veuves & leurs Facteurs ; & de Lettres de Change entre toutes fortes de perfonnes ; parce que tout homme qui fait ou qui endoffe une Lettre de Change , fait acte de Marchand.

Ils jugent en dernier reffort jufqu'à la fomme de 500 liv. & au-delà de cette fomme , leurs Jugemens font exécutoires par provifion & nonobftant l'appel, à quelques fommes que puiffent monter les con-damnations ; en quoi leur pouvoir excede celui des Préfidiaux , qui ne jugent en dernier reffort que jufqu'à 250 liv. & par provifion jufqu'à 500 liv.

Comme les matieres de commerce exigent plus

de célérité que les autres affaires, la procedure doit être extrêmement sommaire dans les Jurisdictions Consulaires. C'est pour cela que l'Ordonnance en fait un Titre particulier.

ARTICLE PREMIER.

Ceux qui feront assignés pardevant les Juge & Consuls des Marchands, feront tenus de comparoir en personne à la premiere Audience, pour être ouis par leur bouche.

ARTICLE II.

En cas de maladie, absence ou autre légitime empêchement, pourront envoyer un Mémoire contenant les moyens de leur demande ou défenses, signés de leur main ou par un de leurs parens ou amis, ayant de ce charge & procuration spéciale, dont il fera apparoir ; & fera la Cause vuidée sur le champ, sans ministere d'Avocat ni de Procureur.

Rien de plus sommaire & de moins coûteux que la procedure des Jurisdictions Consulaires. Une assignation & la plaidoirie de la Cause, en forment toute l'essence.

L'assignation doit y être revêtue des mêmes formalités que les assignations ordinaires; à l'exception seulement qu'on n'y fait point de constitution de Procureurs, parce qu'il n'y en a point en titre dans ces Tribunaux. Chaque Partie est le maître d'y aller plaider soi-même sa Cause, soit en demandant, soit en défendant ; on décharge quelquefois un parent ou ami de le faire, en lui remettant un Mémoire de ses moyens, & le chargeant d'une procuration spéciale à cet effet. Mais il est rare que l'on se serve de cette voye, surtout à Paris. Il y a au Tribunal des Consuls de cette Ville, un certain nombre de gens expérimentés dans les affaires du commerce, qui sans avoir de Charge de Procureur, en font les fonctions sous le bon plaisir de la Jurisdiction, moyennant un très-modique

salaire,

falaire. La remife de l'Exploit leur fert de pouvoir pour plaider, en demandant ou en défendant : & l'on fe trouve très-bien de cet ufage, non-feulement parce que leur expérience journaliere les met en état de défendre les Parties, beaucoup mieux qu'elles ne pourroient le faire elles-mêmes ; mais encore en ce que celles des Parties qui feroient en état de plaider leurs caufes, peuvent fe repofer fur eux de leur défenfe, & vaquer à d'autres affaires fouvent plus importantes, que celles qui les attireroient aux Confuls, fi elles étoient obligées d'y paroître en perfonne.

A R T I C L E I I I.

Pourront néanmoins le Juge & Confuls, s'il eft néceffaire de voir les pieces, nommer en préfence des Parties, ou de ceux qui feront chargés de leur mémoire, un des anciens Confuls, ou autre Marchand non fufpect, pour les examiner, & fur fon rapport donner Sentence, qui fera prononcée en la prochaine Audience.

La fimplicité & la brieveté que l'on s'eft propofées dans les procedures des Confuls, a dû néceffairement en faire exclure tous appointemens. De-là, toutes les caufes doivent y recevoir leur décifion à l'Audience.

Cependant comme il peut fe rencontrer dans ce Trbinal comme dans les autres, des caufes qui exigent néceffairement un examen préalable de pieces, en ce cas, les Juges nomment en préfence des Parties un ancien Conful ou autre Marchand non fufpect, pour les examiner ; & fur fon rapport, ils rendent un Jugement qui eft prononcé à l'Audience fuivante ; ce qui équivaut à nos délibérés fur le régiftre.

A R T I C L E I V.

Pourront, s'ils jugent néceffaire d'entendre la Partie non comparante, ordonner qu'elle fera ouie par fa bouche à l'Audience, en lui donnant délai compétant, ou fi elle étoit malade, commettre l'un d'entr'eux, pour prendre l'interrogatoire que le Greffier fera tenu rédiger par écrit.

Z

Dans les matieres de commerce, il est encore plus souvent nécessaire que dans les matieres ordinaires, d'entendre les Parties par leur bouche, de les faire expliquer les unes vis-à-vis des autres, surtout lorsqu'il n'y a point de preuves, ou suffisamment de preuves par écrit. Mais si ces interrogatoires se faisoient dans la forme ordinaire, ils seroient longs & couteux; pour les abréger l'Ordonnance veut qu'ils se fassent à l'Audience sur & en conséquence de la signification qui sera faite à la requête de la Partie la plus diligente, du Jugement qui ordonnera que les Parties ou l'une d'elles seront ouies par leur bouche. Il n'y a qu'une exception, c'est lorsque la Partie qui doit être ouie se trouve malade: auquel cas, l'un des Juges & Consuls se transporte chez elle avec le Greffier pour y prendre & rédiger par écrit l'interrogatoire.

ARTICLE V.

Si l'une des Parties ne compare à la premiere assignation, sera donné défaut ou congé emportant profit.

ARTICLE VI.

Pourront néanmoins les défauts & congés être rabatus à l'Audience suivante, pourvû que le Défaillant ait sommé par Acte celui qui a obtenu le défaut ou congé de comparoir en l'Audience, & qu'il ait offert par le même Acte de plaider sur le champ.

Ces deux Articles ne font pas exactement observés, & ont reçû quelque modification par l'usage. En effet l'expérience fit voir que l'adjudication des défauts ou congés emportant profit sur la premiere assignation, étoit très-préjudiciable aux Commerçans, qui par-là se trouvoient presqu'aussi-tôt condamnés qu'assignés. Il étoit d'ailleurs très-difficile de se servir du remede indiqué par l'Ordonnance, qui étoit de pouvoir faire rabattre le défaut à l'Audience suivante, par les procedures qu'il falloit faire, pour obliger ceux qui avoient obtenu les Sentences à en faire le rapport. C'est pourquoi on a conservé dans les Jurisdictions Consulaires l'usage qui subsistoit auparavant, d'ordonner sur le premier défaut que la Partie défaillante sera réassignée; desorte que ce n'est que le second défaut obtenu sur la réassignation qui emporte profit.

Article VII.

Si les Parties font contraires en faits , & que la preuve en foit recevable par témoins , délai compétent leur fera donné , pour faire comparoir refpectivement leurs témoins , qui feront ouïs fommairement en l'Audience , après que les Parties auront propofé verbalement leurs reproches , ou qu'elles auront été fommées de le faire , pour enfuite être la Caufe jugée en la même Audience , ou au Confeil fur la lecture des pieçes.

Article VIII.

Au cas que les témoins de l'une des Parties ne comparent , elle demeurera forclofe & déchûe de les faire ouir ; fi ce n'eft que les Juge & Confuls , eu égard à la qualité de l'affaire , trouvent à propos d'ordonner un nouveau délai d'amener témoins ; auquel cas les témoins feront ouïs fecretement en la Chambre du Confeil.

Article IX.

Les dépofitions des témoins ouïs en l'Audience , feront rédigées par écrit ; & s'ils font ouïs en la Chambre du Confeil , feront fignées du témoin ; finon fera fait mention de la Caufe pour laquelle il n'a point figné.

Les trois Articles qui précédent concernent la maniere dont on doit faire Enquête dans les Tribunaux Confulaires , lorfque les Parties fe trouvent contraires en faits. Cette Enquête doit être faite fommairement à l'Audience, & à cette fin chacune des Parties doit y faire trouver ses témoins. On commence d'abord par proposer de part & d'autre les reproches, si aucuns y a. Ensuite on procede à l'audition des témoins dont le Greffier rédige par écrit les dépositions ; & tout de suite, on juge la Cause dans la même Audience, s'il est possible. Cependant, s'il se rencontroit des ambiguités ou des contrarietés dans les dépositions qui demandassent une discussion & un examen plus mûrs & plus réflechis, on differe alors à faire droit en la Chambre du Conseil sur la lecture des pieces. Voici de quelle maniere on procede lorsque l'Enquête est contradictoire.

Mais si les témoins de l'une des Parties sont en défaut de comparoir, elle en demeure forclose de plein droit. Cependant si cette Partie justifioit que le défaut de comparution ne provînt point de sa négligence, l'Ordonnance laisse aux Juge-Consuls la liberté de lui accorder un nouveau délai pour faire ouir ses témoins qui, dans ce dernier cas, sont entendus dans la Chambre du Conseil & doivent signer leur déposition.

A R T I C L E X.

Les Juge & Consuls seront tenus faire mention dans leur Sentence des déclinatoires qui seront proposés.

Cet Article a été ajouté sur les représentations qui furent faites, lors des Conférences, par Messieurs les Commissaires du Parlement. Auparavant, lorsque les Parties avoient une fois comparu, les Juge & Consuls se contentoient de mettre dans leurs Sentences *Parties ouies*, sans faire mention, si quelques unes d'elles avoient décliné leur Jurisdiction, ou si elles avoient toutes défendu contradictoirement au fond. Par-là les Juge & Consuls étendoient leur pouvoir beaucoup au-delà de leurs bornes légitimes ; puisqu'ils se rendoient par ce moyen Juges en dernier ressort, lorsque l'objet n'alloit point au-delà de cinq cens livres, quoique souvent la connoissance ne leur en appartint pas. C'est pour cela que l'Ordonnance les astraint à exprimer dans leurs Jugemens les déclinatoires qui seront proposés, afin que l'on sçache quand leurs Sentences seront rendues, nonobstant & sans avoir égard aux déclinatoires, & quand elles seront intervenues, sans qu'il y en ait eu de proposés. Fait dont on ne peut avoir la preuve litterale dans les Jurisdictions Consulaires que par cette mention dans les Jugemens, puisque les déclinatoires, de même que les défenses au fond, ne s'y proposent que verbalement : il est d'ailleurs d'autant plus important d'avoir la preuve de ce fait, que, bien que l'*appel* des Sentences

Confulaires ne foit pas recevable, lorfque les condamnations n'excedent pas cinq cens livres, il le devient néanmoins, lorfqu'il eft qualifié *comme de Juge incompétent* ; & le moyen d'incompétence feroit couvert, s'il n'apparoiffoit que la Partie qui veut s'en aider en caufe d'appel, a refufé conftamment de reconnoître la Jurifdiction en premiere inftance, foit en n'y comparoiffant pas & fe laiffant condamner par défaut ; foit en y comparoiffant uniquement pour décliner la Jurifdiction.

ARTICLE XI.

Ne fera pris par les Juge & Confuls aucunes épices, falaires, droits de rapport & du Confeil, même pour les interrogatoires & auditions des témoins ou autrement en quelque cas, ou pour quelque caufe que ce foit, à peine de concuffion & de reftitution du quadruple.

Les Jurifdictions Confulaires doivent être non-feulement fommaires, mais encore *gratuites*. C'eft une condition qui leur a été impofée dès leur établiffement par l'Edit de Création de Charles IX, en ces termes : *Enjoignons aufdits Juge & Confuls vaquer diligemment en leur Charge, durant le tems d'icelle, fans prendre directement ou indirectement en quelque maniere que ce foit, aucune chofe, ni préfens ou dons, fous couleurs ou non, d'épices ou autrement, à peine de crime de concuffion.*

TITRE XVII.

DES MATIERES SOMMAIRES.

CE n'eft pas feulement dans les Jurifdictions Confulaires que les Caufes doivent être jugées fommairement. Il eft, même dans les Tribunaux ordinaires, certain genre d'affaires, qui, foit par la modicité de leur objet, foit par la célérité qu'elles exigent , ne font pas fufceptibles de la même inftruction que les autres conteftations. On appelle ces affaires *Matieres fommaires* : elles font le fujet du préfent Titre. Le Legiflateur commence d'abord dans les cinq premiers Articles par détailler toutes les differentes conteftations qu'on doit mettre au nombre des Matieres fommaires. Les Articles fuivans concernent la procedure particuliere à laquelle ces matieres font affujetties.

ARTICLE PREMIER.

Les Caufes pures perfonnelles qui n'excederont la fomme ou valeur de quatre cens livres , feront réputées fommaires en nos Cours de Parlement , Grand Confeil , Cours des Aides , & autres nos Cours , même ès Requêtes de notre Hôtel ou du Palais ; & à l'égard des Bailliages & Sénéchauffées , & en toutes nos autres Jurifdictions & aux Juftices des Seigneurs, même aux Officialités , celles qui n'excederont la fomme ou valeur de deux cens livres.

ARTICLE II.

Et néanmoins les demandes excédantes la fomme ou valeur de deux cens livres , qui auront été appointées ès Jurifdictions & Juftices inférieures , & portées par appel en nos Cours , y feront jugées comme procès par écrit.

Pour donner des régles fixes & invariables fur les matieres qui doivent être réputées fommaires, l'Ordonnance en diftingue de deux fortes ; celles qui le font par la modicité de la fomme, & celles qui le font par la nature de la conteftation.

Pour commencer par celles qui font réputées fommaires par la modicité de la fomme , nos Ordonnances ont varié quant à la fixation ; & fans doute que l'augmentation fucceffive du prix des monnoyes a donné lieu à cette variation. L'Ordonnance de Blois (Art. 153.) réputoit une Caufe fommaire , lorfqu'elle n'excedoit pas *la fomme de trois écus & un tiers , ou la valeur pour une fois.* L'Ordonnance de 1629. (Art. 115.) a augmenté cette fixation jufqu'à *vingt livres* une fois payé. Notre Ordonnance l'a encore porté plus loin ; en diftinguant néanmoins la qualité des Jurifdictions. Dans les Bailliages , Sénéchauffées , & généralement dans toutes les Juftices Subalternes , Royales ou Seigneuriales , même dans les Officialités , une affaire ne fera regardée comme fommaire , que lorfqu'elle n'excedera pas la fomme ou valeur de deux cens livres. Mais dans les Cours Superieures , même aux Requêtes de l'Hôtel ou du Palais , elle fera réputée fommaire jufqu'à concurrence de quatre cens livres. Cependant une conteftation dont l'objet excede deux cens livres , qui auroit été jugée fur appointement en premiere Inftance , n'en formeroit pas moins pour cela en caufe d'appel un procès par écrit , fans qu'on put faire valoir dans ce cas le privilege des matieres fommaires. C'eft une exception que la continuation de l'inftruction primitive introduit néceffairement.

Mais une obfervation qu'il ne faut point perdre de vue , c'eft que le privilege des matieres fommaires , relativement à la modicité de la fomme , ne s'étend uniquement qu'aux *Caufes pures perfonnelles.* Car les caufes *réelles* ou *mixtes ,* quelqu'en foit la modicité , peuvent être d'une conféquence infinie , & exiger une très - grande difcuffion de Titres ; tels font les cens & rentes feigneuriales ou foncieres.

Les trois Articles qui fuivent , vont nous inftruire des caufes qui font fommaires par la nature même de la conteftation.

A R T I C L E   I I I.

En toutes nos Cours & en toutes Jurifdictions & Juftices , les chofes concernant la Police , à quelque fomme ou valeur qu'elles puiffent monter , les achats , ventes , délivrances & payemens pour provifions & fourniture de maifons en grain , farine , pain , vin , viande , foin , bois , & autres denrées ; les fommes dûes pour ventes faites ès ports , étapes , foires & marchés , loyers de maifons , fermes & actions pour les occuper , ou exploiter , ou aux fins d'en vuider , tant de la part des Propriétaires que des Locataires ou Fermiers, non-jouissance, diminution de loyers, fermages & réparations, soit qu'il y ait bail ou non, les impenses utiles & nécessaires, les améliorations, détériorations, labours & sémences, les prises de chevaux & les bestiaux en délits, les saisies qui en seront faites, leur nourriture, dépense ou louage, les gages des serviteurs, peines d'ouvriers, journées de gens de travail, partie d'Apotiquaires & Chirurgiens, vacations de Médecins, frais & salaires des Procureurs, Huissiers, Sergens, & autres droits d'Officiers, appointemens & récompenses, seront aussi réputées matieres sommaires, pourvû que ce qui sera demandé n'excede la somme ou valeur de mille livres,

ARTICLE IV.

Réputons encore pour matieres sommaires les appositions & levées des scellés, les confections & clôtures d'inventaire, & les oppositions formées à la levée du scellé, aux inventaires & clôtures, en ce qui concerne la procedure seulement, les oppositions faites aux saisies, exécutions, ventes des meubles, les préférences & priviléges sur le prix en provenant, pourvû qu'il n'y ait que trois opposans, & que leur prétention n'excede la somme de mille livres, sans y comprendre les cas de contribution au marc la livre.

ARTICLE V.

Les demandes afin d'élargissement & provision des personnes emprisonnées, celles afin de main-levée
des

des effets mobiliers saisis ou executés, les établissemens ou décharges des Gardiens, Commissaires, Dépositaires ou Sequestres, les réintegrandes, les provisions requises pour nourritures & alimens, & tout ce qui requiert célérité & où il peut y avoir du péril en la demeure, seront aussi réputées matieres sommaires, pourvû qu'elles n'excedent la somme ou valeur de mille livres.

Avant notre Ordonnance, aucunes des précédentes n'étoient entrées dans le détail des matieres qui sont sommaires par la nature même de la contestation ; si ce n'est l'Ordonnance de 1629. (Art. 115.) qui a mis au nombre des matieres sommaires, *les salaires des serviteurs & mercenaires*, pourvû que la demande n'excedât pas vingt livres une fois payé. Notre Ordonnance y en ajoute beaucoup d'autres, comme tout ce qui concerne les provisions & fournitures des maisons, les loyers & fermages, les impenses & améliorations, les prises & saisies de bestiaux, les parties de Chirurgiens & Apotiquaires, les visites de Medecins, les frais & salaires des Procureurs & autres Officiers de Justice, & toutes les choses concernant la Police. Le Legislateur a mis encore parmi les matieres sommaires, toutes les contestations de procedure & d'instruction ; telles sont les appositions & levées des scellés, confections d'inventaire, oppositions aux scellés, aux saisies & executions, & ventes de meubles, &c. enfin toutes les causes qui requierent célérité, comme les demandes en élargissement, en main-levée d'effets saisis, & en provision pour nourritures & alimens, & autres de cette nature.

Toutes ces matieres ne sont pourtant pas réputées sommaires indéfiniment ; il faut pour cela que l'objet n'excede pas la somme de mil livres ; & on ne distingue point la qualité de la Jurisdiction où la demande est portée : pour les causes sommaires de leur nature, dans les Cours comme dans les Tribunaux inférieurs, elles cessent d'être sommaires, aussi-tôt qu'elles excedent la somme de mille livres. Il n'y a d'excepté que les causes de Police qui sont toujours sommaires, à quelque somme & valeur qu'elles puissent monter.

ARTICLE VI.

Les Parties pourront plaider, sans assistance d'Avocats ni de Procureurs en toutes matieres som-

maires, fi ce n'eſt en nos Cours de Parlement, Grand Conſeil, Cour des Aides & autres nos Cours, & aux Requêtes de notre Hôtel & du Palais.

Tous Juges, tant Royaux qu'autres, feront tenus expedier fommaire-ment & fur le champ les cauſes perfonnelles & qui n'excederont, &c. après avoir oui les Parties, qui feront tenus comparoir à cette fin en perſonne à la premiere aſſignation, s'ils n'ont légitime excuſe d'abſence ou maladie, pour être ouis par le Juge, fans aſſiſtance d'Avocat ou Procureur. Ordon. de Blois, Art. 153.

Après avoir déterminé quelles cauſes doivent être regardées comme fommaires, foit relativement à la modicité de la fomme, foit relative-ment à la nature de la conteſtation, notre Ordonnance preſcrit enſuite la forme dans laquelle elles doivent être décidées. Dans la régle géné-rale, elles doivent être portées à l'Audience fur l'aſſignation même, fans autre procedure, & les Parties font autoriſées à les plaider elles-mêmes, fans aſſiſtance d'Avocat ni de Procureur. Notre Article admet pourtant à cet égard une exception qu'on ne trouve point dans l'Or-donnance de Blois, c'eſt par rapport aux Cours Souveraines, & aux Requêtes de l'Hôtel & du Palais; on a compris dans la même exception les Préſidiaux, d'après l'obſervation faite par M. le Premier Préſident de Lamoignon lors des Conférences; fur le fondement qu'on n'y pour-roit admettre les Parties à plaider elles-mêmes fans occaſionner beau-coup de confuſion, & que la choſe feroit même impoſſible à Paris & dans les autres grands Siéges.

ARTICLE VII.

Les Matieres Sommaires feront jugées en l'Au-dience, tant en nos Cours qu'en toutes autres Juriſ-dictions & Juſtices, incontinent après les délais échûs, fur un fimple acte pour venir plaider, fans autre procedure ni formalité, & feront à cette fin établies des Audiences particulieres.

Cet Article eſt une fuite du précédent. Non-feulement les matieres fommaires doivent être portées à l'Audience fans frais, mais elles y doivent de même recevoir leur déciſion définitive. Quand il y a Procureurs conſtitués de part & d'autre, la Partie qui pourfuit l'Audience fait fignifier à l'autre un fimple avenir. Sans cette conſtitution de Procureur, l'avenir eſt impoſſible & même impratiquable , puiſqu'il n'eſt en ſoi qu'un acte de Procureur à Procureur , indicatif du jour où l'on pourſuit l'Audience. On a pourtant introduit au Châtelet l'uſage de défendre par écrit dans bien des matieres ſommaires ; ce qui eſt une contravention formelle à l'Ordonnance.

Le préſent Article exige en outre que l'on tienne des Audiences particulieres pour les matieres ſommaires dans chaque Tribunal. La Chambre Civile eſt deſtinée au Châtelet à ces ſortes de matieres. Le Lieutenant Civil la tient ſeul a l'iſſûe des Audiences ordinaires les Mercredis & Samedis.

A R T I C L E   V I I I.

Si les Parties ſe trouvent contraires en faits dans les matieres ſommaires , & que la preuve par témoins en ſoit reçûe , les témoins ſeront ouis en la prochaine Audience , en la préſence des Parties , ſi elles comparent , ſinon en l'abſence des Défaillans ; & néanmoins à l'égard de nos Cours , des Requêtes de notre Hôtel & du Palais , & des Préſidiaux , les témoins pourront être ouis au Greffe par un de nos Conſeillers ; le tout ſommairement , ſans frais , & ſans que le délai puiſſe être prorogé.

A R T I C L E   I X.

Les reproches ſeront propoſés à l'Audience , avant que les témoins ſoient entendus , ſi la Partie eſt préſente ; & en cas d'abſence , ſera paſſé outre à l'Audition , & ſera fait mention ſur le plumitif , ou par le procès-verbal , ſi c'eſt au Greffe , des reproches & de la dépoſition des témoins.

Ces deux Articles ſont une premiere exception à la diſpoſition précédente qui veut que les cauſes ſommaires ſoient jugées à l'Audience ſur le champ , & incontinent après les plaidoiries reſpectives.

Et en effet, si les Parties se trouvent contraires en faits, il n'est pas possible de leur faire droit, sans avoir préalablement approfondi les faits sur lesquels elles ne sont point d'accord, sur-tout si ces faits sont décisifs dans la contestation. Mais en ce cas l'Enquête doit être aussi sommaire que la contestation même qui y donne lieu. C'est-à-dire, qu'elle doit être faite (de même que dans les matieres consulaires) à la prochaine Audience, en présence des Parties, & même en leur absence, lorsqu'elles ont été dûement appellées. Il n'y a d'exceptés que les Cours, les Requêtes de l'Hôtel & du Palais, & les Présidiaux, dans lesquels, eu égard à la quantité d'affaires dont les Audiences se trouvent surchargées, il est permis d'entendre les témoins au Greffe en présence d'un des Conseillers du Siége, mais de même sommairement & sans frais.

Si les Parties sont présentes, elles peuvent fournir réciproquement de reproches contre les témoins l'une de l'autre. En cas d'absence, elles sont forcloses de ces reproches, & on procede à l'audition des témoins. Bornier sur cet Article croyoit, d'après Guenois, que les reproches ne devoient point être proposés en présence des témoins, pour éviter la confusion que pourroient leur donner les faits sur lesquels les reproches sont fondés. Mais nous ne pouvons nous rendre à ce motif; & nous croyons la présence des témoins d'autant plus nécessaire, que les faits de reproche leur étant personnels, nul n'est plus en état qu'eux de les faire tomber, en y répondant sur le champ.

ARTICLE X.

Si le differend ne peut être jugé sur le champ, les pieces seront laissées sur le Bureau, sans inventaire de production, écritures ni mémoires, pour y être délibéré, & le Jugement prononcé au premier jour à l'Audience, sans épices ni vacations, à peine de restitution du quadruple contre celui qui aura présidé.

Ceci est encore une exception à la régle générale, qui veut que les matieres sommaires soient jugées sur le champ. Le Juge se trouve quelquefois obligé dans ces sortes de matieres d'examiner par lui-même des pieces fondamentales de la demande ou de la défense des Parties, avant que de rendre son Jugement. Mais il ne peut alors ordonner qu'un délibéré, sans appointer les Parties. L'Ordonnance de Blois dans l'Article 153. déja cité, contient la même disposition en ces termes : *Et si ledit differend* (il y est question des matieres sommaires) *ne se peut vuider à l'inftant, fera tenu le Juge de le vuider fur le Régître, fans pour ce prendre épices.*

Article XI.

Tout ce que deſſus fera executé en premiere Inftance & en Cauſe d'appel, à peine de nullité.

Cet Article étend l'exécution des précédens, tant aux Juges en premiere Inftance, qu'à ceux d'appel ; ce qui eft une fuites des précédentes difpofitions, puifque les Cours & les Siéges Préfidiaux y font compris auſſi-bien que les Juftices inférieures, pour tout ce qui concerne les matieres fommaires.

Article XII.

En fait de Police, les Jugemens définitifs ou proviſoires, à quelque ſomme qu'ils puiſſent monter, feront exécutés nonobſtant oppoſitions ou appellations, & ſans y préjudicier, en baillant caution.

Article .XIII.

Les Jugemens définitifs donnés en matieres fommaires, feront exécutoires par proviſion, en donnant caution, nonobſtant oppoſitions ou appellations, & ſans y préjudicier, quand les condamnations ne feront, ſçavoir, à l'égard des Juftices des Duchés-Pairies, & autres qui reſſortiſſent nûment au Parlement, que de quarante livres ; aux autres Juftices, même des Duchés-Pairies qui ne reſſortiſſent pas nûment en nos Cours de Parlement, de vingt-cinq livres ; en nos Prévôtés & Châtellenies, & autres nos Siéges inférieurs, Maîtriſes particulieres des Eaux & Forêts,

Siéges particuliers d'Amirautés, Elections & Greniers à Sel, de foixante livres ; en nos Bailliages & Séné-chauffées, Siéges des Grands Maîtres des Eaux & Forêts, Connétablies & Siéges Généraux d'Amirautés, de cent livres : & aux Requêtes de notre Hôtel & du Palais, de trois cens livres & au-deffous ; le tout encore qu'il n'y ait contrats, obligations, ni pro-meffes reconnues, ou condamnations précédentes.

ARTICLE XIV.

En toutes matieres fommaires qui n'excederont la fomme de mille livres, les Sentences de Provifion feront exécutées, nonobftant & fans préjudice de l'appel, en baillant caution, encore qu'il n'y eût contrat, obligation, promeffe reconnue, ou condam-nation précédente.

ARTICLE XV.

S'il y a contrats, obligations, promeffes reconnues, ou condamnations précédentes par Sentence dont il n'y ait point d'appel, ou qu'elles foient executoires, nonobftant l'appel, les Sentences de Provifion feront executées, à quelque fomme qu'elles puiffent monter, en donnant caution.

L'Ordonnance de Blois (Art. 153.) ordonnoit indéfiniment l'exécu-tion provifoire des Jugemens en matieres fommaires. Notre Ordonnance n'a confervé cette difpofition indéfinie que pour les matieres de Police, dans lefquelles les *Jugemens*, foit *définitifs*, foit *provifoires*, font toujours executés par provifion, en donnant néanmoins caution, à quelque fomme qu'elles puiffent monter ; parce que ces fortes d'affaires inté-reffant l'ordre public, la focieté a interêt que les Jugemens qui y interviennent ne fouffrent aucun retardement.

Mais il n'en eft pas de même des autres matieres fommaires, à l'égard defquelles le Legiflateur a foigneufement diftingué les *Jugemens définitifs*, d'avec les fimples *Jugemens provifoires.*

Pour ftatuer jufqu'à quel dégré les *Jugemens définitifs* en matieres fommaires font exécutoires par provifion, il faut faire attention à la qualité des Tribunaux dont ces Jugemens font émanés. Ou ce ne font que des Juftices Seigneuriales, ou ce font des Juftices Royales. Dans le premier cas, les Juftices Seigneuriales, ou reffortiffent nûment au Parlement, ou n'y reffortiffent pas. Si elles y reffortiffent les Sentences *définitives* qui y font rendues en matieres fommaires n'ont leur exécution provifoire, que lorfqu'elles n'excedent pas quarante livres ; mais il ne faut pas qu'elles excedent vingt livres pour avoir cet avantage, dans les Juftices Seigneuriales qui ne reffortiffent point nûment aux Cours ; & ce, quand bien même ces Juftices auroient la qualité de Duchés-Pairies. Dans le fecond cas, il faut encore mettre une grande différence entre les diverfes claffes de Juftices Royales. Dans celles qui font au plus bas dégré, comme les Prévôtés & Châtellenies, & autres Tribunaux Royaux du même rang, tels que font les Maîtrifes particulieres, les Siéges particuliers d'Amirauté, les Elections & Greniers à Sel, les Sentences *définitives*, ont leur exécution provifoire en matieres fommaires jufqu'à concurrence de foixante livres ; dans les Tribunaux Royaux d'un ordre plus élevé, c'eft-à-dire, dans les Bailliages & Sénéchauffées, Siéges des Tables de Marbre, & autres de même nature, l'execution provifoire eft accordée jufqu'à cens livres, & aux Requêtes de l'Hôtel & du Palais jufqu'à trois cens livres. Ces deux derniers Tribunaux, quoique fubordonnés aux Cours, de même que les Bailliages & Sénéchauffées, méritoient cette diftinction particuliere, tant par rapport aux Juges qui les compofent, que par rapport aux Parties qui ont le privilege d'y avoir leurs caufes commifes.

Mais les Jugemens *provifoires* en matieres fommaires, pouvant être réparés en définitif, ne demandoient pas par cette raifon d'être refferrés dans des bornes auffi étroites. C'eft pourquoi, fans diftinguer à leur égard la qualité des Jurifdictions, on confidere feulement, s'ils font fondés en titres ou non. S'ils font fondés en titres parés, comme obligation, promeffes reconnues, ou condamnation dont il n'y ait point d'appel, ces Jugemens *provifoires* font executés par provifion en donnant caution, à quelques fommes qu'ils puiffent monter. Lorfqu'ils ne font pas fondés en titre, l'execution par provifion, en donnant caution, ne leur eft attribuée, qu'autant qu'ils n'excedent pas la fomme de mille livres. Il faut bien obferver que dans aucuns cas les Sentences provifoires ne font executées, nonobftant l'appel, qu'*en donnant caution*, afin que celui contre qui elles font executées, ait une reffource affûrée pour fes dépens, dommages & intérêts, fi le provifoire n'étoit pas confirmé en définitif, comme il arrive quelquefois.

ARTICLE XVI.

Défendons à nos Cours de Parlement , Grand Conseil , Cour des Aides , & autres nos Cours , & à tous autres Juges , de donner défenses ou surséances en aucuns des cas exprimés aux précédens Articles ; & si aucunes étoient obtenues , nous les avons dès à présent déclarées nulles , & voulons que , sans y avoir égard , & sans qu'il soit besoin d'en demander main-levée , les Sentences soient executées , nonobstant tous Jugemens , Ordonnances ou Arrêts contraires , & que les Parties qui auront présenté les Requêtes afin de défenses ou de surséances , & les Procureurs qui les auront signées , ou qui en auront fait demande en l'Audience , ou autrement , soient condamnés chacun en cens livres d'amende , applicable , moitié à la Partie , & l'autre moitié aux pauvres ; lesquelles amendes ne pourront être remises ni moderées.

Cet Article a passé nonobstant les représentations les plus vives, qui furent faites , lors des Conférences , de la part de Messieurs les Commissaires du Parlement ; elles étoient fondées sur ce que c'étoit soumettre les superieurs à leurs inferieurs , & mettre même les Parties au-dessus des Juges , que de les rendre les maîtres de juger si des défenses sont dans le cas de l'Ordonnance , ou si elles n'y sont pas. Aussi voyons-nous que dans l'usage l'Article n'est pas executé bien à la rigueur. Il est nombre de matieres sommaires , où l'on accorde des défenses ; sauf ensuite à les lever , sur l'opposition à l'Arrêt , lorsqu'elles se trouvent avoir été surprises sur un faux exposé.

ARTICLE XVII.

Si les instances sur la provision & sur la définitive, sont en même-tems en état , les Juges y prononceront

par

par un même Jugement, & pourront ordonner qu'en cas d'appel, leur Jugement sera executé par maniere de provision, en baillant bonne & suffisante caution, lorsqu'il échet de juger par provision. Abrogeons l'usage de donner, en ce cas, séparément la Sentence de provision & la définitive.

Lorsque, dans une même contestation, il y avoit une instance sur la provision & une autre sur la définitive, quoiqu'elles fussent prêtes & en état en même tems, la Jurisprudence qui avoit lieu avant l'Ordonnance, ne permettoit pas que l'on les cumulât : on rendoit d'abord un Jugement sur la provision ; & le même jour ou le lendemain on en rendoit un second séparément sur la définitive : ce qui étoit un double emploi. Aussi notre Article abroge-t-il cette Jurisprudence ; il permet dans ce cas de juger le provisoire & le définitif par une seule & même Sentence ; & il autorise les Juges d'ordonner que cette Sentence sera executée par maniere de provision, en donnant caution ; afin de conserver au Jugement le privilege de l'execution provisoire, lorsque c'est le cas de juger par provision.

FORMULES
DES PROCEDURES
RELATIVES
AU PRESENT TITRE.

LES Procedures dans les matieres sommaires se bornant à une assignation & à un avenir, nous n'entrerons dans aucun détail à cet égard. Nous nous contenterons seulement, pour donner une idée de la Procedure qui se tient à la Chambre Civile estinée, au Châtelet, pour les matieres sommaires, de marquer de quelle maniere se suit une demande en payement de loyers & en congé, qui est la plus ordinaire des matieres sommaires qui s'y présentent. Nous observerons ici sur les congés en général, que quoiqu'il n'y ait point de règle fixe à cet égard, l'usage du Châtelet est de donner six semaines pour un appartement au-dessous de deux cens livres ; trois mois pour un de deux cens livres & au-dessus ; & six mois pour une boutique, un corps de logis particulier en

B b

une maison entiere dans la Ville. On accorde un an, pour une maison à la campagne, attendu la plus grande difficulté de trouver des Locataires.

Exploit d'assignation en congé & payement de loyers.

L'AN .... le .... jour de .... à la requête de .... demeurant à Paris, rue .... & Paroisse ..... Propriétaire (*ou* principal Locataire) d'une maison si e rue ..... j'ai .... Huissier .... soussigné signifié & déclaré au Sieur .... Locataire du .... appartement de ladite maison y demeurant en parlant à .... que ledit Sieur .... lui a donné & donne par ces presentes congé pour le terme de .... dudit appartement, auquel jour ledit Sieur .... sera tenu de sortir & vuider les lieux ; & pour voir déclarer ledit congé bon & valable pour ledit terme, en conséquence voir dire & ordonner que ledit Défendeur sera tenu de sortir & vuider les lieux pour ledit jour, rendre les clefs, faire faire les réparations locatives, exhiber sa derniere quittance de capitation, sinon ses meubles mis sur le carreau ; & en outre être condamné à payer au Demandeur la somme de .... pour les termes échûs jusqu'à ce jour, & en outre la somme de .... pour le terme qui échoira ledit jour .... j'ai audit Sieur .... parlant comme dessus, donné assignation à comparoir à trois jours en la Chambre Civile du Châtelet de Paris, pour répondre comme de raison afin de dépens ; & déclaré que Me.... Procureur occupera ; & j'ai audit Sieur .... parlant comme dessus, laissé copie du present.

Minute ou qualités de Sentence à la Chambre Civile.

Sur la requête faite en Jugement devant Nous à l'Audience de la Chambre Civile du Châtelet de Paris par Me..... Procureur de ..... Propriétaire d'une maison sise rue de .... Demandeur aux fins de l'Exploit fait à sa requête le .... contrôlé le .... présenté le .... tendant afin de validité de congé par lui donné au Défendeur ci-après nommé d'un appartement de ladite maison pour le terme de .... & afin de payement de loyers avec dépens. Contre le Sieur ..... Défendeur & Défaillant : Oui ledit Me.... en son plaidoyer, & par vertu du défaut de nous donné contre ledit Sieur ..... non comparant, ni Procureur par lui dûement appellé ; lecture faite de l'Exploit : Nous, &c. *Si la Sentence est contradictoire, on met :* Contre Me..... Procureur du Sieur ..... Défendeur ; Parties ouies, Nous, &c.

TITRE XVIII.

DES COMPLAINTES,

ET RÉINTEGRANDES.

IL n'en est pas des *Complaintes* en matieres civiles, comme de celles en matieres bénéficiales. Ces dernieres se jugent par le merite des Titres ; aussi ceux qui font maintenus, n'ont-ils plus lieu de craindre d'être dépossedés. Les complaintes en matiere civile au contraire ne fe décident que par le fait de poffeffion annale. Auffi celui qui eft maintenu dans cette derniere poffeffion , n'a qu'une jouiffance incertaine & momentannée , & jufqu'à ce que la conteftation foit décidée au fond fur la proprieté de la chofe ; on appelle l'inftance fur la maintenue, le *poffeffoire* , & celle fur la proprieté , le *petitoire*.

La poffeffion donne beaucoup d'avantage à celui qui l'a en fa faveur : 1°. Il n'eft point obligé de montrer le titre de fa poffeffion ; il a pour lui la préfomption légale de proprieté ; & il lui fuffit de dire , *je poffede , parce que je poffede* : 2°. S'il eft troublé dans fa poffeffion , après avoir joui pendant l'an & jour fans trouble , il a une action que l'on appelle *complainte en matiere de faifine & de nouvelleté* , par laquelle il fe fait maintenir en fa poffeffion , même contre le véritable Proprietaire qui eft réduit à fe pourvoir au *petitoire* , à juftifier de fes titres de proprieté , & à laiffer jouir le poffeffeur durant le cours du procès ; fauf à répeter contre lui en définitif la reftitution des fruits.

ARTICLE PREMIER.

Si aucun eft troublé en la poffeffion & jouiffance d'un héritage ou droit réel , ou univerfalité de meubles qu'il poffedoit publiquement , fans violence , à autre Titre que de Fermier ou Poffeffeur précaire , il peut dans l'année du trouble former complainte en cas de faifine & nouvelleté contre celui qui lui a fait le trouble.

On lit prefque mot pour mot la même difpofition dans l'Article 96. de la Coutume de Paris, en ces termes : *Quand le Poffeffeur d'aucun héritage ou droit réel réputé immeuble, eft troublé & empêché en fa poffeffion & jouiffance, il peut & lui loift foi complaindre, & intenter pourfuite, en cas de faifine & de nouvelleté dedans l'an & jour du trouble à lui fait & donné audit héritage, ou droit réel, contre celui qui a troublé.*

Notre Ordonnance ajoute : *a autre titre que de Fermier ou Poffeffeur précaire ;* afin qu'on ne confonde point la *poffeffion civile* avec la *poffeffion purement naturelle.* La *poffeffion civile*, qui eft proprement la véritable poffeffion, eft la détention de la chofe accompagnée du deffein de la poffeder en qualité de Proprietaire. Nous pouvons l'acquerir, tant par nous mêmes que par autrui, par nos Fermiers, nos Domeftiques, nos Fondés de procuration. La *poffeffion purement naturelle* au contraire eft une fimple détention de la chofe, fans aucun deffein de la poffeder comme Proprietaire. Telle eft la poffeffion du Fermier, de l'Ufufruitier, de celui auquel on a donné une terre en engagement, & autres Poffeffeurs précaires qui ne poffedent point en leur nom. Ainfi lorfque ces Poffeffeurs font troublés dans leur poffeffion ; ils n'ont point de qualité pour fe fervir de l'action en complainte ; ils ne peuvent que la faire exercer par les Proprietaires au nom defquels ils poffedent. Il faut que l'action en complainte foit formée dans l'an & jour du trouble : après ce tems, elle eft couverte par la poffeffion contraire d'an & jour de celui qui a été l'auteur du trouble. L'Ordonnance de 1539. Art. 61. porte de même ; *qu'il ne fera reçu aucune complainte après l'an & jour, tant en matieres Prophanes que Beneficiales.*

ARTICLE II.

Celui qui aura été dépoffedé par violence ou voye de fait, pourra demander la réintegrande par action civile & ordinaire, ou extraordinairement par action criminelle ; & s'il a choifi l'une de ces deux actions, il ne pourra fe fervir de l'autre, fi ce n'eft qu'en prononçant fur l'extraordinaire, on lui eut refervé l'action civile.

Nous connoiffons de deux fortes de troubles, le *trouble de droit* & le *trouble de fait.*

Le *trouble de droit*, eft lorfque nous fommes interrompus dans notre poffeffion par une demande en Juftice, ou autre acte foit judiciaire foit extrajudiciare, fans néanmoins que ce trouble empêche la continuation de notre poffession. C'eft de ce trouble qui rend feulement la poffession moins paffible, dont il eft queftion dans l'Article précédent, & que l'on repare par l'*action* civile *en complainte.*

Mais le *trouble de fait*, mérite beaucoup plus d'attention ; il a lieu, lorfqu'un poffeffeur eft expulfé par violence & voye de fait, de la poffeffion de la chofe. Comme les voyes de fait ne font jamais permifes, celui qui a été expulfé, peut demander d'être réintegré. Il a, pour y parvenir, l'*action* appellée *en réintegrande* : elle peut être exercée par l'action civile, ou par l'action criminelle : parce que l'expulfion par voye de fait eft un délit. Mais quand on a pris l'une de ces deux actions, il n'eft plus poffible de la quitter, pour reprendre l'autre après coup ; à moins que le Juge lui-même, eu prononçant fur l'extraordinaire, n'ait renvoyé les Parties à fins civiles, on n'ait refervé l'action civile à celui qui s'étoit d'abord pourvû par action criminelle ou extraordinaire.

ARTICLE III.

Si le Défendeur en complainte dénie la poffeffion du Demandeur, ou de l'avoir troublé, ou qu'il articule poffeffion contraire, le Juge appointera les Parties à informer.

La complainte eft une action poffeffoire & conféquemment toute de fait, ou du moins fondée fur des faits. Par une fuite néceffaire, lorfque ces faits font déniés, on ne peut fe difpenfer d'ordonner une Enquête.

L'Enquête, en complainte civile, a lieu dans trois différens cas ; ou lorfque le Défendeur dénie la poffeffion d'an & jour du Demandeur ; ou lorfqu'il prétend ne l'avoir point troublé dans cette poffeffion ; ou lorfque lui-même en articule une contraire en fa faveur.

ARTICLE IV.

Celui contre lequel la complainte ou réintegrande fera jugée, ne pourra former la demande au petitoire, finon après que le trouble fera ceffé, & celui qui aura été dépoffedé, rétabli en la poffeffion, avec reftitution des fruits & revenus, & payé des dépens, dommages & interêts, fi aucuns ont été adjugés ; & néanmoins, s'il est en demeure de faire taxer ses dépens, & liquider les fruits, revenus, dommages & interêts, dans le tems qui lui aura été ordonné, l'autre Partie pourra poursuivre le petitoire, en donnant caution de payer le tout, après la taxe & liquidation qui en sera faite.

ARTICLE V.

Les demandes en complainte ou réintegrande ne pourront être jointes au petitoire, ni le petitoire poursuivi que la demande en complainte ou en réintegrande n'ait été terminée & la condamnation parfournie & executée. Défendons d'obtenir Lettres pour cumuler le petitoire avec le possessoire.

Spoliatus ante omnia restituendus : c'est un ancien principe du Droit Romain qui sert de base aux deux Articles qui précédent. Pour en faire une plus juste application, notre Ordonnance distingue le cas où la demande au *petitoire* (c'est-à-dire celle qui tend à la revendication de la proprieté de la chose) n'a pas encore été formée lors du Jugement de la complainte ou réintegrande ; & celui où cette demande auroit été formée auparavant.

Dans le premier cas, celui qui a été condamné sur la complainte ou réintegrande, doit commencer par exécuter le Jugement dans toutes ses parties, avant que de pouvoir intenter son action au petitoire. En un mot, toute action lui est déniée sur la revendication de la proprieté, jusqu'à ce qu'il ait reparé le trouble, & remis en possession celui qu'il avoit indûment dépossedé, avec restitution de fruits, dépens, dommages & interêts. Le Legislateur a pourtant mis sur cela une exception qui pare à un grand inconvenient. Il pourroit en effet arriver que le possesseur maintenu ou rétabli dans sa possession, ayant lieu de craindre l'évenement de la demande au petitoire, tireroit en longueur la taxe des dépens, ou la liquidation des fruits, dommages & interêts qui lui auroient été adjugés, afin d'empêcher ou de retarder l'effet de cette demande. Pour y obvier, l'Ordonnance veut que s'il est en demeure à cet égard, après le tems qui lui aura été accordé à cet effet, la Partie condamnée puisse poursuivre le petitoire, en donnant caution.

Dans le second cas, c'est-à-dire, si la demande au petitoire a été formée, avant le Jugement de celle au possessoire, jamais elles ne pourront être jointes ensemble ; parce qu'elles se décident par des moyens tout-à-fait différens. La demande au poffeffoire, fe juge par le _fait_ de poffeffion annale ; & celle au petitoire fe décide au contraire par le _droit_ & par les titres de propriété. Mais il faut commencer par juger la complainte & réintegrande, & en executer le Jugement, avant que de pouvoir pourfuivre le petitoire. Sans quoi ce feroit éluder l'effet de ce Jugement qui n'en a d'autre que de conferver à l'ancien poffeffeur la jouiffance, pendant la conteftation au fond.

A R T I C L E V I.

Ceux qui fuccomberont dans les Inftances de réin-
tegrande & complainte, feront condamnés en l'amende,
felon l'exigence des cas.

Comme il eft des regles de l'équité naturelle de conferver le poffeffeur dans fa poffeffion, ou de l'y rétablir, s'il a été indûment dépoffedé;
il n'eft pas moins jufte de punir ceux qui s'engagent temerairement
dans une demande en complainte ou réintegrande, fans y être fondés.
Notre Article veut qu'ils foient condamnés en une amende proportionnée aux circonftances & à l'exigence du cas; & il ne fait que
confirmer fur ce point nos anciennes Ordonnances, & notamment celle
de Charles VIII. donnée en Juillet 1493. dont l'Art. 49. eft ainfi conçu:
Et pour ce que fouventes fois l'on prend complainte en matiere de nouvelleté
fans grande apparence, & à caufe de ce, mouvent plufieurs & divers
Procés dont nos Sujets font fort travaillés; Nous avons ordonné & ordon-
nons que pour reprimer cette voye, l'on condamne la Partie qui fuccombera
és dépens, dommages & interêts, & en amende arbitraire envers Nous.

A R T I C L E V I I.

Les Jugemens rendus par nos Juges fur les demandes
en complainte & réintegrande, feront executés par
provifion en baillant caution.

L'Ordonnance de 1493. ci-devant citée, Art. 48. & celle de François I. de 1535. Chap. 16. Art. 18. accordoient l'exécution provifoire
pure & fimple des Jugemens fur complainte & réintegrande; la nôtre
n'autorife cette execution provifoire qu'en donnant caution.

FORMULES
DES PROCEDURES
RELATIVES
AU PRÉSENT TITRE.

Demande en complainte.

L'AN, &c. pour voir dire que le Demandeur fera maintenu & gardé dans la jouiffance & poffeffion de . . . & dont eſt queſtion, avec défenſes de l'y troubler à l'avenir ; & pour l'avoir fait , condamner ledit fieur Défendeur en . . . de dommages & interêts, ou telle femme qu'il plaira arbitrer, & en outre proceder afin de dépens, & déclaré , &c.

Demande en réintegrande.

L'AN , &c. pour voir dire que ledit Demandeur fera réintegré, maintenu & gardé dans la poffeffion, notamment d'an & jour dans laquelle il étoit avant le trouble de . . . . & dont eſt queſtion , en conféquence ſe voir ledit fieur Défendeur condamner à lui rendre & reſtituer les fruits par lui indûment perçûs & enlevés s'ils ſont en nature , finon fuivant les Regiſtres des gros fruits, avec défenfes de plus à l'avenir uſer de pareilles voyes de fait ; & pour l'avoir fait, ſe voir ledit fieur Défendeur condamner aux dommages & interêts du Demandeur à donner par déclaration, & proceder en outre afin de dépens , & déclaré , &c.

TITRE XIX.
DES SEQUESTRES,
ET DES COMMISSAIRES ET GARDIENS
DES FRUITS ET CHOSES MOBILIAIRES.

BIEN des gens confondent les *Sequeſtres* avec les *Gardiens*, quoiqu'il y ait entre les uns & les autres beaucoup de différence.

Le *Sequeſtre* eſt celui qui eſt commis par autorité de Juſtice ou du conſentement des Parties, au régime

régime & gouvernement d'une choſe litigieuſe. Il en eſt comme le dépoſitaire, à la charge de la rendre à celui à qui elle ſera adjugée. Le principal uſage du Sequeſtre a lieu dans les matieres poſſeſſoires, ſoit civiles, ſoit beneficiales.

Le *Gardien* au contraire eſt celui qui eſt établi Commiſſaire par l'Huiſſier ou Sergent qui a ſaiſi & exécuté des meubles, ou ſaiſi réellement des immeubles ; & c'eſt en quoi il différe du Sequeſtre.

Quoique le préſent Titre ſemble, par ſon énoncé, confondre les Sequëſtres & Gardiens, cependant par l'examen des diſpoſitions qui le compoſent, on voit que les douze premiers Articles ſont *particuliers aux Sequeſtres* : on y regle d'abord la forme dans laquelle les Sequeſtres doivent être établis, enſuite de quelle maniere ils doivent être mis en poſſeſſion ; enfin ce qu'ils doivent faire après leur miſe en poſſeſſion. Les trois Articles qui ſuivent, (ſçavoir les 13ᵉ. 14ᵉ. & 15ᵉ.) ſont à leur tour *particuliers aux Gardiens.* Les autres Articles, juſqu'à la fin du titre, contiennent ce qui eſt *commun tant aux Gardiens qu'aux Sequeſtres.*

ARTICLE PREMIER.

Toutes demandes en ſequeſtre ſeront formées par requêtes & portées à l'Audience par un ſimple acte, qui contiendra le jour pour venir plaider, & ſera ſignifié au Procureur du Défendeur.

ARTICLE II.

Les Sequeſtres pourront être ordonnés, tant ſur les

C c

demandes des *Parties* que d'*office* ; en cas que les *Juges* *estiment* qu'il y ait nécessité de le faire.

Le *Sequestre* peut être ordonné ou d'*office* , ou *à la requisition des Parties*.

On l'ordonne d'*office* principalement dans les matieres de complainte soit civile, soit beneficiale, lorsque les Parties n'ont pas un droit plus apparent l'une que l'autre.

On l'ordonne *à la requisition des Parties*, lorsqu'il y a plusieurs prétendans-droit à la proprieté d'une chose, sans que l'un ni l'autre ait la possession annale en sa faveur, & puisse conséquemment faire usage de l'action possessoire. A cet effet celle des Parties qui a interêt de demander le Sequestre des fruits pendant la contestion, présente une Requête incidente, & sur l'avenir qui suit ou accompagne cette Requête, elle poursuit l'Audience sur la demande en Sequestre, en la maniere ordinaire.

ARTICLE III.

Le *Commissaire devant lequel les Parties devront proceder, sera nommé par la même Sentence qui ordonnera le Sequestre, & y sera prescrit le tems auquel les Parties devront comparoir.*

ARTICLE IV.

Si l'une des Parties est en demeure de se trouver à l'assignation, ou de nommer un Sequestre, le Juge en nommera d'office un suffisant & solvable residant ou proche du lieu où sont situées les choses qui doivent être sequestrées, sans proroger l'assignation ; si ce n'est qu'en connoissance de cause, & suivant les circonstances, le Juge donne un délai qui ne sera plus long de huitaine, & sans qu'il puisse être prorogé.

ARTICLE V.

Le Juge ne pourra nommer pour Sequestre aucuns de ses parens & alliés jusqu'au degré des cousins germains inclusivement, à peine de nullité, de cent livres d'amende, & de répondre en son nom des dommages & interêts des Parties, en cas d'insolvabilité du Sequestre.

Ces trois articles reglent la forme de la nomination du Sequestre. Comme les Parties doivent également concourir à cette nomination qui doit être agreable à tous ceux qui y ont interêt, elle ne peut se faire qu'en présence d'un des Magistrats du Siege, *Parties dûment appellées.* Pour cela l'Ordonnance exige que la Sentence même qui ordonnera le Sequestre, nomme en même-tems le Commissaire devant qui les Parties devront proceder, & qu'elle prescrive le tems dans lequel les Parties seront assignées devant lui à cet effet.

Si les Parties comparoissent devant le Commissaire au jour indiqué, on procede de concert à la nomination du Sequestre ; si l'une des Parties ne comparoît point, ou que comparoissant, elle refuse de convenir d'un Sequestre, le Juge en nomme un d'office ; à moins que, eu égard aux circonstances, il ne juge à propos de donner un nouveau délai. L'Ordonnance l'y autorise, pourvû que ce nouveau délai ne soit pas plus long que de huitaine. Le Sequestre nommé doit être solvable, relativement à l'administration dont il est chargé ; & comme il ne pourroit commodément vaquer à cette administration, s'il étoit trop éloigné du lieu où sont situées les choses sequestrées, il doit y être résidant ou du moins en être proche. C'est pourquoi lorsque les choses saisies sont trop éloignées les unes des autres, pour qu'un même Sequestre puisse les régir toutes commodément, on nomme differens Sequestres. Mais comme la multiplication des Sequestres occasionne de nouveaux frais, on ne doit s'y prêter, que lorsqu'elle est absolument nécessaire suivant les rencontres. La Coutume de Berry veut qu'il n'y ait qu'un Sequestre, si les biens ne sont éloignés que de six lieuës l'un de l'autre. Mais il est bien difficile de donner sur la distance des regles certaines, par rapport à la différence de longueur des lieuës dans le Royaume.

Enfin, comme le Commissaire qui préside à la nomination du Sequestre, ne doit y considerer que l'interêt des Parties & le bien de la Justice, il lui est défendu de nommer pour Sequestre aucuns de ses parens jusqu'au degré de cousin-germain inclusivement ; à peine de nullité & des dommages & interêts des Parties résultans tant de cette nullité de procedure que de l'infolvabilité du Sequeſtre, ſi le cas arrivoit. Notre article rappelle en ce point la diſpoſition de l'Ordonnance de 1489. Article 86. ainſi conçu : *Quand aucune complainte ſera fournie, ſoit en matiere Beneficiale, Eccleſiaſtique ou Prophane ; nos Juges, ſoit Preſidens, Conſeillers ou autres Officiers qui auront connu de la matiere, leurs enfans & parens, ne pourront être commis au régime & gouvernement de la choſe contentieuſe : mais ſeront tenus de commettre autres gens notables non ſuſpects, ne favorables à l'une ne à l'autre des Parties à moindres frais que faire ſe pourra, ſur peine de ſuſpenſion de leurs Offices & autre peine arbitraire.*

ARTICLE VI.

Après que le Sequeſtre aura été nommé, il ſera aſſigné pour faire ſerment devant le Juge, à quoi il pourra être contraint par amende & par ſaiſie de ſes biens.

Le Sequeſtre eſt une charge publique que l'on eſt conſéquemment obligé d'accepter, à moins qu'on ne jouiſſe d'exemption des Charges publiques, ou qu'on n'ait des excuſes valables pour s'en diſpenſer. C'eſt pourquoi, comme le Sequeſtre en qualité de dépoſitaire de Juſtice eſt obligé de prêter ſerment avant de pouvoir s'immiſcer ; s'il ne ſe préſente pas pour le prêter au jour indiqué par l'aſſignation, il y eſt contraignable par amende & par ſaiſie de ſes biens.

ARTICLE VII.

En vertu de l'Ordonnance du Juge, & ſans que ſa préſence ſoit requiſe, un Huiſſier ou Sergent à la requête de la Partie pourſuivante, mettra le Sequeſtre en poſſeſſion des choſes données à ſa garde.

ARTICLE VIII.

Les choſes ſequeſtrées ſeront ſpécialement déclarées par le Procès-verbal du Sergent, lequel ſera ſigné du Sequeſtre, s'il ſçait & veut ſigner ; ſinon ſera interpellé de le faire , dont ſera fait mention dans le Procès-verbal , à peine de nullité , de cinquante livres d'amende , au profit de celui qui pourſuit l'établiſſement du Sequeſtre , & de tous dépens , dommages & interêts.

ARTICLE IX.

Le Sergent ſera tenu , ſous les mêmes peines , de ſe faire aſſiſter de deux témoins qui ſçachent ſigner , & de leur faire ſigner ſon Procès-verbal , & d'y déclarer leur nom , ſurnom , qualité , domicile & vacation.

Lorſque le Sequeſtre eſt nommé juridiquement & qu'il a prêté ſerment , il doit être mis en poſſeſſion des biens qui ſont l'objet du Sequeſtre.

Cette miſe en poſſeſſion ſe fait par le miniſtere d'un Huiſſier. On étoit autrefois dans l'uſage d'y faire aſſiſter le Commiſſaire ; mais ſa préſence qui ne faiſoit qu'occaſionner de plus grands fiais , a été abrogée par l'Ordonnance.

Pour conſtater cette miſe en poſſeſſion , l'Huiſſier doit en dreſſer un Procès-verbal qui d'abord doit contenir une déclaration ſpéciale & détaillée de toutes les choſes ſequeſtrées ; d'autant que , ce Procès-verbal étant l'acte de charge du Sequeſtre , on ne peut lui demander compte que de ce dont il y eſt conſtaté qu'il a été réellement mis en poſſeſſion.

Ce Procès-verbal n'a de forme probante en Juſtice qu'autant qu'il eſt ſigné du Sequeſtre , ou du moins il doit y être fait mention de l'interpellation que l'Officier lui a fait de ſigner , & la cauſe de ſon refus. D'ailleurs comme ces ſortes de Procès-verbaux ſont au nombre de ces Exploits importans , dont il eſt eſſentiel de ne point laiſſer les Huiſſiers ſeuls les maîtres , l'abrogation générale des Records & l'établiſſement du Contrôle , ne diſpenſent point les Huiſſiers de ſe faire aſſiſter , dans ces cas particuliers , de deux témoins ſçachant ſigner , leſquels doivent ſigner le Procès-verbal , après que déclaration y a été faite des noms , ſurnoms , qualité , domicile & vacation de ces témoins. Il ſeroit à ſouhaiter que ces Records ne fuſſent pas des gens à gages des Huiſſiers , comme ils le ſont ordinairement : l'intention du Legiſlateur ſeroit mieux remplie. L'Ordonnance de Blois , Article 174. portoit auſſi : *Les Sergens qui établiront Commiſſaires au régime & gouvernement d'heritages feront ſigner leurs Exploits par leſdits Commiſſaires , ou bien par deux témoins, lesquels par exprès seront tenus signer ; & par faute des Notaires & Tabellions, lesdits Exploits pourront être signés par le Greffier de la Justice des lieux.* Autrement foi ne sera ajoutée au rapport desdits Sergens. Cette disposition rapprochée de nos Articles en est cependant bien différente. Car elle n'exigeoit la signature du Notaire ou des témoins qu'au défaut de signature du Commissaire ou Sequestre établi. Notre Ordonnance au contraire exige la présence & la signature des témoins dans le Procès-verbal, dans tous les cas indistinctement.

A R T I C L E X.

Si les choses sequestrées consistent en quelque jouissance, le Sequestre sera tenu de faire incessamment procéder en Justice, les Parties dûment appellées, au bail judiciaire, en cas qu'il n'y eut point de bail conventionnel, ou qu'il eut été fait en fraude ou à vil prix.

Lorsque les choses mises en sequestre sont de nature à être affermées, pour empêcher que le Sequestre n'en consomme le produit en frais de régie, il est obligé d'en poursuivre incessamment le bail judiciaire au plus offrant & dernier Encherisseur, après avoir appellé toutes les Parties interessées. Cette obligation a été reconnue & recommandée par nos plus anciennes Ordonnances, & notamment par celle de 1539. Article 82. en ces termes : *Que tous Sequestres, Commissaires & Dépositaires de Justice, commis au gouvernement d'aucunes terres ou heritages, seront tenus les bailler à ferme par autorité de Justice, Parties appellées, au plus offrant & dernier Encherisseur.*

L'adjudication des baux judiciaires doit être précédée de plusieurs proclamations aux Prônes des Eglises Paroissiales de la situation des biens, d'apposition d'Affiches aux Portes des Eglises & lieux accoutumés, & autres formalités qui peuvent rendre l'adjudication plus notoire, & y attirer un plus grand nombre d'Encherisseurs.

C'est pourquoi pour épargner ces frais préliminaires, lorsque l'on trouve un Fermier en possession en vertu d'un bail conventionnel, on est dans un usage constant de convertir le bail conventionnel en judiciaire, quand le Fermier y consent ; si ce n'est qu'il parût évidemment par la combinaison des circonstances qu'il eût été fait en fraude & à vil prix.

A R T I C L E X I.

Lors de l'adjudication, le Sequeſtre ſera tenu de faire arrêter les frais du bail ſur le champ par le Juge, ſans qu'il puiſſe les faire taxer ſéparément, à peine de perte de frais, & de vingt livres damende contre le Sequeſtre.

Que leſdits Sequeſtres & Commiſſaires ſeront tenus le jour dudit bail à ferme, faire arrêter par Juſtice la miſe & dépenſe qui aura été faite pour le bail d'icelle Ferme, en la préſence des Parties où elles ſeront dûment appellées : Ordonnance de 1539. Article 83. Notre Article en renouvellant cette diſpoſition, ajoute deux ſortes de peines à ſon inobſervation ; 1°. la perte des frais faits par le Sequeſtre ; 2°. une amende de vingt livres contre lui. La Loi a eu pour objet en cela, d'abord d'épargner les frais d'une taxe ſéparée ; en ſecond lieu de rendre les Parties elles-mêmes témoins de cette taxe, & de les mettre par ce moyen à portée de débattre ces frais, & d'en faire moderer par le Juge préſent la taxe à un taux legitime.

A R T I C L E X I I.

Les réparations ou autres impenſes néceſſaires aux lieux ſequeſtrés, ne ſeront faites que par autorité de Juſtice, les Parties dûement appellées, autrement elles tomberont en pure perte à ceux qui les auront fait faire. Défendons aux Sequeſtres, ſous les mêmes peines de vingt livres d'amende, & de tous dépens, dommages & interêts, de s'en rendre adjudicataires.

L'Ordonnance de 1539. Article 84. portoit de même : *Et ne pourront (les Sequeſtres) ſur les deniers de la Ferme, faire frais & miſes, ſinon qu'il leur fût ordonné par Juſtice, Parties appellées.*

Ainſi lorſqu'un Sequeſtre ou Fermier judiciaire veulent faire faire des réparations aux lieux ſequeſtrés, l'un ou l'autre doit préſenter une Requête, à l'effet d'y être autoriſé : pour conſtater la néceſſité de ces réparations, on commence par ordonner que les lieux ſeront préalablement viſités. La viſite faite & rapportée, on autoriſe la confection des réparations portées au Procès-verbal de viſite.

Tout ce circuit de procedures entraîne de grands frais. Mais c'eſt un mal néceſſaire & beaucoup moins grand, que ſi on laiſſoit le Sequeſtre ou le Fermier judiciaire maîtres de faire à leur gré des réparation ſouvent inutiles & imaginaires.

Notre Article défend, dans la ſeconde partie de ſa diſpoſition, aux Sequeſtres de ſe rendre adjudicataires des réparations, pour empêcher qu'ils ne faſſent un ſordide & honteux trafic de l'adminiſtration qui leur eſt confiée. On obſerve exactement la lettre de la Loi à cet égard : mais on contrevient tous les jours à l'eſprit & à l'intention du Legiſlateur. Car ſi l'on ne voit point dans les adjudications le nom du Sequeſtre, ceux qui ſe rendent adjudicataires au rabais des réparations, ne ſont ſouvent que leurs prête noms. Et il ſe commet tous les jours, à la face de la Juſtice, des brigandages à cet égard, dont il ſeroit à ſouhaiter que l'on pût arrêter le progrès.

Voilà tout ce qui concerne la nomination & les devoirs des *Sequeſtres* ; les Articles qui ſuivent vont nous inſtruire de ce qui regarde les *Gardiens*.

ARTICLE XIII.

Les Huiſſiers ou Sergens ne pourront prendre pour Gardiens & Commiſſaires des choſes par eux ſaiſies, aucuns de leurs parens & alliés, ni pareillement le ſaiſi, ſa femme, ſes enfans ou petits-enfans ; à peine de tous dépens, dommages & intérêts envers le créancier ſaiſiſſant.

ARTICLE XIV.

Les freres, oncles & neveux du ſaiſi, ne pourront auſſi être établis Gardiens ou Commiſſaires aux meubles & fruits ſaiſis, ſous pareille peine ; ſi ce n'eſt qu'ils y ayent expreſſément conſenti par le Procès-verbal de ſaiſie & & execution, & qu'ils l'ayent ſigné ou déclaré ne pouvoir ſigner.

Ces deux Articles font l'énumeration de ceux qui ne peuvent être établis Gardiens des choſes mobiliaires ſaiſies. D'où il ſuit que tous ceux

qui

qui n'y ſont point dénommés peuvent l'être & même être contraints, en cas de refus d'accepter la garde qui eſt une charge publique.

Trois ſortes de perſonnes ſont excluës de la garde.

1°. Les parens & alliés de l'Huiſſier ou Sergent qui a fait la ſaiſie ; parce que, ſans cette excluſion, ces Officiers ne manqueroient jamais d'établir leurs parens & alliés, Gardiens, pour leur procurer le bene-fice de la garde, ſans examiner s'ils ſont ſuffiſans & ſolvables.

2°. Le ſaiſi, ſa femme, ſes enfans ou petits-enfans ; parce que la ſaiſie emporte dépoſſeſſion des effets, & qu'il n'y auroit plus de dé-poſſeſſion, ſi le ſaiſi, ou ſa femme ou ſes petits-enfans qui ſont une ſeule perſonne avec lui ſuivant les Loix, demeuroient Gardiens des choſes ſaiſies.

3°. Enfin, les freres, oncles & neveux du ſaiſi. Mais à leur égard l'excluſion n'eſt point indéfinie. La Loi les diſpenſe ſeulement de l'obligation d'accepter la garde, parce qu'il y auroit une ſorte d'indé-cence que l'on put contraindre contre leur gré des parens auſſi proches de ſe conſtituer les Gardiens d'une ſaiſie faite ſur leur frere, leur oncle ou leur neveu. C'eſt pourquoi, lorſque le motif de la Loi ceſſe, lorſque ces parens veulent bien accepter la garde pour faire plaiſir à leur parent, & empêcher le déplacement des effets ſaiſis, ils ſont reçus pour Gardiens, pourvû que leur conſentement ſoit mentionné dans le Procès-verbal corroboré de leur ſignature ou du moins de leur déçla-ration qu'ils n'ont pû le ſigner.

A R T I C L E XV.

Les Huiſſiers ou Sergens déclareront par leurs Procès-verbaux ſi les exécutions ont été faites avant ou après midy, ſpecifieront par le menu les choſes par eux ſaiſies, & mettront en poſſeſſion d'icelles les Gardiens & Commiſſaires, s'ils le requierent.

Après avoir ſtatué ſur ceux qui peuvent ou ne peuvent pas être établis Gardiens, l'Ordonnance regle les formalités du Procès-verbal de ſaiſie ; elle les réduit à trois.

Premierement, l'Huiſſier doit y déclarer nommément le tems où elle eſt faite, & ſi c'eſt avant ou après midy, conformément à l'Article 173. de l'Ordonnance de Blois où l'on lit de même : *Tous Exploits de Sergens contenans exécution, ſaiſie ou arrêt porteront les jours, & le tems de devant ou après midy, qu'ils auront été faits.*

Secondement, le Procès verbal doit contenir une ſpécification dé-taillée de toutes les choſes ſaiſies ; afin qu'on ne puiſſe pas rendre le

D d

Gardien refponfable de ce dont il n'a pas été nommément chargé.

Troifiémement, comme le Gardien s'engage vis-à vis de la Juftice à la reprefentation des chofes faifies, on doit l'en mettre en poffeffion, s'il le requiert. Il eft affez rare, fur-tout à Paris, que l'on faffe des faifies avec déplacement. Le faifi donne ordinairement pour Gardien un parent ou un ami qui lui laiffe la poffeffion des effets faifis; ou l'Huiffier établit un Gardien d'office qui refte dans la maifon, moyennant le payement de fes frais de garde, jufqu'à ce qu'on pourfuive la vente, ou qu'on obtienne la main-levée de la faifie, foit judiciairement, foit à l'amiable.

A R T I C L E   X V I.

Si aucun empêche par violence l'établiffement ou l'adminiftration du Sequeftre, ou la levée des fruits, il perdra le droit qu'il eut pû prétendre fur les fruits par lui pris & enlevés, lefquels appartiendront incommuttablement à l'autre Partie; & fera en outre condamné en trois cens livres d'amende envers Nous, & dont il ne pourra être déchargé; & l'autre Partie fera mife en poffeffion des chofes contentieufes; fans préjudice des pourfuites extraordinaires que nous entendons être faites par nos Procureurs Généraux, ou nos Procureurs fur les lieux, contre celui qui aura fait la violence; aufquels nous enjoignons & à nos autres Officiers d'y tenir la main.

Cet Article n'eft encore qu'un réfumé de nos anciennes Ordonnances. Celle de 1539. Article 78. porte : _Et défendons aux Propriétaires & Poffeffeurs fur lefquels fe feront lefdites criées & tous autres denon troubler, ni empêcher lefdits Commiffaires, fur peine de privation de droit & autre amende arbitraire, à l'arbitration de Juftice._

Avons fait & faifons inhibitions & défenfes à tous Propriétaires defdites chofes criées, & à tous autres de troubler ou d'empêcher directement ou indirectement lefdits Commiffaires & Fermiers en la jouiffance de leur Commiffion ou Ferme, fous peine à ceux qui directement ou indirectement auront fait ledit trouble ou empêchement d'être déclarés rebelles & defobéiffans à Nous & à Juftice, & de confifcation de leurs biens. Ordonnance des Criées de 1551. Article 4.

Défendons à tous nos Sujets, mêmement aux condamnés de non troubler ou empêcher les Commiſſaires qui ſeront commis au régime & gouvernement des terres ou heritages ſaiſis par Ordonnance de Juſtice; ains leur enjoignons en délaiſſer la paiſible jouiſſance & adminiſtration, ſans aucun empêchement, ſur peine de déchéance de tous droits de proprieté & poſſeſſion à eux appartenans en la choſe ſaiſie, que Nous voulons être promptement déclarée contre eux, avec autre plus grande punition, comme le cas le requerera. Ordonnance de Moulins, Article 50.

Et d'autant plus que l'un des principaux mépris & illuſion de notre Juſtice, gît en la deſobéiſſance que font pluſieurs de nos Sujets aux ſaiſies faites ſur leurs biens & heritages, par autorité de Juſtice, ou en vertu des contrats paſſés ſous notre Scel, portant ſi peu de reſpect aux établiſſemens ainſi faits, qu'ils outrent & excedent bien ſouvent les Commiſſaires, prennent les fruits deſdits lieux ſaiſis & les font payer auſdits Commiſſaires, ſans qu'ils s'en oſent plaindre, pour la violence de noſdits Sujets; Nous voulons en cas d'empêchement de fait donné auſdits Commiſſaires ou leurs Fermiers, à l'exécution de leur miſſion, par les Proprietaires ou Poſſeſſeurs des lieux, ſur leſquels a été faite ladite ſaiſie, leſdits lieux ſaiſis tant nobles que roturiers, être conſiſqués à Nous ou à ceux qu'il appartiendra: ſur leſquels lieux tant la Partie civile pour ſon dû, que leſdits Commiſſaires pour leurs frais, dommages & interêts, s'il y échet, ſeront préalablement payés. Ordonnons en outre à noſdits Juges de proceder par peine corporelle ou pecuniaire contre noſdits Sujets excedans ou troublans leſdits Commiſſaires, ainſi qu'ils verront le fait mériter. Edit d'Amboiſe, Article 5.

Il eſt vrai que ces diſpoſitions de nos anciennes Ordonnances paroiſſent ne concerner que les ſaiſies réelles, & les Commiſſaires établis au régime des biens ſaiſis réellement. Mais comme ces derniers ſont de véritables Sequeſtres en cette Partie, notre Ordonnance applique ces diſpoſitions à tous les Sequeſtres en général, comme ayant le motif de la Loi pour eux.

ARTICLE XVII.

Celui qui par violence empêchera l'établiſſement des Gardiens & Commiſſaires aux meubles ou fruits ſaiſis, ou qui les enlevera, ſera condamné envers l'autre Partie au double de la valeur des meubles & fruits ſaiſis, & en cent livres d'amende envers Nous; ſans préjudice des pourſuites extraordinaires.

Ceux qui s'oppoſent parvoye de fait à l'établiſſement des Gardiens dans les faifies mobiliaires, font aufli punifiables que ceux qui employent la vio'ence vis-à-vis des Sequeftres pour les chofes immobilaires; puifque les uns & les autres font également réfraftaires aux ordres de la Juftice.

Les peines infligées par l'Ordonnance dans l'un & l'autre cas, ont cependant quelque différence relative & proportionnée à la nature des chofes. Ceux qui troublent les Sequeftres font punis, 1°. de la perte du droit qu'ils pouvoient avoir dans les fruits enlevés, 2°. d'une amende de 300 livres, 3°. de l'efperance de jouiflance des chofes contentieufes dont la poffeflion provifoire eft dévolue *ipfo facto* à l'autre Partie. Mais ceux qui empêchent par violence l'établiflement des Gardiens font d'abord condamnés à la reftitution du double de la valeur des chofes faifies, & de plus en une amende de cent livres. Les uns & les autres font expofés à être pourfuivis extraordinairement par le Miniftere public, fi la violence eft de nature à mériter une inftruction extraordinaire & une réparation publique.

ARTICLE XVIII.

Les Parties ne pourront prendre direftement ni indireftement le bail des chofes fequeftrées, ni la Partie faifie fe rendre adjudicataire des fruits faifis étant fur pied, à peine de nullité du bail ou de la vente, & de cinquante livres d'amende contre le Partie faifie, & de pareille amende contre celui qui lui prêtera fon nom, le tout applicable au faififfant.

On n'ordonne le Sequeftre que dans le cas où la Juftice ne croit pas devoir accorder la poffeflion provifoire à l'une ou à l'autre des Parties contendantes. Ne feroit-ce pas éluder l'objet du Sequeftre & accorder indireftement cette jouiflance provifoire à l'une des Parties, fi on l'admettoit à fe rendre adjudicataire du bail des chofes fequeftrées ? La même raifon milite contre le faifi dans le cas d'une faifie de fruits pendans par les racines. Comment accorder la dépoffeflion réelle & aftuelle qui doit être l'effet de la faifie en pareil cas, avec l'adjudication des fruits faifis fur pied, fi on autorifoit le faifi à fe mettre fur les rangs pour leur adjudication ?

Tels font les motifs par lefquels l'Ordonnance déclare ces fortes de ventes ou adjudications de baux, nulles avec amende contre les adjudicataires & leurs prête-noms.

ARTICLE XIX.

*Les Sentences de Sequeſtres rendues par nos Juges
& par ceux des Seigneurs qui ordonneront les Sequeſtres, ſeront exécutées par proviſion, nonobſtant & ſans
préjudice de l'appel.*

Dans le projet de la préſente Ordonnance, on admettroit une diſtinction entre les Juges Royaux & ceux des Seigneurs. On y donnoit
l'exécution proviſoire aux Jugemens de Sequeſtre émanés des Juges
Royaux, & ce, indéfiniment. Mais quant aux Juges des Seigneurs,
on la leur refuſoit pour les choſes nobles ; cette exécution proviſoire
ne leur étoit accordée que lorſque le Sequeſtre étoit ordonné pour
raiſon de choſes roturieres.

M. le Premier Préſident de Lamoignon, Chef des Commiſſaires
du Parlement aux Conférences, s'éleva avec force contre cette diſtinction comme tendante à reveiller une infinité de différends qui avoient
agité le Palais pendant plus de ſoixante ans, & qui avoient été terminés
par nombre d'Arrêts, au ſujet de l'interpretation de l'Edit de Cremieu.
C'eſt pourquoi pour ne point ôter aux Juges des Seigneurs l'exécution
proviſoire de leurs Sentences de Sequeſtre dont ils étoient en poſſeſſion,
on a ſupprimé toute diſtinction entre eux & les Juges Royaux, en les
mettant tous dans une ſeule & même claſſe pour l'exécution proviſoire
de leurs Jugemens de Sequeſtres.

Bornier, dans ſon Commentaire ſur le préſent Article, prétend reſtraindre cette exécution proviſoire aux ſeules Sentences contradictoires,
en faiſant application de la diſpoſition de l'Article 30. de de l'Ordonnance de 1539. qui eſt générale, à la matiere particulieres des Sequeſtres.
Mais nous aurions peine à nous rendre à ſon avis Notre Ordonnance
ne diſtinguant point à cet égard les Sentences par défaut des Sentences
contradictoires, ce ſeroit rendre les Parties maîtreſſes de ſe ſouſtraire à
l'exécution des Sentences de Sequeſtre, en ſe laiſſant contumacer : *Ubi
Lex non diſtinguit, ibi & diſtinguere non debemus.*

ARTICLE XX.

*Les Sequeſtres demeureront déchargés de plein droit
pour l'avenir, auſſi-tôt que les conteſtations d'entre les
Parties auront été définitivement jugées, & les Gar-*

diens & Commiffaires, *deux mois après que les oppofitions auront été jugées , fans obtenir aucun Jugement
de décharge ; le tout néanmoins en rendant compte de
leur Commiffion pour le paffé.*

ARTICLE XXI.

*Ceux qui auront fait établir un fequeftre , feront
obligés de faire vuider leurs différends & les oppofitions dans trois ans , à compter du jour de l'établiffement de Sequeftre ; autrement les Sequeftres demeureront déchargés de plein droit, fans qu'il fût befoin
d'obtenir autre décharge , fi ce n'eft que le Sequeftre
fût continué par le Juge en connoiffance de caufe.*

ARTICLE XXII.

*Ce qui fera auffi obfervé à l'égard des Commiffaires
& Gardiens après un an , à compter du jour de leur
Commiffion.*

Après avoir ftatué fur ce qui concerne l'établiffement des Sequeftres
& Gardiens , & l'exercice de leur Commiffion , l'Ordonnance termine
ce titre par regler la maniere dont ils peuvent être déchargés.

Cette décharge s'opere de deux manieres , 1°. par la ceffation de la
caufe qui avoit fait établir foit le Gardien, foit le Sequeftre; d'après ce
principe *ceffante caufâ , ceffat effectus.* Ainfi lorfque le fond eft définitivement jugé, dans les conteftations qui ont donné lieu au Sequeftre,
celle des Parties qui a réuffi , entre en poffeffion, & le Sequeftre eft
conféquemment déchargé pour l'avenir. Quant aux Gardiens ils ne
font déchargés que deux mois après la main-levée des oppofitions à
la faifie qui a donne lieu à la garde; d'après la difpofition textuelle
de la Coutume de Paris, Article 172. fuivant lequel, *les Exécutans
font tenus de faire vendre les biens dans deux mois après les oppofitions
jugées ou ceffées.* D'où naît la conféquence, qu'après l'expiration de
ce délai les Gardiens doivent être déchargés.

Il eft encore une feconde décharge de droit réfultante du laps de-

tems ; mais elle n'eft pas la même pour les Sequeftres & les Gardiens. Comme le Sequeftre eft une charge qui doit avoir fon terme ; fi les Parties ne font vuider leurs différends dans les trois années de l'établiffement du Sequeftre, il eft déchargé de plein droit après ces trois années. A l'égard du Gardien le laps d'une année feulement depuis la Commiffion, lui fuffit pour en être déchargé, fans que ni l'un ni l'autre foient tenus de demander leur décharge qui, étant legale, a lieu de droit & fans aucune demande judiciaire.

PROCEDURES

RELATIVES

AU PRESENT TITRE.

SUPPLIE humblement, &c. Ce confideré Noffeigneurs il Vous plaife ordonner que jufqu'au Jugement définitif des conteftations d'entre les Parties, les heritages, (ou fruits du benefice) dont eft queftion feront & demeureront fequeftrés, & à cet effet que dans huitaine pour toute préfixion & délai les Parties feront tenues de convenir & nommer un Sequeftre pour la régie & adminiftration defdits biens pardevant tel de Meffieurs qu'il plaira à la Cour commettre, finon & ledit tems paffé que ledit Sequeftre fera par lui pris & nommé d'office, en cas de conteftation condamner les Conteftans aux dépens : Et vous ferez bien.

Sur cette Requête on fignifie un avenir ; & en vertu du Jugement qui ordonne le Sequeftre, en prend l'ordonnance du Confeiller nommé Commiffaire, & on fuit la procedure ordinaire devant le Magiftrat, tant pour la nomination du Sequeftre que pour fa preftation de ferment.

Requête à fin de Sequeftre.

SUPPLIE humblement.... Difant qu'il a été nommé & établi Sequeftre, &c. Ce confideré Noffeigneurs il Vous plaife ordonner que le bail conventionnel fait au lieur.... des heritages dont eft queftion par ledit.... pardevant... le... moyennant la fomme de... par année, fera & demeurera converti en judiciaire. Ce faifant que ledit.... fera condamné à payer au Suppliant les loyers (ou fermages) defdits heritages fur le pied porté audit bail, & ainfi continuer jufqu'à la fin d'icelui, & tant que le Sequeftre durera ; quoi faifant il en fera bien & valablement quitte & decharge, & le Suppliant rembourfé de fes frais : Et vous ferez bien.

Requête à fin de converfion du bail conventionnel en judiciaire.

On obtient fur cette demande une Sentence de converfion, & en cas qu'il n'y ait pas de bail conventionnel, le Sequeftre pourfuit le bail judiciaire en la forme ordinaire de la Jurifdiction où la pourfuite s'en fait.

SUPPLIE humblement... Fermier judiciaire de... Difant, &c. Ce confideré Noffeigneurs il Vous plaife ordonner que les lieux dont eft queftion feront vûs & vifités par Experts dont les Parties conviendront pardevant...

Requête du Fermier judiciaire à fin de reparations.

pour dreſſer Procès-verbal de l'état d'iceux & des réparations qui ſont à y faire, pour ce fait & rapporté, être pris par le Suppliant telles concluſions qu'il aviſera bon être ; condamner les Conteſtans aux dépens, deſquels en tout évenement le Suppliant ſera rembourſé ſur le prix de ſon bail : Et vous ferez bien.

Après avoir obtenu ſur cette Requête un Jugement, & en conſéquence avoir fait proceder à la viſite par Experts convenus ou nommés d'office, le Fermier judiciaire préſente ſa Requête en enterinement de leur Procès-verbal, ainſi qu'il ſuit.

<table>
<tr><td>Requête en enterine-
ment du Procès-verbal
des Experts.</td><td>SUPPLIE humblement .... Ce conſideré Noſſeigneurs il Vous plaiſe ordonner que le Procès-verbal de l'état des lieux dont eſt queſtion fait le ... par ... Experts nommés en exécution de la Sentence du ... ſera enteriné ; ce faiſant permettre au Suppliant de faire faire les réparations y mentionnées & d'en avancer les deniers ſur le prix de ſon bail ; en conſéquence ordonner que le ſieur ... Sequeſtre établi à l'adminiſtration deſdits biens, ſera tenu de prendre les quittances des Ouvriers qui feront ieſdites réparations pour argent comptant en déduction du prix du bail du Suppliant ; condamner les Conteſtans aux dépens, même en ceux reſervés, dont le Suppliant ſera en tout cas rem-bourſé ſur le prix de ſon bail : Et vous ferez bien.</td></tr>
</table>

TITRE XX.

DES FAITS,

QUI GISENT EN PREUVE

VOCALE OU LITTERALE.

LEs moyens dont on ſe ſert pour établir une demande ou pour s'en défendre, ſont néceſſai-rement tirés de l'une de ces deux ſources, ſçavoir ou du *droit* ou du *fait*.

Les moyens de *droit* ſont puiſés dans les Loix, Ordonnances & Coutumes.

Les moyens de *fait* réſultent ou des actes dans leſquels les faits ſont conſignés, ou du témoignage des perſonnes qui peuvent en certifier la verité. De-là deux ſortes de preuves en matiere de faits : l'une *litterale* & l'autre *teſtimoniale* ou *vocale*.

La

La premiere de ces deux preuves a toujours lieu, & il ne faut point de demande pour y être admis. Mais il n'en eſt pas de même de la feconde; l'incertitude & les inconveniens qui l'accompagnent, ne la font admettre qu'avec précaution : on ne la peut faire qu'on n'y foit fpécialement autorifé.

Il y a même plus; il eſt des cas où la preuve teſtimoniale eſt abfolument prohibée : tels font ceux où l'objet excede la fomme ou la valeur de cent livres ; à moins qu'il n'y ait commencement de preuve par écrit. Il en eſt de même de tout ce qui concerne l'état des hommes, comme les Baptêmes, Mariages, Sepultures, Profeſſions en Religion, engagemens dans les Ordres. Pour fuppléer à la preuve teſtimoniale dans ce dernier cas, l'Ordonnance prend les mefures les plus efficaces, pour que la preuve litterale en foit toujours aſſurée & confignée dans des actes & dépôts publics.

C'eſt ce que les Articles qui fuivent, vont développer avec plus d'étendue.

ARTICLE PREMIER.

Voulons que les faits qui gifent en preuve, foient fuccinctement articulés & les réponfes fommaires, fans alleguer aucune raifon de droit, interdifant toutes repliques & additions ; & défendons d'y avoir égard & de les mettre en taxe, ni les comprendre dans les mémoires des frais & falaires des Procureurs ; le tout à peine de repetition du quadruple.

Cet Article regle la forme dans laquelle on doit articuler les faits, & celle dans laquelle on doit y répondre. Il s'en falloit bien que cette

E e

forme fût autrefois auſſi ſimple. Pour en donner une idée, il ſuffira de rapprocher de notre article, les trois articles de l'Ordonnance de 1539. qui y ſont relatifs.

Nous défendons aux Parties, leurs Avocats & Procureurs de n'alléguer aucunes raiſons de droit par leurs intendits, écritures, additions & reſponſifs fournies ès matieres reglées en preuves & enquêtes ; mais ſeulement leurs faits poſitifs & probatifs ſur leſquels ils entendent informer & faire enquête. Ordonnance de 1539. Article 42.

Et que leſdits faits ſoient ſuccinctement poſés & articulés ſans redite & ſuperfluité. Ibidem, Article 43.

Ne répondront les Parties que par une ſeule addition ou deux au plus, en quelque maniere que ce ſoit. Ibid. Article 44.

Ainſi auparavant l'Ordonnance lorſque les Parties étoient contraires en faits, avant que d'en admettre ou rejetter la preuve teſtimoniale, on appointoit à écrire par *intendits* & faits contraires. Les *intendits* n'étoient donc que les écritures faites en conſéquence de l'appointement par celui qui poſoit les faits : la Partie adverſe y fourniſſoit de réponſe ; l'autre, de repliques auſquels ſuccedoient les dupliques & additions premieres & ſecondes : ce qui formoit un Procès par écrit immenſe ſur la queſtion de ſçavoir, ſi les faits ſeroient admis ou non.

Notre Ordonnance, en ſupprimant toutes ces procedures inutiles, a réduit cet objet à ſon point de ſimplicité naturelle : en conſéquence celui qui croit avoir des faits capables de faire pancher la balance en ſa faveur, doit les articuler purement & ſimplement dans les concluſions d'une Requête. Son adverſaire doit y répondre avec la même brieveté, ſoit en les confeſſant, ſoit en les niant, ſoit en les écartant comme étrangers ou non déciſifs dans la cauſe. Par une conſéquence néceſſaire tous moyens de droit ſont interdits à cet égard, comme étant d'une nature tout oppoſée à ce qui eſt de fait.

ARTICLE II.

Seront paſſés actes pardevant Notaires, ou ſous ſignature privée, de toutes choſes excedant la ſomme ou valeur de cent livres, même pour dépôt volontaire, & ne ſera reçu aucune preuve par temoins contre & outre le contenu aux actes, ni ſur ce qui ſera allegué avoir été dit avant, lors, ou depuis les actes, encore qu'il s'agît d'une ſomme ou de valeur moindre de cent livres ; ſans toutefois rien innover pour ce regard, en ce qui s'obſerve dans la Juſtice des Juges & Conſuls des Marchands.

Il eft important de diftinguer dans cet Article trois parties qui, quoique relatives, ont néanmoins chacune leur objet différent.

En premier lieu, l'Ordonnance exige qu'il foit paffé acte, foit pardevant Notaires, foit du moins fous fignature privée, de tout ce-qui excede la valeur de cent livres. Cette difpofition n'eft point nouvelle; elle eft portée dans l'Ordonnance de Moulins, Article 54. où les motifs en font en même-tems développés. *Pour obvier* (y eft-il dit) *à multiplication de faits que l'on a vû ci-devant être mis en avant en Jugement, fujets à preuve de témoins & reproche d'iceux, dont adviennent plufieurs inconveniens & involutions de Procès; avons ordonné & ordonnons que dorefnavant, de toutes chofes excedant la fumme ou valeur de cent livres pour une fois payer, feront paffés contrats pardevant Notaires & témoins; par lefquels contrats feulement fera faite & reçue toute preuve efdites matieres.* Et comme la preuve litterale au-deffus de cent livres fembloit par-là n'être accordée qu'aux feuls actes devant Notaires, il eft ajouté à la fin du même Article : *En quoi n'entendons exclure les preuves des conventions particulieres & autres qui feront faites par les Parties fous leurs feings, fceaux & écritures privées.* Ainfi l'Ordonnance de Moulins admettoit, de même que la nôtre, la preuve litterale auffi-bien par actes fous feing privé que par actes devant Notaires, pour les chofes excedantes la valeur de cent livres.

En fecond lieu, notre Article eft encore conforme à celui de l'Ordonnance de Moulins, lorfqu'il exclut toute preuve teftimoniale contre & outre le contenu aux actes, quand bien même il s'agiroit d'une valeur moindre de cent livres : *Sans recevoir* (même Article 54. de l'Ordonnance de Moulins) *aucune preuve par témoins, outre le contenu au contrat, ne fur ce qui feroit allegué avoir été dit, ou convenu avant icelui, lors & depuis.* Et en effet, fi on avoit laiffé cette porte ouverte pour anéantir les actes, il n'y en auroit eû aucuns qu'on n'eût tenté de renverfer, à l'aide de quelques témoins affidés : & la Loi auroit par cette voye fait rentrer les Parties dans le labyrinthe de procedures, duquel elle s'efforçoit de les tirer, en abrogeant toute preuve teftimoniale au-deffus de cent livres. M. le Premier Prefident de Lamoignon auroit pourtant fouhaité, lors des Conférences, que l'on mît une exception à cette regle générale dans le cas où l'on articuleroit que les actes ou promeffes dont le payement eft exigé, proviennent du jeu ou de l'ufure. Mais il auroit été dangereux d'introduire cette exception dont on auroit pû abufer. D'ailleurs ceux qui prétendent écarter les promeffes qu'on leur a fait faire, fous le prétexte ou de l'ufure ou du jeu, ont la voye extraordinaire ; c'eft la feule par laquelle ils puiffent faire valoir la preuve teftimoniale à cet égard.

Enfin, dans la troifiéme & derniere partie du préfent Article, le Legiflateur conferve les Juges-Confuls dans leur ufage d'admettre la preuve teftimoniale au-deffus de cent livres. Et en effet la bonne foi eft l'ame & la bafe du Commerce; on n'y a point toujours la plume à la main, & l'on y contracte les engagemens les plus confidérables fur la parole réciproque des Parties. Que deviendroient donc ces engage-mens, s'il n'étoit pas poſſible de les conſtater par la dépoſition de ceux qui peuvent en avoir été les témoins ? Ce ſont au reſte les circonſtances qui doivent décider dans ces ſortes d'occaſions pour l'admiſſion ou le rejet de la preuve teſtimoniale ; & l'on ne voit point que juſqu'à préſent il ait réſulté aucuns inconveniens de l'uſage des Juriſdictions Conſulaires à cet égard.

ARTICLE III.

N'entendons exclure la preuve par témoins pour dépôt néceſſaire en cas d'incendie, ruine, tumulte ou naufrage, ni en cas d'accidens imprevûs, où on ne pourroit avoir fait des actes ; & auſſi lorſqu'il y aura un commencement de preuve par écrit.

ARTICLE IV.

N'entendons pareillement exclure la preuve par témoins pour dépôts faits en logeant dans une hôtellerie entre les mains de l'hôte ou l'hôteſſe, qui pourra être ordonnée par le Juge, ſuivant la qualité des perſonnes & les circonſtances du fait.

Deux nouvelles exceptions introduites par ces deux Articles, à la regle générale qui rejette la preuve par témoins au-deſſus de 100 lvres.

1º. Lorſqu'il y a un commencement de preuve par écrit ; parce qu'alors la preuve litterale ſe trouvant commencée, il ne s'agit plus que de la perfectionner par le ſecours de la preuve teſtimoniale.

2º. En cas de dépôts : encore faut-il diſtinguer entre les *dépôts volontaires*, les *dépôts néceſſaires*, & les *dépôts mixtes*.

Quant aux *dépôts volontaires*, quoiqu'un grand Juriſconſulte (a) ait été d'avis de les affranchir de la regle, la Juriſprudence des Arrêts les y a toujours aſſujettis ; parce qu'il eſt auſſi aiſé, à l'égard d'un dépôt volontaire, qu'à l'égard d'un autre contrat, d'en paſſer acte devant

(a) Cujas dans ſes Paratitles au Code Dépoſ.

Notaires ou fous feing privé. C'eft en conféquence de cette Jurifprudence uniforme, que l'Article 2. qui précède, en ordonnant qu'il fera
paffé acte devant Notaires ou fous feing-privé, de toutes chofes excedantes la valeur de cent livres, ajoute : *même pour dépôts volontaires.*

Par rapport aux *dépôts néceffaires*, comme ceux qui fe font dans le
cas d'incendie, de tumulte, de naufrage ou autres accidens imprévûs,
c'auroit été réduire les Parties à l'impoffible que de les obliger à paffer
des actes de ces fortes de dépôts. Il falloit donc de toute néceffité conferver la preuve teftimoniale à leur égard, de quelque valeur que fut leur
objet, comme étant la feule reffource praticable pour convaincre ceux
qui auroient la mauvaife foi de nier le dépôt forcé & involontaire qui leur
auroit été fait dans ces circonftances critiques. La Jurifprudence n'a jamais,
non plus, varié fur ce point, & elle eft adoptée par notre Article 3.

Toute la difficulté réfidoit dans les *dépôts mixtes*, comme ceux qui
fe font dans une Hôtellerie où l'on va loger ; ils font, fous un point de
vûe, volontaires ; & ils font, fous un autre, néceffaires. Il y avoit,
avant l'Ordonnance, des Arrêts pour & contre à leur égard. C'eft pourquoi notre Article 3. n'autorife point la preuve par témoins au-deffus
de cent livres pour ces fortes de cas, d'une maniere indéfinie, comme
pour le dépôt néceffaire. Il laiffe à la prudence du Juge d'examiner la
qualité des perfonnes qui revendiquent le dépôt, & de fe déterminer
par les circonftances particulieres pour admettre ou rejetter la preuve
teftimoniale dans ces occafions.

ARTICLE V.

*Si dans une même Inftance la Partie fait plufieurs
demandes, dont il n'y ait point de preuve ou commencement de preuve par écrit, & que jointes enfemble
elles foient au-deffus de cent livres, elles ne pourront
être vérifiées par témoins, encore que ce foit diverfes
fommes qui viennent de différentes caufes & en differens
tems ; fi ce n'étoit que les droits procedaffent par
fucceffion, donation, ou autrement de perfonnes
différentes.*

ARTICLE VI.

Toutes les demandes, à quelque titre que ce foit ;

*qui ne feront entierement juftifiées par écrit, feront
formées par un même exploit, après lequel les autres
demandes, dont il n'y aura point de preuve par écrit,
ne feront reçues.*

On diftinguoit avant l'Ordonnance fi plufieurs chefs de demandes, qui cumulés formoient un objet de plus de 100 livres, provenoient d'une feule & même caufe, ou procedoient de diverfes conventions. Dans le premier cas, on rejettoit la preuve teftimoniale ; mais on l'admettoit dans le fecond cas, bien que ce fût entre les memes Parties.

Mais pour renfermer la preuve teftimoniale dans des bornes encore plus étroites, notre Ordonnance en décide autrement. Lorfque dans une même Inftance une même Partie forme contre l'autre plufieurs demandes qu'il n'eft point en état de juftifier par écrit, on les joint enfemble ; & fi par cette jonction, elles font d'une valeur au-deffus de 100 livres, elles ne peuvent être vérifiées par témoins, quoique chacune de ces demandes ait une caufe différente. Il n'y a d'exception que lorfque les droits & les qualités du Demandeur ne font pas les mêmes : comme s'il demandoit une chofe en fa qualité perfonnelle, & une autre comme heritier, donataire ou legataire. Cette différence de qualité, en mettroit dans les demandes une néceffaire qui en empêcheroit l'union.

Néanmoins comme il auroit pû arriver que les Plaideurs auroient éludé la difpofition de la Loi, en ne formant les demandes que les unes après les autres, pour en faire autant de Procès féparés, elle aftreint imperativement à cumuler enfemble toutes les demandes qui ne feront point juftifiées par écrit, en les renfermant dans un feul & même Exploit. La peine attachée à l'inexécution de l'Ordonnance à cet égard eft le rejet de toutes les demandes qui feront formées dans la fuite entre les mêmes Parties, fans juftification litterale.

Il ne faut pourtant point perdre de vûe le motif qui a déterminé le Legiflateur à profcrire la preuve par témoins au-deffus de cent livres, fans quoi on feroit en danger de faire une fauffe applcation de la lettre de la Loi. En effet elle n'a eu pour but que d'obliger les Citoyens à conftater autant qu'il eft poffible par écrit leurs engagemens refpectifs, lorfque l'objet en eft de quelque conféquence. De-là il fuit qu'on ne doit appliquer la difpofition de la Loi qu'à *ce qui eft de convention*, parce qu'il eft facile aux Parties de fe procurer à elles-mêmes une preuve litterale, en rédigeant par écrit leurs conventions. Mais il n'en eft pas de même de *ce qui eft purement de fait* ; pour raifon de quoi on autorife la preuve teftimoniale, quand bien même cette preuve pourroit influer fur la décifion d'une conteftation dont l'objet feroit au-deffus de cent livres. La raifon de la différence ç'eft que ce qui eft purement de fait, excluant toute préméditation antérieure, il feroit le plus fouvent impoffible & impraticable de s'en ménager la preuve litterale.

ARTICLE VII.

Les preuves de l'âge, du mariage & du tems du décès seront reçues par des Registres en bonne forme, qui feront foi & preuve en Justice.

ARTICLE VIII.

Seront faits par chacun an deux Registres pour écrire les Baptêmes, Mariages & Sepultures en chacune Paroisse, dont les feuillets feront paraphés & cottés par premier & dernier, par le Juge Royal du lieu où l'Eglise est située ; l'un desquels servira de minute & demeurera ès mains du Curé ou Vicaire, & l'autre sera porté au Greffe du Juge Royal pour servir de grosse, lesquels deux Registres seront fournis annuellement aux frais de la Fabrique avant le dernier Décembre de chacune année, pour commencer d'y enregistrer par le Curé ou Vicaire, les Baptêmes, Mariages & Sepultures, depuis le premier Janvier ensuivant jusqu'au dernier Décembre inclusivement.

Ces deux Articles & les suivans jusqu'à la fin du présent titre sont employés à établir une preuve litterale authentique pour les faits qui constituent l'état des Citoyens, afin d'exclure, autant qu'il sera possible, toute preuve testimoniale à cet égard.

Pour perfectionner encore davantage cette preuve litterale, le Monarque regnant a fait sur ce point quelques augmentations & quelques changemens aux dispositions de notre Ordonnance, par sa Déclaration du mois d'Avril 1736. Ce sont ces changemens & ces augmentations que nous nous appliquerons principalement à remarquer. Quant aux motifs qui y ont donné lieu, comme l'Auteur a déja tâché de les développer, en traitant cette Déclaration dans son 3ᵉ. Volume des Ordonnances de Louis XV. les Lecteurs sont priés d'y avoir recours.

L'Article 1. de la Déclaration de 1736. confirme la disposition de notre Ordonnance sur la tenue de deux Registres dans chaque Paroisse, tous deux également authentiques & faisant foi en Justice, pour y écrire les Baptêmes, Mariages & Sepultures qui se feront dans le cours de chaque année ; elle exige aussi que ces deux Regiſtres soient fournis aux dépens de la Fabrique. Mais au lieu de se contenter, comme l'Ordonnance, que ce soit avant le dernier Décembre de chaque année, la Déclaration exige que ces Regiſtres soient fournis par la Fabrique un mois avant le commencement de chaque année (a).

L'article 2. de la Déclaration a fait encore quelque changement par rapport à l'Officier qui doit cotter & parapher ces Regiſtres. Il suffiſoit d'après l'Ordonnance que ce fût le Juge Royal du lieu. Aux termes de la Déclaration, cette cotte & ce paraphe doivent être faits par le Lieutenant Général ou autre premier Officier du Bailliage, Sénéchauſſée ou autre Siége Royal reſſortiſſant nûment aux Cours, qui aura la connoiſſance des cas Royaux dans le lieu où l'Egliſe ſera située. Et comme il y a des Bailliages & Sénéchauſſées dont le reſſort eſt trop étendu, pour que les Curés qui ſont aux extrémités de ce reſſort, puiſſent commodément y apporter leurs Regiſtres à cotter & parapher, le Lieutenant Général ou premier Officier peuvent en ce cas commettre, ſur les Concluſions du Procureur du Roy, le Juge Royal le plus prochain, pour cotter & parapher les Regiſtres en leur lieu & place. Cete commiſſion ne dure qu'un an & doit être réiterée au commencement de chaque année, pour être valable (b).

ARTICLE IX.

Dans l'Article des Baptêmes ſera fait mention du jour de la naiſſance, & ſeront nommés l'enfant, le pere & la mere, le parain & la maraine ; & aux Mariages ſeront mis les noms & ſurnoms, âges, qualités & demeures de ceux qui ſe marient, s'ils

(a) „ Dans chaque Paroiſſe de notre Royaume, il y aura deux Regiſtres qui ſeront reputés „ tous deux authentiques & feront également foi en Juſtice, pour y inferer les Baptêmes, „ Mariages & Sepultures qui ſe feront dans le cours de chaque annee ; l'un deſquels continuera „ d'être tenu ſur papier timbré dans les pays où l'uſage en eſt preſcrit ; & l'autre ſera en „ papier commun, & ſeront leſdits deux Regiſtres fournis aux dépens de la Fabrique, un „ mois avant le commencement de chaque annee. *Declaration de 1736. Article 2.*
(b) „ Leſdits deux Regiſtres ſeront cottés par premier & dernier & paraphés ſur chaque „ feuillet, le tout ſans frais, par le Lieutenant Général ou autre premier Officier du „ Bailliage, Sénéchauſſée ou Siége Royal reſſortiſſant nûment en nos Cours, qui aura la „ connoiſſance des cas Royaux dans le lieu où l'Egliſe ſera située. Voulons que lorſqu'il y „ aura des Paroiſſes trop éloignées dans l'étendue dudit Siége, les Cures puiſſent s'adreſſer „ pour faire cotter & parapher leſdits Regiſtres, au Juge Royal qui ſera commis à cet effet, „ au commencement de chaque année, pour leſdits lieux par le Lieutenant Général ou autre „ premier Officier dudit Siége, ſur la requiſition de notre Procureur & ſans frais. *Ibidem,* *Article 2.*

ſont

ſont enfans de famille, en tutelle, curatelle, ou en puiſſance d'autrui, & y aſſiſteront quatre témoins qui déclareront ſur le Regiſtre s'ils ſont parens, de quel côté & à quel degré; & dans les Actes de Sepultures, ſera fait mention du jour du décès.

ARTICLE X.

Les Baptêmes, Mariages & Sepultures ſeront en un même Regiſtre, ſans laiſſer aucun blanc, & auſſi-tôt qu'ils auront été faits, ils ſeront écrits & ſignés par le pere, s'il eſt préſent, & par les parains & maraines; & les Actes de mariages, par les perſonnes mariées & par quatre de ceux qui y auront aſſiſté; les Sepultures par deux des plus proches parens ou amis qui auront aſſiſté au Convoi; & ſi aucuns d'eux ne ſçavent ſigner, ils le déclareront & ſeront de ce interpellés par le Curé ou Vicaire, dont ſera fait mention.

Ces deux Articles cumulent les formalités néceſſaires tant pour les Actes de Baptêmes, que pour ceux de Mariages & Sepultures.

La Déclaration de 1736. en donnant plus d'étendue à ces mêmes diſpoſitions, en a formé de ſéparées pour tout ce qui concerne chacun de ces Actes en particulier.

D'abord la Déclaration de 1736. preſcrit, de même que l'Ordonnance, l'inſcription ſur chacun des Regiſtres, de tous les Actes de Baptêmes, Mariages & Sepultures de ſuite & ſans blanc, & la ſignature de ceux qui doivent ſigner, le tout en même-tems que les Actes ſeront faits (*a*). Mais elle ne dit pas, comme notre Ordonnance, que les Actes de Baptêmes, Mariages & Sepultures ſeront écrits de ſuite ſur le même Regiſtre; ou du moins elle autoriſe l'uſage qui s'eſt introduit depuis

---

(*a*) „ Tous les Actes de Baptêmes, Mariages & Sepultures ſeront inſcrits ſur chacun deſdits „ deuxRegiſtres de ſuite & ſans blanc, & ſeront leſdits Actes ſignés ſur les deux Regiſtres „ par ceux qui les doivent ſigner; le tout en même-tems qu'ils ſeront faits. *Décl. de* 1736. *Art.* 3.

F f

l'Ordonnance dans plufieurs grandes Paroiffes de tenir des Regiftres féparés pour chaque genre d'Actes, afin d'éviter les inconvéniens que le mélange occafionnoit, lorfqu'il falloit trouver un Acte dans une multitude d'autres d'une nature toute différente (*a*).

A ces difpofitions générales pour les Actes de *Baptêmes*, *Mariages* & *Sepultures*, la Déclaration en ajoute de particulieres pour chacun de ces Actes.

Pour les Actes de *Baptêmes*, elle exige que l'on faffe mention du jour de la naiffance, du nom qui fera donné à l'enfant; de celui de fes pere & mere, parain & maraine; & en même-tems elle requiert la fignature fur les deux Regiftres de la part du pere, s'il eft préfent, celle du parain & de la maraine, s'ils fçavent ou peuvent figner : & en cela la Déclaration ne va point au-delà de l'Ordonnance. Mais (ce que ne prefcrivoit l'Ordonnance) la Déclaration aftreint celui qui aura adminiftré le Baptême à figner auffi, pour completter en quelque forte l'autenticité de l'Acte, par la fignature du Miniftre du Sacrement (*b*). La Déclaration a encore été plus loin que l'Ordonnance, en ce qu'elle a prévû le cas des ondoyemens; & elle prefcrit la forme, tant de l'Acte d'ondoyement que de l'Acte contenant Supplément des Cérémonies du Baptême. En conféquence, lorfqu'on ondoye un enfant, foit dans le cas de néceffité, foit par la permiffion de l'Evêque, la Déclaration diftingue, fi l'ondoyement a été fait ou par le Curé, Vicaire ou Defervant, ou par la Sagefemme ou autre. Dans la premiere hipothefe, le Curé, Vicaire ou Defervant font tenus d'en infcrire l'Acte incontinent fur les Regiftres. Dans la feconde, la Sagefemme ou autre perfonne qui aura ondoyé l'enfant, doivent, à peine d'amende, en avertir fur le champ le Curé ou Vicaire, à l'effet d'en infcrire l'Acte fur les Regiftres de la Paroiffe. Dans l'un & l'autre cas, l'Acte d'ondoyement doit faire mention du jour de la naiffance de l'enfant, du nom des pere & mere, & de celui qui l'aura ondoyé; & il doit être figné, tant par le Curé ou Vicaire que par celui qui aura fait l'ondoyement, & par le pere s'il eft préfent (*c*). Enfuite

(*a*) « Dans les Paroiffes ou autres Eglifes où il eft d'ufage de mettre les Actes de Baptêmes, » ceux de Mariages & ceux de Sepultures fur des Regiftres féparés, ledit ufage continuera, » d'être obfervé, à la charge néanmoins qu'il y aura deux originaux de chacun defdits » Regiftres féparés, & que les Actes feront infcrits & fignés en même-tems fur l'un & fur » l'autre, ainfi qu'il eft prefcrit ci-deffus. *Ibid. Art.* 16.

(*b*) « Dans les Actes de Baptêmes il fera fait mention du jour de la naiffance, du nom qui » fera donné à l'enfant, de celui de fes pere & mere, parain & maraine, & l'acte fera figné » fur les deux Regiftres, tant par celui qui aura adminiftré le Baptême, que par le pere s'il » eft préfent, le parain & la maraine, & à l'égard de ceux qui ne fçauront ou ne pourront » figner, il fera fait mention de la déclaration qu'ils en feront. *Ibidem*, *Art.* 4.

(*c*) « Lorfqu'un enfant aura été ondoyé en cas de néceffité, ou par permiffion de l'Evêque, » & que l'ondoyement aura été fait par le Curé, Vicaire ou Defervant, ils feront tenus d'en » inferer l'Acte incontinent fur lefdits deux Regiftres, & fi l'enfant a été ondoyé par la » Sagefemme ou autre, celui ou celle qui l'aura ondoyé feront tenus, à peine de dix livres » d'amende, qui ne pourra être remife ni modérée, & de plus grande peine en cas de récidive, » d'en avertir fur le champ lefdits Curé, Vicaire ou Defervant, à l'effet d'infcrire l'Acte » fur lefdits Regiftres, dans lequel Acte fera fait mention du jour de la naiffance de l'enfant, » du nom des pere & mere & de la perfonne qui aura fait l'ondoyement, & ledit Acte fera figné

quand les cérémonies du Baptême font fuppléées à l'enfant ondoyé, on doit en dreffer un Acte dans la même forme que les Actes de Baptêmes, avec cette feule différence que l'on y fait mention du jour de l'Acte d'ondoyement (*a*).

Quant aux Actes de célébration de *Mariages*, la Déclaration ne differe de l'Ordonnance qu'en deux points ; 10. En ce qu'elle ftatue que lorfque les Contractans ou l'un d'eux feront enfans de famille, en tutelle, curatelle, ou en la puiffance d'autrui, on doit énoncer dans l'Acte les confentemens de leurs peres, meres, tuteurs ou curateurs ; 20. En ce que, outre la fignature des Contractans & des temoins, celle du Prêtre qui célébrera le mariage, eft de plus requife par la Déclaration (*b*). Cette derniere Loi prévoit en outre le cas où la célébration du mariage fe feroit dans une Chapelle particuliere ou dans une Eglife non Paroiffiale, en vertu d'une permiffion canonique ; auquel cas les Regiftres de la Paroiffe dans l'etendue de laquelle ladite Eglife ou Chapelle feront fituées, doivent être apportés lors de la célebration, à l'effet d'y infcrire l'Acte (*c*). Elle défend enfin, fous les peines les plus rigoureufes, que l'on infcrive les Actes de mariages fur des feuilles volantes (*d*).

Enfin relativement aux Actes de *Sepultures*, la Déclaration ne fe contente point, ainfi que l'Ordonnance, que l'on y faffe mention du jour du décès ; elle veut de plus que l'on y énonce le nom & la qualité

,, fur lefdits deux Regiftres, tant par le Curé ou Deffervant, que par le pere s'il eft préfent, ,, ou par celui ou celle qui aura fait l'ondoyement ; à l'égard de ceux qui ne pourront ou ne ,, fçauront figuer, il fera fait mention de la declaration qu ils en feront. *Ibid. Art.* 5.

(*a*) ,, Lorfque les cérémonies du Baptême feront fuppléées, l'Acte en fera dreffe, ainfi qu'il ,, a été prefcrit ci-deffus pour les Baptêmes, & il y fera en outre fait mention du jour de ,, l'Acte d'ondoyement *Ibid. Art.* 6.

(*b*) ,, Dans les Actes de célébration de Mariages feront infcrits les noms, furnoms, âges, ,, qualités & demeures des Contractans, & il y fera marqué s'ils font enfans de famille, en ,, tutelle ou curatelle, ou en la puiffance d'autrui, & les confentemens de leurs pere & mere, ,, tuteurs ou curateurs ; y feront pareillement énoncés ; affifteront auffi aufdits Actes quatre ,, temoins dignes de foi & fçachant ecrire, s'il peut aifément s'en trouver dans le lieu qui ,, fçachent figner : leurs noms, qualites & domiciles feront pareillement mentionnés dans ,, lefdits Actes, & lorfqu'ils feront parens ou alliés des Contractans, ils déclareront de quel ,, côté & en quel degré, & l'Acte fera figné fur les deux Regiftres, tant par celui qui célé- ,, brera le mariage que par les Contractans, enfemble par lefdits quatre témoins ; & à l'egard de ,, ceux des Contractans ou defdits témoins qui ne pourront ou ne fçauront figner, il fera fait ,, mention de la déclaration qu'ils en feront. Voulons au furplus que tout ce qui a été prefcrit ,, par les Ordonnances, Edits, Declarations fur les formalités qui doivent être ,, obfervées dans la célébration des Mariages & dans les Actes qui en feront rediges, foit ,, exécuté felon fa forme & teneur, fous les peines y portées. *Ibidem, Art.* 7.

(*c*) ,, Lefdits Actes de célébration feront infcri s fur les Regiftres de l'Eglife Paroiffiale du ,, lieu où le mariage fera celébré ; & en cas que pour des caufes juftes & legitimes, il ait eté ,, permis de le celebrer dans un autre Eglife ou Chapelle, les Regiftres de la Paroiffe dans ,, l'etendue de laquelle ladite Eglife ou Chapelle feront fituées, feront apportés lors de la ,, célébration du mariage, pour y être l'Acte de ladite celébration infcrit. *Ibid Art.* 8.

(*d*) ,, Voulons qu'en aucun cas lefdits Actes de celébration ne puiffent être ecrits & fignés ,, fur des feuilles volantes ; ce qui fera exécuté, à peine d'être procede extraordinairement ,, contre le Curé ou autre Prêtre qui auront fait lefdits Actes, lefquels feront condamnés ,, en telle amende ou autre plus grande peine qu'il appartiendra fuivant l'exigence des cas, ,, & contre les Contractans, de decheance de tous les avantages & conventions portees par le ,, contrat de mariage ou autres Actes, même de privation d'effets civils, s'il y échet. *Ibidem, Art.* 9.

de la perſonne décedée, même par rapport aux enfans du plus bas âge ; & pour donner l'autenticité à l'Acte, elle preſcrit la ſignature de celui qui aura fait la Sepulture, outre celle de deux des plus proches parens ou amis qui auront aſſiſté à l'inhumation (*a*). Mais le Legiſlateur regnant n'a pas borné ſon attention à cette forme générale des Actes de *Sepultures* ; il eſt outte cela entré dans pluſieurs cas particuliers qui peuvent donner lieu à quelque extenſion de la regle générale, ou y apporter quelque exception. Ainſi lorſqu'il y a tranſport hors la Paroiſſe, il faut, aux termes de la Déclaration, rediger un Acte dans la même forme que celui de Sepulture ordinaire, & ajouter dans celui de Sepulture une mention du tranſport, afin de former entre les deux Actes de tranſport & de ſepulture, une relation entiere qui n'en faſſe qu'un même tout (*b*). D'un autre côté, la Déclaration ne permet point qu'on procede à l'inhumation d'un cadavre trouvé mort avec indices de mort violente, ſans une Ordonnance du Juge Criminel qui doit être datée dans l'Acte de Sepulture (*c*). Elle preſcrit pareillement, à l'égard de ceux auſquels la Sepulture Eccleſiaſtique n'eſt point accordée, une forme particuliere ; c'eſt de ne pouvoir être inhumés qu'en vertu d'une Ordonnance du Juge de Police contenant énonciation du jour du décès, du nom & qualité de la perſonne décedée ; & pour la conſervation de ces ſortes d'Ordonnances, il doit ſe tenir un Regiſtre particulier au Greffe, ſur lequel le Greffier délivre des Extraits aux Parties intereſſées (*d*).

(*a*) ,, Dans les Actes de Sepultures, il ſera fait mention du jour du décès, du nom & qualité ,, de la perſonne décedée ; ce qui ſera obſervé, même a l'egard des enfans de quelque âge que ,, ce ſoit, & l'Acte ſera ſigné ſur les deux Regiſtres, tant par celui qui aura fait la Sepulture, ,, que par deux des plus proches parens ou amis qui y auront aſſiſté, s'il y en a qui ſçachent ,, ou qui puiſſent ſigner ; ſinon il ſera fait mention de la déclaration qu'ils en feront. *Ibid. Art.* 10.

(*b*) ,, S'il y a tranſport hors de la Paroiſſe, il en ſera fait un Acte en la forme marquée ,, par l'Article précédent, ſur les deux Regiſtres de la Paroiſſe d'où le corps ſera tranſporte ; ,, & il ſera fait mention dudit tranſport dans l'Acte de Sepulture, qui ſera mis pareillement ,, ſur les deux Regiſtres de l'Egliſe où ſe fera ladite Sepulture. *Ibid. Art* 11.

(*c*) ,, Les corps de ceux qui auront été trouves morts avec des ſignes ou indices de mort ,, violente, ou autres circonſtances qui donnent lieu de ſoupçonner, ne pourront être ,, inhumés qu'en conſéquence d'une Ordonnance du Lieutenant Criminel ou autre premier Offi- ,, cier au Criminel, rendue ſur les Concluſions de nos Procureurs ou de ceux des Haut-Juſti- ,, ciers, après avoir fait les procedures & pris les inſtructions qu'il appartiendra à ce ſujet ;, ,, & toutes les circonſtances & obſervations qui pourront ſervir à indiquer ou deſigner l'état ,, de ceux qui ſeront ainſi décedés, & de celui ou leurs corps morts auront été trouves, ſeront ,, inſerés dans les Procès-verbaux qui en ſeront dreſſés ; deſquels Procès-verbaux enſemble ,, de l'Ordonnance dont ils auront été ſuivis, la minute ſera depoſée au Greffe, & ladite ,, Ordonnance ſera datée dans l'Acte de Sepulture qui ſera écrit ſur les deux Regiſtres de la ,, Paroiſſe, ainſi qu'il eſt preſcrit ci-deſſus, à l'effet d'y avoir recours quand beſoin ſera. *Ibid. Art.* 12.

(*d*) ,, Ne ſeront pareillement inhumés ceux auſquels la Sepulture Eccleſiaſtique ne ſera ,, point accordée, qu'en vertu d'une Ordonnance du Juge de Police des lieux, rendue ſur les ,, Concluſions de notre Procureur ou de celui des Hauts-Juſticiers, dans laquelle Ordon- ,, nance ſera fait mention du jour du décès & du nom & qualité de la perſonne decede ; & ,, ſera fait au Greffe un Regiſtre des Ordonnances qui ſeront données audit cas, ſur lequel ,, il ſera délivré des Extraits aux Parties intereſſees, en payant au Greffier le ſalaire porté par ,, l'Article 19. ci-après. *Ibid. Art.* 13.

ARTICLE XI.

Seront tenus les Curés ou Vicaires, six semaines après chacune année expirée, de porter ou d'envoyer sûrement la grosse & la minute du Registre signé d'eux & certifié véritable, au Greffe du Juge Royal qui l'aura cotté & paraphé; & sera tenu le Greffier de le recevoir & y faire mention du jour qu'il aura été apporté, & en donnera la décharge, après néanmoins que la grosse aura été collationnée à la minute qui demeurera au Curé ou Vicaire, & que le Greffier aura barré en l'un & l'autre tous les blancs & feuillets qui resteront, le tout sans frais; laquelle grosse de Registre sera gardée par le Greffier pour y avoir recours.

Ce n'étoit point assez de donner une forme probante & authentique aux Actes de Baptêmes, Mariages & Sepultures, en les revestissant de toutes les formalités qui pouvoient leur donner le caractère d'authenticité, & en les consignant dans des Registres publics. Il falloit de plus veiller à la conservation intacte de ces monumens respectables. Laisser ces Registres à la seule garde des Curés; la négligence, le changement des Titulaires, des accidens imprevûs pouvoient en occasionner la perte, & rendre inutiles les précautions de la Loi pour assurer par ce moyen la preuve litterale de l'état des hommes.

C'étoit pour parer à cet inconvénient que l'Ordonnance de 1667. vouloit que six semaines après l'expiration de chaque année, les Curés fussent tenus de faire porter au Greffe du Juge Royal une grosse de leur Registre de l'année précédente avec la minute, afin que le Greffier fît la collation de l'une sur l'autre. Après cette collation, le Greffier remettoit la minute au Curé, & gardoit la grosse dont il lui donnoit une décharge.

Mais la peine de faire cette grosse, & le tems qu'il falloit employer à cet effet, servoient souvent de prétexte aux Curés pour se dispenser d'en faire la remise au Greffe, ou du moins pour la différer. C'est ce qui a déterminé le Prince regnant, pour faire désormais cesser ces vains prétextes, d'adopter dans sa Déclaration de 1736. l'usage qui s'étoit introduit dans plusieurs Dioceses d'obliger les Curés à tenir deux Registres, dont tous les Actes fussent signés en même-tems par les Parties & sur l'un & sur l'autre. Par-là les deux Registres étant également originaux, & étant tous deux parfaits à la fin de chaque année, nul prétexte ne reste plus aux Curés pour se dispenser de faire apporter un de ces Registres au Greffe dans le tems prescrit, en gardant l'autre au Presbytere (a). Si lors de l'apport du Registre au Greffe, il se trouve des vuides ou quelque blanc, la Déclaration veut, de même que notre Ordonnance, qu'ils soient barrés par le Juge, & que le Greffier fasse mention sur le Registre apporté, du jour de l'apport & en donne décharge au Curé. Elle attribue pour cela au Juge un modique droit de 5 sols & au Greffier moitié ; cet honoraire est payé aux dépens des Fabriques, ou des Eglises ou Hôpitaux qui sont en possession d'avoir des Registres de cette nature(b).

Il ne faut pas perdre de vûe non plus que, suivant la nouvelle Declaration, ce n'est plus au Greffe du Juge Royal indistinctement que se fait l'apport des Registres : cette Loi n'en confie la conservation qu'aux seuls Bailliages, Sénéchaussées ou Siéges Présidiaux ressortissans nûment aux Cours, & qui ont la connoissance des cas Royaux dans le lieu où l'Eglise est située.

ARTICLE XII.

Après la remise du Registre au Greffe , il sera au choix des Parties , d'y lever les Extraits dont ils auront besoin , signés & expediés par le Greffier , ou de le compulser ès mains des Curés ou Vicaires , & y sera fait mention du jour de l'expedition & délivrance, à peine de nullité. Pour chacun desquels Extraits & Certificats , pourront tant les Curés ou Vicaires que les Greffiers prendre dix sols ès Villes esquelles il y a Parlement , Evéché ou Siege Présidial , & cinq sols ès

(a) ,, Dans six semaines au plus tard , après l'expiration de chaque année , les Curés, ,, Vicaires , Desservans, Chapitres , Superieurs de Communautés ou Administrateurs des ,, Hôpitaux , seront tenus de porter ou envoyer sûrement un desdits deux Registres au Greffe ,, du Bailliage , Senéchaussee ou Siége Présidial , ressortissant nûment en nos Cours, qui auront ,, la connoissance des cas Royaux dans le lieu où l'Eglise sera située. *Declaration de 1736.* *Article* 17

(b) ,, Lors de l'apport du Registre au Greffe, s'il y a des feuillets qui soient restés vuides, ,, ou s'il s'y trouve d'autres blancs , ils seront barrés par le Juge ; & sera fait mention par ,, le Greffier sur ledit Registre , du jour de l'apport , lequel Greffier en donnera ou envoyera ,, une décharge en papier commun aux Curés, Vicaires , Desservans, Chapitres , Superieurs ,, ou Administrateurs , pour raison de quoi sera donné pour tous droits cinq sols au Juge & ,, la moitie au Greffier , sans qu'ils puissent exiger ni recevoir davantage , à peine de concussion, ,, & sera ledit honoraire payé aux depens de la Fabrique ou des Eglises ou Hôpitaux qui ,, sont en possession d'avoir des Registres. *Ibidem , Article* 18.

autres , sans qu'ils puissent exiger ou recevoir plus grande somme , sous quelque pretexte que ce soit , à peine d'exaction.

La Déclaration de 1736. (*a*) laisse, de même que notre Article, le choix aux Parties de lever des Extraits de Baptêmes, Mariages, & Sepultures , soit sur le Régistre déposé au Greffe, soit sur celui qui reste entre les mains des Curés. Elle attribue aussi aux Greffiers & aux Curés les mêmes droits pour ces Extraits ; mais elle diffère en quelque chose de l'Ordonnance, sur la quotité de ce droit. Elle le fixe à 10 s. pour les Villes où il y a Parlement, Evêché ou Siége Présidial, de même que l'Ordonnance. Mais pour les autres lieux, elle distingue les Villes d'un rang inférieur à celles-ci devant énoncées, d'avec les simples Bourgs & Villages. Quant à ces Villes, elle porte le droit d'Extrait à 8 s. & elle ne conserve la fixation de l'Ordonnance à 5 s. que pour les Paroisses des Bourgs & Villages.

A R T I C L E   X I I I.

Enjoignons à tous Curés ou Vicaires , Marguilliers, Custodes & autres Directeurs des Œuvres & Fabriques , aux Maîtres & Administrateurs, Recteurs & Supérieurs Ecclésiastiques des Hôpitaux & tous autres, pour les lieux où il y aura eû Baptêmes, Mariages & Sépultures , chacun à son égard, de satisfaire à tout ce que dessus ; à peine d'y être contraints , les Ecclésiastiques par saisie de leur temporel , & à peine de vingt livres d'amende contre les Marguilliers & autres personnes Laïques en leur nom.

(*a*) ,, Il sera au choix des Parties intéressées de lever des Extraits des actes de Baptêmes, Ma-
,, riages , ou Sepultures , soit sur le Regístre qui sera au Greffe , soit sur celui qui restera en-
,, tre les mains des Curés , Vicaires, Desservans , Chapitres , Supérieurs ou Administrateurs ,
,, pour lesquels Extraits il ne pourra être pris par lesdits Greffiers ou par lesdits Curés ou
,, autres ci-dessus nommés , que dix sols pour les Extraits des Régístres des Paroisses établies
,, dans les Villes où il y aura Parlement , Evêché ou Siége Présidial ; huit sols pour les Ex-
,, traits des Regístres des Paroisses des autres Villes , & cinq sols pour les Extraits des Regís-
,, tres des Paroisses des Bourgs & Villages ; le tout y compris le papier timbre ; defendons
,, d'exiger ni recevoir plus grande somme , à peine de concussion. *Déclar. de 1736. art. 16.*

La Déclaration de 1736. est encore plus formelle & plus positive que notre Ordonnance, sur les peines attachées à l'inobservation de ses dispositions sur un objet aussi important. Elle punit les Laïcs d'une amende de 10 liv. & les Ecclésiastiques d'une aumône de pareille somme, & les uns & les autres peuvent, outre cela, être condamnés en tels dépens, dommages & intérêts qu'il plaît au Juge d'arbitrer suivant les cas. Les Laïcs sont contraignables pour le payement par toutes voyes dûes & raisonnables, & les Ecclésiastiques par saisie de leur temporel. Ils sont tenus de plus du remboursement des déboursés faits par la partie publique, en cas de poursuite de sa part. La récidive ou certaines circonstances aggravantes les mettent dans le cas de plus grandes peines qui sont laissées à la prudence du Juge (a).

A R T I C L E   XIV.

Si les Régistres sont perdus, ou qu'il n'y en ait jamais eû, la preuve en sera reçûe tant par titres que par témoins ; & en l'un & l'autre cas, les Baptêmes, Mariages & Sépultures pourront être justifiés, tant par les Régistres ou Papiers domestiques des peres & meres décédés, que par témoins ; sauf à la partie de vérifier le contraire, même à nos Procureurs sur les lieux, quand il s'agira de capacités des Bénéficiers, réceptions, sermens & installations aux charges & offices.

Cet article permet la preuve des actes de Baptêmes, Mariages & Sépultures, tant par les papiers domestiques, que par témoins dans deux cas ; d'abord lorsque les Régistres sont perdus ; en second lieu, lorsqu'il n'y en a jamais eû.

(a) ,, En cas de contravention aux dispositions de notre présente Déclaration, qui concernent ,, la forme des Régistres & celle des actes qui y seront contenus, la remise desdits Régistres a ,, ceux qui en doivent être chargés & l'apport qui en doit être fait au Greffe des Jurisdictions ,, Royales, voulons que les Laïcs soient condamnés en 10. liv. d'amende, & les Curés ou au- ,, tres personnes Ecclésiastiques en 10 liv. d'aumône, applicables à telle œuvre pie que les Ju- ,, ges estimeront à propos, & les uns & les autres en tels depens, dommages & intérêts qu'il ,, appartiendra ; au payement desquels, ensemble de ladite aumône, lesdites personnes Ecclé- ,, siastiques pourront être contraintes par saisie de leur temporel, & les Laïcs par toutes voyes ,, dues & raisonnables, même les uns & les autres, au payement des déboursés de nos Procu- ,, reurs, ou de ceux des Haut-Justiciers, en cas de poursuite de leur part ; laissant à la pru- ,, dence des Juges de prononcer de plus grandes peines, selon l'exigence des cas, notamment ,, en cas de récidive. *Déclar. de* 1736. *art.* 39.

Mais

Mais il eſt très - difficile, pour ne pas dire preſque impoſſible, que ces deux cas ſe rencontrent, ſi ce n'eſt pour des tems anterieurs à l'Ordonnance de 1667. Car, au moyen des précautions priſes par cette Ordonnance, pour aſſurer la tenue des Régiſtres, & pour en perpetuer la conſervation, il faudroit un cas bien extraordinaire pour que les deux doubles ou du moins la minutte & l'original ſe trouvâſſent en même tems adhirés.

Comme cette perte ſeroit plus à craindre rélativement aux doubles des Regiſtres qui reſtent dans les Presbyteres, que par rapport à ceux qui ſont dépoſés au Greffe, ſur-tout dans les changemens de Curés, la Déclaration de 1736. a pris de nouvelles précautions, pour que ces changemens ne cauſâſſent aucune alteration dans un dépôt auſſi intéreſſant pour la ſocieté, que l'eſt celui des Régiſtres de Baptêmes, Mariages & Sepultures.

Pour cela cette Déclaration dans le cas de changement de Curé ou Deſſervant, impoſe à l'ancien Curé ou Deſſervant la néceſſité de remettre à ſon ſucceſſeur, les Régiſtres qu'il a en ſa poſſeſſion & d'en tirer une décharge dans laquelle ſeront ſpecifiés le nombre & les années des Régiſtres ; ſans quoi il en demeure toujours chargé. *(a)*

Si le Curé ou le Deſſervant viennent à déceder, le Juge du lieu, ſur la requiſition du Procureur du Roi ou Fiſcal, eſt obligé d'aller dreſſer Procès - verbal du nombre & de l'état des Régiſtres qui étoient en la poſſeſſion du défunt & de les parapher au commencement & à la fin *(b)* ; enſuite d'enfermer les anciens Régiſtres au Presbytere ou autre lieu ſûr, dans un coffre ou armoire fermante à clef laquelle doit être dépoſée au Greffe ; à l'égard des Régiſtres de l'année courante, le Juge, attendu le beſoin journalier que l'on en a, doit les remettre à l'Archidiacre ou au Doyen Rural, des mains duquel le Curé ſucceſſeur doit les retirer, lors de ſa priſe de poſſeſſion. Dans le même tems, on lui fait pareillement remiſe de la clef du coffre & armoire & des anciens Régiſtres qui s'y trouvent renfermés. *(c)*

(a) ,, En cas de changement de Curé ou Deſſervant, l'ancien Curé ou Deſſervant ſera tenu ,, de remettre à celui qui lui ſuccedera les Régiſtres qui ſont en ſa poſſeſſion, dont il lui ſera ,, donné une décharge en papier commun, contenant le nombre & les années deſdits Régiſtres. ,, *Déclar.* de 1736. *art.* 20.
(b) ,, Lors du décès des Curés ou Deſſervans, le Juge du lien ſur la requiſition de notre ,, Procureur, ou de celui des Hauts-Juſticiers, dreſſera Procès-verbal, du nombre des années ,, des Régiſtres qui étoient en la poſſeſſion du défunt, de l'état où il les aura trouvés, ou des ,, défauts qui pourroient s'y rencontrer ; chacun deſquels Régiſtres il paraphera au commen- ,, cement & à la fin. *Ibid. art.* 21.
(c) ,, En cas qu'il ait été appoſé un ſcellé ſur les effets des Curés, Vicaires, ou Deſſervans ,, décédés, leſdits Régiſtres ne pourront être laiſſés ſous le ſcellé ; mais ſeront les anciens ,, Régiſtres enfermés au Presbytere, ou autre lieu ſûr, dans un coffre ou armoire fermant à ,, clef, laquelle ſera dépoſée au Greffe, & les Régiſtres doubles de l'année courante ſeront remis ,, entre les mains de l'Archidiacre ou du Doyen Rural, ſuivant les uſages des lieux ; lequel ,, remettra enſuite leſdits Régiſtres doubles au Curé ſucceſſeur, ou à celui qui ſera nommé ,, Deſſervant, des mains duquel ledit Curé ſucceſſeur les retirera lors de ſa priſe de poſ- ,, ſeſſion ; auquel tems lui ſera pareillement remiſe la clef du coffre ou de l'armoire où les ,, anciens Régiſtres auront été enfermés, enſemble leſdits anciens Régiſtres ; & ce, ſans au- ,, cuns frais. *Ibid. art.* 23.

Gg

Enfin comme il pourroit arriver que le Juge n'eût pas été auffi exact à remplir le vœu de la loi qu'il le doit pour affurer la confervation des Régiftres, en cas de mort des Curés, la même Déclaration enjoint aux heritiers ou ayans caufe des Curés & autres qui, fous quelque prétexte & à quelque titre que ce fût, auroient en leur poffeffion aucunes minutes ou groffes des Régiftres, de les remettre aux Greffes des Jurifdictions qui en doivent être Dépofitaires; à peine d'y être contraints, fçavoir les Ecclefiaftiques par faifie de leur temporel, les Dépofitaires publics par corps, & tous autres, par toutes voyes dûes & raifonnables. (*a*)

ARTICLE XV.

Sera tenu Régiftre des Tonfures, des Ordres mineurs & facrés, Vêtures, Noviciats & Profeffions de vœux; fçavoir aux Archevêchés & Evêchés, pour les Tonfures, Ordres mineurs & facrés; & aux Communautés Régulieres, pour les Vêtures, Noviciats & Profeffions, lefquels Régiftres feront en bonne forme, reliés & les feuillets paraphés par premier & dernier par l'Archevêque ou Evêque, ou par le Superieur ou la Supérieure des Maifons Religieufes, chacun à fon égard; & feront approuvés par un Acte capitulaire inferé au commencement du Régiftre.

La Déclaration de 1736. a diftingué les Régiftres deftinés aux Actes de collation des Tonfures, Ordres mineurs & facrés, d'avec ceux ou doivent s'infcrire les Actes de Vêtures, Noviciats & Profeffions, que l'Ordonnance a confondus les uns avec les autres.

Quant aux premiers, la Déclaration fe contente, de même que l'Ordonnance, qu'il foit tenu aux Archevêchés & Evêchés, des Ré-

---

(*a*) ,, Les héritiers ou ayant caufe des Curés ou autres Dépofitaires des Régiftres men-
,, tionnés en la prefente Déclaration, & généralement tous ceux qui auroient en leur poffef-
,, fion, à quelque titre ou fous quelque prétexte que ce foit, aucunes minutes ou groffes des
,, Régiftres dont ils ne doivent point être Dépofitaires, feront tenus . . . . de les remettre
,, aux Greffes des Jurifdictions mentionnées audit Article; finon ils y feront contraints à la
,, requête de nos Procureurs aufdites Jurifdictions; fçavoir les Ecclefiaftiques par faifie de
,, leur temporel; ceux qui font ou qui en ont été Dépofitaires publics, par corps; & tous
,, autres, par toutes voyes dûes & raifonnables, & feront en outre condamnés, en telle amen-
,, de qu'il appartiendra, même fera procedé extraordinairement contre eux, s'il y échet.
,, *Ibid.* art. 31.

guires pour les Tonsures, Ordres mineurs & sacrés dont les feuillets soient cottés par premier & dernier & paraphés par l'Archevêque ou Evêque. *(a)*

Mais la Déclaration a porté plus loin son attention pour les Actes de Vêtures, Noviciats & Professions, dont l'objet, étant de retrancher de la société civile un Citoyen, méritoit par cela même un redoublement de soins, pour empêcher le déperissement d'Actes aussi essentiels au repos des familles. C'est pourquoi la nouvelle loi ne s'en tient point à cet égard aux Régistres qui se conservent dans les Communautés Religieuses, & qu'elles seroient maîtresses de supprimer & de faire disparoître, quand bon leur sembleroit ; elle exige qu'il soit tenu deux doubles de ces Régistres, tous deux également originaux, tous deux également signés des Parties, & que, six semaines après l'expiration des années pendant lesquelles ces Régistres doivent servir à l'inscription des Actes de Vêtures, Noviciats & Professions, l'apport d'un des doubles soit fait au Greffe du Bailliage ou Sénéchaussée, de même que pour les Régistres de Baptêmes, Mariages & Sépultures. *(b)*

ARTICLE XVI.

Chacun Acte de Vêture, Noviciat & Profession, sera écrit de suite, sans aucun blanc, & signé tant par le Supérieur & Supérieure, que par celui qui aura pris l'habit, ou fait profession, par deux des plus proches parens & amis qui y auront assisté ; dont le Supérieur ou la Supérieure seront tenus de délivrer Extrait vingt-quatre heures après qu'ils en auront été requis.

Notre Ordonnance ne prescrit rien sur la forme des Actes de Vêtures, Noviciats & Professions ; si ce n'est qu'elle exige qu'ils soient signés

---

(a) ,, Seront tenus, aux Archevêchés & Evêchés, des Régistres pour les Tonsures & Ordres ,, mineurs & sacrés, lesquels seront cottés par premier & dernier , & paraphés sur chaque feuil- ,, let par l'Archevêque ou l'Evêque. *Déclar. de 17 6. art. 31.*

,, *(b)* ,, Dans les Maisons Religieuses , il y aura deux Régistres en papier commun , pour ins- ,, crire les actes de Vêtures , Noviciats & Professions , lesquels Régistres seront cottés par ,, premier & dernier & paraphés à chaque feuillet par le Supérieur ou la Supérieure , à quoi ,, faire ils seront autorisés par un acte capitulaire qui sera inséré au commencement de chacun ,, desdits Régistre. *Ibid. art. 75.*

,, Lesdits Régistres serviront pendant cinq années consécutives ; & l'apport au Greffe s'en ,, fera, sçavoir pour les Régistres qui seront faits en exécution de la présente Declaration, ,, dans six semaines , après la fin de l'année 1751. ensuite de cinq ans en cinq ans. Sera au ,, surplus observé tout le contenu aux articles 17. & 18 ci-dessus sur l'apport des Régistres & ,, la décharge qui en sera donnée au Supérieur ou Supérieure. *Ibid. art. 28.*

G g ij

du Supérieur ou de la Supérieure, de celui qui prend l'habit ou fait Profession, enfin de deux des plus proches parens ou amis qui assisteront à la cérémonie. La Déclaration de 1736. a encore enchéri dans cette partie sur l'Ordonnance. Elle veut outre cela que ces Actes soient inscrits en François sur chacun des deux Régistres ; qu'il y soit fait mention du nom, surnom & âge de celui ou celle qui prend l'habit ou fait Profession, des noms, qualités & domiciles de ses peres & meres, du lieu de son origine & du jour de l'Acte, & qu'enfin, à la signature de ceux qui sont dénommés dans l'Ordonnance, soit ajoutée celle de l'Evêque ou autre personne Ecclesiastique qui aura fait la cérémonie. (a)

ARTICLE XVII.

Les Grands-Prieurs de l'Ordre de Saint Jean de Jerusalem seront tenus dans l'an & jour de la Profession faite par nos Sujets dans l'ordre, de faire régistrer l'acte de Profession ; & à cette fin, enjoignons au Secretaire de chaque Grand-Prieuré, d'avoir un Régistre relié, dont les feuilles seront pareillement paraphés par premiere & derniere par les Grands-Prieurs, pour y être écrit la copie des actes de Profession, & le jour auquel elles auront été faites, & l'acte d'enrégistrement signé par le Grand-Prieur pour être délivré à ceux qui le requerront ; le tout à peine de saisie du temporel.

La Déclaration de 1736. est exactement conforme à cet Article ; elle enjoint de même aux Grands-Prieurs de l'Ordre de Malthe de faire regîtrer dans l'an & jour les actes de Profession des Sujets du Roi dans l'Ordre, aux Secretaires de chaque Grand-Prieuré d'avoir un Régistre cotté & paraphé pour y inscrire la copie des actes de Profes-

---

(a) „ Tous les actes de Vêture, Noviciat & Profession, seront inscrits en François, sur
„ chacun desdits deux Régistres, de suite & sans aucun blanc, & lesdits actes seront signés sur
„ lesdits deux Régistres, par ceux qui les doivent signer, le tout en même tems qu'ils seront
„ faits, & en aucuns cas lesdits actes ne pourront être inscrits sur des feuilles volantes. *Déclar. de 1736. art.* 26.
„ Dans chacun desdits actes, il sera fait mention du nom & surnom & de l'âge de celui ou
„ de celle qui prendra l'habit ou qui fera Profession ; des noms, qualités & domiciles de ses
„ pere & mere, du lieu de son origine & du jour de l'acte, lequel sera signé sur les deux Régis-
„ tres, tant par le Supérieur ou la Supérieure, que par celui ou celle qui prendra l'habit ou
„ fera Profession, ensemble par l'Evêque ou autre personne Ecclésiastique qui aura fait la cé-
„ rémonie, & par deux des plus proches parens ou amis qui y auront assisté. *Ibid. art.* 27.

fion, & pour en être délivré des Extraits à ceux qui le requerront ; le tout à peine de faifie du temporel.

La feule difference confifte en ce que l'Ordonnance vouloit que les Régiftres fûffent cottés & paraphés, & que l'Acte d'enregiftrement fût figné par le Grand Prieur, limitativement. Mais comme le Grand-Prieuré peut être vacant ; que d'ailleurs, en le fuppofant rempli, le Grand-Prieur peut être abfent ou avoir quelqu'autre empêchement légitime, la Déclaration autorife celui qui remplira les fonctions de Grand-Prieur, *en cas d'abfence ou autre empêchement legitime*, à cotter & parapher les Régiftres & à figner les Actes d'enrégiftrement. (a)

ARTICLE XVIII.

Permettons à toutes perfonnes qui auront befoin des Actes de Baptêmes, Mariages & Sépultures, Ton-fures, Ordres, Vêtures, Noviciats ou Profeffions, de faire compulfer tous les Régiftres entre les mains des Dépofitaires, lefquels feront tenus de les repré-fenter, pour en être pris des Extraits ; & à ce faire contraints, nonobftant tous privileges & ufages contrai-res ; à peine de faifie du temporel, & de privation de leurs droits, exemptions & privileges à eux accordés par Nous & nos Prédéceffeurs.

Cet Article fe trouve rapporté prefque mot pour mot dans la Déclaration de 1736. dont l'Article 33. eft conçû ainfi qu'il fuit : *Permettons à toutes perfonnes qui auront droit de lever des Actes, foit de Baptêmes, Mariages ou Sépultures, foit de Vêture, Noviciat, Profeffion, ou enregiftre-ment des Profeffions dans l'Ordre de Saint Jean de Jerufalem, foit de Ton-fures & Ordres mineurs ou facrés, de faire compulfer les Régiftres entre les mains des Dépofitaires d'iceux, lefquels feront tenus de les repréfenter, pour en être pris des Extraits ; & à ce faire contraints, nonobftant tous privile-ges & ufages contraires, à peine de faifie du temporel, & de privation des droits, exemptions & privileges à eux accordés par Nous ou par nos Pré-déceffeurs.*

(a) « Les Grands-Prieurs de l'Ordre de Saint Jean de Jerufalem, feront tenus dans l'an & jour » de la Profeffion faite par nos Sujets dans ledit Ordre, de faire régiftrer l'acte de Profeffion, » & à cette fin enjoignons au Secretaire de chaque Grand-Prieure, d'avoir un Régiftre » dont les feuillets feront cottés par premier & dernier, paraphés fur chaque feuillet par le » Grand-Prieur ou par celui qui en remplira les fonctions, en cas d'abfence ou autre empê-» chement legitime, pour y être écrit la copie des actes de Profeffion & leur date, & l'acte » d'enregiftrement figné par le Grand-Prieur, ou par celui qui en exercera les fonctions, pour » être délivrés à ceux qui le requerront ; le tout à peine de faifie du temporel.

TITRE XXI.

DES DESCENTES SUR LES LIEUX,

TAXE DES OFFICIERS

QUI IRONT EN COMMISSION, NOMINATION

ET RAPPORT D'EXPERTS.

QUAND les Parties ne font point d'accord
fur l'état, la fituation ou la difpofition de
l'héritage ou du lieu qui fait l'objet du Procès, les
Juges ne peuvent alors fe déterminer définitivement, fans que l'un d'eux fe foit tranfporté fur le
lieu avec les Parties, qu'il n'ait entendu & conftaté
par un Procès-verbal les difficultés refpectives fur le
lieu même ; afin que les idées des Juges étant pleinement éclaircies par ce Procès - verbal du lieu,
leur Jugement définitif puiffe porter fur un fondement folide. C'eft da s ces fortes de cas qu'on ordonne qu'il fera fait *defcente* par l'un des Juges à ce
Commis, pour dreffer Procès-verbal de l'état des
lieux, & que pardevant lui les Parties contefteront
fur tels & tels faits. On fe contente quelquefois d'ordonner, que defcription fera faite de la figure des
lieux par un Arpenteur ou un Deffinateur dont les
Parties conviendront.

Mais lorfqu'il ne s'agit que d'un fait qui peut être
conftaté par le rapport de perfonnes expérimentés,
comme lorfqu'il n'eft queftion que de fçavoir fi des
Ouvrages de Maçonnerie, de Charpente ou autres
de cet.e nature ont été bien faits, fi des étoffes font

de bonne Fabrique, ou enfin s'il eft queftion d'efti-
mer un dommage fouffert ; on prend alors le parti
d'ordonner que le lieu ou la chofe feront vûs & *vifités par Experts* ou gens à ce connoiffans, dont les
Parties doivent convenir.

Les Articles qui compofent le préfent titre, ont
pour objet de fixer la forme dans laquelle doivent
fe faire, foit la *defcente* fur les lieux, foit la vifite *des
Experts*, & de regler la taxe des Officiers qui y font
employés ; c'eft ce qui va fe manifefter davantage
par la difcuffion particuliere de chacun de ces Articles.

Article Premier.

*Les Juges, même ceux de nos Cours, ne pourront
faire defcente fur les lieux dans les matieres où il n'é-
chet qu'un fimple rapport d'Experts, s'ils n'en font
requis par écrit par l'une ou l'autre des Parties, à
peine de nullité, de reftitution de ce qu'ils auront reçu
pour leurs vacations, & de tous dépens, dommages &
intérêts.*

On ordonnoit des *defcentes*, auparavant l'Ordonnance, de deux manieres : ou *d'office*, ou *fur la requifition de l'une des Parties*.

En effet il arrivoit fouvent que les Parties s'imaginant que leurs Juges devoient avoir, de la chofe contentieufe, une connoiffance auffi
pleine & auffi entiere qu'elles-mêmes, elles ne fongeoient pas même à
requerir cette defcente. Néanmoins lorfque la queftion étoit portée au
Tribunal, les Juges ne pouvant fe déterminer fans une inftruction
particuliere fur l'état des lieux, ordonnoient d'office une defcente.

Mais comme les defcentes occafionnent beaucoup de frais aux Parties ; que d'ailleurs la préfence du Juge y eft fouvent peu néceffaire ,
du moins dans les cas ordinaires; l'Ordonnance a cherché à les reftraindre autant qu'il a été poffible. C'eft le but qu'elle s'eft propofé, en
abrogeant les defcentes qui s'ordonnoient d'office, dans la crainte que
les Juges aveuglés par un vil intérêt perfonnel, ne fe portâffent à en
abufer, en les ordonnant avec trop de facilité.

. Ainfi nous ne connoiffons plus de defcentes, depuis l'Ordonnance, que celles qui font requifes par les Parties. On préfume & on doit préfumer qu'elles ne fe jetteront point de gaité de cœur dans les frais qu'une defcente occafionne, fi elles ne la croyent abfolument nécef- faire. D'un autre côté la requifition de l'une des Parties à cet égard eft fujette à contredit de la part de fon adverfaire ; de telle forte que s'il en contefte la néceffité, c'eft aux Juges à prononcer fur l'incident, & à décider fi l'on peut fe difpenfer de la faire, & s'il fuffiroit, pour éclairer la Religion des Juges, d'ordonner un fimple rapport d'Expert, ou un plan figuré des lieux par un Arpenteur convenu entre les Par- ties.

Pour requerir une defcente, il faut préfenter une Requête fur laquelle on plaide à l'Audience, fi la conteftation principale y eft pendante. Si l'affaire eft appointée, on joint la Requête au procès, & l'on y fait droit en jugeant.

ARTICLE II.

Les Raporteurs des procès pendans en nos Cours, Requêtes de notre Hôtel & du Palais, ne pourront être commis pour faire les defcentes ordonnées à leur raport ; mais fera commis par le Préfident un des Ju- ges qui aura affifté au Jugement, ou à leur refus, un autre Confeiller de la même Chambre ; ce qui fera auffi obfervé & gardé en l'Audience.

ARTICLE III.

Dans les Bailliages, Sénéchauffées, Préfidiaux & autres Siéges l'ordre du tableau fera gardé, à com- mencer par le Lieutenant Général & autres principaux Officiers, & les Confeillers qui auront affifté en l'Au- dience, ou au raport de l'Inftance.

ARTICLE IV.

Les Commiffaires pour faire les defcentes feront nommés

nommés par le même Arrêt ou Jugement qui les or-
donnera.

Ces trois Articles concernent ceux d'entre les Juges qui peuvent
être nommés Commissaires pour les Descentes. On y distingue, sur ce
point, les Cours Souveraines, d'avec les Justices inférieures.

Dans les Cours Souveraines & aux Requêtes de l'Hôtel & du Palais
qui en font partie, bien qu'on n'y juge qu'à la charge de l'appel, les
Raporteurs font exclus du droit d'être commis pour les Descentes ordonnées à leur raport. On a voulu vraisemblablement éviter par-là que
l'esperance d'être nommés Commissaires, ne les rendît trop faciles à opiner pour une Descente. D'un autre côté, comme tous les Membres
d'une Jurisdiction n'ont point les talens & la sagacité propres à ces fortes d'opérations, le Président est le maître du choix.

Il n'en est pas de même dans les Bailliages, Sénéchaussées, Présidiaux & autres Tribunaux inférieurs ; la crainte que le premier Officier de ces Juges n'usât point de cette liberté de choix avec la fagesse
& le désintéressement convenables,. la distribution de ces sortes de
Commissions y a lieu de droit suivant l'ordre du tableau, à commencer
par le premier Officier, & ainsi successivement ; mais seulement entre
les Conseillers qui ont assisté au Jugement qui a ordonné la Descente.

Enfin une formalité en matiere de Descentes, qui est commune à toutes les Jurisdictions soit inférieures, soit souveraines, c'est qu'il faut que
la nomination du Commissaire se fasse par le même Jugement, qui ordonne la Descente, afin de ne point multiplier les Jugemens fans nécef-
sité.

A R T I C L E V.

Les Commissaires ne pourront faire les Descentes
fans la requisition de l'une des Parties, & fera tenue
la Partie requerante, consigner les frais ordinaires.

A R T I C L E VI.

L'Arrêt ou Jugement qui ordonnera la Descente,
& la Requête portant requisition pour y proceder, fe-
ront remis pardevers le Commissaire, qui donnera fur
la premiere assignation un jour & lieu certain pour s'y
trouver ; le tout signifié à la Partie ou à son Procu-
reur : & fera tenu le Commissaire de partir dans le mois

du jour de la requifition ; autrement fera fubrogé un autre en fa place , fans que le tems du voyage puiffe être prorogé à peine de nullité & de reftitution.

Si la Defcente ne peut être *ordonnée* d'office & fans la requifition préalable de l'une des Parties , à combien plus forte raifon ne peut·elle être *effectuée* , fans cette même requifition ? En effet le Commiffaire ne peut pas feul & fans être affifté des Parties , dreffer un Procès-verbal capable de répandre les lumieres que la Juftice a cherché à fe procurer par la Defcente. Ce font les dires , les réponfes, les obfervations refpectives des Parties fur le lieu même , corroborés des Remarques particulieres du Commiffaire , qui peuvent feuls former un corps de preuve ; & il faut pour cela que la Partie qui a interêt de pourfuivre , demande la Defcente & mette l'autre Partie en demeure d'y affifter. A cet effet elle doit commencer par configner les frais ordinaires de Defcente , enfuite préfenter une Requête à l'effet d'y être procedé. Cette Requête mife ès mains du Commiffaire avec le Jugement qui ordonne la Defcente , le Commiffaire rend une Ordonnance indicative du jour & du lieu où l'on doit fe trouver. En conféquence la Partie requerante fait fignifier l'Ordonnance aux autres Parties , avec affignation pour fe trouver au jour & lieu indiqués : cette affignation peut être donnée ou au domicile de la Partie ou à celui du Procureur , comme faifant partie de la Procedure.

Le Commiffaire ne peut pas prolonger la Defcente plus long-tems que le mois de la requifition. Paffé ce tems, on en fubroge un autre en fa place. Le tems du voyage une fois indiqué , il ne peut non plus être prorogé ; ce qui eft contraire aux anciennes Ordonnances , & notamment à celles de Charles VII. & de Louis XII. raportées dans le Code Henry , Livre 2. titre 22. fuivant lefquelles on renvoyoit toutes les Commiffions , au tems des Vacations , afin que le fervice de la Chambre ne fût point interrompu par l'abfence des Officiers. Mais on a confideré depuis, que ces retardemens n'étoient véritablement que pour l'interêt des Juges , & qu'ils étoient très-préjudiciables aux Parties , par une fufpenfion de huit ou neuf mois qui pouvoit arriver dans les procès par ce moyen. C'eft pourquoi comme depuis ces fiécles reculés , on a augmenté le nombre des Officiers dans chaque Tribunal , & qu'il n'eft plus conféquemment à craindre que l'abfence de quelques-uns d'entr'eux par raport aux Commiffions particulieres , caufe aucune interruption dans le fervice, on a mis des bornes légitimes à l'exécution de ces Commiffions.

Le défaut d'obfervation de ces formalités , emporte avec foi la peine de nullité , & la reftitution de ce qui pourroit avoir été reçû.

A R T I C L E VII.

S'il y a caufes de recufation contre le Commiffaire,
elles feront propofées trois jours avant fon départ,
pourvû que le jour du départ ait été fignifié huit jours
auparavant ; autrement fera paffé outre par le Com-
miffaire, & ce qui fera fait & ordonné, exécuté non-
obftant opofitions ou apellations, prifes à partie & re-
cufations, même pour caufes depuis furvenues ; fauf
à y faire droit, après le retour du Commiffaire.

Une Partie qui a intérêt de s'envelopper dans les ténèbres, & qui a
lieu de craindre les éclairciffemens que doit répandre dans la conteftation un Procès-verbal de Defcente, met fouvent tout en œuvre pour
l'empêcher. Dans cette vûe, elle attend quelquefois au dernier moment
du départ du Commiffaire, pour le recufer ou pour le prendre à partie.
Notre Ordonnance y pourvoit, en ftatuant que les recufations ne pourront être propofées que trois jours au moins avant le départ. Mais il
faut pour cela que ce départ ait été indiqué au moins huit jours auparavant par une fignification juridique, fans quoi on ne peut imputer aucune faute ni aucune négligence à une Partie qui ignoroit le départ ou
qui n'en avoit point été avertie à tems, pour n'avoir pas plutôt propofé
fes moyens de recufation.

Mais auffi lorfqu'après avoir été avertie à tems, elle n'a pas profité
du délai de l'Ordonnance pour mettre au jour fes caufes de recufation,
l'oppofition qu'elle peut faire par la fuite, même la prife à partie &
l'appel, n'empêchent point le Commiffaire de paffer outre au Procès-
verbal de Defcente; & tout ce qu'il ordonne à cet égard, a fon exécution
provifoire, *comme faifant partie de l'inftruction ;* fauf enfuite, & après
la Defcente achevée, à faire droit, s'il y a lieu, fur la prife à partie ou
les moyens de recufation propofés.

A R T I C L E VIII.

Les Jugemens qui ordonneront que les lieux &
ouvrages feront vûs, vifités, toifés ou eftimés par
Experts, feront mention expreffe des faits fur lefquels
les raports doivent être faits, du Juge qui fera commis

pour proceder à la nomination des Experts, recevoir leur serment & raport, comme aussi du délai dans lequel les Parties devront comparoir pardevant le Commissaire.

Les descentes sont devenues beaucoup moins frequentes depuis l'Ordonnance, qu'elles ne l'étoient auparavant. Maintenant l'on se borne le plus ordinairement à ordonner que les lieux contentieux seront vûs & visités par Experts, & leur raport sert de base au Jugement définitif.

Le présent Article exige trois choses dans le Jugement interlocutoire qui ordonne le raport d'Experts.

1°. Qu'il y soit fait mention expresse des faits sur lesquels le raport doit être fait; afin que les Experts sçachant précisément le point de difficulté qui arrête les Juges, ne s'en écartent point dans leur raport, & réunissent au contraire tous leurs efforts & toutes leurs connoissances pour administrer sur ce point à la Justice les éclaircissemens dont elle a besoin.

2°. Il faut que le Jugement même dénomme le Commissaire devant qui les Experts doivent être nommés & doivent prêter serment; afin d'éviter aux Parties les frais & les longueurs d'un second Jugement qui n'auroit pour objet que cette nomination de Commissaire.

3°. Enfin il est requis que le même Jugement marque le délai dans lequel les Parties devront comparoir devant le Commissaire. Dans le projet de cet Article & avant qu'il fût arrêté, on vouloit même que l'heure & le jour fussent désignés dans le Jugement. Mais Messieurs les Députés du Parlement ayant fait sentir l'espece d'impossibilité que cette disposition rencontreroit dans la pratique, on se contenta dans la rédaction de l'Article 4. d'ordonner, qu'il fût fait mention dans le Jugement du délai dans lequel les Parties comparoîtroient devant le Commissaire, sans que le jour & l'heure y fussent specifiés. Le motif de cette disposition étoit d'abolir les Ordonnances des Commissaires, & de retrancher toutes les formalités superflues; de telle sorte que le Jugement même apprît tout-d'un-coup & aux Commissaires & aux Parties, ce qu'ils devoient faire. Cependant cette partie de notre Article n'est point exécutée. Dans l'usage, les Jugemens qui ordonnent des raports & estimations par Experts, ne prescrivent aucun délai; & il n'en résulte aucun inconvenient.

ARTICLE IX.

Si au jour de l'assignation, l'une des Parties ne compare, ou qu'elle soit refusante de nommer ou

convenir d'Experts , le Commissaire en nommera
d'office pour la Partie absente ou refusante , pour
proceder à la visitation avec l'Expert nommé par
l'autre Partie ; & en cas de refus par l'une & l'autre
des Parties d'en nommer , le Commissaire en nommera
d'office ; le tout sauf à recuser : & si la recusation est
jugée valable , il en sera nommé d'autres en la place
de ceux qui auront été recusés (a).

ARTICLE X.

Le Commissaire ordonnera par le Procès-verbal de
nomination des Experts , le jour & l'heure pour comparoir devant lui & faire le serment ; ce qu'ils seront
tenus de faire sur la premiere assignation ; & dans le
même-tems sera mis entre leurs mains l'Arrêt ou
Jugement qui aura ordonné la visite , à quoi ils vaqueront incessamment.

ARTICLE XI.

Les Juges & les Parties pourront nommer , pour
Experts , des Bourgeois ; & en cas qu'un Artisan soit
interessé en son nom contre un Bourgeois , ne pourra
être pris pour tiers Expert qu'un Bourgeois.

La substance de ces différens Articles se trouve dans l'article 184. de la
Coutume de Paris, en ces termes : *En toutes matieres sujettes à visitation*

(a) „ Doresnavant en toutes matieres où il sera question d'informer & faire preuve par
„ temoins de la valeur de quelque chose , seront tenues les Parties d'une part & d'autre con-
„ venir de gens Experts à ce connoissans ; & à faute d'en convenir en seront nommes d'offics
„ par les Juges , pour estimer & évaluer lesdites choses , & en rendre raison . . . . *Ordonnances
de Blois , Article* 162.

les Parties doivent convenir en Jugement de Jurés ou Experts, & Gens à ce connoiſſans, qui font le ferment pardevant le Juge; & doit être le rapport apporté en Juſtice, pour en plaidant ou en jugeant le Procès y avoir tel égard que de raiſon, fans qu'on puiſſe demander amendement. Peut néanmoins le Juge ordonner autre ou plus ample viſitation être faite, s'il y échet. Et où les Parties ne conviennent de perſonnes, le Juge en nomme d'office. Cette diſpoſition eſt adoptée par notre Ordonnance; mais elle y eſt plus étendue & mieux circonſtanciée.

Premierement, ce n'eſt point en Jugement que ſe doit faire la nomination des Experts aux termes de notre Ordonnance, mais devant le Juge commis, ſur une aſſignation qui eſt donnée à cet effet. Si les deux Parties comparent & nomment chacune un Expert, le Commiſſaire leur donne acte de leur nomination. Si l'une des deux ne compare point, ou, quoique comparante elle refuſe de nommer un Expert, le Commiſſaire en nomme un d'office pour la Partie refuſante ou défaillante. Enfin ſi les Parties refuſent l'une & l'autre, ou qu'elles s'en rapportent ſur ce, à la prudence du Commiſſaire, il nomme un ſeul & même Expert pour toutes. Ce dernier parti eſt même le plus prudent pour éviter à frais.

Par le Procès-verbal qui contient la nomination des Experts, le Commiſſaire indique le jour & l'heure pour recevoir leur ferment. En conſéquence la Partie qui provoque la viſite fait aſſigner & les Experts pour affirmer, & les autres Parties pour être préſentes à ce ferment. Les Experts ſont obligés de comparoir à cette aſſignation; quant aux Parties, on procede tant en leur préſence qu'en leur abſence : il ſuffit à leur égard, qu'elles ayent été bien & dûment appellées.

Lorſque les Experts ont prêté leur ferment dont on dreſſe Procès-verbal, on leur met entre les mains le Jugement qui ordonne la viſite, afin qu'ils y puiſſent vaquer inceſſamment & fans délai.

Sur la repréſentation de leur rapport, ou ils ſont d'avis unanime, ou ils ſont d'avis différent. Si leur avis ſe trouve unanime, il ſert ordinairement de baſe au Jugement qui intervient. Mais s'ils ſont contradictoires dans leur façon de penſer, la Juſtice nomme d'office un tiers Expert pour les départager; on obſerve, pour la nomination & la preſtation de ferment de ce tiers Expert, les formalités ci-deſſus preſcrites pour les autres Experts.

Cependant s'il s'agiſſoit d'une conteſtation entre un Bourgeois, & un Artiſan pour ouvrages de ſon métier, en cas de contrarieté d'avis des premiers Experts nommés, on ne ſçauroit choiſir, pour tiers Expert, un Artiſan; parce qu'il y auroit lieu de craindre que la conſidération de ſon intereſt perſonnel, dans une occaſion pareille, ne le fît pancher en faveur de l'Artiſan, Partie dans la conteſtation. C'eſt pourquoi pour éviter cet inconvenient, comme c'eſt l'avis du tiers Expert qui fait la loi, on ne peut alors en choiſir d'autres qu'un Bourgeois.

Il eſt néanmoins ſurvenu quelques changemens à ces diſpoſitions de l'Ordonnance , par les Edits de Création faite en 1690. des Experts-Jurés. Mais cette création n'a lieu que pour les Villes du premier & du fecond ordre. Ainfi, aux termes des Edits , il doit y avoir trois Experts-Jurés dans les Villes où il y a Parlement, Chambre des Comptes ou Cours des Aydes , deux dans les Villes où il y a Généralité ou Préfidial ; & un dans les Villes où il y a Bailliage , Sénéchauffée ou Jurifdiction Royale. Ces Experts ayant ferment en Juftice, ne font point obligés d'en prêter de nouveaux à chaque nomination faite de leurs perfonnes : ils ont le droit exclufif de faire les raports dans les lieux de leur établiffement, à peine de nullité des nominations qui pourroient être faites d'autres perfonnes , & des raports qui feroient faits en conféquence.

A R T I C L E   X I I.

Les Experts délivreront au Commiffaire leur raport en minute , pour être attaché à fon Procès-verbal , & tranfcrit dans la groffe en même cahier.

Cet Article a encore fa pleine & entiere exécution , excepté dans les lieux où il y a des *Greffiers* que l'on appelle *de l'Ecritoire* , & dont les fonctions confiftent a rediger par écrit avec les Experts les raports concernant les bâtimens, à en conferver les minutes & à en délivrer les groffes aux Parties. Comme la difpofition préfente ne pouvoit être exécutée à leur égard fans les priver de la plus confidérable portion de leurs émolumens, ils ont obtenu par Arrêt du Confeil du 23 Septembre 1668. une efpece de dérogation à cette difpofition , au moyen de ce que l'Arrêt les a maintenus dans l'exercice des fonctions de leurs Offices comme auparavant l'Ordonnance.

L'Article 185. de la Coutume de Paris *(a)* affujettiffoit les Experts à *faire , rédiger & figner la minute de leur raport fur le lieu, & avant que d'en partir ;* de peur qu'étant gagnés dans la fuite par quelques-unes des Parties, ils ne fe prêtaffent à y changer, ou à y ôter quelque chofe après coup. En conféquence on fe propofoit de renouveller cette difpofition par un Article exprès de notre Ordonnance. Mais M. le Premier Préfident de Lamoignon obferva que la difpofition de la Coutume de Paris pouvoit être bonne pour fon détroit, parce que les Procès-verbaux ne fe faifoient

---

(a) „ Et font tenus lefdits Jurés ou Experts & Gens connoiffans faire & rédiger par écrit „ & figner la minute du raport fur le lieu, & auparavant qu'en partir , & mettre à l'inftant „ ladite minute ès mains du Clerc qui les affifte ; lequel fera tenu dedans les vingt-quatre „ heures après, délivrer ledit raport aux Parties qui l'en requierent. *Article 185. de la Coutume de Paris.*

ordinairement que dans Paris ou aux environs ; mais qu'elle ne pourroit être rendue univerſelle pour tout le Royaume, ſans cauſer de grands frais aux Parties ; que les Experts étoient dans l'uſage, pour accelerer, de faire ſur les lieux ſeulement leurs nottes & obſervations qui leur ſervoient enſuite à rédiger chez eux leur raport à loiſir, ſans que cela occaſionnât aucunes vacations de plus aux Parties ; qu'on ne pourroit abolir cet uſage & introduire en ſon lieu & place la diſpoſition de la Coutume de Paris, ſans donner lieu à une augmentation conſidérable de vacations & de dépenſes. Ces inconveniens ont déterminé à ſupprimer l'Article qui avoit été inſeré à cet égard dans le projet de l'Ordonnance.

Ainſi, à l'exception du reſſort de la Coutume de Paris, les Experts ne ſont point aſſujettis à dreſſer leurs raports ſur les lieux ; ils peuvent en rédiger la minute chez eux, pour la joindre au Procès-verbal du Commiſſaire, ou la remettre aux *Greffiers de l'Ecritoire* dans les lieux où il y en a d'établis.

'A R T I C L E X I I I.

Si les Experts ſont contraires en leur raport, le Juge nommera d'office un tiers qui ſera aſſiſté des autres en la viſite ; & ſi tous les Experts conviennent, ils donneront un ſeul avis & par un même raport, ſinon donneront chaçun leur avis.

Lorſque les premiers Experts, ſe trouvant contraires dans leurs raports, ne peuvent conſéquemment adminiſtrer à la Juſtice les lumieres qu'elle en attendoit, il faut néceſſairement avoir recours à un nouvel Expert pour départager les deux premiers.

Mais 1°. Qui doit nommer ce tiers Expert ? 2°. Quelle doit être la forme de ce nouveau raport ? C'eſt ce que détermine le préſent Article.

D'abord pour éviter les difficultés qui naîtroient preſque toujours entre les Parties, pour pouvoir convenir entr'elles d'un Expert qui leur fût agréable à l'une & à l'autre, l'Ordonnance veut que ce ſoit le Juge même qui en faſſe le choix. Ne tenant par ce moyen à aucune des Parties, ſon témoignage doit être plus déſintereſſé.

En ſecond lieu, comme ce tiers Expert nommé d'office, eſt en quelque ſorte conſtitué Juge entre les deux premiers, il doit avoir une pleine & exacte connoiſſance des cauſes & des motifs qui les ont déterminé à prendre un parti oppoſé ſur l'objet en queſtion. Pour

cela,

cela, il doit fe faire affifter par les premiers Experts, les écouter &
raifonner avec eux fur le lieu. Cette conférence commune, lorfqu'elle
eft faite de bonne foi & fans prévention, contribue fouvent à ramener
tous les Experts à un feul & même avis : & alors on ne dreffe qu'un
feul & même raport. Si au contraire il n'en réfulte pas une réunion
de fentimens, dans ce dernier cás, on dreffe autant de raports qu'il fe
trouve d'avis différens.]

ARTICLE XIV.

*Abrogeons l'ufage de faire recevoir en Juftice les
Procès-verbaux des defcentes & raports des Experts,
& pourront les Parties les produire ou les contefter,
fi bon leur femble.*

On étoit dans l'ufage avant l'Ordonnance de faire recevoir judiciairement & enteriner les raports, avant que les Parties puffent en
tirer avantage dans la conteftation. Pour parvenir à cet enterinement,
on appointoit à fournir moyens de nullité; en conféquence on étoit
admis à contefter les raports jufqu'à leur enterinement. Mais après
l'enterinement on n'y étoit plus recevable.

Ces incidens ne faifoient qu'augmenter la longueur & les frais, fans
aucun avantage réel pour conduire les Juges au point de décifion.
C'eft pourquoi notre Article les abroge : & par ce moyen on peut
maintenant produire & contefter les Procès-verbaux des defcentes &
raports d'Experts en tout état de caufe & fans aucun enterinement
préalable.

ARTICLE XV.

*Défendons aux Commiffaires & aux Experts de
recevoir par eux & par leurs domeftiques aucuns
préfens des Parties, ni de fouffrir qu'ils les défrayent
ou payent leur dépenfe directement ou indirectement,
à peine de concuffion & de trois cens livres d'amende
applicable aux Pauvres des lieux ; & feront les vacations des Experts taxées par le Commiffaire.*

Les Commiffaires & les Experts faifant l'office de Juges, doivent

Ii

éviter avec le plus grand ſcrupule, tout ce qui pourroit montrer quelque partialité en faveur de l'une ou l'autre des Parties. S'ils recevoient, ſoit par eux, ſoit par leurs domeſtiques, quelques préſens des Parties, s'ils ſouffrioient qu'elles les défrayaſſent ou payaſſent leur dépenſe directement ou indirectement, ce feroit de leur part une véritable concuſſion; & toutes nos Ordonnances, tant anciennes que nouvelles, s'accordent pour les punir en ce cas comme concuſſionnaires publics. En un mot, ils ne doivent recevoir que leurs vacations : & celles des Experts doivent être taxées par le Commiſſaire.

ARTICLE XVI.

Les Juges employés en même-tems en différentes Commiſſions hors les lieux de leur domicile; ne pourront ſe faire payer qu'une ſeule fois de la taxe qui leur appartiendra par chaque jour, qui leur ſera payée par égale portion par les Parties intereſſées.

ARTICLE XVII.

Si la longueur du voyage eſt augmentée à l'occaſion d'une autre Commiſſion, les journées ſeront payées par les Parties intereſſées, à proportion du tems qui aura été employé à cauſe de l'augmentation du voyage.

ARTICLE XVIII.

Lorſque les Juges ſeront ſur les lieux pour vaquer à des Commiſſions & deſcentes, & qu'à l'occaſion de leur préſence, ils ſeront requis d'exécuter une autre Commiſſion, ils ne ſeront payés par les Parties intereſſées à la nouvelle Commiſſion & deſcente, que pour le tems qu'ils vaqueront, & les Parties intereſſées à la premiere Commiſſion payeront les journées

*employées pour aller fur les lieux où la première
defcente devoit être faite & pour leur retour.*

Non-feulement il n'eft pas permis aux Commiffaires de rien recevoir
au de là de leurs vacations, mais encore ils ne peuvent multiplier ces vacations, lorfqu'ils fe trouvent employées en même-tems en différentes
Commiffions. Ils doivent au contraire en fincoper le coût entre les Parties,
de maniere que chacune d'elles ne fupporte que ce dont elle eft naturellement tenue dans la taxe qui eft dûe au Commiffaire par chaque
jour.

Pour tenir la balance exacte fur ce point, notre Ordonnance diftingue deux cas ; fçavoir, celui où le Commiffaire part du lieu de fon
domicile dans l'intention d'exécuter plufieurs Commiffions en même-
tems : & celui où fe trouvant fur les lieux, il eft requis, fortuitement
& à l'occafion de fa préfence, d'exécuter une autre Commiffion.

Dans le premier cas, c'eft-à-dire, lorfque le Juge fe tranfporte hors
du lieu de fon domicile pour exécuter plufieurs Commiffions à la fois ;
fi quelques-unes de ces Commiffions n'occafionnent point une augmentation de voyage, toutes les Parties intereffées dans chacune de ces
Commiffions, doivent fupporter par égale portion les frais, tant du
voyage que du féjour. Mais fi l'une de ces Commiffions donnoit lieu à une
augmentation de voyage, le coût de cette augmentation ne doit tomber
que fur les Parties intereffées à cette Commiffion : c'eft une charge
qui leur eft particuliere, indépendamment de la contribution générale.

Dans le fecond cas au contraire, c'eft-à-dire, lorfque l'exécution
d'une nouvelle *Commiffion* n'eft que *fortuite*, & que le Commiffaire eft
requis d'y vaquer parce qu'il fe trouve fur le lieu, à l'occafion d'une
premiere qui eft l'objet de fon tranfport, les Parties intéreffées dans
cette Commiffion fortuite, n'ayant point donné lieu au voyage du
Commiffaire, elles ne doivent point entrer dans les frais du voyage &
du retour ; elles doivent feulement payer les Vacations employées à la
nouvelle Commiffion, au prorata du tems qui y aura été employé.

A R T I C L E   XIX.

*Les Commiffaires feront tenus de faire mention fur
les minutes & groffes de leurs Procès-verbaux, des
jours qui auront été par eux employés pour fe tranfporter fur les lieux & de ceux de leur féjour & retour,
& de ce qui aura été configné par chacune des Parties
& reçu des taxes faites pour la groffe du Procès-verbal*

& *de ceux qui auront affiflé à la Commiffion ; le tout*
à *peine de concuffion & de 100. liv. d'amende.*

Les fages mefures prifes par le Légiflateur pour contenir les Juges
dans les bornes de leur devoir & les empêcher d'émolumenter mal à
propos, feroient devenues infructueufes, fi l'on n'avoit pû facilement
les convaincre de malverfation à cet égard. Mais au moyen de ce qu'ils
font obligés, par l'Ordonnance même, de faire mention, fur la groffe &
fur la minute de leurs Procès-verbaux, non-feulement du tems
qu'ils ont employé foit pour leur tranfport, foit pour leur féjour, foit
pour leur retour, mais encore de l'argent qui a été configné par les Parties, & du montant des taxes foit pour la groffe du Procès-verbal, foit
pour les Vacations; le Procès-verbal même doit par ce moyen contenir
la preuve litterale de leur exactitude ou de leur contravention à la Loi.

ARTICLE XX.

Si les Commiffaires font trouvés fur les lieux , ils
ne prendront aucune Vacation pour leur voyage ni
pour leur retour ; & s'ils font à une journée de dif-
tance , ils prendront la taxe d'un jour pour le voyage ,
& autant pour le retour , outre le féjour.

L'artticle 18. qui précéde, a prévû le cas où les Commiffaires étant
fur les lieux pour vaquer à des Commiffions ou Defcentes, feroient requis, à l'occafion de leur préfence, de vaquer à quelque autre Commiff-
fion. Celui-ci au contraire fupofe le cas où un Juge fe trouvant fur le
lieu foit fortuitement , foit à l'occafion de fes affaires perfonnelles ,
feroit prié d'executer une Commiffion. Doit-il dans ce dernier cas
exiger des frais de voyage? L'Ordonnance diftingue ; ou l'execution de
la Commiffion fe renferme dans le lieu même où le Juge eft trouvé, ou
il faut pour cela fe tranfporter plus loin. Si c'eft dans le lieu même ,
comme ce n'eft point la Commiffion qui a donné lieu au voyage du
Commiffaire, il ne lui eft dû ni frais de tranfport ni frais de retour ; &
il doit fe borner à fes fimples Vacations pendant le féjour. Si au contraire , la Commiffion exige qu'il fe tranfporte plus loin que le lieu
où la requifition eft faite, on doit alors lui payer les frais de voyage
tant pour l'allée que pour le retour, proportionnément à l'éloignement
du lieu où il a été requis, de celui où il a été obligé de fe tranfporter
pour executer la Commiffion. Notre Article fupofe que cette diftance
n'eft que d'une journée, & dans cette hypothefe, il eft reglé que le

Juge prendra la taxe d'un jour pour le voyage & autant pour le retour, outre le fejour.

ARTICLE XXI.

Chacune des Parties fera tenue d'avancer les Va-cations de fon Procureur, fauf à répeter fi elle obtient condamnation des dépens en fin de caufe ; & fi outre l'affiftance de fon Procureur, elle veut avoir un Avo-cat ou quelque autre perfonne pour Confeil, elle payera fes Vacations fans répetition. Si néanmoins la Par-tie pourfuivante fe trouvoit obligée d'avancer les Va-cations pour l'autre partie, exécutoire lui en fera dé-livré fur le champ, fans attendre l'iffuë du procès.

Les Parties n'ayant pas pour l'ordinaire une connoiffance perfon-nelle, affez exacte de ce qui donne lieu à la Defcente des Comiffaires, la préfence de leurs Procureurs par cette raifon, eft le plus fouvent de néceffité abfolue, pour faire fur les lieux les obfervations, dires & requifitions qui peuvent adminiftrer à la Juftice les lumieres qu'elle cherche fur les faits conteftés. C'eft pourquoi on n'a jamais fait difficulté d'allouer dans ces cas les Vacations des Procureurs des Parties, fans néanmoins qu'elles puiffent fe faire affifter d'autre Confeil, fi ce n'eft à leurs frais & fans aucune répétition foit provifoire foit definitive.

Mais auparavant l'Ordonnance, celui qui provoquoit la Defcente étoit obligé de payer par provifion & fauf à répeter en difinitif, non-feulement les Vacations des Commiffaire, Greffier & Huiffier, mais encore celles de tous les Procureurs des Parties. Ce dernier point a paru une vexation odieufe au Légiflateur ; & c'eft ce qui l'a déterminé à régler qu'à l'avenir chaque Partie avanceroit provifoirement les Va-cations de fon Procureur, fauf à répeter definitivement en cas de gain de caufe. Par une fuite de ce Réglement, fi la Partie provoquante, fe trouvoit contrainte, pour accelerer, d'avancer les Vacations du Procu-reur de l'autre Partie, elle eft autorifée à en obtenir executoire de rem-bourfement, fur le champ & fans attendre l'événement du procès.

ARTICLE XXII.

Lorfque les Officiers feront des Defcentes ou autres

Commiffions hors la ville & banlieuë de l'établiffe-
ment de leur Siége , ils ne prendront par chaque jour
que les fommes qui feront par Nousci-après ordonnées
par une Déclaration particuliere.

Dans le projet primitif de cet Article , Meffieurs les Commiffaires
tant du Confeil que du Parlement devoient regler les droits des Officiers employés en Commiffi n. Mais les Commiffaires n'ayant pas eû
le tems de vaquer à cette liquidation , on renvoye fur cela à une Déclaration particuliere qui n'a point paru depuis. Nous ne connoiffons
fur cela d'autre Réglement pofterieur à l'Ordonnance qu'un Arrêt du
Confeil en date du premier Septembre 1684. rendu pour les Officiers
de la Cour des Aydes à Montpellier, qui taxe aux Confeillers allant en
Commiffion hors la ville , la fomme de 15. liv. par jour tant pour eux
que pour leurs valets & chevaux , lorfque le Roi fera feule Partie, &
9. liv. en fus , lorfqu'il y aura Partie Civile : au Subftitut du Procureur
Général, moitié ; au Greffier les deux tiers y compris la groffe, aux
Procureurs le tiers & aux Huiffiers le tiers. Mais cet Arrêt n'ayant point
été revêtu de Lettres Patentes enrégiftrées dans les Cours, il n'y a pas
force de Loi.

A r t i c l e   XXIII.

Pourra la Partie plus diligente faire donner au
Procureur de l'autre Partie , copie des Procès - ver-
baux & Raports d'Experts , & trois jours après pour-
fuivre l'Audience fur un fimple Acte , & produire les
Procès-verbaux & Raports d'Experts , fi le principal
différend eft appointé.

Notre Article a changé l'ufage où l'on étoit auparavant , (du moins
au Parlement) de prendre, *toujours & indefiniment*, un apointement fur
les Procès-verbaux de Defcentes & Raports d'Experts. Cet ufage étoit
fondé fur la difficulté qu'il y a, de faire voir à l'Audience. une carte ,
une figure & defcription des lieux : chofes qui par elles-mêmes demandent une infpection perfonnelle & particuliere de tous les Juges, laquelle paroît incompatible avec l'Audience.
Cependant l'Ordonnance ne conferve l'ufage des apointemens à cet
égard , que lorfque le procès principal eft lui-même apointé. Mais lorfque l'Audience eft faifie de la caufe principale , rien n'empêche que l'on

n'y porte aussi les Procès-verbaux de Descentes & de Raports qui y sor t ncidens ; d'autant que l'affaire devant être éclaircie par ces Procès-verbaux, il est à présumer qu'elle y peut recevoir sa décision définitive, du moins sur un Del.beré. D'ailleurs l'esprit géneral de l'Ordonnance, est que tout soit porté à l'Audience, & y soit jugé, s'il est possible.

PROCEDURES

RELATIVES

AU PRESENT TITRE.

Ordonnance du Commissaire pour parvenir à une visite.

DE l'Ordonnance de Nous ... Conseiller du Roi en sa Cour de Parlement, Commissaire en cette partie; à la requête de ... Mandons assigner .... à comparoir le ... heure du matin (*ou de relevée*) en notre Hôtel sis ... pour voir par Nous donner aux arties un jour certain pour proceder en exécution de l'Arrêt du ... Fait en notre Hôtel susdit le ...

Il faut en consequence de cette Ordonnance, donner l'assignation au jour indiqué, avec copie tant de l'Arrêt que de l'Ordonnance, soit au domicile de la Partie, soit à celui de son Procureur.

Si la Partie assignée ne compare pas, on obtient du Commissaire le défaut ci-après.

Procès-verbal de non-comparution.

AUJOURD'HUI ... est comparu en notre Hôtel Me ... Procureur de ... lequel nous a dit qu'en vertu de notre Ordonnance du ... il a fait assigner le Sr ... à comparoir ce jourd'hui, lieu & heure, pour par Nous donner aux Parties un jour certain pour proceder en execution de l'Arrêt du ... & attendu que ledit Sr ... n'est comparu, ni Procureur pour lui, Nous a ledit Maître ... requis défaut pour sa Partie. Sur quoi Nous Conseiller Commissaire, après avoir attendu jusqu'à .... sonnées, Nous avons audit Maître .... ce requerant, donné défaut contre ledit ... non comparant & pour le profit, ordonnons que le ... jour de ... en la ville de ... où Nous nous transporterons, il sera par Nous procedé, en execution de l'Arrêt dudit jour ... à l'effet de quoi sera donné assignation aux Parties, à comparoir ausdits jour & lieu, sinon sera par Nous passé outre, tant en présence qu'absence. *Il faut faire signifier ce défaut avec assignation au jour indiqué.*

Si au contraire toutes les Parties assignées avoient comparu en l'Hôtel du Commissaire, au lieu du défaut ci-dessus, on énonce dans le Pr cès-verbal les comparutions & dires des Parties ou de leurs Procureurs ; on y fixe le jour, comme dans le défaut, mais alors il n'est plus nécessaire d'assignation pour le dé art. La signature contradictoire de tous les Procureurs au pied du Procès-verbal, lie suffisem... a cet égard les Parties, sans qu'on soit obligé de les constituer davantage en demeure.

Procès-verbal de Descente.

L'AN ... le jour de ... pardevant Nous ... Conseiller du Roi en sa Cour de Parlement & Commissaire en cette partie, est comparu en notre Hôtel scise à Paris, rue ... Maître ... Procureur de ... lequel Nous a dit que par Arrêt du ... il a été ordonné qu'il seroit par Nous procedé à ... & à cet effet que

Nous nous rranſporterons ſur les lieux ; à l'effet de quoi, Nous avons, par notre Ordonnance du . . . contradictoire (*ou* par défaut) ordonné que Nous nous tranſporterons en la ville de . . . & à cet effet que Nous partirons de cette ville le . . . ce qui a été déclaré aux Parties par acte du . . . Fait les jour & an que deſſus.

Et le . . . jour de . . . heures de . . . Nous Conſeiller & Commiſſaire ſuſdit ſommes partis de la ville de . . . lieu de notre domicile, accompagné de notre Greffier, avons couché en la ville de . . . d'où nous ſommes partis le lendemain matin pour nous rendre au village de . . . où nous avons couché & en ſommes partis le lendemain (*& ainſi ſucceſſivement , des differentes couchées*) & ſommes arrivés le ſoir en la ville . . . où Nous ſommes deſcendus, en la maiſon [*ou* auberge] de . . . ſeiſe rue . . .

Et le . . . jour de . . . eſt comparu pardevant Nous ledit Me . . . lequel Nous a dit. &c. *On énonce dans le Procès-verbal tout ce qui ſe fait ſur les lieux avec les dires & requiſitions reſpectives des Parties.*

Et le . . . jour . . . après l'entiere execution dudit Arrêt & avoir vaqué pendant . . . jours , Nous Conſeiller Commiſſaire ſuſdit ſommes partis de la ville de . . . pour Nous rendre en celle de . . . lieu de notre demeure ordinaire en laquelle Nous ſommes arrivés le . . . jour de . . . Fait par Nous Conſeiller Commiſſaire ſuſdit, les jour & an que deſſus.

TITRE XXII.
DES ENQUESTES.

COMME des deux genres de preuves *littérale* & *teſtimoniale* , cette derniere eſt ſans contredit la moins ſûre & ſujette à plus d'inconvéniens , l'Ordonnance en a modifié l'uſage , en la reſtraignant ſeulement à certains cas où il n'eſt guéres poſſible de ſe procurer la *preuve litterale ;* ces cas ſont détaillés dans le titre 20, qui précede.

Mais le Légiſlateur n'auroit atteint , qu'en partie , au but de ſimplicité qu'il ſe propoſoit, s'il n'eut encore porté ſes attentions juſqu'à régler la forme de la *preuve teſtimoniale* , en la dégageant de toutes les inutilités de procedures dont elle étoit hériſſée auparavant, & qui la rendoient très-longue & très-diſpendieuſe pour les Parties. C'eſt l'objet du préſent
titre ,

titre, qui n'eſt conſéquemment qu'une ſuite du titre **20,**

ARTICLE PREMIER.

*E's matieres où il échera de faire des Enquêtes, le
même Jugement qui les ordonnera, contiendra les faits
des Parties, dont elles informeront reſpectivement,
ſi bon leur ſemble, ſans autres intendits & réponſes,
jugement ni commiſſion.*

Lorſque, dans le cours d'une conteſtation les Parties ne s'accordoient
pas ſur les faits, on étoit anciennement dans l'uſage de les apointer en
faits contraires. En conſequence de cet apointement, celui qui avoit
avancé les faits, fourniſſoit, à l'apui de ces faits, des écritures que l'on
appelloit *intendits;* l'autre à ſon tour y fourniſſoit de *Réponſes;* enſuite
il intervenoit un Jugement qui admettoit ou rejettoit la preuve des
faits, & dans le premier cas, qui particulariſoit ceux qu'il falloit prouver.

Cette inſtruction par écrit, préparatoire à l'Enquête, eſt abrogée
par l'Ordonnance, qui veut au contraire que lorſqu'il y aura lieu d'admettre la preuve teſtimoniale, il n'y ait qu'un même Jugement qui ordonne l'Enquête, & contienne en même tems les faits qui en doivent
être l'objet.

Chacune des Parties peut reſpectivement faire ſa preuve en matiere
civile; à la difference de la matiere criminelle, où l'accuſé contre lequel on a informé, ne peut faire de preuve contraire qu'il n'y ſoit ſpécialement autoriſé, après l'inſtruction totalement achevée contre lui, &
lors de la viſite du procès ſeulement.

ARTICLE II.

*Si l'Enquête eſt faite au même lieu où le Jugement
a été rendu, ou dans la diſtance de dix lieues, elle
ſera commencée dans la huitaine du jour de la ſignification du Jugement faite à la Partie ou à ſon Procureur, & parachevée dans la huitaine ſuivante: s'il y
a plus grande diſtance, le délai ſera augmenté d'un
jour pour dix lieues. Pourra néanmoins le Juge, ſi*

K k

l'affaire le requiert, donner une autre huitaine pour la confection de l'Enquête, sans que le délai puisse être prorogé ; le tout nonobstant oppositions, appellations, recusations & prises à partie, & sans y préjudicier.

La présente disposition a bien perfectionné celles des Ordonnances précedentes, par rapport au Réglement des délais pour faire Enquête. Auparavant, ces délais n'avoient rien de fixe & de déterminé. Les Juges étoient les maîtres de les arbitrer, ainsi qu'ils le jugeoient à propos, suivant la qualité des matieres & la distance des lieux. Il est vrai que quand ces délais étoient une fois reglés par l'apointement de contestation en cause, ils étoient péremptoires de leur nature, & il n'étoit pas besoin d'obtenir aucune forclusion (a). Cette regle génerale souffroit pourtant une exception en faveur des Veuves, des Tuteurs, des personnes miserables, des gens absens hors le Royaume pour le service de l'Etat, des prisonniers de guerre ou autres prisonniers & des malades de longues infirmités, qui consequemment ne pouvoient vaquer à leurs affaires. Dans ces differens cas, la faculté étoit laissée aux Juges de renouveller les délais de faire Enquête à leur égard, pourvû que ce fût en connoissance de cause (b).

Mais laisser la fixation de ces délais & prorogations de délais à l'arbitrage des Juges, c'étoit en augmenter l'incertitude & la variété relativement aux Parties. Pour y remedier à l'avenir, le feu Roi a jugé à propos de marquer ces délais d'une maniere irrévocable ; & à cet effet, le présent Article distingue si l'Enquête se fait dans le lieu où le Jugement qui l'ordonne a été rendu, ou dans une plus grande distance que de dix lieues. Dans le premier cas, si l'on fait l'Enquête dans le lieu où le Jugement est intervenu, ou dans une distance de dix lieues seulement, le Législateur veut que l'Enquête soit commencée dans la hui-

(a) ,, Et pour le regard des délais qui sont le plus souvent cause de la longueur des procès, ,, Voulons & ordonnons que suivant l'Edit fait à Paris au mois de Janvier 1562. tous Juges ,, soient tenus par l'apointement de contestation en cause régler tous délais requis être necessaire ,, selon la qualité de la matiere & distance des lieux, comme d'informer, écrire, produire... ,, Tous lesquels delais seront péremptoires, sans qu'il soit besoin d'obtenir autres forclusions... ,, Pourra néanmoins l'Apellant qui aura été forclos de faire Enquête, requerir en cause d'ap- ,, pel, être reçu à ce faire; ce qui lui sera permis par un seul délai, à la charge que sa Partie ,, pourra insister & faire preuve au contraire, si fait ne l'a, sauf à ordonner à quels dépens. ,, Art. 155. de l'Ordonnance de Blois.

(b) ,, Réservons néanmoins à l'arbitrage des Juges, pour le regard des Veuves, Tuteurs, ,, personnes miserables, gens absens pour notre service hors notre Royaume, prisonniers de ,, guerre ou autres detenus & malades de longue infirmité, qui ne peuvent entendre à leurs ,, affaires, de pouvoir bailler ou renouveller plus d'un délai de faire Enquête, par connoif- ,, sance de cause, du mérite du procès, & qualité des Parties ; & en ce cas, pour obvier à la ,, subornation des témoins, leur ordonnons surseoir la publication des Enquêtes des Parties ,, Même Ord. de Blois, Art. 156.

taine de la fignification du Jugement à perfonne ou à Procureur , & il
n'accorde qu'une feconde huitaine pour la parachever. S'il y a au
contraire plus grande diflance que de dix lieuës, l'augmentation du
delai eft proportionnée à cette augmentation de diflance, à raifon d'un
jour par dix lieuës. Cependant comme il peut arriver des cas qui exigent
néceffairement une prorogation du délai ordinaire pour la confection
de l'enquête , l'Ordonnance permet alors aux Juges d'accorder cette
prorogation, jufqu'à concurrence de huitaine feulement, fans pouvoir
l'exceder.

A R T I C L E I I I.

*Après que les reproches auront été fournis contre
les témoins, ou que le délai d'en fournir fera paffé,
la caufe fera portée à l'Audience , fans faire aucun
acte ou procedure pour la reception d'enquête ; & ne
feront plus fournis moyens de nullité par écrit, fauf
à les propofer en l'Audience , ou par contredits, fi c'eft
en Procès par écrit.*

Pour concevoir combien la procedure à cet égard a été fimplifiée ,
il faut fe rappeller qu'auparavant, quand les enquêtes étoient achévées,
on obtenoit un premier appointement qui ordonnoit que dans un
certain délai, la Partie contre laquelle l'enquête avoit été faite, fourni-
roit moyens de nullités ou de reproches.

Quand on avoit fatisfait à ce premier appointement , ou qu'on
avoit laiffé paffer le délai fans y fatisfaire, intervenoit un fecond appointement, par lequel le Juge ordonnoit que les Parties verroient
les enquêtes en publication ; fçavoir, le Défendeur le premier & le
Demandeur enfuite ; c'eft ce qu'on appelloit *publication d'enquête.*
Elle n'avoit pas lieu au Parlement ni aux Requêtes du Palais ; mais
cette publication y étoit fuppléée par un Jugement de reception : ce
qui operoit à peu près la même chofe.

Quand les Parties avoient ainfi eu connoiffance de ce que contenoit
l'enquête, un troifiéme Jugement les appointoit en droit. En conféquence de ce dernier appointement chacune des Parties écrivoit, produifoit, fourniffoit de contredits & de falvations.

Mais rien ne fubfifte aujourd'hui de tout cela. Auffi-tôt que l'enquête eft faite, & que l'on a fourni de reproches contre les témoins
(dans la forme dont il fera parlé ci-après) ou qu'on a laiffé paffer les
pélais de fournir ces reproches ; fi l'enquête eft incidente à une affaire
d'Audience , fans aucunes écritures , appointemens, ni procedures,

on porte l'affaire à l'Audience, on y difcute verbalement l'enquête pour & contre, on propofe les moyens de nullité, en cas qu'il y en ait ; & l'affaire y reçoit fa décifion en cas que la matiere y foit difpofée.

Si au contraire l'enquête a été ordonnée dans un Procès par écrit, on la produit par production nouvelle ; & elle n'opere d'autres écritures que des contredits de la part de celui qui a interêt de la faire tomber.

ARTICLE IV.

Si l'enquête n'eft faite & parachevée dans les délais ci-deffus, le Défendeur pourra pourfuivre l'Audience fur un fimple acte fans forclufion de faire enquête, dont nous abrogeons l'ufage.

Lorfque la Partie qui avoit été admife à la preuve de fes faits, laiffoit paffer les délais qui lui étoient accordés pour faire enquête, il falloit autrefois obtenir un Jugement de forclufion pour pouvoir pourfuivre le Jugement du fond. Maintenant l'ufage en eft abrogé : la forclufion s'opere de droit par le laps des délais ; de forte que leur expiration feule fuffit pour mettre l'autre Partie en état de pourfuivre l'Audience au fond fur un fimple acte.

ARTICLE V.

Les témoins feront affignés pour dépofer & la Partie pour les voir jurer (a), par Ordonnance du Juge, fans Commiffion du Greffe.

ARTICLE VI.

Le jour & l'heure pour comparoir feront marqués

(a) « Avons ordonné & ordonnons que dorefnavant les Parties contre lefquelles l'enquête » fe fera, foient appellées à voir recevoir & jurer témoins, & qu'en leur préfence, s'ils » comparent, ou en leur abfence, s'ils font défaillans, ladite reception & ferment fe faffent. *Ordonnance de 1535. chap. 7. Art. 3.*

dans les exploits d'assignations qui seront donnés aux
témoins & aux Parties ; & si les témoins & les Parties
ne comparent, sera differé d'une autre heure, après
laquelle les témoins feront le serment & seront ouis,
si les Parties ne consentent la remise à un autre jour.

A R T I C L E   V I I.

Les témoins seront assignés à personne ou domicile,
& les Parties au domicile de leurs Procureurs.

Bien qu'on ne fût pas dans l'usage, même avant l'Ordonnance, de
prendre aucune Commission du Greffe, pour assigner les témoins,
néanmoins de peur que cet usage abusif ne s'introduisît dans la suite,
notre Article 5. en contient une prohibition expresse, voulant qu'on se
borne à prendre une simple Ordonnance du Juge à cet effet.

Ce n'est point assez de marquer dans les assignations le jour, il faut
aussi indiquer l'heure qui a été donnée par le Juge, afin que toutes les
Parties qui ont interêt, puissent se trouver à la même heure, & ne viennent point les unes à une heure, & les autres à une autre.

Quant au domicile où l'assignation doit être donnée, l'Ordonnance
distingue les Parties d'avec les témoins. Quant aux Parties, l'enquête
n'est qu'une continuation d'instruction à leur égard ; par cette raison
il suffit de les assigner au domicile de leurs Procureurs. Mais comme
l'instruction qui a précedé l'enquête est absolument etrangere aux
témoins, la raison des contraires exige qu'on suive, à la lettre quant à
eux, la regle des ajournemens, & conséquemment qu'ils soient assignés
à personne ou domicile. Au jour & à l'heure indiqués, où les Parties & les
témoins comparoissent tous, ou quelques-uns se trouvent non comparans.
Si tout le monde comparoît, on procede sans aucun délai à la reception
de serment des témoins en présence de toutes les Parties. En cas de non
comparution, l'on differe d'une heure, après l'expiration de laquelle on
prend le serment des témoins présens & on entend leur déposition, à
moins que les Parties ne consentent la remise à un autre jour.

A R T I C L E   V I I I.

Les témoins seront tenus de comparoir à l'heure de
l'assignation ou au plûtard à l'heure suivante, à peine

de dix livres., au payement de laquelle ils feront contraints par faifie & vente de leurs biens & non par emprifonnement ; fi ce n'eft qu'il fût ordonné par le Juge en cas de manifefte defobéiffance ; & feront les Ordonnances des Juges exécutées contre les témoins nonobftant oppofitions ou appellations ; même celles des Commiffaires-Enquêteurs & Examinateurs pour la peine de dix livres feulement, encore qu'ils n'ayent aucune Jurifdiction, & fans tirer à conféquence en autre chofe.

Originairement, fi les témoins ajournés ne comparoiffoient point au jour & à l'heure qui leur auroient été indiqués, la Partie qui provoquoit l'enquête, requeroit contr'eux défaut qui lui étoit octroyé par le Commiffaire, & pour le profit on ordonnoit qu'il feroit fait aux témoins non comparans un commandement pour venir dépofer à un jour certain, à peine d'une amende qui étoit arbitrée. S'ils ne paroiffoient point encore à ce nouveau délai, on ordonnoit qu'ils feroient ajournés pour voir déclarer l'amende par eux encourue, & qu'ils feroient contraints par faifie de leurs biens & emprifonnemens de leurs perfonnes.

L'Ordonnance a fait des changemens confidérables dans cette procedure.

Premierement, à défaut de comparution des témoins à la premiere affignation, ils encourent l'amende de plein droit, fans qu'on foit obligé de les conftituer davantage en demeure.

En fecond lieu, cette amende eft fixée par la Loi à dix livres, & n'eft plus arbitraire comme elle étoit auparavant.

Enfin, on ne peut forcer le témoin à la payer que par faifie de fes biens & non par emprifonnement de fa perfonne, fi ce n'eft dans un cas manifefte de défobéiffance où le Juge peut permettre d'employer cette derniere voye. Mais il ne doit ufer de cette permiffion qu'avec beaucoup de prudence & de moderation.

ARTICLE IX.

Soit que la Partie compare ou non à la premiere affignation, ou à la feconde fi les Parties en ont confenti la remife ; le Juge ou Commiffaire prendra le ferment

*des témoins qui feront préfens , & fera par lui procédé
à la confection de l'enquête , nonobftant & fans préjudice des oppofitions ou appellations , même comme de
Juge incompetent , recufations ou prifes à partie , fauf
à en propofer les moyens & fournir des reproches après
l'enquête (a).*

ARTICLE X.

*Si le Juge fait l'enquête dans le lieu de fa réfidence
& qu'il foit recufé ou pris à partie , il fera tenu de
furfeoir jufqu'à ce que les recufations & prifes à partie
ayent été jugées.*

Quand une fois la Partie contre laquelle fe fait l'enquête, a été
bien & dûment appellée pour voir prêter le ferment des témoins ;
qu'elle compare ou qu'elle ne compare point, le Juge ou Commiffaire
n'en eft pas moins autorifé à prendre le ferment des témoins & à
proceder à la confection de l'enquête. Les Ordonnances tant anciennes
que nouvelles fe font toujours accordées fur ce point.

Mais il arrive fouvent que celui qui a interet d'empêcher la preuve
qui doit réfulter de l'enquête, cherche à en arrêter la confection par
différentes voyes, foit par des oppofitons ou appellations , foit même
par des récufations & prifes à parties.

Quant aux *oppofitions* ou *appellations* notre Ordonnance décide qu'elles
ne peuvent jamais arrêter le progrès de l'enquête ; les appellations fuffent-
t'elles *comme de Juge incompetent.* Cette derniere difpofition eft contraire

---

(a) „ Voulons & ordonnons que quand les Parties feront faire leurs enquêtes , foit à Paris
„ ou ailleurs ; elles comparoîtront diligemment par elles ou par leurs Procureurs devant les
„ Commiffaires à ce députés par notredite Cour aux affignations à elles faites , foit pour
„ venir voir jurer les témoins qui feront produits , ou pour faire autre chofe à quoi elles
„ auront affignation. Autrement fi la Partie à qui a été faite ladite affignation eft défaillante ,
„ defaut fera donné contre elle , & a fon défaut procederont les Commiffaires en l'abfence
„ de la Partie défaillante , comme fi elle eût été préfente. Et s'il advient qu'aucune des Parties
„ appelle defdits Commiffaires , en procedant à leurs enquêtes , néanmoins ils procederont à
„ parachever ladite enquête nonobftant l'appel , ainfi & par la forme & maniere qu'il eft
„ contenu au ftile ancien de notredite Cour , que voulons & ordonnons être obfervées.
Ordonnance de Charles VII. du 28 Octobre 1446. Article 32.
Nota. Les mêmes difpofitions fe trouvent dans l'Ordonnance du même Roy (Charles VII.)
du mois d'Avril 1453. Article 97. & dans celle de François I. donnée en Octobre 1535. chapitre 7. article 2.

à l'Ordonnance de François I. du mois d'Octobre 1535. qui en autorifant les Commiflaires à paffer outre *nonobftant l'appel*, ajoutoit , *finon qu'il, fût queftion d'incompetence de Commiffaire.*

Mais à l'égard des *récufations* & *prifes à parties*, le Legiflateur a pris un parti mitoyen. Auparavant l'Ordonnance, l'ufage (attefté par M. le Premier Prefident de Lamoignon lors des Conférences) étoit en matiere d'enquête qu'avant qu'un Commiflaire fût parti , il étoit obligé de déferer à une prife à partie , jufqu'à ce qu'elle fût jugée , parce que dans ce cas le fecours de la Juftice pouvoit être prompt. Mais s'il étoit parti & qu'il fût arrivé fur les lieux pour l'exécution de fa Commiflion , il pouvoit paffer outre ; parce qu'autrement il n'y auroit point d'enquête qui ne pût être arrêtée par un chicanneur. Notre Ordonnance , en fuivant le même efprit & par les mêmes motifs, diftingue fi le Juge fait l'enquête dans le lieu de fa réfidence ou s'il la fait ailleurs. S'il la fait dans le lieu de fa réfidence & qu'il foit récufé ou pris à partie , il eft tenu de furféoir jufqu'après le Jugement de la récufation ou prife à partie. Si au contraire l'enquête fe fait ailleurs , il peut paffer outre ; fauf , après la confection de l'enquête, à celui qui a récufé ou pris à partie, à propofer & faire valoir fes moyens de récufation ou prife à partie, ainfi que de droit.

ARTICLE XI.

Les parens & alliés des Parties , jufqu'aux enfans des coufins iffus de germains inclufivement , ne pourront être témoins en matiere civile pour dépofer en leur faveur ou contr'eux , & feront leurs dépofitions rejettées

Deux parties, dans la préfente difpofition , qu'il faut diftinguer.

D'abord l'Article fixe les degrés de parenté ou d'alliance dans lefquels il peut être défendu de porter témoignage. A cet égard, il n'y avoit, en droit, que le pere & le fils, le mari & la femme qui ne puffent être entendus les uns contre les autres en matiere civile ; les degrés plus éloignés n'étoient point prohibés. Notre difpofition au contraire étend la prohibition jufqu'aux enfans des coufins iffus de germain inclufivement.

En fecond lieu , elle va encore plus loin ; elle ne fe contente point que ces parens ou alliés ne puffent dépofer *pour* ; elle ne veut pas même qu'ils puffent dépofer *contre* : ce qui fouffrit beaucoup de difficulté lors des Conférences. M. le Premier Prefident de Lamoignon & M. l'Avocat Général Talon infifterent très-vivement pour que l'on

laiffât

laiſſat les Juges les maîtres d'admettre, ſuivant les circonſtances, la dépoſition des parens contre leurs proches; ils repréſenterent qu'une Partie s'en rapportant à la dépoſition des parens de ſon Adverſaire qu'elle croit gens de bien, il n'étoit pas raiſonnable de les lui refuſer; que d'ailleurs il eſt des cas où les parens ſont témoins néceſſaires; que dans les divertiſſemens & recelés de ſucceſſion, par exemple, ce ſont ordinairement eux qui ont plus de connoiſſance de ces faits, de ſorte que la preuve en réſultant le plus ſouvent dans leur bouche ou de celle des domeſtiques, il ne ſeroit preſque jamais poſſible de ſe la procurer, ſi on rejettoit leur témoignage. Cependant l'Article a paſſé au contraire, ſur le fondement que les parens ne pouvant dépoſer en faveur de leurs proches, ſans être ſoupçonnés de partialité, on ne peut croire *vice verſâ* qu'ils ſe déterminent à dépoſer contr'eux, ſans un motif d'inimitié.

ARTICLE XII.

Abrogeons la fonction des Adjoints, même de ceux en titre d'office, pour la confection des enquêtes, ſauf à être pourvû à leur indemnité, ainſi que de raiſon : n'entendons néanmoins rien changer ès cas portés par l'Edit de Nantes.

L'Adjoint qui avoit lieu autrefois dans les enquêtes, étoit comme le Contrôleur du Commiſſaire qui préſidoit à l'enquête.

On prenoit des Adjoints dans les enquêtes, même avant la création des Offices d'Adjoints : cette création remonte à l'Edit du mois de Novembre 1578. & à la Déclaration du 14 Décembre 1580.

L'inutilité de leur aſſiſtance aux enquêtes & l'augmentation conſidérable de frais cauſée dans l'inſtruction des Procès par les droits qui leur étoient attribués, engagerent le feu Roy à en abroger les fonctions & l'uſage par le préſent Article de ſon Ordonnance de 1667. Cependant la conjoncture des Guerres que ce grand Prince eut dans la ſuite à ſoutenir, & la néceſſité de recourir à des moyens extraordinaires pour fournir aux dépenſes qu'elles occaſionnoient, l'obligerent à rétablir les Offices d'Adjoints & à faire revivre les droits dont ils jouiſſoient avant leur ſuppreſſion. Son Edit à cet égard eſt du mois d'Avril 1696. Mais Louis XV. actuellement regnant, peu de tems après ſon Avenement au Trône, ſupprima une ſeconde fois les Adjoints, & rétablit à cet égard les choſes ſur le pied de l'Ordonnance de 1667. par ſon Edit du mois de Novembre 1717. enregiſtré au Parlement le 15 Décembre de la même année.

L l

La referve portée dans le préfent Article par rapport aux cas portés par l'Edit de Nantes, n'a plus lieu depuis long-tems. L'un des cas portés par l'Edit de Nantes étoit que dans les enquêtes où un Catholique & une perfonne de la Religion prétendue réformée étoient conjointement interéfés, fi l'Enquêteur étoit Catholique, l'Adjoint devoit être de la Religion prétendue réformée ; & *vice verfâ*, lorfque l'Enquêteur étoit de la Religion prétendue réformée, il falloit que l'Adjoint fût Catholique. D'un autre côté, dans les Procès Criminels inftruits par les Prévôts des Maréchaux ou leurs Lieutenans contre une perfonne de la Religion prétendue réformée, lorfque le Prevôt étoit Catholique, il étoit tenu d'appeller avec lui un Adjoint de la Religion prétendue réformée pour affifter avec lui à toute l'inftruction du Procès. L'Ordonnance de 1667. laiffoit encore fubfifter les Adjoints pour ces fortes de cas, en faveur de ceux qui faifoient profeffion de la Religion prétendue réformée. Mais l'Edit de Nantes ayant été revoqué par celui du mois d'Octobre 1685. la reftriction inferée dans le préfent Article, relativement aux cas portés dans le premier de ces deux Edits, fe trouve conféquemment anéantie.

Article XIII.

Le Juge ou Commiffaire à faire enquête, en quelque Jurifdiction que ce foit, même en nos Cours, recevra le ferment & la dépofition de chaque témoin, fans que le Greffier ni autre puiffe les recevoir ni rédiger par écrit hors fa préfence (a).

Quoique cette difpofition foit puifée dans celles de nos plus anciennes Ordonnances, il arrivoit néanmoins que par un abus qui s'étoit introduit dans l'ufage, le Juge ou Commiffaire regardant le ferment des témoins comme une formalité de ftyle, ils le faifoient recevoir par les Greffiers hors leur préfence. Quelquefois même ils pouffoient l'abus jufqu'à laiffer aux Greffiers le foin de recevoir & de rédiger les dépofitions. Comme c'étoit rendre les Greffiers les maîtres d'une fonction

(a) ,, Tous Commiffaires befogrant ès Enquêtes dans nos Cours de Parlement, Baillifs, ,, Sénéchaux, Juges Royaux, leurs Lieutenans ou autres, faffent eux-mêmes les examens ,, & interrogatoires des témoins prefens leurs Adjoints, & nomment leurs dépofitions, ou ,, écrivent, fi bon leur femble, en leur défendant qu'ils ne faffent faire les examens de témoins ,, par leurs Adjoints ou Clercs : mais les faffent en leurs perfonnes. *Ordonnance de Louis* XII. *en Mars* 1498. *Art.* 14.
Celle de François I. donnée en Octobre 1535. chap. 7. art. 5. y eft exactement conforme.

auffi délicate, & que la Loi a crû ne devoir confier qu'aux Juges feuls ou aux Commiffaires qui les repréfentent, le préfent Article, pour prévenir cet abus à l'avenir, renouvelle les anciennes injonctions faites aux Juges, de recevoir eux - mêmes & en perfonne, tant le ferment que la dépofition de chaque témoin, fans pouvoir fe repofer de ce foin fur leur Greffier ni fur aucun autre.

ARTICLE XIV.

Au commencement de la dépofition fera fait mention du nom, furnom, âge, qualité & demeure du témoin, du ferment par lui prêté, s'il eft ferviteur ou domeftique, parent ou allié de l'une ou de l'autre des Parties, & en quel degré (a).

Trois principales parties dans cet Article.

Le Legiflateur y exige, 1°. Que l'on commence par conftater tout ce qui peut caractérifer l'individu de celui qui dépofe, comme fon nom, fon furnom, fon âge, fa qualité & fa demeure. 2°. Qu'en tête de la dépofition on faffe mention que le témoin a rempli la formalité effentielle du ferment, fans lequel la dépofition ne peut avoir aucune force ni mériter aucune croyance. 3°. Que l'on puiffe voir, par la dépofition même, fi le témoin entendu avoit quelqu'incapacité qui pût faire rejetter fon témoignage, comme s'il étoit ferviteur ou domeftique, parent ou allié de quelques-unes des Parties à un degré prohibé.

ARTICLE XV.

Les témoins ne pourront dépofer en la préfence des Parties, ni même en la préfence des autres témoins, aux enquêtes qui ne feront point faites à l'Audience, mais feront ouis féparément, fans qu'il y ait autre

---

(a) „ Enjoignons à tous Juges, Enquêteurs, Commiffaires, Huiffiers & Sergens d'examiner
„ les témoins... enfemble enquerir defdits témoins, s'ils font parens ou alliés des Parties
„ & en quel degré, ou domeftiques & ferviteurs d'icelles, & faire mention au commencement
„ de leurs dépofitions, fur peine de nullité & des depens, dommages & intérêts de Parties
„ qu'elles pourront rejetter fur ceux qui feront telles omiffions. *Ordonnance de Blois, art.* 203.

perſonne que le Juge ou Commiſſaire à faire l'enquête
& celui qui écrira la dépoſition.

L'Ordonnance de 1535. avoit déja défendu aux Juges, Commiſſaires
& Greffiers de réferer les dépoſitions des témoins les uns aux autres, &
leur avoit enjoint d'examiner les témoins chacun en particulier (*a*), &
chacun féparément. La nôtre, ajoutant à cette diſpoſition, ne veut pas
non plus que les Parties y ſoient préfentes, de peur qu'autrement les
témoins ne fuſſent génés dans leur témoignage, & ne rendiſſent pas un
compte exact & libre des faits dont ils pouroient avoir connoiſſance.
Cela ſouffre néanmoins une exception pour les enquêtes qui ſe font à
l'Audience dans les Juriſdictions Conſulaires, même dans les Juriſdictons
ordinaires pour les matieres ſommaires. La publicité de l'Audience où les
enquêtes ſe font dans ces ſortes de cas, ne permet point que l'on
puiſſe en écarter ni les Parties ni les autres témoins. Mais hors ces cas
& lorſque l'enquête ſe fait dans la forme ordinaire, le Juge, ou Commiſ-
faire & le Greffier ou celui qui en tient lieu, étant ſeuls Officiers néceffaires, ſont conſéquemment les ſeuls qui puiſſent aſſiſter à la dépoſition
de chaque témoin.

ARTICLE XVI.

La dépoſition du témoin étant achevée, lecture lui
en ſera faite; & ſera enſuite interpellé de déclarer,
ſi ce qu'il a dit contient verité; s'il y perſiſte, il ſignera
ſa dépoſition, & en cas qu'il ne ſçût ou ne pût ſigner,
il le déclarera, dont ſera fait mention ſur la minute &
ſur la groſſe (a).

(*a*) ,, Pour ce que ſouventes fois les Juges, Commiſſaires & Greffiers en faiſant leurs
,, enquêtes referent les dépoſitions les uns aux autres, contre toute raiſon: nous leur
,, enjoignons que dorefnavant ils examinent leſdits témoins particulierement, & faſſent re-
,, giſtrer leurs dépoſitions au vrai, ſans les referer les uns au autres. *Ordonnance de 1535.*
chap. 7. art. 12.
(*b*) ,, Leſdits Commiſſaires après qu'ils auront oui un chacun des témoins qui leur ſeront
,, produits & leurs dépoſitions redigées par écrit, liront leur minute devant eux; &
,, & s'il y a aucune choſe eſdites minutes omiſe ou trop écrite, ou autrement couchée qu'elle
,, ne doit, leſdits Commiſſaires en feront leurs corrections pertinentes ſur les minutes qui
,, ſeront écrites de la main propre de celui qui l'aura faite, en préſence d'iceux témoins, afin
,, qu'aucune erreur n'y ſoit commiſe; & afin que leſdites minutes ainſi corrigées ſe puiſſent
,, groſſoyer véritablement ſelon l'entendement des témoins qui auront ſur ce dépoſé en leurſ-
,, dites enquêtes. *Ordonnance de 1535. chap. 7. art. 7.*

Article XVII.

Les Juges ou Commissaires feront rédiger tout ce que le témoin voudra dire, touchant le fait dont il s'agit entre les Parties, sans rien retrancher des circonstances.

Article XVIII.

Si le témoin augmente, diminue ou change quelque chose en sa déposition, il sera écrit par apostille & par renvois à la marge, qui seront signés par le Juge & le témoin, s'il sçait signer, sans qu'il puisse être ajouté foi aux interlignes, ni même aux renvois qui ne seront point signés : & si le témoin ne sçait signer, en sera fait mention sur la minute & sur la grosse.

Ces trois Articles développent parfaitement tout ce qui concerne la rédaction de chaque déposition, & de quelle manière elle doit être portée à son entière perfection pour faire preuve.

D'abord le Juge ou Commissaire doit faire rédiger tout ce que le témoin veut dire sur le fait dont il s'agit, sans pouvoir en retrancher aucune circonstance. Car telle circonstance qui pourroit lui paroître inutile ou indifférente au premier abord, réunie avec d'autres qui se trouvent dans la même déposition, ou dans d'autres, peut conduire à la preuve du fait que l'on cherche à éclaircir.

Quand la déposition est ainsi rédigée, le Juge doit en faire faire lecture au témoin, & l'interpeller de déclarer si ce qui a été dit, contient vérité & s'il y persiste.

Enfin dans le cas où lors de cette lecture & de cette interpellation le témoin jugeroit à propos d'augmenter, de diminuer, en un mot de changer quelque chose dans sa déposition (ainsi qu'il le peut) ces changemens doivent être mis à la marge par renvois & par apostille, sans qu'on puisse rien rayer dans le texte ni y inserer aucune interligne : & le corps de la déposition, ensemble les renvois, si aucuns se trouvent, doivent être signés tant par le Juge que par le témoin ; & en cas que le témoin déclare ne pouvoir ou ne sçavoir signer, on doit faire mention de sa déclaration sur la minute & sur la grosse.

L'obſervation exacte de ces différentes formalités aſſure autant qu'il eſt poſſible l'exactitude & l'inalteration de la dépoſition du témoin.

ARTICLE XIX.

Le Juge ſera tenu de demander au témoin , s'il requiert taxe ; & ſi elle eſt requiſe , il la fera eû égard à la qualité , voyage & ſéjour du témoin.

Un témoin n'eſt point obligé de ſe déplacer , de perdre ſon tems & de faire ſouvent les frais d'un voyage & d'un ſéjour , pour dépoſer ſur un fait auquel il n'a aucun interèt perſonnel , ſans être indemniſé. Cette indemnité ſe régle , eû égard à la qualité du témoin & à la durée de ſon voyage & de ſon ſéjour.

Mais ce n'eſt point à lui à requerir cette indemnité : il faut qu'elle lui ſoit offerte par le Juge , & qu'il en ſoit fait mention dans la dépoſition , ainſi que de ſon refus ou de ſa requiſition à cet égard. En cas de requiſition de ſa part , il faut faire mention de la quotité de la taxe qui lui a été faite.

ARTICLE XX.

Tout ce que deſſus ſera obſervé en la confection des Enquêtes , à peine de nullité.

Toutes les formalités dont on vient de rendre compte pour la confection des Enquêtes , ſont de droit étroit. Conſéquemment leur inobſervation emporte avec ſoi la peine de nullité.

ARTICLE XXI.

Défendons aux Parties de faire oüir en matiere civile plus de dix témoins ſur un même fait , & aux Juges ou Commiſſaires d'en entendre plus grand nombre ; autrement la Partie ne pourra prétendre le rembourſement des frais qu'elle aura avancés pour les faire ouïr, encore que les dépens du procés lui soient adjugés en fin de cause. (a)

Il étoit nécessaire de fixer le nombre des témoins qui peuvent être entendus sur un même fait ; parce que sans cela une Partie qui seroit sûre d'un côté de faire la preuve à laquelle elle a été admise & de l'autre d'être remboursé de la totalité de ses frais, s'embarasseroit peu de multiplier à l'infini & sans nécessité le nombre des témoins ; ne seroit-ce que pour se venger de sa partie adverse, en multipliant par ce moyen la quotité de ses dépens.

Mais d'un côté les anciennes Ordonnances en voulant éviter cet écueil, sont tombés dans un autre, en ordonnant que les dépositions au de-là de dix sur un même fait fûssent rejettées. Car ne peut-il pas arriver & n'arrive-t'il pas en effet que les dix premiers témoins entendus sur un même fait ne déposent rien de probant sur ce fait. Vouloir réduire dans ce cas la Partie à n'en pas faire entendre un plus grand nombre, à peine de rejet de leurs dépositions, c'est proprement l'empêcher de faire la preuve à laquelle elle a été admise.

Notre Ordonnance a pris un juste milieu sur ce point ; en bornant, comme les précedentes Ordonnances, le nombre des témoins sur un même fait à dix, elle ne prescrit point le rejet des dépositions au de-là de cette quotité. Elle veut seulement que la Partie qui aura fait entendre les témoins excedans le nombre de dix, ne puisse prétendre le remboursement des frais qu'elle aura avancés pour les faire ouïr, quand bien même la totalité des dépens lui seroit adjugée en définitif.

A R T I C L E XXII.

Le Procès-verbal d'Enquête sera sommaire & ne contiendra que le jour & l'heure des assignations données aux témoins pour déposer & aux Parties pour les voir jurer ; le jour & l'heure des assignations échûes ; leur comparution ou défaut ; la prestation de serment

---

(a) ,, Et pour ce que plusieurs Commissaires pour faire longues leurs Commissions, souvent ,, examinent tant de témoins qu'il y a excessivité ; Nous avons ordonné & ordonnons que l'on ,, ne pourra, en quelque matiere civile que ce soit, sur un même fait contenu e, écritures & ,, articles des Parties, produire, ne faire examiner que dix témoins pour le plus. Et les témoins ,, qui seront examinés outre ledit nombre de dix, seront rejettés, & l'on n'aura aucun égard ,, à leurs dites depositions, & avec ce, sera le Commissaire qui aura examiné plus de dix té- ,, moins sur un même fait, mulcté de peine arbitraire. *Ordonnance de* 1535. *chap.* 7. *art.* 4.

des témoins ; fi c'eft en la préfence ou abfence de la Partie ; le jour de chacune dépofition ; le nom, furnom, âge, qualité & demeure des témoins ; les requifitions des Parties & les Actes qui en feront accordés. (a)

Pour augmenter le nombre des rôles dans les Procès-verbaux d'Enquête, on toleroit, avant l'Ordonnance, l'ufage abufif d'y inferer tout au long les exploits d'affignations qui avoient été données tant aux témoins pour dépofer, qu'aux Parties pour les voir jurer. L'Ordonnance voulant au contraire fimplifier les Procès-verbaux d'Enquête à cet égard, veut qu'ils foient fommaires, c'eft-à-dire, qu'on fe contente d'y inferer la date des affignations & celle de leur échéance, enfemble la comparution ou la non-comparution des Parties & des témoins, la preftation de ferment des témoins, & fi ç'eft en préfence ou en l'abfence des Parties, le jour de chaque dépofition, le nom, furnom, âge, qualité & demeure de chaque témoin, les dires & requifitions des Parties & les actes qui leur en feroient accordés ; en un mot tout ce qui eft préparatoire au corps des dépofitions & qui les précede.

A R T I C L E   XXIII.

Les Greffiers ou autres qui auront écrit l'Enquête & le Procès-verbal ne pourront prendre autre falaire, vacation ni journée, que l'expédition de la groffe felon le nombre des Rôles ; au cas que l'Enquête ait été faite ailleurs, ils auront le choix de prendre leurs journées qui feront taxées aux deux tiers de celle du Juge ou Commiffaire : fans qu'ils puiffent prendre enfemble leurs journées & leurs groffes, pour quelque prétexte que ce foit.

(a) ,, Seront tenus les Commiffaires dans leurs Procès-verbaux inferer les noms, furnoms, ,, âges & demeurances des témoins par eux examinés, leur état, art & metier, la production ,, d'iceux & par qui, la preftation du ferment ; inferér en icelui Procès-verbal la relation des ,, ajournemens faits aux témoins & aux Parties, pour les voir jurer, afin que les Parties puif- ,, fent impugner les Procès-verbaux & Enquêtes de nullité, & afin de bailler les reproches ,, fles témoins qui fe bailleront avant que faire la publication de l'Enquête, felon l'Ordon- ,, nance de nos Prédeceffeurs. **Ord. de 1535. chap. 7. art. 14.**

Autrefois

Autrefois les Greffiers ou autres qui en avoient fait les fonctions dans les Enquêtes, se faisoient payer non-seulement de leurs grosses, mais encore de leurs vacations. L'Ordonnance a regardé ce double paye-ment comme un double emploi ; & pour cet effet elle a distingué si l'Enquête se faisoit au lieu & demeure des Greffiers ou ailleurs. Dans le premier cas, elle réduit leur salaire au seul payement de la grosse proportionnément au nombre des Rôles. Dans le second cas, elle leur laisse le choix d'exiger le payement de leur grosse ou de leurs journées selon la taxe qui en sera faite aux deux tiers de celles du Juge, sans qu'ils puissent prendre ensemble leurs journées ou leurs grosses ; cette dispo-sition a été copiée sur un Réglement que le Parlement avoit récemment fait à cet égard.

ARTICLE XXIV.

Les expéditions & procès-verbaux des Enquêtes feront délivrés aux Parties à la requête desquelles elles auront été faites & non aux autres Parties ; & si elles ont été faites d'office, elles feront feulement délivrées à nos Procureurs Généraux, ou nos Procureurs fur les lieux, ou aux Procureurs Fiscaux des Justices des Seigneurs à la requête desquelles elles auront été faites.

ARTICLE XXV.

Ceux qui auront été pris pour Greffiers en des Com-missions particulieres, qui n'auront point le dépôt, remettront la minute des Enquêtes & Procès-verbaux ès Greffes des Jurisdictions où le differend est pendant, trois mois après la Commission achevée ; sinon feront les Greffiers ou autres qui auront écrit l'Enquête & Procès-verbal, fur le certificat du Greffier de la Jus-tice où le procès est pendant, que les minutes n'auront été remises en son Greffe, contraint après les trois mois au payement de 200 liv. d'amende, applicable moitié à Nous & l'autre moitié à la Partie qui en aura fait

M m

plainte ; fauf aux Greffiers ou autres qui auront écrit les minutes , après les avoir remifes au Greffe , de prendre exécutoire de leur falaire contre la Partie à la requête de qui l'Enquête aura été faite.

L'Ordonnance a deux objets dans les deux Articles qui précédent : le premier, de déterminer à qui l'on doit délivrer les expéditions des Enquêtes ; le fecond, de pourvoir à la fûreté & à la confervation des minutes d'icelles.

Quant au premier objet, l'Article 24. décide qu'on ne doit délivrer les expéditions & procès - verbaux d'Enquête qu'aux Parties qui les ont provoquées : parce que l'Enquête eft leur titre, & qu'il n'y a conféquemment qu'elles qui ayent qualité légale pour en requerir expédition. Cela fouffre néanmoins une exception. Car les articles 28 & fuivans du préfent titre permettent à celui contre qui l'Enquête aura été faite , s'il en veut tirer avantage, de la lever en cas de refus ou de négligence de la part de celui qui aura fait faire l'Enquête, ainfi que nous l'aprofondirons plus amplement dans fon lieu.

A l'égard de la fûreté des minutes , l'article 25 prévoit le cas où l'on auroit pris pour Greffier *ad hoc* , quelqu'un qui n'étant point Officier, n'a conféquemment aucun dépôt public où l'Enquête qu'il a faite puiffe être en fûreté. En ce cas, il eft obligé de remettre la minute de l'Enquête & procès-verbal d'Enquête, au Greffe de la Jurifdiction où le differend eft pendant, trois mois après la confection de l'Enquête. S'il ne le fait point , il y eft contraignable par le payement d'une amende de 200 liv. fur le certificat du Greffier de la Jurifdiction où la conteftation eft pendante , que les minutes n'auront point été remifes à fon Greffe.

Cependant comme il ne feroit pas jufte de les obliger à fe deffaifir de leurs minutes qui forment en quelque forte leur gage , fans être payés de leurs falaires , l'Ordonnance les autorife , à en obtenir exécutoire contre la Partie qui aura provoqué l'Enquête , mais feulement après avoir fatisfait à la Loi, c'eft-à-dire après la remife des minutes.

ARTICLE XXVI.

Abrogeons l'ufage d'envoyer les expéditions des Enquêtes dans un fac clos & fcellé , même de celles qui auront été faites en une autre Jurifdiction , & pareillement toutes publications , réceptions d'Enquêtes & tous Jugemens, Appointemens, Sentences & Ar-

rêts portans que la Partie donnera moyens de nullité
& de reproche.

L'ufage étoit auparavant l'Ordonnance (ainfi qu'on l'a déja obfervé
ci-devant) de délivrer aux Parties le procès-verbal de l'Enquête. Mais
pour l'Enquête, elle étoit envoyée clofe & fcellée au Greffe de la Jurifdiction faifie du fond de la conteftation. Enfuite on fourniffoit de
moyens de nullité & de reproches contre les témoins, en exécution
d'apointemens donnés à cet effet. Après quoi l'on demandoit la réception d'Enquête à l'Audience ; c'eft ce qui s'appelloit *publier l'Enquête* :
Par ce moyen elle devenoit une piéce du procès, & chaque Partie pouvoit en prendre communication. Mais avant cette publication, il falloit
fournir fes reproches contre les témoins & donner fes moyens de nullité, fans quoi on n'y étoit plus reçu enfuite.

Toutes ces formalités pour les réceptions & publications d'Enquêtes
font abrogées par l'Ordonnance.

ARTICLE XXVII.

Après la confection de l'Enquête, celui à la requête
de qui elle aura été faite, donnera copie du procès-
verbal, pour fournir par la Partie, dans la huitaine,
des moyens de reproches, fi bon lui femble ; & fera
procédé au Jugement du différend, fans aucun com-
mandement ni fommation. (a)

ARTICLE XXVIII.

Si celui qui a fait faire l'Enquête, étoit refufant
ou négligent de faire fignifier le procès-verbal & d'en
donner copie, l'autre Partie pourra le fommer par un

(a) » En recevant lefdites Enquêtes, la Cour les recevra fauf nullité, laquelle toutefois
» la Partie fera tenue déduire judiciellement en ce qu'elle pourra connoître par le Procès-ver-
» bal, à laquelle fin la Partie qui voudra faire recevoir fon Enquête, fera tenue trois jours
» devant bailler à fa Partie adverfe contre laquelle elle voudra faire recevoir, le double du
» Procès-verbal & de la Commiffion en vertu de laquelle elle a été faite, qui pourra fur icelui
» impugner l'Enquête de nullité, d'autant qu'il en apparoîtra par lefdits Procès-verbaux, ou
» autrement. *Ord. de* 1535. *chap.* 7. *Art.* 18.

simple Acte d'y satisfaire dans trois jours, après lesquels il pourra lever le Procès-verbal, & sera tenu le Greffier lui en délivrer une expédition, en lui representant l'Acte de sommation & lui payant ses salaires de la grosse du Procès-verbal, dont sera délivré exécutoire contre la Partie qui en devoit donner copie.

Nous avons vû dans les Articles qui précédent tout ce qui est nécessaire pour faire une Enquête reguliere. Nous allons maintenant voir de quelle maniere on peut en faire usage, après sa confection.

Comme toutes les piéces d'un procès ne deviennent probantes qu'après la communication & après qu'elles ont essuyé le feu de la critique de celui qui a intérêt de les contredire ; par une conséquence naturelle de ce principe, une Enquête ne peut être regardée comme une piéce probante dans une contestation, qu'après avoir été communiquée à la Partie adverse, & qu'après que cette Partie a été mise à portée de la contredire, par des moyens valables. Or les moyens que l'on peut oposer contre une Enquête sont de deux sortes. Ou ce sont des moyens de forme comme *de nullités*, ou des reproches contre la personne même des témoins. Ou bien ce sont des moyens au fond, & qui frappent sur ce que contient l'Enquête en elle-même, comme lorsque l'on opose que le témoin n'est point ferme dans la déposition, ou qu'il ne dit rien de positif ; qu'il est contraire à lui-même ou aux autres témoins qui déposent du même fait ; qu'il est solitaire, qu'il ne dépose que d'oüis dire ; que les choses qu'il dépose ne sont pas pertinentes, ou ont étrangeres à ce qui fait l'objet de l'Enquête, &c.

Dans tous les tems, on a toujours soigneusement distingué les moyens de la premiere classe d'avec ceux de la seconde. Ainsi on n'étoit admis à proposer les reproches & moyens de nullité qu'avant la publication & réception d'Enquête ; parcequ'autrement, & si l'on eut laissé la Partie adverse maîtresse de ne proposer ses reproches qu'après avoir eû connoissance de ce que dépose chaque témoin, elle ne se feroit attachée à reprocher ou à écarter par quelques moyens de forme, & à attaquer de nullité que les dépositions qui auroient été les plus frapantes ; de sorte que la mesure des reproches & moyens de nullité auroit été celle du poids de chaque déposition.

C'est aussi dans cette vûe que notre Ordonnance ayant supléé aux réceptions & publications d'Enquêtes qu'elle abroge, par la signification tant du Procès-verbal que de l'Enquête elle-même, elle ne veut pas qu'on fasse *correlativement* la signification de l'un & de l'autre. Elle prescrit au contraire la signification *préalable* du Procès-verbal d'Enquête, parceque ce Procès-verbal ne donnant à l'adversaire connoissance que des noms, qualités & demeures des témoins, du serment par eux prêté, & de la procédure qui a précédé les dépositions, l'ignorance où il est par ce moyen de ce que chaque témoin a déposé, ne lui permet pas de mesurer ses reproches & ses moyens de nullité, sur les dépositions. Devant au contraire supofer que toutes les dépositions font probantes, il cherchera fans distinction à les écarter toutes en général ou en particulier, par les moyens que le droit & les circonstances pourront lui suggerer.

Pour les mettre en état de le faire, celui qui a provoqué l'Enquête, doit lui donner copie du Procès-verbal; & il doit de son côté signifier ses reproches dans la huitaine de la signification du Procès-verbal, faute de quoi on peut poursuivre contre lui le Jugement du fond, sans lui faire aucun commandement ni sommation de fournir de reproches.

Mais si celui qui a fait faire l'Enquête, refusoit ou négligeoit de faire signifier le Procès-verbal d'Enquête & d'en donner copie, l'autre Partie, après une simple sommation de le faire dans les trois jours, a la voye de lever lui-même le Procès-verbal d'Enquête. Et quoique dans la régle générale, le Greffier ne doive le délivrer qu'à celui qui a fait faire l'Enquête, il est tenu dans ce cas d'en donner une expédition à la Partie adverse, sur la simple representation de la sommation par elle faite, & en lui payant ses salaires. Mais comme il n'est pas juste dans ce cas que la Partie adverse leve à ses dépens ce Procès-verbal dont la copie doit dans la régle lui être signifiée, elle peut lever exécutoire du coût de ce Procès-bal, & s'en faire rembourser par celui qui étoit obligé de lui en donner copie.

ARTICLE XXIX.

La Partie qui aura fourni de moyens de reproches, ou qui y aura renoncé, pourra demander copie de l'Enquête, laquelle lui sera délivrée par la Partie; & en cas de refus l'Enquête sera rejettée, & sans y avoir égard sera procedé au Jugement du procès.

ARTICLE XXX.

Si la Partie contre laquelle l'Enquête aura été faite, en veut prendre avantage, il pourra la lever en faisant apparoir de la signification de ses moyens de reproches, ou de l'acte portant renonciation d'en fournir, dont sera laissée copie au Greffier, à la charge d'avancer par lui les droits & salaires du Greffier, dont lui sera délivré exécutoire, pour s'en faire rembourfer par la Partie qui aura fait faire l'Enquête; & dans l'exécutoire feront compris les frais du voyage pour faire lever les expéditions, ou pour le falaire des Meffagers.

Quand, fur le vû du procès-verbal d'Enquête, l'adverfaire a fourni de moyens de reproches, ou qu'il a renoncé d'en fournir par une déclaration judiciaire & expreffe, il eft en droit de demander à voir le corps de l'Enquête; attendu qu'il n'y a plus alors d'inconvéniens à craindre, en lui donnant connoiffance du contenu aux dépofitions.

Si la Partie qui a fait l'Enquête, refufe de lui en donner copie, il peut demander qu'elle foit rejettée, & pourfuivre en conféquence le Jugement des procès. Il peut auffi, s'il croit pouvoir tirer avantage de l'Enquête, en lever une groffe que le Greffier eft obligé de lui délivrer en lui juftifiant de la fignification de fes moyens de reproches, ou en lui laiffant copie de fon acte de renonciation d'en fournir. Comme dans ce dernier cas, il ne peut exiger du Greffier cette groffe qu'en lui payant fes droits & falaires, il eft en droit de fon côté d'en demander exécutoire, & de s'en faire rembourfer par la Partie qui aura fait faire l'Enquête. S'il lui a fallu faire quelques voyages pour fe procurer cette groffe, ou qu'il ait employé la voye du Meffager pour la faire venir, les frais de voyage, ou le falaire des Meffagers font, de droit, partie du montant de l'exécutoire de rembourfement.

ARTICLE XXXI.

Si la Partie qui a fait faire l'Enquête, refufe d'en faire donner copie & du Procès-verbal, l'autre Partie aura un délai de huitaine pour lever le Procès-verbal & pareil délai pour lever l'Enquête; & en cas que l'Enquête ait été faite hors le lieu où le differend eft pendant, il fera donné un autre délai felon la diftance du lieu, tant pour le voyage que pour le retour de celui qui fera envoyé pour la lever, à raifon d'un jour pour dix lieues.

ARTICLE XXXII.

Tous les délais de huitaine ci-deffus ordonnés, ne fe-

ront que pour nos Cours & pour nos Bailliages, Sé-
néchaussées, Présidiaux : Et à l'égard de nos autres
Jurisdictions, des Justices des Seigneurs, même des
Duchés & Pairies & des Juges Ecclésiastiques, les
délais seront seulement de trois jours.

Ces deux Articles fixent les délais dans lesquels la Partie adverse doit lever l'Enquête & le procès-verbal d'Enquête, en cas de négligence ou de refus d'en donner copie, de la part de celui qui a provoqué l'Enquête.

Ces délais sont differens relativement à la qualité des Jurisdictions. Si l'on procede dans les Cours, Bailliages & Sénéchaussées Royales, ou Présidiaux, le délai sera de huitaine pour faire lever le Procès-verbal d'Enquête, & d'une autre huitaine pour lever l'Enquête. Si l'on procede au contraire dans les Prevôtés ou Châtellenies Royales, ou dans les Justices Seigneuriales, fussent même devant les Juges des Duchés-Pairies, ou devant des Juges Ecclésiastiques, il n'y aura qu'un délai de trois jours pour lever le Procès-verbal, & un de trois autres jours pour lever l'Enquête.

Cependant dans quelques Jurisdictions que la contestation fût pendante, si l'Enquête avoit été faite hors le lieu du Siége, ce seroit le cas d'une prolongation de délai qui doit être proportionnée à la distance des lieux, tant pour le voyage que pour le retour de celui qui sera envoyé pour la lever ; & ce à raison d'un jour pour dix lieues.

A R T I C L E   XXXIII.

La Partie qui aura fait faire une Enquête, ne pourra
demander à l'autre Partie copie du Procès-verbal de
son Enquête, ni pareillement le lever, qu'il n'ait aupa-
ravant fait signifier le Procès-verbal de l'Enquête faite
à sa requête, ni demander copie de l'autre Enquête, ni
la lever, qu'il n'ait donné copie de la sienne.

La communication des Piéces respectives doit être réciproque. Dèslà, lorsque les deux Parties ont fait Enquête de part & d'autre (ainsi qu'elles en ont la liberté en matiere civile) l'une ne peut se plaindre de ce que l'autre ne lui a point donné copie de son Enquête & du Procès-verbal qui l'a précedé, si elle n'a point elle-même fait auparavant cette communication exigée par la Loi.

ARTICLE XXXIV.

Celui auquel il aura été donné copie tant du Procès-
verbal que de l'Enquête faite contre lui, ne pourra en
cause principale ou d'appel, faire oüir à sa requête au-
cun témoin, ni donner aucun moyen de reproche contre
les témoins oüis en l'Enquête de la Partie.

Quoiqu'une Partie ne puisse être admise à la preuve des faits qu'il
articule, sans que l'autre n'ait en même tems le droit de faire la preuve
contraire, on peut être déchu de ce droit dans un cas, c'est lorsqu'on a
eû connoissance du contenu de l'Enquête faite contre soi par la signification faite contre soi ; parcequ'alors la contre-Enquête deviendroit une
Procédure récriminatoire. Un Arrêt rendu en la première Chambre des
Enquêtes le 3 Juillet 1680. a jugé à cet égard conformément à l'Ordonnance dans une matiere de dîme.

Si l'on ne peut faire une contre-Enquête, après la signification de
l'Enquête adverse, à plus forte raison ne peut-on reprocher les témoins
dont on connoît le fond des dépositions par cette signification. C'est ce
que nous avons déja démontré ci-devant sur l'Article 28.

ARTICLE XXXV.

Si la permission de faire enquête a été donnée en
l'Audience, sans que les Parties ayent été appointées
à écrire, les enquêtes seront portées à l'Audience pour
y être jugées sur un simple acte, & sans autres
procedures.

Nous avons déja observé dans plusieurs Ordonnances que le but du
Legiflateur dans la présente Ordonnance étoit de faire en sorte que tout
fût décidé à l'Audience, autant qu'il étoit possible. Par une suite de
cette intention générale, il veut dans le présent Article que les enquêtes soient portées à l'Audience après leur confection, lorsqu'elles ont
été ordonnées à l'Audience. La combinaison qu'il faut faire des différentes
dépositions met quelquefois les Juges dans le cas d'appointer. Mais le
plus souvent on se contente d'ordonner des délibérés ; & comme les
Jugemens sur délibérés sont censés rendus à l'Audience, & ont tous les

caracteres

caractères, ce dernier, parti paroît par cette raison plus conforme à l'objet de la Loi & à l'intention du Legiflateur.

ARTICLE XXXVI.

Si l'enquête eft déclarée nulle par la faute du Juge ou Commiffaire, il en fera fait une nouvelle aux frais & dépens du Juge ou Commiffaire (a), dans laquelle la Partie pourra faire ouir de nouveau les mêmes témoins.

La premiere partie de cette difpofition qui impofe au Commiffaire qui a fait une enquête nulle, la néceffité de la refaire à fes frais, eft puifée dans une de nos plus anciennes Ordonnances.

Mais il reftoit d'après cette ancienne Ordonnance un doute qui a été réfolu par la nôtre; c'étoit de fçavoir, fi la Partie pouvoit faire entendre dans la feconde enquête les mêmes témoins qui avoient été précédemment entendus dans la premiere enquête déclarée nulle. La raifon de douter étoit que la foi des enquêtes étoit engagée par leur premiere dépofition. Mais la raifon a été, qu'il n'y avoit rien en cela du fait de la Partie, & que s'il en étoit autrement, un Juge qui voudroit favorifer une Partie, pourroit anéantir la preuve de fon Adverfaire, en faifant à deffein une nullité, dont il feroit quitte en recommençant à fes frais une feconde enquête. Ce font ces motifs puiffans qui ont déterminé le Legiflateur à décider dans la feconde partie de la préfente difpofition, que *la Partie pourra faire ouir de nouveau les mêmes témoins* dans l'enquête qui fera recommencée dans cette hipothefe.

(a) ,, Si par la faute du Commiffaire l'enquête fe trouve nulle, elle fera refaite aux dépens ,, de celui qui l'aura faite, lequel fera tenu de rendre & reftituer à Partie ce qu'il en aura ,, reçu. *Ordonnance de* 1535. *chap.* 7. *art.* 19.

FORMULES

DES PROCEDURES

RELATIVES

AU PRESENT TITRE.

Ordonnance pour faire affigner les témoins.

DE l'Ordonnance de Nous , Confeiller du Roy . . . . Commiffaire en cette partie : Mandons au premier Huiffier de ladite Cour fur ce requis , qu'à la requête du fieur . . . il faffe commandement & donne affignation aux témoins qui lui feront indiqués par ledit fieur . . . en leurs domiciles à comparoir le . . . heure de . . . pardevant Nous en notre Hôtel , fis rue de . . . Paroiffe de . . . pour en exécution de la Sentence (*ou* Arrêt) de la Cour rendu entre ledit fieur . . . & . . . le . . . prêter ferment & dépofer verité en l'enquête ordonnée être faite pardevant Nous ; comme auffi qu'il donne pareille affignation audit . . . au domicile de fon Procureur , à comparoir lefdits jour , lieu & heure , pour , fi bon lui femble , être préfent à la preftation de ferment defdits témoins , lui déclarant que faute d'y comparoir , il y fera procedé , tant en abfence que préfence. Fait en notre Hôtel le . . . .

Affignation aux témoins pour dépofer.

L'AN mil fept cens . . . . le . . . . en vertu de l'Ordonnance de M. . . . Confeiller ; . . . Commiffaire en cette partie , fignée & fcellée ; & à la requête du fieur . . . y demeurant à . . . . pour lequel domicile eft élu en la maifon de Me. . . . Procureur en la Cour , fife rue . . . . j'ai . . . fouffigné fait commandement & donné affignation à . . . demeurant à . . . en parlant à . . . &c. (*on denomme de fuite dans l'Original tous les témoins que l'on affigne ,*) à comparoir le . . . . heure de . . . pardevant mondit fieur . . . Commiffaire , en fon Hôtel , rue . . . Paroiffe . . . pour prêter ferment , dire & dépofer verité dans l'enquête que ledit fieur . . . entend faire faire contre . . . en exécution de la Sentence (*ou* Arrêt) contradictoire du . . . leur déclarant qu'ils feront payés de leurs falaires raifonnables , & que faute de comparoir , ils feront gagés chacun en dix livres d'amende , fuivant l'Ordonnance , j'ai à chacun defdits témoins , parlant comme deffus , laiffé féparément copie du préfent Exploit & de ladite Ordonnance , comme auffi j'ai . . . à la requête que deffus , & en vertu de l'Ordonnance fufdite donné affignation à . . . au domicile de Me. . . . fon Procureur , demeurant à Paris rue de . . . Paroiffe de . . . . en parlant à . . . . à fe trouver ledit jour en l'Hôtel de mondit fieur . . . . fis rue de . . . . pour être préfent , fi bon lui femble , à la preftation de ferment des témoins que le fieur . . . . entend faire dépofer en l'enquête ordonnée être faite entre les Parties par ladite Sentence (*ou* Arrêt) du . . . . déclarant que faute d'y comparoir , il y fera procedé , tant en abfence que préfence ; & j'ai audit . . . . parlant comme deffus , laiffé copie de ladite Ordonnance & du préfent.

Procès-verbal d'enquête.

L'AN mil fept cens . . . . le . . . . jour de . . . . pardevant Nous . . . . en notre Hôtel , fis rue de . . . . eft comparu Me. . . . Procureur de . . . . lequel audit nom nous a expofé que par Sentence (*ou* Arrêt) contradictoire rendue en . . . . le . . . .

entre .... il a été ordonné que les **Parties** feroient preuve refpective de leurs faits pardevant Nous , pour l'exécution duquel Jugement ledit Me.... audit nom , Nous a requis notre Ordonnance pour faire affigner les témoins qui ont connoiffance des faits en queftion ; ce que Nous lui avons octroyé , & a figné.

Et le.... defdirs mois & an , heure de... feroit de nouveau comparu ledit Me.... Procureur dudit.... lequel nous a dit qu'en vertu de notre Ordonnance il a fait affigner les fieurs.... témoins qu'il défire faire entendre en l'enquête ordonnée par ladite Sentence (*ou* Arrêt) à comparoir aujourd'hui, lieu & heure pardevant Nous ; & auffi qu'il a fait donner affignation audit... au domicile de Me.... fon Procureur, à comparoir le même jour, lieu & heure pardevant Nous, pour voir prêter le ferment aux témoins ; le tout par exploit de.... Huiffier en.... contrôlé le.... l'original duquel il nous a exhibé ; & attendu qu'il eft.... heures fonnées, la préfence defdits témoins & l'abfence de... (*ordinairement celui contre qui l'enquête fe fait ne fe trouve point au Procès-verbal*) Nous requiert défaut, & pour le profit qu'il foit paffé outre à la preftation de ferment & à l'audition defdits témoins, dont & de quoi nous a requis acte, & a figné.

Sur quoi Nous Commiffaire fufdit avons audit Me..... donné acte de fes comparution, dire & requifition, & après que attendu depuis ladite heure de... jufqu'à celle de... fans que ledit... ni Procureur pour lui foient comparus, Nous avons contre lui donné défaut, & pour le profit, avons reçû le ferment des témoins ci-deffus nommés : Et après que ledit Me.... s'eft retiré , avons redigé les dépofitions defdirs témoins fur une feuille féparée pour fervir audit fieur.... ce que de raifon , & a figné.

Si quelques-uns des témoins n'étoient point comparus , après avoir fait mention de leur comparution dans le dire du Procureur de celui qui provoque l'enquête , le Commiffaire donneroit défaut contre eux , & ordonneroit qu'ils feroient réaffignés à un autre jour , lieu & heure , à défaut de comparution de leur part ou d'aucun d'eux à la réaffignation , il déclareroit l'amende de 10 livres portée par l'Ordonnance , encourue contre eux , au payement de laquelle ils feroient contraints , nonobftant oppofitions ou appellations quelconques & fans préjudice.

Enquête.

Enquête faite par Nous.... à la requête du fieur.... demeurant à.... Contre Défendeur.

Suivant & en exécution de la Sentence (*ou* de l'Arrêt) contradictoire rendue entr'eux en.... le.... fignifiée le....

En laquelle enquête Nous avons oui féparément l'un de l'autre & en fecret, lefdits témoins qui Nous ont été produits & affignés de notre Ordonnance du.... par Exploit du.... contrôlé le.... les dépofitions defquels témoins Nous avons reçues & rédigées, ainfi qu'il fuit.

Du.... N.... demeurant.... âgé de.... affigné par Exploit de.... Huiffier en.... du jour.... qu'il Nous a repréfenté, & après ferment par lui fait de dire verité, & que lecture a été faite de ladite Sentence (*ou* Arrêt) a dit n'être parent, allié, ferviteur ou domeftique des Parties : *s'il d clare être parent il faut l'énoncer & marquer à quel degré.* Dépofe, &c. *& pour clore la dépofition,* on ajoute : Qui eft tout ce qu'il a dit fçavoir ; lecture à lui faite de fa dépofition, a dit icelle contenir verité, y a perfifté, a requis taxe à lui octroyée de.... (*ou* n'a requis taxe) & a figné, (*ou fi le témoin ne fçait figner* : a déclaré ne fçavoir écrire ni figner, de ce interpellé fuivant l'Ordonnance.)

On rédige les autres dépofitions de fuite & de la même manière.

Acte de baillé copie du Procès-verbal ou de l'Enquête.

Me...... Procureur de.... baillé copie à Me..... Procureur de.... du Procès-verbal d'enquête (*ou* de l'enquête) faite en exécution de la Sentence (*ou* Arrêt) contradictoirement rendue entre les Parties le.... à ce qu'il n'en ignore, dont acte.

Reproches contre les témoins.

Sur .... contre .... dit pour reproches contre les témoins entendus dans l'enquête faite à la requête dudit ... suivant le Procès-verbal d'enquête signifié audit sieur ... le ....

Que, &c. *énoncer ici les différens moyens de reproches, & terminer ainsi :* Partant soutient ledit sieur ... que les dépositions desdits témoins doivent être rejettées, avec dépens.

Si l'on fournit les reproches par Requête, ainsi que cela se pratique le plus ordinairement dans les affaires appointées, il faut conclure de la manière qui suit. Ce considéré, Nosseigneurs, il vous plaise, (en procedant au Jugement de l'Instance d'entre les Parties, *si l'affaire est appointée*) donner acte au Suppliant de ce que pour reproches contre les temoins ouis en ladite enquête, il employe le contenu en la présente Requête ; ce faisant il faut avoir égard aux depositions desdits témoins, lesquelles seront rejettées, adjuger au Suppliant les conclusions par lui prises, avec dépens : Et vous ferez bien.

Sommation de signifier le Procès-verbal d'enquête.

Me .... Procureur de .... somme Me .... Procureur de ....

De lui donner incessamment copie du Procès-verbal d'enquête faire à la requête dudit .... sinon & à faute de ce faire dans trois jours, protester d'en lever une expedition aux frais & dépens dudit .... à ce qu'il n'en ignore, dont acte.

Requête à fin de remboursement du coût du Procès-verbal d'enquête.

A Nosseigneurs ....

Supplie humblement .... Disant .... qu'en la contestation pendante en la Cour, N... a fait une enquête de plusieurs témoins pardevant M... Conseiller à ce commis par Sentence (*ou* Arrêt) contradictoire rendue entre les Parties le ... du Procès-verbal, de laquelle enquête ayant refusé de donner copie au Suppliant, quoique sommé par acte du .... le Suppliant a été obligé d'en lever une expedition, & d'en avancer les frais ; de sorte que pour se procurer le remboursement desdits frais, il est contraint de se pourvoir, & à cet effet de donner la présente Requête.

Ce considéré, Nosseigneurs, il vous plaise ordonner executoire être délivré au profit du Suppliant de la somme de .... pour son remboursement du coût du Procès-verbal d'enquête dont est question : Et vous ferez bien.

Cette Requête est répondue d'une Ordonnance de soit délivré executoire de la somme de .... fait à .... Cette Requête & Ordonnance signifiées, on les met entre les mains du Greffier qui expedie l'executoire en forme en conséquence.

Sommation de donner copie de l'enquête.

Me .... Procureur de .... somme Me .... Procureur de .... de lui donner copie de l'enquête faite à la requête dudit .... en exécution de la Sentence (*ou* Arrêt) du .... sinon & à faute de ce faire dans trois jours, proteste d'en lever une expedition à ses frais (*ou de donner Requête pour faire rejetter de l'Instance* ladite enquête) à ce qu'il n'en ignore, dont acte.

Requête pour faire rejetter l'enquête faute d'en avoir donné copie.

A Nosseigneurs .... Supplie humblement .... Disant, &c.

Ce considéré, Nosseigneurs, il vous plaise, faute par ledit .... d'avoir satisfait à la sommation à lui faite le .... & suivant icelle d'avoir signifié & donné copie au Suppliant de l'enquête faite à sa requête & dont est question, ordonner que ladite enquête sera rejettée de la cause (Instance *ou* Procès) & que sans y avoir égard, les conclusions prises par le Suppliant lui seront adjugées avec dépens.

TITRE XXIII.

DES REPROCHES DES TÉMOINS.

L A matiere des *reproches des Témoins* fembleroit appartenir naturellement au titre précedent , comme étant une dépendance de la procedure à laquelle les Enquêtes donnent lieu. Auffi voyons-nous dans ce dernier titre que le Legiflateur a eu foin d'y fpecifier le tems dans lequel les *reproches* pouvoient être admis.

Mais comme il n'auroit pas été poffible d'entrer dans un détail le plus circonftancié de ce que les reproches doivent contenir , & de la maniere dont ils doivent être propofés , fans rompre l'enchaînement général des difpofitions concernant la procedure des Enquêtes , c'eft pour cela que le Legiflateur a jugé plus à propos de renvoyer ce détail à un titre particulier ; c'eft celui que nous nous propofons maintenant de développer.

ARTICLE PREMIER.

Les reproches contre les témoins feront circonftan-ciés, & pertinens & non en termes vagues & généraux, autrement feront rejettés.

Un reproche vague & général ne mérite par lui-même aucune croyance, & par conféquent n'eft pas de nature à pouvoir faire tomber la dépofition d'un témoin. Ainfi la premiere qualité que doit avoir un reproche pour être admiffible, eft d'être *circonftancié.* C'eft pourquoi fi vous reprochez à un témoin d'avoir été repris de Juftice , il faut exprimer en même-tems les circonflances du fait qui y a donné lieu, la date de la condamnation, & la Jurifdiction où elle a été rendue : & ainfi des autres reproches.

Mais ce n'eft pas aflez que le *reproche* foit circonflancié, il faut qu'il foit *pertinent*, c'eft-à-dire, aflez grave pour faire rejetter la dépofition du témoin. Les principaux moyens de reproches font que le témoin eft ennemi de la Partie contre laquelle il a dépofé ; qu'il eft proche parent, ferviteur ou domeftique de celui en faveur de qui il a dépofé ; qu'il a été repris de Juftice, condamné en l'amende pour crime, ou decreté d'ajournement perfonnel, ou de prife de corps, fans avoir purgé fon decret ; qu'il a été corrompu ou fuborné parargent ; qu'il dépofe en fa propre caufe, ayant un Procès femblable à celui dont il s'agit ; qu'il n'a point été ajourné, & qu'il s'eft préfenté de lui-même pour dépofer, &c.

ARTICLE II.

S'il eft avancé dans les reproches que les témoins ont été emprifonnés, mis en decret, condamnés ou repris de Juftice, les faits feront reputés calomnieux, s'ils ne font juftifiés avant le Jugement du Procès par des écrous d'emprifonnement, decrets, condamnations ou autres actes.

Il eft des faits de reproches qui portent en quelque forte avec eux-mêmes, leur preuve par écrit. De ce nombre font les reproches fondés fur un emprifonnement, fur un decret ou fur une condamnation judiciaire. Comme il eft extremement facile de s'en procurer la preuve litterale quand ils font vrais, en levant une expedition de l'écrou, du decret ou du Jugement de condamnation, l'Ordonnance veut que les reproches de cette qualité foient reputés calomnieux, fi celui qui les propofe ne met fous les yeux de la Juftice cette preuve litterale.

Cependant il pourroit très-bien fe faire que l'on n'eût point cette preuve en main, dans l'inftant même que l'on propofe les reproches. C'eft pourquoi notre Article laiffe à la Partie pour fe la procurer, & la produire tout le tems de l'inftruction du Procès. Mais fi cette juftification par écrit n'eft pas faite avant le Jugement, les reproches font rejettés comme calomnieux.

ARTICLE III.

Celui qui aura fait faire l'enquête pourra, fi bon

lui semble, fournir de réponses aux reproches, & les réponses seront signifiées à la Partie : autrement défendons d'y avoir égard ; le tout sans retardation du Jugement.

Les réponses aux reproches sont proprement des répliques de la part de celui qui a fait faire l'enquête. Ainsi les répliques n'étant point de droit, mais seulement de tolerance, les réponses aux reproches ne sont ici que permises & non pas ordonnées. Encore cette permission n'est-elle accordée que sous deux conditions ; la premiere, que ces réponses seront signifiées, afin de les rendre contradictoires ; la seconde, que ce sera retarder le Jugement.

ARTICLE IV.

Les Juges ne pourront appointer les Parties à informer sur les faits de reproches, sinon en voyant le Procès, au cas que les moyens de reproches soient pertinens & admissibles.

S'il est des reproches qui sont de nature à être prouvés litteralement, comme ceux résultans des écrous, des decrets ou des condamnations judiciaires, il en est d'autres dont on ne peut établir la verité que par la preuve testimoniale. Admettre la preuve de ces derniers avant le Jugement du Procès, dans le cas même où ils seroient pertinens & admissibles, ce seroit se mettre dans le cas de faire souvent une procedure frustratoire & superflue. Car si, indépendamment des témoins reprochés, il s'en trouve d'autres non reprochés, parmi ceux qui composent l'enquête, en assez grand nombre, & dont les dépositions soient assez concluantes, pour faire preuve des faits qui ont originairement donné lieu à l'enquête, il seroit dans ce cas absolument inutile d'admettre la preuve des reproches : *Nam frustra probatur, quod probatum non revelat.* C'est donc avec grande raison que l'Ordonnance défend d'appointer les Parties à informer sur les faits de reproches, si ce n'est en voyant le Procès.

ARTICLE V.

Les reproches des témoins seront jugés avant le Pro-

cès ; & s'ils font trouvés pertinens, & qu'ils foient fuffifamment juftifiés, les dépofitions n'en feront lûes.

Quand la preuve des faits de reproches a été admife, & qu'elle a été
faite, il s'agit de décider fi elle eft complette ou fi elle ne l'eft pas. Comme l'objet de cette preuve eft de faire rejetter les dépofitions des témoins
reprochés, il eft préalable de décider du mérite de la juftification des
faits de reproches, avant que d'entamer le fond du procès.

ARTICLE VI.

Défendons aux Procureurs de fournir aucuns re-
proches contre les témoins, fi les reproches ne font
fignés de la Partie, ou s'ils ne font apparoir d'un pou-
voir fpécial par écrit à eux donné pour les propofer.

Cette difpofition a pour but de prévenir les défaveux qui jetteroient
les Parties dans une nouvelle involution de procès, fi une Partie, n'ayant
pas réuffi dans la preuve de fes reproches, venoit, en défefpoir de caufe
à défavouer le Procureur dont elle auroit emprunté le miniftere pour
les propofer. Il n'y a point de moyen plus fûr pour prévenir cet inconvénient, que d'aftreindre le Procureur à faire figner les faits de reproches par fa Partie, ou à fe munir d'un pouvoir par écrit fpécial à
l'effet de les propofer.

Nota. *On ne propofera aucunes formules de Procedure fur ce titre ; at-*
tendu que ce qui concerne les reproches des témoins fe trouve en fon lieu
dans les formules du titre précedent.

TITRE XXIV.

DES RECUSATIONS

DES JUGES.

LA partialité eft le vice le plus dangereux qui
puiffe fe rencontrer dans un Juge. Arbitre du
fort & de la fortune des Citoyens, l'équité & le bon
droit

droit doivent être fes feules régles : aucunes paffions ne lui doivent faire pencher la balance, pour ou contre l'une ou l'autre des Parties.

Mais il eft des circonftances où il eft bien difficile que le Magiftrat, puiffe conferver cet efprit d'équilibre, quelqu'attentif qu'il foit fur lui-même. Si par exemple l'une ou l'autre des Parties lui eft parent ou allié, à un dégré prochain, s'il en a reçû des bienfaits confiderables, fi au contraire il en a été maltraité ou injurié, s'il eft intéreffé dans une conteftation de même nature que celle qui eft pendante devant lui, n'eft-il pas bien à craindre dans ces circonftances critiques & autres femblables, que le caractere impartial du Juge ne difparoiffe, pour ne laiffer voir que celui de l'homme entraîné par les paffions ou les intérêts perfonels ? C'eft auffi ce qui a déterminé dans tous les tems à permettre de recufer les Juges dans certains cas.

Nous n'avions rien que de très-imparfait à cet égard dans nos anciennes Ordonnances. L'ufage y avoit fuppléé en quelques points. Mais comme les ufages par eux-mêmes font fujets à variation, le feu Roi a crû qu'il étoit de fa fageffe, de donner fur une matiere auffi importante des régles fixes ; c'eft ce qu'il a exécuté dans le préfent titre. Pour remplir ce deffein, il a commencé d'abord par déterminer les differentes *caufes* de recufations. Enfuite il a fixé le *tems* dans lequel les recufations pourroient être admifes. Enfin il a détaillé les *formalités* à obferver pour le faire d'une maniere valable.

O o

ARTICLE PREMIER.

Les recusations en matiere civile, seront valables en toutes Cours, Jurisdictions & Justices, si le Juge est parent ou allié de l'une des Parties jusqu'aux enfans des cousins issus de germain, qui font le quatriéme degré inclusivement ; & néanmoins il pourra demeurer Juge si toutes les Parties y consentent par écrit.

ARTICLE II.

Le Juge pourra être recusé en matiere criminelle , s'il est parent ou allié de l'accusateur ou de l'accusé jusqu'au cinquiéme degré inclusivement ; & s'il porte le nom & armes, & qu'il soit de la famille de l'accusateur ou de l'accusé, il s'abstiendra en quelque degré de parenté ou alliance que ce puisse être , quand la parenté ou alliance sera connue par le Juge, ou justifiée par l'une des Parties , sans qu'en l'un ni l'autre cas il puisse demeurer Juge , nonobstant le consentement de toutes les Parties , même de nos Procureurs Géneraux , ou nos Procureurs sur les lieux & des Procureurs Fiscaux des Seigneurs.

ARTICLE III.

Tout ce qui est ci-dessus ordonné en matiere civile & criminelle , aura lieu, encore que le Juge soit parent ou allié commun des Parties.

Les premieres causes de recusation & celles qui se présentent le plus ordinairement, font celles qui naissent de la parenté ou de l'alliance du Juge avec l'une ou l'autre des Parties. Cette parenté ou cette alliance font quelquefois fi éloignées, qu'il n'eft pas à craindre qu'elles puiffent influer fur l'efprit du Juge, ni lui faire perdre de vûe fes obligations, pour favorifer un parent ou allié. Mais quels font les dégrés de proximité ou d'éloignement qui doivent infpirer ou écarter ces craintes ! C'eft ce qui n'avoit point encore été bien décidé, avant la préfente Ordonnance. Les bornes qu'elle preferit à cet égard, ne font pas les mêmes en matiere civile qu'en matiere criminelle.

En matiere civile, on ne peut recufer le Juge à un degré plus éloigné, qu'au quatriéme, c'eft-à-dire jufqu'au coufin iffu de germain inclufivement. Encore peut-il demeurer Juge, fi les Parties y confentent unanimement, parcequ'on ne fait point de tort à quelqu'un, lorfqu'on ne lui accorde que ce qu'il demande lui-même.

Mais comme les inconvéniens font beaucoup plus grands en matiere criminelle, la recufation a lieu jufqu'au cinquiéme degré, fi le Juge eft parent ou allié dans ce degré ou autres plus proches de l'accufateur ou de l'accufé. Il eft même recufable dans les degrés plus éloignés, s'il porte le nom & les armes de l'accufé ou de l'accufateur. Dans ce dernier cas fur-tout, l'attachement naturel que l'on a pour tout ce qui porte le nom & les armes dans les maifons diftinguées, ne permettroit pas de douter que le Juge ne mît tout en ufage pour fauver un coupable dont la condamnation pourroit imprimer quelque tache fur fa famille. C'eft pourquoi le confentement même des Parties, quand il feroit joint à celui de la partie publique, ne peut en matiere criminelle couvrir les moyens de recufation. Et les Juges font obligés d'y deferer, même de s'abftenir d'office, auffitôt qu'ils en ont connoiffance, de quelque maniere que cette connoiffance leur parvienne.

Il fembleroit au premier coup d'œil que lorfque le Juge eft parent commun des Parties, la crainte de partialité devroit ceffer; l'on devroit penfer au contraire que le Juge également porté envers chacune des Parties, & uni avec chacune d'elles par les mêmes liens, ne pourroit alors être foupçonné de vouloir favorifer une partie plutôt qu'une autre. Mais outre que cet équilibre de fentiment ne pourroit être fuppofé, qu'en fupofant en même tems les Parties dans une égale proximité de dégrés de parenté avec le Juge, (ce qui arrive rarement) l'experience journaliere nous apprend que dans chaque famille, il eft des parens pour lefquels on fe trouve plus d'inclination que pour d'autres, quoiqu'également proches; d'ailleurs fi les parentés ou alliances refferrent quelquefois les nœuds de l'amitié, elles ne fervent auffi fouvent qu'à exciter davantage le feu de la haine, quand une fois il eft allumé entre proches, & à rendre ce feu plus vif & plus durable ; *apud concordes, excitamenta charitatis ; apud iratos, irritamenta odiorum*, pour emprunter les expreffions d'un grand Magiftrat. Ainfi c'eft avec beaucoup de raifon & de prudence que le Monarque Légiflateur n'a pas voulu permettre que la parenté ou alliance commune des Parties avec le Juge, pût couvrir le moyen de recufation réfultant de la parenté ou alliance.

ARTICLE IV.

Ce qui eſt dit des parens & alliés, aura pareillement lieu pour ceux de la femme, ſi elle eſt vivante, ou ſi le Juge ou la Partie en ont des enfans vivans ; & en cas que la femme ſoit décedée & qu'il n'y eût enfans, le Beau-pere, le Gendre ni les Beaux-freres ne pourront être Juges.

Les parens de la femme deviennent par le mariage, les alliés du mari. Ainſi nulle difficulté qu'ils donnent ouverture à des moyens de recuſation, du moins tant que dure le mariage. Mais bien que les alliés de la femme ſoient étrangers au mari, l'Ordonnance décide ici qu'ils peuvent donner lieu à la recuſation, ſi la femme eſt vivante, ou ſi le Juge ou la Partie en ont des enfans. Et en effet le mari & la femme, le pere & les enfans ſont enviſagés par les Loix comme une ſeule & même perſonne ; & par le vif intérêt que nous prenons à nos femmes & enfans, nous regardons ſes parens & alliés comme les nôtres propres.

Mais cet intérêt ceſſant par la mort de la femme & des enfans qui en étoient la cauſe & le lien, il ſembleroit que les moyens de recuſation devroient s'éteindre en même tems. Néanmoins, il reſte, même après la mort de la femme & des enfans, entre le Beau-pere & le Gendre & entre les Beaux-freres, une ſi grande affinité, que ce ſeroit bleſſer l'honnêteté publique, de les laiſſer Juges dans les affaires les uns des autres. C'eſt ce qui a donné lieu au Légiſlateur de défendre dans la derniere partie de cet Article, que le Beau-pere, le Gendre ni les Beaux-freres puiſſent demeurer Juges, quand bien même la femme ſeroit décedée, & qu'il n'y auroit point d'enfans actuellemens vivans.

ARTICLE V.

Le Juge pourra être recuſé, s'il a un differend ſur pareille queſtion que celle dont il s'agit entre les Parties, pourvû qu'il y en ait preuve par écrit ; ſinon le Juge en ſera cru à ſa déclaration, ſans que celui qui propoſera la recuſation puiſſe être reçû à la preuve par témoins, ni même demander aucun délai pour rapporter la preuve par écrit.

Après la parenté ou alliance dans un degré prochain, le moyen de recufation le plus puiffant que l'on puiffe propofer contre un Juge, c'eft d'être intéreffé dans un differend pareil à celui qui eft pendant devant lui. Comment pourroit-il être en effet Client & Juge fur une même queftion ? La foibleffe humaine lui permettroit-elle de ne point fe déclarer pour celle des Parties qui auront dans la conteftation un droit femblable au fien, afin de fe former lui-même un préjugé en fa faveur ? C'eft donc avec de très-juftes motifs que l'on admet la recufation du Juge dans de telles circonftances.

Mais cette recufation fi équitable dans fon principe & dans fon motif, devenoit très-fouvent une fource de chicannes, quant à la maniere d'en faire la preuve. Car autrefois on admettoit auffi bien la preuve teftimoniale que la preuve litterale fur les faits qui donnoient lieu à cette recufation. De-là une Partie qui vouloit éloigner, fe ménageoit en propofant ces faits, un nouveau procès fouvent plus long & plus couteux que le premier. Et comme la moindre circonftance change la face d'une affaire, & met une difference notable, les éclairciffemens procurés à grands frais à cet égard, fe terminoient fouvent à faire rejetter la recufation.

C'eft pourquoi notre Article, en laiffant fubfifter le moyen de recufation dont il s'agit comme bon en lui-même, veut qu'il ne puiffe être admis que fur une preuve litterale ; en forte que la feule déclaration du Juge au contraire fuffit pour le faire rejetter, fans que la Partie qui le propofe, non-feulement puiffe être admife déformais à en faire preuve par témoins, mais même puiffe demander avec fuccès un délai pour en rapporter la preuve par écrit.

ARTICLE VI.

Le Juge pourra être recufé s'il a donné confeil, ou connu auparavant du differend comme Juge ou comme Arbitre, s'il a follicité ou recommandé, ou s'il a ouvert fon avis hors la vifitation & jugement : En tous lefquels cas il fera cru à fa déclaration, s'il n'y a preuve par écrit.

L'Ordonnance abroge encore ici la preuve teftimoniale par raport aux moyens de recufations autorifés de tous tems, & qui réfultent de ce que le Juge a donné confeil, ou connu déja foit comme Juge, foit comme Arbitre du differend ; de ce qu'il a marqué fa partialité, foit en follicitant ou recommandant en faveur de l'une des Parties, foit en ouvrant inconfidérement fon avis hors la vifite & le jugement du procès. C'eft pourquoi dans tous ces cas, le Juge en eft cru à fa déclaration, fi celui qui propofe la recufation fondée fur l'un ou l'autre de ces moyens, n'en raporte pas *en même tems* la preuve par écrit.

ARTICLE VII.

Sera auffi recufable le Juge qui aura procès en fon nom dans une Chambre en laquelle l'une des Parties fera Juge.

Ce moyen de recufation eft fondé fur un motif bien palpable. Il eut été bien dangereux en effet de permettre qu'un Officier demeurât Juge, ayant lui-même une affaire dans une Chambre où l'une des Parties feroit fon propre Juge. Pourroit-il n'avoir pas de pente & de difpofition à lui être favorable, dans la crainte d'en être traité avec rigueur, s'il manquoit à lui accorder fon fuffrage, & dans l'efperance que s'il jugeoit à fon avantage, la reconnoiffance l'obligeroit à juger de même en fa faveur! *Hi reciproci judices funt valde fufpecti, cum poffit effe contractus, facio ut facias.* (a)

ARTICLE VIII.

Le Juge pourra être recufé pour menaces par lui faites verbalement ou par écrit depuis l'inftance, ou dans les fix mois précedens la recufation propofée; ou s'il y a eû inimitié capitale.

Deux caufes de recufation fe trouvent renfermées dans cet Article; 1°. celle qui réfulte des *menaces*; 2°. celle qui provient de *l'inimitié.*

Deux chofes effentielles à obferver par raport à la recufation réfultante des *menaces.* D'abord il n'y a que celles qui auroient été faites par le Juge, qui puiffent donner lieu à la recufation. Quelques menaces qui euffent été faites au Juge par les Parties, elles ne peuvent jamais leur fervir de prétexte pour le recufer, parcequ'un Chicanneur qui apprehenderoit un bon Juge, par les mains duquel il devroit ou craindroit de paffer, ne manqueroit pas de lui faire des menaces, pour fe menager par avance ce prétexte de recufation, s'il pouvoit être écouté dans fa bouche. Outre cela, quand les menaces auroient été proferées par le

(a) Rebuffe *Tractat. de recuf. Art. 9. glof. unic. n°. 34.*

Juge, elles ne font point toujours un moyen de recufation contre lui, fur-tout fi elles font anciennes. On préfume alors que le tems qui amortit toutes les paffions, a diffipé les impreffions défavorables qui pouvoient être alors dans l'efprit du Juge, & qui avoient occafionné ces menaces. C'eft pourquoi l'Ordonnance n'admet les *menaces* pour moyens de recufation, qu'autant que le Juge les auroit faites, ou *depuis l'inftance,* ou *dans les fix mois précedens la récufation propofée* : il n'importe qu'elles ayent été *faites par le Juge verbalement ou par écrit.*

La caufe de recufation qui naît de l'*inimitié,* ne doit pas non plus être admife legerement, fans quoi il feroit très-facile d'en abufer. Car il eft mille circonftances dont on pourroit effayer de faire réfulter une inimitié prétendue entre le Juge & l'une des Parties. Mais l'Ordonnance exige que ces circonftances foient fi graves, qu'elles prouvent évidemment une *inimitié capitale.* Il ne feroit pas jufte en effet de me laiffer pour Juge un homme prévenu contre moi d'une haine capable de le porter à m'ôter la vie, s'il le pouvoit. Il n'importe que la caufe de cette inimitié capitale foit ancienne. Quand elle eft portée jufqu'à cet excès, il en refte toujours dans le cœur des étincelles qui fe rallument à la premiere occafion, & qui mettent en défaut la droiture d'ailleurs la plus épurée. C'eft pour cela que notre Article ne dit pas ; *s'il y a* actuellement, mais *s'il y a eu inimitié capitale.*

ARTICLE IX.

Le Juge fera auffi recufable, fi lui ou fes enfans, fon pere, fes freres, oncles, neveux ou fes alliés en pareil dégré ont obtenu quelque Bénéfice des Prélats, Collateurs & Patrons Eccléfiaftiques ou Laïes, qui foient Parties ou Intéreffés en l'affaire, pourvû que les Collations ou Nominations ayent été volontaires & non néceffaires. (a).

La reconnoiffance a des droits infaillibles fur les cœurs nés vertueux.

(a) „ Nofdits Préfidens, Confeillers, Baillifs, Sénéchaux & autres nos Juges ou leurs „ Lieutenans, ne pourront être ni affifter au Jugement du procès d'un Prélat ou Collateur, ou „ d'aucun Seigneur duquel ils, leurs enfans, freres ou coufins germains, directement ou in„ directement, obtiendront aucun bénéfice ou office formé ou intitulé, quand les Parties le „ recuferont. *Ordonnance de Louis XII. Article 37.*

„ Défendons à tous Juges de connoitre des caufes ou affifter au Jugement des procès des „ Prélats, Collateurs & Patrons Lais, defquels leurs enfans, freres, oncles, neveux au„ roient obtenu aucuns bénéfices, foit que lefdits Collateurs ou Patrons foient Parties prin„ cipales ou jointes. *Ordonnance de Blois, Article 119.*

La mémoire d'un bienfait reçu, nous porte même fans que nous nous en appercevions, à en favorifer les auteurs, toutes les fois que l'occafion s'en préfente. De-là nos plus anciennes Ordonnances ont défendu aux Officiers de Juftice de demeurer Juges dans les affaires où feroient intéreffés les Prelats & autres Collateurs dont eux ou leurs proches parens auroient reçu quelques bénefices. L'Ordonnance de Louis XII. avoit étendu cette prohibition jufqu'aux collations faites aux coufins germains. Mais celle de Blois l'a reftrainte à celles faites aux neveux & autres parens plus proches feulement : Et notre Article y eft conforme à cet égard.

Mais les Ordonnances antérieures n'avoient pas fait, fur les differens genres de collations, une diftinction que la nôtre admet avec beaucoup d'équité. Il eft en effet des collations où le Prelat Collateur ne fait que prêter un miniftere néceffaire & forcé, comme lorfqu'il s'agit de Collations fur Patronages, fur Indults, fur Grades, fur Brevets Royaux de joyeux avénement, ferment de fidélité, &c. Et dans ces fortes de cas les Prelats n'exerçant aucune libéralité, on ne leur doit aucune forte de gratitude. Il ne leur en dû véritablement, que lorfqu'ils conferent librement & volontairement. C'eft pourquoi l'Ordonnance ne les regarde comme recufables, qu'autant que *les Collations ou Nominations* auroient été *volontaires* & non néceffaires.

ARTICLE X.

Si le Juge eft Protecteur ou Syndic de quelque Ordre & nommé dans les qualités ; s'il eft Abbé, Chanoine, Prieur, Beneficier ou du Corps d'un Chapitre, College ou Communauté, Tuteur honoraire ou oneraire ; fubrogé Tuteur ou Curateur, Héritier préfomptif ou Donataire, Maître ou Domeftique de l'une des Parties, il n'en pourra demeurer Juge.

Le Légiflateur a cumulé dans ce titre differens autres motifs qui peuvent autorifer une recufation légitime.

Le premier de ces motifs, eft *fi le Juge eft Protecteur ou Syndic de quelque Ordre.* Sur quoi M. le Premier Préfident de Lamoignon obferva, lors des Conférences, qu'il feroit dangereux que les Protecteurs & Syndics des Ordres n'en puffent demeurer Juges ; que c'étoit les offices de charité & d'affection que leur rendoient des perfonnes de qualité ; que l'on avoit attaché ces protections aux principaux Magiftrats pour maintenir l'ordre dans les Communautés, & non pour les rendre Parties dans les differends; que l'on ruineroit les Hôpitaux, fi les Magiftrats qui en font les Adminiftrateurs & les Protecteurs nés, étoient obligés de

defcendre

deſcendre de leurs Siéges, pour ſe mettre au rang des Parties, & qu'on en abandonneroit l'adminiſtration, au détriment du Public. Mais d'un autre côté M. Puſſot obſerva avec beaucoup de juſteſſe qu'il ne falloit pas confondre les Protecteurs ou Syndics des Ordres, avec les Adminiſtrateurs des Hôpitaux; que ces derniers n'agiſſoient qu'en nom collectif, & n'avoient d'autres intérêts, que ceux du Public, au lieu que les Protecteurs & Syndics d'Ordre ſont dénommés dans les Contrats, & employés en leurs propres noms dans les qualités d'un procès. Pour empêcher qu'on ne confondît déſormais les Adminiſtrateurs d'Hôpitaux avec les *Protecteurs & Syndics d'Ordre*, & qu'on n'étendît aux premiers le moyen de recuſation que l'Ordonnance n'entend appliquer qu'aux derniers, notre Article ajoute *& nommés dans les qualités*, ce qui eſt le caractere diſtinctif des Protecteurs Syndics d'Ordre & ce qui les differencie des Adminiſtrateurs des Hôpitaux & autres Communautés, qu'on ne nomme jamais que collectivement dans les Actes ſoit volontaires, ſoit judiciaires.

Le ſecond motif de recuſation admis par notre Article, c'eſt ſi le *Juge* eſt *Abbé, Chanoine, Prieur, Beneficier ou du Corps d'un Chapitre, College ou Communauté.* En effet pourroit-il décider, ſans propenſion & ſans partialité, d'intérêts qui lui deviennent perſonnels; puiſque ce ſont ceux d'un Corps ou d'une Communauté dont il eſt Chef ou Membre.

Le troiſiéme; s'il eſt *Tuteur honoraire ou oneraire, ſubrogé Tuteur ou Curateur.* Car, quoique ceux qui ont cette qualité ne ſoient point intéreſſés perſonnellement, comme dans le cas précédent, le devoir, l'honneur, l'inclination, tout en un mot les porte à procurer le bien de leurs pupilles; ils ſont même d'ailleurs nommément Parties dans les procès. Par quel contraſte étonnant y figureroient-ils en même tems comme Parties & comme Juges.

Le quatriéme & dernier moyen de recuſation contre le Juge, c'eſt s'il eſt *héritier préſomptif ou donataire, maître ou domeſtique de l'une des Parties.* En effet l'eſperance dans le premier cas, la reconnoiſſance dans le ſecond, la protection dans le troiſiéme, & la crainte dans le quatriéme, ſont autant de paſſions puiſſantes qui, affectant vivement le cœur du Juge, peuvent corrompre les lumieres de ſon eſprit, & faire perdre à ſa balance ſon équilibre naturel.

ARTICLE XI.

N'entendons néanmoins exclure les Juges des Seigneurs de connoître de tout ce qui concerne les Domaines, droits & revenus ordinaires ou caſuels tant en Fief que Roture de la Terre, même des baux, ſous-baux & jouiſſances, circonſtances & dépendances; ſoit que l'affaire fût pourſuivie ſous le nom du Seigneur

P p

ou du Procureur Fiscal ; & à l'égard des autres ac- *tions où le Seigneur sera Partie ou intéressé, le Juge* *n'en pourra connoître.*

Les Officiers des Justices Seigneuriales tenant leur pouvoir & leur miffion des Seigneurs, paroiffent au premier coup d'œil devoir être trop à leur dévotion pour pouvoir être leurs Juges, fans fufpicion. C'eft d'abord ce qui les a fait regarder comme recufables par plufieurs anciens Jurifconfultes, dans les affaires où les Seigneurs étoient intéreffés.

Dans la fuite on a confideré qu'il y auroit beaucoup d'inconvéniens, & que ce feroit réduire prefqu'à rien leurs Jurifdictions, que de leur ôter la connoiffance de ce qui concernoit le Domaine & les droits & revenus de la Seigneurie dont ils étoient les confervateurs nés. C'eft pourquoi on a diftingué à cet égard le *réel* d'avec le *perfonnel.*

Dans les *affaires* qui intéreffent le Domaine ou les droits & revenus de la Seigneurie, foit qu'elles fuffent *purement réelles,* foit qu'elles fuffent *mixtes,* la connoiffance en a été confervée aux Juges des Seigneurs, & notre Ordonnance la leur confirme dans le prefent Article. Mais dans quelle forme les Seigneurs devoient-ils alors fe pourvoir devant leurs Juges ? Pouvoient-ils, à leur choix, plaider en leurs noms, ou feulement fous le nom de leur Procureur Fifcal ? Loifeau prétendoit qu'ils ne le pouvoient que dans cette derniere forme. Notre Ordonnance confirmative de la Jurifprudence qui avoit lieu auparavant, laiffe au contraire aux Seigneurs le choix d'intenter l'action en leur nom perfonnel ou fous celui de leur Procureur Fifcal, par ces termes de notre Article, *foit que* *l'affaire fût pourfuivie fous le nom du Seigneur ou du Procureur Fifcal.* Bien entendu néanmoins que ce foit en matiere civile. Car en matiere ciiminelle, on déclare nulle la procedure faite par un Seigneur, en fon propre nom ; on n'admet comme valable que celle faite fous le nom du Procureur Fifcal ; c'eft la Jurifprudence conftante de la Tournelle Criminelle, établie par plufieurs Arrêts qui l'ont uniformément jugé ainfi.

Quant aux *affaires pures perfonnelles* des Seigneurs (foit au Criminel, foit au Civil) leurs Juges ont toujours été regardés comme incompétens pour en connoître, & elles doivent être portées au Juge fupérieur. Cette incompétence eft litteralement prononcée par le préfent Article.

ARTICLE XII.

N'entendons auffi exclure les autres moyens de *fait ou de droit, pour lefquels un Juge pourroit être* *valablement recufé.*

Si le préfent Article n'avoit point été ajouté dans l'Ordonnance, l'on se seroit persuadé & avec beaucoup d'apparence de raison, qu'elle n'autorisoit point d'autres causes de récusation que celles dont les Articles précedens contiennent l'énumeration. Cependant il est beaucoup d'autres moyens résultans des circonstances particulieres, & que les Loix conséquemment ne peuvent prévoir, qui peuvent donner ouverture à une récusation valable. On ne peut, par exemple, revoquer en doute qu'un Juge qui auroit une contestation actuelle avec une des Parties plaidantes devant lui, ne fût très-récusable, quoique ce cas ne soit point exprimé dans l'Ordonnance; parce qu'il seroit fort à craindre qu'il ne fît perdre le Procès à cette partie, pour se venger de la contestation qu'elle lui auroit suscitée.

Mais comme il n'est point de Reglement si sage dont un chicanneur n'abuse, ce moyen de récusation si legitime en lui-même, serviroit souvent de prétexte pour interrompre le cours de la Justice par des récusations frauduleuses. Des Plaideurs témeraires se faisoient ceder des créances feintes ou véritables sur les Juges devant lesquels ils plaidoient actuellement, ou affectoient de former contr'eux des demandes illusoires; & les obligeant, sous ces vains prétextes, de descendre de leurs Siéges pour devenir leurs Parties, ils se rendoient ainsi les maîtres du choix de leurs Juges, & retranchoient arbitrairement de ce nombre tous ceux qu'il leur plaisoit de regarder comme suspects, sans aucun motif raisonnable. Cette manœuvre artificieuse, non seulement étoit injurieuse à la Magistrature, mais bien plus tendante à changer la face d'un Tribunal au gré d'une Partie injuste & prévenue, elle faisoit perdre à des Parties plus simples & plus droites, ou l'avantage de conserver un bon Juge, ou la facilité d'obtenir une prompte expedition. Aussi fut-elle arrêtée par la Déclaration du 27 May 1705. qui, pour prévenir de pareils abus à l'avenir, défend à tous les Sujets du Roy, de quelque état & condition qu'ils soient, de prendre & accepter directement ni indirectement des transports ou cessions de droits litigieux ou non litigieux à prix d'argent ou autrement sur les Juges devant lesquels ils plaideront, depuis le jour que leurs Causes, Instances ou Procès auront été portés devant lesdits Juges, jusqu'au Jugement ou Arrêt définitif. On y déclare toutes les cessions qui seroient faites en ce cas & pendant ledit tems nulles, ensemble toutes les demandes & procedures faites en conséquence, sans que les Juges puissent y avoir aucun égard, soit en statuant sur les récusations fondées sur de pareils transports ou autrement, ni même sans que le cessionnaire puisse avoir aucun recours contre le cedant. De plus ceux qui auroient récusé les Juges sur ce fondement, sont condamnables à une amende dont la quotité varie suivant la qualité de la Jurisdiction. Dans les Cours & aux Requêtes de l'Hôtel & du Palais, elle doit être de mille livres; aux Presidiaux, Bailliages & Sénéchaussées, de cinq cens livres; dans les Prevôtés, Châtellenies & Vicomtés Royales, dans les Elections, Greniers à Sel & aux Justices des Hauts-Justiciers, tant des Duchés-Pairies qu'autres ressortissans nûment ès Cours, de trois cens livres;

& aux autres Juſtices Seigneuriales de deux cens livres ; cette amende n'eſt point ſujette à remiſe ni moderation ; & elle eſt applicable, ſça-voir, moitié au fiſc & l'autre moitié à la Partie. Cette Déclaration étend la même peine à ceux qui, ſans avoir pris des tranſports de droits, auront formé frauduleuſement des demandes contre leurs Juges, pour avoir un prétexte de les récuſer, ſans aucun fondement legitime. Cependant pour ne point confondre la bonne foi avec l'artifice, elle excepte de cette proſcription générale, les tranſports, ceſſions & ac-quiſitions de droits qui écheroient par ſucceſſions, partages, donations faites en Contrats de mariage, ou en faveur des heritiers préſomptifs, ou par des diſpoſitions teſtamentaires, enſemble par des traités faits ſans fraude entre les créanciers & leurs débiteurs en vertu de créances acquiſes avant que les Demandes, Inſtances ou Procès euſſent été portés dans la Juriſdiction où la récuſation ſeroit propoſée, ou entre des créanciers ſeulement en conſéquence d'un abandonnement de biens fait par leur débiteur commun. Dans tous ces différens cas où la fraude n'eſt pas préſumable, il eſt permis, à ceux qui auroient acquis des droits de cette qualité, de les exercer contr'eux par les voyes ordinaires ſans être ſujets aux peines portées par la Déclaration ; & à l'égard des Requêtes de récuſation qu'ils pourroient préſenter contre leſdits Juges, l'honneur & la conſcience des Juges qui en doivent connoître, ſont chargés d'y ſtatuer, ſuivant la diſpoſition des Ordon-nances & la qualité des circonſtances.

Tels ſont les motifs & l'analyſe de la Déclaration de 1705. que nous avons cru trouver ici ſa place naturelle par ſa relation avec le préſent Article.

ARTICLE XIII.

Les Officiers de nos Cours, Baïlliages, Séné-chauſſées & autres Juges & Juriſdictions, même ceux des Seigneurs, pourront ſolliciter, ſi bon leur ſemble, ès maiſons des Juges, pour les Procès qu'eux, leurs enfans, pere, mere, oncles, tantes, neveux ou niéces & les mineurs de la tutelle ou curatelle deſquels ils ſeront chargés, auront ès Cours, Juriſdictions & Juſtices dont ils ſont Officiers ; leur défendons de les ſolliciter dans les lieux de la ſéance, de l'entrée deſquels voulons qu'ils s'abſtiennent entierement pendant la Viſitation & Jugement du Procès.

ARTICLE XIV.

Si néanmoins lorsqu'il sera procedé au Jugement des Procès qu'ils auront en leur nom ou pour leurs pere, mere, enfans ou mineurs dont ils seront tuteurs ou curateurs, il étoit besoin qu'ils fussent ouis par leur bouche, ils ne pourront sous ce prétexte, ou pour quelqu'autre que ce soit, après avoir été ouis, demeurer en la Chambre & lieu de l'Auditoire, dans lequel le Procès sera examiné & déliberé ; mais seront tenus d'en sortir, sans qu'ils puissent solliciter pour aucunes autres personnes, sur peine d'être privés de l'entrée de la Cour, Jurisdiction ou Justice, & de leurs gages pour un an ; ce qui ne pourra être remis ni moderé pour quelque cause & occasion que ce soit. Chargeons nos Procureurs en chacun Siege d'avertir nos Procureurs Généraux des contraventions, & nos Procureurs Généraux de nous en donner avis, à peine d'en répondre par eux, chacun à leur égard en leur nom.

Autrefois & aux termes de nos anciennes Ordonnances (*a*), il etoit défendu aux Juges, absolument & indistinctement, de solliciter pour autrui, dans le Tribunal dont ils étoient membres. Notre Ordonnance, en modifiant cette prohibition, & en admettant la sollicitation dans certains cas, regle en même-tems la maniere dont elle peut être faite.

Le cas où la sollicitation peut avoir lieu de la part d'un Juge, dans

---

(*a*) ,, Nous défendons à tous Presidens & Conseillers de nos Cours Souveraines, de ne solli-
,, citer pour autrui les Procès pendans ès Cours où ils sont nos Officiers, & n'en parler aux
,, Juges directement ou indirectement, sur peine de privation de l'entrée de la Cour & de leurs
,, gages pour un an & d'autres plus grandes peines, s'ils retournent, dont nous voulons être
,, avertis, & en chargeons notre Procureur Général, sur les peines que dessus. *Ordonnance
de* 1539. *Art.* 124.
,, Défendons à toutes nos Cours Souveraines de s'entremettre de recommander ou solli-
,, citer les Procès des Parties plaidantes en icelles, sur peine d'être privés de l'entrée de nosdites
,, Cours & Sieges, & de leurs gages pour un an. *Ordonnance de Blois, Art.* 120.

fon Tribunal, c'eft lorfqu'il s'agit de fon interêt perfonnel, ou de l'in-terêt de ceux à qui il doit fa protection, fuivant la nature ou fuivant les Loix, comme font fes pere & mere, fes enfans, fes oncles & tantes, fes neveux ou niéces, ou les mineurs de la tutelle ou curatelle defquels il feroit chargé. Ces feules perfonnes exceptées, il lui eft défendu par l'Ordonnance de folliciter pour aucunes autres, fur peine d'être privé de l'entrée du Tribunal. Quelques-uns ont été furpris de ce que le Legiflateur ayant compris, parmi les perfonnes pour lefquelles il étoit permis à un Juge de folliciter, les neveux & niéces, il n'avoit pas mis aufli de ce nombre les freres & fœurs qui font dans un degré plus proche. Mais premierement fans vouloir pénétrer dans l'intention du Legiflateur, il fuffit que fa volonté foit claire, pour qu'elle doive être exécutée à la lettre. En fecond lieu, s'il étoit permis de hafarder fur cela quelques conjectures, ne pourroit-on pas dire que les neveux & niéces font ici préférés aux freres & fœurs; parce qu'étant ordinairement dans un âge moins avancé, ils ont conféquemment plus befoin de protection, fur-tout lorfqu'ils ont eu le malheur de perdre leur pere ou leur mere, ou l'un & l'autre enfemble ? Eh ! qui doit alors être leur Protecteur & prendre en main leurs interêts, fi ce n'eft leurs oncles ?

Quoi qu'il en foit, fi la follicitation a été permife aux Juges dans certaines circonftances, il faut qu'elle foit faite de maniere à ne point gêner la liberté des fuffrages. Ainfi un Officier ne peut folliciter fes Confreres (même dans les cas permis) que dans leurs maifons & non dans les lieux de la féance, dont il doit même s'abftenir pendant tout le tems que durent la Vifitation & le Jugement du Procès. L'Ordonnance prévoit même avec fcrupule les fubterfuges que l'on pourroit mettre en ufage, pour éluder fa difpofition à cet égard. Il arrive quelquefois qu'il eft néceffaire d'entendre avant le Jugement une Partie par fa propre bouche fur certains faits effentiels à la décifion. Un des Officiers qui fe trouveroit dans ce cas, foit pour être intereffé perfonnellement dans la conteftation, foit pour répondre au nom de fes pere & mere, enfans ou mineurs dont il feroit tuteur ou curateur, doit alors (ou fous quelqu'autre prétexte qu'il fe foit introduit dans le Siége) fortir de la Chambre ou lieu de l'Auditoire, aufli-tôt qu'il aura été oui, afin de laiffer les fuffrages libres.

La peine de la defobéiffance à la Loi, foit pour avoir follicité hors des cas permis, foit pour l'avoir fait d'une maniere irreguliere, c'eft d'être privé de l'entrée du Tribunal & de fes gages pour un an.

ARTICLE XV.

Si la récufation eft jugée valable, le Juge ne pourra pour quelque caufe & fous quelque prétexte que ce foit, affifter en la Chambre ou Auditoire pendant le rapport du Procès ; & fi c'eft à l'Audience, il fera tenu de fe retirer, à peine de fufpenfion pour trois mois, fauf après la prononciation de reprendre fa place (a).

ARTICLE XVI.

Ce que nous voulons avoir auffi lieu à l'égard de celui qui préfidera en l'Audience, nonobftant l'ufage ou abus introduit en aucunes de nos Cours, où le Prefident récufé reçoit les avis & prononce le Jugement ; ce que nous abrogeons en toutes Cours, Jurifdictions & Juftices ; & en cas d'appointement, l'Inftance fera diftribuée par celui des autres Prefidens ou Juges à qui la diftribution appartiendra.

Ces deux dernieres difpofitions font fondées fur le même motif que les deux précédentes ; c'eft-à-dire, la liberté des fuffrages.

L'abus réformé dans l'Article 16. n'avoit lieu qu'à Touloufe & à Caftres, où effectivement il étoit d'ufage avant l'Ordonnance que le Prefident récufé reçût les avis & prononçât le Jugement, nonobftant la récufation qui ne produifoit d'autre effet à fon égard que de l'empêcher lui-même d'opiner.

ARTICLE XVII.

Tout Juge qui fçaura caufes valables de recufation en fa perfonne, fera tenu, fans attendre qu'elles foient

---

(a) „ Nos Prefidens, Maîtres des Requêtes, Confeillers, Maîtres des Comptes & Officiers, ,, tant de nos Cours Souveraines que Siéges Prefidiaux, s'abftiendront de l'entrée de nofdites ,, Cours, Chambres & Siéges, pendant le Jugement des Procès, efquels eux ou ceux dont ,, ils font préfomptifs heritiers, feront Parties. *Ordonnance de Blois, Art.* 122.

proposées, d'en faire sa déclaration qui sera commu-
niquée aux Parties (a).

ARTICLE XVIII.

Aucun Juge ne pourra se déporter du rapport &
Jugement du Procès, qu'après avoir déclaré en la
Chambre les causes pour lesquelles il ne peut demeurer
Juge, & que sur sa déclaration il n'ait été ordonné
qu'il s'abstiendra.

Notre Ordonnance, en renouvellant, dans le premier de ces deux
Articles, la disposition de l'Ordonnance de Blois, en a néanmoins supprimé les peines trop severes prononcées par cette Loi contre les Juges.
Il est vrai que lorsque les Juges sentent eux-mêmes quelques motifs
de récusation, ils ne doivent point se constituer Juges dans leur propre
cause, & ils doivent avoir assez de délicatesse pour ne point attendre
que les Parties les récusent.

Mais comme il seroit à craindre que cette délicatesse même ne les
portât trop loin, & ne les fît se récuser eux-mêmes trop legerement,
l'Ordonnance ne veut point qu'ils puissent se désister d'eux-mêmes.
L'Office de Juge est un devoir nécessaire & dû aux Parties. Par conséquent le Juge ne peut s'en départir arbitrairement. C'est au Tribunal
à décider si le motif de son désistement est juste & fondé.

ARTICLE XIX.

Enjoignons pareillement aux Parties qui sçauront
causes de récusation contre aucun des Juges pour

(a) ,, Tous Juges, tant de nos Cours Souveraines ou Inférieures qui sçauront causes de
,, suspicion ou recusation pertinentes & admissibles, en leurs personnes, soit pour parentelles
,, ou alliances, pour lesquelles ils pourroient être valablement récusés par les Parties
,, plaidantes, seront tenus les déclarer pardevant les Juges, sans attendre qu'on les leur pro-
,, pose, & de leur déclaration sera fait Registre & communiqué aux Parties avant qne pro-
,, ceder au Jugement du Procès, sur peine de privation de l'état à celui de nosdits Juges,
,, qui ne l'auroit déclaré, & d'être incapable de tenir jamais Office de Judicature. *Ordonnance*
de Blois, Art. 118,

parenté,

parenté, alliance, ou autrement, de les déclarer &
proposer aussi-tôt qu'elles seront venues à leur con-
noissance.

Le but principal de cette disposition est de prévenir, autant qu'il est
possible, l'abus qui s'étoit introduit, d'attendre souvent pour récuser
les Juges & même le Rapporteur, que le Procès fût sur le Bureau &
prêt à juger. Pour cet effet l'Ordonnance exige que la Partie qui
sçaura causes de récusation contre aucun des Juges, les déclare *aussi-tôt*
qu'elles seront venues à sa connoissance.

Toutes les Parties sont également admises & interessées à faire cette
déclaration ; celles qui veulent récuser les Juges , parce qu'elle sert de
base à la récusation qu'elles ont intention de faire dans la suite ; & celles
qui n'en veulent point tirer avantage, afin de constituer par-là en
demeure leurs Adversaires, & qu'ils ne puissent point se prévaloir d'une
prétendue ignorance, pour ne proposer qu'à tard leur récusation.

ARTICLE XX.

Après la déclaration du Juge ou de l'une des Par-
ties , celui qui voudra récuser , sera tenu de le faire
dans la huitaine du jour que la déclaration aura été
signifiée , après lequel tems il n'y sera plus reçu. Mais
si la Partie est absente & que son Procureur demande
un délai pour l'avertir & en recevoir procuration
expresse , il lui sera accordé , suivant la distance des
lieux , sans que les délais puissent être prorogés pour
quelque cause que ce soit.

ARTICLE XXI.

Si le Juge ou l'une des Parties n'avoit point fait
de déclaration , celui qui voudra récuser , le pourra
faire en tout état de cause , en affirmant que les causes
de récusation sont venues depuis peu à sa connoissance.

Article XXII.

Voulons, suivant l'article 7ᵉ. du titre des Descentes, que le Juge ou Commissaire ne puisse être récusé, sinon trois jours avant son départ, pourvû que le jour du départ ait été signifié huit jours auparavant, encore que ce soit pour cause depuis survenue, & sera passé outre nonobstant les récusations, prises à partie, oppositions ou appellations, & sans y préjudicier ; sauf après la descente & confection d'enquête à proposer & juger les causes de récusation.

Ces trois Articles concernent le *tems* dans lequel les récusations doivent être faites. Et pour déterminer cette époque, le Legislateur distingue le cas où la Partie qui a intention de récuser, a été prevenue par une déclaration préalable, & celui où elle ne l'a point été.

Si elle a été prevenue par une déclaration préalable, soit de la part du Juge, soit de la part de l'une des Parties, comme elle ne peut alors prétexter aucune cause d'ignorance, elle n'a que huitaine pour faire sa récusation, à compter du jour de la connoissance qu'elle a eue de cette déclaration, par la signification qui lui en a été faite. De sorte que, ce délai fatal expiré, elle en est déchûe de plein droit, à moins que, étant absente, son Procureur ne requît un délai pour l'avertir & en avoir procuration. Ce délai ne peut être refusé pour une cause aussi legitime ; & on le mesure proportionnément à la distance des lieux. Mais une fois fixé, il ne peut plus être prorogé sous quelque prétexte que ce puisse être.

Si au contraire il n'y a point eu de déclaration préalable ni du Juge, ni de l'une des Parties, comme on ne peut partir d'aucune époque pour constituer en demeure celui qui demande à être admis à la recusation, il faut nécessairement s'en rapporter à son serment, & admettre sa recusation en tout état de cause, en affirmant par lui que les causes de récusation ne sont venues que recemment à sa connoissance.

L'Article 22. fait néanmoins une exception à ces regles générales relativement aux descentes. Pour arrêter les récusations que l'on hasardoit contre le Juge ou Commissaire, ou pendant leur voyage, ou à l'instant du départ, afin d'arrêter le cours des opérations, elles ne sont admises dans ces sortes d'occasions qu'autant qu'elles sont proposées trois jours avant le départ, en supposant que le jour du départ ait été signifié huitaine auparavant ; & ce, quand bien même la cause

de récufation feroit furvenue depuis : ce qui feroit cependant une circonftance bien favorable, fi elle étoit évidemment prouvée. Mais elle
ne pourroit retarder le cours des opérations, fauf à la faire valoir enfuite
en définitif, ainfi que nous l'avons déja établi plus au long fur l'Article 7.
du Titre des Defcentes qui contient la même difpofition.

ARTICLE XXIII.

Les récufations feront propofées par Requête, qui
en contiendra les moyens, & fera la Requête fignée
de la Partie ou d'un Procureur fondé de procuration
fpéciale, qui fera attachée à la Requête. Pourra
néanmoins le Procureur, en cas d'abfence de la Partie,
figner la Requête fans pouvoir fpécial, & requerir que
le Juge ait à s'abftenir, en cas que lui ou la Partie ait
reconnu quelques caufes de récufation.

Nous avons appris, dans les Articles qui précedent, les *caufes* vala-
blee *de récufation*, & le *tems* dans lequel on peut en faire ufage. Ceux
qui fuivent, vont nous expliquer la procedure & les *formalités* prefcrites
pour faire admetre les récufations.

Elles ne peuvent d'abord être propofées que par une Requête qui
doit en contenir les moyens; & cette Requête elle-même ne peut
être donnée qu'elle ne foit fignée de la Partie, ou d'un Procureur
fondé de procuration fpéciale laquelle doit être attachée à la Requête,
afin de prévenir tous defaveux.

Si néanmoins la Partie étoit abfente, comme il y a des délais fatals
pour les récufations, le Procureur (en ce cas feulement) eft autorifé
à donner, fans pouvoir fpécial, une Requête non pas formellement en
récufation, mais feulement indirectement à ce que le Juge ait à s'abftenir,
en cas que le Procureur ou la Partie ayent reconnu en lui quelques caufes
de récufation.

Autrefois il étoit permis de propofer les récufations valablement à
l'Audience. Mais comme cette pratique étoit une efpece d'injure publique faite au Juge récufé, il a d'abord été aboli par l'ufage au Parlement
de Paris, & enfuite par la difpofition litterale de notre Ordonnance;
de forte qu'on ne peut plus maintenant propofer de récufation que *par*
écrit, même aux Jurifdictions Confulaires où tout eft verbal.

ARTICLE XXIV.

Les récusations seront communiquées au Juge ; qui sera tenu de déclarer si les faits sont véritables ou non , après quoi sera procedé au Jugement des récusations , sans qu'il puisse y assister , ni être présent à la Chambre.

On admettoit avant l'Ordonnance, sur le point décidé par le présent Article, une distinction entre les Cours Superieures & les Tribunaux qui leur sont subordonnés. Dans les Cours Souveraines, le respect qui est dû aux Officiers qui les composent, avoit introduit l'usage de ne point présenter les Requêtes de récusation aux Juges récusés personnellement ; mais la communication leur en étoit donnée , soit par le Rapporteur dans les Instances appointées , soit par un autre Juge à qui l'on joignoit la Requête dans les affaires d'Audience. Mais il en étoit tout autrement dans les Justices inférieures ; on y présentoit la Requête de recusation au Juge récusé lui-même, depeur que feignant d'ignorer la récusation proposée contre lui, il ne passât outre , & ne fît en sorte que le Procès au fond se trouvât jugé, avant ou du moins en mêmetems que la récusation.

Cependant l'Ordonnance a aboli cette distinction, de crainte que le Juge qui voudroit affecter de juger nonobstant la récusation, ne retînt la Requête si elle lui étoit présentée. Au lieu que cette Requête étant mise entre les mains d'un autre Juge qui n'aura point d'interêt à la supprimer, elle sera infailliblement communiquée au Juge récusé qui aura les mains liées par cette communication, sans qu'il y ait aucune surprise à craindre d'une part ni d'autre.

Cette communication faite, le Juge récusé est tenu de donner sa déclaration sur la vérité des causes de récusation alleguées contre lui ; & comme il doit lui être indifférent de demeurer Juge ou de ne le point être , pour marquer son indifférence absolue sur ce point, il doit soigneusement s'absenter de la Chambre, lorsqu'on y procede au Jugement de la récusation.

ARTICLE XXV.

En toutes nos Jurisdictions , même ès Justices des Seigneurs , les recusations devant ou après la preuve

feront jugées au nombre de cinq au moins, s'il y a fix
Juges ou plus grand nombre, y compris celui qui eft
recufé; & s'il y en a moins de fix, ou même fi le Juge
récufé étoit feul, elles feront jugées au nombre de trois:
& en l'un & l'autre cas cas le nombre des Juges fera
fuppléé, s'il eft befoin, par Avocats du Siége, s'il y
en a, finon par les Praticiens, fuivant l'ordre du
Tableau.

Suivant nos précedentes Ordonnances, c'étoit le Juge recufé lui-même qui jugeoit du mérite des caufes de récufation propofées contre lui, & qui, s'il les croyoit frivoles, ordonnoit qu'il feroit par lui paffé outre, nonobftant icelles (*a*). Mais on a confideré que c'étoit rendre le Juge récufé arbitre de fa propre caufe. C'eft pourquoi, auffi-tôt après la récufation faite de fa perfonne, il eft aujourd'hui tenu de fe retirer & demeurer neutre fur l'admiffion ou le rejet des caufes de récufation. Ce font les autres Juges qui décident de leur mérite. Et comme on ne peut apporter trop de précautions pour obliger un Juge à defcendre de fon Siege, & le priver (bien que ce ne foit que momentanément) du caractere public que fon titre & les Loix lui conférent, l'Ordonnance veut que les récufations ne puiffent être jugées qu'au nombre de cinq au moins dans les Tribunaux où il y a fix Juges & plus; & au nombre de trois dans les Sieges où il y en a moins, quand il n'y en auroit qu'un feul. Au défaut du nombre requis, on y fupplée par des Avocats ou Praticiens que l'on fait monter fuivant l'ordre du Tableau.

Si les caufes de récufation font trouvées pertinentes & admiffibles, on ordonne que la Partie récufante en fera preuve dans trois jours, *verificet intra triduum;* & fur cette preuve rapportée à la Chambre, fans communication ni autres procedures, la récufation eft ou admife, ou rejettée.

Suivant le premier projet de l'Ordonnance, on y avoit inferé plufieurs Articles pour rendre l'Enquête (quand la preuve par témoins étoit admife) contradictoire, en autorifant les reproches & autres procedures qui y ont lieu ordinairement. Mais ces Articles projettés furent fupprimés en conféquence des repréfentations de Meffieurs les Commiffaires du Parlement; fur le fondement qu'en mettant ainfi les Juges à la place des Parties, cela feroit indécent pour la Magiftrature, & qu'il

---

(*a*) „ Quand les récufations propofées ou baillées par ecrit, feront frivoles & non-recevables, „ le Juge récufé les pourra déclarer & ordonner que, nonobftant icelles, il paffera outre „ felon la forme de droit. *Ordonnance de* 1539. *Art.* 10.

valoit beaucoup mieux laiſſer ſubſiſter l'ancien uſage, ſuivant lequel les
récuſations ſe traitoient comme un fait de police & de diſcipline inté-
rieure des Compagnies, & le décidoient entre les Juges ſeuls, ſans la
participation des Parties, des Gens du Roy, ni de qui que ce ſoit.

ARTICLE XXVI.

*Les Jugemens & Sentences qui interviendront ſur
les cauſes de recuſation au nombre de cinq & de trois
Juges, ſelon la qualité des Sieges, Juriſdictions &
Juſtices, ſeront exécutés nonobſtant oppoſitions ou
appellations, & ſans y préjudicier, ſi ce n'eſt lorſqu'il
ſera queſtion de proceder à quelque deſcente, information ou enquête; eſquels cas le Juge récuſé ne
pourra paſſer outre nonobſtant l'appel, & y ſera
procedé par autre des Juges ou Praticiens du Siége
non ſuſpect aux Parties, ſelon l'ordre du Tableau,
juſqu'à ce qu'autrement il en ait été ordonné ſur
l'appel du Jugement de la récuſation; ſi ce n'eſt que
l'Intimé ait déclaré vouloir attendre le Jugement de
l'appel (a).*

Les récuſations ſont des matieres en quelque ſorte d'inſtruction;
conſéquemment les Jugemens qui y interviennent, doivent avoir leur
exécution proviſoire nonobſtant l'appel. S'il en étoit autrement, on
multiplieroit à l'infini ces ſortes d'incidens, pour retarder le Jugement
du fond.

Notre Article admet pourtant une exception à cette regle, par rapport aux deſcentes, informations & enquêtes; d'autant que ſi ces
ſortes d'opérations qui doivent ſervir de baſe à la déciſion du fond,
étoient faites par un Juge partial, elles ne pourroient être reparées

---

[1] (a) ,, Et s'il y a appel, ſera, nonobſtant icelui, paſſé outre, non par le Juge recuſé, mais
,, par celui qui a accoutumé de tenir le Siége en ſon abſence, ſoit Lieutenant Particulier ou le
,, plus ancien Avocat; tellement que pour la propoſition de ladite récuſation & appellation
,, ſur ce interjettée, la pourſuite & procedure ne ſoient aucunement retardées ou délayées.
Ordonnance de 1539. art. 11.]

en définitif qu'avec de grands frais & beaucoup de longueur. Ainfi quand un Juge ou Commiffaire nommé pour une defcente, une infor- mation ou une enquête, a été récufé, quand bien même fa récu- fation auroit été jugée non valable, s'il y a appel du Jugement qui l'a décidé ainfi, cet appel fuffit pour laiffer fur la perfonne du Juge récufé une forte de fufpicion qui ne permet pas de lui confier des opérations auffi effentielles. C'eft pourquoi dans ces cas, le Juge qui fuit felon l'ordre du tableau, prend fa place, & préfide en fon lieu, à la defcente, à l'information ou à l'enquête.

Mais d'un autre côté, il pouvoit réfulter de-là un grand inconve- nient; car une partie pourroit fe fervir de ce moyen pour fe choifir tel Juge ou Commiffaire que bon lui fembleroit; & en récufant les uns après les autres tous les Juges qu'elle ne voudroit point avoir, elle tomberoit, par fes récufations fucceffives, à celui qu'elle voudroit choifir; parce qu'en cas qu'elle fût déboutée des récufations par elle propofées, l'appel qu'elle en interjetteroit étant fufpenfif, ces récufations produi- roient toujours leur effet. Pour parer à cela, l'Ordonnance laiffe à l'Intimé la liberté de *déclarer*, qu'elle confent d'*attendre le Jugement de l'appel*, avant que l'on aille plus avant. Il peut par cette voye empê- cher l'effet du fubterfuge de l'Appellant; & comme il eft feul intereffé à s'y oppofer, c'eft à lui à s'imputer de n'avoir point pris la voye qui lui étoit ouverte par la Loi, fi dans la fuite il fe trouve la victime de la manœuvre de fon Adverfaire en cette occafion.

A R T I C L E   X X V I I.

Les appellations des Jugemens ou Sentences inter-
venues fur les caufes de récufation, feront vuidées
fommairement, fans épices & fans frais; & néanmoins
s'il intervient Sentence définitive ou interlocutoire au
principal, & qu'il en foit apellé, l'apel de la Sentence
ou Jugement rendu fur la récufation, fera joint à l'ap-
pel de la Sentence ou Jugement intervenu au princi-
pal, pour y être fait droit conjointement.

Les appels des Sentences rendues fur récufation font mis par l'Or- donnance au nombre des matieres fommaires, n'étant que des incidens qui par leur nature ne peuvent être vuidés avec trop de célérité. Con- féquemment ils ne font pas fufceptibles d'apointement, du moins en général. Car il peut arriver un cas particulier où l'apointement devienne néceffaire. Par exemple, fi le fond de la conteftation eft jugé en premiere inftance, & qu'on interjette enfuite appel de ce Jugement (foit qu'il foit interlocutoire ou définitif) les Juges fupérieurs fe trouvent alors faifis d'un double appel dont l'un eft relatif à la recufation & l'autre à la conteftation au fond. Dans de pareilles circonftances, l'appel concernant la recufation ne devenant plus qu'incident à celui du Jugement au fond, il n'eft pas poffible de les fincoper dans l'inftruction. C'eft pourquoi fi l'appel de la Sentence au fond devient la matiere d'une inftance appointée, on ne peut fe difpenfer d'appointer au Confeil & joint fur l'appel qui a pour objet la récufation, afin de faire droit conjointement fur l'un & fur l'autre appel.

Article XXVIII.

Les Juges Préfidiaux pourront juger fans apel les récufations ès matieres dont la connoiffance leur eft attribuée en dernier reffort, pourvû que ce foit au nombre de cinq. (a)

Les récufations font des incidens. Par conféquent il paroîtroit contradictoire que les Préfidiaux n'euffent pas le pouvoir de juger en dernier reffort ces incidens, lorfqu'ils font une dépendance d'une matiere dont la connoiffance leur eft attribuée en dernier reffort. Mais pour juger ces incidens, il faut qu'ils foient au moins au nombre de cinq. Ils ne peuvent cependant point juger au fond, ni au premier ni au fecond Chef de l'Edit, qu'ils ne foient au nombre de fept. Tout le monde fçait qu'au premier Chef de l'Edit, les Préfidiaux jugent en dernier reffort jufqu'à 250 liv. & au fecond Chef jufqu'à 500 liv. par provifion, mais à la charge de l'appel.

Article XXIX.

Celui dont les récufations auront été déclarées impertinentes & inadmiffibles, ou qui en aura été débouté faute de preuve, fera condamné en 200 liv. d'amende

(a) „ Et pourront lefdits Juges Préfidiaux juger fans appel les caufes de récufation qui feront préfentées ès matieres qui leur feront attribuées en dernier reffort, pourvû qu'ils foient „ au nombre de cinq pour juger lefdites récufations ; & s'ils ne font au nombre fuffit, apel-„ leront pour icelui parfaire des Avocats du Siége non fufpects aux Parties. *Ordonnance de Moulins. Article 77.*

en nos Cours de Parlement, Grand-Conseil & autres nos Cours : 100 liv. aux Requêtes de notre Hôtel & du Palais : 50 liv. aux Présidiaux, Bailliages, Sénéchauffées : 35 liv. en nos Châtellenies, Prévôtés, Vicomtés, Elections, Greniers à sel & aux Justices des Seigneurs, tant des Duchés & Pairies qu'autres ressortissans nûment en nos Cours : & 25 livres aux autres Justices des Seigneurs : le tout applicable, sçavoir moitié à Nous & aux Seigneurs dans leurs Justices, & l'autre moitié à la Partie, sans que les amendes puissent être remises ni moderées (a).

ARTICLE XXX.

Outre les condamnations d'amende, le Juge recusé pourra demander réparation des faits contre lui proposés, que nous voulons lui être adjugée suivant sa qualité & la nature des faits ; auquel cas néanmoins il ne pourra demeurer Juge. (b)

On a de tout tems senti la nécessité d'arrêter, autant qu'il étoit possible, l'usage trop frequent des recusations, par la terreur des peines, en mulctant d'une amende la Partie qui auroit fait une recusation inconsiderée. Nous en trouvons des traces dans nos plus anciennes Ordonnances. Mais cette amende est ici reglée dans une proportion bien plus exacte,

---

(a) „ Et lequel proposant sera pour chacun fait de recusation calomnieusement proposé en „ nos Cours souveraines, condamné en 20 liv. parisis d'amende, la moitié vers Nous, l'autre „ moitié vers la Partie ; & de 10 liv. aussi par moitié, comme dessus en nos Justices inferieures. *Ordonnance e 1539. Article* 14.
„ Ceux qui proposeront causes de recusation contre nos Juges, seront tenus de nommer dans „ trois jours les témoins . . . . autrement sera passé outre. Et néanmoins le recusant condamné „ en 60 liv. parisis d'amende envers Nous & en pareille envers la Partie, si c'est en Cour sou- „ veraine ; à la moitié moins en Cour inferieure. *Ordonnance de Roussillon. Article* 12.
(b) „ Lesquelles condamnations d'amende auront pareillement lieu, au cas que lesdites recu- „ sations ne se trouvent dûment vérifiées ; sans que lesdites amendes se puissent moderer par „ nos Juges ; & sauf à dire au Juge recusé (si il le requiert) telle réparation d'honneur que „ la qualité du fait le requierera, si les causes de recusations sont impertinentes. *Ordonnance de Roussillon. Art.* 13.

eû égard aux differentes Jurisdictions. Dans les Cours , l'amende est de 200 liv. Aux Requêtes de l'Hôtel & du Palais, de 100 liv. Aux Présidiaux, Bailliages & Sénéchaussées, de 50 liv. Aux Prévôtés & Châtellenies Royales, aux Duchés-Pairies & autres Justices Seigneuriales ressortissantes nûment ès Cours, de 35 liv. & enfin de 25 liv. aux autres Justices inferieures de Seigneurs. La moitié de cette amende appartient au fisc & l'autre moitié à la Partie, par forme de dédommagement du retard occasionné par la recusation. Ces sortes d'amendes sont de rigueur : elles ne sont sujettes à aucunes remises ni à aucunes moderations.

Mais outre cela , il est des causes de recusation qui par leur nature étant injurieuses au Juge recusé, exigent conséquemment qu'il lui en soit fait une réparation proportionnée. On ne la lui accorde néanmoins qu'autant qu'il la demande. Mais s'il en fait la requisition , comme cette requisition annonce de sa part du ressentiment , & qu'il se rend d'ailleurs par ce moyen lui-même partie , il ne peut plus demeurer Juge dans la contestation.

FORMULES
DES PROCEDURES
RELATIVES
AU PRESENT TITRE.

Au Châtelet.

Acte de déport volontaire de la part du Juge qui sçait des moyens de recusation contre lui.

EXTRAIT des Registres ... du ... jour de
Aujourd'hui en la Chambre du Conseil de cette Cour, M ... Conseiller en icelle, ayant déclaré qu'il ne pouvoit faire son rapport (*ou assister au Jugement*) du procès d'entre ... attendu que (*mettre ici les causes du déport*) Ordonnons que M ... s'abstiendra du rapport & jugement dudit procès.

Acte de consentement de la part de la Partie intéressée a proposer la récusation.

A la requête de ... soit signifié à Me ... Procureur de ... Que ledit Sieur ... consent que M ... Conseiller demeure Juge de la contestation d'entre les Parties nonobstant sa parenté avec ... au degré prohibé par l'Ordonnance , dont acte

Acte de récusation.

A la requête de ... soit signifié à Me ... Procureur de ... Que M ... Conseiller ne peut être Juge de la contestation d'entre les Parties , étant parent dudit . . . au degré prohibé par l'Ordonnance (*ou ayant procès en son nom sur pareille question*) ainsi qu'il sera justifié, lui declarant que ledit Sieur se pourvoira.

SUPPLIE humblement . . . Procureur de . . . Disant qu'il a été averti que M . . . Conseiller Rapporteur de l'instance d'entre . . . est parent de . . . l'une desdites Parties au degré prohibé par l'Ordonnance, ce qui pourroit donner lieu audit Sieur . . . de le recuser, s'il étoit informé de ce fait.

Ci consideré, Monsieur, attendu que ledit Sieur . . . Partie du Suppliant, est domicilié dans la Province de . . . il vous plaise donner un délai de . . . au Suppliant pour l'avertir d'envoyer procuration expresse & spéciale à l'effet de propoler ses moyens de recusation, si bon lui semble, & vous ferez bien.

SUPPLIE humblement . . . . Disant (*énoncer ici les faits & moyens de recusation*) Ce consideré, Monsieur, il vous plaise déclarer les causes de recusation ci-dessus proposées pertinentes & admissibles ; en conséquence ordonner que M . . . Conseiller s'abstiendra du rapport & jugement du procès d'entre les Parties, & vous ferez bien.

Requête du Procureur d'une Partie absente, afin d'obtenir délai pour l'envoi de sa procuration pour récuser.

Requête contenant les moyens de recusation.

Au Parlement, Requêtes de l'Hôtel & du Palais.

Nota. Les procédures ci-dessus énoncées sur les recusations se pratiquent rarement au Parlement, à la Cour des Aydes, aux Requêtes de l'Hôtel & du Palais & autres Jurisdictions de l'enclos du Palais. Lorsqu'il se présente quelques motifs qui s'opposent à ce qu'un de Messieurs puisse demeurer Raporteur d'un procès, ou même assister au Jugement, il suffit de les lui proposer à lui-même. Aussitôt il s'abstient du Jugement, s'il est Juge ou Commissaire : & s'il est Raporteur, il remet le procès au Greffe sans autre formalité. Cependant il pourroit se faire que dans des circonstances particulieres, les Parties se trouvassent contraintes de prendre les voyes de droit & d'avoir recours à la Procédure ; & comme cette Procédure est differente au Palais de celle qui se pratique dans les autres Jurisdictions, voici à quoi elle se réduit. La Partie qui a intérêt de recuser un ou plusieurs de Messieurs, présente à la Chambre sa Requête, ainsi qu'il suit.

A Nosseigneurs . . . supplie humblement . . . . Disant [*il faut ici expliquer les motifs de recusation*] Ce Consideré, Nosseigneurs, il vous plaise commettre tel de Messieurs qu'il plaira à la Cour nommer pour par les Parties convenir des faits de recusation ci-dessus énoncées, & dont est question ; & vous ferez bien.

Sur cette Requête, la Chambre commet un de Messieurs en conséquence la Partie poursuivante obtient du Commissaire son Ordonnance, portant permission d'assigner les Parties pardevant lui en son Hôtel à jour & heure fixes pour convenir des faits de recusation. Au jour & heure marqués les Parties se présentent. On dresse Procès-verbal de leurs dires ; après quoi le Commissaire ordonne qu'il en sera par lui referé à la Chambre, & sur son referé intervient Arrêt.

Requête de Commititur sur recusation.

TITRE XXV.

DES PRISES A PARTIE.

DANS l'ancien Droit Romain, il n'y avoit point de Jurifdictions fixes & permanentes. C'étoit le fort qui donnoit les Juges : *fors & urna dant judices* (a). Ainfi quand ils refufoient de juger, on en étoit quitte pour en demander d'autres en leur lieu & place.

En France au contraire les Juges ne font point arbitraires : ils font établis par les Loix du Royaume : leur état & leurs fonctions, le plus ou le moins d'étendue de leur autorité, font une partie effentielle de notre droit public. C'eft pourquoi fi les Citoyens font obligés de fubir leur Jurifdiction, ils doivent auffi de leur côté à chacun d'eux leur protection & leur juftice, toutes les fois qu'ils la reclament; & ils ne peuvent les leur refufer.

S'ils le font, ou du moins s'ils different de remplir à cet égard leur miniftere, ceux qui en fouffrent quelque préjudice, ont des voyes ouvertes pour s'en plaindre. Ce font ces voyes dont il eft queftion dans le prefent Titre, ou le Légiflateur, après avoir marqué d'abord aux Juges leurs devoirs fur ce point, prefcrit la forme dans laquelle les Parties doivent conftater le refus & la négligence des Juges, & enfuite demander juftice dans les Tribunaux fupérieurs.

(a) Pline dans fon Panégyrique.

ARTICLE PREMIER.

*Enjoignons à tous nos Juges de nos Cours, Jurif-
dictions & Justices & des Seigneurs, de proceder inceſſamment au Jugement des cauſes, inſtances & procès qui feront en état de juger, à peine de répondre en
leur nom, des dépens, dommages & intérêts des Parties.*

La cauſe la plus légitime que nous puiſſions avoir de prendre un Juge
à partie, c'eſt lorſqu'il nous refuſe la juſtice que ſon Etat & ſon Miniſtere
l'obligent de nous rendre. Mais comme il ne peut lui-même rendre ſon
Jugement qu'autant que la conteſtation ſeroit inſtruite & en état de
recevoir ſa déciſion, ce n'eſt non plus que de cet inſtant qu'il eſt en
faute, & qu'il doit perſonnellement dédommager lesⱼParties de la perte
que ſa négligence ou ſa mauvaiſe foi peuvent leur occaſionner.

ARTICLE II.

*Si les Juges dont il y a appel, refuſent ou font né-
gligens de juger la cauſe, inſtance ou procès qui ſera
en état, ils feront ſommés de le faire; & commandons
à tous Huiſſiers & Sergens qui en feront requis, de leur
faire les ſommations néceſſaires, à peine d'interdiction
de leurs Charges.*

ARTICLE III.

*Les ſommations feront faites aux Juges en leur do-
micile, ou au Greffe de leur Juriſdiction, en parlant
à leur Greffier, ou aux Commis des Greffes.*

Ce n'eſt pas aſſez, pour pouvoir prendre à partie un Juge, de prouver que la conteſtation étoit inſtruite & en état depuis long-tems. Comme il pourroit très-bien arriver qu'il ignorât lui-même ce fait, pour
conſtater juridiquement, que c'eſt en connoiſſance de cauſe qu'il a re-

fute fon miniftere, il faut le conftituer en demeure par deux différentes fommations.

Ces fommations doivent être faites par le miniftere d'Huiffiers. Par une fuite néceffaire, elles doivent être fignifiées au domicile du Juge. Néanmoins, comme c'eft un fait de charge, la fignification peut auffi en être faite au Greffe de la Jurifdiction. Mais pour qu'on foit fûr que la connoiffance a dû en parvenir jufqu'au Juge, il faut la faire à des heures où le Greffe foit ouvert; de telle façon que ce foit en parlant au Greffier ou du moins à l'un des Commis du Greffe.

Enfin l'intervale qui doit fe trouver entre les deux fommations, eft de huitaine en huitaine pour les Juges reffortiffans nûment aux Cours, & de trois jours en trois jours pour les autres Sieges, ainfi que le porte l'Article qui fuit.

Obfervons ici qu'il n'eft queftion dans cet Article, non plus que dans le refte du titre, que des Tribunaux fubalternes. Quant aux Cours, la Dignité des charges & le refpect qui eft dû aux Officiers qui les compofent, les mettent à l'abri de ces fortes de fommations. Elles peuvent cependant avoir lieu aux Requêtes de l'Hôtel & du Palais, comme Juges fujets à l'appel, quoique les Officiers de ces Tribunaux faffent corps du Parlement.

ARTICLE IV.

Après deux fommations de huitaine en huitaine pour les Juges reffortiffans nûment en nos Cours, & de trois jours en trois jours pour les autres Sieges, la Partie pourra appeller comme de déni de Juftice & faire intimer en fon nom le Raporteur s'il y en a, finon celui qui devra préfider : lefquels Nous voulons être condamnés en leurs noms aux dépens, dommages & interêts, s'ils font déclarés bien intimés.

La prompte décifion d'une affaire dépend, dans les caufes d'Audience, de celui qui préfide; & dans les affaires apointées, du Raporteur. Par conféquent c'eft à l'un ou à l'autre, fuivant le cas où l'on fe trouve, à qui il faut faire les fommations dans la forme & dans les délais preferits.

S'ils n'y obtemperent pas, il faut recourir à l'autorité des Juges fupérieurs, en les intimant devant eux par un *appel comme de déni de Juftice.* Si cet apel eft fondé, le Juge eft condamné aux dépens, dommages & intérêts des Parties. Si au contraire il ne l'eft pas, le Juge eft déclaré follement intimé, & l'Apellant condamné en l'amende & aux dépens. Lorsque l'apel de déni de Justice est interjetté d'un Juge Ecclésiastique, il ne peut être relevé qu'aux seules Cours par la voye de l'apel comme d'abus, & non pas par apel simple devant le Juge supérieur Ecclésiastique ; parceque c'est au Roi seul, comme protecteur de tous ses sujets, à leur faire rendre la justice dans son Royaume, aussi-bien par les Juges Ecclésiastiques que par les Juges séculiers. C'est ce qui a été jugé solemnellement par Arrêt rendu en la Tournelle Criminelle le 27 Août 1701. conformément aux conclusions de M. Joly de Fleury Avocat Général. Cet Arrêt est raporté dans le Journal des Audiences.

ARTICLE V.

Le Juge qui aura été intimé ne pourra être Juge du differend, à peine de nullité & de tous dépens, dommages & intérêts des Parties, si ce n'est qu'il ait été follement intimé, ou que l'une & l'autre des Parties consentent qu'il demeure Juge ; & sera procedé au Jugement par autre des Juges & Praticiens du Siege non-suspects, suivant l'ordre du Tableau ; si mieux n'aime l'autre Partie attendre que l'intimation soit jugée.

Cet Article prévoit ce que peut devenir le procès au fond tant que dure l'apel de déni de Justice. Si pendant ce tems-là, l'on poursuit avec plus de succès le Jugement de la contestation dans le Tribunal qui en est saisi, & que l'on parvienne, en faisant de nouvelles tentatives plus heureuses que les premieres, à l'y faire juger, avant que les Juges supérieurs ayent prononcé sur l'apel de déni de Justice, dans ce cas le Juge qui aura été intimé, peut-il demeurer Juge ? Il le peut d'abord, si toutes les Parties y consentent par écrit. Il le peut encore *conditionellement*, si par l'événement de l'apel il est déclaré follement intimé. Car si l'apel étoit déclaré valable, le Jugement rendu précedemment seroit nul, & le Juge intimé qui y auroit témérairement assisté, seroit responsable envers toutes les Parties de leurs dépens, dommages & intérêts. Ainsi le parti le plus prudent qu'il puisse prendre dans ce cas, c'est de se retirer sans courir le risque des événemens, & de laisser les autres Juges ou les Praticiens du Juge non suspects, suivant l'ordre du Tableau, proceder au Jugement. Il est même un parti encore plus sage, c'est de superceder à tout Jugement dans le Tribunal inférieur sur le fond, jusqu'à ce que l'intimation soit jugée ; ce qui ne se peut cependant qu'autant que l'autre Partie qui n'y a point d'intérêt, veut bien attendre ce tems là.

Si l'apel de déni de Justice au contraire a reçu sa décision, & que l'intimation ait été déclarée folle, le Juge follement intimé rentre dans tous les droits & demeure Juge. Mais s'il avoit été déclaré bien intimé, de quel front oseroit-il demeurer le Juge d'une Partie à laquelle il a été convaincu d'avoir indûment refusé la Justice ? D'ailleurs la juste condamnation des dépens, dommages & intérêts qu'il auroit essuyée au profit de cette Partie, lui laisseroit-elle dans l'esprit & dans le cœur, cet équilibre & cette impartialité que doit avoir tout Juge pour décider du sort & de la fortune de ses Concitoyens ? Concluons donc qu'une Sentence où auroit assisté un Juge dans ce dernier cas, seroit affectée d'une nullité radicale, & qu'il seroit exposé à une juste répétition de dépens, dommages & intérêts de la part des Parties.

FORMULES

DES PROCEDURES

RELATIVES

AU PRESENT TITRE.

Sommation de juger une contestation en état.

L'AN ... à la requête de ... &c. J'ai ... Huissier en ... soussigné, sommé, prié & requis Mr ... de juger incessamment l'instance d'entre ledit Sieur ... & ... laquelle est en état d'être jugée ; sinon & à faute de ce faire, proteste ledit Sieur ... d'en appeller comme de déni de Justice, & de rendre mondit Sieur ... responsable de ses dépens, dommages & intérêts, & de le faire intimer à cette fin en son propre & privé nom, & j'ai à mondit Sieur ... parlant comme dessus, laissé copie du présent, à ce qu'il n'en ignore.

Il faut réitérer cette sommation dans les délais de l'Ordonnance, & en cas d'inutilité d'icelles, se pourvoir par apel de déni de Justice, ainsi qu'il suit.

Lettres de relief d'apel de déni de Justice.

LOUIS par la grace de Dieu, Roi de France & de Navarre. Au premier notre Huissier ou Sergent sur ce requis ; de la Partie de notre Amé ... Nous a été exposé que (*rendre ici un compte sommaire de l'affaire & des sommations faites au Juge*) Ce qui oblige l'Exposant d'avoir recours à nos Lettres sur ce nécessaires ; pour ce est-il que Nous te mandons assigner & intimer à certain & compétent jour en notre Cour de Parlement à Paris ledit (*ici le nom du Juge & de la Jurisdiction*) pour proceder sur l'apel interjetté par l'Exposant, & qu'il interjette d'abondant par ces Présentes du déni de Justice à lui fait par ledit ... & pour se voir condamner aux dommages & intérêts de l'Exposant à donner par déclaration ; & en outre pour voir dire que ladite instance sera renvoyée pardevant le plus prochain Juge Royal des lieux, répondre & proceder comme de raison ; & sera déclaré que Me ... Procureur en notredite Cour occupera pour l'Exposant ; de ce faire te donnons pouvoir. Car tel est notre plaisir : Donné en notre Chancellerie du Palais le ... l'an de grace ... & de notre Régne le ... Par le Conseil.

Après que les assignations ont été données, & les présentations & constitutions de

Procureurs

Procureurs faites à l'ordinaire, l'Apellant fait fignifier l'apointement qui fuit.

E N T R E ... Apellant comme de déni de Juftice fuivant fes Lettres de relief d'apel & exploit des ... d'une part & ... intimé d'autre part. Après que Me ... Avocat de ... Apellant & Me ... Avocat de ... intimé ont communiqué de la caufe au Parquet des Gens du Roi ; Apointé eft, oüi fur ce ... pour le Procureur Général, que L A C O U R a mis l'apellation & ce dont eft apel au néant, émendant a condamné l'Intimé aux dommages & intérêts de l'Apellant procedant du déni de Juftice à lui fait par l'Intimé, à donner par déclaration ; en confequence a renvoyé l'inftance dont eft queftion pardevant ... condamne l'Intimé aux dépens.

On fignifie cet apointement à l'Intimé avec fommation de le paffer, & l'on fuit la procédure ordinaire du Parquet, comme à la page 5 1.

Apointement offert.

TITRE XXVI.

DE LA FORME DE PROCEDER

AUX JUGEMENS

ET DES PRONONCIATIONS.

A P R E' S avoir prévû les differens cas qui peuvent arrêter le Jugement d'une affaire inftruite, comme le décès d'une des Parties ou de fon Procureur ; le préfent titre eft employé à régler tout ce qui peut tendre à affurer le Jugement en lui-même, tant dans fon prononcé, que dans fa datte.

ARTICLE PREMIER.

Le Jugement de l'inftance ou procès qui fera en état de juger, ne fera differé par la mort des Parties ni de leurs Procureurs. (a)

(a) ,, Quand un procès fera en état de juger, le Juge quel qu'il foit, pourra proceder au ,, Jugement & prononcer fa Sentence, nonobftant que l'une ou l'autre des Parties foit décédée ; ,, fauf à ceux contre lefquels on la voudra faire exécuter, à fe pourvoir, fi bon leur femble, ,, par apel autrement fondé que fur nullité de Sentence comme donnée contre un décede. *Ordonnance de* 1539. *art.* 90.

Cette décision est contraire à celle des Loix Romaines. On penfoit dans le Droit Romain que comme toutes les actions que l'on a contre une personne, s'éteignent ou du moins fe fufpendent par fa mort, on ne pouvoit plus ni la pourfuivre ni la condamner valablement, dès l'inftant qu'elle étoit décedée : *Paulus refpondit eum qui in rebus humanis non fuit fententia dicta tempore, inefficaciter condemnatum videri.* Au digefte Livre 2. tit. *quæ fentent. fine appell. refcind.*

Pour apprécier cette difpofition à fa jufte valeur, Nous avons dans notre Droit François diftingué deux cas ; celui ou une Partie décederoit, après l'inftruction totalement achevée ; & celui au contraire où elle viendroit à mourir, la procedure étant encore imparfaite.

Dans le premier cas, le droit de la Partie décedée étant entierement à couvert par l'inftruction complette du procès avant fa mort, ce feroit jetter les Parties furvivantes dans des longueurs & des frais abfolument inutiles que de les obliger d'attendre une reprife des héritiers ou de provoquer elles-mêmes cette reprife, avant que de pourfuivre la décifion de la conteftation. Cette nouvelle procédure n'y répandroit pas plus de lumieres, puifqu'on y fupofe l'inftruction complette avant le décès. C'eft donc avec un très-grand motif d'équité que nos Ordonnances anciennes & nouvelles ont décidé que la mort des Parties ne pourroit arrêter le Jugement d'une conteftation qui feroit en état d'être jugée. La même raifon militoit dans le cas où ce feroit les Procureurs qui viendroient à déceder. Leur miniftere en effet étant devenu inutile, au moyen de ce que l'inftance eft en état, leur mort ne doit point être un obftacle au Jugement. Cependant fi les Parties furvivantes demandoient elles-mêmes que le Jugement fût differé, pour affigner en reprife les héritiers de la Partie décedée, comme les Loix ont eû intention de les favorifer, en les autorifant à pourfuivre le Jugement fans cette formalité, on ne peut tourner contre elles une difpofition qui n'a pour objet que leur plus grand avantage ; & on ne pourroit fe difpenfer d'acquiefcer à leur demande. C'eft l'efpece d'un Arrêt rendu en la premiere Chambre des Enquêtes le 15 Juin 1678. & qui eft raporté dans le premier volume du Journal du Palais.

Refte maintenant le fecond cas, qui eft celui ou l'une des Parties ou l'un des Procureurs viennent à mourir avant que l'inftance foit en état : c'eft celui qui eft prévu & décidé par l'Article qui fuit ; & où nous verrons que l'on a confervé à la rigueur la difpofition des Loix Romaines.

ARTICLE II.

Si la caufe, inftance ou procès n'étoient en état, les Procedures faites & les Jugemens intervenus depuis le décès de l'une des Parties ou d'un Procureur, ou quand le Procureur ne peut plus poſtuler, ſoit qu'il ait reſigné ou autrement, ſeront nulles, s'il n'y a repriſe ou conſtitution de nouveau Procureur.

Par la raiſon des contraires, lorſqu'une Partie décede avant que la procedure ſoit en état, on ne peut valablement après ſon décès pour-ſuivre le Jugement; parceque la Religion des Juges n'eſt pas ſuffiſamment inſtruite, la procedure n'ayant point encore acquis le degré de perfec-tion qui lui eſt néceſſaire. On ne peut non plus continuer & achever l'inſtruction, ſans mettre en cauſe les héritiers, parcequ'on procederoit alors ſans légitime contradicteur; ce qui rendroit la procedure nulle. Il faut dire la même choſe, ſi le Procureur en qui l'une des Parties a mis ſa confiance & qu'elle a chargé de ſa défenſe, vient à ſe trouver hors d'état de remplir ſa miſſion, ſoit par ſa mort, ſoit par la vente de ſon office ou autre cauſe qui le mette hors d'état de poſtuler.

ARTICLE III.

Le Procureur qui ſçaura le décès de ſa Partie, ſera tenu de le faire ſignifier à l'autre, & ſeront les pour-ſuites valables juſqu'au jour de la ſignification du dé-cès.

ARTICLE IV.

Si celui à qui la ſignification du décès a été faite, ſoutient que la Partie n'eſt décedée, il pourra con-tinuer ſa procedure; mais ſi le décès ſe trouve vérita-ble, tout ce qui aura été fait depuis la ſignification, ſera nul & de nul effet, ſans que les frais puiſſent en-trer en taxe, ni même être employés par le Procureur à ſa Partie dans ſon mémoire de frais & ſalaires, ſi ce n'eſt qu'elle eût donné un pouvoir ſpécial & par écrit de continuer la procedure nonobſtant la ſignification du décès.

Ces deux Articles font une exception à celui qui les précede immé-

.diatement. Car quoique la procedure foit nulle de droit & dans la régle génerale, quand elle eft continuée apiès le décès de l'une des Parties arrivé pendant l'inftruction ; néanmoins on ne peut imputer aucune faute à celle des Parties qui continue cette procedure, dans l'igno-rance où elle eft de la mort de fa Partie adverfe. Ainfi pour lui en don-ner une connoiffance réguliere, il faut que le Procureur de la Partie décedée, fignifie ce décè, à l'autre Partie à ce qu'elle n'en prétende caufe d'ignorance ; & ce n'eft que du jour de cette fignification du dé-cès qu'elle a les mains liées, & que la continuation de fa procedure peut être arguée de nullité. Cependant fi la Partie vivante s'obftinoit à continuer fa procedure nonobftant cette fignification, prétendant que le décès n'eft pas véritable, la validité ou la nullité de fa procedure dé-pendroit de l'éclairciffement du fait. Si le décès fe trouvoit dans la fuite vérifiée, la procedure continuée depuis la fignification qui en auroit été faite, feroit frappée d'une nullité radicale, & ne pourroit jamais paffer en taxe ; fi au contraire le décès fe trouvoit faux, cette procedure feroit réguliere. Mais les Procureurs ne doivent pas légerement prendre fur eux de continuer ainfi la procedure, nonobftant une fignification de dé-cès. Car lorfqu'ils l'ont fait fans en avoir un pouvoir fpécial de leurs Par-ties, & que le décès vient enfuite à être vérifié, ils ne peuvent exercer à cet égard aucune répétition contr'elles ni l'employer dans leur mémoire de frais, comme étant une procedure vicieufe qui ne doit fon être qu'à une avidité téméraire de leur part & qu'eux feuls conféquemment doivent fuporter.

Mais on demande, fi, dans le cas où un Procureur, ignorant le décès de fa propre Partie, auroit continué la procedure fous fon nom, fi, di-fons-nous, cette procedure pourroit être regardée comme réguliere ? Nous ne croyons pas qu'il puiffe y avoir deux avis fur cette queftion, en confultant fur cela les principes & l'efprit de l'Ordonnance. Car comme le Procureur ne fait en cette partie que l'office de Mandataire, & qu'il ne peut agir que pour quelqu'un qui exifte & qu'autant qu'il exifte, il fuit que dès l'inftant que la perfonne pour qui il ftipule n'exifte plus, il ne peut plus fupofer qu'elle agiffe, ni par conféquent agir pour elle & en fon nom ; une perfonne morte n'ayant plus ni action ni vo-lonté. Il faut donc conclure de-là que la fupofition devant ceder à la vérité auffitôt qu'elle fe manifefte, l'ignorance, même de bonne foi, du Procureur qui a continué d'occuper pour une Partie décedée, la fup-pofant vivante, ne peut jamais faire valider une procedure nulle dans fon principe : cette ignorance le met feulement à portée de fe procurer le payement de cette procedure par les héritiers & reprefentans.

ARTICLE V.

Celui qui aura préfidé, verra à l'iffue de l'Audience

ou dans le même jour, ce que le Greffier aura redigé, fignera le plumitif, & paraphera chacune Sentence, Jugement ou Arrêt.

C'eſt à la verité l'office des Greffiers de rédiger les Jugemens. Mais pour empêcher qu'ils ne faſſent aucun changement, ni aucune omiſſion dans ce qui a été prononcé, il eſt enjoint au Preſident, de vérifier lui-même cette rédaction ; & comme il pourroit n'être pas bien mémoratif de ſa prononciation, s'il laiſſoit écouler quelque tems ſans le faire, l'Ordonnance lui enjoint de faire cette vérification importante *à l'iſſue de l'Audience, ou* tout au plûtard *dans le jour.*

Mais ce n'étoit point aſſez d'avoir ainſi aſſuré l'exactitude de la rédaction du Jugement, il falloit encore prendre les précautions néceſſaires pour empêcher qu'elle ne fût alterée dans la ſuite ; & pour cela notre Article exige que le Preſident ſigne le plumitif à la fin de chaque ſéance, & qu'il paraphe de plus chacun des Jugemens en particulier : s'il ſe trouve quelques renvois, ils doivent être pareillement de lui paraphés.

ARTICLE VI.

Toutes Sentences, Jugemens ou Arrêts ſur productions des Parties, qui condamneront à des interêts ou à des arrerages, en contiendront les liquidations & calculs.

Notre Article ſemble n'exiger la liquidation & le calcul des interêts & arrerages, que pour *les Jugemens ſur productions des Parties.* D'où naît la conſéquence que ceux qui ſont rendus à l'Audience, n'y ſont point aſſujettis. Mais cette diſpoſition n'eſt pas bien exactement obſervée dans l'uſage ; & l'on peut même dire qu'elle ne paroît pas ſuſceptible d'une exécution plus ſcrupuleuſe. On peut bien dans le Jugement marquer l'époque d'où doivent commencer à courir ſoit les interêts, ſoit les arrerages ; mais comme le cours doit en continuer juſqu'au parfait payement qui eſt toujours poſterieur au Jugement, & dont on ne peut ni déterminer ni même prévoir le terme préfix, on ne pourroit conſéquemment faire qu'une liquidation & qu'un calcul fautif & peu exact, ſi l'on en inſeroit un dans le corps même du Jugement

ARTICLE VII.

Abrogeons en nos Cours & dans toutes Jurifdictions, les formalités des prononciations des Arrêts & Jugemens & des fignifications pour raifon de ce, fans que les frais puiffent entrer en taxe, ni dans les mémoires des frais & falaires des Procureurs.

ARTICLE VIII.

Les Sentences, Jugemens & Arrêts feront datés du jour qu'ils auront été arrêtés, fans qu'ils puiffent avoir d'autre date, & fera le jour de l'Arrêt écrit de la main du Rapporteur enfuite du Dictum *ou* Difpofitif, *avant que de le mettre au Greffe, à peine des dépens, dommages & intérêts des Parties.*

Autrefois on prononçoit aux Parties, ou à leurs Procureurs que l'on mandoit à cet effet à la Chambre, tous les Jugemens rendus fur productions. Il y avoit même tous les ans quatre jours folemnels où fe faifoient au Parlement les prononciations en Robbes rouges : on deftinoit pour ces prononciations éclatantes les Arrêts intervenus dans les grandes affaires, & qui pouvoient faire Reglement ou Jurifprudence. C'eft par cette raifon qu'on a grand foin, dans les Livres de Jurifprudence, de marquer les *Arrêts prononcés en Robbes rouges* comme étant d'un plus grand poids que les autres.

Mais cette formalité de prononciation eft abrogée par notre Ordonnance. Néanmoins quoique cette abrogation paroiffe être indéfinie, elle a cependant encore actuellement lieu pour les Sentences arbitrales, à l'égard defquelles elle a toujours été regardée comme de néceffité abfolue. En effet, il a été rendu le 18 Juin 1698. en la Grand'Chambre un Arrêt qui a jugé qu'il ne fuffifoit point qu'une Sentence arbitrale fût dépofée chez un Notaire avant l'expiration du compromis, & qu'elle étoit nulle & invalide, fi, préalablement à ce dépôt, elle n'avoit été prononcée aux Parties.

Avant que les prononciations fuffent abrogées, les Jugemens qui y étoient affujettis, avoient pour date le jour de leur prononciation. Mais au moyen de cette abrogation, l'Ordonnance veut qu'ils foient datés du jour qu'ils font arrêtés, fans pouvoir avoir d'autre date, & que pour rendre cette date conftante, elle foit écrite de la main de Rapporteur, au bas du *Dictum* ou *Dépofitif*, avant de le mettre au Greffe.

FORMULES

DES PROCEDURES

RELATIVES

AU PRESENT TITRE.

Procedure sur reprise.

M e...... Procureur en la Cour déclare à Me.... Procureur de.... que le fieur... pour lequel il occupoit dans la Caufe (*ou* Inftance) indécife entre les Parties en la... Chambre des Enquêtes (*ou* Requêtes *ou autre Jurif-* *diction*) eft décedé le.... au moyen duquel décès la charge dudit Me.... étant finie, il protefté de nullité de tout ce qui pourroit être fait au préjudice de la préfente déclaration, à ce que ledit Me.. . n'en ignore, dont acte.

Si c'eft Châtelet, l'acte doit commencer, ai fi que les autres actes de Procureur à Pro- *cureur, par ces mots :* à la requête de Me.... foit fignifié & déclaré à Me.... Procureur de.... que, &c.

L'A N mil fept cens.... le.... à la requête de.... demeurant à.... qui a fait élection de domicile en la maifon de Me.... Procureur au Châtelet, demeurant rue.... & Paroiffe de.... qu'il a conftitué pour fon Procureur. J'ai... fouffigné donné affignation à.... heritier de défunt.... en fon domi-cile rue.... en parlant à.... à comparoir d'hui en.... pardevant.... pour reprendre l'Inftance qui étoit ci-devant pendante entre le Demandeur d'une part, & ledit défunt.... d'autre ; finon voir dire que ladite Inftance demeurera pour reprife avec ledit.... & que les conclufions que ledit Demandeur a prifes en icelle lui feront adjugées avec dépens ; & pour juftifier des derniers erremens de ladite Inftance : J'ai audit.... parlant comme deffus laiffé copie de.... (*énoncer ici le dernier acte de la procedure*) enfemble du préfent exploit.

A Noffeigneurs des Requêtes d....

S U P P L I E humblement.... Difant que pendant le cours de l'Inftance d'entre le Suppliant & le défunt.... (étant au Rapport de M.... Confeiller, *fi l'affaire* *eft appointée*) ledit.... eft décedé, au moyen de quoi le Suppliant ne pouvant plus continuer fes pourfuites & procedures, il eft obligé de faire affigner les heri-tiers dudit défunt.... en reprife, & à cet effet de donner la préfente Requête.

Ce confideré, Noffeigneurs, il Vous plaife permettre au Suppliant de faire affigner en reprife.... heritiers dudit défunt fieur.... pour reprendre l'Inftance qui étoit pendante en icelle entre ledit défunt fieur.... & le Suppliant, & y proceder fuivant les derniers erremens, ce faifant voir adjuger au Suppliant les conclufions par lui prifes avec dépens : Et vous ferez bien.

Si la Partie que l'on veut faire affigner en reprife, demeure à Paris, on fait répondre *cette Requête d'une Ordonnance de* foient Parties appellées, *en vertu de laquelle*

Déclaration de décès.

Affignation en reprife au Châtelet.

Requête pour faire affigner en reprife aux Requêtes de l'Hôtel ou du Palais.

on l'a fait affigner aux fins de la Requête par un Huiffier de la Jurifdiction. Si au contraire e'le n'y demeure pas, & qu'on ne puiffe fans beaucoup de frais y faire tranf-porter un Huiffier du Tribunal, on obtient outre cela au Greffe une Commiffion pour autorifer tout Huiffier Royal fur ce requis à donner l'affignation.

Commiffion en Chancellerie, pour affigner en reprife au Parlement & autres Cours Souveraines.

L o u i s, par la grace de Dieu, Roy de France & de Navarre : Au premier notre Huiffier ou Sergent Royal fur ce requis. De la Partie de notre amé.... Nous te mandons affigner à certain & competant jour en notre Cour de Parlement (ou des Aydes) à Paris ... enfans & heritiers de défunt ... pour reprendre l'Inftance (ou le Procès) pendant en notredite Cour, entre l Expofant d'une part, & ledit défunt .... d'autre part, & proceder en icelle au lieu dudit défunt .... fuivant les derniers erremens, & en outre comme de raifon, & déclareras que Me.... Procureur en notredite Cour occupera pour ledit Expofant. De ce faire te donnons pouvoir. Car tel eft notre plaifir. Donné en notre Chancellerie du Palais à Paris le.... jour de.... l'an de grace mil fept cens.... & de notre Regne le.... Par le Confeil.

On affigne aux fins de cette Commiffion dans les délais de l'Ordonnance.

Acte de reprife.

A u j o u r d'h u i eft comparu au Greffe de la Cour, Me.... Procureur en icelle, lequel en vertu du pouvoir à lui donné par.... heritier de défunt.... a déclaré qu'il a repris & reprend au nom dudit.... au lieu & place dudit défunt.... l'Inftance qui étoit pendante en la Cour entre ledit défunt.... d'une part, &.... d'autre, offrant de proceder en icelle fuivant les derniers erremens, dont il a requis acte, & a élu domicile en fa maifon fife rue....

Procedure fur conftitution de nouveau Procureur.

Affignation en conftitution de nouveau Procureur au Châtelet.

L'A n mil fept cens.... le.... à la requête de.... demeurant à.... qui a fait élection de domicile en la maifon de Me.... Procureur au Châtelet qu'il a conftitué par fon Procureur, demeurant rue.... Paroiffe de.... J'ai.... fouffigné, donné affignation à.... en fon domicile rue... Paroiffe de.... en parlant à.... à comparoir d'hui en.... pardevant.... pour conftituer autre & nouveau Procureur, au lieu & place de défunt Me.... qui occupoit pour ledit.... en l'Inftance d'entre les Parties, à l'effet de proceder fuivant les derniers erremens, finon voir dire que les conclufions prifes par ledit.... lui feront adjugées avec dépens ; & j'ai audit.... parlant comme deffus, laiffé copie du préfent Exploit.

Requête en conftitution de nouveau Procureur aux Requêtes de l'Hôtel ou du Palais.

A Noffeigneurs des Requêtes de....

S u p p l i e humblement.... Difant que dans le cours de l'Inftance pendante en la Cour entre... & le Suppliant, Me... Procureur qui occupoit pour ledit... étant décédé, le Suppliant ne peut plus continuer fes pourfuites, jufqu'à ce qu'il ait fait affigner ledit.... en conftitution de nouveau Procureur ; ce qui l'oblige de donner la préfente Requête.

Ce confideré, Noffeigneurs, il Vous plaife permettre au Suppliant de faire affigner en la Cour ledit.... pour conftituer autre & nouveau Procureur, au lieu & place dudit défunt Me... pour proceder en ladite Inftance, fuivant les derniers erremens, & voir adjuger au Suppliant les conclufions qu'il y a prifes avec dépens : Et vous ferez bien.

Cette Requête étant répondue d'une Ordonnance de foient Parties appellées, on fait affigner aux fins d'icelle. On prend de plus une Commiffion, comme pour la reprife, fi la Partie demeure hors de Paris.

L o u i s

L O U I S , par la grace de Dieu, Roy de France & de Navarre : Au premier notre Huiffier ou Sergent fur ce requis ; à la requête de notre amé.... Nous te mandons affigner à certain & competant jour en notre Cour de Parlement à Paris ... N... pour conftituer nouveau Procureur, au lieu de Me... décedé pendant le cours de l'Inftance (*ou* Procès) d'entre les Parties , & y proceder fuivant les derniers erremens, & à faute de ce, fe voir condamner en tous dépens, dommages & interêts ; déclarant que Me... Procureur en notredite Cour occupera pour ledit Expofant. De ce faire te donnons pouvoir. Car tel eft notre plaifir. Donné en notre Chancellerie du Palais à Paris le... jour de... l'an de grace mil fept cens... & de notre Regne le... Par le Conseil.

Commiffion pour faire affigner en conftitution de nouveau Procureur au Parlement.

Me... Procureur en la Cour, déclare à Me... Procureur de ... Qu'il a charge & offre d'occuper pour... au lieu & place de défunt Me... fur l'affignation en conftitution de nouveau Procureur donné audit... par exploit du ... aux offres de proceder en l'Inftance d'entre les Parties fuivant les derniers erremens ; proteftant de nullité de tout ce qui pourroit être fait au préjudice des Préfentes, à ce qu'il n'en ignore, dont acte.

Acte de conftitution de nouveau Procureur.

T I T R E   X X V I I.

D E   L' E X É C U T I O N

D E S   J U G E M E N S.

A PRÉS avoir d'abord donné des regles fur la procedure qui doit préceder & accompagner les Jugemens ; l'Ordonnance va maintenant prefcrire celle que l'on doit obferver, enfuite & en conféquence des Jugemens eux-mêmes. Le préfent Titre traite en particulier de ce qui concerne leur exécution.

Rélativement à cet objet, il faut diftinguer les différentes efpeces de Jugemens.

Ceux rendus en Cours Souveraines doivent, par leur nature, être exécutés. N'étant point fufceptibles de réforme, rien ne doit en arrêter l'exécution.

Quant à ceux qui font émanés des Juges fubal-

T t

ternes, quoique dans la thefe générale on nepuiffe les exécuter qu'autant qu'ils ont été confirmés par un Juge fupérieur en dernier reffort, néanmoins il eft deux cas où l'on peut en pourfuivre l'exécution. Le premier, c'eft lorfqu'ils font exécutoires par provifion par la difpofition des Loix : le fecond, lorfqu'ils font paffés en force de chofe jugée. Ce dernier point étoit une chofe très-controverfée avant l'Ordonnance. C'eft pourquoi le Legiflateur a pris un foin tout particulier, pour fixer invariable-ment (dans l'Article 5. & dans le 11 & fuivans jufques & compris le 17ᵉ. du préfent Titre) les caracteres diftinctifs aufquels on pourra deformais reconnoître un Jugement paffé en force de chofe jugée.

ARTICLE PREMIER.

Ceux qui auront été condamnes, par Arrêt ou Juge-ment paffé en force de chofe jugée, à délaiffer la poffeffion d'un heritage, feront tenus de ce faire quin-zaine après la fignification de l'Arrêt ou Jugement faite à perfonne ou domicile, à peine de 200 livres d'amende, moitié envers Nous, & moitié envers la Partie, qui ne pourra être remife ni moderée (a).

(a) ,, Qu'en matiere d'exécution d'Arrêt ou Jugement paffé en force de chofe jugée, donné ,, en matiere poffeffoire ou petitoire, fi le tout eft liquidé par ledit Jugement ou Arrêt, qu'en ,, ce cas dans trois jours précifément après le commandement fait au condamné, il fera tenu ,, obéir au contenu dudit Jugement ou Arrêt ; autrement à faute de ce faire, fera condamné ,, en 60 livres parifis d'amende envers Nous, ou plus grande felon la qualité des Parties, ,, grandeur des matieres & longueur du tems, & en groffe réparation envers la Partie, à ,, l'arbitration des Juges, felon le qualités que deffus. *Ordonnance de 1539. Art. 95.*
,, Les condamnés purement & fimplement à delaiffer ou fe départir d'aucun heritage feront ,, tenus promptement ce faire après la fommation & fignification qui leur en fera faite à ,, perfonne ou domicile, nonobftant les oppofitions qui feront formées par le condamné, fa ,, femme, enfans & famille pour quelque caufe que ce foit, fauf à fe pouvoir pour icelles, ,, ainfi qu'il appartiendra. Et s'il y a oppofition formée par autres perfonnes, fera néanmoins ,, celui qui a obtenu le Jugement, mis en telle poffeffion en laquelle étoit le condamné, fans ,, préjudice des droits defdits oppofans. *Ordonnance de Moulins Art. 51.*

ARTICLE II.

Les Arrêts ou Sentences ne pourront être signifiés à la Partie, s'ils n'ont été préalablement signifiés à son Procureur, en cas qu'il y ait Procureur constitué.

ARTICLE III.

Si quinzaine après la premiere sommation, les Parties n'obéissent à l'Arrêt ou Jugement, ils pourront être condamnés par corps à délaisser la possession de l'heritage, & en tous les dommages & interêts de la Partie.

ARTICLE IV.

Si l'heritage est éloigné de plus de dix lieuës du domicile de la Partie, il sera ajouté au délai ci-dessus un jour pour dix lieues.

De toutes les condamnations qui peuvent intervenir, celles qui tendent à rétablir le véritable proprietaire dans la possession de son bien, sont celles qui méritent & qui exigent une plus prompte exécution. Souvent un usurpateur a trouvé moyen de s'y maintenir à son préjudice, pendant un un très-long tems, par nombre de chicannes réïterées. N'est-il pas bien juste que le Jugement qui lui rend son bien, (lorsqu'il est en dernier ressort ou passé en force de chose jugée) soit enfin le terme heureux de ses peines & de ses traverses, & qu'il puisse jouir promptement & en paix de la justice qui lui a été rendue ?

Nos anciens Legislateurs François ont senti la nécessité d'y pourvoir. Mais leurs sages intentions n'ont point atteint au but qu'ils s'étoient proposé, faute d'être assez précises & assez détaillées. En effet, l'Ordonnance de 1539. & celle de Moulins, ont, comme la nôtre, des dispositions pour obliger celui qui a été condamné à déguerpir un heritage, à le faire sans délai : mais elles ne s'accordent point sur la maniere de le constituer en demeure ; l'une veut que ce soit dans trois jours après le commandement ; l'autre ne marque aucun tems.

Tt ij

Notre Ordonnance, en confervant le même efprit dans fes difpofitions, contient des détails beaucoup mieux combinés, afin de donner à celui qui eft condamné tout le tems qu'il peut raifonnablement exiger, foit pour avoir connoiffance du Jugement qui le condamne à déguerpir, foit pour fe mettre en état de l'exécuter.

Pour cet effet l'Ordonnance exige, qu'afin de conftituer en demeure la Partie condamnée à déguerpir un heritage, on commence par lui faire fignifier le Jugement à perfonne ou domicile, avec commandement d'y fatisfaire : cette fignification à perfonne ou domicile doit être précedée néceffairement d'une fignification du même Jugement à Procureur, comme ayant occupé dans l'Inftance pour ·la Partie condamnée., & comme étant plus à portée de lui donner connoiffance de ce qu'il contient & les avis néceffaires pour fe conduire en conféquence. Cette double fignification à Procureur & enfuite à domicile, eft de regle pour tous les Jugemens en général.

La Partie condamnée, a un délai de quinzaine pour fatisfaire au Jugement, à compter du jour de la fignification à perfonne ou domicile. Ce délai même s'augmente de droit, à raifon du jour pour dix lieuës, fi l'heritage eft éloigné de plus de dix lieuës du domicile de la Partie qui en doit faire le déguerpiffement.

Comme ces délais font plus que fuffifans pour la mettre en état d'exécuter le Jugement, fi elle veut s'y prêter de bonne foi; dans le cas ou par humeur, par vengeance, ou par mauvaife foi, elle les auroit laiffé expirer fans avoir fatisfait aux condamnations, elle eft d'abord amendable de 200 livres, fans efperance d'aucune remife ni moderation : & de plus s'il paroît une révolte marquée de fa part aux ordres de la Juftice, elle peut non-feulement être condamnée aux dommages & interêts des Parties réfultant du retard auquel elle a donné lieu ; mais de plus le Juge peut décerner contre elle la contrainte par corps pour la contraindre au déguerpiffement ordonné. Cependant comme cette voye eft par elle-même odieufe, attentant à la liberté des Citoyens, les Juges ne doivent la mettre en ufage qu'avec précaution & dans le cas feulement d'une defobéiffance manifefte.

ARTICLE V.

Les Sentences & Jugemens qui doivent paffer en force de chofe jugée, font ceux rendus en dernier reffort, & dont il n'y a appel ou dont l'appel n'eft pas recevable, foit que les Parties y euffent formellement acquiefcé, ou qu'elles n'en euffent interjetté appel dans le tems, ou que l'appel ait été déclaré péri.

Nous trouvons, dans cet Article, une énumeration détaillée des cas différends où les Sentences doivent paſſer en force de choſe jugée.

Le premier, c'eſt lorſqu'elles ont été rendues par les Preſidiaux au premier chef de l'Edit.

Le ſecond, lorſqu'il n'y a point d'appel ſubſiſtant.

Le troiſiéme, lorſque l'appel n'en eſt plus recevable, ſoit que les Parties y ayent acquieſcé formellement, ou tacitement en demandant terme & délai, ſoit qu'elles ne ſoient plus à tems d'en interjetter appel ; cette derniere hipotheſe va bien-tôt ſe développer & acquerir plus de lumieres.

Le quatriéme & dernier cas enfin, c'eſt lorſque l'appel, après avoir été interjetté, a été enſuite déclaré péri, faute de pourſuites pendant trois années.

A R T I C L E   V I.

Tous Arrêts ſeront exécutés dans toute l'étendue de notre Royaume, en vertu d'un Pareatis *du grand Sceau, ſans qu'il ſoit beſoin d'en demander aucune permiſſion à nos Cours de Parlement, Baillifs, Sénéchaux & autres Juges, dans le reſſort ou détroit deſquels on les voudra faire exécuter. Et au cas que quelques-uns de nos Cours ou Sieges en empêchent l'exécution & qu'ils rendent Arrêts, Jugemens ou Ordonnances portant défenſes ou ſurſéances de les exécuter, voulons que le Rapporteur & celui qui aura preſidé ſoient tenus ſolidairement des condamnations prononcées par les Arrêts dont ils auront retardé ou empêché l'exécution, & des dommages & interêts de la Partie, & qu'ils ſoient ſolidairement condamnés en 200 livres d'amende envers Nous ; de laquelle contravention nous reſervons la connoiſſance à Nous & à notre Conſeil. Sera néanmons permis aux Parties & Exécuteurs des Arrêts hors l'étendue des Parlemens & Cours où ils auront été rendus, de prendre un* Pareatis *en la Chancellerie du Parlement où ils devront être exécutés, que les Gardes des Sceaux seront tenus de sceller à peine d'interdiction, sans entrer en connoissance de cause. Pourront même les Parties prendre une permission du Juge des lieux au bas d'une Requête, sans être tenues de prendre en ce cas* Pareatis *au grand Sceau & petites Chancelleries. Mandons à nos Gouverneurs & Lieutenâns Generaux de tenir la main à l'exécution de la présente Ordonnance sur la simple representation des* Pareatis *ou dë la permission du Juge des lieux.*

Cet Article corrige un abus dont nous ne voyons plus aucunes traces maintenant, & qui avoit lieu, non pas à la verité dans les Compagnies Souveraines de Paris, mais dans celles des Provinces. Il ne suffisoit pas d'avoir un Arrêt contradictoire ou autre, scellé, corroboré même d'un *Pareatis* au grand Sceau, pour s'en procurer l'exécution dans un autre ressort. Il falloit encore obtenir un *Pareatis* particulier de la Chancellerie du Parlement dans l'étendue duquel on prétendoit faire exécuter son Arrêt. Encore si les *Pareatis* particuliers se fussent accordés sur la simple requisition, on auroit pû ne les regarder que comme une formalité superflue. Mais le plus grand mal provenoit de ce qu'on ne les accordoit qu'en connoissance de cause & avec la participation des Compagnies. A cet effet on étoit obligé d'y donner des assignations pour y plaider sur la question du *Pareatis ;* on alloit à l'Audience pour la faire regler; l'on ne s'y arrêtoit pas même à la seule question du *Pareatis ;* on y renouvelloit toutes celles du fond; on les jugeoit de nouveau, & ce n'étoit qu'en conséquence qu'on permettoit ou refusoit le *Pareatis.* Il y avoit même plus ; car lorsque les Compagnies y étoient interessées pour les droits de leur Jurisdiction, ou qu'une des Parties se trouvoit être un des Officiers du Tribunal, ou quelque personne de crédit dans la Province, il n'étoit pas possible d'obtenir Justice. Et si un Huissier se trouvoit alors assez hardi pour signifier un Arrêt en vertu d'un *Pareatis* du grand Sceau, sans prendre le *Pareatis* du Parlement de la Province, il étoit decreté de prise de corps, & s'il étoit arrêté, on le faisoit languir dans les prisons.

Il étoit nécessaire pour le mantien de l'ordre général du Royaume & pour l'interêt particulier de chacun des Citoyens, d'arrêter le cours d'un aussi grand abus. Par-là en effet les Compagnies Souveraines, quoiqu'indépendantes les unes des autres, s'arrogeoient le droit de se reformer en quelque sorte mutuellement : & les Parties, après avoir été jugées à grands frais dans une Cour, étoient dans la malheureuse néceffité d'effuyer un nouveau Procès, lorfqu'elles avoient à mettre leur Arrêt à exécution dans un autre reffort.

C'eft donc avec grande raifon que l'Ordonnance profcrit un ufage auffi ruineux & auffi abufif. Elle rend aux *Pareatis* au grand Seeau l'autorité qui leur eft naturellement dûe. Car s'il n'eft pas permis d'exécuter un Arrêt de Cour Souveraine hors de fon reffort, lorfque cet Arrêt n'eft pas fcellé, ou qu'il ne l'eft que du Sceau de la Chancellerie particuliere de cette Cour (parce que fon autorité expire au-delà des limites de fa Jurifdiction) le Roy, qui eft le principe de toute autorité dans fon Royaume, eft le maître de permettre que cet Arrêt ait fon exécution par tout, en accordant à cet effet un *Pareatis* fcellé de fon grand Sceau ; & l'exécution de ce *Pareatis* ne doit trouver nulle part aucun obftacle.

Ainfi l'Ordonnance donne à ceux qui ont un Arrêt à mettre à exécution dans un autre reffort, l'option de l'une de ces trois voyes :

1º. Ou d'obtenir un *Pareatis* général au grand Sceau, fans être dorefnavant obligé de demander enfuite aucune permiffion aux Cours dans le reffort defquelles on voudra le mettre à exécution, & fans qu'elles puiffent arrêter cette exécution par aucun Arrêt de défenfes ou de furféance, à peine contre le Prefident & le Rapporteur d'être tenus folidairement des condamnations portées par les Arrêts dont ils auroient retardé ou empêché l'exécution & des dommages & interêts de la Partie, & d'être condamnés en une amende de 200 livres envers le Roy.

2º. Ou de fe pourvoir feulement à la Chancellerie du Parlement dans le reffort duquel l'Arrêt doit être exécuté, d'y obtenir un *Pareatis* particulier que le Garde des Sceaux de cette Chancellerie eft obligé de fceller fur la fimple préfentation & fans aucune connoiffance de caufe, à peine d'interdiction.

3º. Ou enfin de préfenter une Requête au Juges des lieux, & de prendre fimplement au bas de cette Requête fa permiffion, fans obtenir en ce cas aucun *Pareatis* ni du grand, ni du petit Sceau.

ARTICLE VII.

Le procès fera extraordinairement fait & parfait à ceux qui par violence ou voye de fait auront empêché directement ou indirectement l'exécution des Arrêts ou Jugemens, & feront condamnés folidairement aux dommages & intérêts de la Partie, & refponfables des condamnations portées par les Arrêts & Jugemens, & en 200 liv. d'amende, moitié envers Nous & moitié envers la Partie qui ne pourra être remife ni moderée ;

à quoi nos Procureurs Géneraux & nos Procureurs sur les lieux tiendront la main (a).

Empêcher l'exécution des Jugemens par des opositions & autres fub-terfuges, c'eft une entreprise témeraire qui doit être réprimée par des dommages & intérêts & autres peines civiles proportionnées. Mais ofer employer la violence & les voyes de fait pour arrêter le cours de la Juftice, c'eft un crime contre l'ordre public; c'eft un attentat à l'autorité des Loix, contre lequel il faut févir par une inftruction extraordinaire & criminelle & par des condamnations capables d'arrêter à l'avenir le cours de pareils excès. L'Ordonnance veut que dans ce cas le coupable foit condamné d'abord aux dommages & intérêts de la Partie; en fecond lieu qu'il foit refponfable des condamnations portées par les Arrêts ou Jugemens; enfin qu'il foit mulété d'une amende de 400 liv. dont moitié apartient au Roi & l'autre moitié à la Partie.

ARTICLE VIII.

Les héritages & autres immeubles de ceux qui auront été condamnés par provifion à quelque fomme pécuniaire ou efpece, pourront être faifis réellement, mais ne pourront être vendus & adjugés qu'après la condamnation diffinitive.

Cet Article n'a fait que confirmer la Jurifprudence qui avoit lieu auparavant au Parlement fur ce point, & qui avoit un fondement très-jufte. En effet un débiteur qui n'eft que condamné par provifion, ne peut être dépouillé irrévocablement de fon bien par une adjudication & un decret. Il eft de juftice à la vérité de mettre le créancier en état de s'affurer de fon gage par la faifie réelle qui n'eft en elle-même qu'un acte confervatoire: mais il ne faut pas lui permettre d'aller plus avant, afin que les chofes foient réparables en définitif, s'il y a lieu.

(a) „ Et où le condamné fera trouvé apellant, opofant ou autrement frivolement & indû-„ ment empêchant l'exécution dudit Jugement ou Arrêt par lui ou par perfonne fufcitée ou „ interpofée, il fera condamné en l'amende ordinaire de 60 liv. parifis, & outre en autre amen-„ de extraordinaire envers Nous & en groffes réparations envers la Partie; empêchant indû-„ ment ladite exécution condamnée à faire exécuter ledit Jugement ou Arrêt à fes propres „ coûts & dépens dedans certain brief délai qui, pour ce faire lui fera préfix fur ces groffes „ peines qui à celui feront commis, & en défaut de ce faire dedans ledit délai, fera contraint „ par emprifonnement de fa perfonne. *Ordonnance de 1539. Article 96.*

ARTICLE

ARTICLE IX.

Celui qui aura été condamné de laisser la possession d'un héritage en lui remboursant quelques sommes, especes, impenses ou meliorations, ne pourra être contraint de quitter l'heritage, qu'après avoir été remboursé ; & à cet effet sera tenu de faire liquider les especes, impenses & meliorations dans un seul délai qui lui sera donné par l'Arrêt ou Jugement : sinon l'autre Partie sera mise en possession des lieux, en donnant caution de les payer, après qu'elles auront été liquidées (a).

Quand quelqu'un a possedé pendant un certain tems un héritage à titre de proprietaire, il est rare qu'il n'y ait fait quelques impenses & ameliorations, dont on ne peut se dispenser de lui tenir compte, si par la suite il vient à être depossedé en vertu d'un Jugement. Il ne paroît pas même juste qu'on puisse, avant que de l'avoir rendu indemne à cet égard, l'obliger de déguerpir la chose sur laquelle il a un droit réel, & même un privilege pour cette répétition.

Mais d'un autre côté il étoit à craindre que sous prétexte d'une liquidation à faire de ces impenses & ameliorations, il ne traînât les choses

(a) Et si, sur l'exécution dudit Jugement ou Arrêt étoit requis connoissance de cause pour meliorations, réparations ou autres droits qu'il conviendra liquider le, condamné sera tenu vérifier & liquider lesdites reparations, méliorations ou autres droits pour lesquels il prétend rétention des lieux, & choses adjugées, dedans certain brief délai seul & péremptoire, qui sera arbitré par les exécuteurs, selon la qualité des matieres & distance des lieux ; Autrement faute de ce faire dedans ledit tems, & icelui échu, sans autre déclaration ou forclusion, seront contraints les condamnés, de desister & départir de la jouissance des choses adjugées, en baillant caution par la Partie qui aura obtenu, de payer après la liquidation, ce qui seroit demandé par le condamné; laquelle liquidation sera tenu faire dedans un autre brief délai qui lui sera prefigué par les Juges ; & néanmoins sera condamné en amende envers Nous & en réparation envers la Partie pour la retardation de ladite exécution, selon les qualites que dessus. *Ordonnance de* 1539. *Art.* 97.

Pour faciliter les exécutions des Arrêts & Jugemens & ôter plusieurs involutions & longueurs qui y sont par trop fréquentes & ordinaires : Avons ordonné que doresnavant pour les réparations & méliorations adjugées aux condamnés, ne seront empêchées les exécutions des Jugemens, pour le fait de la possession & introduction en icelle de personnes qui auroient obtenu Jugement à leur profit, en baillant par eux caution bourgeoise & suffisante de payer lesdites réparations & meliorations, sitot qu'elles seront liquidées : & demeurant la terre ou heritage pour ce retard affectée & hypotequée audit payement ; sinon que le condamné les offrit liquider dedans un mois pour tout délai. *Ordonnance de Moulins,* art. 52.

V v

en longueur à l'infini, pour perpétuer fa jouiffance, ou du moins pour retarder, autant qu'il lui feroit poffible, fa dépoffeffion.

C'eft ce qui a fait prendre à nos Ordonnances un jufte milieu pour lui conferver d'un côté fon droit & fon privilege fur la chofe qui eft fon gage, & pour empêcher en même tems qu'il n'en abufât par des longeurs affectées.

Pour cela l'Ordonnance de 1539. vouloit qu'on donnât au détenteur condamné à fe défifter, un feul & brief délai péremptoire pour faire liquider fes droits & prétentions, paffé lequel, fans autre Jugement ou Forclufion, il pourroit être contraint de déguerpir, en donnant par l'autre Partie caution de payer après la liquidation.

L'Ordonnance de Moulins qui vint enfuite, femble au premier abord exiger que le détenteur condamné déguerpiffe dans l'inftant même de la condamnation, en donnant par l'autre Partie caution pour le remboursement des impenfes & améliorations. Néanmoins elle permet enfuite au détenteur, en offrant de faire faire fa liquidation dans un mois pour tout délai, de continuer encore fa jouiffance pendant un mois.

Notre Ordonnance, en prenant l'efprit des deux précedentes, commence par décider qu'on ne peut expulfer celui qui aura été condamné de délaiffer la poffeffion d'un héritage en lui rembourfant quelques fommes, efpeces, impenfes ou ameliorations, fi ce n'eft après l'avoir rembourfé; & pour qu'on ne puiffe lui imputer de mettre lui même obftacle à fon rembourfement, en trainant en longeur les liquidations à faire pour cela, il doit y faire proceder, & les conduire à leur entiere perfection dans un feul délai qui lui fera donné par l'Arrêt ou Jugement; de forte que s'il n'a pas profité de ce délai pour fe mettre en régle, il ne doit imputer qu'à lui-même fi on le dépoffede de fon gage, en l'obligeant de déguerpir. Ce ne peut être au refte qu'après que fes fûretés lui font acquifes d'ailleurs; puifqu'on ne peut le faire, qu'après lui avoir donné caution pour fon payement après la liquidation faite & confommée.

ARTICLE X.

Les tiers-opofans à l'execution des Arrêts qui auront été déboutés de leurs opofitions, feront condamnés en 150 liv. d'amende; & ceux qui feront déboutés des opofitions à l'execution des Sentences, en 75 liv. le tout applicable, moitié envers Nous, & moitié envers la Partie (a).

(a) „ Que les tiers-opofans contre les Arrêts de nos Cours fouveraines, s'ils font débout

A R T I C L E XI.

Les Arrêts & Jugemens passés en force de chose ju-
gée, portant condamnation de délaisser la possession
d'un heritage, seront executés contre le possesseur con-
damné, nonobstant les opositions des tierces personnes,
& sans préjudice de leurs droits (a).

On ne peut contester à quelqu'un le droit qu'il a naturellement de
pouvoir se plaindre d'un Jugement qui le blesse, & dans lequel il n'a
été ni Partie, ni même appellé. La voye qui lui est ouverte pour cela
par les Ordonnances, c'est la *tierce oposition*. Mais cette voye,
toute de droit qu'elle est, auroit pû dégenerer dans de très-grands abus,
si l'on ne leur avoit oposé quelque digue, en retenant par la terreur
des peines ceux qui seroient tentés de s'en servir par malice ou sans fondement.

Notre Ordonnance, encherissant en ce point sur les précedentes,
fixe l'amende de la tierce oposition, dans les Cours souveraines à 150 liv.
& à 75 liv. dans les Jurisdictions inférieures.

Cependant, comme la tierce oposition à un Jugement, est absolument étrangere à la Partie qui a été condamnée par ce Jugement, elle
ne peut conséquemment lui servir de prétexte pour se dispenser de s'y
soumettre. C'est pourquoi l'Ordonnance veut que les Arrêts ou Jugemens
portant condamnation de délaisser la possession d'un héritage, ayent
leur pleine & entiere execution vis-à-vis du possesseur condamné, nonobstant les opositions des tierces personnes & sans préjudice de leurs
droits.

A R T I C L E XII.

Si aucun est condamné par Sentence, & qu'elle ait
été signifiée avec toutes les formalités ordonnées pour
les ajournemens, & qu'après trois ans écoulés depuis

,, de leurs opositions, seront condamnés envers Nous en l'amende ordinaire du fol appel, & à
,, moitié moins envers la Partie si métier est, selon la qualité & malice des Parties ; & contre
,, l'exécution des Sentences non suspendues par apel, seront condamnés en 20 liv. parisis d'a-
,, mende envers Nous & la moitié moins envers la Partie, & plus grande si métier est, comme
,, dessus. *Ordonnance de* 1539. *art.* 108.

(a) ,, Et s'il y a oposition formée par autres personnes, sera néanmoins celui qui a obtenu
,, le Jugement, mis en telle possession en laquelle étoit le condamné, sans préjudice des
,, droits desdits oposans. *Ordonnance de Moulins Art.* 51.

la signification, celui qui a obtenu la Sentence l'ait
sommé avec pareille solemnité d'en interjetter appel,
celui qui est condamné ne sera plus recevable à en
apeller six mois après la sommation ; mais la Sentence
passera en force de chose jugée : ce qui aura lieu pour
les domaines de l'Eglise, Hôpitaux, Colleges, Universités & Maladeries, si ce n'est que le premier délai
sera de six ans, au lieu de trois.

ARTICLE XIII.

Si le titulaire d'un bénefice contre lequel la Sentence
a été rendue, décede pendant les six années, son successeur paisible aura une année entiere & ce qui restera
des six pour interjetter apel ; après lequel tems celui qui
aura obtenu la Sentence, sera tenu de la lui faire signifier avec sommation d'en interjetter apel, & dans les
six mois pourra le successeur en apeller, nonobstant
que pareille sommation ait été faite à son prédécesseur,
& qu'il fût décedé dans les six mois.

ARTICLE XIV.

Les délais ci-dessus seront observés tant entre présens
qu'absens, fors & excepté contre ceux qui seront absens
hors le Royaume pour notre service & par nos ordres.

ARTICLE XV.

Si celui qui sera condamné, décede pendant ces
trois années, ses héritiers ou légataires universels majeurs auront, outre le tems qui en restoit à écouler, une

année entiere, après laquelle celui qui aura obtenu la Sentence, sera obligé de la leur faire signifier avec sommation d'en interjetter apel, si bon leur semble, nonobstant que pareille sommation eût été faite au défunt : & dans les six mois à compter de la nouvelle sommation, ils pourront interjetter apel, sans qu'après ce terme, ils y puissent être reçus, & la Sentence passera contr'eux en force de chose jugée : ce qui sera aussi observé à l'égard des donataires, légataires particuliers & tiers détemteurs.

ARTICLE XVI.

La fin de non-recevoir n'aura lieu contre les mineurs pendant le tems de leur minorité & jusqu'à ce qu'ils ayent vingt cinq ans accomplis, après lesquels les délais commenceront à courir.

ARTICLE XVII.

Au défaut des sommations ci-dessus, les Sentences n'auront force de chose jugée qu'après dix ans, à compter du jour de leur signification, & qu'après vingt ans à l'égard des domaines de l'Eglise, Hôpitaux, Colleges, Universités & Maladeries, à compter aussi du jour de la signification des Sentences ; lesquels dix ans & vingt ans courront tant entre presens qu'absens.

Les dispositions contenues dans les six Articles précedens & qui font une suite & un enchaînement les unes des autres, font de droit nouveau. Avant l'Ordonnance, la faculté d'interjetter apel d'une Sentence duroit 30 ans ; parce que l'action naissante de la Sentence pour son execution, ne se prescrivant que par 30 ans, par la raison des contraires, celle que l'on avoit pour l'attaquer par la voye de l'apel ne devoit pas avoir des limites plus étroites.

Mais comme la longeur de cette action mettoit dans une incertitude perpétuelle le fort & les biens des familles ; que perfonne ne pouvoit être fûr de ce qu'il poffedoit, pouvant être attaqué de nouveau au bout de 30 ans, & voir renverfer fa fortune & fon établiffement par l'événement d'un procès qu'il croyoit éteint par le laps du tems ; notre Légiflateur a crû devoir mettre ceux qui ont lieu de craindre un apel, en état de forcer leurs adverfaires à s'expliquer après un certain tems, paffé lequel leur faculté d'interjetter apel eft éteinte, lorfque l'on a rempli certaines formalités néceffaires pour les avertir & les conftituer en demeure.

Ces formalités font d'abord de faire fignifier la Sentence à celui qui a été condamné avec les formalités des ajournemens à perfonne ou domicile ; enfuite, lorfque trois années fe font écoulées depuis cette fignification, il faut le fommer par exploit fignifié avec les mêmes formalités, d'en interjetter apel. Si après avoir été ainfi doublement averti, il n'interjette point fon apel dans les fix mois de la fommation à lui faite, il eft enfuite non-recevable à le faire, & fon action eft couverte.

Comme les Hôpitaux, Eglifes, Colleges, Univerfités & autres Communautés privilegiées ont toujours été fous la protection des Loix d'une maniere particuliere, le délai qui doit être entre la fignification de la Sentence & la Sommation d'en interjetter apel, eft doublé à leur égard ; c'eft-à-dire qu'il eft de fix ans au lieu de trois. Ces délais dans l'un & l'autre cas, courent également contre les abfens comme contre les préfens. Et il n'y a d'affranchi de cette fin de non-recevoir que les mineurs tant que dure leur minorité, & les abfens hors du Royaume pour le fervice du Roi ou en conféquence de fes ordres.

Si par hafard celui qui a été condamné vient à déceder pendant le cours du délai de trois années, fes reprefentans, foit à titre univerfel, foit à titre particulier, n'étant point préfumés devoir avoir connoiffance des procedures faites contre lui, doivent être perfonnellement avertis par une procedure fpéciale, & on leur accorde un accroiffement de délai pour les mettre à portée de s'inftruire des affaires du défunt. C'eft pourquoi, outre ce qui refte à expirer du délai ordinaire, ils ont outre cela une année entiere, après l'expiration de laquelle il faut leur faire fignifier la Sentence avec fommation d'en interjetter apel ; & la Sentence ne peut paffer en force de chofe jugée contr'eux qu'après les fix mois à compter de cette nouvelle fommation. La même chofe a lieu en faveur du fucceffeur d'un beneficier qui auroit été condamné, & qui feroit mort dans l'intervale des fix années ; ce fucceffeur auroit une année & ce qui refteroit à expirer des fix années pour interjetter apel, & il n'y feroit non-recevable que fix mois après la fommation perfonnelle qui lui en auroit été faite ; & cette feconde fommation doit avoir lieu tant à l'égard des héritiers & reprefentans d'un défunt que du fucceffeur d'un beneficier decedé, quand bien même il y en auroit déja eû une premiere defaite foit au défunt foit au bénéficier mort, avant leur décès ; d'autant que cette premiere fommation peut être parfaitement inconnue à leurs fucceffeurs ou reprefentans.

S'il n'y a qu'une fimple fignification à perfonne ou domicile de la Sentence, fans fommation, la fin de non-recevoir pour interjetter apel, n'eft admife qu'au bout de dix années pour les Citoyens & au bout de 20 ans pour les Hôpitaux, Eglifes, Maladeries, Colleges, Univerfités ; le tout à compter de la date de l'exploit de fignification.

Ainfi pour nous réfumer en un mot fur cet objet (& en prenant les chofes dans la théfe générale, abftraction faite de toutes exceptions) il faut diftinguer trois cas, fçavoir 1o. Celui, où toutes les formalités de *fignification & fommations* exigées par l'Ordonnance ont été remplies ; 2o. Celui où il n'y a eû qu'une *fimple fignification à perfonne ou domicile* de la Sentence ; 3o. Enfin celui où il n'y a *point* eû du tout *de fignification* ou feulement une fignification à Procureur.

Dans le premier cas où il y a eû *fignification & fommations*, la fin de non-recevoir contre l'apel n'eft acquife qu'au bout des trois ans de la fignification, & en outre des fix mois de la fommation.

Dans le fecond cas où il y a eû *feulement fignification*, la prefcription contre l'apel n'a lieu qu'après l'expiration des dix années à compter de cette fignification.

Dans le troifiéme cas enfin, c'eft-à-dire lorfqu'il n'y a *point* eû du tout *de fignification* à perfonne ou domicile, il faut 30 ans pour prefcrire contre la faculté d'interjetter apel, comme contre toutes les autres actions. Il ne faut pas perdre de vûe l'exception introduite en faveur des domaines de l'Eglife, des Hôpitaux & autres Communautés, pour lefquels le délai de trois années dans le premier cas eft augmenté jufqu'à fix ; & celui de dix ans dans le fecond, eft auffi doublé jufqu'à vingt années. Dans le troifiéme cas, on ne prefcrit non plus contre l'Eglife & autres Communautés, que par quarante ans, ainfi que cela a lieu du moins dans l'univerfalité des Coutumes.

A R T I C L E   XVIII.

Voulons que les fommes pour condamnations, taxes, falaires, redevances, & autres droits, foient exprimées à l'avenir dans les Jugemens, conventions & autres actions, par deniers, fols & livres, & non par parifis ou tournois ; & encore que les actes portent le parifis, la fomme n'en fera pas augmentée, fans néanmoins rien innover pour le paffé.

Avant que le Roi fe fût réfervé à lui feul le droit de faire battre monnoye, & qu'il eût par ce moyen, réduit les efpeces qui ont cours dans le commerce, à un seul & même taux dans le Royaume, plusieurs Grands Seigneurs & entr'autres plusieurs Evêques jouissoient du droit de la faire battre chacun dans leur district, & le taux en étoit différent. Ainsi la monnoye qui se faisoit à Paris de l'autorité de l'Evêque étoit à un taux plus considerable que celle que l'Archevêque de Tours faisoit fabriquer dans sa Ville, la différence étoit d'un quart en sus : c'est ce qui a occasionné la distinction du sol & de la livre *tournois* & du sol & de la livre *parisis*. Ainsi le *sol parisis* valoit 15 den. & le *sol tournois* ne valoit que 12 den. De même la *livre parisis* étoit de 25 sols, & la *livre tournois*, seulement de 20 sols : de sorte qu'il falloit 5 liv. tournois pour faire 4 liv. parisis (*a*). Nos Rois ayant dépouillé les Evêques & autres Grands Seigneurs de cette faculté, comme étant une usurpation sur l'autorité Royale (*b*), ils ont réduit le taux de la monnoye sur le pied du sol & de la livre tournois, comme étant celui qui tenoit un plus juste milieu ; & c'est celui qui a cours encore actuellement.

Cependant comme on trouve encore dans les anciens actes la distinction du *tournois* & du *parisis*, il sembloit conséquemment que l'on devoit s'y conformer dans les Jugemens qui intervenoient à l'occasion de ces actes & des droits qui y étoient énoncés. Mais le Législateur voulant couper la racine aux liquidations & autres procedures, que cette distinction occasionneroit nécessairement, il l'a totalement bannie non-seulement des Jugemens, mais même de toutes les conventions & actes qui pourroient se faire ; sans vouloir permettre que l'on se servît dorésnavant d'autres expressions que de sol & de livre indistinctement, ni que les sommes fussent augmentées, quand bien même l'acte qui serviroit de fondement, porteroit le *parisis*.

(*a*) L'Evêque du Mans jouissoit aussi de la prérogative de faire battre monnoye au Mans ; & comme cette monnoye étoit plus forte de moitié, que celle de Normandie, c'est ce qui a donné lieu au Proverbe : *un Manceau vaut un Normand & demi.*

(*b*) Louis dit Hutin fut le premier qui revendiqua le droit de battre monnoye, sur les Grands Seigneurs & Evêques, qui en étoient auparavant en possession. *M. le Bret. du droit de Souver. liv. 2. chap. 13.*

FORMULES

FORMULES

DES PROCEDURES

RELATIVES

AU PRESENT TITRE.

Procedures pour l'exécution des Jugemens dans l'éten-
due du Reffort de la Jurifdiction où ils ont été rendus.

L E... mil fept cens... fignifié à Me... Procureur : *Enfuite eft la fignature*
de l'Huiffier.

Signification à Pro-
cureur.

L'AN mil fept cens... le... à la requête du fieur... demeurant à... qui
a élû fon domicile à... J'ai... Huiffier... fouffigné, fignifié & baillé copie
à... demeurant à... en fon domicile en parlant à... de l'Arrêt de... rendu
entre les Parties le... à ce qu'il ait à y fatisfaire, & en conféquence j'ai fommé
& interpellé ledit... de laiffer audit fieur... la poffeffion & jouiffance d'une
maifon & heritages fifes à... finon & à faute de ce faire dans la quinzaine,
lui ai declaré que ledit fieur... fe pourvoira pour faire declarer l'amende de 200
livres encourue, même pour obtenir contre lui condamnation par corps, & lui ai,
parlant comme deffus, laiffé copie dudit Arrêt & du préfent; à ce qu'il n'en
ignore.

Signification à do-
micile avec fommation
de fatisfaire à un Juge-
ment qui ordonne le
deguerpiffement d'un
heritage.

A Noffeigneurs...
SUPPLIE humblement... Qu'il Vous plaife ordonner que l'Arrêt de la Cour
rendue entre le Suppliant & le fieur... le... fera exécuté felon fa forme &
teneur. Ce faifant & attendu le refus fait par ledit fieur... de fatisfaire audit
Arrêt, & fuivant icelui de délaiffer au Suppliant la poffeffion & jouiffance des
heritages y mentionnés & dont eft queftion, declarer l'amende de 200 livres de
l'Ordonnance encourue contre lui, au payement de laquelle, ainfi qu'au déguerpiffement & delaiffement ordonnés par ledit Arrêt, il fera contraint par corps;
condamner en outre ledit fieur... en... de dommages & interêts envers le
Suppliant réfultans du défaut d'exécution dudit Arrêt & aux dépens : Et vous
ferez bien.

Requête pour faire
declarer l'amende en-
courue & obtenir le
par corps, faute d'exé-
cution du Jugement.

L'AN... le... à la requête de... demeurant à... pour lequel domicile eft
élu... Je... Huiffier... fouffigné ai fommé & interpellé... demeurant à...
en fon domicile en parlant à... d'interjetter appel, fi bon lui femble de la
Sentence contre lui rendue au profit dudit... par... en date du... à lui
fignifié à Procureur le... & enfuite en fon domicile par Exploit de... Huiffier...
en date du... finon & à faute de ce faire dans fix mois, à compter de ce jourd'hui,
lui ai declaré que ledit tems paffé, il n'y fera plus reçu, fuivant l'Ordonnance :

Sommation à celui
qui eft condamné par
Sentence, d'en inter-
jetter appel.

X x

& à ce qu'il n'en ignore, lui ai laissé, parlant comme dessus, copie tant de ladite Sentence que du présent.

Procedures pour l'exécution des Jugemens hors du Ressort.

Pareatis au grand Sceau.

LOUIS, par la grace de Dieu, Roy de France & de Navarre : Au premier notre Huissier ou Sergent sur ce requis ; te mandons à la requête de notre amé... mettre à dûe & entiere exécution en tout notre Royaume, Pays, Terres & Seigneuries de notre obéissance, l'Arrêt rendu en notre Cour de Parlement de... le... jour de... mil sept cens... ci-attaché sous le contre-scel de notre Chancellerie au profit de l'Exposant contre... y dénommmé, & faire pour faire raison de ce, tous Exploits & Actes nécessaires ; de ce faire te donnons pouvoir, sans demander autre permission, nonobstant clameur de Haro, Charte Normande, prise à Partie, & autres Lettres à ce contraires. Car tel est notre plaisir. Donné à... le... jour de... l'an de grace... & de notre Régne le...

Pareatis au petit Sceau.

LOUIS, par la grace de Dieu, Roy de France & de Navarre : Au premier notre Huissier ou Sergent sur ce requis ; à la requête de notre amé.... Nous te mandons que l'Arrêt de notre Cour de Parlement de... obtenu par l'Exposant le... & ci-attaché sous le contre-scel de notre Chancellerie, tu mettres à dûe & entiere exécution, selon sa forme & teneur, dans l'étendue du Ressort de notre Cour de Parlement de... à l'encontre des y dénommés. De ce faire, & tous Exploits de commandemens & saisies & autres actes requis & nécessaires, te donnons pouvoir. Car tel est notre plaisir. Donné en notre Chancellerie du Palais à... le... & de notre Regne le...

TITRE XXVIII.

DES RECEPTIONS DE CAUTIONS.

NOUS connoissons de trois sortes de *cautionnemens ; le legal*, le *conventionnel* & le *judiciaire.*

Le *cautionnement legal*, est celui qu'exige la Loi dans certain cas : ainsi l'usufruitier est tenu par la Loi de donner caution, pour assurer après son décès la restitution des choses dont l'usufruit lui est accordé.

Le *conventionnel*, eft celui qui eft ftipulé dans les actes volontaires, pour la fûreté des obligations qui y font contractées.

Le *judiciaire* enfin, eft celui qui eft ordonné par le Juge : il a lieu principalement pour l'exécution des Jugemens provifoires, afin que les condamna- tions y prononcées ne deviennent point irréparables en définitif, faute de cette précaution.

Il n'eft queftion dans le préfent Titre que des Cautions judiciaires & des formalités requifes pour leur reception.

ARTICLE PREMIER.

Tous Jugemens qui ordonneront de bailler caution, feront mention du Juge devant lequel les arties fe pourvoiront pour la reception de la caution.

Comme les receptions de cautions judiciaires font une fuite & une dépendance néceffaire des Jugemens qui les ordonnent, & forment en quelque forte la condition & la fûreté de leur exécution, il ne doit pas être permis aux Parties de choifir le Juge devant qui ces receptions doivent être faites. C'eft au Tribunal qui a ordonné la caution, ou à la recevoir lui-même par le miniftere d'un de fes membres, ou à commettre le Juge qu'il veut honorer de fa confiance à cet effet.

ARTICLE II.

La caution fera préfentée par acte fignifié à la Partie ou au Procureur, & fera fa foumiffion au Greffe, fi elle n'eft point conteftée.

La premiere chofe que doit faire une Partie à qui la Juftice a impofé l'obligation de donner caution, eft de faire fignifier à fa Partie adverfe un acte indicatif du nom de celui qu'il entend préfenter pour caution, contenant auffi fa profeffion, fon domicile & toutes les autres circonf. tances qui peuvent le caractérifer & en donner une connoiffance entiere & non équivoque. Cet acte peut être fignifié ou au domicile de la Partie, ou fimplement à Procureur comme étant une continuation d'inftruction.

L'Adverfaire ayant ainfi connoiffance de la perfonne préfentée pour caution, ou il reconnoît fa folvabilité, ou il la contefte.

S'il reconnoît fa folvabilité, la caution préfentée doit faire fa *foumiffion* au Greffe : c'eft le feul acte qui foit obligatoire vis-à-vis d'elle, & jufques-là, rien ne l'engage.

Si au contraire il la contefte, les deux Articles fuivans vont nous inftruire de la procedure qu'il faut tenir dans ce dernier cas.

ARTICLE III.

Si la caution eft conteftée, fera donné copie de la déclaration de fes biens, & les pieces juftificatives feront communiquées fur le recepiffé du Procureur; & fur la premiere affignation à comparoir pardevant le Commiffaire, fera procedé fur le champ à la reception ou rejet de la caution; & feront les Ordonnances du Commiffaire executées, nonobftant oppofitions ou appellations, & fans y préjudicier. Défendons à tous Juges de donner aucuns appointemens à mettre, en droit, ou de contrarieté fur fa folvabilité ou infolvabilité.

ARTICLE IV.

La caution étant reçue & l'acte fignifié à la Partie ou Procureur, elle fera fa foumiffion au Greffe.

Autrefois on diftinguoit, dans les Jugemens, de deux fortes de cautions. Quand il avoit été feulement ordonné que l'on donneroit une caution, il fuffifoit d'en préfenter une, quelle qu'elle fût. On n'étoit obligé d'en donner une folvable, que lorfque le Jugement aftraignoit à donner *bonne & fuffifante caution.*

L'Ordonnance méconnoît, avec raison, cette diftinction frivole. Car à quoi peut fervir une caution, fi elle n'a une folvabilité fuffifante pour affurer la reftitution des condamnations prononcées, en cas que cette refhtution ait lieu en définitif? L'Ordonnance fuppofe donc que toutes les cautions doivent être folvables, eu égard à l'objet pour lequel elles font préfentées.

Mais fur quoi doit être fondée cette folvabilité? Le mobilier fuffit-il pour en faire preuve? Ou ne doit-elle être appuyée que fur la poffeffion & la propriété de biens immeubles?

Les meubles n'ayant aucune fuite par hipotheque, & d'ailleurs pouvant aifément fe divertir, parce qu'ils n'ont aucune confiftance ftable, ils ne peuvent former par leur nature, une fûreté affez grande, pour fervir de bafe à un cautionnement judiciaire (a). Il y a cependant fur cela une exception en faveur des Jurifdictions Confulaires. Toute la fortune des Marchands confifte prefque toujours en mobilier, ou dans un fonds de crédit. Il a donc été néceffaire de tirer les matieres de commerce de la regle ordinaire à cet égard & de ne point y affujettir les cautions à juftifier de leur folvabilité autrement que par la notorieté & la bonne reputation dont ils jouiffent : il y a même un Reglement du Confeil du 30 Août 1668. qui l'ordonne ainfi pour les Foires de Lyon.

C'eft pourquoi dans la thefe générale, il faut conftater la folvabilité d'une caution judiciaire par des immeubles ; & lorfque cette folvabilité eft conteftée, il faut, après avoir fait affigner la Partie conteftante pour voir recevoir la caution préfentée, lui donner, aux termes de l'Ordonnance, copie de la déclaration de fes biens, même lui en communiquer les pieces juftificatives fous le recepiffé de fon Procureur. Autrefois ces communications & juftifications occafionnoient une immenfité de procedures, même des appointemens à mettre, en droit ou de contrarieté. D'où naiffoient des inftructions quelquefois plus confiderables que les Procès même aufquels elles étoient incidentes. Souvent même les Jugemens qui intervenoient fur ces inftructions, foit pour le rejet, foit pour la reception des cautions, donnoient lieu à des appels, & conféquemment à de nouvelles involutions de Procès qui reculoient néceffairement la conteftation principale. Notre fage Legiflateur abroge toutes ces procedures, non-feulement en retranchant toutes fortes d'appointemens dans ces occafions, mais même en défendant la moindre procedure par écrit. Sur la fimple affignation, les Parties doivent comparoir devant le Commiffaire, y expliquer verbalement leurs raifons. Sur quoi & après avoir vû & examiné lui-même la déclaration des biens de la caution & les pieces juftificatives, il prononce le rejet ou la reception de cette caution ; & fon Ordonnance eft exécutoire par

(a) Louet, lettre C. ch. 9.

provision, comme étant rendue en matiere d'instruction. En conséquence, si la caution est admise par l'Ordonnance du Commissaire, elle
doit faire sa soumission au Greffe, aussi-tôt après que l'Ordonnance a
été signifiée au Procureur de la Partie qui contestoit, ou à son domicle.

FORMULES
DES PROCEDURES
RELATIVES
AU PRESENT TITRE.

Nota. Comme c'est aux Tribunaux inférieurs que les présentations de cautions se présentent le plus ordinairement, nous indiquerons par préférence la procédure que l'on suit au Châtelet dans cette occasion, comme étant celle qui est le plus d'usage.

Acte de présentation de caution.

A la requête de...
soit signifié à Me... Procureur de... que pour satisfaire à la Sentence de provision rendue entre les Parties le... à lui signifiée le... ledit sieur... présente pour caution... dont acte.

Exceptions.

Le sieur... Défendeur.
Contre... Demandeur.
Dit pour exceptions qu'il ne peut accorder ni contester la caution présentée par ledit sieur Demandeur, qu'il n'ait fait sa déclaration des biens qui lui appartiennant & communiqué les titres & pieces justificatives de la propriété d'iceux, pour connoitre si ladite caution est solvable.

Réponses contenant déclaration des biens de la caution.

Le sieur... Demandeur... Contre... Défendeur : Dit pour réponses aux exceptions signifiées le... Que c'est sans aucun fondement que ledit Sieur... Défendeur affecte de vouloir répandre des doutes sur la solvabilité de la personne de... caution présentée par le Demandeur ; attendu que ladite caution possede à titre de proprietaire.
1°. *Faire ici l'énumeration des biens de la caution.* Et pour justifier de ladite propriété desdits biens, ledit Demandeur offre de communiquer audit Sieur Défendeur les pieces justificatives d'icelle, sous le recepissé de son Procureur, conformément à l'Ordonnance. Partant persiste à ce que ladite caution soit reçue.

Ordonnance aux fins d'assigner pour la reception de la caution.

De l'Ordonnance de Nous... Conseiller du Roy... Commissaire en cette partie, à la requête de... soit donné assignation à... à comparoir... prochain... du présent mois & an... heures du matin (*ou de relevée*) pardevant Nous en notre Hôtel, fis rue... pour voir dire que ... préfenté pour caution fera reçu en cette qualité, s'il y échet. Fait à,,.

L'an... le... jour de... pardevant Nous... Confeiller du Roy... Com- *Procès verbal de re-*
miffaire en cette partie, en notre Hôtel fis ... eft comparu ... affifté de Me... *ception de caution.*
fon Procureur, qui nous a dit qu'ayant obtenu Sentence le... par laquelle le
Sieur... eft condamné de lui payer la fomme de... par provifion en donnant
bonne & fuffifante caution, ledit Sieur comparant, en exécution de ladite Sentence a préfenté pour caution la perfonne de... & déclaré les biens qui lui
appartiennent, même communiqué les pieces juftificatives de la propriété d'iceux,
requerant qu'il Nous plût ordonner que ledit Sieur... fera affigné à comparoir
au premier jour pardevant Nous, pour voir dire que ledit... fera reçu pour
caution.
Sur quoi Nous Confeiller Commiffaire fufdit, avons donné acte audit...
comparant de fa comparution & requifition ci-deffus, & ordonné que ledit Sieur...
fera affigné à comparoir... prochain... heures du matin (ou de relevée) pardevant
Nous en notre Hôtel, pour voir dire que ledit... préfenté pour caution par
ledit comparant fera reçu, s'il y échet.
Et le... pardevant Nous Confeiller-Commiffaire fufdit eft de rechef comparu
ledit... affifté comme deffus, qui nous a dit qu'en vertu de notre Ordonnance
du... il a fait affigner à ce jour, lieu & heure le Sieur... pour voir dire
que la perfonne de... préfenté pour caution par ledit Sieur comparant fera
reçu.
A laquelle affignation eft comparu... affifté de Me... fon Procureur, qui a
dit que les titres qui lui ont été communiqués, ne juftifient point que ladite caution
préfentée foit proprietaire de...
Et par ledit... a été repliqué que, &c.
Sur quoi Nous Confeiller & Commiffaire fufdit, avons donné acte aux Parties
de leurs comparutions, dires & requifitions ci-deffus, & y faifant droit avons reçu
la perfonne de... préfenté pour caution par... pour l'exécution de la Sentence
rendue entre les Parties le... & en conféquence ordonnons que ledit... fera
fes foumiffions au Greffe; & fera notre préfente Ordonnance exécutée nonobftant
oppofitions ou appellations, & fans y préjudicier & foit fignifié. Fait les jour
& an que deffus.

      Extrait des Regiftres de...
         Du... jour de...
Eft comparu... qui a dit qu'il fe conftitue caution judiciaire de... envers... *Acte de foumiffion*
pour l'exécution de la Sentence de provifion rendue au profit dudit... le... *de la caution.*
& a fait les foumiffions en tel cas requifes, élifant domicile... Fait les jour
& an que deffus.

TITRE XXIX.

DE LA REDDITION DES COMPTES.

DE tous les incidens qui font une fuite & une exécution des Jugemens, l'un des plus importans fans doute par rapport à fon objet, c'eft la reddition des comptes.

Trois queftions principales ont fixé l'attention du Legiflateur dans cette matiere : 1 . Quels font ceux qui doivent rendre compte & dans quel tems! 2°. Dans quel Tribunal peuvent-ils être traduits à cet effet? 3 . Quelles font les formalités qui doivent être obfervées dans la procedure, pour rendre, recevoir & contefter valablement & regulierement un compte? C'eft ce dont on va trouver le développement dans les Articles qui fuivent.

ARTICLE PREMIER.

Les Tuteurs, Procureurs, Curateurs, Fermiers judiciaires, Sequeftres, Gardiens & autres qui auront adminiftré les biens d'autrui, feront tenus de rendre compte auffi-tôt que leur geftion fera finie ; & feront toujours reputés comptables, encore que le compte foit clos & arrété, jufqu'à ce qu'ils ayent payé le reliquat, s'il en eft dû, & remis les pieces juftificatives.

Cet Article regle deux objets importans. Il détermine d'abord ceux qui doivent rendre compte. De ce nombre font principalement les Tuteurs, les Fondés de procuration, les Fermiers judiciaires, les Se-

queftres

queftres, les Gardiens & en général tous ceux qui ont eu la geftion &
l'adminiftration du bien des autres. N'ayant agi que pour autrui, cette
adminiftration précaire leur impofe l'obligation néceffaire de rendre
compte au véritable proprietaire.

Notre Article en fecond lieu fixe le tems dans lequel doivent rendre
compte ceux qui y font tenus, en l'une ou l'autre de ces différentes
qualités. Le véritable terme de cette reddition de compte eft la fin de
la geftion. Ainfi un tuteur n'étant donné aux mineurs que par l'incapacité legale qui naît de leur âge, auffi-tôt que cette incapacité ceffe,
foit par la majorité, foit par l'émancipation, le tuteur doit leur rendre
compte. De même un fondé de procuration doit un compte, auffi-tôt
que la procuration eft revoquée; un curateur à un interdit, auffi-tôt que
l'interdiction eft levée; un Fermier judiciaire, auffi-tôt que les biens
font vendus, ou que la main-levée de la faifie réelle eft prononcée avec
toutes les Parties intereffées; & ainfi des autres.

Mais ce n'eft point affez à un comptable, pour être déchargé, d'avoir
rendu un compte, ni même de l'avoir fait clore & arrêter. Le payement du reliquat, s'il y en a, & la remife des pieces juftificatives du
compte, peuvent feuls operer fa décharge. En effet le compte n'eft
qu'une inftruction préparatoire pour connoître fi le comptable doit &
ce qu'il doit. Mais fa liberation ne peut lui être acquife que par le payement de ce qu'il fe trouve devoir, de même qu'à tout autre créancier.

A R T I C L E   I I.

Le comptable pourra être pourfuivi de rendre compte
pardevant le Juge qui l'aura commis : & s'il n'a pas
été nommé par autorité de Juftice, il fera pourfuivi
pardevant le Juge de fon domicile, fans que fous pré-
texte de faifie ou intervention de créanciers privilegiés
de l'une ou de l'autre des Parties, les comptes puiffent
être évoqués ou renvoyés en autre Jurifdiction.

Après avoir détaillé, dans l'article précedent, les perfonnes qui doivent rendre compte, & le tems dans lequel ils doivent le faire, celui-ci
indique les Tribunaux aufquels ils peuvent être traduits a cet effet;
& pour cela on y diftingue fi le comptable a été commis par Juftice,
ou non.

Dans le premier cas, il faut le traduire pour rendre compte devant
le Juge qui l'a commis, par droit de fuite & de litifpendance.

Dans le fecond cas, il faut rentrer dans la regle générale *actor fequi-*

tur forum Rei , & pourſuivre le comptable devant le Juge de ſon domicile.

A R T I C L E   I I I.

Le Défendeur à la demande en reddition de compte ſera tenu de comparoir à la premiere aſſignation ; ſinon ſera donné défaut contre lui , & pour le profit condamné à rendre compte ; & s'il compare , & qu'au jour qui lui aura été ſignifié par un ſimple acte de venir plaider , aucun Avocat ou Procureur ne ſe préſente en l'Audience pour défendre , ſera condamné ſur le champ à rendre compte , ſans autre délai ni procedure.

A R T I C L E   I V.

En cas que la cauſe étant plaidée ne ſe puiſſe juger définitivement en l'Audience , les Parties ſeront apointées à mettre dans trois jours , ſans autre procedure.

La procédure préliminaire au compte ſe trouve tracée dans les deux Articles qui précedent : elle eſt extrêmement ſommaire. Celui qui a été aſſigné en qualité de comptable, ou comparoit ſur l'aſſignation, ou ne comparoit point. S'il ne comparoit point , on obtient contre lui une Sentence par défaut faute de comparoir qui le répute comptable, & en conſéquence le condamne à rendre compte. S'il comparoit, c'eſt-à-dire, s'il conſtitue Procureur ſur l'aſſignation , on lui ſignifie un ſimple avenir pour plaider , ſans attendre qu'il ait fourni de défenſes par écrit , & ſauf à lui à les propoſer verbalement à l'Audience. S'il ne s'y préſente pour lui aucun Avocat ni Procureur , il eſt condamné par défaut à rendre compte. Si au contraire il fait paroître un défenſeur à l'Audience , on doit y décider ſur le champ la queſtion de ſçavoir s'il eſt ou non comptable ; & ſi cette queſtion ſe trouve tellement embaraſſée qu'on ne puiſſe la décider définitivement ſur les plaidoiries reſpectives, on ne peut prononcer d'autre apointement que celui à mettre.

ARTICLE V.

*Tout Jugement portant condamnation de rendre
compte, commettra celui qui devra recevoir la préfentation & affirmation du compte ; & s'il est rendu fur
un apointement à mettre ou fur un Procès par écrit ;
le Raporteur ne pourra être commis pour le compte :
mais en fera commis un autre par celui à qui la diftribution apartiendra.*

Le but du Légiflateur, en impofant la néceffité de commettre celui
qui doit recevoir le compte, par le Jugement même portant condamnation de le rendre, c'eft d'éviter la multiplicité des Jugemens fans néceffité. En effet fi le Jugement portant condamnation de rendre compte,
ne contenoit point nomination du Commiffaire devant qui il devroit être
rendu, il en faudroit néceffairement un fecond qui n'auroit que cette
nomination pour objet : ce qui occafionneroit de nouveaux frais aux
Parties, fans aucune utilité pour elles. Il eft bien plus fimple & bien
moins couteux de faire le tout par un feul & même Jugement.

Dans l'ancienne Jurifprudence, celui qui avoit été Raporteur lors du
Jugement de condamnation à rendre compte, pouvoit fort bien enfuite
être nommé Commiffaire pour le recevoir.

Mais l'Ordonnance en décide autrement ; afin de prévenir les inconvéniens qui pourroient en réfulter, fi le Raporteur préfidoit lui-même à
l'execution de fon Jugement.

Peut-être pourroit-on s'imaginer que le préfent Article implique
contradiction avec le précedent, en ce que dans ce dernier il eft dit
que les demandes en reddition de compte ne pourront être fufceptibles
tout au plus que d'un apointement à mettre ; au lieu que dans celui-ci
on fupofe que le Jugement portant condamnation de rendre compte
peut être rendu non-feulement fur apointement à mettre, mais même fur
procès par écrit. Cependant il eft aifé de concilier ces deux articles qui en
foi n'ont rien de contradictoire. Il eft vrai que lorfque la demande en
reddition de compte eft l'objet unique ou du moins principal d'une
conteftation, il faut la décider fommairement à l'Audience ou tout au
plus apointer les Parties à mettre, s'il n'eft pas poffible qu'elle y reçoive fa
décifion définitive. Mais indépendamment de ce, l'on forme quelquefois
dans des procès par écrit des demandes en compte qui y deviennent des
incidens préliminaires ; & c'eft alors qu'il peut effectivement intervenir fur
procès par écrit des Jugemens portant condamnation de rendre compte.

ARTICLE VI.

La Préface du compte ne pourra exceder six rôles; le surplus ne passera en taxe; & ne seront transcrites dans les comptes autres pieces que la Commission du rendant, l'acte de tutelle & l'extrait de la Sentence ou Arrêt qui condamne à rendre compte.

ARTICLE VII.

Le rendant sera tenu d'inserer dans le dernier Article du compte la somme à quoi se monte la recette, celle de la dépense & reprise, distinctement l'une de l'autre; & si la recette se trouve plus forte que la dépense & reprise, l'oyant pourra prendre exécutoire de l'excedant qui lui sera delivré sur l'extrait du dernier Article du compte, sans préjudice des débats formés ou à former contre la recette, dépense & reprise, & des soutenemens au contraire.

Dans ces deux Articles qui reglent la forme du compte en lui-même, le Légiflateur y diftingue deux Parties génerales, fçavoir le préambule ou *préface du compte*, & le *corps du compte*.

On furchargeoit autrefois les préfaces de compte de la tranfcription de quantité de piéces inutiles, afin d'augmenter le nombre des rôles.

Pour l'empêcher à l'avenir, l'Ordonnance ne veut pas qu'en géneral la *préface* d'un compte excede fix rôles, & elle indique elle-même les piéces qui doivent la compofer, fans qu'on puiffe y en introduire d'autres; cela fe réduit à la Commiffion du Rendant & au Jugement qui le condamne à rendre compte. Mais cette partie de l'Ordonnance n'eft pas bien exactement obfervée, & on trouve tous les jours mille fubterfuges pour l'éluder.

A l'égard du *corps du compte*, il eft compofé de trois parties, fçavoir la *recette*, la *dépenfe* & la *reprife*; & chacune de ces parties peut être elle-même divifée en autant de Chapitres qu'il y a d'objets differens, foit de recette foit de dépenfe ou de reprife. Dans la *recette* doit entrer non-feulement tout ce qui a été reçu effectivement, mais encore tout

ce qui a dû l'être, sauf la reprise. La *dépense* doit contenir tout ce qui a
été dépensé, & elle doit, autant qu'il est possible, être apuyée sur des
pièces justificatives. Enfin on reprend dans la *reprise* chacune des sommes employées dans la dépense & dont on n'a pû faire recette, en jus-
tifiant, par des diligences, l'impossibilité où l'on a été d'en faire le recouvrement.

Pour faire une balance exacte de ces parties entr'elles, & voir si le
Rendant est en avance, ou reliquataire, on fait, à la fin du compte, une
récapitulation générale des totaux ; & si, déduction faite de la dépense
& de la reprise sur la recette, la recette se trouve plus qu'absorbée, le
Rendant est en avance & il peut se pourvoir contre l'Oyant pour la répetition de ce qui lui est dû, après l'apurement du compte ; si au contraire la recette excede la depense & la reprise jointes ensemble, cet
excedant dont le comptable s'accuse lui-même reliquataire, peut être
exigé sur le champ par l'Oyant ou les Oyans, & en conséquence ils
peuvent en obtenir exécutoire sans attendre l'apurement du compte ;
& sans préjudice des débats qu'ils pourroient avoir à former soit contre la recette, soit contre la dépense, soit contre la reprise, & pareillement sans préjudice des soutenemens du Rendant au contraire.

Article VIII.

*Les rendans compte présenteront & affirmeront leur
compte en personne, ou par Procureur fondé de procuration spéciale, dans le délai qui leur aura été prescrit par le Jugement de condamnation sans aucune
prorogation ; & le délai passé, ils y seront contraints
par saisie & vente de leurs biens, même par emprison-
nemens de leurs personnes, si la matiere y est disposée
& qu'il soit ainsi ordonné.*

Quoique tous les articles d'un compte, tant en recette qu'en dépense & reprise, doivent autant qu'il est possible, être justifiés par
pièces, cependant comme il est nombre d'objets qui par leur nature
ne sont pas susceptibles de justification litterale, le Rendant doit, aussitôt que son compte est dressé, le presenter & l'affirmer véritable
dans le délai que le Jugement qui ordonne la reddition du compte, prescrit à cet effet. Pour constater cette présentation & affirmation, on en
inscrit la mention, ainsi que du jour où elles ont été faites, en tête
du compte même, à la marge du premier rôle R°. & cette mention doit
être signée ou du Rendant ou de son fondé de procuration spéciale.

Faute par le Rendant de faire la prefentation & fon affirmation dans le terme à lui indiqué par le Jugement & qu'il n'eft pas permis de proroger, il eft contraignable par la faifie & vente de fes biens tant meubles qu'immeubles, parce que tout comptable eft cenfé débiteur. Et même dans le cas d'une défobéiffance manifefte, comme s'il s'obftinoit à ne point prefenter fon compte, nonobftant la faifie & vente de fes biens, on pourroit ufer contre lui de la contrainte par corps. Mais il faudroit un Jugement nouveau, qui fur les preuves raportées de fa réfiftance obftinée, l'eût préalablement ordonné ainfi : ce qui arrive très-raiement.

ARTICLE IX.

Après la préfentation & affirmation, fera baillée copie du compte au Procureur des Oyans, & les piéces juftificatives de la recette, dépenfe & reprife, lui feront communiquées fur fon récepiffé, pour les voir & examiner pendant quinze jours, après lefquels il fera tenu de les rendre, à peine de prifon, de 60 liv. d'amende & du féjour, dépens, dommages & intérêts des Parties en fon nom, fans qu'aucunes des peines ci-deffus puiffent être réputées comminatoires, remifes ou moderées, fous quelque prétexte que ce foit.

ARTICLE X.

N'entendons toutefois empêcher que le Juge ne puiffe, en connoiffance de caufe & pour confiderations importantes, proroger le délai d'une autre quinzaine pour une fois feulement : après lequel tems le Procureur qui retiendra les piéces, fera contraint de les rendre fous les peines & par mêmes voyes que deffus.

ARTICLE XI.

Si les Oyans ont un même intérêt, ils feront tenus

de nommer un seul & même Procureur , & à faute d'en convenir sera permis à chacune des Parties d'en mettre un à ses frais ; auquel cas ne sera donné qu'une seule copie du compte & une seule communication des piéces justificatives au plus ancien.

A R T I C L E   XII.

Si les Oyans ont des intéréts differens , le Rendant fera signifier à chacun des Procureurs une copie du compte , & leur communiquera les piéces justificatives ; & s'il y a des créanciers intervenans , ils n'auront tous ensemble qu'une seule communication , tant du compte que des pieces justificatives , par les mains du plus ancien des Procureurs qu'ils auront chargé.

Après avoir , de la part du Rendant , dressé , presenté & affirmé son compte dans les délais qui lui sont marqués pour cela , il doit ensuite mettre les Oyans en état de l'examiner & de le débattre, s'il y a lieu. A cet effet il doit leur faire signifier le compte & leur communiquer les pieces justificatives.

Mais comme cette signification du compte & cette communication des pieces pourroit traîner très-fort en longueur l'instruction du compte, si le Législateur n'y avoit prévû, il commence d'abord par fixer le terme de cette communication à quinzaine, comme étant un tems suffisant pour faire l'examen de ces pieces & en faire l'aplication aux differens articles du compte ausquels elles sont relatives. Ce délai expiré, le Procureur qui les a prises en communication sur son *recepissé*, peut être contraint à les rendre, par corps, & sous peine de 60 l. d'amende & des dépens, séjour & dommages & intérêts des Parties, en son propre & privé nom. Si cependant il se presentoit des circonstances extraordinaires, le Procureur pourroit requerir un nouveau délai de quinzaine, & le Juge pourroit le lui accorder en connoissance de cause. Mais il faudroit pour cela de grandes considerations ; & ce ne pourroit jamais être que pour une fois seulement.

Mais quelqu'abregé que soit ce délai , sa répetition (lorsqu'il y a un grand nombre d'Oyans) rendroit encore l'instance de compte très-longue, si l'on avoit toujours & indistinctement accordé autant de communications qu'il peut y avoir d'Oyans intéressés à la reddition du compte.

Pour mettre encore quelques bornes à cet egard, l'Ordonnance diſtingue, ſi lorſqu'il y a pluſieurs Oyans, ils ont tous un même intérêt, ou s'ils ont chacun leurs intérêts particuliers & differens.

Dans le premier cas, n'ayant tous qu'un même intérêt , ils peuvent très-bien n'avoir qu'un ſeul & même Procureur pour les défendre conjointement ; ce ſeroit même pour chacun d'eux un avantage , en ce que les frais ne ſe trouveroient pas multipliés inutilement. Alors on ne ſeroit qu'une ſeule ſignification du compte & l'on ne donneroit qu'une ſeule communication des piéces juſtificatives au Procureur commun des Oyans. Cependant s'ils ne pouvoient tous s'accorder pour remettre leurs intérêts à un ſeul & même Procureur, comme la Loi n'a point entendu gêner la confiance des Parties, elles peuvent conſtituer chacun un Procureur ſi elles le veulent, & alors c'eſt à leurs frais particuliers. Mais cela ne doit occaſionner aucune multiplication de ſignifications, de communications, ni de délais. Le Procureur le plus ancien en réception des Oyans qui ont un même intérêt, eſt celui ſeul à qui l'on ſignifie le compte ; il eſt le ſeul qui ſoit en droit de requerir la communication des piéces juſtificatives. Les autres Procureurs des co-intéreſſés ne peuvent en prendre communication que par ſes mains, & ſans que le délai de la communication en ſoit prorogé.

Dans le ſecond cas au contraire , chacun des Oyans ayant ſon intérêt different & particulier, on ne peut ſe diſpenſer de ſignifier à chacun d'eux le compte, & de donner autant de communications des piéces juſtificatives qu'il y a d'Oyans. Ces communications redoublées occaſionnent à la vérité de grandes longueurs ; mais elles ſont alors néceſſaires & indiſpenſables.

Il arrive auſſi quelquefois dans les inſtances de compte, des interventions de la part des créanciers des Oyans. Comme ils ſont intéreſſés ſans contredit à veiller à ce que les Oyans, par une intelligence frauduleuſe avec le Rendant, ne ſe relâchent de leurs droits à leur préjudice, on ne peut leur refuſer la communication du compte & des piéces juſtificatives. Mais en quelque nombre qu'ils ſoient, il n'y a jamais pour eux qu'une ſeule communication qui peut être priſe par le Procureur plus ancien de ces créanciers, lequel eſt tenu de rendre le tout dans le délai de quinzaine comme ci-deſſus & ſous les mêmes peines.

ARTICLE XIII.

Après le délai de la communication expiré, ſera pris au Greffe l'apointement de fournir par les Oyans leurs conſentemens ou débats dans huitaine, les Soutenemens par le rendant huitaine après, écrire & produire dans un autre huitaine, & contredire dans la huitaine ſuivante.

La

La communication *préalable* du compte & piéces juftificatives exigée par l'Ordonnance, a pour objet de mettre les Oyans en état de fe rendre juftice a eux-mêmes, & de ne point entreprendre une conteftation fans fondement, fi tous les articles du compte fe trouvent exacts tant en recette, que dépenfe & reprife.

Mais fi le compte eft fujet à débats, foit en tout, foit à partie, comme ces débats ne fe peuvent vuider à l'Audience attendu l'examen indifpenfable qu'il faut faire des piéces, on eft autorifé, après l'expiration du délai pour la communication, à prendre *de plano* un apointement contenant Réglement à fournir débats & foutenemens, écrire, produire & contredire dans le tems de l'Ordonnance.

Les délais & interftices à cet effet, font d'abord de huitaine à compter du jour de la fignification de l'apointement pour fournir de débats de la part des Oyans; d'une autre huitaine, à compter de la fignification des débats, pour fournir par le Rendant fes foutenemens; d'une troifiéme huitaine, à compter du jour de la fignification des foutenemens, pour produire de part & d'autre; & enfin d'une quatriéme & derniere huitaine à compter du jour de chaque production, pour contredire: en forte que fi l'Ordonnance étoit obfervée exactement & à la lettre, il ne faudroit qu'un mois pour inftruire entierement une inftance de compte, à partir de l'apointement.

Article XIV.

Défendons à tous nos Juges, Commiffaires Examinateurs & autres de quelque qualité qu'ils foient, fans exception, de faire à l'avenir aucuns Procès-verbaux d'examen de compte, dont Nous abrogeons l'ufage en tous les Siéges, même en nos Cours de Parlemens & autres nos Cours.

Article XV.

Défendons de s'affembler en la maifon du Juge ou Commiffaire de la reddition du compte pour mettre par forme d'apoftils à côté de chaque Article les confentemens, débats & foutenemens des Parties: & n'entendons néanmoins déroger à l'ufage obfervé par les Commiffaires du Châtelet de Paris.

Z z

Autrefois l'inftruction des comptes, c'eft-à-dire les debats & foute-nemens, fe faifoit par Procès-verbaux en préfence du Juge ou du Com-miffaire, par le miniftere des Procureurs des Parties & ordinairement en leur préfence, en mettant par apoftille en marge de chaque article les débats & les foutenemens, comme cela fe pratique encore actuellement dans les redditions de compte au Châtelet, en conféquence de l'excep-tion inferée dans l'Ordonnance en faveur des Commiffaires de ce Tri-bunal.

Mais cet ufage eft aboli par tout ailleurs par bien des motifs : 1°. Dans ces débats & ces foutenemens fournis précipitamment & dans l'inftant même, il peut aifément s'échapper des moyens décifis qu'une defenfe mû-re & reflechie ne permet pas de paffer fouffilence. 2°. L'expérience de ce qui fe paffe au Châtelet, nous apprend que cette forme de reddition de compte qui paroît au premier abord devoir être plus courte & plus abregée, confomme autant & fouvent plus de tems, que l'inftruction pref-crite par l'Ordonnance. 3°. Et enfin elle n'eft pas moins difpendieufe pour les Parties, par rapport aux vacations qu'il faut payer & que l'on cumule le plus qu'il eft poffible, foit en employant mal le tems, foit en faifant des obfervations inutiles, dont on eft quitte pour fe défifter en-fuite. Ainfi, tout bien confideré, c'eft avec grande raifon que l'Ordon-nance profcrit cette forme de reddition de compte, dans tous les Tri-bunaux, le feul Châtelet de Paris excepté.

ARTICLE XVI.

Si les Oyans ne fourniffent leurs confentemens ou débats dans la huitaine portée par le Réglement, il fera permis au Rendant, après qu'elle fera paffée, de produire au Greffe fon compte avec les pièces juftifi-catives, pour être diftribué en la maniere accoutu-mée, & s'ils les ont fournis, ils pourront en même tems donner leurs productions, fans que pour mettre l'inftance en état, il foit befoin que d'un fimple acte de commandement de fatisfaire au Réglement, & en conféquence paffé outre au Jugement.

Cet article femble exiger qu'on laiffe aux Oyans la huitaine, à comp-ter de la fignification de l'appointement, pour fournir leurs débats, avant que le Rendant puiffe produire & pourfuivre la diftribution. Ce-pendant dans l'ufage du Palais, le Rendant produit dès le lendemain de cette fignification s'il le juge à propos, & fait diftribuer l'inftance. Il ne

peut en réfulter aucun inconvénient. Au contraire les Oyans fe trouvent par-la en état de prendre l'inftance en communication & de contredire la production du Rendant, en débatant fon compte, par une
feule & même piéce d'ecriture. Faute par les Oyans de le faire dans les
délais ci-devant expliqués, l'acte du produit de Rendant portant fommation de faire le femblable, met fuivant l'Ordonnance l'inftance en état
d'etre jugée par forclufion. Cependant on exige pour cela, que cette
fommation foit accompagnée de deux autres reiterées de huitaine en
huitaine.

A R T I C L E   XVII.

Les comptes feront écrits en grand Papier, à raifon
de vingt-deux lignes pour pages & quinze fillabes pour
lignes, à peine de radiation dans la taxe, des rôles
où il fe trouvera de la contravention.

A R T I C L E   XVIII.

Le Rendant ne pourra employer dans la dépenfe
de fon compte, les frais de la Sentence ou de l'Arrêt
par lefquels il eft condamné de le rendre, fi ce n'eft
qu'il y eût confenti avant la condamnation: mais pour
toutes dépenfes communes, employera fon voyage,
s'il en échet, les affignations pour voir préfenter &
affirmer le compte, la vacation du Procureur qui aura
mis les piéces du compte par ordre, celle du Commif-
faire pour recevoir la préfentation & affirmation, &
des Procureurs, s'il y ont affifté, enfemble les groffes
& copies du compte.

Ces deux articles concernent la forme en laquelle les comptes doivent être écrits & les frais qui peuvent être employés en dépenfe par
le Rendant pour raifon de l'inftance de compte.

Quant au premier objet, comme on groffoyoit auparavant les comptes de maniere qu'il n'y avoit prefque rien fur chaque page, afin de
multiplier le nombre des rôles, l'Ordonnance prefcrit le nombre de
lignes dont chaque page doit être compofée, & le nombre de fillabes
qui doit entrer dans chaque ligne; c'eft à raifon de vingt-deux lignes
pour page & de quinze fillabes pour chaque ligne. Les rôles qui fe

trouvent en contravention à cet égard font dans le cas de la radiation.

A l'égard des frais que le Rendant peut employer en dépenfe de compte, il ne peut d'abord y faire entrer le coût de l'Arrêt ou Jugement qui le condamne à rendre compte, qu'autant qu'il feroit intervenu de fon confentement. Car s'il avoit refifté à la reddition du compte & qu'il y eût été condamné malgré lui, ç'auroit été de fa part une conteftation témeraire dont il devroit fuporter les dépens fans répétition. Les autres dépenfes du compte qu'on ne peut jamais fe difpenfer de paffer au Rendant, ce font 1°. fon voyage, en cas qu'il en ait fait un pour rendre le compte; 2°. les affignations pour voir préfenter & affirmer le compte; 3°. la vacation du Procureur pour mettre en ordre les pieces du compte ; celle du Commiffaire qui en a reçu la préfentation & affirmation, & celles des Procureurs des Oyans, s'ils y ont affifté : 4°. enfin les groffes & copies du compte.

ARTICLE XIX.

Déclarons toutes Lettres d'Etat qui pourront être ci-après obtenues par ceux qui font obligés ou condamnés de rendre compte, fubreptices. Défendons à tous Juges d'y avoir égard, s'il n'y eft par Nous dérogé par claufe fpeciale, & fait mention dans les Lettres de l'inftance de compte ; & fi la claufe n'eft inferée dans les Lettres, l'inftance de compte pourra être pourfuivie & jugée.

La Déclaration du 23 Décembre 1702. fervant de nouveau Reglement pour les Lettres d'Etat, va plus loin que notre Ordonnance. Elle déclare, de même que le préfent Article, fubreptices les Lettres d'Etat qu'obtiendroient ceux qui font condamnés à rendre compte. Mais l'Ordonnance mettoit un correctif à cette difpofition générale, en permettant d'y déroger par une claufe fpéciale inferée dans les Lettres d'Etat faifant mention particuliere de l'inftance de compte. Au lieu que la Déclaration de 1702. n'admet point cette exception ; parce qu'en effet aucunes confiderations, quelque favorables qu'elles puiffent être, ne peuvent autorifer quelqu'un à retenir le bien d'autrui: & tout comptable eft dans ce cas, puifque cette feule qualité le fait reputer débiteur (a). D'ailleurs la défenfe de l'Ordonnance étoit

_____

(a) ,, Déclarons toutes Lettres d'Etat qui pourront être ci-après obtenues par ceux qui font ,, obligés ou condamnés de rendre compte, fubreptices. Voulons que nonobftant la fignification devenue inutile, la claufe dérogatoire étant devenue de ftyle dans toutes les Lettres d'Etat

ARTICLE XX.

Le Jugement qui interviendra fur l'inftance de compte, contiendra le calcul de la recette & dépenfe & formera le reliquat précis, s'il y en a aucun.

Après avoir reglé la procedure des comptes, & la maniere dont ils doivent être débattus, l'Ordonnance prefcrit ici la forme des Jugemens de clôture de comptes. Quand on y a fixé les articles qui doivent être rayés ou alloués, tant en recette que dépenfe & reprife, le Jugement doit contenir le calcul total de la recette & de la dépenfe, telle que l'une & l'autre font adjugées, afin de former de-là le reliquat précis, fi aucun fe trouve, & liquider ce qui revient aux Oyans, en cas de débet, ou ce que doit repeter le Rendant, s'il eft en avance. Cette difpofition fage eft conforme aux articles d'une Mercuriale tenue un an auparavant au Parlement, qui portoit : *les calculs fe feront dans les Arrêts d'ordre & en ceux qui feront rendus fur des comptes.*

ARTICLE XXI.

Ne fera ci-après procedé à la revifion d'aucun compte ; mais s'il y a des erreurs, omiffions de recette ou faux emplois, les Parties pourront en former leur demande, ou interjetter appel de la clôture du compte, & plaider leurs prétendus griefs à l'Audience.

Quand on apperçoit après coup des erreurs, omiffions de recette ou faux emplois dans un compte clos & arrêté, comme l'erreur ne fe couvre point, celui qui en fouffroit préjudice, étoit autorifé à demander la revifion du compte ; ce qui occafionnoit une nouvelle inftruction,

,, defdites Lettres d'Etat, l'inftance du compte puiffe être pourfuivie & jugée. Voulons auffi ,, que ceux qui feront tenus de rendre compte puiffent réciproquement faire les pourfuites ,, neceffaires pour y parvenir & fe liberer, nonobftant toutes Lettres d'Etat qui leur auroient , été fignifiées. *Déclaration du 23 Décembre 1702. Art. 20.*

prefqu'auffi longue & auffi difpendieufe que la première. L'Ordonnance tend au même but, mais par des voyes beaucoup plus courtes. En abrogeant à l'avenir les revifions de compte, elle laiffe en ce cas à celui qui croit devoir fe plaindre, le choix de deux moyens, pour réformer les erreurs, faux emplois ou omiffions ; c'eft, ou de fe pourvoir au même Tribunal où le compte a été appuré, en formant à cet effet une demande qui doit être portée à l'Audience, ou d'interjetter appel de la clôture du compte au Tribunal fupérieur ; & quoique cet appel foit d'un Jugement rendu fur productions, il ne forme qu'un fimple appel verbal dont l'Audience eft faifi ; d'autant plus que les plaintes ne tombant ordinairement que fur peu d'articles du compte, rien n'empêche qu'on ne puiffe tirer les Parties d'affaire a l'audience, & qu'on ne leur épargne par-là du tems & de la dépenfe. Si cependant la matiere n'y étoit pas difpofée, comme s'il s'agiffoit de calculs, on pourroit (foit dans le premier, foit dans le fecond cas) appointer les Parties en connoiffance de caufe.

ARTICLE XXII.

Pourront les Parties, étant majeurs, compter par-devant des Arbitres & à l'aimable, encore que celui qui doit rendre compte, ait été commis par Ordonnance de Juftice.

Cet article femble ne permettre qu'aux majeurs de compter à l'amiable. Et en effet, cette difpofition avoit fervi de motif pour attaquer dernierement en la Cour, un acte de liquidation de compte paffé devant Notaires où des mineurs étoient Parties. Cependant la Cour jugea l'acte valable par un premier Arrêt. La tierce oppofition qui y fut formée par la Communauté des Commiffaires au Châtelet, donna lieu à un fecond Arrêt rendu entre les deux Communautés des Commiffaires & des Notaires de Paris, qui débouta les Commiffaires de leur tierce oppofition.

ARTICLE XXIII.

Si ceux à qui le compte doit être rendu, font abfens hors le Royaume d'une abfence longue & notoire, & qu'à l'affignation il ne fe préfente aucun Procureur, le Rendant après l'affirmation levera fon défaut au

Greffe qu'il donnera à juger, & pour le profit, seront les articles alloués, s'ils sont bien & dûment justifiés; si par le calcul le Rendant se trouve débiteur, il en demeurera dépositaire sans interêts; & si c'est le tuteur, il sera déchargé de bailler caution.

Cet article suppose ceux à qui le compte doit être rendu, absens hors du Royaume, & il en regle la forme particuliere dans ce cas. On ne peut obliger ceux qui ont des comptes à rendre à des gens qui se trouvent dans cette position, d'attendre pour cela leur retour, sur tout si les absens sont engagés dans des voyages de long cours; parce qu'on ne peut empêcher personne de se liberer, quand il le veut. Mais qui pourra alors prendre & défendre les interêts de l'absent? On étoit autrefois dans l'usage de lui créér un curateur contre lequel on dirigeoit toute la procedure. Mais ce curateur étant toujours à la dévotion du Rendant qui en avoit provoqué la création, il n'étoit qu'un Défenseur postiche & inutile; & ce qui se faisoit avec lui étoit néanmoins reputé contradictoire, sans que l'absent en fût mieux défendu. C'est pourquoi l'Ordonnance a préferé d'ordonner que l'absent seroit ajourné à son dernier domicile connu, & que s'il ne se présentoit point de Procureur pour lui, le Rendant pourroit, après avoir affirmé son compte, obtenir Jugement par défaut faute de comparoir dans la forme ordinaire contre l'absent personnellement, lequel contiendroit liquidation du compte.

Cette voye étoit moins dangereuse en ces matieres qu'en aucune autre; d'autant que les erreurs ne se pouvant couvrir, l'absent, a son retour, avoi. les ressources que donne l'Ordonnance elle-même pour se pourvoir contre les erreurs, omissions ou faux emplois, & ce, dans le même Tribunal ou dans le Tribunal supérieur à son choix, ainsi qu'il résulte de l'Article 21. ci dessus.

Mais il restoit encore une difficulté importante à lever. Dans le cas où, par l'évenement du compte, le Rendant se seroit trouvé débiteur, que devoit-on faire de ce reliquat? Le Legislateur a estimé qu'il y auroit beaucoup de danger de mettre ce reliquat entre les mains d'un dépositaire judiciaire, parce que cela donneroit occasion à une infinité de fraudes; & il a trouvé beaucoup moins d'inconveniens qu'il demeurât entre les mains du Rendant jusqu'à ce que l'absent le vint reclamer. Mais comme alors ce reliquat n'est plus entre ses mains qu'un dépôt auquel il ne lui est pas permis de toucher, le Rendant ne doit point en payer d'interêts, sa condition ne pouvant devenir pire par le fait d'autrui. Il doit néanmoins donner caution pour sûreté de la restitution de ce dépôt. Il n'y a que le tuteur qui soit affranchi de ce cautionnement; parce qu'étant originairement l'homme de confiance de la famille, & n'ayant été nommé par le Juge que sur le choix qu'elle a fait de sa personne pour adm.nistrer les affaires du mineur, il a en sa faveur une présomption legale qui doit écarter tout soupçon sur sa fidelité.

FORMULES

DES PROCEDURES

RELATIVES

AU PRESENT TITRE.

**Affignation en red-
dition de compte.**

L'AN, &c. pour fe voir condamner à rendre compte au Demandeur de la
communauté de biens qui a été entre . . . . fuivant l'inventaire qui en a été ou
dû être fait, enfemble des fruits & revenus de ladite communauté ; préfenter &
affirmer ledit compte dans quinzaine de la fignification de la Sentence qui interviendra, le communiquer avec les pieces juftificatives, en payer le reliquat,
finon condamné en . . . livres de provifion envers le Demandeur, & pour en
outre répondre & proceder, comme de raifon, afin d'nterêts & dépens, & fignifié
que Me . . . Procureur occupera pour le Demandeur, & ai audit Défendeur
parlant comme deffus, laiffé copie du préfent.

**Difpofitif de Juge-
ment qui ordonne le
compte.**

PARTIES ouies : condamnons la Partie de . . . fuivant fes offres à rendre compte
dans quinzaine à celle de . . . de la communauté de biens qui a été entre . . . fur
l'inventaire qui en a été ou dû être fait, enfemble des fruits & revenus des biens
de ladite communauté ; le préfenter pardevant Nous dans ledit tems ; le communiquer avec les pieces juftificatives ; finon fera fait droit fur la provifion
demandée, dépens refervés.

Compte.

COMPTE que rend pardevant vous . . .
Sieur . . .
à . . .
Suivant & pour fatisfaire à la Sentence contradictoire du . . . fignifiée le . . .
Pour l'intelligence du préfent compte, il convient d'obferver (*on énonce,
dans ce préambule, le plus fommairement qu'il eft poffible, ce qui a donné lieu au
compte.*)
Enfuit la teneur de l'acte de tutelle.

A tous ceux, &c. (*en cas qu'il s'agiffe d'un compte de tutelle.*)

Enfuit la teneur de la la Sentence qui ordonne la reddition du compte.

A tous ceux, &c.

Recette.

*Premier Chapitre de recette à caufe des meubles meublans
prifés par ledit inventaire.*

Premierement, le Rendant fait recette de . . .

1a

la fomme de... pour... cy . . . . . .   -

Item. . . . .

Item. . . . .

> Le préfent Chapitre de recette monte, fauf erreur ou omiſſion de calcul, à la fomme de... cy...

Deuxiéme Chapitre de recette, à cauſe des papiers, titres & enſeignemens contenus audit inventaire.

Premierement... *On ſuit par ordre toutes les cottes de l'inventaire, & celles des pieces qui ne produiſent aucun capital, ſont portées ou pour mémoire ou pour décharge ſuivant les différens cas.*

> Le préfent Chapitre de recette monte, fauf erreur de calcul ou omiſſion, à la fomme totale de... cy . . .

Troiſiéme Chapitre de recette à cauſe des dettes actives énoncées audit inventaire, arrerages de rentes, revenus & jouiſſances des biens. (Nota. Quand chacune de ces choſes fait en particulier un obiet conſiderable, on en fait autant de Chapitres de recette différens.)

Premierement le Rendant fait recette de la fomme de... pour... cy...

Item... &c.

> Le préfent Chapitre de recette monte, fauf erreur de calcul & omiſſion, à la fomme de... cy...

Recapitulation de la Recette.

Le premier Chapitre de recette, à cauſe de...
monte à la fomme de... cy . . . . . .

Le deuxiéme, à cauſe de... monte à la fomme
de... cy . . . .

Le troiſiéme & dernier, à cauſe de... monte
à la fomme de... cy . . . . .   _____

Total de la recette, la fomme de... cy...

Dépenſe.

Premier Chapitre de dépenſe, à cauſe de ladite ſucceſſion ou communauté.

Premierement, fait dépenſe le Rendant de la fomme de... pour...

Item....

> Le total du préfent Chapitre de dépenſe monté à la fomme de... cy...

Nota. *On multiplie les Chapitres de dépenſe, autant qu'il y en 'a d'objets diſtincts & ſéparés; & s'il y a pluſieurs Oyans dont chacun ait, outre la dépenſe commune, &*

supporter une dépense particuliere, ainsi qu'il arrive ordinairement dans les comptes de tutelle, on commence par la dépense commune, ensuite on fait des Chapitres différens de la dépense particuliere à chacun des Oyans; enfin l'on finit la dépense par les deux Chapitres de reprise & de dépense commune du compte, ainsi qu'il suit.

.... *Chapitre de dépense à cause de la reprise des sommes qui ont été couchées en recette par le Rendant & qui sont à recouvrer.*

Premierement...
Item... &c.

.... *& dernier Chapitre de dépense, à cause des frais & dépense commune du présent compte.*

Premierement...
Item...

Recapitulation de la Dépense.

Le premier Chapitre de dépense, à cause de...
monte à la somme de... cy . . . .
Le second Chapitre, à cause de... monte
à la somme de... cy . . . .
Le troisième, &c. . . . . . . , . ;
Total de la dépense. . . . . . _____

Recapitulation générale.

Total de la recette en ... Chapitres ...
Total de dépense en ... Chapitres. ... _____
Partant la dépense excede la recette (ou la recette excede la dépense) sauf erreur ou omission de calcul de la somme de ... cy . . . . . .

Requête pour contraindre le comptable à présenter son compte.

A Monsieur le ....
SUPPLIE humblement.... Qu'il Vous plaise, faute par le Sieur... comptable d'avoir satisfait à votre Sentence, & suivant icelle d'avoir présenté le compte dont il s'agit, & affirmé icelui véritable dans le délai porté par ladite Sentence, ordonner qu'il y sera contraint par saisie & vente de ses biens, même par emprisonnement de sa personne, & condamner en outre ledit Sieur... en ... de dommages & intérêts envers le Suppliant & aux dépens.

Ordonnance pour faire assigner les Oyans, pour assister à la présentation du compte.

De l'Ordonnance de Nous... Commissaire en cette partie à la requête de... soit donné assignation à ... à comparoir ... heures du matin (ou de relevée) pardevant Nous en notre Hôtel sis rue... pour voir présenter & affirmer par ledit requerant le compte qu'il a été condamné de rendre par Sentence du ... & en outre proceder comme de raison. Fait...

L'AN... le... jour de... pardevant Nous... Commissaire en cette partie en notre Hôtel, sis rue... est comparu Sieur... en personne assisté de Me... son Procureur, (*ou si c'est un fondé de procuration* Me... au nom & comme Procureur fondé de procuration spéciale de... passée devant... Notaire à... dûment contrôlée, laquelle nous a été à l'instant représentée & laissée pour être annexée à la minute des Présentes) qui a dit qu'en vertu de notre Ordonnance du... il a fait assigner à ce jour, lieu & heure... pour voir présenter & affirmer le compte que ledit Sieur... a été condamné de rendre par Sentence du...

Procès-verbal de présentation & affirmation du compte.

A laquelle assignation est comparu... pour proceder aux fins de notredite Ordonnance.

Et à l'instant ledit Sieur... en personne (*ou ledit Me... Procureur audit nom*) a présenté le compte dont est question ; requerant qu'il Nous plût lui en donner acte & recevoir son affirmation que ledit compte est véritable.

Sur quoi Nous Juge & Commissaire susdit, avons donné acte aux Parties de leurs comparutions, même audit... de la présentation dudit compte & de l'affirmation par lui présentement faite, que ledit compte est véritable. Fait les jour & an que dessus.

Présenté & affirmé véritable par le rendant en personne le... *Signé*...

On si c'est par un fondé de procuration, l'on met : Présenté & affirmé véritable par... fondé de procuration spéciale du rendant le... *Signé*...

Acte de présentation & affirmation qui se met à la marge en haut de la grosse du compte.

A Monsieur...

SUPPLIE humblement... Disant qu'après avoir signifié & baillé copie à Me... Procureur de... du compte présenté & affirmé véritable par le Suppliant, il lui a ensuite communiqué sous son recepissé, tant la grosse dudit compte que les pieces justificatives d'icelui, & attendu que le délai de l'Ordonnance pour la communication est expiré, sans que lesdites pieces ayent été rendues au Suppliant, il a été conseillé de se pourvoir, & à cet effet de donner la présente Requête.

Ce consideré, Monsieur, il Vous plaise, ordonner que ledit Me... sera contraint par corps de rendre la grosse dudit compte dont est question, & pieces justificatives d'icelui à lui communiquées sous son recepissé ; & à faute par lui d'avoir rendu lesdites pieces dans le delai porté par l'Ordonnance, déclarer l'amende de 60 livres par lui encourue au payement de laquelle il sera contraint par toutes voyes dûes & raisonnables, & le condamner en outre en son nom aux dommages & interêts du Suppliant à donner par déclaration & aux dépens : Et vous serez bien.

Requête de contrainte pour obliger à rendre la grosse du compte & pieces justificatives.

A Monsieur...

SUPPLIE humblement... Procureur de... Qu'il Vous plaise, attendu que le nombre des pieces justificatives du compte dont est question (*ou autres considerations qu'il faudra exprimer*) ne lui a pas permis d'en faire l'examen dans le bref délai de quinzaine accordé par l'Ordonnance, proroger ledit délai d'une autre quinzaine : Et vous ferez bien.

Ces deux Requêtes se répondent d'une Ordonnance de Viennent, *pour en venir à l'Audience, où l'on decide de leur mérite & de la legitimité des demandes y contenues.*

Requête du Procureur de l'Oyant, afin de prorogation de délai.

ENTRE... Parties ouies ; ordonnons que dans huitaine l'Oyant fournira de consentemens ou débats, & le Rendant ses sourennemens huitaine après ; que lesdites Parties écriront & produiront dans une autre huitaine & contrediront leurs productions dans la huitaine suivante.

Jugement d'appointement.

DEBATS que met & donne pardevant Vous...
Sieur... Oyant.
Contre... Rendant compte de...

Débats.

A a a ij

Suivant & pour fatisfaire à la Sentence d'appointement du . . .

L'Oyant difcute enfuite chacun des articles du compte, en allouant ceux qui lui paroiffent legitimes, & en débatant ceux qui lui femblent non fuffifamment juftifiés.

Soutenemens,

SOUTENEMENS que donne pardevant Vous . . .

Sieur . . . Rendant compte.

Contre . . . Oyant.

Suivant & pour fatisfaire à la Sentence d'appointement du . . .

Le Rendant reprend les différens objets & tâche d'y répondre & de rétablir la legitimité des articles du compte, qui ont été conteftés, & finit par conclure au payement du reliquat du compte, s'il fe prétend en avance.

Enfuite les Parties produifent à l'ordinaire, chacune par un inventaire de production, & le déclarent à leur Adverfaire par un acte de produit portant fommation de faire le femblable.

Si l'une d'elles eft en retard de le faire, on pourfuit le Jugement définitif par forclufion contre elle, après lui avoir fait trois fommations de huitaine en huitaine.

TITRE XXX.

DE LA LIQUIDATION

DES FRUITS.

DANS toutes les affaires réelles, où il échoit de condamner un detempteur à déguerpir un heritage, on le condamne ordinairement, par une fuite néceffaire, à la reftitution des fruits qu'il a indûment perçus. Alors il eft queftion, après le Jugement, de faire la liquidation de ces fruits à reftituer; & le défaut de Loix bien nettes & bien précifes à ce fujet, rendoit originairement cette operation très-difficultueufe. Mais les fages précautions qui ont été prifes dans le préfent Titre, pour prévenir ces difficultés à l'avenir, les ont entierement applanies. Pour cela l'Ordonnance a diftingué, quant à la liquidation des fruits, leur *quantité* d'avec leur *prix* ou *valëur.*

Quant à la *quantité*, elle veut qu'elle foit prouvée par des baux & regiftres, & qu'on n'admette fur cela la preuve teftimoniale qu'en cas de néceffité abfolue.

Pour éviter la longueur & les inconveniens de la preuve teftimoniale, relativement à la *valeur* des fruits à reftituer, l'Ordonnance a perfectionné le Reglement déja précédemment fait par les Ordonnances antérieures, pour qu'il y eût des Regiftres publics & en regle, qui conftataffent le prix des grains & denrées dans chaque marché à chaque jour de vente, & que l'on pût confulter dans le befoin.

C'eft ce qu'un examen détaillé des difpofitions de ce Titre, va rendre plus fenfible.

ARTICLE PREMIER.

S'il y a condamnation de reftitution de fruits par Sentence, Jugement ou Arrêt, ceux de la derniere année feront délivrés en efpeces; & quant à ceux des années précédentes, la liquidation en fera faite eû égard aux quatre faifons & prix commun de chacune année, fi ce n'eft qu'il en ait été autrement ordonné par le Juge ou convenu entre les Parties.

La plus confiderable partie des difpofitions de ce Titre, font puifées dans l'Ordonnance de 1539. Mais celle dont le préfent article eft l'objet, fe trouve beaucoup mieux entendue & plus développée dans notre Ordonnance. En effet celle de 1539. (*a*) fembloit ne mettre

(*a*) ,, Qu'en toutes matieres, petitoires & perfonnelles, intentées pour heritages & chofes ,, immeubles, s'il y a reftitution de fruits, ils feront adjuges non-feulement depuis conteftation ,, en caufe, mais auffi depuis le tems que le condamné a eté en demeure & mauvaife foi au- ,, paravant ladite conteftation, felon toutefois l'eftimation commune qui fe prendra fur ,, l'Extrait des Regiftres aux Greffes des Jurifdictions ordinaires; comme fera dit ci-apres, *Ordonnance de* 1539. *Art.* 94.,

aucune différence entre les années, & ordonner la restitution des fruits en général suivant l'estimation faite sur les registres des gros fruits. La nôtre au contraire exige que ceux qui sont condamnés à quelque restitution de fruits, délivrent la derniere année en especes ou nature, parce que la proximité de la derniere recolte & du Jugement de condamnation rend cette restitution en nature facile pour la Partie condamnée, & que d'un autre côté celui qui est réintegré se trouve par-là dans la même position que s'il avoit recolté lui-même. Mais pour les années antérieures, outre qu'il seroit souvent difficile de pouvoir le faire en nature, c'est que d'ailleurs le prix des grains n'étant pas toujours au même taux, cette restitution en nature pourroit être d'un grand préjudice, soit à celui qui doit faire la restitution, soit à celui à qui elle doit être faite, suivant que les grains seroient augmentés ou diminués de prix chaque année. C'est pourquoi pour ne faire aucun tort ni à l'une ni à l'autre des Parties, il vaut beaucoup mieux que la restitution se fasse eû égard au prix des grains de chaque année ; & comme ce prix peut encore varier dans les différentes saisons d'une même année, pour rendre les choses plus égales, la Loi veut qu'on combine le prix des ventes de chaque saison, pour former de cette combinaison le prix commun de l'année.

Telles sont les précautions de l'Ordonnance à cet égard. Rien n'est assurément plus sage & mieux dirigé.

A R T I C L E   I I.

Les Parties qui auront été condamnées à la restitution des fruits, ou leurs heritiers, seront tenus au jour de la premiere assignation donnée en exécution de la Sentence, Jugement ou Arrêt, de représenter pardevant le Juge ou Commissaire, les comptes, papiers de recette & baux à ferme des heritages, & de donner par déclaration les frais de labours, semences & recoltes de ce qu'ils auront fait valoir par leurs mains, ensemble de la quantité des fruits qui en seront provenus ; pour, après la déduction faite des frais, être le surplus, si aucun y a, payé dans un mois pour tout délai (a).

_____

(a) „ Sur la liquidation des fruits, Nous ordonnons que les possesseurs des terres demandées „ ou leurs heritiers, seront tenus à porter pardevant les Exécuteurs des Jugemens & Arrêts

ARTICLE III.

Si celui qui aura obtenu Jugement à son profit, soutient que la contenu en la déclaration des fruits donnée par la Partie n'est véritable, l'une & l'autre des Parties pourront, si le Juge l'ordonne, faire preuve respectivement par écrit & par témoins de la quantité de fruits ; & quant à la valeur en sera fait preuve par les Extraits des Registres des gros fruits du Greffe plus prochain, & les labours, semences & frais de recolte seront estimés par Experts (a).

ARTICLE IV.

Si par le rapport des Experts, ou par autre preuve, la quantité ou valeur des fruits ne se trouve exceder le contenu en la déclaration, le Demandeur en liquidation qui aura insisté, sera condamné en tous les dépens du Défendeur qui seront taxés par le même Jugement (b).

ARTICLE V.

Si la liquidation excede le contenu en la déclara-

, du jour de la premiere affignation en ladite exécution, les comptes, papiers & bail à
» forme desdites terres, & bailler par déclaration les fruits par eux pris & perçus, comprins
, en la condamnation ; & affirmer par ferment icelle déclaration lui contenir vérité, & dedans
,, un mo s pour tout delai feront tenus payer les fruits felon ladite affirmation. *Ordonnance de*
1539. *Article* 98.

   (a) ,, Et néanmoins pourra la Partie qui aura obtenu Jugement à fon profit, & qui prétend
:, y avoir plus grands fruits ou de plus grande eftimation, informer de plus grande quantité
,, & valeur defdits fruits ; & la Partie condamnée au contraire : le tout dedans certain délai
,, feul & peremptoire, qui fera arbitré par l'execution. *Ordonnance de* 1539. *Art.* 99.

   (b) ,, Et où il fe trouveroit par lefdites infomations & preuves, ladite Partie condamnée
,, avoir mal & calomnieufement affirmé, & lefdits fruits fe monter plus qu'en avoit été par
,, elle affirmé, fera condamnée en groffe amende envers Nous & groffe reparation envers
,, la Partie. *Même Ordonnance, Art.* 100.

tion, le Défendeur fera condamné aux dépens qui feront auffi liquidés par le même Jugement (a).

Il feroit un moyen de prévenir toutes conteftations fur les reftitutions de fruits & pour en rendre la liquidation bien facile ; ce feroit que celui qui eft condamné à cette reftitution, fût le premier à fe rendre juftice, & fe portât de lui-même à faire une déclaration exacte & précife des fruits qu'il eft obligé à reftituer, tant par rapport à la qualité & quantité que par rapport à leur valeur proportionnément à chaque année. Auffi l'Ordonnance a-t'elle faifi cette voye ; & pour que cette déclaration contienne tout ce qui eft néceffaire à la liquidation, elle affujettit la Partie condamnée à y fpecifier exactement 1°. la *qualité* & *quantité* des fruits ; 2°. leur jufte *valeur* chaque année ; 3°. les *impenfes* qu'il faut déduire fur leur produit, comme les labours & femences & frais de recolte. Cette déclaration doit être étayée de tous les documens par écrit qui peuvent en juftifier l'exactitude, comme comptes, papiers de recette, baux à ferme : & le tout doit être remis pardevant le Juge ou Commiffaire prépofé à l'exécution du Jugement, au jour de la première affignation donnée pour cet effet à la Partie condamnée ; & fi la déclaration n'eft point conteftée, cette Partie fera obligée d'en payer le montant, déduction faite des frais & impenfes, dans un mois pour tout délai.

Mais fi celui en faveur de qui la reftitution a été ordonnée, trouve cette déclaration peu exacte & croit devoir la contefter, l'Ordonnance lui prefcrit la forme de cette conteftation, & les différens genres de preuves qu'il doit employer relativement à la différence des objets. Si la conteftation tombe fur la *quantité* des fruits, la preuve pourra être refpectivement faite, tant par écrit que par témoins. Si elle roule fur la *valeur*, il faudra avoir recours au Regiftre des gros fruits du Greffe plus prochain. Enfin fi les Parties font divifées fur les *impenfes*, c'eft-à-dire fur les frais de labour, de femence & de recolte, ce font les Experts qui doivent les mettre d'accord par une eftimation juridique.

Pour prévenir ces conteftations, autant qu'il eft poffible, & engager efficacement celui qui eft condamné, à prendre toutes les mefures néceffaires pour qu'on ne puiffe avec fondement critiquer fa déclaration, l'Ordonnance veut qu'il foit condamné aux dépens, fi par l'évenement la liquidation fe trouve exceder le contenu en la déclaration.

(a) Et pareillement où il fe trouveroit lefdits fruits ne fe monter plus que ladite affirmation, „ celui qui a obtenu Jugement, & qui auroit infifté calomnieufement à ladite plus grande „ quantité & valeur defdits fruits, fera femblablement condamné en groffes amendes envers „ Nous, & groffe reparation envers la Partie, à la difcretion des Juges, felon les qualités des „ Parties, & grandeurs des matieres. *Ordonnance de* 1539. *Art.* 101.

Mais

Mais de même *vice verſâ*, ſi la liquidation prouve l'exactitude primitive de cette déclaration, le Demandeur en liquidation doit ſupporter les dépens de la conteſtation téméraire qu'il a ſuſcitée.

ARTICLE VI.

En toutes nos Villes & Bourgs où il y aura marché, les Marchands faiſant trafic de blés & autres eſpeces de gros fruits, où les Meſureurs, feront rapport par chacune ſemaine de la valeur & eſtimation commune des fruits, ſans prendre aucuns ſalaires ; à quoi faire ils pourront être contraints par amendes ou autres peines qui feront arbitrées par les Juges (a).

ARTICLE VII.

A cette fin les Marchands ou Meſureurs feront tenus de nommer deux ou trois d'entr'eux qui ſans être apellés ni ajournés, feront & affirmeront par ſerment pardevant le Juge du lieu, le rapport de l'eſtimation, dont il ſera auſſitôt fait Regiſtre par le Greffier, ſans faire ſéjourner ni attendre les Marchands & ſans prendre d'eux aucuns ſalaires ni vacation, à peine d'exaction (b).

(a) „ Qu'en tous les Siéges de nos Juriſdictions ordinaires ſoient généraux ou particuliers ;
» ſe ſera raport par chacune ſemaine de la valeur & eſtimation commune de toutes eſpeces de
» gros fruits, comme blés, vins, foins & autres ſemblables par les Marchands faiſans négo-
» ciations ordinaires deſdites eſpeces de fruits, qui feront contraints à ce faire, ſans en pren-
» dre aucuns ſalaires, par mulctes & amendes, privation de négociation, empriſonnement de
» leurs perſonnes & autrement à l'arbitration de Juſtice. *Ordonnance de* 1539. *Art.* 102.
(b) Et à cette fin feront tenus leſdits Marchands d'envoyer par chacun jour de marchés deux
» ou trois d'entr'eux qui à ce feront par eux députés & ſans être autrement apelles ou ajour-
» nés au Greffe de noſdites Juriſdictions, pour raporter & enrégiſtrer ledit prix par le Greffier
» ou ſon Commis qui ſera incontinent tenu faire ledit Régiſtre, ſans aucunement faire ſé-
» journer ni attendre leſdits députés & ſans en prendre aucun ſalaire. *Même Ordonnance, Art.*
» 103.

Bbb

ARTICLE VIII.

Sera fait preuve de la valeur des fruits dont on fait raport en Justice, tant en exécution des Arrêts & Sentences, qu'en toutes autres matieres où il sera question d'appréciation, par les Extraits des estimations & non autrement (a).

ARTICLE IX.

Défendons aux Greffiers ou Commis de prendre ni recevoir plus de cinq sols pour l'expédition de l'Extrait du raport des quatre saisons de chacune année, à peine d'exaction.

Les Registres des gros fruits (autrement apellés *mercuriales*) devant désormais servir de régle pour fixer la valeur des gros fruits, le Législateur a pris, dans les articles qui précédent, toutes les mesures imaginables, pour en assurer la fidelité & la non-interruption. Pour cela il veut que, dans toutes les Villes & Bourgs où il y a marchés, un certain nombre de Marchands ou de Mesureurs se transportent au Greffe du lieu, après la tenüe de chaque marché, pour y faire leur raport de la valeur de chacune espece des gros fruits qui s'y font vendus. Le Greffier doit leur faire affirmer leur raport, en dresser Procès-verbal sur le Registre destiné à cet effet, en leur présence, même le leur faire signer, s'ils sçavent ou peuvent signer, sinon faire mention de leur déclaration à cet égard. Ce font ordinairement les Mesureurs qui font ces raports & non pas les Marchands, quand même ces Mesureurs ne seroient point en titre d'Office. Etant moins intéressés que les Marchands, leur raport mérite plus de croyance & est moins sujet à suspicion. Ils ne doivent exiger pour cela aucuns salaires, comme étant un devoir attaché à leur état ; par la même raison, ils doivent s'en acquitter sans aucune requisition préalable & d'eux-mêmes. Sans quoi ils peuvent être condamnés

---

(a) „ Et par l'Extrait du Régistre desdits Greffiers & non autrement, se verra dorénavant la „ valeur & estimation desdits fruits, tant en exécution d'Arrêts, Sentences ou autres matieres „ où il git appréciation. *Même Ordonnance de 1539. Art.* 104.

à une amende, même à plus grande peine, si le Juge l'estime à propos relativement aux circonstances; parceque cette police générale intéressant aussi essentiellement l'ordre public, c'est aux Juges à en maintenir l'exécution sans alteration, par toutes les voyes de droit. Mais si les Mesureurs & Marchands à leur défaut, doivent ponctuellement se rendre au Greffe chaque jour de marché pour y consommer leur raport, le Greffier de son côté doit concourir autant qu'il est en lui à l'objet de la Loi, en ne les faisant point attendre ni séjourner, & en n'exigeant d'eux aucuns salaires ni aucunes vacations. Les Mesureurs & Marchands ne remplissant en cette partie qu'un office nécessaire & public, ce seroit une exaction de la part du Greffier d'exiger d'eux aucune chose pour leur raport. Les uns & les autres doivent être les Ministres gratuits de la Loi.

Les raports dressés de cette maniere doivent être consultés & servir de preuve de la valeur des gros fruits dans chaque partie de l'année. Il faut pourtant observer qu'ils ne pourroient faire preuve, s'il s'agissoit de restitution de vins ou de bois ; parce que le vin & le bois ne se vendant point ordinairement dans les marchés, leur prix ne peut conséquemment entrer dans ces sortes de raports. Quant aux vins, on a dans ce cas une autre voye, c'est de consulter les Régistres des Commis établis dans les Villes & Villages pour la perception des droits du Roi sur la vente des vins : comme on est obligé de leur déclarer au juste le prix de chaque piece de vin vendu & d'en payer le droit à proportion, leurs Régistres peuvent, dans le besoin, faire preuve du prix des vins.

Quoi qu'il en soit ceux qui ayant des liquidations de fruits à faire, ont besoin de recourir à la voye ouverte par l'Ordonnance, doivent s'adresser au Greffier du lieu, pour avoir des Extraits en bonne forme. Le Greffier ne peut les leur refuser en lui payant un droit de cinq sols pour l'expédition de l'Extrait du raport des quatre saisons de chacune année, compris le papier ; & ce, à peine d'exaction.

FORMULES

DES PROCEDURES

RELATIVES

AU PRESENT TITRE.

Ordonnance du Juge ou Commissaire aux fins d'assigner pour proceder a la liquidation des fruits.

DE l'Ordonnance de Nous ... à la requête de ... soit donné assignation à ... à comparoir ... heures de ... pardevant Nous en notre Hôtel scis ... pour voir par Nous proceder à la liquidation des fruits adjugés à ... par Sentence rendue entre les Parties le ... & à cette fin representer par ledit ... les comptes, papiers de recette & baux des heritages en question, & donner par déclaration les frais de labours, semences & recoltes de ce qu'il a fait valoir par ses mains, ensemble de la quantité des fruits qui en sont provenus. Fait & donné en notre Hôtel susdit le ...

Il faut faire assigner les Parties intéressées aux jours, lieu & heure indiqués, avec sommation de raporter les pièces ; & audit jour, le Juge ou Commissaire dresse son Procès-verbal de liquidation ainsi qu'il suit.

Proces - verbal de liquidation de fruits.

L'AN ... le ... jour de ... heure de ... pardevant Nous ... en notre Hôtel est comparu Me ... Procureur de ... lequel Nous a dit que par Sentence contradictoire du ... le Sieur ... a été entr'autres choses condamné à lui restituer les fruits par lui perçus des heritages ... & dont est question suivant la liquidation qui en seroit faite pardevant Nous ; en exécution de laquelle Sentence ledit Me ... requiert qu'il nous plaise ordonner que ledit Sieur ... sera assigné à comparoir pardevant Nous, pour voir proceder à ladite liquidation, & à cette fin representer les comptes, papiers de recette & baux à terme desdits heritages & donner par déclaration les frais de labours, semences & recoltes de ce qu'il a fait valoir par ses mains, ensemble de la quantité des fruits qui en sont provenus, pour après la déduction faite des frais, être le surplus payé à ... à quoi il conclut.

Sur quoi Nous ..... susdit avons donné acte audit Me ... de sa comparution pour ... & ordonné qu'aux fins ci-dessus ledit Sieur ... sera assigné .... pardevant Nous en notredit Hôtel.

Et le ... pardevant Nous ... susdit en notre Hôtel est comparu ledit Me ... Procureur de ... qui a dit qu'en vertu de notre Ordonnance du ... il a fait assigner ledit Sieur .. à comparoir à ce jour, lieu & heure pour proceder aux fins d'icelle, par Exploit du ...

Est aussi comparu Me ... Procureur du Sieur ... lequel en execution de ladite Ordonnance a representé ... pieces, sçavoir (*faire ici l'énumeration des pieces representées*) de laquelle representation il nous a requis acte, consentant qu'il soit par Nous procede sur lesdites pieces à la liquidation dont il s'agit.

Ledit Me ... a repliqué, après avoir vû la déclaration dudit ... & pieces representées à l'apui, que ladite déclaration n'est pas exacte & véritable : (*énoncer ici les moyens sur lesquels cette alleguation peut être fondée.*)

Persisté au contraire par ledit Me ...

Sur quoi Nous avons donné acte aux Parties de leurs dires & contestations, même a . . . de la repréſentation deſdites piéces , & avant que de proceder à la liquidation dont il s'agit , ordonnons que dans . . . pour toute préfixion & délai les Par.ies feront preuve reſpeſtivement pardevant Nous tant par écrit que par témoins de la quantité des fruits perçus par ledit . . . & que dans le même delai les labours , ſemences & frais de recolte ſeront eſtimés par Experts dont les Parties conviendront auſſi pardevant Nous ; ſinon il en ſera par Nous nommé d'office ; ce qui ſera executé nonobſtant & ſans préjudice de l'appel. *On procede en conſéquence aux differentes preuves ordonnées , dans la forme qui eſt particuliere à chacune d'el-les.*

Si au contraire les Parties ſe concilient ſur la déclaration preſentée par celui qui doit la reſtitution des fruits , on procede tout de ſuite à la liquidation , ſans ordouner aucune preuve , & ce , dans la forme qui ſuit.

Sur quoi Nous avons donné aſte aux Parties de leurs comparutions , dires & requiſitions ci-deſſus ; & y faiſant droit , ordonnons qu'il ſera par Nous preſente-ment procedé à la liquidation des fruits dont il s'agit; & y procedant en préſence de . . . Avons trouvé que (*entrer ici dans le détail de la quantité, qualité & valeur des fruits proportionnément à chaque année*) toutes leſquelles ſommes reviennent enſemble à . . . ſur quoi déduſtion faite de . . . pour les frais de labours , ſemences & recol-tes, les fruits en queſtion ſe trouvent monter en total à la ſomme de . . . Fait & donné par Nous . . . *La liquidation ſe rédige à peu près de la même maniere, lorſque la déclara-tion a été conteſtée , & que les preuves admiſes par les Ordonnances du Commiſſaire ont été parachevées de part & d'autre.*

T I T R E   X X X I.

DES DEPENS.

LES dépens ſont la peine naturelle de tous les Plaideurs téméraires. Ainſi ils ſont une des ſui-tes les plus ordinaires des Jugemens; y ayant très-peu de conteſtations ſi douteuſes & ſi problematiques , qu'on ne puiſſe avec raiſon imputer à l'une des Par-ties d'avoir entrepris une conteſtation mal fondée.

Le Légiſlateur a enviſagé , dans le préſent titre , les dépens ſous differens points de vûe.

1°. Rélativement aux cas où ils doivent être ad-jugés.

2°. Relativement à la procedure pour parvenir à la taxe.

3°. Relativement à la forme de la taxe en elle-même & à la procédure qui l'accompagne.

4°. Enfin rélativement aux moyens de se pourvoir contre la taxe, quand on la trouve illégitime en tout ou en partie.

Les differens articles de ce titre, que nous allons discuter, ont raport à l'un ou l'autre de ces quatre objets.

ARTICLE PREMIER.

Toute Partie, soit principale ou intervenante, qui succombera, même aux renvois, déclinatoires, évocations ou Réglemens de Juges, sera condamnée aux dépens indéfiniment, nonobstant la proximité ou autres qualités des Parties, sans que sous prétexte d'équité, partages d'avis, ou pour quelque autre cause que ce soit, elle en puisse être déchargée. Défendons à nos Cours de Parlement, Grand-Conseil, Cours des Aydes & autres nos Cours, Requêtes de notre Hôtel & du Palais & à tous autres Juges, de prononcer par hors de Cour sans dépens. Voulons qu'ils soient taxés en vertu de notre presente Ordonnance, au profit de celui qui aura obtenu definitivement, encore qu'ils n'eûssent été adjugés, sans qu'ils puissent être moderés, liquidés ni reservés.

ARTICLE II.

Seront aussi tenus les Arbitres, en jugeant les differends, de condamner in definiment aux dépens celui qui succombera; si ce n'est que par le compromis il y eût clause expresse portant pouvoir de les remettre, moderer & liquider.

A R T I C L E   I I I.

Si dans le cours du Procès il survient quelque inci-
dent qui soit jugé définitivement, les dépens en seront
pareillement adjugés.

A s'en tenir scrupuleusement à la lettre des trois articles qui précedent, il sembleroit que l'on dût nécessairement condamner l'une des Parties aux dépens envers l'autre indistinctement & dans tous les cas. Cependant l'usage a admis bien des modifications à cet égard.

Premierement, quoique le premier de nos trois articles décide positivement que dans les renvois & fins déclinatoires on ne doit point réserver les dépens en définitif, Nous avons déja observé, en traitant des apels d'incompétence, que c'étoit une Jurisprudence constante au Parlement de prononcer la réserve dans les apels d'incompétence, même dans le cas où l'Appellant réussiroit dans son apel, & parviendroit à se faire renvoyer devant un autre Juge.

En second lieu, il arrive souvent nonobstant la prohibition portée par l'Ordonnance de moderer les dépens, que les Juges se portent à les compenser en tout ou en partie (ce qui est une vraye moderation) dans plusieurs circonstances; comme, lorsque les Parties ont formé respectivement differentes demandes & qu'elles succombent réciproquement dans partie de leurs demandes, ou lorsque la contestation est mûe entre parens proches; lorsque la question est tellement problematique, qu'on ne peut imputer de témerité & de mauvaise foi soit au Demandeur pour l'avoir entamée, soit au Défendeur pour l'avoir combatue, & autres cas semblables.

A R T I C L E   I V.

Après que le Procès sur lequel sera intervenue Sen-
tence ou Arrêt adjudicatif des dépens, aura été mis au
Greffe, les Procureurs retireront chacun séparé-
ment les productions des Parties pour lesquelles ils
auront occupé, qui leur seront délivrées par les Gref-
fiers après les avoir vérifiées, en leur faisant apparoir
par le Procureur plus diligent d'une sommation faite
aux autres Procureurs pour y assister à jour préfix,

à peine en cas de refus ou de demeure, de trois livres
contre le Greffier par chacun jour, dont il fera délivré
exécutoire à la Partie.

La liquidation & la taxe des dépens adjugés à l'une des Parties, ne
fe pouvant faire que fur le vû & relativement aux differens actes de procedures qui compofent les productions, un préalable néceffaire à cette
taxe, c'eft de commencer par retirer du Greffe les productions.

Autrefois l'ufage du Palais étoit de ne point remettre à l'un des Procureurs fes facs, qu'en préfence des Procureurs de toutes les autres Parties, & jufqu'à ce qu'ils vînffent tous *conjointement* reconnoître leurs facs,
ou du moins donnâffent leur confentement par écrit à ce qu'on procede-
dât à la remife & reconnoiffance des productions en leur abfence. Mais
on a confideré depuis, que cette pratique engendroit beaucoup de longueurs; qu'elle donnoit lieu à la Partie condamnée aux dépens, à en retarder la liquidation & conféquemment le payement, en engageant fon
Procureur à ne point fe trouver à la remife des facs. C'eft pourquoi le
préfent article veut qu'auffitôt que le Raporteur aura remis le procès au
Greffe, les Procureurs puiffent retirer chacun *féparément* les productions
des Parties pour lefquelles ils auront occupé, & que les Greffiers foient
tenus de les délivrer à chacun d'eux en particulier, après en avoir fait
la vérification en leur préfence, fur la fimple repréfentation faite par le
Procureur qui fera le plus diligent, comme plus intéreffé à la liquidation
des dépens, d'une fommation faite aux autres Procureurs pour affifter à
la remife des facs à jour préfix. Par ce jufte milieu, on conferve l'ancien ufage, autant qu'il peut être compatible avec la célerité qu'exige
la liquidation des dépens. Car par la fommation qu'eft obligé de faire
le Procureur qui veut accelerer la taxe, on met les Procureurs à portée
de fe trouver tous enfemble à la remife & délivrance des facs & productions; ce qui eft toujours le mieux, autant que cela eft poffible. Mais
l'Ordonnance permettant de paffer outre à cette remife tant en abfence
que préfence, elle previent & rend illufoire par ce moyen, la mauvaife volonté des Procureurs, qui par une intelligence condamnable
avec leurs Parties, affecteroient de ne point fe trouver au Greffe au
jour indiqué, dans le deffein de retarder la taxe des dépens.

ARTICLE V.

Sera donné copie au Procureur du Défendeur en
taxe, de l'Arrêt, Jugement ou Sentence qui les au-
ront adjugés, enfemble de la déclaration qui en aura
été dreffée, pour dans les délais réglés pour le voyage
&

& le retour suivant la distance des lieux & le domicile du Défendeur en taxe, à raison d'un jour pour dix lieues, en cas qu'il soit absent, prendre communication des piéees justificatives des articles par les mains & au domicile du Procureur du Demandeur, sans déplacer & faire par lui, huitaine après, ses offres au Procureur du Demandeur, de la somme qu'il avisera pour les dépens adjugés contre lui ; & en cas d'acceptation des offres, il en sera délivré exécutoire.

ARTICLE IV.

Si nonobstant les offres, le Demandeur fait proceder à la taxe, & que, par le calcul, en ce non compris les frais de la taxe, les dépens ne se trouvent exceder les offres faites par le Défendeur, les frais de la taxe seront portés par le Demandeur, & ne seront compris dans l'exécutoire.

Deux objets principaux font la matiere des deux articles qui précedent.

On y enjoint d'abord au Demandeur en taxe de *signifier* & donner copie de *la déclaration* de dépens au Défendeur ; & en cela l'Ordonnance a fixé l'incertitude de la Jurisprudence sur ce point. Car auparavant, l'usage du Palais n'avoit rien d'uniforme à cet égard : au Parlement, on ne signifioit point la déclaration ; on la mettoit seulement en original entre les mains du Procureur du Défendeur avec les piéces justificatives : aux Requêtes du Palais, on mettoit bien le *signifié & baillé copie* sur la déclaration ; mais cette copie ne se donnoit jamais : il n'y avoit qu'aux Requêtes de l'Hôtel au Souverain, ou l'on signifioit & donnoit copie de la déclaration de dépens. L'Ordonnance en impose ici l'obligation générale pour tous les Tribunaux du Royaume. Mais il arrive souvent qu'il y a plusieurs condamnés aux dépens par un seul & même Jugement. Doit-on en ce cas multiplier la signification de la déclaration, autant de fois qu'il y a de personnes condamnés ? Comme ces sortes de significations se font au domicile des Procureurs, nul doute qu'on ne doit faire qu'une signification de la déclaration de dépens, lorsque les condamnés sont défendus par un seul & même Procureur.

C c c

Mais lorsqu'ils s'étoient fervi dans là conteſtation du m'niſtere de difⁱ
ferens Procureurs , c'étoit là véritablement le point de la difficulté.
Cependant on en trouve une ſolution bien nette & bien préciſe dans
l'Arrêt de Réglement du Parlement du 17 Janvier 1691. Pour cela la
Cour a diſtingué deux cas. 1°. Celui ou les condamnés pour leſquels
differens Procureurs occupcroient , auroient un ſeul & même intérêt.
2°. celui où ils auroient des intérêts differens. *Lorſqu'il y aura pluſieurs*
condamnés qui occuperont par differens Procureurs & que les articles les
concerneront conjointement , la copie de la déclaraͭion (porte le Régle-
ment) ne ſera donnée qu'à l'ancien Procureur, en le déclarant néanmoins
aux autres Procureurs par un ſimple acte : & en cas que l'interêt des con-
damnés ſoit diſtinct & ſéparé , il ne leur ſera donné à chacun copie que des
articles qui les regardͣnt.

Le ſecond objet que s'eſt propoſé le Légiſlateur dans nos deux articles, concerne les *offres*. Elles avoient lieu à la vérité auparavant
l'Ordonnance : il étoit deſlors permis à une Partie condamnée aux dépens, d'aller au devant des frais de la taxe, en faiſant des offres auſſitôt
après la ſignification de la déclaration de dépens , pour en empêcher les
ſuites. Mais on voyoit alors rarement réuſſir de ſemblables offres, parce
qu'il n'y avoit-point de peines infligées contre le refuſant. Au lieu que ,
ſuivant la diſpoſition de l'Ordonnance, le Demandeur en taxe ne peut
refuſer des offres légitimes qui lui ſont faites, ſans courir les riſques de
ſuporter les frais de la taxe : ce qui le met malgré lui, dans la néceſſité
d'examiner de près ces offres & de les accepter, pour ſon propre interêt,
quand elles lui paroiſſent à peu près raiſonnables. Cependant dans l'u-
ſage du Palais, on ſe ſert rarement de ce moyen. Quand une Partie
condamnée veut de bonne foi payer les dépens & éviter les frais de la
taxe, elle fait propoſer par ſon Procureur à celui de ſa partie adverſe
le réglement des frais à l'amiable ; les deux Procureurs en font enſemble la liquidation ſans frais ; s'il ſurvient entr'eux quelques difficultés ,
ils conſultent un de leurs anciens qui les départage. Voila de quelle
maniere cela ſe pratique ordinairement.

ARTICLE VII.

Les Procureurs ne pourront , en dreſſant la décla-
ration , compoſer pluſieurs articles d'une ſeule piéce :
mais ſeront tenus de la comprendre toute entiere dans
un ſeul & même article , tant pour l'avoir dreſſée que
pour l'expédition , copie , ſignification & autres droits
qui la concernent , à peine de radiation , & d'être
déduit au Procureur du Demandeur autant de ſes droits
pour chacun article qui aura paſſé en taxe , qu'il s'en
trouvera de rayés dans la déclaration.

Comme les droits d'affiftance des Procureurs dans les déclarations &
taxes de dépens, font proportionnés à la quotité des articles, on a craint
& avec raifon, que dans la vûe de multiplier leurs émolumens, ils ne
cherchaffent à augmenter le nombre des articles, en fincopant les objets, comme par exemple, en employant dans un article une piéce pour
l'avoir dreffé; dans un fuivant, l'expédition de cette même piéce; dans
un autre article la copie & fignification. Pratique qui avoit lieu avant
l'Ordonnance d'après le Réglement même de 1665. & qui contribuoit
à augmenter de beaucoup les frais de taxe déjà affez confiderables par
eux-mêmes ! C'est pourquoi l'Ordonnance voulant les reftraindre dans
de juftes bornes, autant qu'il eft poffible, veut ici qu'on ne compofe
qu'un feul & même article de tout ce qui a raport à une même piéce &
qu'on cumule dans cet article le coût de la piéce en général, tant pour
l'avoir dreffée que pour fon expédition, copie & fignification & autres
droits qui peuvent la concerner. Pour retenir à cet égard les Procureurs
dans l'exacte obfervation de la Loi, par la confideration de leurs propres
intérêts, l'Ordonnance veut non-feulement qu'on raye les articles qui
feroient en contravention; mais encore qu'on déduife au Procureur con-
trevenant fes droits, fur autant de bons articles qu'il en aura inferé de
mauvais & de fujets à être rayés dans fa déclaration. Mais cette derniere
peine a rarement lieu : on fe contente de rayer les articles contraires à
l'Ordonnance, & le furplus de fa difpofition n'eft regardé dans l'ufage
que comme comminatoire.

ARTICLE VIII.

Ne fera auffi employé dans les déclarations ni fait
aucune taxe aux Procureurs que pour un feul droit
de Confeil pour toutes les demandes, tant principales
qu'incidentes, & un autre droit de Confeil, en cas qu'il
foit fait aucune demande, foit principale ou incidente
par les Partiescontre lefquelles ils occuperont, à peine
de vingt livres d'amende contre le Procureur en fon
nom pour chacun autre droit qui auroit été par lui em-
ployé dans fa déclaration.

ARTICLE IX.

N'entrera pareillement en taxe aucun autre droit

de consultation , encore qu'elle fût raportée & signée
des Avocats.

Les consultations que les Parties prennent des Avocats avant d'entreprendre une affaire, ne font que des précautions fages pour fe déterminer & régler leurs démarches ; mais elles ne font point partie de l'instruction. Par conféquent elles ne doivent point entrer en taxe, & elles entrent nécessairement dans les faux frais. On le pratiquoit ainfi avant l'Ordonnance, & on le pratique encore de même aujourd'hui.

Mais il n'en est pas de même des droits de conseil & de consultation des Procureurs. Avant l'Ordonnance, les Procureurs prenoient un droit de *conseil* qui étoit de 12 f. parifis, c'est-à-dire de 15 f. pour les défenfes qu'il falloit fournir fur chaque demande : ainfi autant de demandes, autant de droits de *conseil*, pour le Procureur du Défendeur. Le droit de *consultation* étoit de 48 fols parifis, c'est-à-dire, un écu, & il fe passoit au Procureur fur chaque demande qu'il formoit pour fa Partie, de même que le droit de conseil fur les défenfes. L'Ordonnance fait fur ce point une grande réduction dans l'article 8 qui précede. Car elle commence par anéantir tous les droits de *consultation* des Procureurs ; & si elle leur laisse les droits de *conseil*, elle les réduit à un feul pour toutes les demandes tant principales qu'incidentes qu'ils formeront, & à un autre aussi feul pour toutes les demandes qui feront formées contr'eux ou du moins contre leurs Parties. Mais les Procureurs au Parlement ont été rétablis dans leurs anciens droits, moyennant finance, par la Déclaration donnée en leur faveur le 16 Mai 1693. qui a dérogé fur cela à l'Ordonnance de 1667. Cependant pour déterminer d'une maniere fixe & invariable les cas où les Procureurs pourroient exiger le droit de *conseil*, en conféquence de la Déclaration de 1693. est intervenu le 27 Juillet de la même année un Réglement du Parlement qui porte que les Procureurs *ne prendront le droit de conseil que fur les renvois, fins déclinatoires , titres & piéces à communiquer , défenfes , repliques , moyens d'opposition , requêtes en jugeant ou communiquées à partie , fur les requêtes incidentes portées aux Audiences , fur le décès de la Partie & fur la reprife ; & que , conformément au Réglement du 28 Août 1665. le droit de confeil fera feulement de quinze fols pour chaque conseil. Le même* Réglement *leur fait défenfes de passer en taxe ni de fouffrir qu'il foit compté aux Parties des dires inutiles dans les requêtes & principalement dans celles de* Viennent ; *ni que fur un dire il foit pris un droit de conseil.* Dans une Délibération de la Communauté des Avocas & Procureurs de la Cour faite le 20 Novembre 1693. pour fervir de régle aux Procureurs-tiers en exercice fur l'obfervation de la Déclaration de 1693. & de l'Arrêt de Réglement intervenu fur icelle, on a rappellé la difpofition entiere du Réglement fur la quotité du droit de conseil & les cas où il pouvoit avoir lieu, & on y a ajouté en même tems un article (c'est le quatriéme) fur le droit de confultation. Il est dit fur cela dans cette Délibération qui fait loi fous le bon plaifir de la Cour , *que le droit de confultation ne fera taxé que fur les apellations , demandes principales , & celles fur lefquelles il y aura Réglement , fur les criées , & pour produire.* Quoi qu'il en foit ce rétabliffement des droits de confeil & de confultation dans leur ancienne étendue n'ayant lieu qu'en faveur des Procureurs au Parlemens , il ne peut profiter aux Procureurs des autres Cours & Tribunaux , qui font à cet égard obligés de fe renfermer dans l'obfervation ftriſte de l'Ordonnance.

ARTICLE X.

Toutes écritures & contredits feront rejettés des taxes de dépens , fi elles n'ont été faites & fignées par un Avocat plaidant , du nombre de ceux qui auront été infcrits dans le tableau qui fera dreſſé tous les ans & qui feront apellés au ferment qui fe fait aux ouvertures ; & feront tenus de mettre le reçu au bas des écritures.

Le Réglement de la Cour du 27 Juillet 1693. dont nous avons déja fait mention fur l'article précedent , en confirmant cette difpofition , lui a encore donné plus d'étendue & de développement. D'abord on a commencé par y diftinguer les écritures qui étoient de la compétence des Avocats d'avec celles que les Procureurs étoient en droit de faire. En conféquence *la Cour a ordonné que , fuivant ce qui avoit été convenu entre les Avocats & Procureurs de ladite Cour , les Avocats feront les Griefs , caufes d'apel , moyens de requête civile , réponfes , contredits , falvations , avertiffemens dans les matieres où il fera néceffaire d'en donner & les autres écritures qui font de leur miniftere : les Procureurs , les Inventaires , caufes d'opofition , Productions nouvelles , Comptes , Brefs-Etats , déclarations de dommages & intérêts & autres écritures de leur fonction , & les Avocats & Procureurs par concurrence entr'eux , les débats , fouténemens , moyens de faux , de nullité , reproches & conclufions civiles.* Enfuite le même Réglement *ordonne que les écritures du miniftere des Avocats n'entreront point en taxe , fi elles ne font faites & fignées par un Avocat de ceux qui feront infcrits dans le tableau qui fera préfenté à la Cour par le Bâtonnier des Avocats ; qu'il n'y aura que ceux qui font actuellement la profeſſion d'Avocat qui pourront être infcrits dans le tableau , & qu'ils ne pourront faire d'écritures qu'ils n'ayent au moins deux années de fonction. Fait défenfes aux Avocats de figner des écritures qu'ils n'auront point faites , ni de traiter de leur honoraire avec les Procureurs , à peine contre les Avocats qui en feront convaincus d'être rayés du tableau & contre les Procureurs* d'interdiction pendant *six mois* pour la premiere fois , & pour la *seconde fois* d'interdiction pour toujours. Enjoint aux *Avocats* de conserver *les minutes* des écritures qu'ils auront composées, & d'aporter dans leur composition toute la brieveté & la netteté qu'il leur sera possible. Ordonne que le procès sera fait à ceux qui auront suposé ou contrefait la signature des *Avocats* & qu'ils seront punis suivant la rigueur des Ordonnances. Fait très-expresses inhibitions & défenses aux *Procureurs* de compter à leurs *Parties* aucunes écritures du ministere des *Avocats*, si elles n'ont été faites par *eux*, & aux *Procureurs-tiers* qui seront en exercice , de les taxer, à peine d'en répondre en leurs noms. Telles sont les dispositions du Réglement de 1693. qui sont relatives au present article.

Quant à l'injonction qui est faite aux *Avocats* de mettre le reçu au bas des écritures, ils se sont conservés dans l'usage & la possession, du moins au Parlement, de ne le point faire, attendu la liberté de leur Profession.

Article XI.

Lorsqu'au Procès il y aura des écritures & avertissemens , les préambules des inventaires faits par les Procureurs, en seront distraits & n'entreront en taxe , ni pareillement le rôles des inventaires & contredits , dans lesquels il aura été transcrit des pieces entieres ou choses inutiles ; ce que nous défendons à tous Avocats & Procureurs , à peine de restitution du double envers la Partie qui l'aura avancé , & du simple envers la Partie condamnée. Comme aussi défendons aux Procureurs & à tous autres , de refaire des écritures, ni d'en augmenter les rôles après le Procès jugé , à peine de restitution du quadruple contre les contrevenans, qui ne poura être moderée & de suspension de leur charge. Enjoignons à nos Cours , & autres nos Juges, d'y tenir la main dont nous chargeons leur honneur & conscience.

Cet article nous présente deux objets.

1°. On y défend tout préambule dans les inventaires faits sur les écritures d'Avocats, & toute transcription de pieces entieres. Pour l'intelligence de cette difpofition, il faut diftinguer de deux efpeces d'inventaires. Il y en a, à la verité, qui font relatifs à des pieces d'écritures d'Avocats fignifiées préalablement, & qui ne tendent qu'à la confervation des pieces que l'on produit à l'appui de ces écritures. Or comme dans cette premiere efpece, tout ce qui eft néceffaire à la défenfe de la Partie, a été déduit & détaillé avec l'étendue convenable dans les écritures, ce feroit un double emploi que de permettre que l'on fît une repetition inutile de ces mêmes chofes dans le préambule de l'inventaire que le Procureur fait enfuite. C'eft donc avec raifon que l'on profcrit tout préambule dans cette hipothefe, & qu'on réduit les Procureurs à ne compofer leur inventaire que de la fimple production des pieces. Mais lorfque les inventaires fervent eux-mêmes d'écritures, comme dans les inventaires fur appointemens à mettre, & même dans les inventaires fur appointemens au Confeil ou en droit faits par le premier produifant, il eft non-feulement permis, mais même ordonné de faire préceder la production des efpeces, du récit des faits & du détail des moyens, pourvû que cela fe faffe avec brieveté, & en gardant des bornes legitimes. Dans les inventaires de l'une & l'autre efpece, l'Ordonnance recommande de ne point charger la production de la tranfcription de pieces entieres : il fuffit de les dater, de tranfcrire le nom des Parties, & d'énoncer la claufe de l'acte, ou la partie de la piece qui a rapport à la conteftation. Les contrevenans doivent être punis, par la reftitution du double envers la Partie qui a fait les avances des frais, & du fimple envers la Partie condamnée aux dépens.

2°. Notre article fevit avec beaucoup de raifon contre un brigandage auquel on ne peut mettre de trop fortes barrieres. Certains Procureurs fans honneur & fans aucune fémence de probité, n'avoient pas honte de faire refaire après coup & lorfque le Procès étoit jugé, les écritures pour en augmenter le nombre des rôles, dans un tems où ils n'avoient plus à craindre les regards furveillans des Juges. Cet affreux brigandage eft profcrit par l'Ordonnance, fous peine de reftitution du quadruple & de fufpenfion d'office contre ceux qui s'en trouveroient coupables. Les Tribunaux ne peuvent y tenir trop exactement la main, ainfi que leur confcience en eft chargée par le Legiflateur lui-même.

ARTICLE XII.

Ne fera taxé aux Procureurs pour droit de revifion des écritures, que le dixiéme de ce qui entre en taxe pour les Avocats, & fans que ce droit de revifion puiffe être pris dans les Cours, Sieges & Jurifdictions dans lefquels il n'a eu lieu jufqu'à ce jour. Faifons défenses aux Procureurs d'employer dans les mémoires de frais qu'ils donneront à leurs Parties , autres plus grands droits que ceux qui leur seront legitimement dûs & qui entreront en taxe , à peine de repetition contr'eux & & de trois cens livres d'amende.

Le droit de revision des Procureurs étoit , avant l'Ordonnance , de 10 sols par rôle de grosse d'écritures d'Avocats. Il leur étoit accordé sur le fondement qu'ils étoient obligés de revoir les écritures , & qu'ils avoient même interêt de le faire ; parce qu'étant maîtres de la cause , ils demeuroient responsables des offres, consentemens & autres déclarations de cette espece. Cependant le Legislateur ayant consideré que la peine & le poids de la défense tomboient sur l'Avocat, qui pour composer ses écritures , étoit obligé de faire des extraits , d'examiner les pieces , il crut qu'il étoit raisonnable de ne donner au Procureur que le dixiéme de la taxe de l'Avocat, pour une simple lecture que souvent même il ne faisoit pas ; & c'est sur ce pied qu'a été réduit le droit de révision des Procureurs dans l'Ordonnance.

Mais les Procureurs au Parlement de Paris ayant obtenu, par la Déclaration du 16 May 1693. susmentionnée , le rétablissement du droit de revision sur l'ancien pied , ainsi que du droit de Conseil , ils jouissent, depuis cette Déclaration dérogatoire à l'Ordonnance, du droit de revision sur le pied de 10 sols par rôle de grosse comme auparavant. Mais pour qu'ils n'étendissent point ce droit au-delà de ses justes limites, le Reglement du Parlement de la même année 1693. porte : *Et à l'égard du droit de Révision, ordonne que les Procureurs ne le pourront prendre que sur les écritures qui auront été faites & signées par les Avocats conformément au présent Reglement, & qu'ils seront tenus de marquer dans les copies qu'ils en feront signifier les noms des Avocats qui les auront faites.* En conformité & en explication du Reglement, la Deliberation de la Communauté des Avocats & Procureurs en date du 20 Novembre 1693. porte aussi ; *que le droit de Revision ne sera taxé aux Procureurs que sur les écritures qui auront été faites & signées par les Avocats, & non sur celles qui sont attribuées par le Reglement à leur fonction, qui ne seront plus faites que par Requêtes.*

Observons néanmoins que cette dérogation étant particuliere aux Procureurs du Parlement de Paris , qui ne l'ont même obtenue que moyennant finance , ainsi que nous l'avons déja observé , elle ne peut être étendue à ceux des autres Cours & Tribunaux , à l'égard desquels la réduction de l'Ordonnance , pour le droit de revision, doit avoir son plein & entier effet. Et même dans les Tribunaux, où l'on n'étoit point d'usage avant l'Ordonnance d'exiger ce droit, il est absolument prohibé par le présent article de l'y établir.

Jusqu'à

Jufqu'à prefent l'Ordonnance, en fixant la maniere de liquider les dépens, n'a femblé avoir d'autre but que d'en alleger en quelque foite le poids déja par lui-même onereux, en faveur des Parties qui ont le malheur d'y être condamnées. Mais le Legiflateur étend encore ici fa prévoyance jufqu'aux frais qui fe payent à l'amiable par une Partie à fon Procureur, fur fon mémoire. Comme ces mémoires ne paffent pas par le creufet de la taxe ordinaire, les Procureurs abufent quelque-fois de cela, pour y inferer & exiger des droits plus confiderables que ceux qui leur font legitimément dûs. Ils y trouvent même d'autant plus de facilité que les Parties, foit par une fuite de leur premiere confiance en eux, foit par l'ignorance où elles font de la véritable quotité de ces droits, s'y prêtent en quelque forte d'elles-mêmes, & payent le plus fouvent fans contredire. Pour mettre une digue à cet abus, le Legiflateur fait défenfes aux Procureurs d'employer dans leurs mémoires autres droits que ceux qui leur font legitimement dûs. La peine de leur contravention à la Loi fur ce point, eft la repetition de ce qu'ils ont exigé de trop & une amende de 300 livres. Mais, comme on voit peu d'exemples de punition des contrevenans, la prefque certitude de l'im-punité enhardit tous les jours les Procureurs à enfraindre la Loi. Pour lui rendre une vigueur fi effentielle à l'interêt public, il feroit à fouhaiter que les Magiftrats chargés par état de la défenfe des Loix voulufent faire eux-mêmes fur cela une exacte recherche & pourfuivre avec rigueur les Officiers qui oferoient y contrevenir. Quelques exemples feveres retiendroient les autres dans le devoir.

Article XIII.

Et pour faciliter les taxes de dépens, & empêcher qu'il ne foit employé dans les déclarations, autres droits que ceux qui font legitimément dûs & qui doivent entrer en taxe, fera dreffé à la diligence de nos Procu-reurs Généraux fur les lieux & mis dans les Greffes de toutes nos Cours, Sieges & Jurifdictions, un Tableau ou Regiftre, dans lequel feront écrits tous les droits qui doivent entrer en taxe, même ceux des déclara-tions, affiftances des Procureurs & autres droits nécef-faires pour parvenir à la taxe ; enfemble les voyages & féjours, lefquels pourront y être employés & taxés,

D d

suivant les differens usages de nos Cours & Sieges, qualités des Parties & distances des lieux.

A R T I C L XIV.

Les voyages & séjours qui doivent entrer en taxe, ne pourront être employés ni taxés, s'ils n'ont été véritablement faits & dû être faits, & que celui qui en demandera la taxe ne fasse aparoir d'un acte fait au Greffe de la Jurisdiction en laquelle le Procès sera pendant, lequel contiendra son affirmation qu'il a fait exprès le voyage pour le fait du Procès, & que l'acte n'ait été signifié au Procureur de la Partie aussi-tôt qu'il aura été passé ; & le séjour ne pourra être compté, que du jour de la signification.

On ne s'est point fait un scrupule d'observer la disposition de l'Ordonnance, en ce qu'elle ordonne de mettre dans chaque Greffe un Tableau où seroient inscrits les droits qui doivent entrer en taxe, afin de faciliter la taxe des dépens, & d'empêcher que les Procureurs n'employaffent dans leurs déclarations plus grands droits que ceux qui leur font legitimément dûs. On a consideré fans doute que les Procureurs obligés par état à connoître & à étudier les Reglemens, ne doivent point ignorer ceux qui les concernent d'une maniere auffi particuliere, & conféquemment qu'on n'a pas befoin d'un Tableau public, pour rendre leur ignorance inexcufable fur ce point. L'Ordonnance fembloit exiger qu'il fût fait un nouveau Tarif. Cependant nous n'en connoiffons point d'autre encore actuellement au Palais, que celui qui avoit été fait deux années auparavant l'Ordonnance, dont la date eft du 26 Août 1665, fur lequel il a pourtant quelques obfervations importantes à faire. 1°. Le Reglement de 1665. eft fait fur le *Parifis*. Par conféquent le *Parifis* étant aboli par l'Ordonnance, il faut augmenter d'un quart en fus chaque article de la taxe de ce Reglement. 2°. Depuis, on a établi le contrôle des Exploits, le papier & le parchemin timbré qu'il faut encore ajouter aux taxes.

A l'égard du Châtelet, on lui a fait un Reglement particulier depuis l'Ordonnance, dont nous aurons occafion de parler dans le moment.

Pour ce qui concerne les voyages & féjours en particulier, l'Arrêt de Reglement du 10 Avril 1691. a renouvellé les difpofitions de l'Ordonnance fur cette matiere, d'une maniere plus développée & beaucoup plus circonftanciée. Nous ne pouvons donner une idée plus exacte de ce Reglement important qu'en rapprochant les différentes difpofitions qu'il contient, de celles de l'Ordonnance : Voici comme il eft conçu :

,, Ladite a Cour ordonné & ordonne que les voyages & féjours ne feront
,, taxés, s'ils n'ont été véritablement faits & dû être faits, & s'ils n'ont
,, été affirmés par un acte au Greffe de la Juriſdiction où le Procès eft
,, pendant : que les femmes pourront venir pour la pourfuite des affaires
,, de leurs maris, & les enfans pour leurs pere & mere, & les gendres
,, pour leurs beaux-peres & belles-meres, fans qu'ils ayent befoin de
,, procuration, en faifant leur affirmation au Greffe, ainfi que le mari
,, le pourra faire dans le Procès où la femme fera feule Partie ; que les
,, enfans ne pourront être envoyés, ni faire leur affirmation pour leurs
,, pere & mere & leurs ayeuls, s'ils ne font au-deffus de vingt ans ;
,, que, quoique les affirmations foient faites par les enfans ayant l'âge
,, au-deffus de vingt ans, leurs voyages ne feront taxés que de leur
,, qualité perfonnelle, fans néanmoins qu'ils puiffent être taxés à une
,, fomme plus forte, que celle qui feroit accordée à la perfonne qui
,, les envoye, même à la perfonne qui viendra pour fon mari, ou au
,, gendre qui viendra pour fon beau-pere ou fa belle-mere ; que pour
,, les voyages & féjours d'un autre envoyé de quelque qualité qu'il
,, foit, il ne fera taxé que pour homme de cheval ; qu'il ne fera taxé
,, aufdits envoyés aucuns voyages, fi la procuration n'a été par eux
,, acceptée lors de la paffation d'icelle ; que fi la Partie ou celui qui
,, fera chargé de fa procuration, font en même-tems plufieurs diffé-
,, rentes affaires, leurs voyages & féjours ne feront taxés que pour
,, moitié, quand il fe trouvera en même-tems deux affirmations, & à
,, proportion, quand il y en aura un plus grand nombre ; lefquels
,, voyages feront reglés à dix lieuës par jour, & fe taxeront ainfi qu'il
,, enfuit, fçavoir :

,, A un Cardinal, vingt livres.

,, A un Archevêque, quinze livres.

,, A un Evêque, dix livres.

,, A un Abbé, fept livres dix fols.

,, Aux Prieur, Doyen, Prévôt & Archidiacre des Eglifes Cathe-
,, drales, fix livres.

,, Aux Chanoines & aux Curés, cent fols.

,, Aux Prêtres & aux Religieux qui viendront par Acte Capitulaire,
,, trois livres quinze fols.

,, Que les voyages ne feront taxés aux Princes, Ducs & Pairs,
,, Maréchaux de France, quand il s'agit de leurs droits hors Paris,
,, pour charger un Procureur, & produire, que pour un homme de
,, cheval, & pour faire juger, que pour un Ecuyer feulement.

,, Aux Chevaliers des deux Ordres du Roy, douze livres dix fols.

,, Aux Marquis & Comtes, dix livres.

,, Aux Barons, neuf livres.

Liquidation des voyages & féjours pour chaque jour, relativement à la qualité des Parties.

D d ij

„ Au Chevalier & à l'Ecuyer, fans autre titre, fept livres dix fols.
„ Aux Officiers du Roy & des Maifons Royales, fuivant leurs qualités.
„ Aux Gardes-du-Corps, Gendarmes, Moufquetaires, Chevaux-
„ Legers, pendant le tems de leur exercice, fera taxé du lieu de la
„ Cornette, en faifant le voyage avec congé, fept livres dix fols;
„ quand ils ne feront à la Cornette, ou qu'ils feront Veterans, il leur
„ fera taxé de leur domicile, même fomme.
„ Aux Prevôts des Maréchaux, fept livres dix fols.
„ Au Lieutenant, fix livres.
„ Au Greffier, trois livres quinze fols.
„ Aux Lieutenans des Sieges particuliers, Affeffeurs, Avocats &
„ Procureurs du Roy efdits Sieges, fix livres.
„ Au Grand Maître des Eaux & Forêts, neuf livres.
„ Aux Maîtres Particuliers, Lieutenans, Avocats, Procureurs du
„ Roy efdites Maîtrifes, fix livres.
„ Au Greffier, trois livres quinze fols.
„ Aux Prefidens des Elections, fix livres.
„ Aux Elus, Avocat & Procureur du Roy, quatre livres.
„ Au Greffier, trois livres quinze fols.
„ Aux Grenetiers, Contrôleurs, Avocat, Procureur du Roy,
„ Greffier & Officiers des Greniers à Sel, trois livres quinze fols.
Aux Secretaires du Roy, Gardes des Rôles, Audienciers & Tréfo-
„ riers du Sceau, fept livres dix fols.
„ Aux Referendaires, Chauffe-cire & Huifliers en la Chancellerie,
„ trois livres quinze fols.
„ Aux Receveurs Généraux des Finances, Treforiers ordinaires des
„ Guerres & de la Maifon du Roy, fix livres.
„ Aux Tréforiers Provinciaux, Commiffaires des Guerres, Contrô-
„ leurs des Domaines, Payeurs des Gages, Receveurs des Confignations,
„ Receveurs des Tailles, Commiffaires aux Saifies réelles, quatre livres.
„ Aux Capitaines, fept livres dix fols.
„ Aux Lieutenans, Enfeignes & Capitaines appointés, fix livres
„ cinq fols.
„ Aux Prefidens des Cours Souveraines, quinze livres.
„ Aux Confeillers defdites Cours Souveraines, dix livres.
„ Aux Gens du Roy defdites Cours, dix livres.
„ Aux Greffiers en chef, fept livres dix fols.
„ Aux Avocats exerçans efdites Cours, fix livres.
„ Aux Procureurs defdites Cours, cinq livres.
„ Aux Officiers des Chambres des Comptes, fera taxé comme Cours
„ Souveraines, à l'exception des Correcteurs & Auditeurs qui ne feront
„ taxés que pour fix livres.
„ Aux Tréforiers de France, Avocat & Procureur du Roy efdits
„ Bureaux, fept livres dix fols.
„ Au Greffier, quatre livres.

„ Au Lieutenant Général d'un Siege où il y a Presidial , sept livres
„ dix sols.

„ Aux Presidens des Sieges Presidiaux , sept livres dix sols.

„ Aux Lieutenans Particuliers & Criminels , Conseillers , Avocats
„ & Procureurs du Roy esdits Sieges , six livres.

„ Aux Lieutenans Généraux des Bailliages & Sieges Royaux ressor-
„ tissant nûment en la Cour, six livres.

„ Aux Lieutenans Particuliers, Conseillers, Avocats & Procureurs
„ du Roy ausdits Bailliages , cent sols.

„ Aux Officiers des Prevôtés Royales non ressortissant en la Cour,
„ quatre livres.

„ Aux Avocats plaidans aux Sieges ressortissans en la Cour, quatre
„ livres.

„ Aux Procureurs, Greffiers , Notaires, trois livres quinze sols.

„ A tous Marchands , Orfévres , Horlogers , Teinturiers , Apoti-
„ caires, Barbiers , Cordonniers , Maréchaux , Tailleurs , Menuisiers,
„ Serruriers , Maîtres Charpentiers , Mâçons , Couvreurs de Villes
„ Capitales des Provinces & autres où il y a Jurandes & Laboureurs ,
„ sera taxé pour voyages d'homme de cheval, trois livres.

„ Et à ceux des autres Villes , ensemble aux Savetiers , Portefaix ,
„ Vignerons , même aux Meûniers qui ne seront proprietaires des
„ moulins qu'ils occupent , sera taxé seulement pour voyage d'homme
„ de pied , trenté sols.

MATIERE CIVILE.
Voyage pour charger Procureur.

„ Qu'il sera taxé pour apporter l'Exploit & charger un Procureur,
„ voyage pour homme de cheval de la distance du domicile de la Partie,
„ à raison de dix lieuës par jour & un jour de séjour.

*Voyage pour pro-
duire.*

„ Qu'il sera pareillement taxé voyage pour produire , d'homme de
„ cheval, de trois jours de séjour, sans qu'il en puisse être taxé sur les
„ incidens ; & où il se trouvera une distance des demandes princi-
„ pales jointes, sera taxé un voyage pour produire, lorsqu'il se trouvera
„ une distance de six mois du premier produit, sans que pendant tout
„ le cours du Procès, il puisse être taxé plus de deux voyages pour
„ produire.

Voyage pour faire juger.

„ Qu'il sera taxé voyage pour faire juger, si le Jugement est définitif,
„ suivant la qualité, avec quatre jours de séjour ; & en cas que le
„ Procès se trouve jugé de Grands Commissaires , sera encore donné
„ deux jours de séjour pour chaque vacation.

*Voyage pour ap-
pointement sur plai-
doyerie.*

„ Que les voyages ne seront taxés que pour un homme de cheval
„ aux affaires interloquées, ou appointées au Conseil sur la plaidoyerie;
„ & quand elles auront été plaidées pendant plusieurs Audiences, sera
„ ajouté aux quatre jours de séjour, un jour pour chacune audience,
„ sans qu'il soit taxé aucun autre voyage pour produire.

*Voyage pour Re-
quête civile.*

„ Qu'il sera taxé voyage d'homme de cheval pour obtenir les Lettres
„ en forme de Requête civile, & consulter, avec trois jours de séjour,
„ sans qu'il puisse être taxé au Défendeur plus de six livres pour le

„ Meffager, lorfque la Requête civile fera fignifiée à fon Procureur ;
„ & lorfqu'il y aura affignation, pourra employer fon voyage, s'il eft
„ affirmé, pour charger un Procureur.

Voyage pour faire Enquête.

„ Qu'il fera taxé voyage d'homme de cheval pour faire enquête,
„ avec quatre jours de féjour, ou plus grand, s'il y échet.

Voyage pour defcente.

„ Qu'il ne fera taxé voyage que pour homme de cheval aux defcen-
„ tes, avec le féjour, fuivant les vacations du Procès-verbal.

Voyage pour infcription de faux.

„ Comme auffi voyage d'homme de cheval pour former l'infcription
„ de faux & deux jours de féjour, fans qu'il puiffe être taxé qu'un vin
„ de Meffager pour faire juger les moyens de faux. Et fera encore
„ taxé voyage pour convenir des pieces de comparaifon, tant au
„ Demandeur qu'au Défendeur, avec quatre jours de féjour : Et s'il
„ y a decret & que l'inftruction ait fon cours, les autres voyages feront
„ taxés comme ils font ci-après employés pour le Criminel.

Voyage pour compte.

„ Que pour la préfentation & affirmation du compte, le voyage
„ ne fera taxé que pour homme de cheval avec quatre jours de féjour,
„ & n'aura la Partie pour produire qu'un vin de Meffager, & à l'Oyant
„ ne fera taxé que voyage pour produire.

Voyage pour demande en dommages-interêt, ou en execution d'Arrêt.

„ Qu'il fera taxé voyage d'homme de cheval pour dreffer la demande
„ en dommages & interêts, ou demande libellée en exécution d'Arrêt ;
„ reprendre un Procès par l'heritier ; & pareillement au Défendeur,
„ lorfqu'il fera affigné un an après l'Arrêt.

Voyage pour demande en peremption.

„ Que fur les demandes en peremption, les voyages ne feront taxés
„ pour produire & faire juger, que d'homme de cheval.

Voyage pour les affaires reglées par expedient.

„ Que pareillement fur les folles intimations, défertions & incom-
„ petences & en toutes autres affaires qui feront renvoyées pour être
„ reglées à l'expedient, ou terminées par l'avis des Avocats & Procu-
„ reurs, les voyages, où il en échera, ne feront taxés que pour homme
„ de cheval, même fur les appellations de la taxe & exécutoire
„ de dépens.

MATIERE CRIMI-NELLE.

Voyage pour information & decret.
Pour interrogatoire.
Pour confrontation.

„ Que pour faire informer & decreter, fera taxé voyage pour homme
„ de cheval.

„ De même pour l'interrogatoire, auffi voyage d'homme de cheval.

„ Pour la confrontation avec le féjour pendant qu'elle aura duré,
„ outre les quatre jours ordinaires.

Voyage pour faire juger, à la Partie.

„ Et aux crimes capitaux, où la Partie fera préfente, le voyage fera
„ taxé fuivant la qualité, de même que pour faire juger, fans qu'il
„ puiffe être taxé de voyage pour donner les conclufions civiles ou
„ défenfes & produire.

Voyage pour l'inter-rogatoire, recollement & confrontation, & pour faire juger, à l'Accufé.

„ Qu'il fera taxé voyage à l'Accufé decreté d'ajournement perfonnel
„ ou d'affigné pour être oui, pour l'interrogatoire, fuivant fa qualité :
„ De même au recollement & confrontation & pour Jugement définitif,
„ avec les féjours ordinaires.

„ Que les frais de garde des Prifonniers, foit aux Commiffaires,
„ Huiffiers ou autres Officiers qui s'en chargent, même le féjour de

„ ceux à qui la Ville eſt donnée pour priſon , ſeront reputés compris „ aux dommages & interêts qui ſeront adjugés ; & n'entreront en „ taxe que les giſtes & géolages ſeulement.

„ Qu'il ſera taxé voyage d'homme de cheval pour charger un Sergent „ de faire les criées.

„ Autre voyage d'homme de cheval pour retirer les criées & faire „ certifier.

„ Qu'il ne ſera point taxé de voyage pour les publications de l'en- „ chere de quarantaine.

„ Qu'il n'en ſera point pareillement taxé pour faire proceder à „ l'adjudication, mais ſeulement un vin de Meſſager de quinze livres qui „ ſeront portées par l'adjudicataire.

„ Qu'il ne ſera taxé au pourſuivant qu'un ſeul voyage pour produire „ dans l'ordre, pour homme de cheval ; & pour faire juger, aura ſui- „ vant ſa qualité, ſans qu'il puiſſe prétendre de ſéjour que pour dix „ vacations, outre les quatre jours ordinaires, quelque nombre qu'il y „ en ait.

„ Que dans les Inſtances d'oppoſition afin de charge & de diſtraire, „ il ne ſera taxé au pourſuivant qu'un ſeul voyage pour faire juger, „ d'homme de cheval ſeulement.

„ Que dans les Inſtances jugées ſur appointement à mettre de quel- „ que qualité qu'elles ſoient, ne ſera taxé aucun voyage, mais vin de „ Meſſager ſeulement , & à l'arbitrage de celui qui ſera la taxe, dont „ le plus fort ne pourra exceder dix livres.

„ Que les vins de Meſſager pour le port de l'Exploit quand il n'y „ aura point d'affirmation de voyage, ſeront taxés, pour les aſſignations „ données au mois & au-deſſous, trois livres ; à ſix ſemaines & à deux „ mois, ſix livres.

„ Que les Evêques ayant Abbayes, plaidans pour les droits de leurs „ Abbayes, n'auront voyage que comme Abbés, ainſi que les Abbés „ qui plaident pour des Prieurés ; ſans en pouvoir prétendre de plus „ éloignés que du lieu du Benefice qui fait la conteſtation.

„ Que les Maires des Villes, Prevôts des Marchands, Echevins, „ quand ils viendront pour les affaires de la Ville, ſeront taxés à raiſon „ de cent ſols par jour.

„ Que les Meſſagers ordinaires ayant procès, n'auront que de deux „ voyages qui ſeront affirmés, un, & les vins de Meſſager de même.

„ Que s'il y a pluſieurs plaidans en communauté, ſoit aucuns ſui- „ vant la Cour, ou demeurant en cette Ville & les autres des Villes „ éloignées, ſera taxé de deux voyages l'un, pour le plus éloigné & le „ plus qualifié.

„ Comme auſſi, ſi pluſieurs occupans en matiere civile par même „ Procureur, ayant adjudication de dépens, font pluſieurs affirma- „ tions, ne ſeront taxés que les voyages ordinaires au plus qualifié ou „ éloigné, qui ſe partageront entre ceux qui auront affirmé, ſans qu'ils „ puiſſent être multipliés contre le condamné.

SAISIE RE'ELLE. Voyage pour faire faire criées.

Voyage pour faire certifier les criées.

Point de voyage pour l'enchere de quaran- taine.

Point de voyage pour l'adjudication.

Un ſeul voyage au Pourſuivant pour pro- duire & faire juger l'ordre.

Un ſeul voyage au Pourſuivant, pour fai- re juger les oppoſitions afin de charge & de diſtraire.

Point de voyage pour le Jugement des ap- pointes à mettre.

Vins de Meſſager.

Que les Evêques plai- dans pour une Abbaye, ou les Abbés plaidans pour Prieure, ſeront taxes, ſuivant la qua- lité en laquelle ils plai- dent.

Taxe des Maire & Echevins.

Taxe des Meſſagers plaidans en leurs noms.

Taxe, lorſque plu- ſieurs plaident en com- munauté.

Taxe, lorſque plu- ſieurs ont un même Procureur en matiere civile.

„ Que les voyages ſeront de même taxes en matiere criminelle „ pour les Accuſateurs & aux Accuſés qui ſeront renvoyés chacun en „ particulier, lorſqu'ils ſeront obligés d'être préſens en perſonne.

„ Qu'aux affaires évoquées des Cours Souveraines & renvoyées, „ les voyages & ſéjours ſe taxeront, comme ils auroient été aux lieux „ dont l'évocation eſt ordonnée, juſqu'au jour d'icelle ; & depuis, „ comme on a accoutumée de les taxer en la Cour.

„ Que les voyages des femmes ſeront taxés de la même qualité qu'à „ leurs maris, ſans qu'il y ſoit ajouté l'homme de pied, qu'a celles dont „ les maris ne ſont taxés que pour homme de cheval.

„ Qu'il ne ſera taxé que les voyages ordinaires & ci-devant mar„ qués, quoiqu'il y ait pluſieurs affirmations : mais lorſqu'il y en aura „ une pour faire juger le procès étant en état, le voyage entrera en „ taxe, encore que l'Arrêt intervienne après, quelque intervale de „ tems qu'il y ait.

„ Que les ſéjours aux procès de grands Commiſſaires, ne ſeront „ taxes (en conformité de l'Ordonnance) que du jour de la ſignifi„ cation de l'acte d'affirmation.

„ Qu'il ne ſera taxé voyage ni vin de Meſſager, pour payer „ épices d'un Arrêt dont les depens ſont compenſés.

„ Que quand les dépens de la cauſe d'appel ſeront compenſés, „ lorſqu'il n'y aura que ceux de la cauſe principale à taxer, il ne ſera „ pas taxé de voyage de la qualité pour faire juger, attendu qu'il fait „ partie des dépens compenſés, & ſera taxé ſeulement voyage d'homme „ de cheval pour lever l'Arrêt.

„ Qu'il ne ſera taxé voyage pour faire taxer les dépens, & que le „ vin de Meſſager ſera reglé ſuivant l'aſſiſtance, pourvû qu'elle n'excede „ quinze livres.

„ Que quand les Arrêts portent condamnation de partie des dépens, „ même compenſés en quelques chefs & les autres reſervés, pourvû „ qu'il y ait condamnation de quelque portion de dépens, les épices „ ſe taxeront pour le tout, s'il n'y a arrêté contraire ſur la minute „ & Regiſtre de la Chambre où l'Arrêt ſera rendu.

Quant à ce dernier article du Reglement du 10 Avril 1691, comme on a douté ſi l'on devoit en étendre la diſpoſition aux épices des concluſions, il eſt intervenu un ſecond Arrêt de Reglement le 8 Août 1714 : *La Cour y a arrêté & ordonné que lorſqu'en jugeant les Proces & Inſtances, ladite Cour aura condamné une des Parties à une portion des dépens ou même aux ſeuls frais & coût de l'Arrêt, les épices des concluſions du Parquet y ſeront compriſes.* La raiſon de cette diſpoſition, puiſée dans le requiſitoire même du Miniſtere Public qui a prévoqué ce dernier Reglement, c'eſt que les concluſions étant de néceſſité dans les procès où l'on eſt obligé d'en donner, & ne dépendant point de la volonté des Parties, elles ſont cenſées faire partie des frais du Jugement, & conſéquemment être compriſes dans les épices & coût de l'Arrêt.

Pour

Pour bien concevoir l'enchaînement & la fage combinaifon des difpofitions du Reglement de 1691. par rapport aux voyages, il faut foigneufement obferver, que quoique la Cour ait commencé par y regler la quotité de ce qui eft dû par jour à chacun relativement à fa qualité, ce neft pas à dire pour cela qu'il puiffe exiger toujours & indiftinctement fes frais de voyage & de féjour proportionnément à fa qualité. Il eft des cas où il eft autorifé à les demander fur ce pied. Il en eft d'autres où il ne peut employer fes voyages que pour un homme de cheval feulement, quelque foit fa qualité. Il eft d'autres cas enfin, où il ne peut revendiquer aucuns frais de voyages, ni comme homme de cheval, ni felon fa qualité, mais feulement un fimple *vin de Meffager.* Tout le monde fçait que ce dernier droit appartient à une partie qui a obtenu gain de caufe, & qui eft éloigné du lieu de la Jurifdiction où il lui a fallu plaider. Il eft appellé *vin de Meffager*, parce que, avant que les Poftes & les Meffageries fuffent établies, c'étoit ce qu'on donnoit à un Commiffionnaire que l'on avoit envoyé fur les lieux à fon Procureur pour lui porter fes pieces ou quelque autre chofe néceffaire à l'inftruction d'une affaire. Aujourd'hui ce même droit eft confervé, pour indemnifer une Partie des ports de Lettres & envois de pieces. On l'employe dans les déclarations de dépens (lorfqu'il n'y a point d'actes d'affirmation de voyage,) 1°. pour charger un Procureur ; 2°. pour la confignation de l'amende ; 3°. pour charger un Avocat ; 4°. pour donner avis que l'affaire eft appointée ; 5°. pour faire juger une affaire appointée, lorfqu'elle eft en état ; 6°. pour lever la Sentence ou Arrêt ; enfin fur tous les actes dont il eft néceffaire qu'un Procureur inftruife fon Client dans le cours d'une conteftation. Ces vins de Meffagers fe payent tantôt fur le pied de 5 fols, tantôt de 15 fols, tantôt de 30 fols ; à l'exception néanmoins de celui qui a lieu pour charger un Procureur, lequel eft de 5 livres pour les affignations données au mois & au-deffous, & de 6 livres pour celles données à fix femaines & au-deffus, ainfi que nous l'avons vû plus haut dans le Reglement de 1691. Le vin qui fe donne pour la plaidoyerie ou le Jugement définitif, eft le double de celui qui fe donne pour charger un Procureur. Voilà à peu près ce qu'il y a de plus effentiel à fçavoir fur le vin de Meffager.

Avant que de terminer ce qui regarde cet article, nous obferverons que l'Arrêt de Reglement de 1691. ne concerne que les conteftations qui s'inftruifent & fe décident au Parlement & aux Requêtes de l'Hôtel & du Palais. Chaque Tribunal a, indépendamment de ce, fes regles particulieres fur les voyages. Ainfi au Grand Confeil, on ne fixe point le féjour, comme au Parlement. Une Partie peut le continuer fi long-tems qu'elle le juge à propos, quand une fois fon affirmation eft faite ; & on le lui paffe en taxe, en fe repréfentant au Greffe de tems en tems, & dans de certaines époques pour certifier cette continuation de féjour

Le Châtelet a auffi un Reglement particulier fur les voyages &

E e e

féjours. Il fait partie du Reglement général fait pour cette Jurifdiction au Confeil d'Etat le 6 May 1690. Voici litteralement le Titre qui regle la matiere des Voyages. „ 1°. Aux caufes de la Chambre civile ne „ fera taxé aucun voyage. 2°. Aux caufes jugées au Parc civil & Prefi- „ dial à l'Audience, fera taxé deux voyages & aux procès par écrit „ trois, pourvû qu'ils foient affirmés, fuivant l'Ordonnance; fors „ quand les parties feront demeurantes dans la Ville, Fauxbourgs & „ Banlieue de Paris, auquel cas ne fera donné aucun voyage ni féjour. „ 3°. Dans la taxe des voyages, la journée fera comptée à raifon de „ dix lieuës par jour. 4°. Lorfqu'il n'y aura que fix lieuës & au-deffous, „ il ne fera taxé qu'une journée pour venir & le retour, fans taxer „ aucun féjour. 5°. Au-deffus de fix lieuës jufqu'à dix inclufivement, „ fera taxé deux journées feulement pour venir & le retour, y compris „ le féjour. 6°. Au-deffus de dix lieuës, fera taxé un jour de féjour „ & autant de journées qu'il y aura de fois dix lieuës, ce qui fera „ augmenté à proportion des lieuës, tant pour venir que pour le retour. „ 7°. Pour chaque journée d'un Gentilhomme fera taxé fix livres. „ 8°. Aux Officiers des Compagnies fouveraines, Lieutenans Généraux „ & Prefidens aux Prefidiaux, pareille fomme de fix livres par jour. „ 9°. Aux Ecclefiaftiques nobles, pareille fomme de fix livres. 10°. Aux „ Curés & Prêtres non nobles, quatre livres. 11°. Aux Confeillers des „ Préfidiaux Bailliages, Prévôts, Officiers des Elections, Greniers à Sel „ & autres de judicature indéfinitment, cinq livres par jour. 12°. Aux „ Bourgeois des Villes, Marchands, Receveurs ou Fermiers, Greffiers, „ Notaires Royaux, Procureurs & Sergens, quatre livres. 13°. Aux „ Artifans & Gens de métier des villes, habitans des villages & autres „ perfonnes, quarante fols.

ARTICLE XV.

Si après que la déclaration des dépens aura été figni-
fiée & copie laiffée, il n'a été fait aucunes offres ou
qu'elles ne foient acceptées dans les délais ci-devant
ordonnés, elle fera mife par le Procureur du De-
mandeur en taxe ès mains du Procureur-tiers, avec
les piéces juftificatives; & à cet effet voulons que dans
nos Cours, Siéges & Juftices où il ne fe trouvera point
de Procureurs-tiers en titre d'Office, il foit nommé &
commis par la Communauté des Procureurs, par cha-
cun mois ou tel autre tems qui fera par eux avifé,

nombre suffisant d'entr'eux pour régler & taxer les dépens en la forme & maniere ci-après ordonnée ; si ce n'est dans les Siéges où il y a des Commissaires Examinateurs.

Le Législateur, en renvoyant aux Procureurs ce qui regarde la taxe des dépens, semble en quelque sorte les rendre, par-là, Juges dans leur propre cause. Mais il eut été difficile de faire autrement, par plusieurs raisons. D'abord les droits des Procureurs étant certains, ils ne peuvent être ni augmentés ni diminués par le Tiers qui est préposé pour faire la taxe. S'il contrevenoit aux Réglemens a cet égard, il a des Supérieurs pour le réformer. D'un autre côté, pour faire une juste distinction de la bonne ou mauvaise procedure, & pour allouer ou rejetter à propos, il faut avoir beaucoup d'expérience & d'exercice dans la Pratique, sçavoir les differens usages des Jurisdictions ressortissantes au Parlement, en un mot être bon Praticien ; de sorte qu'on n'auroit pû changer l'ordre établi, sans que le Public en souffrît infiniment : & ces taxes qui se font avec facilité par les Procureurs, parce qu'ils ont naturellement sur cela les connoissances que l'usage de leur profession leur donne, seroient très-difficiles en d'autres mains : & elles ne pouvoient conséquemment y être mises, sans une augmentation considerable de frais pour les Parties, & sans leur faire courir les risques d'être traitées moins équitablement. Enfin il y a au Palais ce qu'on apelle la *Chambre des Tiers*, établie de l'autorité de la Cour, où les difficultés qui peuvent se rencontrer sur la taxe, sont portées ; & sur les doutes qui s'y forment, la Communauté donne ses avis par forme d'instruction. S'il s'agit d'expliquer les Réglemens, on a recours à l'autorité de la Cour qui dicte les régles que l'on doit suivre. Avec de pareilles précautions, il est difficile que les intérêts du Public puissent être mis en de meilleures mains, & menagés avec plus de soin.

Depuis que le Parlement prononce des condamnations de dépens, les Procureurs étoient dans la possession la plus ancienne d'être chargés de leur taxe & de leur liquidation. Néanmoins le feu Roi créa, par Edit du mois de Novembre 1689. des Offices de Tiers Réferendaires pour taxer les dépens dans toutes les Cours & Jurisdictions du Royaume. Mais par une Déclaration postérieure, du six Décembre de la même année 1689, les Procureurs au Parlement ont été maintenus dans leurs fonctions de Tiers Réferendaires, moyennant 600000 liv. qu'ils ont payées au Trésor Royal. En conséquence il a été fait depuis, differens Réglemens pour faciliter l'exécution de l'Edit & de la Déclaration : le premier & le plus notable est celui du 14 Janvier 1690 (*a*).

_____

(*a*) ,, Extrait des Régistres du Parlement du quatorzième Janvier 1690.
,, Ce jour les Gens du Roi sont entrés, & Me Denis Talon Avocat dudit Seigneur Roi

Cependant quoique l'Ordonnance attribue, dans le présent article, la taxe des dépens aux Procureurs, elle ajoute néanmoins à la fin; *si ce n'est dans les Siéges où il y a des Commissaires Examinateurs;* parce qu'en effet la taxe des dépens fait partie des fonctions qui sont attribuées à ces Offiiers par les Edits de création de leurs Charges. Les Commissaires du Châtelet en particulier y avoient été maintenus par un Arrêt célébre du 16 Fevrier 1602. qui porte que *les taxes de dépens adjugés par Sentence donnée, tant à l'Audience qu'en la Chambre du Conseil sur les procés par écrit, liquidation de frais & loyaux coûts, dommages-intérêts, seront faites par les Commissaires privativement ausdits Conseillers, lesquels toutefois procedans à la taxe desdits dépens, & se trouvant difficulté en aucun article de ladite taxe, en feront leur raport pardevant ledit Lieutenant (Civil) pour donner son Jugement, ou autrement regler les Parties ainsi qu'il verra être à faire; comme aussi, urvenant entre les Parties quelque differend pour raison des loyaux coûts, dommages & intérêts, sur lequel il fût nécessaire bailler demandes, défenses, repliques, dupliques, le Commissaire procedant à la liquidation, sera tenu de renvoyer la cause & les Parties pardevant ledit Lieutenant, pour en ordonner, ou regler icelles Parties, ainsi que de raison.* Cet Arrêt qui est antérieur à l'Ordonnance, a été confirmé par un autre intervenu depuis la promulgation de cette Loi, en la Grand-Chambre le 5 Juillet 1692 : il est raporté au Journal des Audiences; & il y a été jugé que la taxe des dépens du Châtelet doit être faite par les Commissaires, & l'apel de la taxe, si aucun est interjetté, porté devant le Lieutenant Civil.

,,portant la parole, ont dit qu'ils aportoient deux Délibérations de la Communauté des
,, Avocats & Procureurs de la Cour; l'une pour faciliter l'exécution de l'Edit des Tiers
,, Référéndaires du mois de Novembre dernier & de la Déclaration du Roi donnée en con-
,, féquence; & l'autre pour éviter les surprises qui se peuvent faire dans l'obtention des dé-
,, fauts aux Andiences; lesquelles Délibérations ils ont laissé sur le Bureau. Eux retirés
,, apres que lecture en a été faite, la matiere mise en délibération. LA COUR ordonne que les-
,, dits actes de Délibération des 15 Décembre & 9 Janvier derniers seront homologues pour
,, être exécutés selon leur forme & teneur, ce faisant que, des Procureurs qui auront acquis
,, les dix années qu'il est nécessaire d'avoir pour faire la fonction de Tiers, il en sera fait
,, huit Colonnes de chacune desquelles il en sera pris pour en composer le nombre de trente
,, qui commenceront de faire leur exercice de cejourd'hui pour continuer jusqu'à la fin du
,, mois de Janvier : Qu'il sera fait une nouvelle liste de ceux qui devront entrer en exer-
,, cice : ce qui sera continué; en sorte que pendant l'année les huit Colonnes soient rem-
,, plies, & les noms des Procureurs choisis dans lesdites Colonnes pour faire lesdites fonc-
,, tions, seront présentés à la Cour trois jours auparavant qu'ils puissent entrer en l'exer-
,, cice d'icelles : Qu'il sera pareillement établi deux Receveurs à chaque nomination, autres
,, que du nombre des trente ci-dessus; l'un desdits Receveurs sera la distribution des décla-
,, rations à ceux qui seront en exercice, qu'il sera le plus également que faire se pourra;
,, sera la distribution écrite de suite sur un même Régistre par chacun jour, & à côté de l'ar-
,, ticle où les dépens seront régistrés, le distributeur côtera le nom de celui auquel la distribu-
,, tion aura été faite. Ne recevra le distributeur que la moitié du droit attribué par l'Edit,
,, l'autre demeurant à recevoir par celui auquel la distribution en aura été faite pour les régler
,, & calculer, ainsi qu'il est prescrit par l'Edit. L'autre Receveur tiendra Régistres des dé-
,, clarations, & sera aussi mention sur la déclaration du jour de l'enrégistrement, pour lequel
,, il recevra du Procureur du Demandeur en taxe quatre deniers par article, qu'il raportera
,, de son assistance à la bourse commune, pour employer aux dettes & charges de la Compa-
,, gnie; qu'à la fin de chacun exercice, il sera fait calculs arrêtés sur les Régistres de ce que
,, l'un & l'autre desdits Receveurs aura reçu, pour être les deniers mis par lesdits Receveurs

ARTICLE XVI.

Le Procureur-tiers sera tenu de cotter de sa main au bas de la déclaration, le jour qu'elle lui aura été délivrée avec les piéces.

ARTICLE XVII.

Sera signifié par acte au Procureur du Défendeur en taxe, le jour que la déclaration & piéces justificatives auront été mises entre les mains du Procureur-tiers, avec sommation d'en prendre communication, sans déplacer.

,, sortant de charge, dans un coffre qui sera en la Sacristie sous trois differentes clefs,
,, dont le premier Procureur de Communauté en aura une, & les deux autres Re-
,, ceveurs chacun une autre, qu'ils remettront à ceux qui entreront en leur lieu. Lorsqu'il
,, conviendra payer les arrerages des rentes dûes par la Compagnie, les Receveurs en charge
,, raporteront leurs clefs, pour être les payemens faits en leur présence & les quittances mises
,, dans le même coffre, dont il sera fait mention sur le Régistre des charges & rentes de la Com-
,, pagnie, qui demeurera au Greffe. Les Procureurs de Communauté tiendront la main à ce que
,, l'ordre soit observé, & à cette fin verront toutes les semaines les Régistres desdits Receveurs
,, pour réparer les manquemens, si aucuns étoient faits en la distribution. Pourront aussi les
,, anciens Procureurs de Communauté & tous ceux de la Compagnie, prendre communica-
,, tion desdits Régistres. Au surplus observeront ponctuellement tous les Tiers Réferendaires,
,, ce qui leur est prescrit par l'Edit & Déclaration, feront l'expédition dans les délais prescrits
,, par l'Ordonnance de 1667; & ceux qui ne s'appliqueront ou négligeront leur devoir, seront
,, privés de ladite fonction : & pour régler les difficultés, si aucunes se trouvent sur la taxe,
,, ceux desdits Tiers Réferendaires qui seront en exercice, se rendront à la Chambre de la
,, Sacristie tous les jours depuis neuf heures jusqu'à midy, au nombre de dix, pour régler
,, par leur avis les contestations qui pourroient naître sur les mémoires, sans que sous tel pré-
,, texte que ce soit, eux ni aucun autre ancien puisse en prendre retribution, à peine d'être
,, rayes de la Matricule Que dans toutes les causes où les Avocats seront chargés, même en
,, celles qui seront aux Rôles, les Procureurs respectivement, avant de remettre le sac & pro-
,, cès pour plaider, seront tenus de déclarer par acte le nom de leurs Avocats, sans qu'en
,, aucune desdites causes, ils puissent l'un ni l'autre prendre défaut ni congé, que ladite dé-
,, claration du nom de leur Avocat n'ait été préalablement signifiée, à peine de nullité, &
,, d'en demeurer par le Procureur responsable en son nom. Et a été le Bâtonnier invité de
,, vouloir exhorter les Avocats de ne demander aucun défaut ni congé aux Audiences qu'il ne
,, leur aparoisse de l'acte qui fera mention que leur nom a été déclaré au Procureur de la Par-
,, tie ; & afin de retrancher du Barreau ceux qui abusent du nom & de la profession d'Avocat,
,, se vouloir aussi donner la peine de donner à la Communauté le Tableau corrigé des Avo-
,, cats, qui pourront être employés tant à la plaidoirie qu'aux écritures, pour s'y confor-
,, mer. Fait au Parlement le 14. Janvier 1690. Collationné, *Signé* Du Tillet.

ARTICLE XVIII.

Trois jours après la premiere sommation, il en sera fait une seconde, par laquelle le Procureur du Demandeur en taxe sommera celui du Défendeur de se trouver en l'Etude du Procureur-tiers à certain jour & heure précise, pour voir arrêter les dépens contenus en la déclaration, & la signer ; autrement il y sera procedé tant en présence qu'absence.

ARTICLE XIX.

Si le Procureur du Défendeur compare, seront les dépens arrêtés par le Procureur-tiers en sa présence.

ARTICLE XX.

A faute par le Défendeur en taxe de comparoir à l'assignation, le Procureur-tiers sera tenu d'arrêter les dépens, pour ce fait, être les arrêtés par lui mis sur la déclaration conformément à son mémoire, lequel y demeurera attaché, & ne sera le premier article passé que pour un seul.

ARTICLE XXI.

Le Procureur-tiers sera tenu d'arrêter les dépens qui contiendront deux cens articles & au dessous, huitaine, après qu'il en aura été chargé ; & ceux qui contiendront plus grand nombre d'articles dans la quinzaine, à peine de répondre des dommages & intérêts des Parties.

Les six articles qui précedent prescrivent la procédure qu'il faut tenir pour la taxe des dépens.

On peut en faire fignifier la déclaration à la Partie qui y eft condamnée, en même tems que le Jugement qui l'y condamne. Apiès quoi, il faut attendre l'expiration du delai ; & enfuite, fi le Défendeur ne fait point d'offres , en pourfuivre la diftribution, & mettre la déclaration entre les mains du Procureur - tiers, auquel les dépens auront été diftribués , en le déclarant au Procureur du Défendeur, pour qu'il en prenne communication fans déplacer, fi bon lui femble. Trois jours après, on fait au même Procureur une fommation de fe trouver à jour & heure indiqués en l'Etude du Procureur-tiers, pour voir taxer les dépens, mettre fes apoftilles fur la déclaration, & figner fon *in præfentiâ.*

ARTICLE XXII.

Le Procureur du Défendeur en taxe ne pourra prendre aucun droit d'affiftance, s'il n'a écrit fur la déclaration fes diminutions , à peine de faux & d'interdiction.

ARTICLE XXIII.

S'il y a plufieurs Procureurs des Défendeurs en taxe condamnés par même Jugement, ils ne prendront affiftance que pour les articles qui les concerneront ; & à l'égard des frais ordinaires & extraordinaires de reddition de compte de tuteur, héritiers bénéficiaires, curateurs aux biens vacans, Commiffaires & autres, les Parties qui auront un intérêt commun, y affifteront par le plus ancien Procureur. Pourront néanmoins les autres Procureurs y être préfens, fans prendre aucun droit d'affiftance, & fans la pouvoir employer dans leurs mémoires de frais & falaires ; fi ce n'eft qu'ils ayent pouvoir par écrit pour y affifter.

A s'en tenir à la lettre de l'Ordonnance, il fembleroit que le Procureur du Défendeur en taxe devroit fe transporter chez le Procureur, pout être prefent à la taxe, & que fon *droit d'affiftance* devroit être attaché à cette préfence réelle & effective. Cependant il en eft autrement dans l'ufage du Palais : après que le Procureur-tiers a dreffé fon mémoire de taxe, le Procureur du pourſuivant la taxe, le retire de ſes mains avec la déclaration & les piéces juſtificatives, & il envoye le tout chez le Procureur du Défendeur. S'il arrête la déclaration conformément au mémoire du tiers, & s'il ſigne ſon *in preſentiâ*, ſon *droit d'aſſiſtance* lui eſt dû : Il eſt d'un ſol par chacun article.

Mais lorſqu'il y a pluſieurs Défendeurs en taxe, pour donner à ce *droit d'aſſiſtance* de juſtes bornes, & ne l'accorder que proportionnément à la meſure d'intérêts qu'ont les Parties dans les dépens qu'il s'agit de taxer, l'Ordonnance diſtingue à cet effet ſi ces Défendeurs ont chacun un intérêt different, ou s'ils n'ont tous enſemble qu'un intérêt commun. S'ils ont chacun un intérêt different, chacun de leurs Procureurs ne pourra prendre ſon droit d'aſſiſtance que pour les articles de la déclaration de dépens qui les concerneront. S'ils ont un intérêt commun, & qu'ils ayent néanmoins differens Procureurs en cauſe, ce ſeroit multiplier ſans néceſſité le droit d'aſſiſtance, au préjudice des Parties condamnées aux dépens, que de l'accorder à chacun d'eux ; dans ce dernier cas, il n'eſt dû qu'au Procureur plus ancien qui ſeul eſt autoriſé à aſſiſter à la taxe, du moins utilement. Car les autres Procureurs peuvent bien y être auſſi préſens, ſi bon leur leur ſemble, mais ſans aucun émolument. Les Procureurs ne peuvent même en exiger aucun pour cela de leurs propres Parties dans leurs mémoires de frais particuliers, parcequ'étant ſûrs d'être payés de cette aſſiſtance ſoit d'une maniere ſoit d'une autre, ils ne manqueroient jamais de prétexte pour éluder la diſpoſition de la loi ſur ce point. Le ſeul cas où l'Ordonnance leur permette dans cette hypothèſe, de ſe faire rembourſer par leurs Parties de cette aſſiſtance, c'eſt lorſqu'ils ont eû d'elles un pouvoir ſpécial & par écrit à cet effet. Il eſt juſte alors que la Partie tienne compte à ſon Procureur du tems qu'il a employé pour ſon intérêt, & en conſequence de ſes ordres particuliers.

ARTICLE XXIV.

Après que la déclaration aura été arrêtée par le tiers, ſera ſignifié un troiſiéme acte au Procureur du Défendeur, par lequel on lui dénoncera que les dépens ont été arrêtés, & ſera ſommé de les ſigner, avec proteſtation qu'à faute de ce faire, le calcul en ſero ſgné par le Commiſſaire par défaut ; ce qui ſera executé en cas de refus & paſſé outre, en faiſant mention dans l'arrêté & calcul de la ſommation.

Lorſque le Procureur-tiers a taxé les dépens, & avant que de les
envoyer

envoyer chez le Procureur du Défendeur en taxe pour y mettre ses apostil-
les, on signifie & dénonce à ce dernier cette taxe par un troisiéme acte
de Procureur à Procureur, avec sommation de les arrêter & signer conformément au mémoire du Tiers. Soit qu'il les signe, soit qu'il refuse de
les signer, le Procureur-tiers procede à l'arrêté & calcul qu'il met au
pied de la déclaration de dépens ; il y est fait mention si l'arrêté a été
fait en présence des Procureurs, ou en l'absence de quelqu'un d'eux.

Cet arrêté étant signé du Procureur-tiers, on le met entre les mains
d'un Greffier à Peau qui expedie, en conformité, l'exécutoire qu'on
fait signifier au Procureur du Défendeur, avant que de l'envoyer sur
les lieux, pour en poursuivre le payement.

A R T I C L E   XXV.

Le Tiers sur chaque piéce qui entrera en taxe, sera
tenu de mettre taxé, *avec son paraphe.*

L'usage de mettre *taxé* avec paraphe sur chacune des piéces justificatives de la déclaration de dépens, avoit lieu au Parlement, avant
l'Ordonnance ; son objet est d'empêcher par ce moyen qu'une même
piéce ne puisse entrer deux fois en taxe.

Cependant, nonobstant cette précaution, il s'étoit encore, depuis
l'Ordonnance, glissé sur cela un nouvel abus. On affectoit de mettre,
dans la déclaration de dépens, les articles sans ordre & par emploi ; de
sorte que par cette inversion on parvenoit à en faire passer en taxe
quelques-uns, en présupofant les piéces justificatives ; ensuite on raportoit, dans un autre endroit de la déclaration, les mêmes articles déjà
taxés par présupofition, & que l'on faisoit taxer de nouveau sur la piéce,
que l'on raportoit alors à l'apui du nouvel article. Cet abus a été reprimé
en conféquence d'une Déliberation de la Communauté des Avocats &
Procureurs, par l'Arrêt de Réglement du 17 Janvier 1691, qui, pour
empêcher à l'avenir ces doubles emplois frauduleux, *a ordonné que les*
déclarations de dépens & frais se feront par ordre de date, eû égard aux
incidens qui y seront employés ; qu'à cette fin les expéditions, requêtes & pro-
cedures sujetes à la taxe, y seront datées, sans qu'on puisse passer en taxe
celles qui ne seront point raportées, si ce n'est qu'elles ayent été adhirées ;
& qu'il en soit fait mention dans le vû des Jugemens, Sentences & Arrêts.

A R T I C L E   XXVI.

Les Commissaires signeront les déclarations sans
prendre aucun droit, & auront seulement leurs Clercs

le droit de calcul, lorfqu'ils l'auront fait & écrit de leur main, fuivant la taxe qui fera arrêtée dans le Tableau ou Régiftre des droits pour les dépens, ci-deffus mentionné. Leur défendons de prendre autres ni plus grands droits, à peine de quadruple.

Dans le principe, c'étoient les Greffiers des Cours qui faifoient la taxe des dépeis : elle leur fut ôtée par l'Ordonnance de 1539 (*a*). qui voulut qu'elle fût faite dorefnavant par un des Conseillers ou Juges. L'Ordonnance d'Orleans (*b*) prefcrivit en conféquence aux Cours d'établir un feul & même Commiffaire pour taxer les dépens. Mais celle de Blois (*c*). décida que ces Commiffaires ne régleroient que les dépens des affaires d'Audience ; & que pour les procès par écrit, la taxe des dépens en feroit faite par les Raporteurs. Quoique dans la fuite on s'en foit raporté aux Procureurs pour ces taxes, néanmoins il falloit toujours que le Commiffaire fignât la déclaration, pour pouvoir obtenir l'exécutoire. Notre article femble encore conferver ce droit aux Commiffaires des Cours, mais fans aucun émolument. Aujourd'hui cette fignature n'eft plus néceffaire. L'exécutoire fe delivre fur le fimple arrêté du Procureur-tiers, qui en conféquence perçoit un droit de calcul, à raifon de 8 deniers par article.

ARTICLE XXVII.

Dans les exécutoires de dépens feront auffi employés les frais pour les lever avec ceux du premier exploit & de la fignification qui fera faite tant des exécutoires que de l'exploit.

Quoique le coût de l'exécutoire & le premier commandement fait

___

(*a*) ,, Que les taxations de dépens & jugemens de défaut ne fe feront dorefnavant par les ,, Greffiers, mais par les Conseillers & autres Juges ordinaires ou delegués, aufquels la con- ,, noiffance en apartient. *Ordonnance de 1539. art.* 182.

(*b*) ,, Les depens adjugés tant en nos Cours Souveraines qu'aux Jurifdictions feront taxés ,, par un feul Commiffaire, qui ne pourra taxer fon falaire qu'à raifon & pour le tems ,, qu'il y aura vacqué. *Ordonnance d'Orleans, art.* 47.

(*c*) ,, Toutes déclarations de dépens feront par les Procureurs mifes au Greffe & paraphées ,, par les Greffiers ou leurs Commis ; fans que pour ledit paraphe ledit Greffier en puiffe pré- ,, tendre aucun falaire, pour être lefdites déclarations par nos Préfidens diftribuées à cha- ,, cun des Conseillers felon leur ordre. Et pour le regard des déclarations de dépens des pro- ,, cès par écrit, feront fans autre diftribution baillées par les Greffiers ou leurs Commis à ,, ceux qui auront raporté lefdits procès. *Ordonnance de Blois, art.* 141.

en conséquence, ayent par leur nature une époque, postérieure à la taxe des dépens, & semblent par cette raison ne pouvoir être compris dans le calcul du montant de la déclaration de dépens ; cependant comme ces sortes de choses ne sont point sujetes à variations & qu'on en sçait par avance le coût, on les comprend, d'après l'Ordonnance, dans la déclaration de dépens & dans le calcul & l'arrêté qui sont faits en conséquence ; & par une suite nécessaire elles sont toujours partie du montant de l'exécutoire, comme en étant une suite & une dépendance indispensable.

ARTICLE XXVIII.

Si la Partie qui a succombé , interjette apel de la taxe des dépens , son Procureur sera tenu de croiser dans trois jours sur la déclaration les articles dont il est apellant ; & à faute de ce faire sur la premiere requête , il sera déclaré non-recevable en son apel.

ARTICLE XXIX.

Après que le Procureur de l'Apellant aura croisé sur le déclaration les articles dont il sera apellant , pourra l'Intimé se faire délivrer exécutoire du contenu aux articles non croisés dont il n'y aura point d'apel.

ARTICLE XXX.

Les apellations des articles non croisés sous deux croix seulement , seront portées à l'Audience ; & quand il y en aura davantage , sera pris un apointement au Greffe.

ARTICLE XXXI.

L'Apellant sera condamné en autant d'amendes qu'il y aura de croix & chefs d'apel sur lesquels il sera condamné ; fi ce n'eft qu'il foit apellant des articles croifés par un moyen géneral ; & néanmoins les dépens adjugés pour raifon des apellations des taxes , feront liquidés par le même Jugement qui prononcera fur les apellations.

On trouve raffemblé, dans ces quatre articles, tout ce qui a raport aux apels de taxe. Car il faut obferver foigneufement qu'on ne peut regulierement interjetter apel de l'executoire qui, etant figné du Greffier, a la forme & l'autorité d'un Arrêt & conféquemment n'eft point fujet à apel. Mais la taxe de chacun des articles qui compofent l'executoire, étant l'ouvrage des Tiers qui les ont arrêtés, elle peut par cette raifon être attaquée par la voye de l'apel.

Mais ce n'eft point affez d'interjetter un apel indéfini de la taxe, il faut que celui qui croit avoir lieu de s'en plaindre ou du moins fon Procureur, explique fur quels articles de la déclaration de dépens tombe fon apel ; fans quoi cet apel, au lieu de devenir une voye de droit en faveur de ceux qui peuvent avoir jufte raifon de fe plaindre de la taxe en certains points, deviendroit un fubterfuge frauduleux pour éluder le payement des executoires. C'eft pourquoi l'Ordonnance veut que l'Apellant, dans ce cas, croife dans les trois jours de fon apel, fur la déclaration, les articles fur lefquels tombe fon apel.

S'il ne le fait pas fur la premiere fommation qui lui en eft faite, celui qui a obtenu l'executoire, préfente fa requête pour le faire déclarer non-recevable dans fon apel ; & il obtient Arrêt qui prononce en fa faveur cette fin de non-recevoir. Si l'Apellant au contraire fe conforme à l'Ordonnance & croife les articles de la taxe defquels il croit avoir lieu de fe plaindre, alors rien n'empêche l'Intimé de fe faire payer du montant des autres articles qui ne font point attaqués ; & l'Ordonnance l'autorife à en obtenir provifoirement executoire, fans attendre l'événement de l'apel des articles en conteftation.

Quant à la forme & à la maniere de juger ces fortes d'apellations, l'ufage avant l'Ordonnance étoit que fur deux croix on alloit à l'Audience ; & que quand il y en avoit davantage, cela formoit un procès par écrit qui fe diftribuoit aux Enquêtes. L'Ordonnance a confervé jufqu'à un certain point l'ancien ufage, par l'article 30 de ce Titre. Cependant dans l'ufage actuel, il eft peu d'apel de taxe qui fe décident à l'Audience ; n'y eut-il que deux croix ou moins. La Cour, fur ces fortes d'apels, a coutume de renvoyer les Parties devant un ancien Procureur qu'elle honore de fa confiance à cet effet ; & fur fon avis, elle prononce enfuite fur l'apel. Elle ne s'aftreint point à choifir pour cela dans le nombre des Procureurs qui ont en tour d'être Tiers ; ainfi qu'elle l'a elle-même expreffément déclaré, dans fon Arrêt de Réglement du 17 Janvier 1691, dans lequel, après avoir ordonné qu

conformément à la Déclaration du 6 Décembre 1689, *tous les Procu-*
reurs, autres que ceux qui seront commis pour faire la fonction de Tiers,
ne pourront voir, taxer ni calculer les dépens, la Cour a ajouté ce correctif : *dans laquelle prohibition ne seront comprises les apellations de taxes*
& contestations qui peuvent survenir en conséquence d'icelles, qui seront
réglées par les Procureurs ausquels la Cour en fera le renvoi.

Comme dans les apels de taxe, chaque article contesté forme en soi un
objet particulier & qu'il y a, pour ainsi dire, autant de contestations particulieres & isolées les unes des autres qu'il y a d'articles croisés, l'Ordonnance décide en conséquence que l'Apellant sera condamné en autant d'amendes qu'il y aura de croix. C'est un très-sage préservatif pour
retenir les Plaideurs obstinés & les empêcher, par la crainte de voir
contr'eux multiplier les amendes, de croiser témérairement un trop
grand nombre d'articles. Néanmoins si l'apel de ces differens articles ne
formoit en quelque sorte qu'un seul & même objet & fut enveloppé
dans un moyen général, la raison de la Loi cessant, l'effet doit en cesser
aussi nécessairement. C'est pourquoi dans ce dernier cas, il n'est dû qu'une
amende, quelque soit le nombre des articles croisés.

Quant aux dépens d'apels de taxe, pour empêcher que la liquidation ne
donne encore matiere à une nouvelle contestation, l'Ordonnance met
à leur égard une exception à la régle générale, en voulant que la liquidation en soit faite par le même Arrêt qui prononcera sur l'apel.

ARTICLE XXXII.

Les dépens qui seront adjugés soit à l'Audience ou
sur les procès par écrit, par les Baillifs, Sénéchaux
& Présidiaux, seront taxés en la même forme & ma-
niere qu'en nos Cours, & tous les droits reglés suivant
l'usage des Siéges dans lesquels les condamnations
seront intervenues, ainsi qu'ils seront employés dans
le Tableau & Régistre ci-dessus mentionné ; & seront
les dépens taxés par les Juges ou Commissaires Exa-
minateurs des dépens créés & établis à cet effet; ausquels
Commissaires Examinateurs Nous défendons de pren-
dre plus grands droits, sous prétexte d'attributions &
usages contraires, que ceux qui seront arrêtés, à peine
de concussion & d'interdiction de leurs charges.

Les précedens articles nous ont appris comment se doivent taxer les dépens dans les Cours. Celui-ci nous apprend *de quelle maniere* & *devant qui*, l'on doit proceder à cette taxe dans les Bailliages, Sénéchauffées & Sieges Préfidiaux.

Quant à la *maniere* de taxer les dépens dans ces premiers Siéges Royaux, elle doit être exactement la même que dans les Cours. Tout fe reduit donc à aprofondir *qui font ceux qui doivent* préfider à cette taxe.

Dans les Tribunaux où il y a des Commiffaires Examinateurs, ce droit leur eft dévolu, comme étant l'un des principaux attributs de leurs charges. Au défaut de Commiffaires Examinateurs, s'il y a des Procureurs tiers en titre d'Office, c'eft à eux à qui l'on doit s'adreffer comme étant fpécialement commis à cet effet par le Souverain. Enfin, au défaut de Commiffaires & de Procureurs-tiers, la Communauté des Procureurs de chaque Siege, doit commettre un certain nombre de fes membres pour vaquer à cet Office pendant un certain tems limité, ainfi que s'en explique l'article 15 de ce Titre. Nous avons déja obfervé fur cet article 15, que les Commiffaires du Châtelet ont été maintenus, par une Jurifprudence conftante, dans le droit que leur confirme ici l'Ordonnance. Nous y ajouterons feulement que lorque l'on apelle de leur taxe, cet apel fe porte devant M. le Lieutenant Civil : ce qui ne doit néanmoins s'entendre que lorfque l'apel n'a que la taxe des dépens pour objet. Car fi l'on interjettoit en même tems apel de la Sentence portant condamnation aux depens, l'apel de la taxe n'étant alors que fubfidiaire & fubordonné à celui de la Sentence, ce double apel fe porteroit au Parlement.

Article XXXIII.

Les Juges Subalternes, tant Royaux que des Seigneurs particuliers, feront tenus en toutes Sentences, foit en l'Audience ou Procès par écrit, de liquider les dépens eû égard aux frais qui auront été légitimement faits, fans aucunes déclarations de dépens, à peine contre les contrevenans de vingt livres d'amende & de reftitution des droits qui auront été perçus dont fera délivré executoire aux Parties qui les auront débourfés.

Ce dernier article développe toute la gradation de l'Ordonnance fur la maniere de faire la taxe des dépens, ou du moins fur ceux qui doivent vaquer à cette opération ; & pour cela le Légiflateur diftingue les Tribunaux en trois fortes de claffes.

Dans les Tribunaux de la premiere claffe, c'eft-à-dire dans les Cours ce doit être un certainnombre de Procureurs choi is à cet effet par leurs autres Confreres.

Dans la seconde, font les Bailliages, Sénéchauffées & Préfidiaux, où il y a prefqu'univerfellement des Commiffaires établis à cet effet & aufquels il faut avoir recours.

Enfin dans les Tribunaux de la derniere claffe, comme font les Prévôtés & Châtellenies Royales & les Juftices des Seigneurs (*a*) l'on ne pourroit fans danger confier le foin de taxer les dépens, a d'autres qu'au Juge même. Ceft pourquoi l'Ordonnance aftreint le Juge, dans ces Tribunaux, à liquider lui-même les dépens ; & pour ne point conftituer les Parties dans les frais d'un nouveau Jugement de liquidation, il doit la faire par le même Jugement qui contient la condamnation de dépens, foit que ce Jugement ait été rendu à l'Audience ou fur productions des Parties.

FORMULES

DES PROCEDURES

RELATIVES

AU PRESENT TITRE.

Au Châtelet.

L'AN mil fept cent ... le ... à la requête de ... demeurant ... j'ai ... fouffigné fignifié & baillé copie à ... de la déclaration des dépens adjugés audit ... contre ledit ... par Sentence rendue par défaut faute de comparoir au Parc Civil du Châtelet de Paris le ... à ce qu'il n'en ignore ; & lui ai donné affignation à comparoir à la ... heures du matin, en la Chambre des Sieurs Commiffaires de préfent en taxe au Châtelet, pour prendre communication de ladite dé-

Sommation au domicile de la Partie, pour voir taxer les dépens d'une Sentence par défaut faute de comparoir.

(a) Quoique l'Ordonnance femble affujettir tous les Juges *indiftinctement* à liquider les dépens dans leurs Sentences même, néanmoins la Jurifprudence des Arrêts n'aplique la difpofition de l'Ordonnance qu'aux Juges inférieurs des Seigneurs Quant aux Juges fuperieurs, & qui ont un reffort d'apel, la Cour ne les oblige point à liquider les dépens dans leurs Jugemens, les mettant en ce point à *l'inftar* des Bailliages Royaux. C'eft ce qui a été jugé notamment par Arrêt rendu en la quatrième Chambre des Enquêtes le 9 Juillet 1690, fur un apel du Juge de Nefle.

claration de dépens en original, ensemble des pieces juſtificatives d'icelles, les
vo r taxer, en ſigner l'arrêté, en faire ſes offres dans le tems porté par l'Ordonnance ; ſinon lui ai déclaré qu'il y ſera procedé tant en abſence que preſence, &
l'exécutoire levé en la maniere accoutumée ; & ai audit ... parlant comme deſſus, laiſſé copie tant de ladite déclaration de dépens que du préſent, & ſignifié
que Me ... Procureur continuera d'occuper pour ledit Demandeur.

Lorſque la Sentence eſt contradictoire, ou du moins par défaut à l'Audience, y ayant
alors Procureurs conſtitués de part & d'autre, c'eſt au domicile du Procureur que ſe
fo it les ſommations, ainſi qu'il ſuit.

Premiere Sommation à Procureur, pour parvenir a la taxe des dépens.	A la requête de ... Demandeur, ſoit ſignifié & déclaré à Me Procureur de ... que la déclaration de dépens adjugés au Demandeur par Sentence du Châtelet du ... enſemble les pieces juſtificatives d'icelle, ont été aujourd'hui miſes ès mains des Commiſſaires en taxe au Châtelet, à ce qu'il n'en ignore, & ait à en prendre communication, ſi bon lui ſemble, dans le tems de l'Ordonnance, ſans de-placer, dont acte.
Seconde ſommation.	A la requête de ... Demandeur, ſoit ſommé Me ... Procureur de ... Défen-deur, de comparoir demain onze heures du matin en la Chambre des Commiſſaires en taxe du Châtelet de Paris, pour voir arrêter les dépens contenus en la déclara-tion ſignifiée & adjugés par Sentence du ... en voir faire le calcul ; ſinon pro-teſte le Demandeur qu'il y ſera procedé, tant en abſence que préſence, dont acte.
Troiſième ſomma-tion.	A la requête de ... Demandeur, ſoit ſignifié & déclaré à Me ... Procureur de ... que les dépens adjugés au Demandeur par Sentence du ... & contenus en la déclaration ſignifiée le ... ont été arrêtés par les Sieurs Commiſſaires au Châtelet le ... & pour ſigner ledit arrêté & calcul, ledit Me ... audit nom eſt ſommé & interpelle de comparoir demain jeudi onze heures du matin en la Cham-bre des Commiſſaires au Châtelet ; ſinon & à faute de ce faire, le Demandeur pro-teſte que le calcul ſera ſigné par leſdits Commiſſaires, tant en préſence qu'ab-ſence, & l'executoire délivré en la maniere accoutumée, dont acte.
Arrêté du Procu-reur du Défendeur	Vû à la charge du mémoire, & ſauf à ma Partie à ſe pourvoir.
Acte déclaratif du montant des dépens.	A la requête de ... Demandeur, ſoit ſignifié & déclaré à Me ... Procureur de ... que les dépens adjugés au Demandeur, par Sentence du ... & contenus en la déclaration ſignifiée le ... montent, ſuivant les apoſtilles étant en marge, à la ſomme de ... y compris le coût de la préſente ſignification & les frais de taxe, à ce que ledit Me ... audit nom n'en garde, le ſommant de payer ; ſinon ledit .... Demandeur déclare qu'il levera executoire au premier jour en la maniere accoutu-mée, dont acte.
Acte d'apel de l'exé-cutoire.	A la requête de ... Défendeur, ſoit ſignifié & déclaré à Me ... Procureur de ... Demandeur ; que ledit Sieur ... eſt Apellant de la taxe des dépens conte-nus en l'executoire obtenu par ledit Sieur Demandeur le ... à lui ſignifié le ... pour les raiſons & griefs à déduire en tems & lieu ; à ce qu'il n'en ignore, pro-teſtant de nullité de tout ce qui pourroit être fait au préjudice du préſent, dont acte.
Sommation à l'Ap-pellant de cotter les articles.	A la requête de ... ſoit ſignifié & déclaré à Me ... Procureur de ... qu'at-tendu l'apel par lui interjetté par acte du ... de la taxe des dépens contenus en l'executoire du ... ledit ... a fait aujourd'hui mettre au Greffe de ... Commis au Greffe Civil du Châtelet la déclaration de dépens ſur laquelle ledit executoire a été obtenu avec les pieces juſtificatives de ladite déclaration, le tout paraphé par premiere & derniere dudit Me ..., ſommant ledit Me ... audit nom d'en

prendre

prendre communication , fi bon lui femble , dans trois jours, fuivant l'Ordonnance & d'en croifer les articles dont il fe plaint ; finon protefte ledit … de fe
pourvoir pour le faire déclarer non-recevable dans fon apel, dont acte.

A venir plaider au premier jour à l'Audience du Parc Civil du Châtelet par
Me … Procureur de … fur la requête de Me … Procureur de … à ce qu'il
foit dit que faute par l'Apellant ou fon Procureur d'avoir croifé dans le tems de
l'Ordonnance les articles de la déclaration de dépens dont il fe plaint , il fera déclaré non recevable dans fon apel & ordonné que l'executoire fera executé avec
dépens.

Requête pour faire déclarer un Apellant de taxe non-recevable, faute d'avoir croifé la déclaration dans les délais de l'Ordonnance.

Sieur … Apellant de la taxe de dépens contenus en l'executoire du … Contre … intimé.

Moyens d'apel de taxe.

Dit pour moyens d'apel contre ladite taxe que (*énoncer ici*) en prenant par ordre
les articles de la déclaration dont on fe plaint , fes moyens particuliers , pour faire con-
noître qu'un article ne doit point entrer en taxe , qu'un autre a été trop taxé , &c.) En
conféquence requiert ledit Sieur Apellant qu'il plaife à M. le Lieutenant Civil ,
faifant droit fur fon apel , faire dans la déclaration de dépens dont il s'agit , les
réductions & radiations ci-devant énoncées.

Sieur … Intimé. Contre … Apellant de la taxe de dépens contenus en l'executoire du … Dit pour réponfes aux moyens d'apel fignifiés le … que la taxe
dont il s'agit eft des plus réguliere ; faite fuivant le Réglement ; pour en être convaincu , il fuffit de parcourir fommairement les moyens d'apel opofés par ledit …
(*entrer ici dans le détail de chacun des moyens d'apel & y répondre.* Par ces motifs l'Intimé foutient l'Apellant mal fondé dans fon apel, & qu'il doit être ordonné que
l'executoire dont eft queftion fera executé.

Réponfes aux moyens d'apel de taxe.

A la requête de … Intimé foit fommé Me … Procureur de … Apellant
de comparoir … prochain, trois heures de relevée, à l'Hôtel de M. le Lieutenant
Civil, & y faire comparoir, fi bon lui femble, fa Partie pour y expliquer les moyens
fur lefquels l'Apellant prétend appuyer l'apel qu'il a interjetté de la taxe des dépens contenue en la déclaration fignifiée le … & fur laquelle l'executoire du …
a été levé, & s'il a d'autres moyens à propofer que ceux portés par les écritures
qu'il a fait fignifier le … pour en être dreffé Procès-verbal, enfemble des dires,
requifitions & proteftations des Parties, & être reglé par mondit Sieur le Lieutenant Civil fur les conteftations dont il s'agit , & que faute par ledit … ou fon
Procureur de comparoir , il fera contre eux donné défaut , & pour le profit procédé audit Procès-verbal de Réglement, tant en préfence qu'abfence, dont acte.

Sommation au Procureur de l'Apellant de comparoir en l'Hôtel de M. le Lieutenant Civil , pour être reglé fur l'apel de taxe.

On dreffe en conféquence le Procès-verbal chez M. le Lieutenant Civil qui y décide ,
au jour indiqué , du fort de l'apel de taxe.

Déclaration de dépens efquels Sieur … a été condamné envers … par Sentence rendue au Châtelet de Paris le …

Premierement pour le contrôle du Billet, *fuivant le reçu du Contrô-*
leur.

Déclaration de dépens : on y fupofe que c'eft un Demandeur en faifie-arrêt.

Pour le Confeil avant la Requête	xxx f.
Pour la Requête du … afin de permiffion de faifir	xxi f.
Pour l'exploit de faifie & arrêt du … |papier, contrôle & droit de l'Huiffier.	xxx f.
Pour la préfentation , contrôle & journée	x f.
Pour le défaut concluant & journée	vij f. 6 d.
Pour l'exploit de dénonciation du	xxx f.
Pour la préfentation	x f.
Pour le défaut & journée	vij f. 6 d.

Pour le conseil fur une Requête verbale   •   •   •   xxx f.
Pour la plaidoirie de l'Avocat   •   •   •   iij f.
Pour la journée de la Sentence ci - après   •   •   v f.
Pour la minute d'icelle   •   •   •   xij f. 6 d.
Pour le coût de ladite Sentence du •   •   •   copie , fignification
& centrôle
Pour la copie , fignification & fommation pour parvenir à la taxe   •   •
Pour le contrôle des dépens   •   •   •
Pour les affiftances   •   •   •   •   •
Pour les Commiffaires   •   •   •
Pour les Tiers   •   •   •   •   •
Pour le Syndic   •   •   •   •
Pour l'executoire , fignature & fcel.   •   •   •   •   •
Pour le premier commandement.   •

Nota. Les déclarations de dépens , au Châtelet comme au Palais , varient à l'infini fuivant les differentes efprces de demandes & les incidens qui peuvent naître dans le cours der conteftations. C'eft pourquoi , après avoir expofé le modele ci-deffus , pour donner feulement une idée générale , on va joindre le Réglement qui a été donné au Confeil d'Etat en 1690. pour fixer les falaires & droits des Procureurs au Châtelet , dans tous les cas qui peuvent fe rencontrer.

Tarif des falaires des Procureurs au Châtelet que le Roi veut être executé.

ARTICLE PREMIER.

EN toutes demandes principales & incidentes , & appellations relevées au Châtelet ,
fera taxé pour droit de Confeil.   30 f.

II.

Sur les demandes formées par
Requête verbale ou autrement,
pour avoir communication ou
rendre des Pieces, pour fatisfaire
ou faute d'avoir fatisfait aux Sentences diffinitives ou préparatoires ou pour autres incidens concernans la procedure, ne fera taxé
aucun droit de Confeil.

III.

Pour le memoire des Exploits

de demande qui fe donneront au
Parc Civil , ou au Préfidial , en
matiere perfonnelle, fera taxé 5 f.

IV.

Pour le memoire des Exploits
en matiere réelle, & demande
en fommation de garantie , de
quelque grandeur que foit l'Exploit , fera taxé   10 f.

V.

Sera taxé deux fols fix deniers
au Procureur du Défendeur pour
fe préfenter.

VI.

Les faits & articles qui feront
fignifiés , feront payés au Procureur, à raifon d'un fol par article,

dont il ne fera fait aucune taxe fuivant l'Ordonnance ; mais le Procureur s'en fera payer par la Partie, comme de falaires extraordinaires.

VII.

Pour les Requêtes qui feront préfentées au Lieutenant Civil, fera taxé vingt fols, de quelque grandeur qu'elles puiffent être ; auquel cas ne fera taxé aucun droit de memoire pour Exploit.

VIII.

Pour les défenfes & repliques fera taxé dix fols, lorfqu'elles ne contiendront davantage, fera taxé à raifon de dix fols du rôle en petit papier, qui contiendra vingt-deux lignes à la page, & quinze fyllabes à la ligne, & la moitié pour la copie; mais il ne fera fait aucune taxe pour les dupliques, tripliques & autres femblables écritures abrogées par l'article 3. du titre 14. de l'Ordonnance du mois d'Avril 1667.

IX.

Pour les copies de Titres & Pieces qui feront fournies avec l'Exploit de demande, ou en fourniffant de défenfes & demandes incidentes, fommations & contre-fommations, elles feront taxées à raifon de deux fols fix deniers de chacun rôle des Titres dont fera donné copie, pourvû que le rôle du Titre contienne vingt - deux lignes à la page, & quinze fyllabes à la ligne. Et lorfque les originaux des Titres ne feront pas reprefentés, ou que les rôles feront plus om moins grands, la

taxe en fera faite à proportion par eftimation.

X.

Pour l'original d'un Avenir fera taxé au Procureur deux fols fix deniers, moitié pour la copie.

XI.

Il ne fera taxé en toutes inftances que quatre Avenirs; & lorfqu'il y aura des demandes incidentes, fix Avenirs au plus.

XII.

Le Procureur du Défendeur en fimple faifie & arrêt n'aura pour tous frais que trois livres, quoiqu'il foit débiteur par differens titres, jufques & compris la journée & audience pour obtenir la Sentence diffinitive ou autre Reglement, & pour chaque inftance de faifie & arrêt; & s'il eft néceffaire que le Défendeur donne des copies de Pieces, elles feront taxées à raifon de deux fols fix deniers du rôle du Titre, comme ci-deffus.

XIII.

Le Procureur du Demandeur en faifie & arrêt fur plufieurs locataires ou fous - locataires d'une même maifon, n'auront qu'un droit de confeil, quoique les Exploits foient faits en differens jours, & quarante fols pour chaque inftance de faifie & arrêt, jufques & compris la journée de l'Audience pour obtenir Sentence diffinitive ou autre Reglement.

XIV.

Sera taxé au Procureur qui plaidera fans miniftere d'Avocat, une caufe au Parc Civil ou Préfidial, pour obtenir un Jugement diffinitif, quinze fols pour l'Audience, & deux fols fix deniers pour la journée, & pareil droit

au Procureur du Défendeur; &
à l'égard de toutes les autres caufes qui fe plaideront au Parc Civil, Préfidial, Criées ordinaires,
Chambre Civile, de Police, & Criminelle, ne fera taxé que dix fols
pour l'Audience, & deux fols fix
deniers pour la journée, foit qu'ils
les plaident eux-mêmes, ou qu'ils
fe fervent du miniftere d'un Avocat.)

XV.

Toutes demandes, défenfes &
Pieces dont copies doivent être
données fuivant l'Ordonnance,
avec les demandes & défenfes,
offres & Requêtes verbales, Actes
de fommations de produire, Requêtes de contredits, Salvations
& autres inftructions, feront
fignifiées par les Audienciers aux
Procureurs; & où il n'y aura
qu'une fimple communication de
Pieces, elles pourront être données par baillées; pour quoi fera
taxé deux fols fix deniers pour la
journée du Procureur, & les copies de Pieces de même que deffus.

XVI.

Pour dreffer les qualités d'une
Sentence d'Audience, fera taxé
cinq fols pour la minute, & moitié pour la copie qui fera fignifiée; lequel droit fera donné à
celui qui levera la Sentence; & fi
plufieurs levent la Sentence, les
qualités ne feront taxées qu'à celui qui les aura le premier fait
fignifier; & où elles feront fignifiées le même jour, elles feront
paffées à celui qui aura obtenu à
fes fins; le tout à la charge que
s'il furvient quelque conteftation
fur lefdites qualités, il ne fera rien
taxé aux Procureurs, foit pour

journée ou autrement, pour les
faire regler.

XVII.

Pour les copies qui feront fignifiées des Sentences d'Audience
fera taxé deux fols fix deniers du
rôle de la groffe, qui contiendra
vingt-deux lignes à la page, &
quinze fyllabes à la ligne, fuivant
l'Ordonnance.

XVIII.

Sera taxé aux Procureurs trente
fols pour la vacation, lors de la
comparution fur le procès-verbal
de la confection de l'enquête.

XIX.

Aux caufes de la Chambre Civile il ne fera taxé aucun droit de
confeil ni de préfentation.

XX.

Les dépens de chaque inftance
de la Chambre Civile à l'égard du
Demandeur, feront liquidés à
trois livres, s'il obtient à fes fins,
& quarante fols pour le Défendeur, lorfqu'il fera déchargé de la
demande, en ce non compris la
groffe de la Sentence, les frais de
faifie & execution de meubles,
de faifie par forme de gagerie, &
les frais qui fe font en execution
des Sentences, à moins que par la
Sentence du Lieutenant Civil il
ne les ait liquidés à plus grande
fomme.

XXI.

Sera taxé deux fols fix deniers
pour la journée du Procureur,
qui fera délivrer le défaut par le
Greffier des défauts.

XXII.

Pour les conclufions dreffées
pour obtenir la Sentence fur le
défaut.   10 f.

XXIII.

Pour la journée du Procureur

qui levera la Sentence fur ledit défaut.　　　　　5 f.

XXIV.

Pour la copie de la Sentence par défaut faute de comparoir, lorfqu'elle fera fignifiée, cinq fols, de quelque grandeur qu'elle puiffe être.

XXV.

Les reconnoiffances des écritures & fignatures privées fe feront à l'Audience de l'ordinaire au Parc Civil, fuivant l'Edit du mois de Décembre 1684.

XXVI.

Les vacations aux fcellés, inventaires, comptes & partages feront de trois heures, & fera taxé au Procureur cinq livres pour chacune vacation, fuivant l'Arrêt du Confeil du premier Juin 1676.

XXVII.

Sera taxé au Procureur du rendant, pour avoir mis les Pieces par ordre, dreffé la minute du compte, & fourni deux groffes du compte, dont chaque rôle contiendra deux pages de papier à dix-huit deniers la feuille, chaque page de vingt-deux lignes, & à chaque ligne huit fyllabes, à raifon de cent fols pour chacun cahier de l'une & de l'autre des groffes, pour le droit des Commiffaires, cent fols du cahier de la tierce-copie ; lequel cahier fera compofé de feize rôles remplis, comme ci-deffus.

XXVIII.

Ne feront tranfcrites autres Pieces que la Commiffion du rendant, l'Acte de tutelle, & l'extrait du Jugement qui condamne à rendre le compte, fuivant l'Ordonnance.

XXIX.

Pour les Referés qui fe feront au Lieutenant Civil hors la vacation, fera taxé au Procureur 3 liv.

XXX.

Pour les comparutions qui fe feront à l'Hôtel du Lieutenant Civil, aux termes du Reglement du mois de Janvier 1685. fera taxé au Procureur ; fçavoir trois livres pour les comparutions contradictoires, & quarante fols lorfqu'elles feront par défaut.

XXXI.

L'inventaire de production fera dreffé par le Procureur, dans lequel les remontrances pourront être comprifes au préambule ; auquel cas ne fera taxé aucune remontrance feparée ; & en cas que les remontrances fe faffent féparément, ne fera fait aucun préambule dans l'inventaire, lequel audit cas fera retranché, pour lequel inventaire fera taxé pour rôle contenant la page vingt-deux lignes, & quinze fyllabes à la ligne, dix fols du rôle, & le quart pour la copie.

XXXII.

Pour les remontrances & avertiffemens, Requêtes d'emploi, & autres écritures qui feront faites par les Procureurs, fera taxé comme pour les inventaires de production, dix fols du rôle rempli comme deffus, & le quart pour la copie.

XXXIII.

Pour les écritures qui feront faites par les Avocats plaidans actuellement au Châtelet ou au Palais, fera taxé pour rôle de grand papier contenant vingt-deux lignes à la page, & quinze fyllabes à la ligne, vingt fols, le tiers pour la copie, & le dixiéme pour le droit de révision , & outre ce, cinq sols pour rôle de la grosse au Clerc d'Avocat.

XXXIV.

Pour la journée du produit du Greffe sera taxé au Procureur cinq sols, & à celui qui fera prononcer la Sentence.   5 s.

XXXV.

Pour avoir pris communication des procès par les mains des Rapporteurs, quelque nombre de sacs qu'il y ait.   3 liv.

XXXVI.

Pour les copies des Sentences rendues sur productions des Parties qui feront signifiées, fera tax. deux sols six deniers du rôle de la grosse, écrite & remplie comme dessus.

XXXVII.

Pour la remise des sacs après le procès jugé, trois livres au plus, quelque nombre de sacs qu'il y ait.

XXXVIII.

Lorsqu'il s'agira de taxer les dépens, la déclaration sera signifiée sans donner de nouveau copie de la Sentence, en cas qu'elle ait été signifiée, & fera permis à celui qui doit les dépens de faire les offres suivant l'Ordonnance , sans aucun droit d'assistance au Procureur, en cas que les offres soient payés volontairement par la Partie, sans avoir été signés par les Procureurs.

XXXIX.

Le droit du poursuivant la taxe, sera d'un sol pour chacun des articles bons, & la moitié pour la copie de la déclaration, & le droit de chacun des Procureurs pour l'assistance , un sol pour chacun des articles bons, à la charge d'accoller tous les articles qui le doivent être suivant l'Ordonnance , lesquels articles accollés ne passeront que pour un.

XL.

Ne sera taxé aucun droit de conseil pour faire une saisie réelle.

XLI.

Ne sera rien taxé au Procureur pour porter la saisie réelle , & la retirer du Commissaire aux Saisies réelles , n'étant de son office.

XLII.

Pour un original d'affiches qui contiendra deux rôles en minute à vingt-deux lignes chaque page, & quinze syllabes à la ligne, sera taxé vingt sols ; & s'il y a plus ou moins de rôles , fera la taxe augmentée ou diminuée a proportion, & donné moitié de l'original pour chaque copie.

XLIII.

Pour l'Acte pour déclarer à la Partie saisie qu'il sera procedé aux criées, ainsi que pour celui par lequel l'on dénonce qu'il a été apposé affiches à la quinzaine, sera taxé au Procureur cinq sols, & pour la copie moitié.

XLIV.

Pour voir les criées , & les porter & retirer des mains du certificateur.   3 liv.

XLV.

Pour la Sentence de certification sera taxé cinq sols pour la journée du Procureur.

XLVI.

A l'égard des oppositions formées à charge ou afin de distraire ou d'annuller pendant la poursuite des criées, lorsque les causes seront en état d'être portées à l'Audience , le poursuivant criées fera signifier un Avenir, qui contiendra déclaration que l'opposant poursuit l'Audience, ou qu'elle sera poursuivie par le poursuivant de jour à autre, & ne sera passé en taxe que trois Avenirs, pour raison desdites Instances ; au surplus la taxe se fera comme des autres Instances, ainsi qu'il est dit ci-deslus.

XLVII.

Pour les autres oppositions afin de conserver en decret forcé, elles ne seront dénoncées aux Parties saisies, ni à aucun des opposans.

XLVIII.

Et en decret volontaire les oppositions pour conserver ne seront dénoncées qu'au vendeur seulement.

XLIX.

Pour lesquelles oppositions afin de conserver, ne sera taxé au Procureur poursuivant criées, pour tous frais & procedures sur les oppositions & significations des Sentences, jusques à l'adjudication inclusivement, que cent sols aux decrets volontaires, & quatre livres aux decrets forcés, non compris les frais du Greffe qui seront employés par un seul article en la déclaration de dépens.

X.

Sera taxé à chacun des Procureurs des opposans afin de conserver après l'adjudication, pour la requête de distribution, & tous droits & frais de procedures de comparutions pour représenter les Titres, & prendre communication de l'ordre pardevant le Commissaire, la somme de six livres, qui se prendra comme frais hypotequaires ; & lorsqu'il y aura une Sentence d'ordre, tous les frais du Procureur de chaque opposant utilement colloqué, dont la collocation n'aura point été contestée, seront liquidés par la Sentence d'ordre à trois livres, sauf en cas que le titre ou la collocation de l'opposant soit contestée, à y être pourvû par la Sentence d'ordre, en adjugeant les dépens, s'il y échet, contre celui des créanciers personnellement qui aura formé une mauvaise contestation, sans qu'ils puissent être pris sur la chose.

XI.

Tous les Actes & procedures qui seront faits par les opposans pour cotter le volume & enregistrement de la saisie réelle, seront rejettés comme compris en la liquidation ci-dessus.

LII.

Ne sera taxé au poursuivant que six remises pour parvenir à l'adjudication, outre celle de l'échéance de la quarantaine, lesquelles remises, ensemble toutes les significations pour l'instruction des criées, sommations & dénonciations, seront faites aux Procureurs des opposans des Parties saisies par les Audienciers du Châtelet, & les significations taxées comme faites au Châtelet, ne pourront lesdits Audienciers les faire payer comme faites à domicile, & sera taxé cinq sols pour l'original & copie de chaque commandement d'apporter des titres.

LIII.

Lorsque l'ordre aura été dressé par le Commissaire commis par le Lieutenant Civil, s'il n'y a point de contestations entre les opposans, les mandemens seront délivrés par le Commiffaire, fans leur faire fignifier l'ordre ni le procès-verbal d'ordre, & les arrerages & intérêts des fommes dûes aux créanciers, cefferont quinzaine après que l'ordre aura été accordé, pendant laquelle ceux qui fe trouveront utilement colloqués, prendront leurs mandemens, fi bon leur femble.

LIV.

S'il y a des conteftations entre les oppofans fur le procès - verbal du Commiffaire, ledit procès-verbal & l'ordre feront fignifiés à tous les oppofans, dont les oppofitions feront enregiftrées au Greffe, & inferées dans la Sentence d'adjudication, Et fera taxé au Procureur du pourfuivant pour la copie quinze deniers du rôle de la groffe, le rôle contenant deux pages, la page vingt-deux lignes, & la ligne quinze fyllabes. Et en cas que les pages & les lignes ne foient pas ainfi remplies, il en fera fait réduction par eftimation.

LV.

Le Procureur pourfuivant en faifant fignifier l'ordre & le procès-verbal, déclarera par le même Exploit aux oppofans qui n'auront produit leurs Titres, ni pardevant le Commiffaire, ni parlé fur l'ordre que fuivant la Sentence entre eux obtenue, ils font forclos, & que l'apointement & les procedures fur les conteftations ne feront point faites avec eux, fauf à intervenir au procès d'ordre à leurs frais & fans répétition.

LVI.

Le renvoi fera délivré par le Commiffaire au pourfuivant, & ne fera donné qu'avec ceux des oppofans au Greffe qui auront

produit ou comparu devant lui, avec lefquels feulement l'appointement fera pris, & les procedures faites en la maniere accoutumée, fauf aux autres oppofans à intervenir à leurs frais & dépens, fans répétition, comme il eft dit en l'article précedent.

LVII.

Après que les conteftations de l'ordre auront été jugées par Sentence, le Procureur pourfuivant fera fignifier copie entiere de ladite Sentence aux Parties faifies & plus ancien Procureur des oppofans. Et à l'égard des autres oppofans avec lefquels l'appointement aura été pris, ou qui auront produit au procès, ne leur fra fignifié que la copie des qualités & du difpofitif de ladite Sentence; laquelle copie fera taxée à raifon de deux fols fix deniers du rôle de la groffe de la Sentence, & à proportion pour les qualités, & le difpofitif dont il aura été donné copie.

LVIII.

Quinzaine après la Sentence qui aura réglé les conteftations de l'ordre, à compter du jour du Jugé, tous les interêts & arrerages des créanciers utilement colloqués cefferont, fauf leur recours contre le pourfuivant, en cas que faute d'avoir fait régler les frais, il retarde l'expedition des mandemens; lefquels frais il fera régler dans ladite quinzaine.

LIX.

A l'égard des oppofans qui n'auront point parlé au procès-verbal d'ordre, & qui n'auront point produit au procès, y étant intervenus, il ne leur fera donné aucune copie de la Sentence,

qualités

qualités ni difpofitif.

LX.

Il fera taxé au procès d'ordre fix liv. au pourfuivant, pour en prendre communication chez le Rapporteur, quelque nombre de facs qu'il puiffe y avoir.

LXI.

Sera taxé fix livres au Procureur pour pareille fomme qu'il aura donnée au Clerc du Rapporteur pour la remife des facs d'un procès d'ordre.

LXII.

Pour parvenir à la taxe des frais & depens extraordinaires de criées & d'ordre, la déclaration fera fignifiée au Procureur des Parties faifies, au Procureur plus ancien des oppofans, fans donner de nouveau copie de la Sentence d'ordre ; les articles feront accollés aux termes de l'Ordonnance, & pour chacun des articles bons fera taxé au pourfuivant un fol, & moitié pour la déclaration, & un fol pour article bon, pour l'affiftance de chacun des Procureurs qui aura droit d'y affifter.

LXIII.

Lorfque pour payer les épices, façons, coûts & fignature des Sentences d'ordre & autres frais néceffaires, il conviendra mettre quelque fomme entre les mains du Procureur pourfuivant ou au Greffe, il ne fera fait aucune procedure : mais fur la Requête qui fera préfentée au Lieutenant Civil, il fera décerné une Ordonnance de contrainte contre le Receveur des Confignations ou Commiffaire aux Saifies Réelles, pour délivrer la fomme qu'il conviendra ; lefquelles fommes ne feront point comprifes dans l'Exe-

cutoire : mais il en fera fait mention fommairement, en cas qu'il foit fait aucune autre procedure, & n'entrera point en taxe.

LXIV.

Tous les frais qui fe feront pour ou contre les oppofans en fous-ordre, feront pris fur la collocation de celui fur lequel les oppofitions auront été formées ; aufquels oppofans ne fera donné aucune copie de Pieces, mais leur fera fignifié un fimple Acte de dénonciation. Et ne fera pris aucune chofe fur le prix général de l'adjudication pour les autres procedures, mais fur la collocation particuliere, en cas qu'il vienne en ordre. Et où celui fur lequel l'oppofition en fous-ordre fera faite, ne feroit pas utilement colloqué, il fera tenu & condamné perfonnellement à rembourfer les autres frais légitimes ; comme auffi en cas que l'oppofant en fous-ordre foit débouté de fon oppofition, les dépens feront par lui payés perfonnellement, fans que l'on puiffe rien prendre fur le prix de l'adjudication.

LXV.

Lorfqu'il s'agira de faire des réparations ès maifons & lieux faifis réellement, la demande n'en pourra être faite que contre le pourfuivant criées directement, lequel fera tenu de la dénoncer au Procureur des Parties faifies & au plus ancien Procureur des oppofans par un fimple Acte. Et lorfqu'avec la demande il y aura des Pieces ou Procès-verbaux, il n'en fera donné copie qu'au Procureur des Parties faifies & Procureur plus ancien des oppofans, & copie feulement de l'Acte de dénonciation aux autres oppofans, pour prendre communication des Pieces s'ils le veulent, & fans frais, par les mains du Procureur plus ancien ; l'original duquel Acte de dénonciation fera taxé à raifon de dix fols du rôle de minutte, le quart pour chaque copie dudit Acte, & les copies qui feront fignifiées aux Partiesfaifies & Procureur plus ancien, à raifon de deux fols fix deniers du rôle, ou par évaluation, en cas qu'il y ait plus oumoins de lignes, comme il eft dit ci-deffus.

LXVI.

Les demandes pour réparations ne feront faites, dénoncées ni inftruites avec le Commiffaire aux Saifies Réelles, ni par lui fait aucune fommation ni contre-fommation pour raifon defdites demandes, & les demandes afin de provifion feront faites contre le pourfuivant criées en la maniere ci-deffus au plus ancien Procureur des oppofans, pour lefquels fera taxé comme deffus. Et où il en feroit, ne feront paffés en taxe.

Fait & arrêté au Confeil Royal des Finances, tenu à Verfailles le fixiéme jour de Mai 1690. Signé, COLBERT.

Publié au Châtelet le 7. Juin 1690. fur le réquifitoire du Procureur du Roi.

Au Parlement, Cour des Aydes, Requêtes & autres Jurifdictions de l'enclos du Palais.

Procedure pour parvenir à la taxe des dépens, commune à toutes les Jurifdictions de l'enclos du Palais.

Acte déclaratif de la diftribution des dépens, contenant Premiere Sommation.

MAITRE ... Procureur de ... déclare à Me ... Procureur de ... que les dépens adjugés audit ... par Sentence (*ou* Arrêt) du ... ont été diftribués à Me ... Procureur-tiers, ès mains duquel la déclaration & pieces juftificatives defdits dépens ont été mis ; à ce qu'il n'en ignore, & ait à en prendre communication, fans déplacer, fi bon lui femble, dont acte.

Seconde fommation.

Me ... Procureur de ... fomme Me ... Procureur de ... de fe trouver demain trois heures de relevée en l'Etude de Me ... Procureur-tiers pour voir taxer & arrêter les dépens adjugés audit ... par Sentence (*ou* Arrêt) du ... mettre fes apoftilles fur la déclaration defdits dépens & figner fon *in præfentiâ*, finon protefte qu'il y fera procédé tant en abfence que préfence, dont acte.

Troifiéme fommation.

Me ... Procureur de ... déclare à Me ... Procureur de ... que les dépens adjugés audit ... par Sentence (*ou* Arrêt) du ... ont été vûs, taxés, calculés & arrêtés par Me ... Procureur-tiers, à ce qu'il n'en ignore & ait à mettre fes apoftilles fur la déclaration defdits dépens, conformément au mémoire du tiers, finon protefte d'obtenir executoire par défaut.

Sommation de rendre la déclaration &

Me ... Procureur de ... fomme Me ... Procureur ... de ... de rendre dans le jour la déclaration & pieces juftificatives des dépens adjugés audit par Sentence (*ou* Arrêt) du . . . qui lui ont été envoyées & qu'il retient indûment depuis long-tems; sinon protefte ledit Me . . . qu'il en portera sa plainte au premier jour à la Communauté des Avocats & Procureurs de la Cour, dont acte.

pièces juftificatives données en communication.

Extrait des Régiftres de la Communauté des Avocats & Procureurs de la Cour, du . . .

Plainte à la Communauté pour obliger à rendre les pièces.

Sur la plainte faite à la Compagnie par Me . . . Procureur de . . . à l'encontre de Me . . . Procureur de . . . fur le refus qu'il fait de rendre audit Me . . . les dépens adjugés audit . . . par Sentence (*ou* Arrêt) du . . . qui lui ont été envoyés pour mettre fur iceux, en conformité du mémoire du Procureur-tiers, & qu'il retient par affectation.

La Compagnie eft d'avis, fous le bon plaifir de la Cour, que ledit Me . . . viendra au premier jour pour répondre à la préfente plainte.

On fignifie la plainte ci-deffus, avec fommation de fe trouver à la Communauté à un jour certain, pour y répondre : ordinairement le Procureur rend les dépens fur la fimple fignification de la plainte.

Me . . . Procureur de . . . fomme Me . . . Procureur de . . . de fe trouver demain . . . heures du matin en la Chambre des tiers pour y être reglés fur les articles en conteftation dans la déclaration de dépens adjugés audit . . . par Sentence (*ou* Arrêt) du . . . finon protefte de fe pourvoir ; à ce qu'il n'en ignore, dont acte.

Sommation de comparoir à la Chambre des Tiers pour être reglé fur les articles en conteftation.

Extrait des Régiftres de la Communauté des Avocats & Procureurs de la Cour du . . .

Avis de la Communauté contre le Procureur non-comparant.

Sur la plainte faite à la Compagnie par Me . . . Procureur de . . . à l'encontre de Me . . . Procureur de . . . de ce qu'il refufe de mettre fur la déclaration de dépens adjugés audit . . . par Sentence (*ou* Arrêt) du . . . conformément au mémoire du tiers, quoiqu'il ait reçu fon *in præfentiâ*, & ait été fommé par acte du . . . de fe trouver à la Chambre des tiers le . . . pour y être reglé fur les difficultés par lui faites par fes apoftilles fur aucuns des articles de ladite déclaration ; à laquelle Chambre ledit Me . . . a comparu ledit jour, ainfi qu'il apert par l'acte de fa comparution figné de Me . . . ancien Procureur, étant au dos de ladite fommation, & attendu que ledit Me . . . n'y a comparu de fa part, ledit Me . . . fe trouve obligé de fe pourvoir.

La Compagnie, après avoir vû la fommation de comparoir à la Chambre des tiers vifée de l'ancien, eft d'avis, fous le bon plaifir de la Cour que dans le lendemain de la fignification du préfent avis, Me . . . fera tenu de mettre fur la déclaration de dépens dont eft queftion, conformément au mémoire du tiers; finon qu'il y fera mis, & l'executoire délivré en la maniere accoutumée, & foit fignifié.

Me . . . Procureur de . . . fignifie & baille copie à Me . . . Procureur de . . . de l'avis de la Communauté en date du . . . à ce que ledit Me . . . ait à s'y conformer & fuivant icelui mettre fur la déclaration de dépens dont eft queftion, conformément au mémoire du tiers ; finon protefte qu'il y fera mis tant en préfence qu'abfence, & qu'il pourfuivra la delivrance de l'executoire en la maniere accoutumée.

Sommation en conféquence de l'avis ci-deffus.

Les préfens dépens ont été, par moi Procureur-tiers, taxés, calculés & arrêtés en préfence des Procureurs des Parties (*ou fi c'eft par défaut* ; en préfence du Procureur du Demandeur & en l'abfence de celui du Défendeur) à la fomme de . . . : y compris celle de . . . pour le contrôle ; dont fera délivré executoire au profit du Demandeur, à l'encontre du Défendeur ; fauf erreur de calcul. Fait le

Arrêté du Tiers.

On remet enfuite la déclaration de dépens, ainfi arrêtée & fignée du Procureur-tiers, ès mains d'un Greffier à la Peau qui expedie fur icelle executoire.

Aux Requêtes de l'Hôtel & du Palais.

Déclaration de dépens pour le Demandeur.

DEPENS dont requiert taxe pardevant Vous Nosseigneurs des Requêtes de l'Hôtel (*ou* du Palais)

Sieur . . Demandeur
Contre . . Défendeur
Adjugés par Sentence du . . .
Lesquels commencent par l'exploit de demande, copie & contrôle.
Pour la consultation . . . . . . xxx f.
Pour la présentation . . . . . . ij f. vj d.
Pour la cedule & contrôle . . . . xij f.
Pour le vin *ou* voyage . . . .

Frais de Contumace aux Requêtes.

Pour le défaut, collation & contrôle . . xij f.
Pour la journée . . . . . . ij f. vj d.
Pour le vin . . . . . . xv f.
Pour la demande sur le profit du défaut. . xxxij f.
Pour le produit . . . . . v f. vj d.
Pour la journée . . . . . ij f. vj. d
Pour les épices . . . . iiij liv. iiij f. vj d.
Pour la minute du défaut . . . . xij f.
Pour le coût de la Sentence, *suivant le nombre des rôles.*
Pour l'exploit de signification de la Sentence, au domicile de la Partie, *suivant le reçu de l'Huissier & 2 f. par rôle pour la copie de la Sentence : cet exploit doit aussi contenir assignation pour voir taxer dépens.*
Pour le vin d'avis de l'acte d'occuper . . . v f.
Pour un défaut faute de défendre, *les droits sont les mêmes qu'au défaut faute de comparoir.*

Après les défenses fournies.

Pour le vin d'avis des défenses . . . v f.
Pour des repliques, *suivant le nombre des rôles à raison de* 20 f. *par rôle, non compris le papier ni la signification.*
Pour un avenir . . . . . vi f.
Pour la plaidoirie de l'Avocat à la Sentence par défaut . iij liv.
Pour son Clerc . . . . . xv f.
Pour l'apel de cause . . . . iiij f.
Pour le Conseil sur l'oposition . . . xv f.
Pour le vin d'avis . . . . v f.
Pour la plaidoirie de l'Avocat à la Sentence contradictoire . iij liv.
Pour son Clerc . . . . . xv f.
Nota. *Si le Procureur plaide lui-même, il a pour sa plaidoirie* xxxij f. *lorsque la Sentence est contradictoire, même lorsqu'elle n'est que par défaut, si l'on n'y forme point d'oposition ; mais quand il y a oposition, son droit n'est que de* xv f.
Pour les qualités de ladite Sentence, *suivant la longueur.*
Pour le coût de ladite Sentence & Signification, *suivant les rôles, & 2 f. par rôle pour chaque copie.*
Pour la journée . . . . . ij f. vi d.
Pour l'apel de cause . . . . iiij f.
Pour le vin *ou* voyage pour faire juger . . .

Sur apointement en droit aux Requêtes.

Pour un avertissement en . . . rôles, copie, signification & droit de revision, *à raison de* o f. *par rôle.*
Pour l'inventaire de production, *à raison de* 10 f. *par rôle, non compris le papier.*
Pour la consultation avant produire . . . xxxx f.
Pour le produit au Greffe . . . . v f. vj d.
Pour la journée . . . . . ij f. vj d.

Pour l'acte de produit . . . . . vj f.
Pour le vin *au* voyage . . .
Pour avoir pris l'inftance en communication pour contredire . . vij liv.
Pour des Contredits en . . . rôles, copie, fignification & droit de revifion, *à*
40 *f. le rôle.*
Pour le vin d'avis . . . . . . v f.

Pour une Requête de production nouvelle en . . . rôles, *à raifon de* 20 *f. par*   *Production nouvelle*
rôle, non compris le papier & fignification.   *aux Requêtes.*

Pour l'acte de Baillé copie des pieces, du même jour, *fuivant la longueur des*
pieces, à raifon de 3 f. par rôle & vj f. pour l'acte.
Pour le vin pour donner ladite Requête . . . . xxx f.

Pour une Requête du . . . contenant demande reglée, *fuivant les rôles ut* fuprà.   *Demande reglée i*
Pour la confultation fur ladite demande . . . iij liv.   *même Tribunal.*

Pour le produit . . . . . v f. vj d.
Pour la journée . . . . . ij f. vj d.
Pour l'acte de produit . . . . . vj f.
Pour le vin d'avis . . . . . . v f.

Pour une Requête contenant demande en jugeant, *fuivant le nombre des rôles.*
Pour le Conseil . . . . . xv f   *Demande en jugeant*
Pour les épices de la Sentence définitive   *aux Requêtes.*
Pour le cout de ladite Sentence, copie & fignification.
Pour la journée du Procureur . . . . ij f. vj d.
Pour le vin ou voyage pour faire juger.
Pour la fommation de retirer les facs . . . . vj f.
Pour la journée . . . . . ij f. vj d.
Pour la préfente déclaration contenant . . . articles bons.
Pour la copie & fignification ; *on prend la moitié, outre le papier & fignification.*
Pour le nouveau droit . . . .
Pour l'affiftance du Procureur du Demandeur, *à raifon de* 8 *d. par article*
Pour celle du Procureur du Défendeur. *Idem.*
Pour la diftribution, tiers & calcul.
Pour la premiere fommation. . . . . vj f.
Pour la deuxiéme. . . . . vj f.
Pour la troifiéme. . . . . vj f.
Pour le contrôle, *à raifon de* 16 *d. par article.*
Pour l'executoire & fcel.
Pour la journée du Procureur . . . . ij f. vj d.
Pour le vin de taxe.
Pour le premier commandement

DEPENS dont requiert taxe pardevant Vous N. S. des Requêtes . .   *Déclaration de dé-*
Sieur . . . . . .   *pens pour un Défen-*
Contre . . . . .   *deur au principal &*
Adjugés par Sentence du . . .   *Demandeur en ren-*
   voi, dans une affaire
Lefquels commencent par la confultation fur l'exploit de demande origi-   *d'Audience.*
naire . . . xxx f.
Pour l'exploit de renvoi & copie baillé du *Committimus.*
Pour la préfentation au Greffe . . . vij f. vj d.
Pour la cédule . . . . . xj f.
Pour un acte d'occuper . . . . . vj f.
Pour la Procuration . . . . . xi f.
Pour un avenir au parquet pour la rétention de la caufe . . vj f.
Pour la plaidoirie du Procureur . . . . xv. f.
Pour l'apel de caufe . . . . . iiij f.
Pour la Sentence de rétention, copie & fignification . . xl f.
Pour des défenfes en . . . rôles, *à raifon de* 20 *f. par rôle, non compris le papier ni*
ni fignification.

Pour un avenir . . . . . vj f.
Pour la plaidoirie de l'Avocat à la Sentence ci-après . . iiij liv.
Pour fon Clerc . . . . . xv f.
Pour les qualités de ladite Sentence, *fuivant la longueur.*
Pour le coût de ladite Sentence du ... copie & fignification, *fuivant le nombre des rôles, & 2 f. par rôle pour chaque copie.*
Pour l'apel de caufe . . . . iiij f.
Pour la journée . . . . . ij f. vj d.
Pour la préfente déclaration contenant ... articles bons; le *refte comme deffus page 429.*

Au Parlement.

En Demandant.   DEPENS dont requiert taxe pardevant Vous Noffeigneurs de Parlement.
Sieur
Contre
Adjugés par Arrêt du ...
Lefquels commencent par la Commiffion obtenue en Chancellerie, *fuivant les reçus.*
Pour l'exploit de demande originaire, fignification & contrôle, *auffi fuivant le reçu.*
Pour le voyage pour charger Procureur, *fuivant l'acte d'affirmation, ou pour le vin, fuivant les délais de l'affignation,* 3 liv. ou 6 liv.
Pour la confultation . . . . iij liv.
Pour la préfentation . . . . xxx ij f.
Pour la procuration . . . . xv f.
Pour la cédule . . . . xiiij f.
Défaut faute de comparoir.   Pour la minute du défaut faute de comparoir & contrôle . xvj f.
Pour le défaut . . . . iiij liv. vij f.
Pour la journée . . . . vj f. iiij d.
Pour la demande fur le profit dudit défaut . . xxx f.
Pour l'inventaire . . . . xxx f.
Pour le produit . . . . v f. vj d.
Pour le vin . . . . xxx f.
Pour les Epices . . . vj liv. xvij f.
Pour le cout de l'Arrêt, *fuivant le nombre des rôles.*
Pour l'exploit de fignification de l'Arrêt faute de comparoir au domicile de la Partie, *fuivant le recu de l'Huiffier, & en outre 2. f. par rôle de groffe pour la copie de l'Arrêt.*
Pour le vin d'avis de l'acte d'occuper . . . v f.
Défaut faute de défendre au Parlement.   Nota. *Pour le défaut faute de défendre, les mêmes droits que ceux-ci deffus pour le défaut faute de comparoir.*
Pour avoir fait mettre la caufe au rôle . . .
Pour la journée de la Publication du rôle . . vj f. iiij d.
Pour l'apel de la caufe . . . . xxx f.
Pour l'Avocat . . . . vj liv.
Pour fon Clerc . . . . xv f.
Pour la journée . . . . vj f. iiij d.
Pour les qualités de l'Arrêt, *fuivant la longueur.*
Pour le cout dudit Arrêt, copie & fignification.
Pour la préfente déclaration, &c. *comme aux déclarations ci-deffus.*

Apel verbal lorfque l'Apellant a gain de caufe.   DEPENS dont requiert taxe, &c. Lefquelles commencent par l'acte d'apel ...
Pour des Lettres de relief d'apel, *fimples* ... iiij liv. xij f.
Pour l'exploit donné en conféquence, *fuivant le reçu.*

Pour la confultation . . . . iiij liv. x f.
Pour la préfentation . . . . iij liv. iiij f.
Pour la procuration . . . . xv f.
Pour la cédule . . . . xiii. f.
Pour le défaut faute de comparoir . . . iiij liv. vij f.   *Défaut faute de com-*
Pour la minute, papier & contrôle . . xvj f.   *paroir, fur apel.*
Pour la journée . . . . vj f. iij d.
Pour la demande fur le profit dudit défaut . . xxx f.
Pour l'isventiare . . . . xxx f.
Pour le produit . . . . v f. vj d.
Pour les épices . . . . vj liv. xvij f.
Pour le cout de l'Arrêt faute de comparoir, *fuivant le nombre des rôles.*
Pour la journée . . . . vj f. iij d.
Pour la requête fur l'apel en ... rôles, *fuivant le nombre des rôles, à raifon de*
f. par rôle, non compris le papier & la fignification.
20 pour l'amende confignée par quittance du . . xiiij liv. ij f.
pour l'acte de baillé copie de ladite quittance . xij f.
pour la journée . . . . vj f. iij d.
pour un avenir . . . . jx f.
pour l'Avocat, à l'Arrêt par défaut ci-après . iij liv.
pour fon Clerc . . . . xv f.
pour la journée du Procureur . . . vj f. iij d.
pour les qualités dudit Arrêt par défaut . . xv f.
pour le cout dudit Arrêt, copie & fignification, *fuivant les fommes y portées.*
pour le Confeil fur l'opofition . . . xv f.
pour avoir fait mettre la caufe au mémoire (*on au rôle*) . vj f. iij d.
pour la plaidoirie à l'Arrêt contradictoire . . vj liv.
pour le Clerc . . . . xv f.
pour la journée . . . . vj f. iij d.
pour les qualités, *fuivant la longueur.*
pour le coût de l'Arrêt contradictoire, copie & fignification, *fuivant les fommes y*
relatées, & 3 f. par rôle pour copie & fignification.
Pour les caufes & moyens d'apel en ... rôles, à raifon de 40 f. par rôle, y com-   *En cas d'apointement*
pris, droit de raifon, copie & fignification   *au Confeil.*
Pour l'inventaire de production en ... rôles. à raifon de 10 f. par rôle.
Pour la confultation avant de produire . . iij liv.
Pour le produit . . . . ix f.
Pour l'acte de produit ix
Pour la journée . . . . vj f. iij d.
Pour avoir fçu le nom du Raporteur . . jx f.
Pour l'acte qui l'a déclaré . . . ix f.
Pour la fommation de fatisfaire à l'Arrêt d'apointement . ix f.
Pour avoir pris communication de l'inftance à l'effet de contredire . vij liv.
Pour des Contredits en ... *comme ci-devant pour les caufes d'apel.*
Pour une Requête contenant apel incident, & reglée, *fuivant le nombre des*   *Apel incident.*
rôles, comme ci-deffus.
Pour la journée de l'Ordonnance . . . vj f. iij d.
Pour la préfentation fur ledit apel incident (*demi droit*) . xxxij f.
Pour le produit . . . . iij f.
Pour la journée . . . . vj f. iij d.
Pour la confultation avant produire . . iij liv.
Pour une Requête contenant demande reglée en ... Rôles, *utfuprà.*   *Demande reglée.*
Pour la confultation . . . . iij liv.
Pour la journée de l'Ordonnance . . . vj f. iij d.
Pour le produit au Greffe . . . iij f.

Pour la journée	vj f. iij d.
Pour l'acte de produit . . .	jx f.

Demande en jugeant. Pour une Requête contenant demande en jugeant en ... Rôles, *ut suprà.*

Pour le Confeil fur ladite Requête . . xv f.

Production nouvelle. Pour une Requête de production nouvelle en ... Rôles, *ut suprà.*

Pour le Confeil . . . . . xv f.

Pour la fommation de fournir de Contredits . ix f.

Pour une fommation génerale . . . ix f.

Pour les Conclufions du Parquet . . .

Pour les vacations

Pour les Epices.

Pour le cout de l'Arrêt.

Pour la journée . . . . vj f. iij d.

Pour la remife au Secretaire.

Pour le retrait des facs au Greffe . . xv f.

Pour la journée . . . . viiij f. iij d.

Pour la préfente déclaration contenant &c. *& le refte comme deffus page.* 429.

Déclaration de dé- DEPENS dont requiert taxe pardevant Vous Noffeigneurs de Parlement, &c.
pens, lorfque c'eft
l'Intimé qui a gain de Lefquels commencent par le Confeil fur l'apel . . xv f.
caufe, en apel verbal. Pour des Lettres d'anticipation, *fimples* . . iiij liv. xij f.

Pour l'exploit donné en conféquence, *fuivant le reçu.*

Pour la confultation . . . . iiij liv. x f.

Pour la préfentation . . . . iij liv. iiij f.

Pour la procuration . . . . xv f.

Pour la cédule . . . . . xiiij f.

Pour l'amende confignée . . . xiiij liv. ii f.

Pour l'acte de baillé copie de la quittance d'amende . xij f.

Pour la journée . . . . vj f. iij d.

Pour le Confeil fur la Requête du . . xv f.

Pour un avenir . . . . . ix f.

Pour la plaidoirie de l'Avocat à l'Arrêt contradictoire . vj liv.

Pour fon Clerc . . . . . xv f.

Pour la journée . . r vj f. iij d.

Pour les qualités dudit Arrêt . . . xv f.

Pour le coût dudit Arrêt, copie & fignification.

En cas d'apointement Pour un inventaire de production comme premier produifant, en ... Rôles.
au Confeil. Pour la confultation avant de produire . . iij liv.

Pour le produit . . . . . ix f.

Pour l'acte de produit . . . . ix f.

Pour la journée . . . . vj f. iij d.

Pour avoir fçu le nom du Raporteur . . vj f. iij d.

Pour l'acte qui l'a déclaré . . . ix f.

Pour une fommation de fournir caufes & moyens d'apel. ix f.

Pour le Confeil fur les caufes d'apel fignifiés le . xv f.

Pour avoir pris communication de l'inftance . vij liv.

Pour des réponfes à caufes d'apel, fervant de Contredits en ... Rôles. *ut fuprà.*

Sur un apel incident Pour la confultation fur la Requête fignifiée le . , . contenant apel
de la Part e adv. incident . iij liv.

Pour la journée de l'Ordonnance qui l'a reglee . . vj f. iij.

Pour la Requête d'emploi pour défenfes, écritures & production en ... Rôles.

Pour le produit . . . . . ij f.

Pour la journée . . . . vj f. iij d.

Pour l'acte de produit . . . . xj f.

Nota. *La même chofe fur les demandes incidentes de la Partie adverfe.*

POUR

Pour le Conseil sur la Requête contenant demande en jugeant, signifiée le... xv s.
Pour la Requête employée pour défenses à ladite demande en ... Rôles.
Pour le Conseil sur la Requête de production nouvelle signifiée le . . xv s.
Pour avoir pris communication de ladite production nouvelle à l'effet de contredire . . . . . . iiij liv.
Pour des contredits de production nouvelle en ... Rôles.
Pour les conclusions du Parquet, (si la *matiere le requiert*)
Pour les vacations.
Pour les Epices.
Pour le cout de l'Arrêt.
Pour la journée dudit Arrêt. . . . . vj s. iij d.
Pour la remise au Secretaire.
Pour le retrait . . . . xj s.
Pour la présente déclaration &c. *ut suprà page* 29.

DEPENS dont requiert taxe pardevant Vous Nosseigneurs de Parlement &c
Lesquels commencent, (*en supposant que ce st l'Apellant qui pourfuit la conclusion du procès*) par l'acte d'apel
Pour des Lettres de relief d'apel *simples* . . . iiij liv. xij s.
Pour l'exploit donné en conséquence, *suivant le reçu*.
Pour la consultation . . . . vj liv.
Pour la présentation . . . . iij liv. iiij. s.
Pour la procuration . . . . xv s.
Pour la cédule . . . . xiiij s.
Pour l'amende consignée . . . xiiij liv. ij s.
Pour l'acte de baillé copie de la quittance d'amende . . xij s.
Pour l'acte de baillé copie de la Sentence dont est apel , *à raison de* 2 s. 6 d. *du rôle de grosse, & en outre* 9 s. *pour l'acte de baillé copie*
Pour le défaut faute de conclure, minute, collation, contrôle & signification... xl s.
Pour la journée . . . . vj s. iij d.
Pour copie pour garde de la Sentence dont apel, *suivant le nombre des rôles, à raison d'un sol par rôle de grosse.*
Pour la collation du procès . . . xv s.
Pour l'apointement de conclusion offert . . . xv s.
Pour la sommation de le passer . . . ix s.
Pour joindre la production principale au Greffe . . v s. vj d.
Pour la journée du mis de la production principale au Greffe . vj s. iij d.
Pour la minute au net de l'apointement de conclusion, à l'effet de conclure . . . . xv s.
Pour le coût de l'Arrêt de conclusion, copie & signification . .
Pour la journée du Procureur . . . vj s. iij d.
Pour avoir sçu le nom du Raporteur . . . iij s.
Pour l'acte qui l'a declaré . . . . jx s.
Pour avoir fait aprêter le procès . . . vij s. vj d.
Pour la journée du Procureur . . . vj s. iij d.
Pour avoir pris communication du procès pour fournir griefs . viij liv.
Pour des griefs en ... Rôles, *comme ci-dessus à raison de* 40 s. *par rôle*, copie, signification & droit de revision.
Pour le Conseil sur les réponses à griefs . . . xv s.
Pour des salvations en ... Rôles, *ut suprà*, copie, signification & droit de revision.
Les *apels incidens, demandes reglées & en jugeant, Productions nouvelles, se reglent en procès par écrit, soit en demandant soit en défendant, comme nous l'avons marqué ci-dessus, en apellation verbale.*
Pour les vacations; *celles de petits Commissaires font de* 28 liv. *chaque vacation; & celles de grands Commissaires de* 50 liv.

Pour les Epices.

Pour le coût de l'Arrêt.

Pour la journée   vj f. iij d.

Pour la remife , au **Secretaire** : *on le proportionne à la quantité des facs ;
la moindre eft de 12 liv.*

Pour le retrait   xj f.

Pour la journée   vj f. iij d.

Pour la préfente déclaration &c. *le refte comme deffus page 429.*

Nota. *On n'a employé ni voyage ni vins de Meffager dans les derniers
modeles de déclarations ; parce qu'ils n'ont lieu que lorfque la Partie qui gagne les dépens , eft en Province ; mais ceux qui fe trouveront dans le cas
d'en avoir befoin, pourront avoir recours aux déclarations où on les a infe-
rés , ainfi qu'à l'Arrêt de Reglement de 1691. (page 395.) pour fçavoir
où il faut les employer.*

*Enfin pour ne rien laiffer à defirer , autant qu'il fera poffible fur les dé-
pens , Nous allons joindre ici le Réglement de 1665. qui eft le dernier fur
cette matiere. Mais comme il y a bien des articles des procedures y mentionnées qui font abrogées par l'Ordonnance de 1667. publiée deux années après,
& que d'ailleurs ce Reglement a été fait fur le pied du parifis & avant l'établiffement du Papier marqué & du Contrôle (ce qui en rend l'aplication fort
difficile à nos ufages prefens) nous en ferons deux colonnes dont la premiere
contiendra le texte du Réglement , & dans la feconde, on marquera les
changemens que les abrogations & établiffemens de droits intervenus depuis , ont occafionnés dans la taxe des dépens.*

Réglement de la Cour de Parlement , pour la taxe des dépens , du 28 Août 1665.

SUR ce que le Procureur Géneral a remontré, que la diverfité des
Réglemens intervenus en divers tems fur les taxes des dépens , & les
differens ufages des Sieges reffortiffans en la Cour, & les taxes diffe-
remment impofées fur les Expéditions des groffes, caufent plufieurs
differens fur le fait defdites taxes, qui donnent fujet à plufieurs appellations , & confomment les Parties par les longueurs des procedures &
frais inutiles , qu'il importe pour le bien public d'y pourvoir, & de
fixer des taxes certaines, qui puiffent être fuivies en la Cour, & en tous
les Siéges Royaux & fubalternes de fon reffort, requiert y être pourvû.
Vû les Arrêts & Réglemens fur le fait defd. taxes & après avoir mandé
& oui les Procureurs de Communauté & anciens d'icelle ; la Cour a ordonné & ordonne qu'à l'avenir les dépens feront taxés ainfi qu'il fuit.

Subalterne Civil.

*Nous pafferons fous filence , tout ce qui concernera le Subalterne Civil,
dans le préfent Réglement , pour nous borner uniquement à la procedure des*

Requêtes & du Parlement ; d'autant que tous les Grands Bailliages & Sé-
néchauffées , ont eû , depuis & en conséquence de l'Ordonnance de
1667 , differens tarifs, & Réglemens particuliers émanés du Conſeil
d'Etat, & qui ſervent de régle pour la taxe des dépens dans chacun de ces
Siéges : Nous avons ci-devant raporté celui du Châtelet. Nous nous conten-
terons ſeulement d'obſerver ici que dans toutes les Juriſdictions de l'enclos du
Palais, on taxe les dépens comme aux Requêtes, excepté en la Juriſdiction des
Eaux & Forêts & en celle de la Connetablie , où les dépens ſont taxés com-
me au Parlement , lorſqu'il s'agit d'appellations , où d'affaires jugées en der-
nier reſſort (a).

TEXTE · · · · ANNOTATIONS

Requêtes du Palais.

1 POUR le droit de Conſultation ſur la demande . . . . xxiv ſ.	En augmentant d'un quart, en ſus attendu le Pariſis . . 30 ſ.
2 Memoire . . . iv ſ.	Le mémoire & l'exploit ſont maintenant joints enſemble; ce qui fait, en augmentant d'un quart en ſus à cauſe du Pariſis 20 ſ. Plus 10 ſ. pour le papier marqué & contrôle de l'exploit , total 30 ſ.
3 Exploit . . xij ſ.	Ajoutant le quart en ſus du Pariſis . . . 2 ſ. 6 d.
4 Préſentation . . ij. ſ.	Ou cedule ; le quart en ſus comme deſſus & le contrôle ajoutez . . . . . 10 ſ.
5 Reception au Greffier iv ſ.	Suivant le Réglement de la Cour du 19 Avril 1691 , quand il y a affirmation de voyage , il eſt dû pour aporter exploit & charger un Procureur voyage pour homme de cheval, à 3 liv. par jour, ſelon la diſtance du domicile de la Partie ; à raiſon de dix lieues par jour & un jour de ſéjour. Quand il n'y a pas d'acte d'affirmation de voyage, on accorde un vin de Meſſager pour le port de l'exploit qui eſt
Voyage d'homme à cheval, ou de pied ſelon la qualité des Parties, & diſtance des lieux , pour aporter l'aſſignation, ſçavoir , lx ſ. pour homme de cheval & xxiv ſ. pour homme de pied à raiſon de dix lieuës par jour , lx ſ. ou xxiv ſ.	

(a) Déliberation de la Communauté des Avocats & Procureurs de la Cour du 11 Janvier 1692.

I i i ij

Requêtes du Palais.

7 Vin de Meſſager pour avertir de la comparution . . iv ſ.
Défaut aux préſentations . . . . iij ſ. iv d.

8 Sur débouté de défenſes ne ſera taxé aucune demande.

9. Epices de la Sentence lij ſ.

10 Pour la procuration.

11 Façon & ſignature, ce qui ſe trouvera taxé, qui ſera toutefois reglé, ſçavoir

12 Pour la façon à raiſon de iv ſ. x d. pour chacun rôle, & pour la ſignature, xvj ſ pour chacun rôle à la charge qu'il y aura 22 lignes à la page, & 15 ſyllabes à la ligne, ſinon réduite.

13 Journée . . 11 ſ.

14 Exploit de réajournement . . . . xij ſ.

15 Vin de Meſſager xxiv ſ. ou à l'arbitrage ſelon la diſtance . . . xxiv ſ.

16 Préſentation . . ij ſ.

17 Réception . . iv ſ.

18 Vin du Meſſager comme deſſus.

19 Apointement à produire ſur le débouté de défenſes, copie ſignification & journées compris x deniers pour le Paraphe . . . vijj ſ.

20 Conſultation pour produire . . . xxxij

21 Inventaire de production, à raiſon de iv ſ. pour rôle, vj ſ. quand il y aura 18 lignes,

de 3 liv. pour les aſſignations données au mois & au deſſous, & 6 liv. pour celles à ſix ſemaines & au deſſus.

Ajoutant le quart en ſus pour le Pariſis 5 ſ.

Attendu le Pariſis, la collation & le contrôle, augmenté à . . 12 ſ.

A commencer de cet article juſques & y compris le cent quatriéme qui contiennent la taxe des Procedures de contumace qui avoient lieu auparavant l'Ordonnance, il faut ſuprimer tous ces articles, attendu l'abrogation faite de toutes ces Procedures par le Titre de l'Ordonnance de 1667. qui a parue deux années après le préſent Réglement.

Ainſi, en y ſubſtituant la nouvelle Procedure introduite par cette Ordonnance pour les défauts, ſoit faute de comparoir, ſoit faute de défendre, voici les articles qui ont lieu maintenant à cet égard, pour les Requêtes du Palais & de l'Hôtel, dans les déclarations de dépens, immédiatement après le défaut pris au Greffe, ſçavoir,

Pour la journée . . 2 ſ. 6 d.

Pour le vin . . 5 ſ.

Pour la demande ſur le profit dudit défaut . . 32 ſ.

Pour le produit . . 5 ſ. 6 d.

Pour la journée . . 2 ſ. 6 d.

Pour les Epices 4 liv. 4 ſ. 6 d.

Pour la minute du défaut . . 12 ſ.

Pour le coût de la Senteace, ſuivant les rôles & la taxe étant au bas.

Pour la journée . . 2 ſ. 6 d.

Requêtes du Palais.

& vjjj f. quand il y aura vingt lignes & 5 mots à la ligne cy . . iv f. vj f. & vjjj f.

22 Produit . . iv f.

23 Commandement de produire . . iiij f.

24 Forclusion . . iiij f.
Et si c'est à domicile ... vj f.
. . vjjj d.

25 Autre Forclusion de contredire . . ix f.

26 Voyage pour produire suffit de . . iv liv. xv f.

27 Si sur le réajournement de ladite Sentence il n'y a point de comparution, pour le défaut aux présentations .. iij f.
. . iv d.

28 Pour la demande ... xxiv f.

29 Epices de la Sentence .. iv f.

30 Façon & signature, ce qui se trouvera comme dessus.

31 Prononciation . . viij f.

32 Journée . . ij f.

33 Vin de Messager ... xliij f. ou iv liv. xvj f. selon la distance des lieux.

34 Si la demande git en preuve par témoins, en execution de la Sentence de débouté de défenses par défaut faute de comparoir, ou par défaut faute de défendre, seront dressés les faits pour informer, pour lesquels sera taxé à l'arbitrage du tiers ou au moins .. xxiv f.

35 Pour une Requête de *Committitur* . . ij f. v d.

36 Pour une Ordonnance pour assigner la Partie, pour convenir d'ajoint, voir jurer témoins, & les témoins pour

Pour le vin . . 3 liv.
Pour l'exploit de signification de la Sentence, au domicile de la Partie, *suivant le reçu de l'Huissier, & 2 f. par rôle pour la copie de la Sentence : l'exploit doit aussi contenir assignation pour voir taxer les dépens.*

Requêtes du Palais.

déposer iv liv. iv d. tour.

37 Pour les assignations, si dans Paris & par Huissier desdites Requêtes aux Procureurs dans le Palais iv f. & aux domiciles des Parties, à raison de vj f. vj d. Parisis chacun & pour chacune copie vj f. vj d.

38 Pour la comparution du Procureur à l'assignation . . xij f.

39 Si à la campagne, les assignations seront taxées suivant le transport du Sergent ; sçavoir, à une lieue de Paris xxiv f. si à deux & trois lieues, xlviij f. Et pour chaque journée

40 Pour le salaire des témoins, en un seul article, selon ce qui se trouvera avoir été taxé par l'Enquête au procès-verbal ; & s'il n'y a point de taxe, à raison de iv f. pour chacun témoin.

41 Vacation du Conseiller Commissaire selon la taxe.

42 A l'ajoint . . idem

43 Pour la grosse de son procès-verbal à raison de iv f. par rôle.

44 Et pour la Grosse de l'Enquête qui doit être séparée . . idem.

45 Pour le Procureur qui a produit les témoins, pour chacune vacation à Paris, xxiv f. & en cas de transport, les deux tiers de la taxe du Commissaire.

46 Voyage d'homme de cheval ou de pied, selon la qualité & distance pour faire l'Enquête,

Requêtes du Palais.

& quatre jours de féjour, ou plus grand s'il y échet, felon les vacations.

47 Pour le port au Greffe, au Meffager felon l'executoire qui lui en aura été délivré quittance, dans lequel ne pourra être taxé qu'à raifon de ij f. par lieue.

48 Pour ledit executoire . . iv f.

49 Pour l'apointement de réception d'Enquête, copie & fignification xx deniers & pour la copie du procès-verbal d'Enquête, à raifon de xx d. par rôle.

50 Apointement de réception d'Enquête, & de Réglement à produire, compris la journée, copie & fignification vij f.

51 Pour la Requête de Commandement de fournir de reproches   .   .   ij f.

52 Forclufion   .   .   ij f.

53 Apointement de publication d'Enquête, compris la journée, copie & fignification vj f.

54 Communication de l'Enquête à l'Huiffier   .   . viij f.

55 Droit de Confeil fur les moyens de nullité & de reproches   .   xxij f.

56 Vin de Meffager . . . iv f.

57 Pour les falvations des témoins, à raifon de xvj pour rôle, finon arbitraire.

58 Droit de revifion, moitié.

59 Pour la Groffe ix f. 13 d. par rôle.

60 Avertiffement s'il y en a eû

Requêtes du Palais.

  en l'inftance   .   idem.

61 Revifion   . .   idem.

62 Groffe   . .   idem.

63 Confultation pour produire
    .   xxxij f.

64 Inventaire de production felon la grandeur des rôles,
comme deffus.

65 Produit   . .   iv f.

66 Commandement de produire
ij f. & fi c'eft à domicile comme deffus vi f. viij d.

67 Voyage pour produire d'homme de cheval, & deux jours
de féjour.

68 Forclufion   . .   idem

69 Autre forclufion de contredire   . .   idem

70 Vin de Meffager .. idem.

71 Communication de l'inftance   . . .   xvj f.

72 Contredits comme deffus.

73 Revifion   . .   idem

74 Clerc d'Avocat. . . idem

75 Copie de contredits, moitié
du Clerc d'Avocat.

76 Pour les avoir offerts en baillant   . .   x d.

77 Pour les avoir offerts purement & fimplement .. x d.

78 Forclufion d'en fournir comme deffus.

79 Vin de Meffager, pour aporter argent, afin de retirer lefdites écritures felon la diftance & qualité des écritures &
ordinairement xlviij f. ou iv l.
    .   xvi f.

80 Droit de Confeil fur la copie
des contredits quand il n'y a
falvations   . .   xij f.

81 Pour la Requête contenant

deux

Sur renvoi fait aux Requêtes du Palais.

    deux rôles de Grand Papier xlviij f. & fi elle excede, à proportion.

82 Pour la Requête d'emprifon-nement à faute de rendre l'inftance .   .   ij f.

83 Pour la contrainte .. xxiv f.

84 Vin de Meſſager ... iv f.

85 Salvations, comme les contre-dits.

86 Reviſion, moitié.

87 Clerc de l'Avocat , comme deſſus.

88 Remiſe des faits en cas de re-diftribution . . xxiv f.

89 Rediftribution de l'inftance au Greffier, quelque nombre de facs qu'il y ait xvj f. & pour une forcluſion ix f. viij d. cy . . xvj f. & ix f. viij d.

90 Acte de rediftribution .. xvj d.

91 Epices de la Sentence ſelon la taxe.

92 Prononciation à raiſon de xij f. x d. pour la premiere feuille & pour les autres ſuivantes . . ix f. viij d.

93 Et pour les forcluſions .. xij f.

94 Façon & ſignature de la Sen-
95 tence comme deſſus.

96 Journée .   . ij f.

97 Pour la copie à raiſon de deux fols tournois pour rôle , & pour la ſignification .. x d. Voyage de la qualité de la Partie pour faire juger, & trois jours de ſejour.

98 Pour retirer les facs du Greffe en quelque nombre qu'ils foient , pour une Partie, ou pluſieurs par même Procureur & même production .. iv f.

K k k

Requêtes du Palais.

99 Pour la déclaration des dépens raison de deux sols tournois pour chacun article bon.

100 Pour la signification . . x d.

101 Pour l'executoire, façon & signature　　. xij s.

102 Pour le scel　.　. iv s.

103 Et si le Défendeur se fait restituer contre le débouté de défenses, fournisse de défenses, droit de Conseil sur lesdites défenses . . xij s.

104 Pareil droit sur la restitution, si elle est faite . . . xij s.

105 Pour les défenses, copie & signification xij s. ou selon la Grandeur.

Attendu l'augmentation d'un quart pour le Parisis, 15 s. si elles sont sur une demie feuille ; sinon, selon le nombre des rôles, à raison de 20 s. par rôle, non compris le Papier & la signification. Idem.

106 Pour les repliques . . idem. Conseil sur lesdites repliques
.　　　.　　　xij s.

Attendu le Parisis 15 s.

107 Pour l'appointement en droit ou à mettre à la Barre, copie, signification, & journée vi s.
Si à domicile . . vj s. viij d.

Abrogé.

108 Pour la Requête pour plaider sur les demandes & défenses à la Chambre . . iv s.

Abrogé.

109 A l'Avocat　.　.　. lij s.

A l'Avocat, aux Sentences par défaut 3 liv. aux contradictoires 6 liv : plus en l'un & l'autre cas, 15 s. au Clerc.

110 Si le Procureur plaide à la Chambre contradictoirement
.　　.　　xxvj s.

Avec le quart en sus pour le Parisis 30 s.

111 Si par défaut　.　. xij s.

Par la même raison ;　　　15 s.

TEXTE   ANNOTATION

Sur Renvoi fait aux Requêtes.

112 Pour l'Exploit de renvoi . . . . xij f.

Suivant le reçu de l'Huissier.

113 Droit de Conseil . . xij f.

Attendu le Parisis. . . 15 f.

114 Presentation . . ij f.

La Présentation pour le Défendeur aux Requêtes est de .. 7 f. 6 d.
Ou cedule attendu le contrôle 10 f.
Comme dessus page.

115 Réception . . iv f.
116 Voyage d'homme de cheval ou de pied pour aporter, comme dessus Procuration. . . iv f.

Procuration . . ij f.
Attendu le Parisis. . . 5 f.

117 Vin de Messager portant avis de la comparution. iv f.
118 Pour la Sentence de cassation sans la collation. viij f.
119 Pour signature, selon la taxe.

Les deux articles ci - joints taxés ensemble . . . 40 f. y compris la signification.

120 Pour la Requête verbale, sur laquelle ladite Sentence a été expediée . xij f.

Attendu le Parisis . . . . 15 f.

121 Journée . . ij f.

Attendu le Parisis. . . 2 f. 6 d.

122 Copie & signification. xij f. Et si c'est sur les lieux selon la distance, comme dessus.

Compris dans la note sur les articles 118 & 119.

123 Sentence d'évocation, pareille taxe.

Idem.

123 Congé défaut à faute d'accorder la rétention, copie & signification au Palais. iij f. iv d.

N'a lieu maintenant.

124 à domicile . viij f. viij d.
125 Permission de le faire juger . . . idem.

N'a plus lieu.
De même n'a plus lieu.

126 Droit de Conseil sur les fins déclinatoires . xij f.

Attendu le Parisis, 15 f.

127 Avenir du Greffe à l'Audience sur la rétention iij f. iv d. Si à domicile . viij f. viij d.

Abrogé par l'Ordonnance.

128 Jugement de rétention par défaut, copie, signification, & journée. . vi f.

Pour le tout 40 f. en ce non compris la journée de 2 f. 6 d.

TEXTE   ANNOTATIONS.

Sur Renvoi fait aux Requêtes du Palais.

129 Vin de Meſſager . . iv ſ.

130 Qualités du Jugement de rétention contradictoire. xx d.

131 Défaut à faute de défendre au principal . . iij ſ. iv d.

132 Pour la copie des pieces juſtificatives de la demande & acte de communication comme deſſus.

133 Permiſſion de le faire juger . . . ij ſ. iv d.

134 Droit de Conſeil ſur exception afin de délai de quarante jours . xij ſ.

135 Apointement du délai, copie, ſignification & journée . . . . . v ſ.

136 Autre apointement de délai de huitaine . . idem.

137 Vin de Meſſager . . . iv ſ.

138 Si la demande eſt en déclaration d'hypoteque, & que l'exception ſoit de vûe & montrée. Conſeil . . xij ſ.

139 Pour l'apointement de vûe & montrée compris la ſignification & journée . . vj ſ.

140 Si la vûe ſe fait enſuite par un Sergent, comme il eſt ordinaire, ſon ſalaire du procès-verbal ſera taxé ſelon la vacation.

141 Vin de Meſſager pour aporter ledit procès-verbal ſera taxé comme deſſus.

142 Pour la copie à raiſon de ij ſ. tournois le rôle & pour la ſignification. . . . x d.

143 Permiſſion de faire juger le défaut à faute de défendre . . . iij ſ. iv d.

ANNOTATIONS

Attendu le Pariſis . . . 5 ſ. N'a lieu.

Maintenant . . . 12 ſ.

Idem.

Depuis le preſent article 133, juſques & compris le 146, n'a lieu préſentement, comme abrogé par l'Ordonnance de 1667. Si l'on eſt obligé de faire juger un défaut faute de défendre, la procédure & les droits ſont les mêmes que ceux marqués ci-deſſus pour le défaut faute de comparoir, pages 437 & 438 ſ. colonnes des annotations.

TEXTE   ANNOTATION.

Sur Renvoi fait aux Requêtes du Palais.

144 Si l'exception eſt afin de délai de garand ſera taxé. xij ſ.

145 Pour l'apointement contenant ledit délai, ſignification
& journée   .   vj ſ.

146 Iterative permiſſion après le
délai paſſé . . . iij ſ. iv d.

147 Droit de Conſeil ſur les dé-
fenſes au principal. . . xij ſ.   *Attendu le Pariſis* . .   1 5 ſ.

148 Vin de Meſſager. . . iv ſ.   *Par le même motif*   . . 5 ſ.

149 Pour les repliques . xij ſ.   *Par la même raiſon* 1 5 ſ. *ou ſelon le*
Ou ſuivant la grandeur,   *nombre des rôles.*
comme deſſus.

150 Apointement en droit ſur les   *Selon les ſommes marquées au bas*
demandes & défenſes, co-   *de la Sentence.*
pie, ſignification & journée.   *Plus pour la journée*   . 2 ſ. 6 d.
.   .   .   vj ſ.

151 Le reſte de la procedure taxé   *Idem.*
comme deſſus.

152 Pour la procedure ſur une   *Idem.*
demande en reconnoiſſance
de promeſſe comme deſſus.

153 Et pour les deux Jugemens,   *N'a plus lieu.*
l'un portant que la promeſſe
ſera miſe au Greffe, & l'autre de reconnoiſſance d'i-
celle, ſera taxé pour chacune copie, ſignification &
journée   .   . iv ſ.

154 Pour l'acte que la promeſſe   *Pour l'acte, 6 ſ; & pour la copie de*
a été miſe au Greffe, copie   *la promeſſe, à l'arbitrage, eû*
& ſignification xvj d. &   *égard à la longeur.*
pour la copie de ladite pro-
meſſe   .   . iv ſ.

155 Droit de Greffier . . iv ſ.   *Ces trois articles ſe cumulent dans*

156 Acte de préſentation de cau-   *les déclarations de dépens : les*
tion pour la proviſion. . viij ſ.   *deux premiers ſe réglent ſuivant*

157 Copie & ſignification iv ſ.   *le reçu du Greffe ; & le troiſiéme*
                                  pour la copie & ſignification, à
                                  à l'ordinaire.

158 Journée   . ij ſ.   *Pour la journée* . : 2 ſ. 6 d.

Sur Renvoi fait aux Requêtes du Palais.

159 Les poursuites ordinaires pour la réception par Requête de *Committitur*, défaut pur & simple dont la taxe est ci-dessus.

Abrogé par l'Ordonnance.

160 Déclaration des facultés des cautions, copie & signification xij f. & pour les copies justificatives à raison de ij f. pour rôle de la Grosse.

Suivant le nombre des rôles pour la Grosse ; quant aux copies de cette grosse & des pièces justificatives, à l'ordinaire.

161 Épices de la Sentence de réception selon la taxe.

Idem.

162 Journée   . . ij f.

Journée. 2 f. 6 d.

163 Pour ladite Sentence & Scel   . . xxxiv f.

164 Copie & signification & à domicile   . . x f.

Ces deux articles se cumulent dans la déclaration de dépens ; le premier se regle, suivant les reçus, le second à l'ordinaire.

Incidens de faux aux Requêtes.

165 Requête de permission de s'inscrire en faux . xij f.

166 Pour le Conseil . xxiv f.

167 Pour la procuration attendu qu'il en faut minute xviij f.

168 Pour l'acte . . viij f.

169 Journée   . . ij f.

170 Copie & signification .. iv f.

171 Défaut & permission de mettre la piece au Greffe, congé & permission à faute de fournir de moyens de faux, & les Sentences qui interviendront seront taxées comme dessus.

172 Les moyens de faux étant déclarés admissibles, & permis d'en informer, les frais

La procedure pour le faux incidem n'est plus la même en beaucoup d'articles, ayant été changée d'abord par l'Ordonnance de 1670, & depuis par la Déclaration récente du mois de Juillet 1737.

Pour ne pas faire un double emploi, nous nous réservons à parler de cette procedure, telle qu'elle a lieu actuellement, sur la partie du présent Réglement qui concerne les procédures du Parlement ; s'il se trouve quelque difference pour la quotité des droits entre les Requêtes & le Parlement à cet égard, nous aurons soin d'en faire alors l'observation.

Incident de faux aux Requêtes du Palais.

de l'information & procedures se taxeront comme desfus.

173 Au Greffier pour bailler l'information au Raporteur iv f.

174 Au Clerc du Raporteur pour
la communication au Par-
quet . . xij f.

175 Pour les conclusions du Parquet selon la taxe.

176 Pour l'enregistrement suivant
le réglement.

177 Au Clerc du Substitut pour
la remise . . xij f.

178 Epices du decret selon la
taxe.

179 Prononciation , façon &
signature , & le reste de la
procedure comme dessus.

Instance de reprise aux Requêtes.

180 Conseil sur le décès. xij f.
181 Requête pour assigner en
reprise. . . xij f.
    Si par commission. . xxiv f.
182 Si c'est de la Chancellerie
. . . xxxvj f.

A cause du Parisis . 15 f.
Suivant le nombre des Rôles.
S'il y a une commission attachée,
    pour la commission , 40 f.
On ne prend point de commission en
    Chancellerie pour attacher aux
    Requêtes.

Instance de Reprise aux Requêtes.

Pour l'Exploit d'assignation, présentation, défaut & autres procedures seront taxées comme dessus.	Idem, comme dessus.
183 Pour l'acte de reprise viij s.	A présent 40 s.
184 Journée · ij s.	Journée · · 2 s. 6 d.
185 Copie & signification iv s.	A l'ordinaire.
186 Conseil sur ladite reprise. · · xij s.	Attendu le Parisis · · 15 s.
187 Pour la copie du dernier errement & acte de signification · · viij s.	Attendu l'augmentation du Parisis & du Papier marqué · 15 s.

En Constitution du nouveau Procureur au lieu d'un défaut, aux Requêtes.

188 Conseil, Requête, Commission, assignation, présentation, Vin de Messager seront taxés comme dessus.	Idem.

En péremption, aux Requêtes.

189 Consultation, Requête contenant la demande & procedure à faute de défendre comme dessus.	Idem.
190 Pour la copie fournie de la derniere procedure pour justifier la péremption. · vj s.	A présent. 15 s.

Complaintes & réintegrandes aux Requêtes.

191 Les procedures des complaintes en matieres profanes, à faute de défendre, seront taxées comme dessus.	Idem.
192 Si par les défenses on baptize	Attendu le Parisis. · 30 s.

possession

Complaintes & réintegrandes aux Requétes.

poſſeſſion contraire & ſe fait une demande incidente conſultation. • • **xxiv** ſ.

193 Pour les défenſes xxiv ſ. ou ſelon la grandeur.

194 Pour l'apointement à écrire par intendits , & faits contraires , journée , copie & ſignification • • **vj** ſ.

195 Intendits à xvj Pariſis le rôle, comme deſſus.

196 Reviſion , moitié.

197 Groſſe au Clerc de l'Avocat à raiſon de iv ſ. Tournois.

198 Copie à raiſon de • **ij** ſ.

190 Vin de Meſſager • **xxiv** ſ.

200 Pour les ſignifications deſdits intendits en baillant purement & ſimplement par chacune **x** ċ.

201 Requête de commandement d'en accorder la clôture ij ſ.

202 Forcluſion • • **ij** ſ.

203 Requête de commandement d'en accorder la clôture ij ſ.

204 Au Greffier pour la clôture deſdits frais. • **iv** ſ.

205 Pour la copie deſdits frais retenus à raiſon de ij ſ. pour rôle de la Groſſe. **iv** ſ.

206 Vin de Meſſager • **iv** ſ.

207 Commiſſion pour faire Enquête • • **xij** ſ.

208 Pour le ſcel • • **iv** ſ.

209 Droit de Conſeil ſur la copie des faits contradictoires xij ſ.

210 Vin de Meſſager • **iv** ſ.

Suivant le nombre des rôles.

Les appointemens par intendits & faits contraires , ſont abrogés par l'Ordonnance ; ainſi il faut ſupprimer l'article ci-contre & les ſuivans , juſques & y compris l'article **212.**

TEXTE   ANNOTATION.

Complaintes & réintégrandes.

211 Appointement de renouvellement de délai, journée,
copie & signification vj f.
& fi à la Chambre xij f. & au
Procureur comme deffus.

212 Les procedures pour la confection & réceptions d'Enquêtes feront taxées comme
deffus.

213 Les procedures & réinte-   *Idem.*
grande qui s'inftruiront ci-
vilement par défaut & permiffion, feront taxées comme deffus.

214 Et fi la réintegrande eft pour-   *Idem.*
fuivie extraordinairement
fera taxé pour la plainte &
information & autres procedures comme en matieres
criminelles.

215 Pour la préfentation, récep-   *Idem.*
tion au Greffier, Confulta-
tion, voyage, & rétention,
comme deffus.

216 Pour apointement à commu-   *On ne prend plus d'appointement à*
niquer titres & capacités,   *cet effet ; on fignifie feulement les*
copie, fignification & jour-   *titres & capacités à l'ordinaire.*
née   iv f.

217 Requête de *Committitur* pour   *Toutes ces procedures pour la véri-*
faire vérifier la fignature de   *fication des fignatures de Cour*
Cour de Rome.   iv f.   *de Rome, font abrogés par l'Or-*

218 Ordonnance pour convenir   *donnance : On prend feulement*
de Banquiers . . iij f. iv d.   *un certificat figné de deux Ban-*

219 Pour les copies & affignations   *quiers, fans aucune procedure*
aux deux Banquiers, & à la   *préalable. Ainfi il faut fuprimer*
partie   .   xxiv f.   *depuis l'article 217, jufques &*
                                     y compris l'article 230.

Complaintes en matiere Béneficiale aux Requétes.

220 Défaut & affignation fur iceux • . *idem.*

221 Au Confeiller Commiffaire pour fa vacation fuivant la taxe.

222 Comparution de Procureur • . xxiv f.

223 Aux Banquiers chacun • xlviij f.

224 Procès - vsrbal à iv. f. pour rôle.

225 Droit de Confeil . xij f.

226 L'acte d'offres de titres & capacités en baillant purement & fimplement. . iv f.

227 Défaut à faute d'en fournir. • . iij f. iv d.

228 Pour les copies des titres & capacités . . xxiv f.

229 Permiffion de faire juger le défaut • iij f. iv d.

230 Pour la demande fur le profit du défaut . xxvj f.

231 Epices de la Sentence de récreance, prononciation, façon, fignature, journée, copie & fignification, feront taxées comme deffus.   *Idem.*

232 Pour le droit de Confeil fur les titres communiqués xij f.

233 Vin de Meffager . iv f.   *Attendu le parifis* .. 15 f.

234 Pour l'apointement à écrire par mémoire, copie, fignification & journée . vj f.   *Attendu le parifis.* • 5 f.

235 Pour le Vin du Meffager iv f.

236 Ecritures par mémoires à raifon de xvj f. Parifis pour rôle.

237 Revifion moitié.

237 Au Clerc de l'Avocat iv f. tournois pour rôle.

239 Pour la copie à raifon de ij f.

Attendu le parifis. • 5 f.
Les apointemens à écrire par mémoire font abrogés. Ainfi il faut fuprimer, depuis l'article 134, jufques & y compris l'article 252.

TEXTE   ANNOTATIONS.

Complainte en matiere Béneficiale.

tournois du rôle fignification
x d. & à domicile . vj f.

240 Vin de Meffager felon la diftance & au moins . xxiv f.

241 Défaut à faute d'en fournir
. . iij f. iv d.

242 Permiffion . iij f. iv d.

243 Pour la demande . xxiv f.

144 Epices de la Sentence prononciation, façon, figna-
ture, journée, copie, fignification, & Vin de Meffager
comme deffus.

245 Pour le droit de Confeil fur
les écritures par mémoires
. . xxij f.

246 Requête pour venir plaider
. . iv f.

247 A l'avenir . xlviij f.

248 Pour les avenirs feront taxés
comme deffus en un feul article.

249 Pour les qualités . xx d.

250 Pour la Sentence définitive
& façon & fignature comme
deffus.

251 Journée : ijf.

252 Pour le Clerc de l'Avocat en
retirant le facq. . viij f.

253 Si la caufe eft apointée, l'a-
pointement, confultation,   *Idem.*
inventaire de production,
voyage, & autres procedu-
res feront taxées comme deffus aux inftances ordinaires.

Crîtes aux Requêtes.

264 Exploit de commandement   *Pour le commandement fimple 25 f.*
à Paris. . xij f.   *& pour le commandement recor-*
                                       dé 3 liv. 15 f. le tout à Paris; &

Criées aux Requêtes.

TEXTE	ANNOTATIONS
	s'il y a transport, suivant le reçu de l'Huissier.
255 Conſultation avant que de ſaiſir réellement . xxxij ſ.	*A preſent* 40 ſ.
256 Saiſie réelle d'une maiſon, héritages, rentes, ou offices à Paris, y compris la copie & ſignification à la partie ſaiſie . xlviij ſ	*La ſaiſie réelle, ainſi que l'exploit de ſignification d'icelle à la partie ſaiſie, ſuivant le reçu de l'Huiſſier.*
257 L'enregiſtrement au Commiſſaire géneral, ſera taxé ſuivant le Réglement pour la Cour pour les taxes & droits de ſa charge.	*Pour l'enregiſtrement au Bureau des Commiſſaires aux ſaiſies réelles 7 liv. 10 ſ: on ajoute pour la vacation du Procureur, 15 ſ.*
258 Pour l'enregiſtrement de la ſaiſie réelle, ſera taxé au Commis tenant les Criées, quarante ſols tournois pour les ſaiſies non excedant cinq articles, icelui inclus; pour dix articles icelui auſſi inclus lx ſ. tournois, & depuis dix, quelque nombre qu'il y ait iv liv. tournois.	*Pour l'enregiſtrement au Greffe, on donne pareillement 7 liv. 10 ſ. & pour la vacation du Procureur, 15 ſ.*
259 Affiches pour parvenir aux Criées . xxiv ſ.	*L'affiche dreſſée pour appoſer à Paris, attendu le pariſis, 30 ſ.* *Les copies d'affiches, ſe reglent maintenant, à raiſon de 10 ſ. par chacune copie.*
260 Et pour les deux copies pour afficher au lieu ſaiſi & à la porte de l'Egliſe parochiale de la ſituation de la choſe ſaiſie, pour chacune copie vij ſ. ou à l'arbitrage.	
261 Au Sergent pour les oppoſitions deſdites deux copies avec les pannonceaux Royaux viij ſ. les heritages ſaiſis étant ſitués en differentes paroiſſes ou les criées ſe doivent faire, en ce cas ſera augmentée en taxe une copie de l'affiche & une appoſition à chacune des Egliſes	*Pour le procès-verbal d'appoſition d'affiches & aſſiſtance de témoins, ſuivant le reçu de l'Huiſſier & à proportion du nombre des affiches.*

Criées aux Requêtes

Parochiales, & taxées comme deſſus.

262 Exploit de ſignification deſdites appoſitions & de premiere criée à la partie ſaiſie, ſera taxé xij ſ. pour les ſaiſies réelles hors de Paris, & où il y aura tranſport, ſera taxé au Sergent y compris la copie & ſignification à la partie ſaiſie à raiſon de iv liv. xvj ſ. par jour.

A preſent 25 ſ.

Suivant le reu ; s'il excedoit ce qui eſt dû legitimement, ou le ſeroit modere.

263 Voyage d'un homme à cheval pour charger le Sergent des pieces & faire faire ladite ſaiſie réelle, ſera taxé à raiſon de lx ſ. par jour.

A lieu, à raiſon de 3 liv. par jour.

264 Pour les quatre criées & quatorzaines à Paris, ſera taxé au Sergent à raiſon de quarante huit ſols pour chacune criée . ix liv. xij ſ.

Suivant le reçu.

265 La Groſſe du procès-verbal en papier commun à raiſon de ij ſ. pour rôle & un grand papier quand il y aura vingt-deux lignes à la page & douze ſyllabes à la ligne . iv ſ.

Suivant le reçu.

265 A l'égard des criées qui ſe feront à la Campagne où il y aura tranſport du Sergent, ſon ſalaire ſera taxé à raiſon de iv liv. xvj ſ. par jour.

Suivant le reçu.

267 Pour les quintes & ſurabondantes criées qui ſe feront quand il ſera ſurvenu quelque changement à la ſaiſie ou à cauſe de la longue diſcontinuation des procedures ſera taxé comme deſſus.

Elles n'ont plus lieu.

268 Pour l'Exploit de ſignification de la ſaiſie réelle des

Suivant le reçu.

Criées aux Requêtes ·

rentes conftituées fur particuliers au débiteur de la
rente faifie, comme au femblable, aux Receveurs &
Payeurs des rentes de l'Hôtel de Ville, & des Gages
& droits des offices faifis
fera taxé y compris la copie
de ladite faifie réelle   xvj f.

269 Pour l'Exploit de la fignification de la faifie réelle d'un
office fujet au fceau qui fera
faite ; au Garde des rôles des
offices de franche, fera taxé
y compris la copie de ladite
faifie, comme en l'article
précedent.

Suivant le reçu.

290 Au Garde des rôles pour fon
droit d'enregiftrement de ladite faifie vj liv. pour les Extraits des oppofitions qu'il
délivrera, fera taxé fuivant
le Réglement fait pour les
droits de fa charge iv liv.
pour chacune oppofition.

Item fuivant le reçu.

271 Aux certificateurs des criées
au Châtelet de Paris lij f. vj d.

Suivant le reçu.

272 Sentence de certification
comme il eft dit aux titres
des criées du Châtelet.

Suivant le reçu fur la Groffe.

173 Au Procureur du Châtelet
.   .   .   xij f.

Attendu le parifis , 15 f.

274 Pour les Sentences des certifications des criées dans un
autre fiege, fera taxé fuivant
ce qui fe trouvera porté par
icelles, fauf l'apel & prife à
partie du Juge en cas d'excès
de taxe.

Suivant le reçu.

275 Voyage d'un homme à cheval pour retirer & faire
certifier les criées à raifon de

Suivant le Réglement nouveau ;
a lieu, à raifon de 3 liv. par
jour.

TEXTE   ANNOTATIONS.

Criées aux Requétes.

lx f. par jour & trois jours de féjour.

276 Pour la confultation fur lefdites criées & certification xxxij f.

A préfent 3 liv.

277 Requête pour bailler moyen de nullité, & faire affigner la partie faifie pour l'interpofition du decret & les oppofans pour proceder fur leurs oppofitions   xxiv f.

Suivant le nombre des rôles & le papier.

278 Commiffion fur ladite Requête en cas qu'ils foient demeurans hors de Paris xij f. Scel & contrôle   iv f.

Quand il y en a, fe taxe 40 f.

279 Copie de la Requête viij f. & au Sergent pour fon Exploit d'affignation au faifi à Paris xvj f. & fi elle eft faite à une perfonne de condition xlviij f. & aux oppofans auffi à Paris xvi f. Copie de ladite Requête & Commiffion pour affigner à la campagne x f. au Pergent pour l'Exploit d'affignation à raifon de lxxij par jour, & fi à perfonne de condition iv liv. xvj auffi par jour.

L'Exploit d'affignation fuivant le reçu ; quant aux copies de toutes les procedures précedentes que l'on doit donner en tête, à la Partie faifie, on les taxe fuivant la quantité ; & ordinairement à raifon de 20 f. par rôle de minute fur papier de requête.

280 Procès-verbal de perquifition de la perfonne du faifi pour lui donner l'affignation à Paris xxiv f. & à la campagne à raifon de lxxij par jour.

Suivant le reçu.

281 Au Procureur pour l'affiche à publier au Prône, contenant l'affignation au faifi attendu fon abfence . xxiv f.

N'a plus lieu.

282 Pour deux copies l'une pour bailler au Curé & l'autre pour l'afficher à la porte de

On ne publie plus les faifies réelles aux Prones, par le miniftere des Curés, mais l'Huiffier en fait les

publications

Criées aux Requêtes.

l'Eglise viij ſ. chacune au Curé pour la publication & en délivrer certificat xxij ſ.

283 Au Sergent pour ſon procès-verbal d'appoſition à la porte de ladite Egliſe, & publication de ladite affiche, qu'il fera audevant de ladite porte à l'iſſue de la Meſſe Parochiale à Paris xlviij ſ. & à la campagne ſuivant la diſtance de ſon tranſport, à raiſon de lxxij ſ. par jour.

284 Pour la conſultation ſur ladite demande en interpoſition de decret   xxiv ſ.

285 Préſentation   .   ij ſ.

286 Au Greffier   .   iv ſ.

287 Procuration   .   iv ſ.

288 Voyage d'homme à cheval ſi le ſaiſiſſant eſt demeurant hors Paris à raiſon de lx ſ. par jour.

289 Au Meſſager pour avertir de la comparution   .   iv ſ.

290 Les copies des procès-verbaux de ſaiſies & criées & de la Pentence de certification feront taxées à raiſon de 11 ſ. tournois pour rôle ou à l'arbitrage.

291 Défaut & permiſſion à faute de fournir moyens de nullité ſe taxeront comme aux inſtances.

292 Les frais & droits du bail judiciaire de converſion des Baux conventionnels en judiciaires, feront taxés ſuivant le Réglement fait par la Cour pour les frais & droits dudit Commiſſaire Géneral,

---

publications lui-même au ſortir de la Meſſe Paroiſſiale.

Suivant le reçu.

Attendu le pariſis.   30 ſ.

Attendu le pariſis   2 ſ. 6 d.
Pour la Cédule   10 ſ.
Pour la procuration,   11 ſ.
A raiſon de 3 liv. par jour, ſuivant le nouveau Réglement.

Vin de Meſſager à cauſe du pariſis, augmenté à 5 ſ.
Idem, ſuivant l'arbitrage, ou à raiſon de 2 ſ. 6 d. par rôle.

Idem.

Idem.

M m m

TEXTE.   ANNOTATIONS.

Criées aux Requêtes.

rapportés au nouveau traité des criées.

293 Et pour les vacations du Conseiller Commissaire pardevant lequel le Bail sera fait, seront taxées ainsi qu'elles se trouveront au bas de son procès-verbal.

Idem.

294 Pour la Grosse du Bail judiciaire en grand papier à raison de iv s. pour rôle, en mettant 12 lignes à la page & quinze syllabes à la ligne.

Suivant les reçus.

295 Au Procureur pour trois comparutions audit Bail sera taxé en un seul article   xxxvj s.

Attendu le parisis, 45 s. à raison de 15 s. par vacation.

296 A l'Huissier pour publier le Bail & les Encheres vij s.

A l'Huissier 10 s.

297 Moyens de nullité fournis contre les saisies & criées & copie à raison de viij s. pour rôle, signification au Palais x d. à domicile   vj s.

Quand la Partie saisie fournit de défenses à la demande en interposition de decret, on les taxe par rôle, comme les autres défenses, à raison de 20 s. par rôle de grosse, non compris le papier & la signification.

298 Conseil sur iceux   xij s.

Attendu le parisis 15 s.

299 Réponse, copie, & signification, seront taxés à la même raison que lesdits moyens de nullité.

Depuis le présent article 299, jusques & y compris l'article 310, n'a plus lieu. Mais quand une partie saisie a fait signifier des défenses ou moyens de nullité sur une demande en interposition de decret, on prend aussitôt l'apointement en droit, & le congé d'adjuger se rend sur productions. Si au contraire, elle ne constitue point Procureur ou ne fournit point de défenses, dans l'un ou l'autre cas, on poursuit à l'ordinaire le Jugement du défaut soit faute de comparoir soit faute de

300 Requête pour plaider à la Chambre, copie & signification xv s.

301 Apointement à mettre au produire, rendu en la Chambre sera taxé   xij s.

302 A l'Avocat qui aura plaidé liij s.

303 Journée   ij s.

304 Au Clerc de l'Avocat retirant le sac   viij s.

Criées aux Requêtes.

305 Si le Procureur a plaidé à la Chambre contradictoirement xxvj f. Et pour défaut xij f.

306 Copie & signification dudit apointement iv f. si à domicile viij f.

307 Consultation pour produire xxxij f.

308 Pour l'inventaire de production ne sera taxé que xlviij f.

309 Produit   .   iv f.

310 Forclusion , comme dessus. Le saisi s'étant rapporté à la Cour, ne sera taxé, produit, ni forclusion, le sac ne passant au Greffe.

311 Epices de la Sentence portant congé d'adjuger suivant la taxe.

312 Prononciation, façon, & signature comme ci - dessus aux autres instances.

313 Journée   .   ij f.

314 Copie pour signifier au Procureur du saisi & des opposans, à raison de ij f. par rôle de la grosse signification x d. de chacune , & à domicile   .   .   vj f.

315 Pour l'enrégistrement de ladite Sentence de congé d'adjuger qui sera fait par le Clerc ayant la charge des criées, ne lui sera taxé aucune chose.

316 Actes d'oppositions formées au Greffe sera taxé pour chacune x d. tournois.

---

défendre ; & pour le profit, le congé d'adjuger est accordé.

Item , lorsque la Sentence est rendue sur productions.

Idem.

Attendu le parisis , 2 f. 6 d.

Comme aux significations des autres Sentences ; c'est-à-dire à raison de 2 f. 6 d. (attendu le parisis) par rôle de Grosses indépendemment du papier & de la signification.

Pour l'enrégistrement au Greffe , de la Sentence de congé d'adjuger 10 f.

Pour la vacation du Procureur 15 f.

Les actes d'opposition , afin de charge, de distraire, d'annuller ou de conserver , se taxent 40 f : sçavoir 12 f. pour le parchemin , 15 f. de collation au Greffier , 10 f. pour la minute au Procureur , & le surplus pour le papier , copie &

T E X T E   **A N N O T A T I O N S.**

Criées aux Requêtes.

signification. Quand l'acte excede la
longeur ordinaire, il s'arbitre.
Attendu le parisis 15 ſ.

3 17 Conſeil pour chacune deſdites oppoſitions . . .xij ſ.

3 18 Pour les copies des actes *Suivant l'arbitrage.*
d'oppoſition afin de charge s,
ſervitudes, diſtraire & annuller, qui ſeront par le pourſuivant baillées au Procureur
du ſaiſi & plus ancien Procureur des oppoſans ſera taxé
à raiſon de iv ſ. pour chacune
copie ou à l'arbitrage, & les
ſignifications comme deſſus.

3 19 Pour l'acte de dénonciation   *Idem, en y ajoutant le quart en*
d'icelles aux Procureurs des   *ſus, à cauſe du pariſis.*
oppoſans afin d'hypoteques,
à ce qu'ils ayent à en prendre communication par les
mains dudit ancien Procu-
reur, ſera taxé iv ſ. pour   *La procédure marquée dans le pré-*
chacune copie & ſignifica-   *ſent article & dans les ſuivans,*
tion faite au Palais xvj d. &   *juſques & y compris, l'article*
à domicile vj ſ. viij d.   *359, n'eſt plus la même. Il pa-*
roît en effet par l'énoncé de ces
3 20 Pour le congé, défaut &   *differens articles, qu'avant que*
permiſſion contre l'oppoſant   *d'aller à l'Audience, & ſans*
pour fournir ſes cauſes d'op-   *aucun apointement prononcé*
poſition & pieces juſtificati-   *préalablement, l'opoſant four-*
ves, comme aux inſtances.   *niſſoit ſes cauſes d'oppoſition, même*
3 21 Si le défaut eſt jugé ſera taxé   *par écritures d'Avocat, qu'il en*
pour la demande xxiv ſ.   *faiſoit ſignifier copies ainſi que*
3 22 Epices de la Sentence ſuivant   *des pieces juſtificatives; que le*
la taxe.   *pourſuivant y répondoit par d'au-*
3 23 Prononciation, façon & ſi-   *tres écritures (ce qui fourmoit*
gnature comme deſſus.   *une inſtruction par écrit dans une*
3 24 Journée   ij ſ.   *affaire non encore apointée);*
3 25 Copies & ſignifications au   *qu'enſuite on donnoit une Requête*
Procureur de l'oppoſant dé-   *pour plaider à l'Audience.*
faillant enſemble au Procu-   *Notre procédure actuelle eſt beau-*
reur du ſaiſi & des autres op-   *coup plus reguliere & plus ſimple.*
poſans, taxé comme deſſus.   *Sur les opoſitions afin d'annuller,*
3 26 L'oppoſant fourniſſant des   afin de charge *ou* afin de diſ-
cauſes d'oppoſition &   traire, *le pourſuivant do*
qu'elles ſoient dreſſées par

Criées aux Requêtes.

l'Avocat fera taxé à raison de xvj par rôle , & fi elles font faites par le Procureur viij f. du rôle.

327 Au Clerc de l'Avocat iv f. tournois pour rôle.

328 Droit de révifion, au Procureur le dixiéme de l'Avocat , & fi ledit Procureur les a faites ne fera taxé révifion.

329 Copie, moitié du Clerc de l'Avocat , fignification x d. au Palais & fi à domicile vj f.

330 Confeil fur lefdites caufes d'oppofition s'il n'y a réponfe .   .   xij f.

331 Pour les copies des pieces juftificatives , defdites caufes d'oppofition , fera taxé à raifon de ij f. pour rôle de la copie.

332 Confeil fur icelles.   xij f.

333 Pour les copies defdites caufes d'oppofition & pieces qui feront baillées par le pourfuivant au Procureur du faifi & plus ancien Procureur des oppofans fera taxé à raifon de iv f. pour rôle.

334 Pour l'acte & fignification au Palais x d. & à domicile vj f. viij d.

335 Pour l'acte de dénonciation, aux autres Procureurs des oppofans, que lefdites copies ont été fignifiées au Procureur plus ancien, à ce qu'ils ayent à les voir par fes mains fera taxé iv f. & pour chacune copie fignification au Palais xxj d. & à domicile vj f. v iij d.

Pour les réponfes aufdites

d'abord une Requête contre l'opofant , à ce qu'il foit tenu de venir conclure fur fon opofition , finon que main levée en fera faite avec dépens. Il en donne enfuite une feconde contre la Partie faifie & le Procureur plus ancien , à ce qu'il lui foit donné acte de la dénonciation qu'il leur fait de l'opofition dont il s'agit , & à ce que le Jugement qui doit intervenir entre lui (pourfuivant) & l'opofant, foit déclaré commun avec eux.

L'opofant de fon côté peut donner une Requête à l'effet de conclure fur fon opofition & y expliquer fes motifs. Mais cette Requête n'eft point abfolument requife.

La caufe fe porte alors à l'Audience. Et elle s'y décide définitivement, s'il y a lieu. Si au contraire la multiplicité des titres ou la difficulté de la matiere exige un apointement, on écrit en conféquence & le procès s'inftruit de la même maniere que toutes les autres inftances , à cette feule différence que les premieres écritures de l'opofant font intitulées caufes & moyens d'opofition ; au lieu d'être intitulées avertiffement ;

Quant à l'opofition afin de conferver, elle dort jufqu'après l'adjudication. Alors on prend un Jugement qui convertit toutes les opofitions afin de conferver, en faifies & arrêts fur le prix de l'adjudication, & on apointe les Parties fur l'ordre à faire entre les differens créanciers. En conféquence chacun des créanciers opofans fournit fes caufes &

Criées aux Requêtes.

caufes d'oppofition, fi elles font néceffaires, fera taxé *idem* que pour lefdires caufes d'oppofition.

337 Requête pour plaider à la Chambre copie & fignification . iv f.

338 A l'Avocat pour plaider ij f.

339 A fon Clerc retirant le fac . . . viij

340 Qualités de la Sentence diffinitive ou apointement contradictoire à produire fur ladite opofition à la Chambre copie & fignification xx d.

341 Si le Procureur plaide contradictoirement xxiv f. fi par défaut . xij f.

342 Pour ladite Sentence, façon & fignature comme deffus.

343 Apointement à produire pris au Parquet fur ladite opofition copie & fignification . . vj f.

344 Journée . ij f.

345 Confultation pour produire . xxxij f.

346 Inventaire de production produit & forclufions taxé comme deffus.

347 Pour le voyage d'un homme à cheval pour produire fera taxé comme deffus en cas qu'il foit affirmé fuivant l'Ordonnance.

348 Pour la communication de l'inftance fera taxé comme deffus & attendu la nouvelle Ordonnance la Communauté a fixé la vacation fans déplacer . vj liv.

349 Contredits, falvations, Clerc

moyens d'opofition & produit fes titres & piéces à l'apui. Le pourfuivant de fon côté, répond & contredit, vis à vis de chacun d'eux; & cette procedure refpective fe taxe de la même maniere que les procedures ordinaires dans les apointemens.

Criées aux Requêtes.

de l'Avocat révision copie desdits Contredits & signification comme dessus.

350 Requête d'emploi pour Contredits en deux rôles de grand papier xlviij f. & si elle excede sera taxé à raison de xxvj par rôle pour la copie à raison de iv f. par rôle & signification au Palais x d. & à domicile vj f.

351 Consultation . xxxij d.

352 Requête de salvations, *idem.*

353 Consultation . xxxij f.

354 Epices de la Sentence sur lesdites opositions suivant la taxe.

355 Prononciation, façon, signature, sera taxé comme dessus.

356 Journée . ij f.

457 Copie de la Sentence à raison de ij f. par rôle de la Grosse, significations aux Procureurs des opposans x d. au Palais & à domicile vj f.

358 Enregistrement de ladite Sentence, au Clerc des criées ne sera taxé aucune chose.

359 Voyage pour faire juger suivant la qualité, sera taxé comme dessus.
Pour retirer la production du Greffe . vj f.

360 Requête & Commission pour assigner en reprise les veuves, enfans & heritiers du saisi décedé, & voir cont'eux declarer executoire le titre en vertu duquel lés saisies &

De même comme dessus, page 442. *& suivante.*

Criées aux Requêtes.

des Audiences des Jurifdictions des chofes faifies , fera
payé au Greffier & pour en
délivrer acte **xxx** f. tournois

381 Pour les procès-verbaux d'a-
pofition & publication defdites Encheres & Commif-
fion à la campagne , fi le
Sergent eft demeurant fur le
lieu où elles feront faites ,
fera taxé pour chacune appofition & publication vj f.
& s'il fe tranfporte , fera taxé
à raifon de lxxij f. par jour.

Suivant les reçus.

382 Pour le voyage d'un homme
à cheval , pour faire faire
lefdites appofitions & publications comme deffus .
s'il eft affirmé au Greffe ,
finon *pro vino.*

Nota. Voir le Réglement de 1691
ci-deffus , page 399 , qui a ab-
rogé l'article ci-contre.

383 Au Procureur pour avoir
dreffé l'adjudication fauf
quinzaine ． **xv** f.
Au Commis des criées pour
la mettre en parchemin xv f.
tournois.

Pour la minute de l'adjudication
fauf quinzaine ; au Procureur
qui l'a dreffée 15 f.
Pour le coût d'icelle , fuivant les
reçus fur la groffe ; y ajouter les
copies , fignification & contrôle.

334 Pour la fignature comme
deffus.

385 Pour la publication au Commis de l'Audience xv f.
tournois.

Pour la publication 10 f.

386 Journée du Procureur xv f.
vj f. tournois.

Pour la vacation du Procureur
15 f. ajouter de plus , pour l'en-
régiftrement 10 f. & pour la va-
cation du Procureur 15 f.

386 Aux Greffiers du Châtelet
pour la publication à chacun
eft payé ·xxiv f.

Attendu le parifis 30 f. plus pour la
vacation du Procureur 15 f.

388 Pour les copies à fignifier
aux Procureurs du faifi &
des oppofans , & pour appofer à Paris aux mêmes en-

Pour les copies , comme ci - deffus
pour l'Enchere de quarantaine;
le furplus , fuivant les reçus.

Criées aux Requêtes.

TEXTE

droits que l'Enchere de quarantaine, pour les Exploits
de fignification & d'appofi-
fition d'icelles, fera taxé
comme ci-deffus à l'Enchere.

389 Pour les trois remifes & plus
plus grand nombre s'il y en
a, fera taxé au Commis de
l'audience x f. tournois pour
chacune.

390 Au Procureur du pourfuivant au jour de chacune
Remife xij f.

391 Au premier Huiffier pour les
publications à chacune Remife viij f. tournois.

392 Pour les copies defdites Remifes à fignifier aux Procureurs defdites Parties faifies
& oppofans à raifon de ij f.
& pour les fignifications x d.
de chacune, fi à domicile
vj f.

393 Au Greffier de l'Audience
pour fon droit de l'adjudication par decret & recevoir
la déclaration du Procureur
adjudicataire, fera taxé x f.
tournois au premier Huiffier
viij f. tournois.

394 Au Procureur du pourfuivant
vacation au jour de ladite
adjudication . xlviij f.

395 Au Commis tenant les criées
pour le délivré du decret
. xx f. tournois.

396 A lui pour la façon de la
Sentence d'adjudication par
decret en mettant 22 lignes
à la page & 15 fyllabes à la
ligne xij f. tournois pour
role.

ANNOTATIONS.

*Suivant le reçu ; y ajouter les copies
& fignification.*

Attendu le parifis 15 f.

*A l'Huiffier de l'Audience, droit
de publication 10 f.*

*Le prefent article doit être incorporé
avec l'article 389. ci-deffus.*

*Lors de l'adjudication, au Greffier
10 f. & à l'Huiffier d'Audience
10 f.*

Attendu le parifis, 3 liv.

*Le coût du decret dépend du nom-
bre des rôles : chaque rôle de
groffe en parchemin fe paye, comme aux autres Sentences, à raifon de 20 f. par rôle, fans fignature, fcel, ni contrôle.*

Criées aux Requétes.

TEXTE	ANNOTATIONS
397 Au Commis du Garde - fcel pour le fceau , fera taxé v f. tournois.	*Le fceau , quand il eft néceffaire, fe paye fuivant le reçu.*
398 Pour les oppofitions formées en fes mains , fera taxé viij f. tournois.	*Ce droit eft compris dans le coût de l'opofition , ci-deffus énoncé.*
399 Pour l'enrégiftrement xv f. & fans qu'il puiffe prétendre aucune chofe pour la Garde.	*Encore actuellement 15 f.*
400 Pour l'Extrait des oppofans aux criées délivré par ledit Clerc des criées , fera taxé viij f. tournois pour rôle en en mettant 22 lignes à la page & 15 fyllabes à la ligne.	*A prefent fuivant le nombre des opofans & le reçu.*

Frais ordinaires de criées aux Requétes, feront taxés comme deffus ; & y entreront.

TEXTE	ANNOTATIONS
400 L'Exploit de commande- ment , la faifie réelle, éta- bliffement de Commiffaire , fignification & de premiere criée.	*Idem.*
401 Voyage d'homme de cheval pour charger un Sergent , les criées & procès-verbal d'icelles.	*Idem.*
402 La confultation fur lefdites criées , la certification def- dites criées, & frais d'icelle , voyage d'homme à cheval pour retirer ledit procès- verbal de criées & Sentence de certification , l'enregiftre- ment de la faifie réelle au Greffe, moitié de la Requête ou Commiffion pour faire appofer le faifi pour bailler	*Idem.*

Frais ordinaires des Criées aux Requêtes.

moyens de nullité, & les oppofans pour fournir caufes d'oppofition, l'Exploit d'affignation donnée au faifi, moitié du voyage pour aporter l'Exploit, la confultation fur ladite demande, prefentation, la Sentence de congé d'adjuger, journée, copies & fignifications, les encheres, adjudications fauf quinzaine, publications, copies, fignification & oppofitions d'icelles, voyage pour faire faire lefdites publications & appofitions à la Campagne, & trois Remifes, enfemble les journées & vacations du Procureur du pourfuivant, la façon, fignature & fcel du decret, & ne fera taxé aucun voyage pour l'adjudication & feulement pour le vin xij liv. le furplus en frais extraordinaires.

Frais extraordinaires de Criées aux Requêtes; feront taxés comme ci-deffus & y entreront.

403 La confultation pour faire les criées, moitié de la Requête & Commiffion, moitié du voyage de l'affignation au faifi pour bailler moyens de nullité & aux caufes d'oppofition, les Exploits d'affignation donnés aufdits oppofans quintes & furabondantes criées, & ce qui fera fait pour y par-

Idem.

Frais extraordinaires de Criées aux Requêtes.

venir, droit de Conseil sur les oppositions & les procedures qui feront faites sur icelles afin de charger, annuller, diftraire & fervir, enfemble fur les appellations de faifies, criées, Sentences de certifications de congé d'adjuger, évocation au Confeil, les procedures fur les demandes en fubrogation & parvenir au bail judiciaire, faire rendre compte au Commiffaire, celles des inftances, foit en reprife ou conftitution de nouveau Procureur contre les tuteurs ou curateurs des mineurs & aux vacans & deguerpis, les Remifes au deffus de trois.

404 Voyage d'homme à cheval pour faire faire l'adjudication par decret & toutes les procedures & frais de l'inftance d'ordre, & incidens d'icelle, fors les caufes d'oppofitions : & inventaire de production du pourfuivant, qui n'entreront que pour moitié, l'autre moitié confufe audit pourfuivant, comme regardant fon intérêt particulier ; voyage d'un homme à cheval pour produire fur l'ordre pour le tout.   *Idem.*

405 Les contredits & falvations, Revifion, Clerc de l'Avocat, deux copies defdits contredits, aux Procureurs du faifi & plus ancien des oppofans, & un Extrait à chacun des autres Procureurs   *Idem.*

Frais extraordinaires de Criées aux Requêtes.

pour ce qui les concerne, le voyage pour faire juger, l'ordre felon la qualité & quatre jours de fejour, & toutes les autres procedures pour parvenir au Jugement de l'ordre, même les dépens qui pourroient être adjugés au pourfuivant criées contre la partie faifie & autres en fubrogeant les oppofans en fon lieu.

406 Les épices & frais de la Sentence d'ordre & exécution d'icelle le tout fuivant les taxes ci-deffus, n'entreront néanmoins en taxe les procedures qui fe trouveront faites contre les oppofans afin de conferver pour bailler moyens d'oppofition & piéces juftificatives.

Idem.

407 Les dépens & frais extraordinaires de criées, feront taxés avec le Procureur du faifi, du pourfuivant & plus ancien Procureur des oppofans feulement, & fi les Parties faifies ont plufieurs Procureurs, ne leur fera taxé qu'une feule affiftance.

Idem.

408 Pour l'exécutoire, façon fignature   .   xvj f.

409 Pour le fcel   .   iv f.

EN LA COUR.

Appellations verbales de la Grand'Chambre.

1 Pour le Confeil fur l'acte d'appel   . . .   xij f.   *Attendu le Parifis 15 f.*

2 Pour les Lettres de relief ou   *Les Lettres de relief d'apel & d'a...*

Appellations verbales de la Grand'Chambre.

anticipation d'appel xxxij f. & s'il y a plusieurs fceaux xxxij f. Memoires . iv f.	*ticipation , quand elles font fimples , fe payent à préfent* 4 liv. 12 f. *y compris le mémoire.*
3 Vin de Meffager pour le porter porter fur les lieux , à l'arbitrage du tiers & au plus éloigné . xij f.	*N'a plus lieu.*
4 Pour les Exploits d'affignations à Paris xij f. & hors de Paris felon le tranfport lorfqu'il y aura tranfport de deux lieues xlviij f. A quatre ou cinq lieues lxxij f. Et s'il excede ; pour chacun jour fera taxé lxxij f. Les Exploits de faifie & criées iv liv. xvj f.	*Si les Exploits font donnés à Paris, on les taxe à* 30 f *; fi c'eft hors la ville , fuivant la diftance & les reçus de l'Huiffier.*
5 Voyage d'homme de pied de la demeure de la Partie , & celle du Sergent pour le charger de la Commiffion ou autre, en vertu duquel l'affignation fera donnée, à raifon de xxiv f. par jour.	*N'a plus lieu.*
6 Et où le Défendeur feroit qualifié ou redouté en la Ville , ou lieu de fa demeure , encore qu'il y ait des Sergens dans ladite Ville , fera néanmoins taxé pour le tranfport d'un Sergent de la plus prochaine Ville.	*N'a plus lieu.*
7 Pour Exploit à un Prince, Maréchal de France, ou autres de qualité approchante, xlviij f. fans s'arrêter aux reçus des Sergens qu'ils pourroient mettre au bas de leurs Exploits.	*N'a plus lieu ; les Exploits donnés aux Princes & autres Grands, ne fe taxant pas plus que les autres.*
8 Pour la préfentation . lij f.	*A préfent ,* 3 liv. 4 f.
9 Pour une procuration . iv f.	*A préfent ,* 11 f.
10 Confultation en appellation verbale . lxxij f.	*A préfent* 4 liv. 10. f.
11 Memoire . . iv f.	*N'a plus lieu.*

12 Voyage

Appellations verbales de la Grande Chambre.

12 Voyage pour aporter l'Exploit pour homme de cheval, si la Partie est de qualité, à raison de dix lieues par jour, tant pour venir que pour le retour, & un jour de séjour à xj f. par jour. Et pour homme de pied xxiv f. Et seront tous les voyages affirmés suivant l'Ordonnance, sinon réduits à vin de Messager.

Aux termes de Réglement de 1665, il est dû voyage pour aporter exploit & charger Procureur, & ce indistinctement, pourvû qu'il y ait acte d'affirmation ; à raison de 3 liv. par jour : bien entendu néanmoins quand il y aura acte d'affirmation. Sans quoi il n'est dû que simple vin de Messager qui est de 3 liv. pour les assignations données au mois & au dessous & de 6 liv. pour les assignations à six semaines & au dessus.

13 Avis sur la présentation iv f.

A cause du Parisis, augmenté à 5 f.

14 Livre rouge . . ij f.

N'a plus lieu ; mais il y a la cédule qui se taxe 14 f. y compris le contrôle.

15 Défaut levé aux présentations, non scellé trente-six sols, à un sceau trois fois, s'il y a plusieurs, suivant la taxe.

Le défaut faute de comparoir, passe en taxe, pour 3 liv. 2 f ; & de plus 15 f. pour la minute & papier.

16 Pour la journée . v f.

Attendu le Parisis, 6 f. 3 d.

17 Pour la demande . xxiv f.

A present pour la demande 31 f. Plus pour l'inventaire, encore 31 f.

18 Pour le vin . xij f.

Attendu le Parisis, 15 f.

19 Exploit de Réajournement xij f. ou selon le transport.

Les Reajournemens sont abrogés par l'Ordonnance de 1667.

20 Présentation sur le Réajournement . xxvj f.

Abrogé par la même raison.

21 Vin de Messager pour aporter l'assignation selon la distance & au plus . xlviij f.

Aussi abrogé, comme une suite des Réajournemens.

22 Cause mise au rôle ordinaire vj f. iv d.

Seulement pour la journée du Procureur 6 f. 3 d.

23 Ajouté au rôle au Secrétaire du Président. xxiv f.

A cause du Parisis 30 f.

24 Au premier Huissier xxiv f.

Idem. 30 f.

25 Pour le placet & signification ij f. viij d.

N'a plus lieu.

26 A l'Avocat pour se préparer à

N'a plus lieu.

Appellations vebales de la Grande'Chambre.

plaider   .   lij ſ.

27 Apointement au Conſeil offert ſur le rôle xx d. Pour le paraphe au premier Huiſſier iv ſ Arrêt d'appointé au Conſeil ſuivant le Réglement de 1664.
    .   .   xij ſ.

Les apointemens au Conſeil ne s'offrent plus ſur le rôle : de droit, les cauſes qui ne viennent point à leur tour, ſont apointées par un Réglement général qui accompagne la clôture du rôle.

48 Journée   .   .   v ſ.

29 Copie & ſignification   iv ſ.

A preſent 6 ſ. 3 d.
Ne doivent former qu'un ſeul article avec le coût de l'Arrêt d'apointement.

30 Pour chacun avenir pris au Greffe pour plaider, ſuivant le Réglement vj ſ. iv den. Journée, copie & ſignification vij ſ. iv den. Et ſi à domicile augmenter de vj ſ. A l'Avocat pour s'apprêter lij ſ. Placet répondu   .   ij ſ. vij d.

Tout ceci eſt abrogé par l'Ordonnance.

31 Toutes les ſommations pour venir plaider, s'employeront en un ſeul article & ſe taxeront chacun à raiſon de xvj d. & ſi elles ſont ſignifiées à domicile, ſeront taxées chacune à   .   .   viij ſ. viij d.

Les ſommations pour venir plaider que nous nommons maintenant avenirs, ſe taxent à raiſon de 9 ſ. chacune, y compris la copie & ſignification.

32 Qualités de l'Arrêt d'appointé au Conſeil, diffinitif en plaidoirie ſoit au rôle ou par avenir,   .   xx d.

Les qualités s'arbitrent ſuivant la longeur.

33 Les Arrêts ſuivant le Réglement du 27 Juin 1664.

34 A l'Avocat qui a plaidé   lij ſ.
35 Journée   .   .   v ſ.
36 Au Clerc de l'Avocat en retirant le ſac   .   xij ſ.

Suivant les reçûs.

A l'Avocat 6 liv.
Journée 6 ſ. 3 d.
Attendu le Pariſis 15 ſ.

37 Voyage ſelon la qualité pour la plaidoirie de la cauſe, & quatre jours de ſejour ſoit qu'elle ait été appointée ou jugée.

Encore de même, ſuivant e nouveau Réglement.

38 Pour l'apointement au Conſeil & joint ſuivant le Réglement.

Idem.

Appellations verbales de la Grande'Chambre.

39 Journée • • v f.	*Attendu le Parifis , 6 f. 3 d.*
40 Copie & fignification iv f.	*N'en former qu'un même article avec le coût de l'Arrêt.*
41 Les Requêtes de Commande-ment & forclufion de fournir de caufes d'appel ou de Ré-ponfes , feront taxées à raifon de ij f. v d. & à domicile viij f. viij d.	*N'ont plus lieu.*
42 Les Ecritures des Avocats , feront taxées à raifon de xvj f. pour rôle, la Revifion moitié, au Clerc de l'Avocat iv f. tournois pour rôle.	*Les écritures d'Avocats , à raifon de 40 f. par rôle , tout compris.*
43 Confultation pour produire • xlviii f.	*La confultation pour produire fur apel verbal , eft maintenant de 4 liv. 10 f.*
44 Inventaire de production, fe taxera à l'égard du rôle fim-ple , à raifon de iv f. & en grand papier. viij f.	*L'inventaire de production fo met toujours fur grand papier, au Palais. Il fe taxe, à raifon de 10 f. du rôle de groffe , quand il n'eft pas de nature à être fignifié.*
44 Pour le produit fuivant le Ré-glement du 27 Juin 1664. • • vi f. vj d.	*Le produit eft de 9 f.*
45 Voyage d'homme de cheval pour produire quand il n'en aura point été taxé pour la plaidoirie , & trois jours de féjour y ayant à contredire , quand même il n'y auroit qu'un Emploi , & s'il n'y a point à contredire , fera taxé pour le vin iv liv. xvj f.	*Encore de même , aux termes du nouveau Réglement.*
Les Requêtes de commandement & forclufion de produire pour chacune ij f. viij d. Epices de l'Arrêt à contredire lij f. Ar-rêt fuivant le Réglement. Journée v f. Copie & figni-fication iv f. Vin de Meffa-ger felon la diftance & au	*N'ont plus lieu.*

TEXTE   **ANNOTATIONS**

Appellations verbales de la Grande Chambre.

plus xij f.	
48 Communication de l'inftance compofée de deux ou quatre facs xxiv f. Quand ils excederout pour chacun fac au delà iv f.	*La communication au Parlement eft de 7 liv. pour une inftance & de 4 liv. pour une production particuliere.*
49 Contredits à l'Avocat comme deffus , Revifion *idem.* pour la Groffe du Clerc. *idem.*	*De même comme deffus, à raifon de 40 f. par rôle, tout compris.*
50 Vin de Meffager felon la diftance & au nombre des rôles xlvii f. iv liv. xvj f. ou à l'arbitrage.	*Vin de Meffager toujours de 5 f. quelque foit le nombre des rôles.*
51 Copie moitié du Clerc de l'Avocat , fignification en baillant & fimplement xiv d.	Nota. *La copie & la fignification des écritures entrent dans les 40 f. par rôle.*
52 Si la caufe eft appointée au Confeil fur le rôle fans être plaidée , ne fera taxé que pour le Vin du Meffager s'il y a défaut ou congé , fera taxé voyage felon la qualité.	*Idem.*
53 A l'Avocat qui s'eft préfenté pour plaider lij f.	*A l'Avocat pour l'Arrêt par défaut 3 liv.*
54 Au Clerc retirant le fac xij f.	*Attendu le Parifis 15 f.*
55 Demande xxiv f.	*A prefent pour la demande fur les défauts faute de comparoir au Parlement , 31 f.*
56 Inventaire xxiv f.	*Pour l'Inventaire , auffi 31 f.*
57 Produit iv f.	*Pour le produit, attendu le parifis 5 f. à quoi il faut joindre pour la journée 6 f. 3 d.*
58 Epices de l'Arrêt de congé ou défaut voir au Greffe Vin de Meffager felon la diftance , remife au Greffe viij f.	*Le défaut faute de comparoir au Parlement , eft de 3 liv. 2 f. il y faut ajouter 15 f. pour la minute & le papier.*
59 Pour le retirer fuivant le Réglement & s'il n'eft jugé ij f.	*N'a plus lieu.*
60 Sera taxé pour chacune demie préfentation à chaque Parlement jufques au Réglement xxvj f.	*N'a plus lieu.*

TEXTE	ANNOTATIONS.

Appel incident.

61 Pour la Requête contenant appel . . . xij f.
Suivant le nombre des rôles.

62 Pour le droit de préfentation fur ledit appel. . xxvj f.
A préfent 32 f.

63 Confultation . xlviij f.
A préfent 3 liv. 3 f.

64 Vin de Meffager felon la diftance & au plus . xlviij f.
A préfent, feulement 5 f. indiftinctement.

65 Pour l'appointement au Confeil préfenté . . xx d.
A préfent, 15 f.

66 Sommation de la paffer xvj d.
A préfent, 9 f.

67 Au Greffier pour la façon xij f. Copie & fignification iv f.
Suivant la longeur & le reçu.

68 Journée ⁖ ii f.
A préfent 6 f. 3 d.

69 Vin de Meffager . iv f.
A caufe du parifis, 2 f. 6 d.

70 Le Refte des proeédures pour l'exécution, fe feront & feront taxées comme les autres de l'appel principal.
Idem.

71 Confultation fur l'emploi . . xlvij f.
N'a plus lieu.

72 Pour la Requête des caufes d'appel felon la grandeur & au moins . . xxiv f.
Selon le nombre des rôles.

Attendu le parifis. 3 liv.

Incident de Lettres.

73 Pour le droit de confultation avant de les obtenir xlviij f.

74 Pour les Memoires . iv f.
N'a plus lieu.

75 Pour les Lettres felon qu'elles font grandes y compris ce que l'on trouvera taxé pour le fceau.
Idem.

76 Vin de Meffager . vj f.
Attendu le parifis 5 f.

77 Pour la Requête de *Committitur* pour l'entérinement vj f.
N'a plus lieu.

78 Et fera ajouté pour la copie des Lettres felon la grandeur.
Idem.

79 Pareil droit de confultation au Défendeur . xlviij f.
Attendu le parifis, 3 liv.

80 Pour les défenfes xij f. ou felon la grandeur.
Les défenfes, 15 f. fi elles font fur une demie feuille; fi elles font en groffe, fuivant le nombre des rôles.

Incident de Lettres.

81 Défaut fauf iij f. iv d. & s'il y
a plufieurs Procureurs , fera
ajouté dix deniers pour chacune fignification & iv deniers
pour chaque copie.

82 Défaut fimple *idem.* iij f. iv d.
celui aux Ordonnances y
compris la journée , copie &
fignification x f. & s'il y a
plufieurs Procureurs , fera
ajouté ij f. pour chacune fignification & iv d. pour la copie.

83 Vin de Meffager felon la diftance.

84 Demande   .   .   xxiv f.
85 Inventaire   .   .   xxvj f.
86 Produits de défauts   .   iv f.
87 Epices de l'Arrêt fur défaut
     .   .   .   .   lij f.

88 Façon & fignature fuivre le
Réglement de Juin 1664.

89 La Remife du défaut au Greffe.

90 Pour le retirer du Greffe iv f.

91 Pour la journée   .   . v f.

92 Copie & fignification   iv f.

93 Vin de Meffager felon la diftance.

94 Exploit de fignification &
réajournement comme deffus.

95 Préfentation   .   xxvj f.

96 Vin de Meffager pour apporter l'Exploit au deffous de
cinquante lieues xlviij f. au
deffus jufqu'à cent lieues
xlviij f. & s'il paffe iv liv.
xvj.f.

97 Apointement à produire fur
le débouté de défenfes préfenté xx d.

98 Au Greffier pour la façon xij f.

99 Journée   .   .   v f.

200 Copie & fignification   iv f.

Toute la procedure qui fuit depuis
l'article ci-contre jufqu'à la fin
du titre des incidens de Lettres,
concernent l'ancienne maniere de
prendre les défauts; & font abrogées par l'Ordonnance de 1667.
ainfi on ne doit plus y avoir
égard.

Incident de Lettres.

101 Confultation pour produire . . . xlviij f.
102 Inventaire de production, fuivant les rôles ci-deffus réglés.
103 Produit . vj f. vj d.
104 Vin de Meffager pour produire . iv liv. xvj f.
105 Commandement & forclufion de produire deffus.
106 Vin de Meffager. iv f.

Lettres en forme de Requête Civile.

107 Pour la confultation vij liv. iv f.

A chacun des trois Avocats qui fignent la confultation préalable, 6 liv. total 18 liv.

108 Pour les Memoires, minute & groffe de la Requête Civile xlviij f. ou à l'arbitrage. pour fes droits du fceau fuivant la taxe.

Les Lettres de Requêtes Civiles à un fceau, 22 liv. S'il y a plus d'un impétrant, on ajoute de plus pour chaque impétrant 15 liv.

109 Pour la Confultation au Défendeur iv liv. xvj f.

Confultation tant au Demandeur qu'au Défendeur 3 liv.

110 Voyage pour faire la Confultation & obtenir des Lettres pour homme de cheval ou de pied felon la qualité.

Idem.

111 Pour l'Exploit d'affignation fur l'Entérinement felon la diftance des lieux ou le Sergent fe fera tranfporté, tel qu'il a été ci-deffus reglé.

Idem.

112 Pour la préfentation lij f.
113 Procuration . iv f.
114 Vin du Meffager iv f.
115 Pour la Requête afin d'Entérinement des Lettres, copie d'icelles & fignification au Palais. xxiv f. fi à domicile . . xxx f.

Préfentation 3 liv. 4 f.
Procuration 11 f.
Vin de Meffager 5 f.
Suivant le nombre des rôles.

TEXTE   ANNOTATIONS.

Lettres en forme de Requête Civile.

116 Pour les avenirs, placets & sommations pour plaider, suivre ce qui est dit ci-dessus en l'instruction de la cause d'appel.

Idem.

117 Aux Avocats des Parties pour s'apprêter à plaider chacun liv. liv f.

Aux Avocats chacun 6 liv. Plus 15 f. pour droit de chaque Clerc.

118 Pour les deux Avocats assistans à la Plaidoirie chacun iij liv. tournois, si elle est appointée au Conseil en plaidant, ou jugée diffinitivement, sera taxé voyage selon la qualité de la Partie, quatre jours de séjour.

L'assistance des Avocats qui ont signé la consultation, est abrogée par l'Ordonnance de 1667.

119 Pour l'Arrêt s'il est diffinitif ou autrement, suivant le Réglement de Juin 1664.

Idem.

120 La procédure en exécution de l'apointement, sera faite & les droits taxés comme dessus.

Idem.

121 Et en cas d'appointé au Conseil, ne sera taxé qu'un vin pour produire, attendu qu'il y aura un voyage pour faire plaider la cause, encore que ce Réglement porte à contredire, suivant qu'il est dit ci-dessus sur les appellations verbales.

Idem.

Incident de faux.

122 Droit de Consultation avant que de former l'inscription   xlviij f.

123 Memoire   iv f.

124 Pour une procuration spéciale   viij f.

125 Pour l'acte d'inscription de faux suivant le Réglement de Juin 1664.

126 Journée   v f.

La forme de proceder énoncée au présent titre a d'abord été abrogée par l'Ordonnance de 1670 (tit. du faux principal & incident) & ensuite par l'Ordonnance du mois de Juillet 1737. comme cette dernière loi forme le dernier état de la Jurisprudence sur cette matiere, nous allons tracer sommairement les principales procedures

TEXTE ANNOTATIONS.

Incident de faux.

127 Copie & signification iv f. & si à domicile pour le tout . . . x f.

128 Voyage d'homme de cheval pour former l'inscription de faux selon la distance, ou de pied selon la qualité.

129 Requête de commandement de mettre la piece au Greffe . . ij f. viij d.

130 Défaut aux Ordonnances faute de mettre ladite piece

131 Et où le défaut seroit baillé à juger , jugé ou non jugé , taxé comme dessus.

132 Pour la forclusion de satisfaire à l'Arrêt . ij f. viij d.

133 Pour avoir pris communication de la piece maintenue fausse, suivant le Réglement du mois de Juin article 43 . . xxj f.

134 Pour la vacation du Procureur d'avoir examiné la piece & dressé les Mémoires pour les moyens de faux xxiv f.

135 A l'Avocat pour les moyens de faux , au Procureur pour la révision , & au Clerc de l'Avocat comme dessus.

136 Pour la distribution, en cas qu'ils ne soient incidens , suivant le Réglement. xxiv f.

137 Pour bailler au Rapporteur avec sa piece maintenue fausse suivant le Réglement. viij f.

138 Epices de l'Arrêt sur lesdits moyens de faux suivant la taxe.

139 Et pour l'Arrêt suivant le Réglement de Juin 1664.

140 Journée . . . v f.

dures qu'elle prescrit.
Droit de Consultation 3 liv.
Presentation 32 f.
Procuration speciale 36 f. quand la Partie n'est pas sur les lieux pour signer la Requête ci-après.
Quittance d'amende.
Journée 6 f. 3 d.
Requête afin de permission de s'inscrire en faux, suivant le nombre des rôles.
Journée de l'Ordonnance étant au bas d'icelle 6 f. 3 d.
Exploit de sommation faite en vertu de la dite Ordonnance, au domicile du Procureur 30 ; par raport aux copies de pieces étant en tête, suivant l'arbitrage.
Acte contenant la déclaration du Défendeur ; suivant le nombre des rôles.
Procuration speciale à l'effet de donner ladite déclaration, (si la Partie n'est pas sur les lieux pour la signer) 36 f.
Conseil sur ladite déclaration 15 f.
A défaut de déclaration de la part du Défendeur, ou en cas qu'il déclare ne vouloir se servir de la piéce arguée de faux ; Requête du Demandeur en faux, à ce que la piéce soit rejettée ; on la taxe suivant le nombre des rôles.
Conseil sur ladite Requête 15 f.
Avenirs , chacuns 9 f.
A l'Avocat pour plaider 6 liv.
A son Clerc 15 f.
Au Secretaire de l'Avocat Général . . 3 liv.
Qualités de l'Arrêt 16 f.
Coût de l'Arrêt, suivant les reçus.
Journée 6 f. 3 d.

Ppp

TEXTE   ANNOTATIONS.

Incident de faux.

141 Copie & fignification   iv f.

142 Voyage felon la qualité pour les faire juger & trois jours de fejour.

143 Pour l'Ordonnance & les défauts pour l'inftruction, fera taxé pour chacun iij f. iv d. & à domicile x f. iv d.

144 Pour chacune affignation aux Experts & témoins à Paris. xij f. fi à la campagne fuivant le tranfport du Sergent comme deffus.

145 Pour les vacations du Confeiller, Commiffaire, Experts, Témoins, Notaires, & autres perfonnes qui reprefentent les piéces de comparaifon & aux Procureurs affiftans fuivant la taxe. Seront les taxes des témoins comprifes en un feul article, & où il ne fe trouveroit aucune taxe faite aux témoins, fera taxé pour chacun à raifon de .   .   .   iv f.

146 Comparution du Procureur à chaque affignation xij f.

147 Pour la Groffe des procès-verbaux & informations à raifon de iv f. pour rôle.

148 Pour bailler fes informations au Parquet.   .   viij f.

149 Pour la Requête afin des decrets fur les informations .   .   .   .   .   xij f.

150 Epices des conclufions fuivant la taxe.

151 Enrégiftrement des conclufions qui iront à decret ou à confrontation xvj f.

152 Enrégiftrement des interlo-

Acte de n is au Greffe de la piéce arguée de faux, fuivant le reçu; y ajouter la copie & fignification. Journée 6 f. 3 d.

Faute par le Défendeur de mettre la piéce arguée de faux au Greffe.

Requête afin de rejets & les autres procedures d'Audience comme ci-deffus.

Acte d'infcription de faux, fuivant le reçu : copie & fignification à l'ordinaire.

Confeil 15 f.

Procuration fpéciale à l'effet de la former 36 f, quand la Partie n'eft pas préfente.

Journée du Procureur 6 f. 3 d : voyage (s'il y en a d'affirmé pour former l'infcription de faux) d'homme de cheval, & deux jours de féjour, aux termes du Réglement de 1691.

Coût de l'acte d'affirmation, copie & fignification 55 f.

Journée 6 f. 3 d.

Requête du Demandeur en faux, pour l'aport de la minute au Greffe; fuivant le nombre des rôles.

Confeil fur ladite Requête 15 f.
Journée de l'Ordonnance 6 f. 3 d.

Exploits de fommations faites aux Dépofitaires des minutes; fuivant les reçus de l'Huiffier.

Exploit de fignification au Demandeur en faux, au domicile de fon Procureur, de la remife des minutes au Greffe.

Coût du procès-verbal de l'état des piéces remifes, fuivant la longeur, y compris les vacations du

Incident de faux.

cutoires . . xxiv f.

153 Pour les définitives xlviij f. Et pour les grandes excedantes trois rôles & au deſſus de quelque grandeur qu'elles ſoient, leſquelles ſeront écrites en grand papier à la maniere accoutumée iv liv. xvj f.

154 Pour chaque oppoſition formée ſur le Régiſtre du Parquet viij f. & pour l'expédition lorſqu'il en ſera délivré . . . viij f.

155 Remiſe au Clerc du Subſtitut . . xiij f.

156 Epices de l'Arrêt ſuivant la taxe.

157 Façon & ſignature ſuivant le Réglement.

158 Journée . . v f.

159 Copie & ſignification à raiſon de iij l. pour rôle de la Groſſe.

160 Et en cas de decret les procedures ſeront comme ci-après au Criminel.

161 Et ſi auparavant la Plaidoirie de la cauſe les moyens de faux y étoient joints par Arrêt en ce cas, ſera taxé pour la remiſe deſdits moyens de faux & pieces maintenues fauſſes au Clerc du Rapporteur xxiv f.

162 Pour faire apprêter la piece & moyens de faux & les bailler aux Gens du Roi . . . viij f.

163 Pour la remiſe xxiv f.

du Greffier.

Vacations du Conſeiller Commiſſaire audit procès-verbal, ſuivant le nombre des vacations.

Vacations du Procureur Géneral, Idem.

Celles du Procureur du Demandeur, Idem.

Celles du Procureur du Défendeur, Idem.

Moyens de faux, ſuivant le nombre des rôles, à raiſon de 10 ſ. par rôle de Groſſe : attendu qu'ils ne ſont point ſignifiés.

A défaut de mettre au Greffe de la part du Demandeur ſes moyens de faux ;

} *Requête du Défendeur, à ce que le Demandeur demeure déchu de ſon inſcription ; ſuivant le nombre des rôles. On ſuit enſuite la procedure d'Audience juſqu'à l'Arrêt que prononcera la décheance, comme ci-deſſus page. 479*

Faire apprêter les piéces & moyens de faux au Parquet.

Remiſe 3 liv.

Journée du Procureur 6 ſ. 3. den.

Concluſions du Parquet.

Vacations.

Epices.

Vin de Meſſager.

Coût de l'Arrêt qui admet ou rejette les moyens de faux, copie & ſignification.

Journée de l'Arrêt 6 ſ. 3 d.

Si les moyens de faux ſont admis en tout ou en partie, on procede à l'information & autres procedu-

Incident de faux.

> res , de la même maniere qu'en
> matiere criminelle, pour faire en-
> tendre les Experts & Témoins &
> conſtater le faux. C'eſtpourquoi
> pour ne point anticiper ici ſur la
> procédure criminelle que nous
> nous propoſons de traiter , ex
> profeſſo, dans le ſecond volume,
> nous y renvoyons nos Lecteurs.
> Par la même raiſon nous ne par-
> lerons pas ici non plus des decrets,
> lorſque la nature de l'affaire exi-
> ge que l'on en decerne dans l'inſ-
> truction du faux incident, comme
> cela arrive quelquefois.

Criminel.

La préſente Ordonnance ne concernant que la matiere civile , nous croyons par cette raiſon devoir ici retrancher tout ce qui concerne la matiere crimi- nelle dans le Réglement de 1665.

Demandes en vertu des Commiſſions & Requêtes qui s'inſtrui- ſent à la Barre.

Nous ſuprimerons auſſi les articles de ce titre; attendu que toutes les inſtructions & procedures qui ſe faiſoient autrefois à la barre ſont abro- gées par l'Ordonnance de 1657.

Requêtes appointées à mettre à l'Audience.

Aux termes du Réglement de la Cour du 25 Novembre 1689 , tous les frais des inſtances d'apointé à mettre , y compris le débourſé , même l'Ar- rêt de Réglement & tout ce qui ſe fait juſqu'à celui qui prononce ſur leſdites inſtances excluſivement , ne peuvent exceder la ſomme de 20 liv : on n'en fait qu'un ſeul & même article dans les déclarations de dépens.

Rétentions & Evocations à l'Edit.

La Chambre de l'Edit ayant été abolie par une ſuite de l'Edit contenant

Rétentions & Evocations à l'Edit.

révocation de celui de Nantes, tout ce qui regarde la procédure particu-
liere à cette Chambre est maintenant sans objet.

Dépens d'un défaut où congé, frais Préjudiciaux & frais & mises d'execution.

Les frais de coutumace, suivant l'usage actuel, se réduisent à ce qui suit
Pour la cédule 14 *s.*
Pour la minute du défaut, & contrôle 16 *s.*
Pour le défaut 3 *liv.* 7 *s.*
Pour la journée 6 *s.* 3 *d.*
Pour la demande sur le profit du défaut 30 *s.*
Pour l'inventaire 30 *s.*
Pour le produit 5 *s.* 6 *d.*
Pour le vin (quand il y a lieu) 30 *s.*
Pour les épices 6 *liv.* 17 *s.*
Pour le coût de l'Arrêt, suivant les reçus.
Quant aux frais & mises d'exécution ils dépendent des circonstances par-
ticulieres : ainsi on ne peut donner à leur égard de regles génerales.

Demande en péremption.

164 Pour le droit de consultation xlviij f.	*Attendu le Parefis* 3 *liv.*
165 Requête contenant la demande xij f.	*Suivant le nombre des rôles.*
166 Vin de Messager xij f.	*Attendu le Parifis* 15 *f.*
167 Pour la copie du dernier errement acte & signification viij f.	*A present* 16 *f.*
168 Pour les défenses xij f. ou selon la grandeur le reste de l'instruction sera taxé comme dessus.	*Le reste de l'instruction à l'ordinaire.*

Demande en distraction de frais & salaires qui se doit instruire entre les deux Parties.

159 Pour le Conseil.   xij f. | *Attendu le Parifis* 15 *f.*

TEXTE   ANNOTATIONS

) *Demandes en diſtractions de frais & ſalaires qui ſe doit inſtruire entre les deux Parties.*

170 Requête pour en faire la demande à deux Procureurs xxiv ſ. ſi cette Commiſſion ſera taxé comme pour un relief d'appel en lettres d'anticipation.

171 Pour l'Exploit d'aſſignation & ſignification, ſuivre la procédure des autres demandes.

172 En diſtraction de fiais & ſalaires les droits de conſultation au Procureur en appellations & demandes, ne ſeront taxés qu'à raiſon de xxiv ſ.

173 Et pour produire & employer employer par Requêtes pour le tout xlviij ſ.

174 Et ſeront les frais de la diſtraction portés par la Partie pour laquelle le Procureur du Demandeur en diſtraction a occupé.

Les demandes en diſtraction ſe forment toujours par une ſimple Requête ſur demie feuille, & jamais par commiſſion & exploit d'aſſignation ; cette Requête eſt taxée 16 ſ.

Sur cette Requête on porte la cauſe à l'Audience ; pour raiſon de quoi, le Procureur employe pour ſa plaidoirie 32 ſ.

A l'égard, du coût de l'Arrêt, en le paye ſuivant les taxes étant au bas, en y ajoutant les copies & ſignification.

Le Procureur ne peut repeter contre ſa Partie les frais de diſtraction, qu'autant qu'il a eû un pouvoir d'elle à cet effet ; ſans quoi ces frais ſont en pure perte pour lui.

Procès par écrit.

175 Pour les lettres de relief, ou anticipation, exploits, préſentations, voyages, procurations, & avis comme deſſus.

176 Conſultation ſur l'appel iv liv. xvj ſ.

177 Pour deux copies de la Sentence en forme à raiſon de ij ſ. pour rôle de la Groſſe.

Idem. Pour les Lettres, voyage ou vin.
Préſentation 3 liv. 4 ſ.
Procuration 11 ſ.
Cédule 13 ſ.
Conſultation 6 liv.

On fait deux copies de la Sentence dont eſt appel, l'une pour ſignifier qui paſſe en taxe à raiſon de 2 ſ. 6 d. du rôle de groſſe, & l'autre pour garder, à raiſon d'un ſol par rôle ſeulement.

Procès par écrit.

178 Pour l'apointement de faire apporter xx d. sommation de le passer xvj d. *Idem* pour les deux autres présentés.

179 Congé aux Ordonnances v s.

180 Vin de Messager   iv s.

181 Demande   xxiv s.

182 Inventaire   .   xxiv s.

183 Produit   .   iv s.

184 Vin de Messager selon la distance.

185 Epices   ⸗   .   liij s.

186 Arrêt suivant le Réglement.

187 Journée   .   v s.

188 Vin de Messager   xij s.

190 Forclusion   11 s. vij d.

191 Pour l'apointement de conclusion présenté xx d.

Les articles ci - contre n'ont plus lieu, jusqu'à l'article 191.

A présent 11 s. Plus pour le même apointement au net, à l'effet de de conclure encore 11 s.
A présent 9 s.
Cette procédure n'a plus lieu.

192 Sommation   .   xvj d.

193 Congé aux Ordonnances, demande, inventaire, produit, & le surplus de l'instruction comme dessus.

194 Arrêt de conclusion suivant le Réglement de Juin 1664.

195 Journée   .   v s.

196 Vin de Messager   xij s.

197 Collation du procès   xij s.

198 Pour sçavoir le nom du Rapporteur   .   ij s.

199 Pour faire apprêter le procès, suivant le Réglement.

200 Pour faire joindre une production principale iv s.

201 Pour retirer le procès du Rapporteur pour faire écrire, au Clerc xvj s. Et si l'Huissier le communique   .   xij s.

Suivant la taxe ; y joindre la copie & la signification.
Journée 6 s. 3 d.
Seulement 5 s.
Attendu le Parisis 15 s.
A présent 3 s.

Plus pour la journée , 6 s. 3 d.

A présent 5 s. 6 d.
Plus pour la journée du mis 6 s. 3 d.
Ce droit de communication est à présent de 7 liv : on ne la prend plus par le ministere d'Huissiers.

TEXTE	ANNOTATIONS

Procès par écrit.

202 Pour les écritures comme deſſus.	*Idem.*
203 Et ſi par Requêtes d'emploi pour griefs ou réponſes droit de conſultation xlviij ſ.	*A préſent ſimple droit de Conſeil; à raiſon de 15 ſ. ſur les écritures d'Avocats.*
204 Et pour chaque Requête xlviij ſ.	*La Requête, ſe taxe à proportion des rôles : ſi elle n'eſt que par Qu'il vous plaiſe, ſur une demie feuille ſeulement 15 ſ.*
205 Pour le Vin ſuivant la diſtance des lieux xlviij ſ. iv liv. xvj ſ.	*Le Vin pour fournir griefs, eſt toujours à préſent de 6 liv ; pour les Réponſes il n'eſt que de 5 ſ à l'ordinaire ; on n'en accorde point ſur les ſalvations.*
206 Pour les Requêtes de ſauf l'hui & empriſonnement de rendre les ſacs chacune ij ſ. vij d.	*La Requête de contrainte ſe met ſur demie feuille, & ſe taxe 16 ſ.*
207 Pour la contrainte xxiv ſ.	
208 Epices de l'Arrêt ſuivant la taxe.	*Encore à préſent, Idem.*
209 Arrêt ſuivant le Réglement.	*Idem.*
210 Journée v ſ.	*Journée 6 ſ. 3 d.*
211 Copie & ſignification à raiſon de ij ſ. tournois pour rôle de la Groſſe.	*Copie à raiſon de 2 ſ. 6 d. par rôle; non compris la ſignification.*
212 Voyage pour faire juger ſuivant la qualité, & quatre jours de ſéjour, & ſi le procès eſt jugé par Commiſſaires deux jours pour chaque vacation.	*Idem.*
213 Remiſes des ſacs xlviij ſ. & s'il excede quatre ſacs, à raiſon de iv ſ. pour chacun ſac de-là de quatre retirés du Greffe ſuivant le Réglement.	*Pour la remiſe des ſacs au Greffe, elle ſe paye au Secretaire du Raporteur, à proportion de la quantité des ſacs : la moindre eſt à préſent de 12 liv.*

Procès évoqués & renvoyés.

Cette procédure n'a plus lieu depuis l'Ordonnance de 1667. qui ne permet aux Cours d'évoquer, que pour juger ſur le champ à l'Audience.

appellaions

Appellations incidentes au Procès par écrit.

Les apellations incidentes aux procès par écrit, s'instruisent de même que celles incidentes aux apellations verbales : voir ci-devant la page 475.

Folles assignations, desertions & incompetence.

Texte	Annotations
214 Presentation . iij s.	*A present 3 liv. 4 s.*
215 Procuration . iv s.	*A present 11 s.*
216 Voyage d'homme de cheval ou de pied selon la qualité.	*Idem.*
217 Consultation . lxviij s.	*A present 4 liv. 10 s.*
218 Memoires . iv s.	*Néant.*
219 Vin de Messager pour avertir de la comparution. iv s.	*Attendu le Parisis 5 s.*
220 Requête de commandement de vuider hors de Jugement . ij s. vj d.	*A present néant.*
221 Acte de sommation xvj den. frais de l'Expédient xij d.	*Néant.*
222 Pour la Chambre des consultations . viij s.	*Néant.*
223 Pour l'appointement presenté . xx d.	*A present 16 s.*
224 Sommation de le passer xxj d.	*A present 9 s.*
225 Pour l'avoir retiré du Parquet . x d.	*N'a lieu.*
226 Pour le Clerc de l'Avocat en retirant le sac xij s.	*Pour l'Avocat 6 liv.* *Pour son Clerc 15 s.*
227 Pour l'Arrêt suivant le Réglement de Juin 1664.	*Idem.*
228 Journée . v s.	*Journée 6 s. 3 d.*
229 Pour le rapport de la cause à l'Huissier v s.	*N'a lieu; mais pour l'avenir à l'effet de la réception de l'appointement 9 s.*
230 Voyage d'homme de cheval s'il n'est dû sans nouvel voyage auquel cas iv liv. xvj s.	*Voyage pour faire juger selon la qualité, avec quatre jours de sejour.*
231 Déclaration de dépens à raison de ij s. tournois pour articles bons.	*Le droit de déclaration est encore le même.*
232 Signification . ij s.	*A l'ordinaire.*
233 Procuration . iv s.	*Néant.*

Folles assignations ', désertions & incompetences.

234 Vin de Messager   iv s.

N'a lieu.

235 Taxe du Conseiller Rapporteur à raison d'un sol tournois chacun article de la déclaration.

N'a lieu pareillement.

236 Assistance des Procureurs & tiers à chacun les deux tiers d'un sol par article.

Encore actuellement de même ; à raison de 8 deniers pour chacun des Procureurs.

237 Pour le calcul six deniers par article.

Idem.

238 Ordonnance à faute de rendre les dépens iij s. iv d.

Il y a à cet égard une procédure particuliere que nous avons marquée dans les formules du present titre.

239 Requête d'emprisonnement & contrainte, employés en un seul article taxés comme dessus.

Idem.

240 Exécutoire , façon , signature & scel xxxvj s.

Suivant les reçûs.

241 Sejour pour faire taxer, si la Partie est présente autant que l'assistance si par procuration affirmative, & que le nom du Procureur soit rempli & présent , *idem.* sinon à l'arbitrage.

Aux termes du Réglement de 1691, on ne doit taxer aucun voyage pour faire taxer dépens, mais seulement un Vin de Messager qui se régle suivant l'assistance, pourvû qu'elle n'excede pas 15 liv.

242 Pour la Requête afin de remboursement d'Epices quand il n'y a d'adjudication de dépens.

On obtient dans ce cas exécutoire de remboursement.

243 Pour toutes les remises de procès ou instances au Greffe soit pour la rédistribution ou quand elles sont jugées définitivement sera taxé xlviij s. & quand il y a un grand nombre de sacs, pour les quatre premiers xlviij , & pour les autres à raison de iv s. pour chacun.

Le droit de remise qui se paye au Secretaire du Raporteur , soit pour une rédistribution , soit après le Jugement définitif, se paye suivant le nombre des sacs. Le moindre qu'exigent les Secretaires à present , est de 12 liv.

244 Les Evêques ayans Abbayes

La même disposition a été renouvé-

Folles affignations, défertions & incompétences.

plaidans pour les Fermes & droits de leurs Abbayes, n'auront voyage que comme Abbés & non comme Evêques, & ainfi les Abbés qui ont des Prieurés, quand il fera queftion de leurs Prieurés, mais s'il n'y a que le Fermier en caufe, ne fera taxé que pour homme de cheval.

lée par le Réglement de 1691.

245 Si les Arrêts portent compenfation de partie de dépens, même fans dépens en quelques chefs & les autres réfervés, pourvû qu'il y ait condamnation de quelques portions de dépens, les Épices fe taxeront pour le tout, s'il n'y a *retentum* au contraire fur la minute de l'Arrêt ou Regiftre de la Chambre.

Idem, *aux termes du même Réglement de 1691; ce qui s'étend même aux Epices du Parquet fuivant le Réglement de 1714.*

246 Si de plufieurs plaidans en Communauté il y en a aucuns fuivant la Cour & les autres des Villes éloignées, fera taxé de deux voyages, l'un pour le plus éloigné & le plus qualifié. Comme auffi deux ayans adjudications de dépens, dont l'un eft de qualité, & l'autre Artifan, les voyages fe taxeront au plus qualifié. Les Meffagers ordinaires ayans procès auront de deux voyages l'un.

Les mêmes difpofitions fe retrouvent auffi dans le Réglement de 1691.

Frais de Licitation au Parlement.

247 Pour l'Arrêt en vertu duquel | *Idem.*

Qqq ij

TEXTE   ANNOTATION.

Frais de L'citation au Parlement.

est procedé à la Barre à la vente des maisons par Licitation suivant le Réglement.	
248 Pour l'affiche au Procureur xxiv s.	*A cause du Parisis, 30 s.*
249 Pour les copies & significations aux Parties intéressées, feront taxées comme aux criées.	*Idem.*
250 Pour une Requête de *Committitur*, si par l'Arrêt l'un des Conseillers n'est commis iv s. Pour l'Ordonnance du Conseiller Commissaire pour apposer affiches & assigner les Parties iij s. iv d.	*Suivant le nombre des rôles.*
251 Pour les copies de l'affiche, sera taxé à raison de viij s. pour chacune, & le tout employé en un seul article.	*Comme aux Criées.*
252 Pour les appositions desdites affiches aux lieux & endroits accoutumés comme aux Criées.	*Idem.*
253 Pour chacune Ordonnance, portant remise, copie & signification iij s. iv d. & s'il y a plusieurs Procureurs & Parties & domiciles, augmenter comme dessus.	*Comme aux Criées ci-dessus.*
254 Au Procureur pour chacune vacation desdites remises en cas que l'adjudication ne se fasse . . xij s.	*Attendu le Parisis, 15 s.*
255 Au Conseiller Commissaire pour ses vacations suivant la taxe, au Procureur du poursuivant seul, les deux tiers de taxe du Conseiller.	*Idem.*
256 Pour la Grosse du procès-verbal à raison de iv s. le rôle.	*A raison de 10 s. du rôle.*

Frais de Licitation au Parlement.

257 A l'Huiſſier . xlviij ſ.	*A l'Huiſſier 3 liv.*
258 S'il ſurvient quelques conteſtations entre les Parties intéreſſées, l'adjudicataire n'en ſera tenu & ſeront portées par les Parties, s'il n'en eſt autrement ordonné, & que ne ſoit une charge de l'affiche.	*Idem.*

Frais de Partage ordonné par Arrêt.

259 Pour un état des biens à partager dreſſé ſur l'inventaire des biens & titres de la ſucceſſion à l'arbitrage.	*Idem.*
260 Pour la Groſſe à raiſon de iv ſ. tournois pour rôle : copie moitié ; pour la ſignification comme deſſus.	*A raiſon de 10 ſ. par rôle de groſſe : copie & ſignification, à l'ordinaire.*
261 Ordonnance pour aſſigner la Partie pour proceder audit partage accorder ou conteſter ledit état iij ſ. iv d.	*N'a lieu.*
262 Et s'il y a pluſieurs Procureurs ou domiciles taxer comme deſſus, enſemble pour les défauts.	*Idem.*
263 En cas de conteſtation & Réglement ſur icelle, les droits de conſultation & procédure, ſe taxeront comme deſſus.	*Idem.*
264 *Idem.* Pour les Epices, façon, ſignature, journée, copie & ſignification de l'Arrêt.	*Idem.*
265 Si par l'Arrêt y a adjudication de dépens, ſeront taxés les voyages ordinaires aux autres inſtances.	*Idem.*

Criées & adjudications par decret pourfuivies en la Cour.

Comme ci-deffus aux Requêtes du Palais page 456 & fuivantes.

' *Frais ordinaires de Criées, defquels l'adjudicataire eft tenue.*

256 L'Exploit de commandement, confultation, de la
faifie réelle, établiffement
de Commiffaire, signification au faifi, l'Enregiftrement au Commiffaire Gé-
neral, l'affiche, appofition
avec pannonceaux, fignification de premiere criée,
voyage d'homme de cheval
pour charger le Sergent,
les criées, & procès verbal
d'icelles, la confultation fur
lefdites Criées, Sentences &
frais de fa certification,
voyage d'homme de cheval,
l'Enregiftrement au Greffe
de la faifie moitié de la Requête ou Commiffion pour
l'interpofition du decret,
l'Exploit d'affignation donnée au faifi, moitié du voyage pour apporter l'Exploit,
confultation fur ladite demande, préfentation, Arrêt
de congé d'adjuger, journée,
copie & fignification, les
Encheres, affichés, adjudication fauf quinzaine, publication, copie, fignifica-
rion, appofitions d'icelle,
voyage pour les faire faire,
droit de l'adjudication au
Commis du Greffe & à
l'Huiffier, journées & vacations du Procureur du pourfuivant, façon, fignature &
fcel du decret, feront taxés

Idem.

Idem.

Frais ordinaires de Criées, desquels l'adjudicataire est tenue.

comme dessus, & le surplus en frais extraordinaires.

Frais extraordinaires & de l'instance d'ordre pris sur les biens vendus.

	TEXTE	ANNOTATIONS.
267	Consultation pour faire les Criées. . xlviij s.	*La consultation est de 3 liv. mais elle fait de même partie des frais extraordinaires.*
268	Moitié de la Requête ou Commission & du voyage, de l'assignation au saisi, pour bailler moyens de nullité, & aux opposans leurs causes d'oppositions, les Exploits d'assignations données aux opposans, présentations sur lesdites assignations quintes & surabondantes Criées, & ce qui sera fait pour y parvenir ; droit de Conseil sur les oppositions, ensemble les procédures qui auront été faites sur icelles afin de charge, distraire, annuller, & pour servitudes, comme aussi sur les appellations des saisies, Criées & autres incidens pendant le cours du decret, Epices de l'Arrêt de congé d'adjuger, les procédures sur les demandes afin de subrogation à la poursuite des Criées pour le bail judiciaire, faire rendre compte au Commissaire, & les remises si aucunes sont faites de l'adjudication, sera taxé comme dessus.	*Idem.*
269	Pour l'Extrait des opposans levé au Greffe, sera taxé	*Idem.*

Frais extraordinaires & de l'inſtance d'ordre pris ſur les biens vendus.

TEXTE	ANNOTATIONS.
ſuivant ledit Réglement.	
270 Requête de *Committitur*, pour regler ſur l'ordre , copie & ſignification comme deſſus.	N'a plus lieu.
271 Apointement à produire & fournir de cauſes d'oppoſition & contredire , copie & ſignification . *idem.*	Idem.
272 Cauſes d'oppoſition, à l'Avocat, à ſon Clerc , droit de Reviſion & pour la copie & ſignification , ſera taxé comme deſſus , enſemble pour les Réponſes , & n'entrera en taxe au pourſuivant que moitié deſdites cauſes d'oppoſition, Clerc de l'Avocat, Reviſion , copie , ſignification , l'autre moitié confuſe en la perſonne dudit pourſuivant , comme regardant ſon intérêt particulier.	Idem.
273 Conſultation pour produire xlviij ſ.	Conſultation 3 liv.
274 Inventaire de production comme deſſus , & n'entrera auſſi en taxe que la moitié d'icelui, comme leſdites cauſes d'oppoſition.	Idem.
274 Produit ſuivant le Réglement art. 51. . vj ſ. v d.	Idem.
274 Voyage d'homme de cheval pour produire ſur l'ordre. Les forclufions de produire & contredire. La communication de l'inſtance , les contredits, ſalvations & autres procedures, & ſur les oppoſitions ſurvenues depuis e premier appointement ſur l'ordre , ſeront taxées ſui-	Idem.

vant

Frais extraordinaires & de l'inftance d'ordre pris fur les biens vendus.

vant le Réglement du 17 Janvier 1664. enfemble les Requêtes d'emploi de contredits, copies & fignifications de l'Arrêt d'ordre au Greffe, retiré d'icelle, voyage pour faite juger felon la qualité & le fejour comme deffus & les dépens adjugés au pourfuivant par les Arrêts intervenus pendant les Criées en fubrogeant les oppofans, entreront en taxe efdits frais extraordinaires, & non les procédures qui auront été faites contre les oppofans afin de conferver, pour fournir leurs caufes & moyens d'oppofition.

277 Les dépens & frais extraordinaires des Criées, feront taxés avec les Procureurs du faifi, du pourfuivant & le plus ancien Procureur des oppofans feulement, aufquels & au Procureur tiers, fera à chacun taxé pour leur affiftance par le Commiffaire Rapporteur les deux tiers d'un fol par article, pour le calcul à fon Clerc fix deniers, & où il fe trouveroit parties faifies qui auroient chacun un Procureur, ne fera taxé pour tous les Procureurs defdites Parties faifies qu'une feul affiftance pour être entr'eux également partagée,

Idem.

278 Pour l'executoire, façon & fignature, fuivant le Réglement : pour le fcel. *idem.*

Idem.

R r r

Frais extraordinaires & de l'inſtance d'ordre pris ſur
ſles biens vendus.

Nota. Que dans l'exécutoire, l'on y comprend le coût du premier commandement de payer.	*Idem.*

Réceptions d'Officiers.

279 Pour la Requête afin de réception d'un Officier xlviij ſ.	*Cette Requête ſur une demie feuille 16 ſ.*
280 Pour chaque oppoſition formée pour le Regiſtre du Parquet comme deſſus viij ſ.	*N'a plus lieu.*
281 Conſultations reſpectives aux Parties ſur l'oppoſition xlviij ſ.	*A preſent 3 liv.*
282 Requête pour plaider ſur les oppoſitions, copie & ſignification xxxiv ſ. Si à domicile xxx ſ.	*Requête ſur demie feuille 16 ſ.*
283 S'il y a Avocat . lij ſ.	*A l'Avocat 6 liv. & au Clerc 15 ſ.*
284 Si le Procureur plaide xxiv ſ. ſinon pour la journée v ſ.	*Pour la plaidoirie du Procureur 32 ſ. ſinon pour la journée 6 ſ. 3 d.*
285 Avenir, qualité de l'Arrêt, façon, ſignature, ſuivant le Réglement.	*Idem.*
286 Si la cauſe eſt apointée, les procédures ſe feront & taxeront comme aux autres apointemens,	*Idem.*

Et ſera le preſent Arrêt lû & publié en la Communauté des Avocats & Procureurs de la Cour, envoyé dans tous les Bailliages pour être lû, publié & exécuté : Enjoint aux ſubſtituts du Procureur Général de tenir la main à l'exécution d'icelui & d'en certifier la Cour au mois. Fait en Parlement le 16 jour d'Août 1665. *Signé* ROBERT.

Resumé Géneral pour la taxe des dépens.

LE droit de *Consultation* est different suivant la qualité des Tribunaux. Aux Requêtes de l'Hôtel & du Palais & autres Jurisdictions de l'enclos du Palais, il est de 30 f. indistinctement. Au Parlement, on distingue ; sur les demandes, interventions & autres premieres demandes, même sur les demandes réglées & requêtes d'emplois pour avertissement, écritures & productions, il est de 3 liv ; sur les appellations verbales, de 4 liv. 10 f : en procès par ecrit, de 6 liv.

Le droit de *Conseil* est toujours de 15 f. soit aux Requêtes, soit a u Parlement : il a lieu sur les défenses de la Partie adverse, sur opositions, sur écritures d'Avocats, sur piéces communiquées, sur actes de reprifes, sur Requêtes en jugeant.

Le droit de *Préfentation* differe aussi suivant les Jurisdictions. Aux Requêtes, il est de 2 f. 6 d. pour le Demandeur & de 7 f. 6 d. pour le Défendeur. Au Parlement, il est de 32 f. sur une demande ; de 3 liv. 4 f. soit en apel verbal, soit en procès par écrit : & si dans le cours de l'instruction du procès par écrit, il est formé quelques demandes incidentes, on taxe sur chacune de ces demandes, demie préfentation & demie consultation, c'est-à-dire pour la préfentation 32 f. & pour la consultation 3 liv. 3 f.

Comme le Procureur est censé ne pouvoir se constituer sans *Procuration*, elle est préfumée de droit & passe en taxe par tout pour 11 f : elle entre en taxe sur toutes les demandes qui requierent nouveau Pouvoir.

Le droit de *journée* se taxe aux Requêtes, à raison de 2 f. 6 d. & au Parlement, sur le pied de 6 f. 3 d. La journée est dûe au Procureur sur tous les jugemens contradictoires ou par défauts, sur les actes de reprifes, d'oposition & autres qui exigent le transport du Procureur au Greffe, comme produits, retraits des facs, &c. comme aussi pour la consignation d'amende & publication du rôle.

Les *Plaidoiries d'Avocats* font de 6 liv. pour les jugemens contradictoires & 3 liv. sur les défauts, indépendamment des 15 f. pour le droit du Clerc de l'Avocat. Celles *des Procureurs* font, aux Requêtes du Palais de 32 f. lorsqu'elles font contradictoires, & de 15 f. lorsqu'elles font par défaut : au Parlement, on accorde 32 f. au Procureur sur un défaut, & 3 liv. sur Arrêt contradictoire.

Les *Ecritures d'Avocats* font taxés à raison de 40 f. par rôles, sçavoir pour le droit de l'Avocat 20 f. par rôle, 10 f. pour le droit de Revision du Procureur, & 10 f. tant pour la grosse que pour la copie, papier & signification. S'il en faut plus d'une copie, les autres copies se taxent à raison de 2 f. 6 d. par rôle de grosse.

Les *Ecritures de Procureurs* comme requêtes, défenses, Repliques & autres qui se mettent en grosse sur grand papier, se taxent sur le pied de 20 f. du rôle pour la grosse & la copie. On compte à part le papier

R r r ij

& la fignification. S'il y a plus d'une copie, les autres fe comptent à raifon de 2 f. par rôle de groffe : à l'égard des inventaires de production, lorfqu'ils ne fe fignifient pas, chaque rôle de groffe n'entre en taxe que à raifon de 10 f. n'y ayant ni copie ni fignification.

Les *Actes* qui fe mettent *fur demie feuille* (comme qualités, apointemens offerts, défenfes fans explication de moyens) fe taxent 16 f. tout compris, original, copie, fignification & papier : ils ne fe taxoient que 15 f. avant l'augmentation du papier.

Les *petits actes fur quarré* (comme avenirs, fommations, actes de de produit ou d'occuper & autres) ne paffoient autrefois en taxe que pour 5 f. aux Requêtes & 8 f. au Parlement ; mais depuis l'augmentation du prix du papier marqué, on les employe maintenant dans les déclarations de dépens à raifon de 6 f. aux Requêtes, & de 9 f. au Parlement, pareillement tout compris.

Les *groffes en parchemin des Sentences & Arrêts* fe payent, fçavoir chaque rôle de groffe de Sentence aux Requêtes, 20 f. par rôle, fans fignature ni contrôle. La fignature (quand elle a lieu) eft encore un droit de 20 f. par rôle pour le Greffier en Chef ; le fceau, fuivant le reçû ; de même le contrôle, qui néanmoins eft plus confiderable lorfqu'il y a fignature & fceau. Au Parlement, le rôle de groffe d'Arrêt eft de 3 liv; non compris le fceau. Obferver qu'au Parlement tous les Arrêts font fignés ; au lieu qu'aux Requêtes on délivre ordinairement les Sentences par collation feulement, & on ne les fait figner par le Greffier en Chef, que lorfqu'on a befoin de les faire fceller.

Le *droit de copie* pour les Sentences & autres actes émanés du Greffe, eft de 2 f. par rôle de groffe aux Requêtes, & de 3 f. au Parlement *(a)*. Les copies de pieces qui fe fignifient dans le cours d'une conteftation, s'arbitrent eû égard à leur longeur & quantité. Quand ces copies contiennent plufieurs rôles de minute, on les arbitre ordinairement à raifon de 20 f. par rôle de minute de copie.

Le droit de *fignification de Procureur à Procureur* eft de 1 f. 6 d. aux Requêtes, & de 3 f. au Parlement : il fe multiplie au prorata du nombre des Procureurs à qui la fignification eft faite : quand la *fignification* eft à l'extraordinaire autrement dite *à domicile*, elle eft de 5 f. 6 d. aux Requêtes & de 11 f. au Parlement pour chaque fignification.

Le droit de *produit* eft de 5 f. 6 d. aux Requêtes indiftinctement : mais au Parlement, il eft de 9 f. fur avertiffement & caufes d'apel, fur demande reglée & fur Requête d'emploi pour avertiffement, écritures &

(a) Le droit de copie du Jugement appartient au Procureur qui occupoit lorfque le Jugement eft intervenu, quand bien même il auroit été révoqué avant la levée de l'Arrêt : c'eft ce qui a été jugé en faveur de Me. Louzeau Procureur en la Cour, par Arrêt du 17 Juillet 1734.

Il y a plus ; comme ce droit de copie eft très-confiderable, fur-tout pour les Arrêts & Sentences d'ordre, la Jurifprudence le conferve au Procureur pourfuivant qui a inftruit l'ordre, comme étant une récompenfe de fon travail, quand bien même il auroit été révoqué, avant le Jugement de l'ordre. C'eft l'efpece d'un Arrêt rendu au profit de Me. Hennequin Procureur le 15 Juillet 1748, fur la Plaidoirie contradictoire de MM. Silveftre & Doulcet fils Avocats,

productions ; il n'eft que de 3 f. fur griefs & Requêtes de contredits.

Le droit de *communication* eft de 3 liv. aux Requêtes : au Parlement , il eft de 7 liv. pour la communication de toute l'inftance , & de 4 liv. pour une production nouvelle ou autre production particuliere.

Les *vacations de petits Commiffaires* font de 28 liv. chacune : celles *de grands Commiffaires* , font du double , c'eft-à dire de 56 liv.

Le droit de *déclaration de dépens*, eft de 2 f. par article; & celui d'*affif-tance* eft de 8 d. par article, pour chacun des Procureurs. *(a)*

T I T R E XXXII.

DE LA TAXE ET LIQUIDATION

DES DOMMAGES

ET INTERETS.

L E Législateur introduit ici , fur la liquidation des dommages & intérêts, à-peu-près les mê-mes régles & les mêmes principes qu'il a ci-devant établis pour la taxe des dépens , mais avec moins d'étendue ; la matiere des dommages & intérêts n'é-tant pas fufceptible des mêmes détails que celle des dépens. Ce titre en effet n'eft compofé que des qua-tre articles qui fuivent.

(a) Lorfque la Cour a confirmé une Sentence dont étoit apel & qui portoit condamnation de dépens , on ne doit point retourner au premier Tribunal pour la taxe des dépens adjugés par la Sentence. Les dépens des caufes tant principale que d'apel , doivent fe taxer en la Cour fur une feule & même déclaration , ainfi qu'il a été formellement décidé par Arrêt du 27 Août 1735 , qui a déclaré nulle toute la procedure faite au Bailliage de Gien pour parvenir à la taxe dont etoit queftion les dépens , & a ordonné que la taxe en feroit faite en la Cour avec ceux de la caufe d'apel.

Les Procureurs au Parlement ont d'ailleurs le privilege de demander la diftraction à leur profit de leurs frais , faifant partie des dépens adjugés à leurs Parties , pour en obtenir exécu-toires en leurs noms contre les Parties condamnées ; nonobftant toutes conventions faites au contraire entre les Parties , tranfports , faifies Arrêts & empêchemens : c'eft encore chofe jugée par trois Arrêts rendus, l'un au profit de Me. Tronchet le 27 Mars 1727, l'autre en faveur de Me. Granget le 28 Avril 1736, & le troifiéme pour Me. Mantel, le 21 Août 1743.

ARTICLE PREMIER.

La déclaration des dommages & intérêts, sera dressée & copie donnée au Procureur du Défendeur, ensemble de la Sentence, Jugement ou Arrêt qui les auront adjugés ; & lui seront communiquées sur son récepissé les piéces justificatives pour les rendre dans la quinzaine, à peine de prison, de soixante livres d'amende & du séjour, dépens, dommages & intérêts des Parties en son nom ; sans qu'aucune des peines puisse être réputée comminatoire, ni remise ou moderée sous quelque prétexte que ce soit.

Deux dispositions principales forment l'essence de cet article. D'abord celui qui poursuit la liquidation des dommages & intérêts à lui adjugés, est astreint à donner copie au Défendeur de la déclaration de ses dommages & intérêts, en même tems que du Jugement qui les lui adjuge, afin que le Défendeur connoisse & la quotité de ces dommages & intérêts & le titre en vertu duquel ils sont exigés, & qu'il puisse prendre ses mesures en conséquence, pour aller au devant des frais de taxe. Mais comme la déclaration seroit par elle-même insuffisante, pour instruire le Défendeur de la légitimité des differens articles qui la composent, si l'on ne lui donnoit en même tems connoissance des piéces justificatives, l'Ordonnance, par la seconde partie de sa disposition, impose à celui qui poursuit la liquidation, l'obligation indispensable de communiquer au Défendeur ces piéces justificatives en originaux sous le récepissé de son Procureur, afin qu'il puisse les examiner à loisir & en faire lui-même l'aplication à chacun des articles de la déclaration auxquels elles sont relatives. Mais pour prevenir en même tems l'abus que le Défendeur pourroit faire de cette facilité, en retenant trop long-tems ces pieces pour retarder la liquidation, notre article fixe un délai pour cette communication ; après l'expiration duquel le Procureur qui s'est chargé des piéces sous son récepissé, est contraignable à les rendre, par corps, & est amendable de 60 liv, indépendamment des dommages & intérêts des Parties résultans du séjour & autres causes, dont il est responsable en son propre & privé nom ; sans qu'aucune de ces peines puisse être remise ni moderée, sous aucun prétexte.

ARTICLE II.

Pourra le Demandeur dans les délais pareils à ceux ci-deſſus reglés en l'article 5. du titre de la taxe des dépens, faire des offres ; & en cas d'acceptation, en ſera paſſé apointement de condamnation qui ſera reçu à l'Audience.

ARTICLE III.

Si le Défendeur ne fait point d'offres, ou qu'elles ſoient conteſtées, ſera pris apointement à produire dans les trois jours ; & en cas qu'elles ſoient conteſtées, ſi par l'événement les dommages & interêts n'excedent la ſomme offerte, le Demandeur ſera condamné en tous les frais & dépens, depuis le jour des offres, leſquels feront liquidés par le même Jugement.

La comparaiſon de ces deux diſpoſitions, avec ce qui ſe pratiquoit autrefois, va rendre ſenſibles les changemens importans faits par l'Ordonnance dans cette partie de la procedure.

Dans l'ancien uſage, après que le Demandeur en liquidation de dommages & interêts, en avoit fait ſignifier la déclaration au Procureur du Défendeur, ſi ce dernier ne défendoit point ſur cette déclaration, on obtenoit contre lui *défauts, ſauf pur & ſimple, & aux Ordonnances.* Ces défauts ſignifiés, ſi le Défendeur ne comparoiſſoit point encore, le Demandeur obtenoit un *débouté de diminutions :* c'étoit le nom qu'on lui donnoit au Palais, il tenoit lieu de débouté de défenſes. Ce *débouté de diminutions* emportoit avec ſoi apointement à produire. Mais au Parlement, on regardoit la charge du Procureur du Défendeur comme finie par ce *débouté de diminutions.* Au moyen de quoi il falloit faire de nouveau réaſſigner la Partie à ſon domicile. Si elle comparoiſſoit ſur cette réaſſignation, on prenoit un apointement à contredire & non à produire, attendu que le débouté de diminutions équivalant au debouté de défenſes, le Défendeur ne pouvoit produire, qu'il ne ſe fût fait reſtituer contre, ſur la réaſſignation. Si au contraire la Partie ne comparoiſſoit point ſur cette réaſſignation, le Demandeur obtenoit un défaut dont le profit emportoit adjudication de ſes demandes.

L'Ordonnance abroge toutes ces formalités ſuperflues, ſans aucune exception. Ainsi lorsque la signification de la déclaration de dommages & intérêts a été faite au Défendeur, c'est à lui à faire ses offres, s'il le juge à propos, dans les délais qui lui sont accordés à cet effet. Si le Défendeur fait des offres & que le Demandeur les accepte, il n'y a plus de contestation; ainsi on passe de concert dans ce cas un apointement de liquidation de dommages & intérêts que l'on fait recevoir à l'Audience. Si au contraire le Défendeur ne fait point d'offres, ou qu'après en avoir faites, le Demandeur les conteste, il n'est pas possible de décider cette contestation à l'Audience, non-seulement par rapport à la multiplicité des differens chefs ou articles dont une déclaration de dommages & intérêts est ordinairement composée, mais encore parce que la décision de chacun de ces chefs exige un examen de piéces dont l'Audience n'est pas susceptible. C'estpourquoi il faut à cet égard sortir de la régle génerale, & l'Ordonnance autorise alors à prendre, sans aller à l'Audience, un apointement à produire dans trois jours. Si par l'evenement l'adjudication des dommages & intérêts n'excede point en quotité la somme offerte, c'est au Demandeur à s'imputer d'avoir occasionné des frais frustratoires. Ainsi il doit être condamné aux dépens du jour des offres; & ces dépens dans tous les cas indistinctement doivent être liquidés par le Jugement qui les adjuge, afin de ne point donner lieu à une nouvelle taxe qui jetteroit encore les Parties dans de nouveanx frais.

ARTICLE IV.

Les Procureurs qui auront occupé dans les instances principales, seront tenus d'occuper dans celle de liquidation des dommages & interêts, sans qu'il soit besoin de nouveau pouvoir.

La liquidation des dommages & intérêts est une suite & une exécution du Jugement qui en prononce la condamnation. Ainsi la charge du Procureur avec lequel ce Jugement a été obtenu, continue de droit, jusqu'à ce que toutes choses soient consommées à cet égard.

FORMULES

FORMULES

DES PROCEDURES

RELATIVES

AU PRESENT TITRE.

DECLARATION de dommages & interêts, dont requiert taxe pardevant Vous Noffeigneurs . . . . .

  Sieur . . . .

  Contre . . . .

Adjugés par Arrêt (*ou* Sentence) du . . . .

Lefquels commencent par . . . *énoncer ici les differens articles de dommages foirf-ferts.*

Déclaration de dommages & interêts.

SUPPLIE humblement . . . . Qu'il vous plaife, faute par Me . . . Procureur de . . . d'avoir rendu les pieces juftificatives de la déclaration des dommages & interêts adjugés au Suppliant par Arrêt (*ou* Sentence) du . . . quinzaine après qu'elles lui ont été communiquées, fuivant fon recepiffé du . . . Ordonner qu'il y fera contraint par corps, & le condamner en 60 liv. d'amende, aux frais de fejour, dépens, dommages & interêts du Suppliant, & aux dépens en fon nom, & vous ferez bien.

Requête de contrainte pour la reddition des pièces juftificatives de ladite déclaration.

ENTRE . . . Demandeur en liquidation de dommages & interêts adjugés par Arrêt du . . . fuivant la déclaration fignifiée au Défendeur ci-après nommé, d'une part. Et . . . Défendeur d'autre part, après que . . . . Procureur du Demandeur & . . . Procureur du Défendeur ont été ouïs ; appointé eft que la Cour, a condamné la Partie de . . . fuivant fes offres faites le . . . à payer à la Partie de . . . la fomme de . . . pour les dommages & interêts en queftion ; condamne ladite Partie de . . . aux dépens.

Apointement en cas d'offres acceptées.

Me . . . Procureur de . . . Demandeur.

Me . . . Procureur de . . . Défendeur.

LA Cour, fur la demande en liquidation de dommages & interêts, apointe les Parties à produire dans trois jours & contredire dans pareil délai, pour leur être fait droit, ainfi que de raifon.

Difpofitif d'Arrêt d'apointement, lorfqu'il n'y a point d'offres, ou qu'elles font conteftées.

ENTRE . . . Demandeur en liquidation de dommages & interêts à lui adjugés par Arrêt du . . . fuivant la déclaration qu'il en a fait fignifier le . . . d'une part & . . . Défendeur, d'autre part.

  Arrêt d'apointement en la . . . Chambre, du . . .

Me . . . Procureur du Demandeur.

Me . . . Procureur du Défendeur.

Qualités de l'Arrêt d'apointement ci-deffus.

S ff

Même apointement
aux Requêtes de l'Hô-
tel ou du Palais.

E x t r a i t des Regiſtres des Requeſtes de ... du .. Défaut à ... Demandeur en liquidation de dommages & interêts à lui adjugés par Sentence du ...
ſuivant la déclaration ſignifiée le ... comparant par Me. ... ſon Procureur,
Contre ... Défendeur & Défaillant , par vertu duquel la Cour apointe les Parties
à produire leurs pieces dans trois jours pardevers Me. ... Conſeiller , bailler
contredits & ſalvations dans pareil délai , pour leur être fait droit , ainſi que de
raiſon ; & ſoit ſignifié.

TITRE XXXIII.

DES SAISIES ET EXECUTIONS

ET VENTES DE MEUBLES,

GRAINS, BESTIAUX

ET CHOSES MOBILIAIRES.

APRE'S avoir reglé dans les précedens Titres,
de quelle maniere il falloit conduire une conteſtation juſqu'à Arrêt définitif, & comment il falloit liquider les acceſſoires des condamnations principales, comme ſont les dépens, dommages & intérêts ; l'Ordonnance va maintenant preſcrire la
route qu'il faut ſuivre pour ſe procurer le payement
de ces condamnations , tant principales qu'acceſſoires.

On peut ſe procurer ce payement de deux manieres ; ou en ſaiſiſſant la perſonne , ce qu'on apelle
contrainte par corps ; ou en ſaiſiſſant les biens du
condamné. Quant à la contrainte par corps , la dif-
cuſſion en eſt réſervée pour le Titre qui ſuit : celui-
ci ne traite que de la ſaiſie des biens.

On peut contraindre quelqu'un à payer les condamnations contre lui prononcées, & généralement tout ce qu'il doit en vertu d'un titre exécutoire, en faififfant fes biens de trois differentes manieres; ou en *faififfant & arrêtant* ce qui lui eft dû, ou en *faififfant & executant* fes meubles & effets mobiliers, enfin en *faififfant réellement* fe, biens immeubles; ces trois voyes font ouvertes au créancier, foit fingulierement, foit cumulativement.

L'Ordonnance ne prefcrit rien ni fur la *faifie arrêt*, ni fur la *faifie réelle*. Toutes les difpofitions du préfent Titre fe bornent aux formalités requifes pour les *faifies & executions*, & pour la vente des effets faifis qui en eft la fuite ordinaire.

Quatre objets principaux paroiffent avoir fixé l'attention du Légiflateur dans les difpofitions qui fuivent; 1o. les formalités qui doivent accompagner le, faifies & exécutions; 2o. la diftinction des chofes faififfables d'avec celles qui ne le font point; 3o. les formalités de la vente des effets faifis: 4o. enfin ce qui doit fuivre la vente. Tel eft le plan général du prefent Titre.

ARTICLE PREMIER.

Tous exploits de faifie & execution de meubles ou chofes mobiliaires, contiendront l'élection du domicile du faififfant dans la ville ou la faifie & execution fera faite; & fi la faifie & execution n'eft faite dans une ville, bourg ou village, le domicile fera élû dans le village ou la ville qui eft plus proche.

La Loi doit tenir une exacte balance entre les Parties. Si elle procure au créancier le moyen de fe faire payer, par la faifie des meubles de fon débiteur, il faut auffi d'une autre côté, qu'elle mette le débiteur en état d'arrêter l'effet & les fuites de cette faifie, en faifant à fon créancier des offres légitimes. Quand ce créancier faififfant à fon domicile dans le lieu même ou la faifie eft faite, il n'y a point de difficulté. Mais fouvent ce créancier peut demeurer dans un lieu fi éloigné de celui de la faifie, que les meubles feroient vendus, avant qu'on eût pû faire parvenir jufqu'à lui des offres. De-là nos anciennes Ordonnances & la nôtre en particulier exigent que tout créancier faififfant qui n'a point fon domicile véritable dans le lieu de la faifie, y en élife un auquel le débiteur puiffe lui faire toutes les fignifications que bon lui femble, pour empêcher, s'il lui eft poffible, la vente de fes effets : ces fortes d'élection de domicile momentanné, fe font ordinairement pour vingt quatre heures feulement.

ARTICLE II.

Les faifies & executions ne fe feront que pour chofe certaine & liquide en deniers ou en efpeces ; & fi c'eft en efpece, fera furfis à la vente, jufqu'à ce que l'aprétiation en ait été faite. (a)

On ne peut & on ne doit faifir les meubles de quelqu'un qu'à défaut de payement. Or un débiteur ne peut payer qu'autant que ce qu'il doit eft liquide & certain. On ne peut lui faire un crime de ne point acquitter une dette indéterminée : ce feroit la réduire à l'impoffible. De-là toute faifie & exécution eft nulle, lorfque la dette dont le payement eft l'objet de la faifie, n'eft point liquide & certaine ; c'eft ce que décide notre Ordonnance, d'après l'article 166 de la Coutume de Paris.

Mais une dette peut être certaine & liquide de deux manieres ; fi c'eft une fomme à payer, elle eft par fa nature *liquide en deniers.* Si c'eft une chofe qu'il faut reftituer ou fournir, elle peut n'être *liquide* qu'*en efpece*, comme fi quelqu'un étoit condamné à des reftitutions de fruits pendant un certain nombre d'années.

On peut également faifir & executer pour une dette *liquide en efpece,* que pour une dette *liquide en deniers,* parcequ'une dette dont la quotité en efpece eft déterminée, peut aifément s'acquitter en efpece même. Cependant dans ce dernier cas, on ne peut aller jufqu'à la vente des effets faifis, que l'aprétiation n'en ait été faite dans la forme prefcrite pour les liquidations de fruits.

(a) « On n'eft recevable à proceder par voye d'Arrêt, faifie, exécution, ou emprifonne- » ment en vertu d'obligation ou Sentence, fi la chofe ou fomme pour laquelle on veut faire » ledit exploit, n'eft certaine & liquide enfomme ou efpece. Et néanmoins fi l'efpece eft » fujette à appréciation, on peut executer & ajourner afin d'apprécier. *Cout. de Paris* art. » 166.

ARTICLE III.

Toutes les formalités des ajournemens seront obser-
vées dans les exploits de faisie & execution, & sous
les mêmes peines.

La faifie & exécution eft un exploit ; & conféquemment elle doit
être affujettie à toutes les formalités génerales aufquelles les exploits
font fujets, qui fe réduifent principalement à y faire mention du jour,
du mois & de l'année, à y dénommer les nom, furnom & qualité de la
Partie & fon domicile, le nom de l'Huiffier, la Jurifdiction où il a été
immatriculé & fon domicile, les nom, furnom & qualité de celui à qui
la fignification a été faite, & la perfonne à qui l'exploit a été laiffé.
Ces formalités étant de l'effence même de tous les exploits, on n'en peut
obmettre aucunes, fans que le procès-verbal de faifies ne foit dans le cas
d'être déclaré nul.

Outre ces formalités génerales, les faifies & exécutions en ont encore
de particulieres que les articles qui fuivent, vont développer.

ARTICLE IV.

Avant d'entrer dans une maifon pour y faifir des
meubles ou effets mobiliaires, l'Huiffier ou Sergent
fera tenu d'apeller deux voifins au moins pour y être
prefens, aufquels il fera figner fon exploit ou procès-
verbal, s'ils fçavent ou veulent figner, finon en fera
fait mention, comme auffi du tems de l'exploit, fi
c'eft avant ou après midy & le fera auffi figner par fes
records ; & s'il n'y a point de voifin, il fera tenu de le
déclarer par l'exploit, & de le faire parapher par le
plus prochain Juge incontinent après l'exécution.

Une des formalités particulieres que l'Ordonnance prefcrit pour les
faifies & exécutions, eft d'obliger l'Huiffier d'apeller, avant que d'entrer dans la maifon pour faifir, deux des plus proches voifins, pour
être prefens & de les requerir de figner fon procès-verbal, finon de
faire mention de leurs refus. Le but du Légiflateur a été de donner de

nouveaux furveillans à l'Huiffier, pour prévenir les abus qu'il pourroit commettre dans le déplacement des effets. Mais comme il feroit affez difficile de trouver des voifins qui vouluffent volontairement être fpectateurs du mal que l'on fait à leur voifin, il eft rare que les Huiffiers faffent cette requifition aux voifins ; ils fe contentent de faire mention dans leurs procès-verbaux qu'après avoir requis les voifins, ils n'en ont trouvé aucuns qui ayent voulu affifter a la faifie & en figner le procès-verbal. On tolere même d'autant plus volontiers cette contravention indirecte à l'Ordonnance, que le débiteur faifi pour l'avantage duquel la difpofition paroît être faite, a lui-même intérêt que le voifinage foit inftruit le moins qu'il eft poffible, du dérangement qui peut fe rencontrer dans fes affaires.

Comme il peut arriver que la faifie fe faffe à la campagne, dans quelque ferme ou maifon ifolés qui n'ayent point de voifins à qui l'Huiffier puiffe faire la requifition prefcrite, après en avoir fait mention dans l'exploit, il doit y fuppléer, en faifant figner fon procès-verbal par le plus prochain Juge du lieu, incontinent après la faifie.

Indépendamment des voifins, l'Huiffier doit encore fe faire accompagner de deux records qui foient prefens à la faifie, & qui en fignent le procès-verbal ; nonobftant l'Edit du contrôle qui contient abrogation des records, on les conferve encore pour les faifies & executions.

Quoique dans tous les exploits on doive énoncer le mois, le quantiéme & l'année, il faut outre cela dans les exploits de faifie & exécution, énoncer avec grand foin, fi c'eft *avant* ou *après midy*. Cette précaution eft importante. Car comme la priorite en matiere de faifie emporte préference (*a*) fur le prix de la vente des meubles, il feroit fouvent difficile de décider fans cela lequel de deux créanciers qui auroient faifi le même jour fur un même débiteur, devroit être préferé.

ARTICLE V.

Si les portes de la maifon font fermées, & qu'il n'y ait perfonne pour les ouvrir, ou que ceux qui y feront n'en veulent faire l'ouverture, l'Huiffier ou Sergent fe retirera devant le Juge du lieu, lequel au bas de l'exploit ou procès-verbal du Sergent, nommera deux perfonnes, en préfence defquelles l'ouverture des portes & la faifie & exécution feront faites & figneront l'exploit ou procès-verbal de faifie avec les records.

Cet article prévoit le cas du refus d'ouverture de porte de la part du faifi ; l'Huiffier qui n'eft qu'un fimple executeur des ordres de la Juftice, n'a pas le droit d'aller en avant , fans être de nouveau autorifé. Auffi il doit alors fe retirer devant le Juge du lieu , lequel au bas de fon procès-verbal de refus de porte , lui permet de la faire ouvrir par le premier Serrurier ou Marechal fur ce requis, en préfence de deux témoins ou records. Le Juge n'eft point dans l'ufage de nommer les témoins , quoique l'Ordonnance femble y être précife.

ARTICLE VI.

Les exploits ou procès-verbaux de faifies & exécutions , contiendront par le menu & en détail tous les meubles faifis & exécutés.

Cette fpécification détaillée des effets faifis ordonnée par le prefent article, tend principalement a ce que le Gardien ne puiffe rien détourner des chofes faifies, & que d'un autre côté on ne puiffe lui demander des chofes qui n'auroient point été commifes à fa garde. Le procès-verbal de faifie étant fon titre de charge, il falloit bien , pour éviter toute conteftation à cet égard , qu'il contint un détail fi exact & fi circonftancié, que fon infpection feule levât toutes les difficultés pour ou contre le Gardien.

ARTICLE VII.

Sera laiffé fur le champ au faifi copie de l'exploit ou procès-verbal , fignée des mémes perfonnes.

ARTICLE VIII.

Le nom & le domicile de celui en la garde duquel auront été mifes les chofes faifies , feront fignifiés au faifi par le même procès-verbal.

Pour rendre la faifie & execution contradictoire avec le débiteur faifi & ne lui rien laiffer ignorer d'un acte qui le touche fi intimement , l'Huiffier eft obligé de lui donner , fur le champ & fans divertir a autres actes, copie de fon procès-verbal ; & cette copie devant devenir fon original, il ne fuffit pas que l'Huiffier la figne, il faut encore qu'elle le foit des Records & de toutes les perfonnes qui auront figné l'original même.

Comme le procès-verbal de faifie doit énoncer celui à la garde duquel les effets faifis ont été laiflés, & fon domicile, on ne peut laiffer à la Partie faifie une copie de ce procès-verbal exactement conforme à l'o-riginal, fans que cette copie contiennne le nom & le domicile du Gar-dien. Il eft néceffaire que la Partie en foit inftruite, afin qu'elle puiffe refpecter en lui le dépofitaire établi par la Juftice & fe donner de garde de le troubler dans fa fonction.

ARTICLE IX.

Défendons aux Gardiens de fe fervir des chofes faifies pour leur ufage particulier, ni de les bailler à loüage ; & en cas de contravention, voulons qu'ils foient privés du payement des frais de garde & de nourriture & condamnés aux dommages & intérêts des Parties.

ARTICLE X.

Si les beftiaux faifis produifent d'eux-mêmes quel-que profit ou revenu, le Gardien en tiendra compte au faifi, ou aux créanciers faififfans.

Ces deux articles remedient à un fort grand abus qui avoit lieu au-paravant. On voyoit alors communément les Gardiens louer les che-vaux faifis dont la garde leur étoit commife, prendre les veaux & les agneaux & en apliquer le produit à leur profit, fans même aucune imputation de ce profit illicite fur leurs frais de garde. C'eft à quoi notre Odonnance pourvoit. Les Gardiens, en leur qualité de dépofitaires, font comptables à la Juftice, non-feulement de la chofe, mais encore des fruits que cette chofe peut produire. C'eft pourquoi ou les chofes faifies produifent par elles-mêmes quelque profit ou revenu, ou elles n'en pro-duifent point. Dans le premier cas, comme s'il s'agiffoit de brebis ou de vaches qui rendent journellement du lait, qui produifent des veaux ou des agneaux, le Gardien doit en tenir compte foit aux créanciers faififfans foit à la partie faifie. Si les chofes faifies ne produifent par elles-même aucun profit, fi ce n'eft en les louant ou en en faifant ufage, comme fi

c'étoit

c'etoit des chevaux ou des bœufs ou autres bêtes de fomme, on ne pourroit fans danger & fans de grands inconvéniens, permettre aux Gardiens
ou de les louer ou de s'en fervir, même en tenant compte du profit.
Ainfi l'Ordonnance a pris le fage parti de fairefur cela les plus expreffes
défenfes aux Gardiens; & en cas de contravention, ils doivent non-feulement être privés de leurs frais de garde, mais encore être condamnés
aux dépens, dommages & intérêts des Parties.

A R T I C L E XI.

La vente des chofes faifies fera faite au plus pro-
chain marché public aux jours & heures ordinaires
des marchés, & fera tenu le Sergent fignifier auparav-
vant à la perfonne ou domicile du faifi, le jour &
l'heure de la vente, à ce qu'il ait à faire trouver des
encherifeurs fi bon lui femble.

A R T I C L E XII.

Les chofes faifies ne pourront être vendues, qu'il
n'y ait au moins huit jours francs entre l'exécution
& la vente.

A R T I C L E XIII.

Les bagues, joyaux & vaifelle d'argent de la va-
leur de trois cent livres ou plus, ne pourront être ven-
dus qu'après trois expofitions à trois jours de marchés
différens ; fi ce n'eft que le faififfant & le faifi en con-
viennent par écrit, qui fera mis entre les mains du
Sergent, pour fa décharge.

On trouve dans ces trois articles tout ce qui concerne la vente des
des effets faifies, c'eft-à-dire les formalités qui doivent la preceder,
celles qui doivent l'accompagner, & le tems dans lequel elle peut être
faite.

T t t

Les formalités qui doivent la préceder, c'est la signification de la vente à la partie saisie; cette signification doit être faite à sa personne ou à son domicile, avec toutes les formalités des ajournemens : elle doit indiquer le jour, le lieu & l'heure même ausquels la vente sera faite, afin que la partie saisie qui a intérêt de faire monter la vente, puisse, si bon lui semble, y faire trouver des encherisseurs. L'Ordonnance, en restraignant ainsi les formalités qui doivent préceder la vente, a dérogé à bien des usages abusifs qui étoient reçus & observés auparavant dans plusieurs Sieges. Ainsi en Auvergne & en Bourbonnois, on ne pouvoit valablement proceder à la vente des effets saisis, sans aller deux fois devant le Juge ; une premiere fois pour lui demander permission de vendre & obtenir de lui Sentence à cet effet ; & une autre fois, pour obtenir une seconde Sentence confirmative de la vente, quand elle étoit faite : ce qui n'a plus lieu présentement.

Quant à la maniere de faire la vente, elle ne peut être régulierement faite qu'aux marchés publics & aux heures où se tient le marché, afin que le lieu & le concours de peuple qu'il attire, puisse procurer un un plus grand nombre d'acheteurs, & conséquemment faire vendre les choses saisies plus fructueusement pour les créanciers & pour le saisi.

Enfin, il étoit juste de mettre un intervale entre la saisie & la vente; soit pour mettre le débiteur saisi à portée d'empêcher la vente de ses effets ou par le payement des causes de la saisie, ou par tout autre voye de droit; soit pour donner le tems à ceux qui auroient quelque privilege ou quelque droit de proprieté sur les choses saisies, d'exercer leur révendication. L'Ordonnance fixe cet intervale à huitaine, & cet interval fait d'autant moins de tort aux créanciers saisissans, qu'ils sont nantis par la saisie.

Cependant quoiqu'il paroisse par cette disposition, qu'on puisse faire vendre les effets saisis, au bout de la huitaine, il est certains meubles par eux-mêmes d'un si grand prix, ou d'une telle nature qu'on ne ne pourroit les laisser vendre à la premiere exposition, sans craindre qu'ils ne fussent vendus au-dessous de leur valeur. De ce nombre sont les bagues & joyaux, l'argenterie. L'Huissier peut être lui-même d'autant plus facilement surpris, qu'il ignore le prix de ces sortes de choses dont la valeur n'est ordinairement connue que des Gens du métier & qui font profession de les vendre. Ainsi comme on courroit risque qu'il ne se trouvât point à une premiere exposition de Gens propres à acquerir ces sortes d'effets précieux faute d'être avertis, l'Ordonnance exige qu'ils ne puissent être vendus, qu'après trois expositions consecutives faites à trois differens jours. Néanmoins comme ces précautions qui ont un motif légitime, occasionnent une augmentation de frais indispensable, on ne doit en faire usage que lorsque l'objet en mérite la peine; le Législateur veut pour cela qu'il soit au moins de valeur de 300 liv.

ARTICLE XIV.

En procedant par saisie & exécution , sera laissé aux personnes saisies une vache , trois brebis ou deux chévres , pour aider à soutenir leur vie ; si ce n'est que la créance pour laquelle la saisie est faite , procede de la vente des mêmes bestiaux , pour avoir prêté l'argent pour les achetter ; & de plus sera laissé un lit & l'habit dont les saisis seront vêtus & couverts (a).

ARTICLE XV.

Les personnes constitués aux ordres sacrés de Prêtrise , de Diaconat ou sous-Diaconat , ne pourront être executés en leurs meubles destinés au Service Divin ou à leur usage nécessaire , de quelque valeur qu'ils puissent monter , ni même en leurs livres qui leur seront laissés , jusqu'à la somme de cent cinquante livres (b).

ARTICLE XVI.

Les chevaux , bœufs & autres bêtes de labourage , charrues , charettes & ustencilles servant à labourer & cultiver les terres , vignes & prés , ne pourront être saisis , même pour nos propres deniers , à peine de nullité , de tous dépens , dommages & intérêts , & de cinquante livres d'amende contre le créancier & le Sergent solidairement. N'entendons toutefois comprendre les sommes dûes au Vendeur ou à celui qui a prêté l'ar-

(a) Ordonnance d'Orleans , art. 28.
(b) Ordonnancce de Blois , art. 57.

Ttt ij

gent pour l'achat des mêmes beſtiaux & uſtanciles, ni
ce qui ſera dû pour les fermages & moiſſons des terres.
ou ſeront les beſtiaux & uſtanciles (a).

Quoique dans la régle générale, un créancier qui a un titre exécutoire, puiſſe faire ſaiſir tous les effets de ſon débiteur, pour ſe procurer ſon payement, cette régle ſouffre néanmoins pluſieurs exceptions que l'humanité, la décence & l'intérêt public ont fait admettre. Ces exceptions ſont détaillées dans les trois articles qui précedent.

La premiere de ces exceptions inſpirée par l'humanité même, eſt de laiſſer au débiteur du moins ce qu'il faut pour ſa ſubſiſtance la plus néceſſaire & de quoi ſe couvrir. De-là l'Ordonnance veut qu'on lui laiſſe une vache, trois brebis ou deux chêvres pour aider à ſoutenir ſa vie, & un lit & l'habit dont il ſe trouve couvert, lors de la ſaiſie exécution. Cependant ſi la ſaiſie ſe trouvoit faite par un créancier pour raiſon du prix de la vente de ces mêmes beſtiaux, ou pour argent prêté à l'effet de les achetter, en ce cas l'exception de la Loi cederoit au privilege inconteſtable du créancier ſur ces beſtiaux, & on ne pourroit s'empêcher de les ſaiſir & de les faire vendre pour payer le créancier.

La ſeconde exception eſt introduite en faveur des perſonnes conſtituées dans les Ordres ſacrés. D'abord le reſpect dû à la religion ne permet pas que l'on ſaiſiſſe les *choſes deſtinées au Service Divin.* D'un autre côté la décence publique s'opoſe à ce que les Gens de ce caractere ſoient réduits à la derniere indigence. Par cette raiſon le Légiſlateur ne permet point que l'on ſaiſiſſe les choſes qui ſont à leur uſage néceſſaire à quelque valeur qu'elles puiſſent monter, c'eſt-à-dire ſuivant l'interpretation puiſée dans les Ordonnances d'Orleans & de Blois, leurs vêtemens & leurs liv. Cependant notre Ordonnance contient une modification ſur ce dernier point. Il peut arriver en effet que la Bibliotéque d'un Eccleſiaſtique ſoit d'un objet ſi conſiderable qu'on ne pourroit l'affranchir de la ſaiſie de ſes créanciers, ſans couronner ſa fraude & ſa mauvaiſe foi. C'eſt pourquoi, la Loi n'ayant entendu lui conſerver que les livres qui lui ſont abſolument néceſſaires pour remplir les fonctions de ſon état, elle arbitre à 150 liv. la valeur de ces livres; s'il en a pour une ſomme plus grande, l'excedant eſt ſujet à ſaiſie.

La troiſiéme & derniere exception prend ſa ſource dans l'intérêt public. En effet la culture des terres eſt ce qui eſt le plus capable de faire fleurir un Etat. Les pays où cette culture eſt le plus en vigueur, jouiſſent d'une heureuſe abondance & ſont même en état de la communiquer à

[a] *Omnia animalia ad laborandum ſeu colendam terram ordinata & deputata nec non inſtrumenta & oſtilia neceſſaria ad laboratium, de deeps obligari non poterunt, naque pro pignore capi, vel pro executione qualicumque, etiam pro Denariis regiis, vel dominium directorum aut meſcatorum, ſuppoſito quod laboratica id velint, conſenſirent.* Ordonnance de Charles VIII.

leurs voifins. Ceux au contraire ou l'agriculture eft négligée, languiffent & ne peuvent nourrir leurs Habitans. Or il ne pourroit y avoir de plus grands obftacles à la culture des terres que de permettre la faifie & la vente des bêtes & uftanciles de labourage. C'eft pour cela que Louis XIV. en fuivant les traces de fes illuftres Prédeceffeurs, les a affranchis de toute faifie ; ce qui fouffre néanmoins plufieurs modifications. Car ils peuvent être faifis, 1°. pour les deniers Royaux, fuivant une Déclaration poftérieure à notre Ordonnance qui a dérogé fur ce point à fa difpofition ; 2°. pour le payement des fommes dûes , foit au vendeur de ces beftiaux ou uftanciles, foit à celui qui auroit prêté l'argent pour les acquerir, à caufe du privilege ; 3°. enfin pour le payement des fermages dûs , fi le débiteur faifi n'eft que Fermier, attendu que tout ce qui garnit la Ferme eft le gage du propriétaire & lui répond fpécialement du payement de fes fermages.

ARTICLE XVII.

Les chofes faifies feront adjugées au plus offrant & dernier encheriffeur , en payant par lui fur le champ le prix de la vente.

ARTICLE XVIII.

Les Huiffiers ou Sergent feront tenus de faire mention dans leurs procès-verbaux du nom & domicile des adjudicataires , defquels ils ne pourront rien prendre ni recevoir directement ou indirectement, outre le prix de l'adjudication , à peine de concuffion.

L'Huiffier faifant office public, en préfidant à la vente d'effets faifis , il ne peut remplir fes fonctions avec trop de ponctualité. La premiere de fes obligations eft de faire monter, le plus qu'il lui eft poffible , le prix de la vente , en profitant de la chaleur des encheres , & de n'adjuger la chofe qu'au plus offrant & dernier encheriffeur, & en payant par cet encheriffeur le prix de fon adjudication fur le champ. Car fi l'Huiffier jugeoit à propos de lui faire crédit, il feroit perfonnellement garand du prix de l'adjudication envers les créanciers faififfans & opofans & la partie faifie. Mais comme il pourroit arriver que l'Huiffier, par des manœuvres & des fubterfuges frauduleufes, fe rendît lui-même adjudicataire à vil prix des chofes faifies , fous des noms empruntés , l'Ordonnance l'oblige à indiquer dans fon procès-verbal le nom & le-

domicile de l'adjudicataire ; afin que les Parties intéreffées foient en
état de découvrir la fraude , s'il y en a , & de déferer à la Juftice
l'Officier prévaricateur.

Il eft auffi défendu à l'Huiffier, fous peine de concuffion, de rien
recevoir de l'adjudicataire directement ni indirectement, au de-là du
prix de l'adjudication ; d'autant que ces pratiques fecretes fupofent
ordinairement de la fraude & tournent toujours au détriment de la
chofe qui n'eft jamais par ce moyen vendue fa jufte valeur.

ARTICLE XIX.

*Tous les articles ci - deffus feront obfervés par les
Huiffiers , à peine de nullité des exploits de faifies &
procès-verbaux de vente, dommages & intérêts envers
le faififfant & le faifi , d'interdiction & de cent livres
d'amende , applicable moitié à Nous , moitié à la
Partie faifie, fans que la peine puiffe être remife ou
moderée.*

Les formalités prefcrites par l'Ordonnance , foit pour la validité des
faifies & exécutions, foit pour celle des procès-verbaux de vente,
font de droit étroit. Par conféquent leur inobfervation emporte avec
foi la peine de nullité ; & comme l'Huiffier eft garand de fa procédure, lorfque fes procès-verbaux font déclarés nuls, il eft tenu des dommages & intérêts des Parties ; il eft de plus fujet à l'interdiction &
amendable d'une fomme de 100 liv. dont moitié tourne au profit du Roi,
& l'autre moitié au profit de la Partie faifie.

ARTICLE XX.

*Incontinent après la vente , les deniers en prove-
nans feront délivrés par le Sergent ou Huiffier entre les
mains du faififfant jufqu'à la concurrence de fon dû ,
le furplus délivré au faifi , & en cas d'oppofition , à
qui par Juftice fera ordonné, à peine contre l'Huiffier
ou Sergent d'interdiction & de cent livres d'amende ,
applicable moitié à Nous & moitié à celui qui devoit
recevoir les deniers.*

Les Huiffiers ne font que dépofitaires momentannés du prix de la vente des chofes faifies. Conféquemment ils doivent le remettre , dans dans l'inftant même, à ceux à qui ce prix apartient , à moins qu'il n'y ait des obftacles légitimes. Ainfi , lorfqu'il ne fe trouve que le créancier faififfant , & qu'il n'eft point furvenu d'opofition , l'Huiffier doit payer fur ce prix ce qui eft dû au faififfant pour raifon des caufes de la faifie, & remettre le furplus, fi furplus y a , entre les mains du faifi. Si au contraire il eft furvenu des créanciers opofans à la vente, c'eft alors le cas d'une inftance de préférence & de contribution, & l'Huiffier dépofitaire du prix de la vente, ne peut valablement vuider fes mains, qu'après le Jugement de cette inftance, & conformément à ce qu'il aura plû à la Juftice d'en ordonner.

ARTICLE XXI.

Après que la vente aura été faite , l'Huiffier ou Sergent portera la minute de fon procès-verbal de vente au Juge , lequel fans frais taxera de fa main ce qu'il conviendra à l'Huiffier ou Sergent pour fon falaire , à caufe de la faifie , vente & exécution ; de laquelle taxe les Huiffiers ou Sergens feront mention dans toutes les groffes des procès-verbaux , à peine d'interdiction & de cent livres d'amende envers Nous.

L'Huiffier eft en droit de retenir fur le prix de la vente , fes frais & falaires. Mais pour ne le point rendre maître de les exiger à fon gré , il eft affujetti par l'Ordonnance à les faire taxer, auffitôt après la vente , par le Juge, fur la minute même du procès-verbal de vente ; & pour rendre notoire cette taxe, il eft obligé d'en faire mention fur toutes les groffes & expéditions qu'il pourroit délivrer par la fuite de fon procès-verbal de vente.

PROCEDURES

RELATIVES

AU PRESENT TITRE.

NOta : *Ce titre ne traite que de la saisie & exécution en particulier. Cependant comme, dans le préambule, on a annoncé les deux autres manieres de contraindre un débiteur à payer sur ses biens, qui sont la saisie & Arrêt & la saisie réelle & qu'on ne trouvera plus d'occasion d'en parler dans les Titres de l'Ordonnance qui restent à traiter, on se propose ici de donner un tableau général de tous les moyens d'obliger un débiteur à s'acquitter de ce qu'il doit par la saisie de ses biens. Le premier moyen est la saisie & arrêt de ce qui peut lui être dû ; le second, la saisie & execution de ses meubles ; le troisième enfin, la saisie réelle de ses meubles.*

Saisie & Arrêt.

Requête afin de permission de saisir & arrêter lorsqu'on n'a point de titres exécutoires.

SUPPLIE humblement ... Qu'il vous plaise permettre au Suppliant de faire assigner ... dans les délais de l'Ordonnance, pour se voir condamner à lui payer la somme de ... contenu dans son billet en datte que ... dûment contrôlé qu'il sera tenu de reconnoître ; sinon tenu pour reconnu ; aux interêts de ladite somme & aux dépens. Et cependant pour sûreté du ladite somme, permettre au Suppliant de saisir & arrêter sur ledit ... entre les mains de ses débiteurs, tout ce qu'il trouvera lui être dû & lui appartenir, & vous ferez bien.

On répond cette Requête d'une Ordonnance de permis d'assigner & de saisir & arrêter.

Exploit de saisie & arrêt.

L'AN mil sept cent ... par vertu de ... & à la requête de ... J'ai ... soussigné saisi & arrêté de par le Roi & Justice sur le Sieur ... ès mains de ... demeurant à ... en parlant à ... tous & chacuns les sommes de deniers, loyers, rentes & autres choses généralement quelconques qu'il doit ou devra ci-après audit Sr ... en quelque sorte & maniere que ce soit ; lui faisant défenses de s'en dessaisir, payer ni vuider ses mains, jusqu'à ce que par Justice en ait été autrement ordonné, à peine de payer deux fois & de tous dépens, dommages & interêts ; & pour affirmer sur la présente saisie, exhiber ses baux & quittances, & voir ordonner la délivrance des deniers saisis, J'ai audit ... donné assignation à comparoir à la ... pardevant ... pour répondre comme de raison afin de dépens & signifié que Me ... Procureur occupera, & j'ai aud. ... parlant comme dessus, laissé copie tant ... que du présent exploit.

Exploit de dénonciation.

L'AN mil sept cent ... par vertu de ... & à la requête de ... J'ai ... soussigné, signifié, dénoncé & baillé copie à ... demeurant à ... en parlant à ... de la saisie & arrêt sur lui faite en vertu de ladite Requête & Ordonnance ès mains du Sieur ... par exploit du ... à ce que du contenu en icelui il n'ignore ; & pour se voir condamner à payer audit Sieur ... la somme de ... contenue en son billet du ... dûment contrôlé qu'il sera tenu de venir reconnoître, sinon tenu

pour

pour reconnu, ensemble les intérêts suivant l'Ordonnance & aux dépens ; & pour en faciliter le payement, voir dire que ladite saisie sera declarée bonne & valable ; en conféquence que les deniers que ledit Sr ... tiers saisi a reconnu ou reconnoîtra devoir, feront donnés & délivrés au Demandeur, en déduction de fon dû en principal, intérêts, & frais ; à ce faire ledit Sieur ... contraint quoi faifant déchargé ; j'ai audit Sr ... parlant comme deffus, donné affignation, à comparoir à huitaine pardevant ... & pour en outre répondre & proceder comme de raifon & fignifié que Me ... Procureur occupera ; & j'ai audit ... parlant que deffus, laiffé copie tant dudit billet, Requête, Ordonnance & faisie, que du prefent.

On procede enfuite fur cette demande en la maniere ordinaire , tant contre la partie faifie , que contre le tiers faifi.

On peut auffi faifir & arrêter, fans Requête ni Ordonnance , lorfqu'on a un titre exécutoire.

Lorfqu'il fe trouve plufieurs faififfans fur un même débiteur, entre les mains des mêmes perfonnes , ces differens faififfans doivent faire regler entr'eux à qui touchera les deniers faifis ; & fi quelques uns d'entr'eux doivent toucher par préférence, ou s'ils doivent tous toucher concurremment entr'eux & au marc la livre, les procédures qu'il convient faire pour parvenir à ce Réglement entre les créanciers faififfans (font ce qu'on apelle vulgairement inftance de préference & de contribution. *Comme l'inftruction ne s'en fait pas de la même maniere au Palais qu'au Châtelet, nous ferons une diftinction à cet égard.*

Inftance de préférence aux Requêtes.

A Noffeigneurs , ...

Requête à l'effet d'engager aux Requêtes l'inftance de préférence.

SUPPLIE humblement ... Difant &c. Ce confideré Noffeigneurs il vous plaife en conféquence du Committimus obtenu en Chancellerie par le Suppliant le ... figné & fcellé (ou en confequence des conteftations pendantes en la Cour) Permettre au Suppliant d'y faire affigner tous les creanciers faififfans & opofans fur ledit ... entre les mains de ... fes Fermiers, locataires & débiteurs, pour voir dire qu'ils feront tenus de juftifier des titres & exploits en vertu defquels ils ont fait faifir entre les mains defdits ... fur ledit ..., finon que main-levée pure & fimple fera faite au Suppliant de leurfdites faifies & opofitions avec dépens ; & en cas de juftification de leur part, que fur les deniers faifis, le Suppliant fera payé de fes créances par privilege & préference ; & en cas que contribution ait lieu, voir dire & ordonner qu'elle fera faite & pourfuivie à la requête & diligence du Suppliant : Comme auffi lui permettre de faire affigner les Fermiers, locataires & débiteurs dudit ... pour fe voir condamner à configner ou depofer les fommes dont ils feront débiteurs dudit ... & dont ils feront tenus de juftifier par leurs baux & quittances, finon réputés débiteurs des caufes des faifies, & comme tels contraints à la configuation ou dépôt, par les voyes qu'ils y font obligés, même par corps ; Permettre pareillement au Suppliant de faire affigner, ledit ... partie faifie, pour voir ordonner lefdits dépôt, configuation & la diftribution des deniers faifis à qui par Juftice fera ordonné ; & en cas de conteftation, que les conteftans feront condamnés aux dépens, que le Suppliant employera en tout évenement en frais de pourfuite de préference & de contribution. Et vous ferez bien.

Si les Parties que l'on veut faire affigner, font domiliées hors Paris, il faut obtenir une Commiffion fur cette Requête, fuivant le modele ci-devant donné.

En vertu de la Requête, de l'Ordonnance étant au bas (& de la Commiffion, s'il y a lieu) on fait affigner les faififfans, les tiers faifis & la Partie faifie, pour proceder aux fins de la Requête.

Nota. La pourfuite d'une inftance de préference, apartient toujours à celui des créanciers qui le premier l'a introduite, fans diftinction de jurifdictions.

On fuit la procédure ordinaire, foit que les Parties comparoiffent, foit qu'elles ne comparoiffent point.

V v v

Quand la contestation est une fois engagée, le poursuivant doit poursuivre les Tiers saisis pour les faire déposer & consigner, après avoir examiné & discuté ce qu'ils doivent sur leurs bans & leurs quittances.

Lorsque les Tiers saisis ont déposé ou consigné, si les sommes déposées ou consignées sont modiques, comme de trois ou quatre mil livres seulement, en obtient Sentence avec tous les créanciers oposans & la Partie saisie, qui pour faire droit sur la distribution des deniers, renvoye les Parties devant un ancien Avocat, ou un Notaire. Mais si la somme consignée est plus considérable, la Sentence pour faire droit sur la distribution, apointe les Parties en droit : & enfin intervient Jugement définitif sur productions, qui regle la contribution. Le poursuivant le leve & le fait signifier à tous les saisissans & oposans & à la Partie saisie ; & il est toujours le premier colloqué pour ses frais de poursuite.

Instance de préférence au Châtelet.

L'AN ... le ... à la requête de ... j'ai ... soussigné, donné assignation au Sieur ... demeurant ... en parlant à ... à comparoir à huitaine au Châtelet de Paris pour aporter titres & exploits en vertu desquels ledit Sieur ... se prétend créancier de ... & a sur lui fait saisir ès mains de ... sinon à faute de ce, voir ordonner la main-levée pure & simple desdites saisies ; & en cas de justification d'iceux, voir dire que sans y avoir égard, ledit Demandeur sera payé par privilège & préférence de la somme de ... à lui dûe par ledit ... interêts & frais, sur les deniers saisis ; à quoi faire ledit ... Tiers saisi sera contraint, quoi faisant déchargé ; & où il y auroit lieu à contribution, ce que le Demandeur n'estime pas, voir dire qu'elle sera faire à la requête & diligence dudit Demandeur pardevant tel Commissaire qu'il plaira à la Cour commettre, des frais de laquelle & de ceux faits pour y parvenir, il sera remboursé par privilège & préférence, & signifié que Me ... Procureur occupera, & j'ai audit ... laissé copie tant de la saisie susdatée que du présent.

Après les constitutions de Procureurs & si la procédure à l'ordinaire, s'il y a lieu à la contribution, les Procureurs la font ordonner par une Sentence qu'ils passent entr'eux par expédient & qui nomme le Commissaire devant qui elle se doit faire.

En conséquence le créancier qui poursuit la contribution, prend l'Ordonnance du Commissaire nommé, en vertu de laquelle il fait assigner les autres créanciers saisissans à la huitaine en l'Hôtel du Commissaire pour remettre leurs titres entre ses mains : s'ils n'y satisfont point au délai marqué, le Commissaire donne défaut contr'eux, & ordonne qu'ils seront reassignés.

Après que les créanciers ont produit leurs titres, le Commissaire dresse son procès verbal de contribution ; & il délivre en conséquence des mandemens à chaque créancier, en vertu desquels chacun d'eux reçoit des mains du dépositaire des deniers saisis, la portion qui lui revient dans la contribution.

En fait de contribution, celui qui la demande le premier avec tous les créanciers saisissans, est celui à la diligence duquel elle se fait. Ainsi il est de l'interêt des Procureurs d'y veiller, pour ne point laisser aller à un autre l'avantage d'être poursuivant.

Saisie & exécution.

L'AN mil sept cent ... le ... par vertu de (*on explique ici la nature du titre en vertu duquel on agit, avec sa date*) & à la requête de ... demeurant à ... où il élit son domicile, j'ai ... soussigné fait commandement de par le Roi notre Sire & Justice au Sieur ... demeurant à ... en parlant à ... de présentement payer audit ... ou à moi Huissier pour lui porteur de pieces, la somme de ... pour les causes contenues en icelui ... sans préjudice des interêts & frais & autres dûs, droits, actions, frais & mises d'exécution ; lequel Sieur ... parlant comme desfus, a été de payer ladite somme refusant, pourquoi je lui ai déclaré qu'il y seroit contraint par toutes voyes de droit dûes & raisonnables ; & j'ai audit … parlant comme dessus, laissé copie du présent.

L'AN mil sept cent … le … par vertu de … & à la requête de … demeurant à … où il élit son domicile *(si la saisie se fait dans un autre lieu, on ajoute, &* dans le présent lieu de … dans la maison Presbyterale *ou autre*, pour vingt-quatre heures seulement *)* j'ai … soussigné, fait itératif commandement de par le Roi notre Sire & Justice au Sieur … demeurant à … de présentement bailler & payer audit … ou à moi Huissier porteur de piéces pour lui, la somme de … pour les causes de … sans préjudice des interêts, frais & mises d'execution ; lequel Sieur … a été de payer refusant ; pour lequel refus, je lui ai déclaré que j'allois présentement proceder à la saisie & execution de ses effets ; à l'effet de quoi & pour y parvenir ; j'ai sommé & interpellé deux des plus proches voisins dudit Sieur … d'y venir être presens ; ce qu'ils ont refusé de faire, même de dire leurs noms & signer leurs refus, de ce interpellés suivant l'Ordonnance ; nonobstant quoi étant rentré en ladite maison, j'ai en leur absence & en présence de mes témoins ci après nommés, saisi & mis sous la main du Roi & Justice, les meubles qui ensuivent : Premierement *(on fait ici la description détaillée de chacun des meubles & effets qui se trouvent en évidence, à l'exception de ceux reservés au saisi par l'Ordonnance)* qui sont tous les meubles & effets trouvés en évidence dans lesdits lieux ; pour la garde desquels, j'ai sommé & interpellé ledit Sieur … de me donner bon & solvable Gardien pour s'en charger, lequel m'a presenté la personne de … demeurant à … où il élit son domicile ; lequel pour ce présent en personne, s'est de tout ce que dessus volontairement chargé & rendu Gardien ; a promis le tout representer toutesfois & quantes que requis en sera, comme dépositaire de biens de Justice, & a tenu le tout pour être en sa garde & possession sans rien déplacer. *Si le Gardien demande à être nanti des effets, au lieu de ce qui precede, on met ce qui suit :* lesquels meubles & choses saisies, j'ai laissé en garde à … demeurant à …, en parlant à sa personne qui a accepté ladite charge & m'a requis de faire transporter en sa maison lesdites choses saisies & de le mettre en possession d'icelles, ce que j'ai fait & lui ai délivré lesdits meubles & effets dont il s'est chargé comme dépositaire, aux offres de representer le tout à qui sera par Justice ordonné : *& si la signification de vente se fait par le même exploit, on ajoute :* La vente desquels meubles & effets, je leur ai signifié à huitaine *(ou autre dé ai plus éloigné)* en la maniere accoutumée ; & leur ai laissé à chacun d'eux séparément laissé copie, parlant comme dessus du présent *(si la Partie saisie ne donne point de Gardien il faut mettre* lequel étant refusant de donner bon & valable Gardien, j'ai mis & établi en la maison dudit … par forme de garnison le nommé … l'un de mes records ci-après nommé, pour y demeurer à la garde des effets saisis jusqu'à la vente d'iceux, aux frais dudit … *)* Présence & assisté de … demeurant à … & de … demeurant à … témoins qui ont, avec moi & ledit … Gardien, signé tant aux copies laissées qu'au présent original.

Nota. *quand la Partie saisie fait refus d'ouvrir les portes, l'Huissier en dresse son Procès-verbal ; ensuite de quoi, l'on se pourvoit devant le Magistrat, pour avoir permission de les faire ouvrir, en donnant la Requête ci-après.*

SUPPLIE humblement … Qu'il vous plaise, vû le Procès-verbal de … dûment contrôlé tendant afin de saisie & execution des meubles & effets de … à la requête du Suppliant, pour avoir payement de la somme de … ; ledit Procès-verbal contenant refus de la part dudit … de faire ouverture de ses portes, coffres & armoires ; permettre au Suppliant de faire ouvrir lesdites portes, coffres & armoires dudit … par le premier Serrurier sur ce requis. présence du Commissaire du Quartier *(si c'est à Paris)* & de deux voisins, pour ensuite proceder à ladite saisie & execution, & vous ferez justice.

Ordonnance : Permis de faire faire ouverture des portes, coffres & armoires par

Marginal notes:
- Procès-verbal de saisie & execution.
- Requête afin de permission de faire ouvrir les portes.

un Serrurier, préfence [du Commiffaire du Quartier &] de deux voifins. Fait ce ...

Signification de vente par exploit féparé.

L'A N mil fept cent ... le ... à la requête de ... demeurant à ... j'ai ... fouffigné, fignifié & déclaré à ... demeurant ... en fon domicile en parlant à ... que faute de payement avoir été fait par ledit Sieur ... audit ... de la fomme de ... contenue en ... il fera le ... jour de ... heure de ... procedé à la vente & adjudication des meubles & effets fur lui faifis & executés par exploit de moi Huiffier fouffigné en date du ... au plus offrant & dernier encheriffeur, en la place du marché ordinaire de cette ville de ... le marché tenant ; à ce que ledit ... n'en ignore & ait à y faire trouver des encheriffeurs, fi bon lui femble ; & lui ai, parlant comme deffus, laiffé copie du prefent.

S'il y a des opofans, il faut auffi leur faire fignifier la vente.

Procès - verbal de vente.

L'A N mil fept cent ... le ... en vertu ... & à la requête de ... demeurant à ... je ... Huiffier ... fouffigné me fuis tranfporté au lieu & place du marché de ... lieu accoutumé de vendre les meubles, ou étant eft comparu ... Commiffaire établi à la garde des meubles & chofes executées à la requête dudit ... fur ... par exploit du ... lequel m'a reprefenté les meubles & chofes mentionnées audit exploit, dont il demeure, en ce faifant, bien & valablement déchargé.

Et à l'inftant j'ai expofé en vente, publié & crié lefdits meubles & effets faifis à haute & intelligible voix & cri public, en la maniere accoutumée, reçu les encheres & iceux effets délivré aux perfonnes qui en fuivent, comme plus offrans & derniers encheriffeurs.

Premierement ... à ... demeurant à ... pour le prix & fomme de ... &c.

Le prix de la vente defquels meubles fe monte en total à la fomme de ... de laquelle j'ai payé : *énoncer ici les payemens que l'Huiffier peut avoir faits ; ou bien marquer fi la fomme eft demeurée entre fes mains, attendu les opofitions.*

Taxe des falaires de l'Huiffier par le Juge.

Vû par Nous ... le préfent Procès - verbal avons taxé à ... Huiffier y dénommé la fomme de ... pour fes falaires, à caufe de la faifie & execution & vente par lui faite des effets y mentionnés. Fait à ...

Affignation à l'Huiffier pour delivrer le prix de la vente.

L'A N mil fept cent ... le ... à la requête de ... demeurant à ... J'ai ... fouffigné donné affignation à ... demeurant à ... en fon domicile en parlant à ... à comparoir à la ... pardevant ... pour ouïr une Requête qui eft que ledit ... ayant procedé à la vente des meubles & effets faifis à la requête du Demandeur fur ... par Procès-verbal du ..., ledit ... refufe de lui payer le prix d'iceux jufqu'à concurrence de fon dû : A ces caufes conclut ledit Demandeur à ce que ledit ... foit condamné par corps à lui délivrer la fomme de ... pour laquelle lefdites faifie & execution & vente ont été faites, offrant en ce faifant de lui en donner bonne & valable décharge, & en outre à ce que les peines portées par l'Ordonnance foient déclarées encourues par ledit ... ; ce faifant qu'il foit condamné en 100 liv. d'amende aplicable la moitié au Roi & l'autre moitié au Demandeur & aux dépens, fauf à M. le Procureur du Roi à prendre telles conclufions qu'il apartiendra, déclarant que Me ... Procureur occupera ; & j'ai parlant comme deffus, laiffé audit ... copie comme deffus.

Cette demande fe pourfuit & fe juge fommairement.

Saifie réelle.

Nota. *Dans la procédure à laquelle une faifie réelle peut donner lieu, il faut diftin-*

guer celle qui concerne la faisie réelle *en elle-meme, les* criées *& autres procédures jus-* *ques & y compris* l'adjudication *; & celle qui a pour objet les* opofitions *&* inftances d'ordre, *& les* baux judiciaires.

Saifie réelle, criées & adjudication par decret.

L'A N mil fept cent ... en vertu de ... & à la requête de ... demeurant à ... qui a élu fon domicile en la maifon ... j'ai ... fouffigné fait commandement de par le Roi & juftice à ... en fon domicile rue ... Paroiffe de ... en parlant à ... de préfentement payer audit ... ou à moi Huiffier porteur des pieces pour lui, la fomme de ... au payement de laquelle il eft obligé (*ou* a été condamné) par ... fans préjudice d'autres dûs, droits & actions, interêts, frais & dépens ; lequel Sieur ... parlant comme deffus, a été de payer refufant ; pour lequel refus je lui ai déclaré qu'il y fera contraint tant par faifie & arrêt des deniers à lui dûs, faifie & execution de fes meubles, & faifie réelle de fes immeubles, qu'autrement, à ce qu'il n'en ignore ; & lui ai, parlant comme deffus, laiffé copie tant de ladite obligation (*ou* Sentence) que du préfent exploit ; le tout fait en préfence (*énoncer les noms, qualités & demeures des records*) témoins, qui ont figné avec moi.

Commandement recordé.

L'A N mil fept cent ... le ... jour de ... avant (*ou* après) midy en vertu de .. (*faire ici mention du titre en vertu duquel fe fait la faifie réelle, comme dans le com-* *mandement ci-deffus*) étant en forme exécutoire, & à la requête de ... demeurant à ... qui a élu fon domicile en la maifon dud. ... Procureur au ... fife ... (& en la maifon Presbyterale dudit lieu de ... pour vingt-quatre heures feulement, à l'effet de fatisfaire à l'Ordonnance, *lorfque la partie faifie demeure dans la maifon* *& biens faifis, afin que dans ce délai, elle puiffe faire fignifier à ce domicile élu, ce qu'elle* *auroit à fignifier pour empêcher la faifie réelle*) En continuant les diligences ci-devant faites, notamment l'exploit de commandement recordé de témoins en date du ... dûment contrôlé, portant refus de payer ; faute de payement avoir été & être pré- fentement fait audit ... par ledit ... de la fomme de ... [*énoncer ici la fomme,* *& la nature & date du titre en vertu duquel elle eft due*] fans préjudice d'autres dûs, droits & actions, frais, mifes d'execution & dépens, je me fuis ... fouffigné, tranfporté exprès avec mes témoins & affiftans ci-après nommés à ... [*diftant de* *ma demeure de ... lorfque l'Huiffier fe tranfporte hors fa réfidence*] en & au dedans d'une maifon fife ... confiftant en ... tenant d'un côté à ... d'autre à ... d'un bout à ... d'autre bout à ... *fi la faifie réelle contient d'autres biens & que ces biens foient en* *roture, il faut les fpecifier chacun en particulier, avec leurs tenans & aboutiffans. Si au* *contraire les biens faifis font tenus en fief, il fuffit de faifir le principal manoir & géné-* *ralement fes apartenances & dépendances :* efquels lieux étant j'ai Huiffier fufdit & fouffigné réellement, actuellement & de fait faifi & mis fous la main du Roi & juftice les fonds, très-fonds, fuperficie & propriété, fruits, profits, revenus & émolumens de ladite maifon [*ou* defdits biens] fur ledit Sieur ... [*fi la faifie réelle* *n'eft que pour parvenir à un decret volontaire, on ajoute dans le Procès-verbal, & dans* *les procédures qui fuivent :* comme à lui apartenante au moyen de l'acquifition qu'il en faite de ... par Contrat paffé devant ...] ainfi que ladite maifon & lefdits biens fe pourfuivent & fe comportent de fond en comble, fans aucune chofe en ex- cepter, retenir ni réferver, & ainfi que ledit ... en a joui jufqu'à préfent ; Pour, fi befoin eft & faute de payement de la fufdite fomme principale de ... fans préjudice de ce que dit eft, être lefdits biens dont eft queftion criés & fubhaftés conformément à la Coutume de ... : Ce fait, & après que les autres formalités requifes auront été obfervées, être lefdits biens vendus & adjugés par decret au plus offrant & dernier encheriffeur [*fi la faifie réelle fe pourfuit aux Requetes de l'hôtel* *ou du Palais, en vertu de Commitimus, on ajoute :* au Parquet & pardevant Nof- feigneurs des Requêtes de l'Hôtel *ou* du Palais à Paris, l'Audience des criées te-

Procès-verbal de fai- fie reelle.

nante en vertu des lettres de *Committimus* obtenues en Chancellerie, par ledit ... •
le ... fignées & fcellées defquels a été donné copie, audit Sieur ... lors du
commandement à lui fait ledit jour ...] Au regime & gouvernement defquels
biens faifis ci-deffus déclarés , j'ai établi de par le Roi pour Commiffaires les perfonnes de ... Confeillers du Roi , Commiffaires & Contrôleurs Géneraux des
faifies réelles des Cours & Jurifdictions de Paris qui ont leur Bureau rue ... Paroiffe de ... où la préfente faifie réelle fera portée pour y être enregiftrée ; à la
charge par eux de faire le devoir de leur commiffion, & d'en rendre compte, enfemble des deniers de leur adminiftration, quand & à qui il apartiendra, fauf
leurs droits & falaires raifonnables ; déclarant que ledit Me ... Procureur occupera pour ledit ... fur la pourfuite de ladite faifie réelle, criées & dépendances,
& que dans mon tranfport pour faire la préfente faifie réelle, criées & dépendances, j'ai vaqué ... jours ; le tout fait en préfence & affifté de . . . .
témoins qui ont figné avec moi.

Dénonciation de la faifie réelle à la Partie faifie.

L'A n mil fept cent ... le ... en vertu de ... & à la requête de ... demeurant à ... qui a élu fon domicile en la maifon de Me ... Procureur au ... fife ...
en continuant les exploits de commandement, main mife & établiffement de Commiffaires & autres pourfuites & diligences ci-devant faites ; le tout portant refus
de payer & faute de payement fait audit ... par le Sieur ... de la fomme expliquée en la faifie réelle ci-après dénoncée, fans préjudice de ce que dit eft , j'ai
fouffigné, fignifié, dénoncé, baillé & laiffé copie audit Sieur ... partie faifie
en fon domicile rue ... en parlant à ... de la faifie réelle, main mife & établiffement de Commiffaire par moi Huiffier fufdit & fouffigné fur lui faite à la requête
dudit ... par exploit du ... ci-deffus tranfcrit, à ce qu'il n'en ignore ; lui faifant
défenfes de par le Roi de troubler & empêcher lefdits Sieurs Commiffaires établis au
fait de leur commiffion, fous les peines portées par les Ordonnances ; lui déclarant
en outre que Dimanche prochain ... du préfent mois de ... il fera au devant
de la grande porte & pricipale entrée de l'Eglife Paroiffiale de ... à l'iffue de la
grande Meffe de Paroiffe qui fera ledit jour dite, chantée & célébrée en ladite
Eglife, les Paroiffiens fortans en grand nombre, procedé à la premiere des quatre
criées & quatorzaines & fubhaftations anciennes & accoutumées de cette ville de ...
du fond, très-fond & proprieté, circonftances & dépendances des biens & lieux
énoncés en ladite faifie réelle, & que les trois autres femblables criées feront &
fe continueront à trois pareils jours de Dimanche, lieu & heure que deffus, iffue
defdites grandes Meffes Paroiffiales, de quatorzaine en quatorzaine, fans difcontinuation & jufqu'à l'entiere perfection defdites criées ; & qu'à cet effet feront
mifes affiches avec Pannonceaux Royaux, aux armes de France, ès lieux & endroits
néceffaires & accoutumés, à ce qu'il n'en ignore ; & fignifié que ledit Me ...
Procureur occupera pour ledit ... fur la pourfuite defdites faifie réelle, criées
& dépendances ; & lui ai, parlant comme deffus, laiffé copie tant de ladite faifie
réelle que du préfent exploit, en préfence & affifté de ... témoins qui ont figné
avec moi ladite copie & le préfent original.

Enregiftrement de la faifie réelle , qui fe met en marge du Pro-cès-verbal.

N o u s Confeiller du Roi, Commiffaire Géneral & Contrôleur des faifies réelles, certifions la préfente enregiftrée au ... Volume des ... fol ...
le ... fufdits ; reçu ...
Il n'eft pas néceffaire que cet enregiftrement précede les criées ; il peut valablement être
fait après.

Affiches pour parve-nir aux criées.

De Par le Roi & . . . . .
O n fait à fçavoir à tous qu'il apartiendra qu'en vertu de ... & à la requête
de ... demeurant à ... où il a élu fon domicile & d'abondant en la maifon
de Me ... Procureur en . . . fife ... & continuant l'exploit de commandement recordé de témoins, faifie réelle, main mife & établiffement de Commif-

faire, dénonciation d'icelle & de premiere criée ... auffi recordés de témoins & contrôlés, portant refus de payer, en date des ..., & faute de paye-ment de la fomme de ... en quoi il a été condamné (*on s'eft obligé*) par ladite ... & pour les caufes y portées, fans préjudice d'autres dûs, droits, actions, frais, mifes d'execution & dépens; il fera Dimanche prochain ... du mois de ... au devant de la grande porte & principale entrée de l'Eglife Pa-roifiiale de ... iffue de la grande Meffe de Paroiffe qui fera ledit jour dite, chantée & célébrée en ladite Eglife, les Paroiffiens en fortant en grand nombre, procedé à la premiere criée en la maniere accoutumée de cette ville de ... & que les trois autres femblables criées fe feront & continueront à trois pareils jours de Dimanche, lieu & heure que deffus, iffue de la grande Meffe de Paroiffe, de quatorzaine en quatorzaine, fans aucune difcontinuation & jufqu'à l'entiere per-fection defdites criées, du fond, très-fond, proprieté, circonftances & dépen-dances des biens mentionnés en ladite faifie réelle ci-après declarés, faifis réelle-ment fur ledit *Sieur* ... (comme à lui apartenans au moyen de l'acquifition qu'il en faite par Contrat du ... du Sieur ...; *en cas que ce foit un decret volontai-re.*) Ainfi que lefdits lieux fe pourfuivent & comportent, de fond en comble, fans aucune chofe en excepter, retenir ni referver en quelque forte & maniere que ce foit, étant en la cenfive de ... & à la charge par l'adjudicataire de payer les cens ordinaires, [*fi les biens faifis font chargés de quelques rentes feigneuriales ou foncieres, on les énonce ici.*] Frais ordinaires de criées & autres, ainfi qu'il eft ac-coutumé; pour, fi befoin eft, & à faute de payement de la fufdite fomme de ... en principal, fans préjudice de ce que dit eft, lefdits lieux ci-après declarés, être criés & fubhaftés par les quatre criées & quatre quatorzaines & fubhaftations anciennes & accoutumées de cette ville de ...; ce fait & après que les autres formalités de Juftice en tel cas requifes & néceffaires, auront été gardés & obfer-vés, fuivant les ufages, coutumes & ftile ordinaire, être lefdits biens vendus & adjugés par decret & autorité de Juftice pardevant ... l'Audience des criées tenante, au plus offrant & dernier encherifieur en la maniere accoutumée; déclar-rant qu'au régime & gouvernement defdits biens faifis réellement, les Commif-faires Generaux des faifies réelles de ... font établis Commiffaires & ont leur Bureau rue ... Paroiffe ... & que ledit Me ... occupera pour ledit ... fur la pourfuite des faifie réelle, criées & dépendances, à ce que perfonne n'en ignore, & que s'il y a quelqu'un qui fur lefdits biens & lieux faifis réellement prétende quelque droit de proprieté, hypoteque, fervitudes, droits, douaires, arrerages de rentes, de cenfives & autres droits & charges quelconques, ils ayent à le venir dire, déclarer & s'oppofer aufdites criées pendant le cours d'icelles, élifant domiciles, & ils y feront reçus; autrement & à faute de ce faire, lefdites criées faites & parfaites, & ledit decret figné, délivré & fcellé, nul n'y fera plus reçu; ains feront privés & déchus de tous droits & prétentions, tant en ge-neral qu'en particulier.

Enfuit la déclaration, fituation & confiftance defdits biens faifis réellement.

Enoncer ici & fpécifier par tenans & aboutiffaus chacuns des biens, tels qu'ils fe trouvent dans la faifie réelle.

Mis & appofé copies des préfentes avec Pannonceaux Royaux aux armes de France en tête de chacune d'icelles, aux endroits & lieux ci-après déclarés; fçavoir une à la porte d'entrée de la maifon faifie reellement, une autre fur la porte dudit ... Partie faifie rue ... une autre au devant de la grande porte & principale entrée de l'Eglife Paroiffiale de ...' dans l'étendue de laquelle lefdits biens faifis font fitués : *Si les biens font fitués dans differentes Paroiffes, il faut réite-rer les affiches à proportion du nombre des Paroiffes & les énoncer : & fi la faifie réelle fe pourfuit à Paris, on ajoute encore :* Une autre contre chacune des trois portes pour entrer au grand Châtelet; une contre la porte du Parc Civil, une contre la porte de Saint-Germain-l'Auxerrois Paroiffe dudit Châtelet; une contre chacunes des principales portes du Palais; une autre contre la porte de Saint Barthelemy

Paroiſſe du Palais, & une autre contre le Poteau du Pilory aux Halles : le tout par moi Huiſſier ſouſſigné, cejourd'hui ... avant midy, en préſence & aſſiſté de ... témoins qui ont avec moi ſigné ſur chacune deſdites copies & le preſent original.

Première criée.

L'A N mil ſept cent ... le Dimanche ... du mois de ... par vertu de (énoncer ici la nature & la date du titre) & à la requête de ... demeurant à ... où il a fait élection de domicile & d'abondant en la maiſon de Me ... ſon Procureur au ... ſiſe rue ... en continuant les exploits de commandement, ſaiſie réelle, main miſe, établiſſement de Commiſſaire, dénonciation d'icelle, d'appoſition d'affiches & de première criée, en date des ... & autres procedures & diligences ci-devant faites ; le tout portant refus de payer, recordé de témoins & contrôlé, & faute de payement avoir été & être fait audit ... par ... de la ſomme de ... en quoi il eſt obligé [ou a été condamné] par ladite ... & pour les cauſes y portées ; je me ſuis ... ſouſſigné, tranſporté exprès au devant du Grand Portail & principale entrée de l'Egliſe Paroiſſiale de ... iſſue de la grande Meſſe de Paroiſſe dite, chantée & célebrée en ladite Egliſe, les Paroiſſiens & autres perſonnes en ſortant en grand nombre ; où étant j'ai, à haute & intelligible voix & cri public, dit, déclaré, publié & fait lecture diſtinctement & mot à mot de l'affiche dont la teneur ſuit :

De Par le Roi ... On fait à ſçavoir, &c [*Tranſcrire ici l'affiche ci-deſſus en entier juſqu'à ces mots*, mis & appoſé) Après laquelle lecture j'ai dit & déclaré à tous en géneral à qui il appartiendra, que la preſente criée étoit la premiere des quatre criées, & que les autres ſemblables criées ſe feront & continueront en ce lieu à trois pareils jours de Dimanche, iſſue deſdites grandes Meſſes de Paroiſſe, comme dit eſt, de quatorzaine en quatorzaine, ſans diſcontinuation & juſqu'à l'entiere perfection deſdites criées ; faiſant laquelle premiere criée, nul ne m'eſt aparu qui s'y ſoit opoſé ; & à la voir faire furent preſens ... tous Paroiſſiens de ladite Egliſe & autres ſortans d'icelle, ledit jour & an que deſſus.

Les trois autres criées ſont exactement dans la même forme, à la date près ; & ſe mettent à la ſuite de la premiere, pour ne compoſer enſemble qu'un ſeul Procès-verbal.

Certification des criées au bas du Procès-verbal.

Vû & certifié par Nous ſouſſigné, Raporteur & Certificateur au Châtelet (ou autre Siége) à la requête de ... ſaiſiſſant ſur . . . . .

Sentence de raport.

A tous ceux &c. SALUT ſçavoir faiſons que ſur le Raport fait en jugement devant Nous au Parc Civil du Châtelet (ſi c'eſt au Châtelet) par ... Raporteur & Certificateur des criées de ce Siege, des commandemens, ſaiſie réelle & criées faites par ... Huiſſier en ... les ... contrôlés à Paris par ... du fond & proprieté de ... ſaiſis ſur ... le tout amplement déclaré & ſpécifié par leſdits exploits de ſaiſie réelle & criées faites en vertu de ... à la requête de ... à faute de payement lui avoir été & être fait par ledit ... de la ſomme de ... interêts d'icelle, frais & dépens. Nous, après avoir pris l'avis des anciens Avocats & Procureurs aſſiſtans en nombre ſuffiſant, avons leſdites criées déclarées & déclarons bonnes & valables, bien & dûment faites, continuées & parfaites, ſuivant la Coutume, dont Me ... Procureur en ce Siege, Nous a requis le preſent acte à lui octroyé, pour ſervir & valoir ce que de raiſon ; en témoin de ce, Nous avons fait ſceller ces préſentes ; ce fut fait & donné, &c.

Aſſignation en interpoſition de decret au Châtelet.

L'A N mil ſept cent ... le ... jour de ... à la requête de ... demeurant à .. où il a élu ſon domicile & d'abondant en la maiſon de Me ... Procureur au Châtelet ſiſe rue . . . Paroiſſe de . . . ; ledit Sieur ... pourſuivant les criées, vente & adjudication par decret de . . . circonſtances & dépendances, ſaiſis réellement à ſa requête ſur . . . J'ai . . . ſouſſigné,

donné

donné affignation audit Sieur … partie faifie en fon domicile rue … parlant à … à comparoir d'huy en huitaine pardevant M. le Lieutenant Civil du Châtelet, à l'Audience du Parc Civil, pour donner & propofer moyens de nullité, fi aucuns il a à propofer contre les exploits de commandemens, faifie-réelle, main mife, établiffement de Commiffaire, dénonciation d'iceux, Procès - verbal d'apofition d'affiches, dénonciation d'icelui & de premiere criée, Procès-verbal des quatre criées de ladite maifon faites au grand Portail & publiés à l'entrée de l'Eglife Paroiffiale de … certification defdites criées & Sentence de raport; le tout en date des … & faute de payement de la fomme de … en quoi ledit … Partie faifie s'eft obligé (ou a été condamné) par … fans préjudice d'autres dûs, droits & actions, interêts, frais & dépens; voir dire & ordonner que ledit … en fera débouté & le tout déclaré bon & valable; & que faute de payement de ladite fomme de … fans préjudice de ce que dit eft, lefdits biens faifis réellement & mis en criées, feront vendus & adjugés par decret & autorité de Juftice à l'Audience des criées tenante au Parc Civil du Châtelet, au plus offrant & dernier encheriffeur, en la maniere accoutumée, qu'à cet effet affiches à la quarantaine avec Pannonceaux Royaux aux armes de France, feront mifes & appofées ès lieux neceffaires; fans apeller ni convoquer davantage ledit … Partie faifie; & en outre proceder comme de raifon : & lui ai laiffé copie, parlant comme deffus, tant de ladite obligation, ou Sentence commandement recordé, faifie réelle, dénonciation d'icelle, Procès-verbal d'affiches, appofition d'icelle, fignification des premieres criées, Procès - verbal des quatre criées, certification d'icelles & Sentence de raport, que du prefent; déclarant que Me … Procureur occupera en la caufe & fur lefdites pourfuites pour ledit … Ce fut fait, & copie donnée, en préfence & affifté de … témoins qui ont figné avec moi.

A Noffeigneurs des Requêtes de …

SUPPLIE humblement … Difant (*rendre ici compte de la faifie réelle, de fes motifs & de toutes les pourfuites qui ont précedé & fuivi*) Ce Confideré Noffeigneurs il vous plaife permettre au Suppliant de faire affigner en la Cour dans les délais de l'Ordonnance ledit … Partie faifie pour voir dire qu'il fera tenu de propofer moyens de nullité contre les commandemens, faifie réelle, dénonciation d'icelle, affiches, Procès-verbaux de criées des … & dont eft queftion finon & à faute de ce faire, qu'il en fera débouté & que lefdites pourfuites & procedures feront declarées bonnes & valables & avoir été bien & dûment faites; en confequence ordonner qu'il fera paffé outre à la vente & adjudication par decret des biens faifis réellement fur ledit … & dont eft queftion au quarantiéme jour fuivant l'Ordonnance, au plus offrant & dernier encheriffeur en la maniere accoutumée, & condamner ledit … aux dépens, & vous ferez bien.

On obtient au bas de cette Requête une Ordonnance de foient Parties apellées, en vertu de laquelle on affigne la Partie faifie; & à la fin de l'exploit, il faut avoir grand foin de faire mention que l'on lui a donné copie non-feulement de la Requête, Ordonnance & Exploit d'affignation, mais encore de tous les actes de pourfuites de la faifie réelle, ainfi qu'ils font détaillés dans l'exploit d'affignation en interpofition de decret au Châtelet ci-deffus.

Louis par la grace de Dieu Roi de France & de Navarre, au premier notre Huiffier ou Sergent fur ce requis. SALUT; à la requête de notre Amé … pourfuivant la faifie réelle, vente & adjudication par decret de … faifis réellement à fa requête … Nous te mandons affigner à certain jour & competant jour en notre Cour de Parlement (on des Aydes) à Paris ledit … Partie faifie & tous autres qu'il apartiendra, pour donner & propofer moyens de nullité, fi aucuns ils ont contre les exploits de commandement, faifie réelle, dénonciation d'icelle, procès-verbal d'appofition d'affiches, exploit de denonciation d'icelui &

Requête que l'on préfente aux Requêtes de l'Hôtel & du Palais pour y faire affigner la Partie faifie en interpofition de decret.

Commiffion afin d'af- fignation en interpofition de decret au Parlement ou à la Cour des Aydes.

X x x

de premiere criée, procès-verbal des quatre criées defdits biens faifis réellement, certification defdites criées & Sentence de raport, le tout en date des . . . ; finon voir dire par ledit . . . qu'il en fera débouté & le tout déclaré bon & valable ; & en confequence que lefdits biens feront vendus & adjugés par decret à la barre de ladite Cour, au plus offrant & dernier enchériffeur en la maniere accoutumée ; qu'à cet effet affiches à la quarantaine avec Pannonceaux Royaux feront mis & appofés ès lieux neceffaires ; & en outre proceder comme de raifon ; lui déclarant que Me . . . Procureur en ladite Cour occupera pour l'Expofant, De ce faire te donnons pouvoir. Car tel eft notre plaifir. Donné en notre Chancellerie du Palais à Paris le . . . l'an de grace mil fept cent . . . & de notre regne le . . . Par le Confeil.

On affigne la Partie faifie aux fins de cette Commiffion dont on lui donne copie, ainfi que de toutes les pourfuites antérieures, de laquelle copie baillée, il faut faire mention détaillée, ainfi qu'on la marqué ci-devant pour le Châtelet & les Requetes.

Congé d'adjuger.

LA Cour a (ou, fi c'eft au Châtelet ou autres Jurifdictions inférieures, Nous avons) débouté ledit . . . des moyens de nullité par lui propofés (ou qu'il auroit pû propofer, fi c'eft par défaut faute de comparoir, ou de défendre) contre lefdits exploits de commandement, faifie réelle, dénonciation d'icelle, affiches, Procèsverbaux de criées, defdits jours . . . & autres pourfuites, lefquelles font déclarées bonnes & valables & avoir été bien & dûment faites & certifiés par Sentence du . . . en confequence ordonne (ou difons, fi c'eft en Juftices inférieures) qu'il fera paffé outre à la vente & adjudication par decret defdits biens au plus offrant & dernier enchériffeur en la maniere accoutumée ; qu'à cette fin affiches à la quarantaine avec Pannonceaux Royaux feront mifes & appofées aux lieux neceffaires ; condamne (ou condamnons) ledit . . . aux dépens, dont ledit . . . pourfuivant fera en tout évenement rembourfé comme frais de pourfuites.

Affiches à la quarantaine.

De Par le Roi & . . .

On fait à fçavoir à tous qu'il apartiendra qu'à la requête de . . . demeurant à . . . où il a élu fon domicile & d'abondant en la maifon de Me . . . Procureur au . . . fife rue de . . . ; ledit Sieur . . . pourfuivant les criées, vente & adjudication par decret de . . . faifis réellement à fa requête fur . . . & dont la déclaration eft ci-après, faute de payement de la fomme de . . . en quoi ledit Sieur . . . a été condamné (ou s'eft obligé) par . . . fans préjudice d'autres dûs, droits & actions, frais & mifes d'execution & en continuant les exploits de commandement recordé, faifie réelle, dénonciation d'icelle, Procès-verbal d'appofition d'affiches & fignification d'icelui, Procès-verbal des quatre criées, certification d'icelles, Sentence de raport & autres pourfuires & diligences en date des . . . le tout portant refus de payer ; & en confequence de l'Arrêt (ou Sentence) de congé d'adjuger intervenu le . . . Que le . . . l'enchere de la vente du fond, très-fond & propriété defdits biens fera lûe & publiée en Jugement en la Cour [ou au Parc Civil, fi c'eft au Châtelet] l'Audience tenante ledit jour & autres aufquels ladite adjudication fera remife ; pour lefdits biens être vendus par decret au plus offrant & dernier enchériffeur en la maniere accoutumée, aux prix, charges, claufes & conditions portées par l'enchere qui fera ledit jour mife au Greffe, à ce que nul n'en prétende caufe d'ignorance & feront reçues toutes perfonnes à enchérir.

Enfuit la déclaration defdits biens.

Une maifon, &c.

Item. &c.

Exploit d'appofition d'affiches à la quarantaine.

L'AN mil fept cent . . . le . . . avant (ou après) midy copies de la préfente affiche avec Pannonceaux Royaux aux armes de France en tête de chacune d'icelles, ont été par moi . . . fouffigné, mifes & appofées à fçavoir (*énoncer ici les differens endroits où les affiches ont été posées*) le tout en préfence & affisté de ... témoins qui ont figné avec moi.

Et le même jour avant (*ou après*) midy ... à la requête dudit Sieur ... demeurant ... où il a élu fon domicile & d'abondant en la maifon dudit Me ... Procureur au ... fife rue de ... Paroiffe de ... ledit Sieur ... pourfuivant les criées, vente & adjudication par decret de ... circonftances & dépendances, j'ai ... fouffigné, déclaré & dûment fait à fçavoir à ... Partie faifie , en fon domicile à ... rue ... ea parlant à ... que ledit Sieur ... Pourfuivant a fait mettre & appofer affiches avec Pannonceaux Royaux aux armes de France ès lieux & endroits néceffaires & accoutumés , contenant que le ... il fera procedé à la vente & adjudication par decret des fonds , très-fonds & proprieté defdits biens faifis , en la Cour (*ou , fi c'eft au Châtelet*, au Parc Civil du Châtelet, l'Audience des criées tenante) ; auquel jour l'enchere fera publiée en Jugement, pour être ledit jour & autres jours aufquels l'adjudication fera remife , lefdits biens & heritages vendus & adjugés par decret & autorité de Juftice, pour le prix & autres charges qui feront déclarées en ladite enchere , à ce qu'il n'en ignore & ait à s'y trouver , ou faire , fi bon lui femble , trouver encherisffeurs , déclarant qu'il y fera procedé & paffé outre tant en abfence que prefence & fignifié que Me ... eft Procureur & lui a laiffé copie tant de ladite affiche & Procès-verbal d'appofition d'icelle, que du prefent exploit ; le tout en prefence & affisté de ... témoins qui ont figné avec moi.

Dénonciation d'appofition d'affiches à la quarantaine.

Extrait des Régiftres ...

Aujourd'huy eft comparu au Greffe de la Cour Me ... Procureur en icelle & de ... pourfuivant la faifie réelle, criée, vente & adjudication par decret de ... faifis réellement à fa requête fur ... (*fi c'eft un decret volontaire , on ajoute :* comme à lui apartenant au moyen de l'acquifition qu'il en a faite par Contrat paffé devant ... le ...) lequel en vertu du pouvoir à lui donné par ledit ... en confequence de l'Arrêt (*ou Sentence*) de congé d'adjuger du ..., a encheri & mis à prix le fond , très-fond & proprieté defdits biens & heritages faifis réellement , confiftans en ... (*fuivre ici le détail de la faifie réelle*) circonftances & dépendances & ainfi que le tout fe pourfuit & comporte & étend de toutes parts, de fond en comble, fans en rien excepter, referver, ni retenir ; à la charge par l'adjudicataire de payer les frais ordinaires de criées , les cens, droits & devoirs feigneuriaux à qui ils feront dûs , & en outre moyennant le prix & fomme de ... à payer & diftribuer à qui il apartiendra ; fur laquelle enchere il fera procedé à la vente & adjudication defdits biens faifis au quarantiéme jour ordinaire de criées au plus offrant & dernier encheriffeur en la maniere accoutumée ; a ledit Me ... élu domicile en fa maifon rue ... Paroiffe de ... & a figné. Publié en Jugement & fait le ...

Enchere de quarantaine.

Nota. *En cas qu'avant l'enchere de quarantaine , il foit furvenu des opofitions afin de diftraire ou afin de charge , fi elles ne font point encore jugées , il faut inferer dans l'enchere , à la charge de l'évenement des opofitions afin de charge ou de diftraire ; & énoncer en quoi confiftent ces opofitions. Autrement le pourfuivant demeureroit garant en fon nom des charges ou des diftractions. Si au contraire les opofitions font jugées , il faut énoncer dans l'enchere les charges ou les diftractions fur lefquels il a été prononcé & datter les Jugemens.*

L'enchere de quarantaine doit être fignifiée au Procureur de la partie faifie & au Procureur plus anciendes opofans. On en fait d'ailleurs nombre de copies pour être affichées , aux endroits néceffaires par l'Huiffier qui met enfuite de la fignification ; Et le ... audit an, avant l'ouverture de l'Audience de la Cour , copies de la préfente ont été appofées aux lieux & endroits ci-après déclarées , &c. Si le decret fe pourfuit à Paris , il faut mettre une de ces copies à chacune des portes du Palais & des falles , une à la porte de la Chambre des Comptes ; une à la grande porte de l'Eglife de Saint Barthelemy ; une à cha-

*cune des trois principales entrées du Châtelet ; une à la porte du Parc Civil dudit Châ-
telet ; une au Pilori des Halles ; une à l'entrée principale des héritages saisis ; une à la
grande porte de Saint-Germain-l'Auxerrois. Si d'ailleurs les heritages saisis sont situés
à la campagne , il faudra mettre une affiche au marché du lieu le plus prochain.*

*Outre ces affiches , la publication de l'enchere se fait à l'Eglise Paroissiale des heritages
saisis , à celle de Saint Barthelemy & de Saint-Germain-l'Auxerrois , sur des copies attachées de l'enchere , au bas de chacune desquelles , l'Huissier met le Procès-verbal de publication , ainsi qu'il suit.*

Procès-verbal de publication de l'enchere de quarantaine.

L'A N ... le Dimanche ... jour de ... lecture de la présente a été faite à haute & intelligible voix & au devant de la grande & principale porte de l'Eglise Paroissiale de ... issue de la grande Messe de Paroisse dite & célébrée ce jour-d'hui , les Paroissiens sortant d'icelle en grand nombre, par moi Huissier ... soussigné , à ce que personne n'en ignore.

Au bas d'une autre copie de l'enchere , l'Huissier du Parc Civil du Châtelet , met, après l'avoir publiée : Lû & publié au Parc Civil du Châtelet de Paris , l'Audience tenante, le ...

Placard pour l'adjudication sauf quinzaine.

De Par le Roi & Nosseigneurs de Parlement.
On fait à sçavoir à tous qu'il apartiendra que le ... dix heures du matin , judiciairement & l'Audience tenante en ladite Cour (ou ...) il sera procédé à l'adjudication sauf quinzaine au plus offrant & dernier encherisseur en la maniere accoutumée , du fond, très-fond & proprieté de ... ainsi que le tout se poursuit & comporte , de fond en comble, sans en rien reserver, excepter ni retenir, ainsi que le tout a été saisi réellement sur ... à la requête de ... par exploit du ... faute de payement de la somme de ... au payement de laquelle ledit ... a été condamné (ou s'est obligé) par ... ; Et ce, sur l'enchere faite par Me ... Procureur de ... à la somme de ... pour être payée ès mains du Receveur des Consignations de la Cour, à l'effet d'être distribuée ainsi qu'il apartiendra; & en outre à la charge par l'adjudicataire de payer les cens , rentes , droits & devoirs seigneuriaux à qui ils sont dûs , & les frais ordinaires de criées ; Déclarant que toutes les encheres seront reçues ; & que ladite quinzaine passée, il sera procédé à l'adjudication pure & simple ; ce qui sera dans le ... du mois de ... lû & publié au devant des Eglises Paroissiales de ... & au Parc Civil du Châtelet l'Audience tenante, & affiché aux lieux & endroits ordinaires & accoutumés , & signifié au Procureur dudit ... partie saisie & à ceux des creanciers oposans ; à ce que personne n'en prétende cause d'ignorance.

*Ce Placard se signifie , se publie & s'affiche comme l'enchere de quarantaine ci-devant.
Mais il n'a lieu qu'au Parlement.*

Adjudication sauf quinzaine.

Extrait des Régistres de ...
L A C O U R a adjugé, sauf quinzaine, à Me ... Procureur de ... Poursuivant la saisie réelle, criées, vente & adjudication par decret de ... saisis réellement sur ... le fonds, très-fonds & proprieté (*comme dans la saisie réelle ,*) ainsi que le tout se poursuit, comporte & étend de fond en comble , sans en rien reserver, excepter, ni retenir, le tout mentionné en l'enchere de quarantaine, publiée en Jugement l'Audience tenante le ... & ainsi qu'il a été saisi réellement sur ledit ... à la requête dudit ... par exploit du ... faute de payement de la somme de ... auquel payement ledit ... a été condamné (ou s'est obligé) par ...; moyennant le prix & somme de ... qu'il sera tenu de consigner ès mains du Receveur des Consignations de la Cour, pour être distribuée ainsi qu'il apartiendra; Et en outre à la charge par l'adjudicataire de payer les cens, rentes, droits & devoirs seigneuriaux à qui ils seront dûs , frais ordinaires de criées (*expliquer en cet endroit les autres charges ou distractions , si aucunes il y a.*) & ledit Me ... a élu domicile en sa maison sise rue de ... Paroisse de ... Fait & publié en Jugement l'Audience tenante , le ...

On fignifie cette adjudication aux Procureurs de la Partie faifie & aux Procureurs de tous les opofans.

AUJOURD'HUI eft comparu au Greffe de la Cour . . . heures du matin le . . . jour de . . . lieu & heure ordinaires à proceder aux adjudications, & auquel échoit la remife du . . . Me . . . Procureur en icelle & de . . . Pourfuivant la faifie réelle, criées, vente & adjudication par decret de . . . faifi réellement fur . . . lequel audit nom, après que . . . heures du matin ont été fonnées (à l'horloge du Palais, *fi c'eft à l'une des Jurifdictions de l'enclos*) & qu'il ne s'eft préfenté d'encherilleurs, a requis la remife de l'adjudication defdits biens faifis au premier jour ; fur quoi, l'adjudication a été remife à la quinzaine échéante au . . . du mois de . . . de la préfente année, à pareil jour, lieu & heure cideffus, fur l'enchere faite par ledit . . . Procureur à la fomme de . . . aux charges portées par les encheres & affiches ; ce qui fera fignifié au Procureur de la Partie faifie & à ceux des creanciers opofans, à ce que du contenu en icelle ils n'ignorent & ayent à y faire trouver encherilleurs, fi bon leur femble.

AUJOURD'HUI &c. *comme à la précédente;* lequel audit nom a requis être procedé à la réception des encheres de . . . circonftances & dépendances fur celle auparavant faite par ledit Me . . . à la fomme de . . .

Sont aufli comparus aufdits jour, lieu & heure Me . . . Procureur lequel a fur lui encheri à la fomme de . . . ; Me Procureur à celle de . . . &c : Et après publications faites par les Huifliers de la Cour, en la maniere accoutumée & que les encherilleurs n'ont voulu plus haut encherir, quoique de ce interpellés & que ledit . . . a requis adjudication pure & fimple lui être faite defdits biens comme plus offrant & dernier encherilleur à la fomme de . . . & que ledit . . . a requis la remife de l'adjudication, attendu que lefdits biens ne font point à leur jufte prix & valeur, l'adjudication a été remife à la quinzaine écheante à . . . fans efperance d'autre remife, & ce, fur l'enchere faite par ledit . . . Procureur à ladite fomme de . . . aux charges portées par les encheres & affiches ; ce qui fera fignifié au Procureur de la Partie faifie & aux Procureurs des creanciers opofans, à ce que du contenu en icelle ils n'ignorent, & ayent à y faire trouver encherilleurs, fi bon leur femble.

On multiplie ces remifes, jufqu'à ce que les biens foient à peu près à leur jufte valeur. Enfuite de quoi on fait l'adjudication par decret, que le Greffier délivre en parchemin à l'Adjudicataire.

Des opofitions au Decret & de l'Inftance d'ordre.

Nota. On peut former à un decret quatre differentes fortes d'opofitions ; fçavoir l'opofition afin d'annuller ; l'opofition afin de diftraire ; l'opofition afin de charge ; & l'opofition afin de conferver.

L'opofition afin d'annuller fe forme par la Partie faifie qui prétend avoir des nullités à propofer, foit contre la faifie réelle, foit contre la procédure qui l'a fuivie. Mais il eft rare que l'on ait recours à cette forte d'opofition, fur tout quand le decret eft pourfuivi dans une Cour inférieure ; auquel cas la Partie faifie aime beaucoup mieux interjetter apel de la faifie réelle devant les Juges fupérieurs ; & cet apel s'y inftruit dans la forme ordinaire.

L'opofition afin de diftraire a lieu de la part de celui qui prétend que l'on a compris dans la faifie réelle quelques parties d'heritages qui lui apartiennent & dont il demande la diftraction à fon profit.

L'opofition afin de charge eft formée par celui qui prétend avoir quelques rentes ou autres charges foncieres, fur les biens faifis & dont la faifie réelle ne fait point de mention.

Ces trois differentes especes d'opositions doivent être formées avant le congé d'adjuger, après lequel elles ne sont plus reçues.

L'oposition afin de conserver se forme par les creanciers de la Partie saisie, quel qu'ils soient, soit que leurs créances soient privilegiées ou hypotequaires, soit même qu'elles ne soient que Chirographaires. Cette sorte d'oposition ne pouvant, par sa nature, donner aucune atteinte au decret, elle se reçoit jusqu'à l'adjudication. Il est même d'usage au Parlement & aux Requêtes, de retenir le decret vingt-quatre heures soit à la signature soit au sceau, pendant lequel tems l'on reçoit encore les opositions afin de conserver. Mais les vingt-quatre heures passées & le decret étant une fois signé, sceelé & délivré (ce dont on fait mention sur le Régistre du Greffe) on ne reçoit plus aucune oposition.

AU CHATELET.
Requête verbale au Châtelet contre le Poursuivant, pour parvenir à former oposition à un decret.

A VENIR au premier jour plaider à l'Audience des criées du Parc Civil par Me . . . Procureur de . . . Poursuivant les criées, vente & adjudication par decret de . . . saisi réellement sur ; . . . sur la requête de Me . . . Procureur de . . .

A ce qu'il soit dit que ledit Me . . . sera tenu incessamment de déclarer le volume & le folio ou la saisie réelle desdits biens est enregistrée & l'état des poursuites ; à l'effet de pouvoir former oposition ; sinon & à faute de ce faire, proteste, de rendre ledit Me . . . en son nom garant & responsable de tous les événemens.

Oposition afin de distraire ou afin de charge.

N. . . . qui a fait élection de domicile en la maison de Me . . . Procureur au Châtelet sise rue . . .

Est oposant & s'opose par ces présentes aux criées, vente & adjudication par decret de . . . saisi réellement sur . . . à la requête de . . . à ce que distraction soit faite au profit dudit oposant de . . . comme apartenantes audit Sieur oposant, ainsi qu'il le justifiera en tems & lieu : (ou si c'est afin de charge) à ce que lesdits biens ne soient vendus & adjugés qu'à la charge par l'adjudicataire (énoncer ici la nature des charges qui donnent lieu à l'oposition) dont il a requis acte.

Oposition afin de conserver.

N. . . . qui a fait élection de domicile en la maison de Me . . . Procureur au Châtelet sise rue . . .

Est oposant & s'opose par ces présentes aux criées, vente & adjudication par decret de . . . (si le decret est volontaire, en ajoute comme à lui apartenant au moyen de l'acquisition qu'il en a faite de . . . par Contrat passé devant . . . le . . .) à ce que sur le prix qui proviendra de la vente & adjudication desdits biens, ledit oposant soit payé, par privilege & préference à tous créanciers, ou en tout cas suivant l'ordre de son hypoteque, des sommes à lui dûes tant en principaux, arrerages & interêts que frais & dépens, & pour être conservé dans tous ses droits, noms, raisons, actions, privileges & hypoteques, pour les causes à déduire en tems & lieu ; dont il requis acte.

Requête verbale contre un oposant aux criées.

A VENIR au premier jour plaider à l'Audience des criées du Parc Civil par Me . . . Procureur de . . . oposant, sur la requête de Me . . . Procureur de . . . Poursuivant les criées, vente & adjudication par decret, &c.

A ce que ledit Sieur . . . soit tenu d'aporter titres & exploits, en vertu desquels il a formé oposition ausdites criées ; sinon & à faute de ce faire, que sans avoir égard à ladite oposition dont main-levée sera faite audit Poursuivant, ladite oposition sera rayée du Régistre des decrets ; à ce faire le Greffier contraint ; quoi faisant déchargé ; en consequence passé outre à la vente & adjudication de . . . au plus offrant & dernier encherisseur en la maniere accoutumée, requerant dépens, dont en tout cas ledit Poursuivant sera remboursé en frais extraordinaires de criées.

A l'égard de l'Ordre, n'exige aucune procédure au Châtelet. Pour y parvenir, le

Pourſuivant obtient ſeulement une Sentence qui nomme un Commiſſaire devant qui l'on doit proceder. Le Commiſſaire nommé délivre ſon Ordonnance en vertu de laquelle on aſſigne tous les opoſans , au domicile de leurs Procureurs pour repreſenter leurs titres de créances. En conſequence chaque créancier porte ſes titres chez le Commiſſaire lequel reçoit les comparutions des Procureurs & des Parties , rédige ſur ſon Procès-verbal les moyens de leurs opoſitions , & fait l'ordre par lequel il colloque les creanciers ſuivant leurs hypoteques. Il délivre enſuite à chaque créancier un extrait de ſon Procès-verbal , portant contrainte contre le Receveur des Conſignations qui paye , s'il ne trouve point de difficulté.

Me ... Procureur en la Cour & de ... ſomme & interpelle Me ... Procureur de ... Pourſuivant la ſaiſie réelle & criées des biens ſaiſis ſur ... de lui déclarer dans le jour le vol. & le fol. & la Juriſdiction où ladite ſaiſie réelle a été regiſtrée , à l'effet d'y former opoſition; ſinon proteſte de le rendre perſonnellement garant de tout évenement , à ce qu'il n'en ignore dont acte.

AU PALAIS. Sommation de déclarer le vol. & le fol.

Me ... Procureur de ... Pourſuivant la ſaiſie réelle & criées des biens ſaiſis ſur ... Déclare à Me ... Procureur de ... que la ſaiſie réelle deſdits biens ſe pourſuit & eſt regiſtrée au Greffe de ... au vol. ... fol. ... à ce qu'il n'en ignore , & ce pour ſatisfaire à ſon requiſitoire du ... dont acte.

Acte de déclaration du vol. & du fol.

AUJOURD'HUI eſt comparu au Greffe de la Cour Me ... Procureur en icelle lequel en vertu du pouvoir à lui donné par ... a déclaré qu'il eſt opoſant & s'opoſe par ces préſentes aux criées , vente & adjudication par decret des biens ſaiſis réellement ſur ... à la requête de ... *ſi c'eſt afin de charge*, à ce que leſdits biens ſaiſis ne ſoient vendus & adjugés , ſinon à la charge par l'adjudicataire ... *ſi c'eſt afin de diſtraire*, & ce , à ce que diſtraction ſoit faite à ſon profit de ... apartenant audit opoſant & neanmoins compris dans ladite ſaiſie réelle : *Si c'eſt afin de conſerver*, & ce , afin d'être payé des ſommes à lui dûes tant en principaux , arrerages & interêts , que frais & dépens , & conſervé en tous ſes droits , privileges & hypoteques ; & autres cauſes , raiſons , & moyens à déduire en tems & lieu , dont il a requis acte & élu domicile en ſa maiſon ſiſe rue ... Paroiſſe de ...
La minute de l'opoſition ſe dreſſe de la même maniere au Parlement & aux Requêtes; mais aux Requêtes, le Procureur fait lui-même la groſſe en parchemin qu'il fait enſuite collationner au Greffier, & en tête de cette groſſe , on met : Extrait des Régiſtres des Requêtes du Palais ou de l'Hôtel, du ...

Opoſition afin de charge , de diſtraire ou de conſerver.

EXTRAIT des Régiſtres des Requêtes du Palais , (ou de l'Hôtel) du ...
Défaut à N ... ci-devant Pourſuivant les criées , vente & adjudication par decret des biens ſaiſis réellement ſur ... & adjugés par Sentence du ... & à préſent l'ordre & diſtribution de la ſomme de ... prix provenant de ladite adjudication comparant par Me ... ſon Procureur ... Contre ... tous opoſans auſdites criées , vente & adjudication par decret , ſuivant leurs opoſitions formées au Greffe de la Cour , & défaillans ; par vertu duquel LA COUR ſur leſdites opoſitions apointe les Parties en droit , à fournir cauſes & moyens d'opoſition , écrire , produire & contredire dans le tems de l'Ordonnance pardevers M ... Conſeiller , pour leur être fait droit ainſi que de raiſon.
Si c'eſt au Parlement , on obſerve la procedure qui ſuit.

Sentence d'apointement ſur l'ordre aux Requêtes.

ENTRE N ... ci-devant Pourſuivant les criées , vente & adjudication par decret des biens ſaiſis réellement ſur ... adjugés par Arrêt du ... & à préſent l'ordre & diſtribution de la ſomme de ... prix de ladite adjudication d'une part. Et ... tous opoſans auſdites criées d'autre part ; après que Me ... Procureur dudit ... Pourſuivant a demandé la réception dudit apointement ; apointé eſt que la Cour ſur leſdites opoſitions , apointe les Parties en droit , à fournir cau-

Apointement offert ſur l'ordre.

fes & moyens d'opofition, écrire, produire & contredire dans le tems de l'Ordonnance, pout leur être fait droit ; ainfi que de raifon.

Sommation de le figner.

Me Procureur en la Cour & de . . . Pourfuivant l'ordre & diftribution du prix de l'adjudication des biens faifis réellement fur . . . fomme & interpelle Mes . . . (*mettre ici les noms des Procureurs opofans & de leurs Parties*) tous opofans aux criées defdits biens faifis, de figner & paffer l'apointement en droit fur l'ordre à eux ce jourd'hui offert & fignifié ; finon leur déclare que . . . prochain du matin en la Chambre . . . il en pourfuivra la réception en la maniere accoutumée, dont acte.

Lorfque l'Arrêt eft levé, on le fignifie (ainfi que la Sentence, fi l'ordre fe pourfuit aux Requêtes) à tous les créanciers opofans. Chaque creancier produit en confequence ainfi que le Pourfuivant qui feul a droit, pour le bien de tous les opofans, de prendre communication de la production de chacun d'eux, & de contredire chacune de ces productions.

Si cependant des creanciers avoient des interêts diftincts & perfonnels à difcuter les uns à l'encontre des autres, ils pourroient fe contredire réciproquement. Mais ils ne pourroient prendre communication de leurs productions refpectives, que par les mains du Procureur plus ancien auquel le Pourfuivant eft obligé de remettre le procès à cet effet & de le déclarer à tous les opofans, par l'acte qui fuit.

Acte de déclaration du Procureur.

Me . . . Procureur de . . . Pourfuivant, déclare à Maîtres . . . que l'inftance d'ordre du prix provenant de l'adjudication des biens faifis réellement fur . . . étant au raport de M . . . Confeiller, a été retirée & mife ès mains de Me . . . Procureur de . . . & plus ancien Procureur des creanciers opofans, à ce que lefdits creanciers opofans ayent à en prendre communication par fes mains & fournir de contredits les uns à l'encontre des autres, fi bon leur femble, dont acte.

Sommation génerale.

Me . . . Procureur de . . . Pourfuivant fomme & interpelle Maîtres (*mettre ici les noms de tous les Procureurs des opofans & de leurs Parties*) de fatisfaire à l'Arrêt (*ou Sentence*) d'apointement fur l'ordre du . . . & fuivant icelui (*ou icelle*) écrire, produire, même contredire fi bon leur femble, les uns à l'encontre des autres ; finon & à faute de ce faire leur déclare qu'il fera paffé outre au Jugement de l'inftance d'ordre fur ce qui fe trouvera pardevers la Cour, fans autre fommation, dont acte.

Quinzaine après cette fommation, l'inftance d'ordre fe trouve en état d'être jugée tant contre ceux qui ont produit que par forclufion contre ceux qui n'ont pas produit ; & lorfque le Jugement eft rendu, le Procureur Pourfuivant le fait fignifier aux Parties faifies, & à chacun des opofans.

Des Baux judiciaires.

Toutes les procedures qui fe font pour parvenir aux baux judiciaires de la part des Commiffaires aux faifies réelles, fe faifant dans leurs Bureaux, & leur Procureur au Parlement ne faifant que figner & leur prêter fon nom, nous n'entrerons point ici dans le détail de ces procedures, qui ne font point d'ufage ordinaire. Nous ne parlerons que des incidens aufquels les baux judiciaires peuvent donner lieu.

Nota. Nous ne mettrons que les conclufions qui font les mêmes pour le Palais & le Châtelet ; ceux qui inftruiront au Palais, commenceront leurs Requêtes à l'ordinaire par ces mots A Noffeigneurs . . . Suplie humblement . . . Ceux qui inftruiront au Châtelet au contraire, intituleront leurs Requêtes, comme toutes les Requêtes verbales, en commençant ainfi, Avenir au premier jour plaider, &c.

Sommation aux Commiffaires de proceder au bail judiciaire.

Me . . . Procureur de . . . Pourfuivant les criées, vente & adjudication par decret de . . . faifi réellement fur . . . fomme Me . . . Procureur des Commiffaires aux faifies réelles, de faire inceffamment proceder au bail judiciaire defdits biens faifis en la maniere accoutumée, & d'en faire fignifier les remifes & autres

procedures

procedures audit Maître . . . finon protefte de rendre lefdits Commiffaires garans
& refponfables de toutes pertes , dépens, dommages & interêts dont acte.

Au Châtelet cette fommation, ainfi que toutes les autres, commence ainfi : A la requête
de . . . Pourfuivant les criées &c. foit fommé Me . . . Procureur des Commiffaires aux faifies réelles , de faire inceffamment proceder &c.

D O N N E R acte (*ou* Lettres, *fi c'eft au Châtelet*) au Supliant . . . du tiercement qu'il fait
du bail judiciaire de . . . adjugé audit . . . à la fomme de . . . & de ce qu'au lieu
de ladite fomme, le Supliant porte & encherit ledit bail à la fomme de . . . par chacun an ; ordonner que ledit tiercement fera reçu, & qu'en confequence il fera fur
icelui procedé à nouveau bail qui fera publié & les encheres reçues en la maniere
accoutumée, condamner les conteftans aux dépens.

Requête afin de tiercement du bail judiciaire.

O R D O N N E R que les lieux dont eft queftion feront vûs & vifités par Experts
dont les Parties conviendront devant le plus prochain Juge (Royal des lieux
qu'il plaira à la Cour commettre, finon qui feront par lui pris & nommés d'office,
pour dreffer leur procès-verbal de l'état d'iceux & des réparations qui y font à
faire ; pour ce fait & raporté, être pris telles conclufions que le Supliant avifera
bon être & par la Cour ordonné ce qu'il apattiendra ; condamner les conteftans
aux dépens, lefquels en tout cas le Supliant pourra retenir fur le prix de fon
bail.

Requête du Fermier judiciaire afin de réparations.

On obtient fur cette Requête un Jugement contradictoire ou par défaut, qui ordonne le
Procès-verbal, dont on pourfuit enfuite l'entérinement dépens refervés.

E N T E R I N E R le Procès-verbal du . . . de l'état des lieux en queftion fait
par . . . Experts nommés à cet effet par . . . en exécution de la Sentence (*ou*
Arrêt) du . . . ; ce faifant, permettre au Supliant de faire faire les réparations
mentionnées audit Procès-verbal & d'en avancer les deniers fur le prix de fon
bail ; & en confequence ordonner que les Commiffaires aux faifies réelles feront
tenus de prendre les quittances des ouvriers qui feront lefd. réparations, pour argent
comptant, en déduction du prix du bail du Supliant, lefquelles lui feront allouées
dans la dépenfe du compte de fa Commiffion, condamner les conteftans aux dépens,
même en ceux refervés par la Sentence [*ou* Arrêt] dudit jour . . ., defquels en tout cas
le Supliant fera rembourfé fur le prix de fon bail, & dont les Commiffaires aux
faifies réelles feront pareillement tenus de prendre l'executoire pour argent
comptant.

Requête du Fermier judiciaire en enterinement du procè.-verbal de réparations, & à l'effet d'être autorifé à les faire faire.

On prend ordinairement un apointement à mettre fur cette Requête, & on inftruit à
l'ordinaire.

Il faut bien obferver qu'il n'eft pas permis d'employer plus des deux tiers du prix du
bail judiciaire en réparations, à moins qu'il n'y ait urgente néceffité, bien conftatée
par le Procès-verbal de l'état des lieux.

O R D O N N E R que fur les deniers étant ès mains des Commiffaires aux faifies
réelles, provenus du prix des baux judiciaires des biens faifis réellement fur le
Supliant & dont eft queftion, le Supliant fera payé par forme de provifion alimentaire de la fomme . . . au payement de laquelle fomme lefdits Commiffaires aux
faifies réelles feront contraints par toutes voyes dûes & raifonnables, même par
corps, comme dépofitaires de biens de Juftice, nonobftant toutes faifies, opofitions
& empêchemens faits & à faire; quoi faifant ils en feront d'autant quittes & dechargés, & ladite fomme à eux allouée en dépenfe dans le compte de leur Commiffion :
ordonner pareillement que le Supliant fera rembourfé des frais de la prefente demande, dont executoire lui fera délivré, ou qui feront par la Cour liquidés à
telle fomme qu'elle avifera bon être, defquels dépens le Supliant fera pareillement
payé & rembourfé par lefdits Commiffaires aux faifies réelles ; & en cas de conteftation, condamner les conteftans aux dépens en leur propre & privé nom.

Demande en provifion alimentaire de la Partie faifie fur le prix des baux judiciaires.

Cette demande fe fignifie au Procureur Pourfuivant & au Procureur plus ancien, avec
lefquels on pourfuit & on obtient Jugement foit par défaut, foit contradictoirement en la
maniere accoutumée.

Y y y

TITRE XXXIV.

DE LA DE'CHARGE

DES CONTRAINTES

PAR CORPS.

ON peut obliger quelqu'un à exécuter un Jugement ou à remplir ses engagemens, lorsqu'on a contre lui un titre paré, par la *saisie de ses biens* soit meubles soit immeubles, ainsi que nous l'avons vû dans le Titre précedent. On pouvoit encore autrefois indistinctement l'y contraindre par la *saisie de sa* propre *personne*, après un certain tems.

Mais l'expérience fit connoître les abus sans nombre qui résultoient des *contraintes par corps*, & combien il étoit inhumain & dangereux, pour l'Etat même, d'ôter à un Citoyen ce que la nature lui a donné de plus cher, la liberté, pour l'acquit d'une dette souvent modique, & dont on peut d'ailleurs se procurer le payement par les autres voyes de droit.

C'est pourquoi notre Monarque Légiflateur s'est déterminé, à ne laisser subsister *indéfiniment* les contraintes par corps, que pour les matieres Criminelles & celles de Commerce. A l'égard des matieres Civiles, il les a abrogées du moins en général; ne les reservant dans ces matieres que pour quelques cas particuliers, dont même certaines personnes privilegiées ont encore été exceptées.

Ainſi trois objets principaux dans ce Titre ; 1°. L'*abrogation* en géneral *des contraintes par corps en matiere Civile;* 2°. Les *cas* ou cette abrogation génerale trouve *des exceptions :* 3°. Enfin les *perſonnes* qui font affranchies de ces exceptions même, & qui jouiſſent de l'abrogation dans toute ſon étendue.

Tel eſt le canevas géneral des diſpoſitions que nous allons tâcher d'aprofondir.

ARTICLE PREMIER.

Abrogeons l'uſage des contraintes par corps après les quatre mois établi par l'article 48 de l'Ordonnance de Moulins (a) pour dettes purement civiles. Défendons à nos Cours & à tous autres Juges de les ordonner à peine de nullité ; & à tous Huiſſiers & Sergens de les exécuter, à peine de dépens, dommages & dépens.

Dans tous les tems, les Plaideurs ne ſe font jamais rendu aſſez de juſtice à eux-mêmes, pour ſe porter de bonne grace à payer les condamnations auſquelles ils ſuccombent. La préoccupation qui les aveugle, leur faiſant ordinairement regarder ces condamnations comme injuſtes, ils ſe croyent tout permis, pour en empêcher ou en éloigner du moins le payement. C'étoit pour corriger cet abus & procurer aux Arrêts & Jugemens l'exécution prompte & entiere qui leur eſt dûe, que l'Ordonnance de Moulins, dans ſon article 48, avoit établi la contrainte par corps après les quatre mois contre les condamnés, lorſque

---

[a] *Pour faire ceſſer les ſubterfuges, délais & tergiverſations des condamnés, & ôter la multiplicité des inſtances en executions des Jugemens & Arrêts, voulons & ordonnons que tous Jugemens & condamnations de ſommes pécuniaires pour quelque cauſe que ce ſoit, ſoient promptement executées par toutes contraintes & cumulations d'icelles, juſqu'à entier payement & ſatisfaction. Et ſi les condamnés n'y ſatisfont dans quatre mois après la condamnation à eux ſignifiée à perſonne ou domicile, pourront être prins au corps & retenus priſonniers juſqu'à la ceſſion ou abandonnement de leurs biens. Et ſi apréhendés ne peuvent être, ou ſi mieux la Partie veut ou requiert, ſera par nos Juges procedé, pour la coutumace du condamné, au doublement & tiercement des ſommes adjugées.* **Ordonnance de Moulins, art. 48.**

les condamnations étoient liquides & pécuniaires : ou du moins qu'elle avoit laissé l'option à celui qui avoit obtenu ces sortes de condamnations, sans s'en être pû procurer le payement dans les quatre mois, ou de faire emprisonner le condamné rebele, jusqu'à ce qu'il eût fait abandonnement de ses biens, ou de le faire condamner, pour sa coutumace, au doublement ou tiercement des premieres condamnations.

Nonobstant l'importance & la légitimité du motif qui avoit introduit cette disposition, des motifs plus puissans & plus importans encore l'ont fait abroger. L'homme tient la liberté de la nature ; & on ne peut l'en priver légitimement que pour des choses qui blessent la Societé, ou ausquelles la Societé a un intérêt direct & immédiat. Or bien loin que la Societé soit intéressée à ce qu'un particulier soit rempli par un autre des condamnations prononcées en sa faveur, elle l'est au contraire à ne se point priver, sans une nécessité évidente, des secours & de l'industrie de Citoyens que leur détention dans les prisons lui rendroit inutiles.

A R T I C L E   II.

Pourront néanmoins les contraintes par corps après les quatre mois être ordonnées pour les dépens adjugés, s'ils montent à deux cens livres & au dessus ; ce qui aura lieu pour la restitution des fruits, & pour les dommages & intérêts au dessus de deux cens livres.

Les dépens, dommages & intérêts & restitutions de fruits étant des accessoires des condamnations principales, sembleroient, dans ce premier point de vûe, ne devoir point avoir de plus grands privileges qu'elles, & devoir conséquemment participer, comme elles, à l'abrogation de la contrainte par corps. Mais l'Ordonnance a envisagé ces condamnations, quoiqu'accessoires, comme autant de *peines judiciaires* qui sont infligées aux Plaideurs téméraires, & dont il est nécessaire d'assurer l'exécution, par les voyes les plus severes, pour arrêter, autant qu'il sera possible, les mauvaises contestations, par la terreur des peines & par la sévérité de leur exécution.

Si cependant la quotité en étoit legere, il ne seroit pas permis, pour un objet modique, de mettre en usage un moyen aussi dangereux que celui de la contrainte par corps. C'est pourquoi une condamnation de dépens ne peut donner lieu à la contrainte par corps après les quatre mois, qu'autant que les dépens se montent au moins à 200 liv. & quant aux restitutions de fruits, & dommages & intérêts, il faut que le montant en excede 200 liv.

Il est pourtant quelques personnes que leurs qualités exceptent de la rigueur de la Loi, fur-tout par rapo't aux dépens. Ainfi une femme ne peut exiger des dépens contre fon mari par corps; c'eft ce qui a été jugé par un Arrêt rendu en la Grand'Chambre, de re'evée, le 2 Avril 1694. Les Eccléfiaftiques conftitués dans les Ordres facrés ne peuvent être non plus contraints par corps au payement des dépens aufquels ils fuccombent, en conféquence d'une Déclaration donnée le 30 Juillet 1710. fur les remontrances du Clergé, regiftrée en la Cour le 21 Août fuivant (*a*).

ARTICLE III.

Pourront auffi les tuteurs & curateurs être contraints par corps après les quatre mois, pour les fommes par eux dûes, à caufe de leur adminiftration, lorfqu'il y aura Sentence, Jugement ou Arrêt définitif & que la fomme fera liquide & certaine.

Les tuteurs & curateurs font des dépofitaires de Juftice, puifque c'eft de la Juftice qu'ils tiennent leur miffion. Par conféquent ils font fujets, en cette qualité, à être contra nts par corps, pour les fommes qu'ils doivent relativem.nt à l'adminiftration qui leur a été confiée. Mais il faut pour cela que deux chofes concourent; la premiere, que les fommes foient liquides; la feconde, que le Jugement qui en contient la liquidation, foit définitif. Car s'il n'étoit que provifoire, il ne produiroit point cet effet.

ARTICLE IV.

Défendons à nos Cours & à tous autres Juges de condamner aucuns de nos fujets par corps en matiere Civile, finon en cas de réintegrande pour délaiffer un héritage en exécution des Jugemens, pour ftellionat, pour dépôt néceffaire, confignation faite par Ordonnance de Juftice, ou entre les mains de perfon-

(*a*) ,, Voulons que les perfonnes conftituées dans les Ordres facrés ne puiffent être con- , traints par corps au payement des dépens dans lefquels ils fuccomberont; faifons défenfes à ,, toutes nos Cours & Juges de décerner des contraintes par corps contre eux pour raifon defdits depens. *Déclar. du 30 Juillet 1710. art. 3.*

nes publiques, repréfentation des biens par les Sequeftres, Commiffaires, ou Gardiens, Lettres de Change
quand il y aura remife de place en place, dettes entre
Marchands pour fait de marchandifes dont ils fe mêlent.

ARTICLE V.

N'entendons auffi déroger au privilege des deniers
Royaux, ni à celui des foires, ports, eftapes & marchés, & des Villes d'Arrêt.

L'Ordonnance a déja exprimé, dans les articles 2 & 3, deux cas ou
la *contrainte par corps* continueroit d'avoir lieu, mais feulement *après les*
quatre mois, fçavoir. 1°. Lorfqu'il s'agiroit de dépens, dommages &
intérêts, & reftitutions de fruits; 2°. Lorfqu'il feroit queftion de reliquat de compte de tutelle ou de curatelle.

Mais les deux articles qui précédent immédiatement, détaillent les
autres cas où l'on peut exercer la *contrainte par corps immédiatement*
après le Jugement de condamnation.

Ces cas font 1°. Le ftellionat qui ne s'étend pas chez nous comme
chez les Romains à tout crime qui n'a point de nom particulier, mais
qui n'eft autre chofe dans notre ufage qu'un contrat frauduleux par
lequel, ou nous vendons un héritage qui ne nous apartient point, ou
nous le vendons à plufieurs perfonnes, ou nous le déclarons fauffement
franc & quitte.

2°. La réintegrande.

3°. La confignation par ordre de Juftice.

4°. La confignation ès mains des perfonnes publiques.

5°. La repréfentation des biens par Sequeftres, Commiffaires & Gardiens.

6°. Les Lettres de Change, lorfqu'il y a remife de place en place,
entre toutes perfonnes.

7°. Les dettes de Marchands à Marchands, pour marchandifes dont ils
fe mêlent.

8°. Le dépôt néceffaire.

9°. Lorfqu'il s'agit de deniers Royaux.

10°. Enfin, lorfqu'il fe rencontre privilege des foires, ports, étapes,
marchés & Villes d'Arrêt.

ARTICLE VI.

Défendons de passer à l'avenir aucuns Jugemens , obligations ou autres conventions , portant contraintes par corps contre nos sujets ; à tous Greffiers , Notaires , Tabellions , de les recevoir ; & à tous Huissiers & Sergens de les exécuter , encore que les actes ayent été passés hors de notre Royaume , à peine de tous dépens , dommages & intérêts.

ARTICLE VII.

Permettons néanmoins aux propriétaires des terres & héritages situés à la campagne, de stipuler par les baux la contrainte par corps.

Outre la *contrainte par corps judiciaire*, on connoissoit encore , avant l'Ordonnance, la *contrainte par corps conventionnelle* qui étoit stipulée volontairement entre les Parties dans les actes qu'elles passoient entre elles. Cette faculté de stipuler la contrainte par corps dans les actes, la multiplioit à l'infini ; de sorte que il n'y avoit presque personne dont la liberté ne fût engagée & en danger , souvent pour les objets les plus modiques. C'est donc un service essentiel rendu par le Législateur à l'humanité, que d'avoir aboli cette faculté pernicieuse , en défendant de stipuler dorénavant la contrainte par corps dans les actes & conventions soit judiciaires soit autres. Et si on l'a laissé subsister pour les baux des biens de la campagne, en faveur des proprietaires, c'est qu'ils n'auroient souvent sans cela, d'autre ressource pour se faire payer de Fermiers de mauvaise foi, qui n'ont pour l'ordinaire aucuns biens personnels capables de répondre du prix du bail.

ARTICLE VIII.

Ne pourront les femmes & filles s'obliger , ni être contraintes par corps , si elles ne sont marchandes publiques , ou pour cause de stellionat procedant de leur fait.

ARTICLE IX.

Les septuagenaires ne pourront être emprisonnés pour dettes purement civiles, si ce n'est pour stellionat, recelé & pour dépens en matiere criminelle & que les condamnations soient par corps.

Il est un certain ordre de personnes, qui, eû égard à l'impuissance de leur état, ou à la foiblesse de leur âge, ne font point sujettes à la contrainte par corps en matiere civile, même dans les cas qui font exceptés de l'abrogation générale. Ce font 1°. les filles & les femmes mariées, qui font, les unes fous la puissance de leurs parens le plus ordinairement, du moins jusqu'à 25 ans, les autres fous la puissance de leurs maris & par conféquent incapables de contracter aucun engagement valable; 2°. les Vieillards qui ont atteint l'âge de 70 ans, & ausquels un âge aussi avancé doit procurer du moins la triste prérogative de pouvoir passer chez eux tranquilement les foibles restes d'une vie languissante.

Cependant, & les filles & femmes, & les septuagenaires ne peuvent profiter de ce privilege, dans certains cas.

Ainsi les filles & les femmes qui font coupables d'un stellionat procedant de leur fait personnel, font, comme les autres, sujettes à la contrainte par corps; parce que le stellionat est une fraude & un crime contre la Société, de la punition duquel leur état de fille ou de femme ne peut les garantir, quand elles s'en font rendues personnellement coupables. De même si elles font marchandes publiques, & qu'en cette qualité elles ayent contracté des engagemens emportant contrainte par corps de leur nature, elles doivent subir la Loi générale du Commerce dont on ne peut même être à l'abri par la minorité : pour qu'une femme foit réputée marchande publique, il ne fuffit pas qu'elle débite la marchandise dont son mari fe mêle ; il faut qu'elle faffe marchandise féparée & autre que celle de fon mari *(a)*.

A l'égard des septuagenaires, il est trois cas réfervés par l'Ordonnance, dans lesquels ils ne peuvent jouir de l'exception de la contrainte par corps en matiere civile. Le premier, c'est le stellionat par les motifs ci-devant expliqués, rélativement aux filles & femmes. Le fecond, c'est le recelé, qui est en foi une efpece de vol. Le troisiéme enfin,

(a) ,, La femme n'est réputée marchande publique, pour débiter la marchandise dont son ,,, mari fe mêle. Mais est réputée marchande publique, quand elle fait marchandise féparée, ,, & autre que celle de fon mari. *Cout. de Paris*, art. 235.

c'est

c'eſt la condamnation de dépens en matiere criminelle, parcequ'elle eſt une ſuite du crime & une dépendance de la punition qui y eſt atta-chée. Il faut néanmoins, dans ces trois cas, qu'il y ait un Jugement for-mel, qui, attendu la qualité des circonſtances, prononce la contrainte par corps contre le ſeptuagenaire : car cette contrainte n'a pas lieu de droit.

ARTICLE X.

Pour obtenir la contrainte par corps après les qua-tre mois ès cas exprimés au ſecond article, le créan-cier fera ſignifier le Jugement à la perſonne ou domi-cile de la Partie, avec commandement de payer, & déclaration qu'il y fera contraint par corps après les quatre mois.

ARTICLE XI.

Les quatre mois paſſés, à compter du jour de la ſignification, le créancier levera au Greffe une Sen-tence, Jugement ou Arrêt, portant que dans la quin-zaine la Partie fera contrainte par corps, & lui fera ſignifier, pour, après la quinzaine expirée, être la con-trainte exécutée ſans autres procédures ; & feront tou-tes les ſignifications faites avec toutes les formalités ordonnées pour les ajournemens.

ARTICLE XII.

Si la Partie apelle de la Sentence, on s'opoſe à l'exécution de l'Arrêt ou Jugement portant condam-nation par corps, la contrainte fera ſurſiſe juſqu'à ce que l'apel ou l'opoſition ayent été terminés. Mais ſi avant l'apel ou opoſition ſignifiés, les Huiſſiers ou Sergens s'étoient ſaiſi de ſa perſonne, il ne fera ſur-ſis à la contrainte.

Z z z

Les trois articles qui précedent, contiennent les formalités préalables
à l'exécution de la contrainte par corps, dans les cas où l'usage en est
conservé en matiere civile.

Auparavant l'Ordonnance, ces formalités n'étoient pas uniformes
dans les Tribunaux. Au Parlement on n'accordoit les contraintes par
corps, qu'après l'expiration des quatre mois, & l'on y donnoit outre
cela toujours après, un autre délai de huitaine ou de quinzaine, selon
la qualité de la condamnation. Au Châtelet au contraire, aussi-tôt que
la Sentence de condamnation étoit intervenue, on obtenoit un second
Jugement, portant que le Défendeur seroit contraint par corps, les
quatre mois passés.

L'usage du Parlement a parû le plus raisonnable au Législateur ; &
il l'a adopté, en y ajoutant encore quelques nouvelles formalités, pour
temperer la rigeur de la contrainte par corps & mettre de bonne heure
le Défendeur en état de s'en prémunir & d'en empêcher l'effet. Ainsi il
ne suffit pas à celui qui a obtenu une condamnation à laquelle est attachée par la Loi la contrainte par corps, de faire signifier le Jugement
à la Partie condamnée, il faut que l'exploit de signification contienne
une *mention expresse qu'elle sera contrainte par corps* à l'executer *après
les quatre mois*. Ce délai ne coure point de la date du Jugement, mais
de celle de la signification ainsi faite.

Après l'expiration de ce délai, le créancier doit se présenter de nouveau à la Justice & obtenir un autre *Jugement* qu'on apelle, à cause de
ce, *d'iterato* qui porte que dans la quinzaine la Partie sera contrainte
par corps ; il faut de nouveau faire signifier ce Jugement, avec pro-
testation de le mettre à exécution dans la quinzaine de la signification,
après l'expiration de laquelle, on peut proceder a la contrainte par
corps, à moins que la Partie condamnée n'ait auparavant ou satisfait
aux condamnations, ou attaqué le Jugement par quelques voyes de
droit, c'est-à-dire ou par l'oposition si le Jugement *d'iterato* est par
défaut, ou par l'apel, si ce Jugement en est susceptible.

Mais si la Partie condamnée laissoit expirer la derniere quinzaine,
sans s'être pourvûe, & qu'après avoir été apprehendée au corps, elle
voulut, à tard ou après coup, former oposition au Jugement ou en interjetter apel, cette oposition ou cet apel tardifs ne pourroient lui procurer sa liberté provisoire, parce que les choses ne seroient plus entieres, & qu'elle ne pourroit imputer qu'à elle-même, d'avoir laissé passer
les délais, sans attaquer le Jugement par les voyes qui lui étoient ouvertes. Car si elle s'étoit pourvûe à tems, soit par apel, soit par oposition, on n'auroit pû mettre contre elle à exécution le Jugement attaqué, que le merite de cet apel ou de cette oposition n'eût été jugé.

Telles sont les sages barrieres que la prudence du Législateur a crû
devoir mettre à l'exercice toujours dangereux de la contrainte par
corps, en matiere civile.

Article XIII.

Les pourfuites & contraintes par corps n'empêche-ront les faifies, exécutions & ventes des biens de ceux qui font condamnés.

Autrefois on ne pouvoit régulierement proceder contre quelqu'un, par emprifonnement de fa perfonne, ou par faifie réelle de fes immeu-bles, qu'on n'eût fait perquifition de fes biens meubles, & qu'on n'en eût épuifé la valeur. L'Ordonnance de 1539. art. 74, abolit ce préala-ble, & autorifa le créancier à paffer foit à l'emprifonnement de la per-fonne du débiteur quand la matiere y étoit difpofée, foit à la faifie réelle de fes immeubles, fans être obligé de difcuter préalablement fes meubles (a). En conféquence, l'Ordonnance de Moulins, dans l'article 48 déja cité, a ftatué par raport aux condamnations pécuniaires en par-particulier, que les Jugemens en feroient *exécutés par toutes contraintes & cumulations d'icelles :* c'en font les termes.

Mais il reftoit encore fur cela une queftion importante à décider : c'étoit de fçavoir fi lorfqu'un créancier avoit ufé de la voye la plus ri-goureufe, en ôtant à fon débiteur fa liberté, il pouvoit encore après cela mettre le défordre & le trouble dans fes biens, en faififfant fes meubles & fes immeubles ? Notre Ordonnance décide pour l'affirmative, par un motif d'équité qui prend fa fource dans l'intérêt du créancier & dans celui même du débiteur. En effet un debiteur obftiné fe voyant privé de fa liberté dont il ne feroit pas fort jaloux, pourroit prendre le parti de demeurer en prifon ; & d'y laffer la patience de fon créancier, pour conferver fes biens, fi la contrainte par corps une fois exercée mettoit ces biens à l'abri de toute atteinte. Ainfi la contrainte par corps, dans cette hypothefe, deviendroit elle-même un obftacle à l'acquit des con-damnations, fi le créancier n'avoit en même tems la faculté de mettre en ufage les autres voyes de droit, pour fe procurer fon payement. D'un autre côté le créancier fe trouvant défintereffé au moyen du rembour-fement des condamnations fur le prix des biens foit meubles foit im-meubles de fon débiteur, ce débiteur ainfi liberé recouvre fa liberté, rentre dans la Société ; & aiguillonné par fa mauvaife fortune & fes be-foins, il fait ufage de tous fes talens & de toutes fes reffources, pour fe procurer un meilleur fort.

(a) « Qu'en toutes executions, où il y a commandement de payer, ne fera befoin pour la » validité des criees, ou autre faifie & main mife de perfonnes ou de biens, faire perquifition » de biens meubles, mais fuffira dudit commandement dûment fait à perfonne ou domicile. » *Ordonnance de 1539, art. 74.*

FORMULES

DES PROCEDURES

RELATIVES

AU PRESENT TITRE.

Commandement de payer.

L'AN . . . le . . . jour de . . . en vertu de la Sentence [*ou* Arrêt] du . . . & de l'executoire de dépens [*à la contrainte est pour raison de dépens*] du . . . signés & scellés & à la requête de . . . qui a élu son domicile en sa maison sise . . . j'ai . . . Huissier . . . soussigné , signifié ladite Sentence [*ou* Arrêt] & executoire de dépens desdits jours . . . à . . . en son domicile en parlant à . . . & lui ai fait commandement de payer audit . . . ou à moi porteur desdites pieces la somme de . . . pour les dépens adjugés par ladite Sentence [*ou* Arrêt] & taxés par ledit executoire : lequel . . . parlant comme dessus , a été de ce faire refusant ; au moyen duquel refus , je lui ai déclaré qu'il y sera contraint par toutes voyes dûes & raisonnables , même par corps après les quatre mois , suivant l'Ordonnance ; & à ce qu'il n'en ignore , je lui ai laissé copie tant desdites Sentences [*ou* Arrêt] & executoire , que du present.

Sentence d'*iterato*.

Extrait des Regîstres de . . .

Vu l'exploit de commandement fait à la requête de . . . à . . . le . . . de payer audit . . . la somme de . . . pour les dépens à lui adjugés par notre Sentence du . . . taxés par executoire du . . . par lequel , attendu le refus fait par ledit . . . de payer , il lui a été déclaré qu'il y sera contraint par corps , après les quatre mois suivant l'Ordonnance ; vû aussi les Sentence & executoire susdatés ; & tout consideré , Nous ordonnons que dans quinzaine du jour de la signification de la presente Sentence ledit . . . sera contraint par corps à payer audit . . . la somme de . . . pour les dépens taxés par ledit executoire & dont est question.

Signification de la Sentence d'*yterato*.

L'AN &c. soussigné , signifié & donné copie audit . . . en son domicile . . . en parlant à . . . de la Sentence en date du . . . , lui declarant qu'au payement de la somme de . . . y portée , il sera contraint par corps dans quinzaine conformement à icelle , & lui ai parlant comme dessus laissé copie tant de ladite Sentence que du present , à ce qu'il n'en ignore.

Procès - verbal d'emprisonnement.

L'AN . . . en vertu d'une Sentence rendue par . . . le . . . & à la requête de . . . demeurant à . . . qui a élu son domicile à . . . j'ai . . . Huissier soussigné , en continuant la signification de ladite Sentence & commandement de payer , fait en consequence le . . , fait iteratif commandement à . . . en parlant à sa personne trouvé rue de . . . de presentement payer audit . . . ou à moi porteur de ladite Sentence , la somme de . . . y portée , sans prejudice d'autres dus , droits , actions , frais & dépens ; lequel . . . a été de payer refusant pourquoi je lui ai déclaré que je le faisois prisonnier de par le Roi , lui enjoignant de me suivre ès prisons de . . . où je voulois le constituer prisonnier ; & de fait , j'ai , faute de payement de ladite somme de . . . sans prejudice comme dit est , mené

& conduit ledit . . . ès prisons de . . . affifté de mes témoins ci - après nommés ; ou étant , j'ai fait écroüé de fa perfonne fur le Regiftre de la Geolledefdires prifons en prefence de . . . temoins qui ont figné avec moi le prefent procès-verbal.

Sieur . . . a été amené prifonnier ès prifons de céans par moi . . . Huiffier . . . en vertu de . . . & à la requête de . . . qui a élu fon domicile en fa maifon fife rue . . . faute de payement de la fomme de . . . fans préjudice des interêts, frais , mifes d'execution & dépens.

Ecroüé fur le Regiftre de la Geolle.

L' A N . . . en vertu d'une Sentence rendue au . . . le . . . & à la requête de . . . demeurant à . . . je . . . Huiffier . . . fouffigné , en continuant la fignification & commandement fait en confequence de ladite Sentence , & faute de payement avoir été fait audit . . . de la fomme de . . . y contenue, me fuis tranfporté aux environs de la maifon de . . . fife rue . . . pour emprifonner ledit . . . à quoi j'ai vaqué tavec . . . mes records pendant . . . jours tant du matin que de relevée, fans avoir vû fortir ledit . . . de fa maifon ; & m'étant enquis des proches voifins, qui n'ont voulu dire leurs noms de ce requis fuivant l'Ordonnance , ils m'ont dit qu'il ne fortoit que les Fêtes & Dimanches dont j'ai dreffé le prefent Procès-verbal , pour fervir audit . . . ce quede raifon.

Procès - verbal pour conftater que la Partie condamnée ne fort que les Fêtes & Dimanches.

A Monfieur . . .
S U P L I E humblement . . . Difant qu'en execution de la Sentence . . . N . . . Huiffier s'eft tranfporté aux environs de la maifon du Sieur . . . pour l'emprifonner ; ce à quoi il n'a pû parvenir , attendu que ledit . . . ne fort que les Fêtes & Diman- ches , ainfi qu'il eft conftaté par le Procès-verbal joint à la prefente Requête.
C E Confideré, Monfieur , il vous plaife permetrre au Supliant de faire executer ladite Sentence les jours de Fêtes & de Dimanches, & vous ferez bien.

Requête au Juge , afin de permiffion de faire emprifonner les Fêtes & Dimanches.

V U la prefente Requête & le Procès-verbal du . . . Nous avons permis de faire executer ladite Sentence [*ou* Arrêt] les jours de Fêtes & de Dimanches, fans fcan- dale & hors l'entrée & fortie de l'Eglife. Fait ce . . . -

Ordonnance de per- miffion.

TITRE XXXV.

DES REQUESTES CIVILES.

LES Arrêts & Jugemens en dernier reſſort ſembleroient, par leur nature, devoir être le terme final des conteſtations, & autant de barrieres inſurmontables à l'obſtination des Plaideurs.

Cependant il eſt des cas ſi favorables, que les Tribunaux même de qui ſont émanés les Jugemens, ne pourroient ſe diſpenſer de les retracter, s'il étoient pleinement informés des moyen qui militent contre leurs premieres déciſions. C'eſt donc pour laiſſer à une Partie malheureuſe une derniere planche après le naufrage, qu'on lui permet, dans certains cas marqués par la Loi, de ſe pourvoir contre un Jugement en dernier reſſort, dans le Siége même où il a été rendu; en s'y faiſant autoriſer du Souverain par des *Lettres* de Chancellerie qu'on apelle *de Requête Civile.*

Mais pour empêcher qu'on n'abuſât de cette voye de droit, il étoit néceſſaire de la reſſerrer dans de juſtes bornes; & c'eſt ſur quoi s'eſt fixée l'attention du Légiſlateur dans le preſent Titre.

Il s'y eſt propoſé quatre objets principaux; ſçavoir de déterminer, 1°. les *Jugemens* qui ſont ſuſceptibles d'être attaqués par la voye de la Requête Civile.

2°. Le *tems* dans lequel on doit ſe pourvoir.

3°. Les *formalités* qui doivent préceder, accompagner & ſuivre l'obtention des Lettres de Requête Civile.

4°. Les *ouvertures* ou moyens qui peuvent en procurer l'entérinement.

Suivons le Législateur dont ses dispositions particulieres, rélativement à chacun de ces objets.

ARTICLE PREMIER.

Les Arrêts & Jugemens en dernier ressort ne pour-ront être retractés que par Lettres en forme de Requête Civile, à l'égard de ceux qui auront été Parties, ou dûment apellés, & de leurs héritiers, successeurs ou ayans cause.

ARTICLE II.

Permettons de se pourvoir par simple Requête afin d'oposition contre les Arrêts & Jugemens en dernier ressort, ausquels le Demandeur en Requête n'aura été Partie, ou dûment apellé, & même contre ceux donnés sur Requête.

ARTICLE III.

Permettons pareillement de se pourvoir par simple Requête contre les Arrêts & Jugemens en dernier ressort, qui auroient été rendus à faute de se présenter, ou à l'Audience à faute de plaider, pourvû que la Requête soit donnée dans la huitaine du jour de la signification à personne ou domicile de ceux qui seront condamnés, s'ils n'ont constitué Procureur, ou au Procureur quand il y en a un : si ce n'est que la cause ait été apellée à tour de rôle ; auquel cas les Parties ne se pourront pourvoir contre les Arrêts & Jugemens en dernier reſſort intervenus en conséquence , que par Requête Civile.

ARTICLE IV.

Ne ſeront obtenus Lettres en forme de Requête Ci-vile contre les Sentences Préſidiales rendues au premier chef de l'Edit ; mais il ſuffira de ſe pourvoir par ſim-ple Requête au même Préſidial.

On trouve raſſemblé dans ces quatre articles tout ce qui concerne les *Jugemens* qui peuvent être attaqués par la voye de la Requête Ci-vile.

Nos anciennes Ordonnances (*a*) admettoient deux ſortes de voyes pour faire retracter les Arrêts, ſçavoir la *Requête Civile* & la *propoſition d'erreur.*

La *propoſition d'erreur* avoit lieu , lorſqu'un Arrêt avoit été rendu ſur une erreur de fait , ſoit que les Juges euſſent errés par hazard , ou faute d'inſtruction. Mais cette propoſition étoit dans le premier cas , injurieuſe au Tribunal : dans le ſecond, elle étoit un aveu de la négligence de la Partie ou de ceux qu'elle avoit chargés de ſa défenſe.

C'eſt donc avec beaucoup de juſtice que l'on a proſcrit cette voye autrefois ouverte à la rétractation des Arrêts, pour ne laiſſer ſubſiſter que la *Requête Civile*. En conſéquence, notre Ordonnance commence par poſer pour principe que *les Arrêts & Jugemens en dernier reſſort ne pour-ront être retractés que par Lettres en forme de Requête Civile.*

Mais cette diſpoſition du premier article de ce Titre reçoit differen-tes exceptions dans les articles qui ſuivent.

La premiere a lieu en faveur des tierces perſonnes qui ſe trouvent lezées par des Arrêts dans leſquels elles n'ont été ni Parties ni apellées. Il leur ſuffit alors de ſe pourvoir par opoſition ; & c'eſt ce que nous apel-lons *tierce opoſition.* On peut auſſi ſe pourvoir par une ſimple opoſition contre un Arrêt rendu ſur Requête non-communiquée, par la même raiſon qu'on n'y a point été apellé pour ſe défendre.

La ſeconde exception eſt rélative aux Arrêts par défaut , ſoit faute de ſe préſenter, ſoit faute de plaider ; à l'égard deſquels on peut auſſi ſe

---

(*a*) ,, Déclarons que les Arrêts de nos Cours Souveraines ne pourront être caſſés ni retractés ,, ſinon par les voyes de droit qui eſt Requête Civile & propoſition d'erreur & par la forme ,, portée par nos Ordonnances ; ni l'execution d'iceux Arrêts ſuſpendue ou retardée ſur ſimple ,, Requête à Nous préſentée en notre Conſeil privé. *Ordonnance de Blois , art.* 92.

pourvoir

pourvoir par opofition. Mais il faut que l'opofition foit formée dans la huitaine de la fignification de l'Arrêt. Sur quoi il faut obferver qu'au Palais, on reçoit les opofitions aux Jugemens par défaut faute de fe préfenter, même hors la huitaine, en refondant les dépens de contumace ; ce qui n'a pas lieu pour les défauts faute de plaider, contre lefquels l'opofition hors la huitaine n'eft pas reçue, non plus que par raport aux Arrêts rendus à tour de rôle, aufquels on ne peut s'opofer, ni dans, ni hors la huitaine ; parce que la publication du rôle rend inexcufable la négligence des Parties qui ne fe préfentent pas à l'Audience pour plaider. Obfervons néanmoins qu'au Grand Confeil on ne connoît point la diftinction admife au Palais, pour l'opofition hors la huitaine, entre les Arrêts faute de fe préfenter & ceux faute de plaider ; & qu'à l'égard des uns & des autres, cette Cour Souveraine fe renferme dans l'obfervation ftricte de l'Ordonnance, en profcrivant toute opofition formée hors la huitaine, indiftinctement.

Enfin la troifiéme exception admife par l'Ordonnance, eft par raport aux Sentences Préfidiales rendues au premier chef de l'Edit ; c'eft-à-dire dont l'objet n'eft au plus que de 250 liv. L'Edit d'Ampliation de la création des Préfidiaux laiffoit aux Parties qui étoient dans le cas de fe pourvoir par Requête Civile contre les Sentences Préfidiales au premier chef de l'Edit, la liberté de prendre des Lettres en Chancellerie, ou de préfenter feulement requête au Tribunal à cet effet (a). Mais le Légiflateur a crû que, eû égard à la modicité des objets de ces fortes de Jugemens & fouvent à l'éloignement des Parties, le bien public exigeoit que l'on retranchât à leur égard la formalité des Lettres de Chancellerie.

A cette occafion on a demandé, fi pour profiter du bénéfice de la Requête Civile, il falloit attaquer tout l'Arrêt, ou fi l'on pouvoit n'attaquer que certaines difpofitions & laiffer fubfifter les autres ? Sur cela il faut diftinguer : ou ces difpofitions d'un même Jugement font liées & connexes les unes des autres : ou elles font indépendentes. Si elles font connexes, il faut attaquer tout le Jugement : la raifon s'en fait fentir d'elle-même. Si elles font indépendantes, rien n'empêche d'attaquer les unes, en laiffant fubfifter les autres. Ainfi on peut très-bien interjetter apel d'un Jugement de liquidation de compte fur certains articles, fans toucher aux autres. Nous avons un Arrêt folemnel qui l'a décidé ainfi pour la Requête Civile, en faveur des Enfans du fieur de la Roche-Bernard le dernier Juillet 1685, en la quatriéme Chambre des Enquêtes : l'efpece en eft raportée dans le Journal des Audiences.

(a) „ Item fi les Parties obtiennent Lettres Royaux en forme de Requête Civile ou propofi- „ tion d'erreur, elles fe vuideront audit fiége Préfidial ; pourvû que ce dont fera queftion „ n'excede la fomme de 250 l. tournois pour une fois payer, ou de 10 l. de rente ou revenu an- „ nuel. Et neanmoins pourront les Parties, fans impétrer Lettres Royaux & pour les relever „ de frais, par fimple Requête fe plaindre & pou voir, tout ainfi que faire le pourroient par „ Lettres de Chancellerie en forme de Requête Civile. *Edit d'ampliat. des Préfidiaux.*

A a a a

ARTICLE V.

Les Requêtes Civiles seront obtenues & signifiées, & les assignations données, soit au Procureur ou à la Partie, dans les six mois, à compter, à l'égard des majeurs, du jour de la signification qui leur aura été faite des Arrêts & Jugemens en dernier ressort, à personne ou domicile ; & pour les mineurs, du jour de la signification qui leur aura été faite à personne ou domicile depuis leur majorité.

ARTICLE VI.

Le Procureur qui aura occupé en la cause, instance ou procès, sur lequel est intervenu l'Arrêt ou Jugement en dernier ressort, sera tenu d'occuper sur la Requête Civile, sans qu'il soit besoin de nouveau pouvoir, pourvû que la Requête Civile ait été obtenue & à lui signifiée dans l'année du jour & datte de l'Arrêt.

ARTICLE VII.

Les Ecclésiastiques, les Hôpitaux & les Communautés tant Laïques qu'Ecclésiastiques, Séculieres & Régulieres, même ceux qui sont absens du Royaume pour cause publique, auront un an pour obtenir & faire signifier les Requêtes Civiles, à compter pareillement du jour des significations qui leur auront été faites au lieu ordinaire des Bénéfices, des bureaux des Hôpitaux ou aux Syndics ou Procureurs des Communautés, ou au domicile des absens.

ARTICLE VIII.

Si les *Arrêts ou Jugemens en dernier reffort ont été donnés contre, ou au préjudice des perfonnes qui feront décedées dans les fix mois du jour de la fignifi- cation à eux faite, leurs héritiers fucceffeurs ou ayans caufe, auront encore le même délai de fix mois, à compter du jour de la fignification qui leur aura été faite des mêmes Arrêts & Jugemens en dernier reffort, s'ils font majeurs ; finon le délai de fix mois ne courra que du jour de la fignification qui leur fera faite depuis leur majorité.*

ARTICLE IX.

Celui *qui aura fuccedé à un bénéfice durant l'année à compter du jour de la fignification faite de l'Arrêt ou Jugement en dernier reffort à fon prédéceffeur dont il n'eft réfignataire, aura encore une année pour fe pourvoir par Lettres en forme de Requête Civile, du jour de la fignification qui leur en fera faite.*

ARTICLE X.

Les *majeurs & mineurs n'auront que trois mois au lieu de fix ; & les Eccléfiaftiques, Hôpitaux, Com- munautés, & les abfens du Royaume pour caufe pu- blique, fix mois au lieu d'un an, pour obtenir & faire fignifier les requêtes contre les Sentences Préfidia- les données au premier chef de l'Edit : & au furplus feront toutes les mêmes chofes ci-deffus obfervées pour les Sentences Préfidiales au premier chef de l'Édit, que pour les Arrêts & Jugemens en dernier reffort.*

ARTICLE XI.

Voulons que tous les Arrêts, Jugemens en dernier ressort & Sentences Préfidiales données au premier chef de l'Edit, soient signifiées aux personnes ou domicile, pour en induire les fins de non-recevoir contre la Requête Civile dans le tems ci-deffus, encore que les uns ayent été contradictoires en l'Audience & les autres signifiés aux Procureurs ; fans que cela puiffe être tiré à conféquence aux hypotéques, faifies & exécutions & autres chofes, à l'égard defquelles les Arrêts, Jugemens & Sentences contradictoires donnés en l'Audience auront leurs effets, quoiqu'ils n'ayent été signifiés, & ceux par defaut donnés en l'Audience & fur procès par écrit, à compter, du jour qu'ils auront été signifiés aux Procureurs.

ARTICLE XII.

Si les Lettres en forme de Requête Civile contre les Arrêts ou Jugemens en dernier ressort, ou les requêtes contre les Sentences Préfidiales au premier chef, font fondées fur piéces fauffes, ou fur piéces nouvellement recouvrées qui étoient retenues ou détournées par le fait de la Partie adverfe, le tems d'obtenir & faire signifier les Lettres ou requêtes, ne courra que du jour que la fauffeté ou les piéces auront été découvertes, pourvû qu'il y ait preuve par écrit du jour, & non autrement.

On a crû devoir raffembler fous un même point de vûe les differentes difpofitions qui précedent afin de donner un tableau général & complet des précautions que le Légiflateur a prifes, pour fixer *le tems* dans lequel l'on doit fe pourvoir par Requête Civile, & pour prefcrire en même tems les juftes temperemmens & *les exceptions* qu'exige quelquefois la qualité des perfonnes & des circonftances, pour la modification ou l'extenfion de la régle génerale.

D'abord le délai géneral & commun pour attaquer un Jugement par Requête Civile, c'eft *fix mois pour les Arrêts* & Jugemens en dernier reffort ; & *trois mois, pour les Sentences Préfidiales au premier chef de l'Edit.* Ce delai ne court que du jour de la fignification à perfonne ou domicile ; parceque c'eft la feule qui puiffe certifier la Juftice que le Jugement eft parvenu à la connoiffance de la Partie condamnée ; & c'eft la feule conféquemment qui puiffe operer contre elle une fin de non-recevoir, lorfqu'elle ne s'eft point pourvûe dans le tems prefcrit. En effet une fimple fignification faite à fon Procureur peut très - bien n'être pas venue à fa connoiffance, foit par la négligence du Procureur ou autrement. Quoiqu'il en foit, la Loi ne puniffant que les fautes perfonnelles & volontaires, c'eft la feule fignification à domicile qui eft le terme d'où commence à courir le délai fatal, foit de fix mois pour les Arrêts, foit de trois pour les Sentences Préfidiales, à l'effet de pouvoir les attaquer utilement par la voye de la Requête Civile.

Mais la quotité de ce délai fouffre plufieurs exceptions, que la qualité des perfonnes ou la faveur des circonftances ont obligé d'admettre.

La *premiere exception* eft *en faveur des mineurs.* Leur état d'impuiffance, tant que dure leur minorité, les mettant à couvert de toute prefcription, le délai ne commence à courir contre eux que du jour de la fignification qui leur eft faite à perfonne ou domicile, du Jugement, depuis leur majorité.

La *feconde exception* eft *en faveur des Gens de mainmorte*, comme Eccléfiaftiques, Hôpitaux & Communautés. Les Gens de mainmorte en effet ayant toujours été fous la protection du Prince & de l'Etat d'une maniere particuliere, par raport à l'utilité de leurs établiffemens, ils ont toujours joui de certains privileges, & notamment de n'être point aftreints comme les autres Citoyens à la rigeur des Loix, fur-tout lorfqu'il s'agit de la diminution de leurs biens. Par une fuite de ces prérogatives, le délai eft doublé à leur égard. Ainfi ils ont un an au lieu de fix mois, pour obtenir Requête Civile contre les Arrêts, & fix mois au lieu de trois, pour faire retracter par la même voye les Sentences Préfidiales au premier chef de l'Edit, du jour que ces Jugemens ont été fignifiés ; fçavoir, pour les Eccléfiaftiques, à leur domicile ou cheflieu du bénéfice fi c'eft pour raifon d'un bénéfice ; pour les Hôpitaux, à leurs Bureaux ; & pour les Communautés foit Laïques foit Eccléfiaftiques, à leurs Sydics ou Procureurs des maifons.

La *troifiéme exception* eft *en faveur des abfens hors du Royaume pour caufe publique.* La caufe & l'objet d'une pareille abfence, joints à l'augmentation de tems que leur éloignement requiert pour les inftruire des pourfuites faites à leur domicile, exigeoient néceffairement une prorogation de délai en leur faveur. On leur a doublé ce délai, ainfi qu'aux

Gens de mainmorte. C'est pourquoi pour se pourvoir par Requête Civile
contre un Arrêt, ils ont un an au lieu de six mois; & six mois, au
lieu de trois, par raport aux Sentences Présidiales au premier chef de
l'Edit; & ce, à compter de la signification de l'Arrêt ou Sentence faite à
leur domicile. Les absens hors du Royaume pour toute autre cause
ne jouissent pas de la même prérogative.

La *quatriéme exception*, a été introduite *pour les héritiers & représentans d'un défunt décédé pendant le délai*. Ces héritiers & représentans
étant censés ignorer, & ignorant effectivement le plus souvent ce qui
s'est passé vis-à-vis du défunt, il étoit juste de leur donner une connoissance personnelle de l'Arrêt ou Jugement, pour pouvoir exciper
utilement contre eux du délai légal. C'est pourquoi le délai de six mois
par raport aux Arrêts, & celui de trois par raport aux Sentences Présidiales au premier chef de l'Edit, ne commence à prendre cours contre eux que du jour de la signification nouvelle qui leur est faite, s'ils
sont majeurs; & en cas qu'ils soient mineurs, il faut attendre pour leur
signifier personnellement le Jugement, qu'ils ayent atteint l'âge de majorité. Mais si parmi les héritiers & représentans du défunt, les uns sont
majeurs & les autres mineurs, *quid juris ?* Nous croyons sur cela qu'il
faut distinguer; si les condamnations prononcées par le Jugement sont
personnelles, & que la succession soit divisée lors de la signification
iterative faite du Jugement à chacun des Cohéritiers ou Representans,
nous pensons que dans ce cas le mineur ne releveroit pas le majeur
qui ne se seroit pas mis en regle dans le tems prescrit. Mais si lors de la
réïteration de cette signification du Jugement aux héritiers & Représentans, il n'y avoit point encore de partage, ou que les condamnations fussent réelles ou hypotequaires, dans ce second cas nous estimons
que le majeur pourroit s'aider de la prérogative du mineur, & que c'est
là le cas d'apliquer cet axiome de droit, *Minor confert partem majoris*,
in rebus individuis aut indivisis.

La *cinquiéme exception* est admise, à l'instar de la précédente, *en faveur du successeur d'un Bénéficier*, auquel il faut de même renouveller la
signification de l'Arrêt ou Jugement Présidial, si son Prédécesseur décede dans le délai de la Loi; la raison en est la même que par raport
aux héritiers & Représentans d'un défunt. L'Ordonnance ajoute, *s'il
n'est résignataire*; parcequ'en effet si la Loi avoit accordé cette prorogation aux résignataires, on pourroit l'étendre à l'infini, en faisant de
nouvelles résignations à la veille de l'expiration de chaque délai.

La *sixiéme & derniere exception* enfin a lieu, lorsque la Requête Civile est fondée sur le moyen de *pieces fausses*, ou *pieces nouvellement
recouvrées & auparavant retenues ou détournées par la Partie adverse*.
Dans cette derniere hypothèse, on ne peut imputer aucune négligence
à la Partie condamnée, si ce n'est du jour qu'elle a découvert la fauf-
seté des piéces dans le premier cas, ou du jour qu'elle a découvert
les piéces détournées ou retenues, dans le second. Aussi l'Ordonnance
ne fait-elle courir contre elle le délai que de ce jour, *à die detecta fraus*

dis. Mais comme il feroit dangereux d'admettre la preuve teftimoniale pour conftater le jour & la date de cette découverte, le Légiflateur a décidé que la preuve n'en pourroit être faite que par écrit.

Telles font les differentes modifications que la fageffe du Monarque Auteur de l'Ordonnance a crû devoir appofer à la regle génerale, pour le délai dans lequel on peut fe pourvoir par Requête Civile.

Comme la Requête Civile eft une fuite & une dépendance de l'Arrêt ou Jugement que l'on attaque par cette voye, le Procureur de la Partie qui a obtenu l'Arrêt, n'a pas befoin de nouveau pouvoir pour occuper fur la Requête Civile (*a*). L'Ordonnance l'oblige même de le faire; pourvû que la Requête Civile lui foit fignifiée dans l'année de la date de l'Arrêt. Car après l'année revolue, il eft cenfé avoir remis les piéces à fa Partie, & n'avoir plus rien en fon pouvoir, pour défendre à la Requête Civile. Cette difpofition de l'Ordonnance, particuliere aux Requêtes Civiles, a été étendue à toutes les conteftations, lorfque les Procureurs occupent en même tems dans le Tribunal inférieur & dans le Tribunal fuperieur; comme les Procureurs au Parlement, qui occupent aux Requêtes & autres Jurifdictions inférieurs de l'enclos du Palais, & enfuite fur l'apel au Parlement, à la Cour des Aydes (*b*).

ARTICLE XIII.

Sera attaché aux Lettres de Requête Civile une Confultation fignée de deux anciens Avocats & de celui qui aura fait le rapport, laquelle contiendra fommairement les ouvertures de Requête Civile ; & feront les noms des Avocats & les ouvertures inferées dans les Lettres.

ARTICLE XIV.

Nos Chancellier, Garde des Sceaux , & les Maîtres des Requêtes ordinaires de notre Hôtel tenans les

---

(*a*) „ Le Procureur qui aura eû procuration pour occuper en fa caufe , fera tenu & contraint „ comparoir en l'inftance d'execution d'Arrêt ou autre Jugement, fans que nouvelle procura- „ tion foit requ.fe. *Ordonnance de Rouffillon , art. 7.*
(*b*) „ Les apellations des Sentences définitives ou préparatoires dans les Jurifdictions ou les „ Procureurs occupent, ne pourront être relevées avec eux que dans l'année du jour qu'elles „ auront été fignifiées ; après lequel tems , on fera tenu de faire affigner la Partie à fon domi- „ cile fuivant le Reglement. *Déliber. de la Communuté des Avocats & Procureurs de la Cour , du* 11 *Janvier* 1692.

Sceaux de notre grande ou petite Chancellerie, & nos autres Officiers, ne pourront accorder aucunes Lettres en forme de Requête Civile, que dans le tems & aux conditions ci-deſſus, ſans qu'il puiſſe y avoir clauſe portant diſpenſe ou reſtitution de tems, pour quelque cauſe & prétexte que ce ſoit : & ſi aucunes avoient été obtenues & ſignifiées après le tems & le délai ci-deſſus, ou ne contenoient point les ouvertures & les noms des Avocats qui en auront donné l'avis, les déclarons dès-à-préſent nulles, & de nul effet & valeur ; & voulons que nos Juges tant de nos Cours ou Chambres, qu'autres Juriſdictions, n'y ayent aucun égard ; le tout à peine de nullité de ce qui auroit été jugé ou ordonné au contraire.

ARTICLE XV.

Abrogeons la forme de clorre les Lettres en forme de Requête Civile & d'y attacher aucune Commiſſion ; mais ſeront ſcellées & délivrées ouvertes ſans Commiſſion aux Impétrans ou à leurs Procureurs, ou autres ayans charge.

Ces trois articles concernent tout ce qui regarde l'obtention des Requêtes Civiles en elles-mêmes, & réglent *ce qui doit* les *accompagner*, qu'elle en doit être *l'eſſence*, & qu'elle en doit être *la forme extérieure.*

D'abord elles doivent être *accompagnées* & même précedées d'une Conſultation de trois Avocats qui puiſſe former un préjugé en faveur de l'Impétrant, capable de le mettre en état d'obtenir la grace du Prince. *Des trois Avocats* qui doivent ſigner la Conſultation, *deux* au moins doivent être *anciens*, c'eſt-à-dire ayant au moins vingt années de Profeſſion, afin que leurs ſuffrages puiſſent donner plus de poids à la Conſultation : il n'eſt pas néceſſaire que celui qui fait le raport des Lettres, ait la même ancienneté. Cette Conſultation étant la baze & le fondement des Lettres de Requête Civile, elle y doit être attachée ſous le contreſcel, pour ne former avec elles qu'un ſeul & même corps.

En ſecond lieu, *l'eſſence* des Lettres de Requête Civile eſt de contenir les ouvertures de Requête Civile & les noms des trois Avocats qui ont

été

été d'avis de leur obtention ; elles ne doivent contenir aucunes déroga-
tions aux dispositions de l'Ordonnance, & sur-tout aucune restitution
de laps de tems ; fussent-elles même obtenues au Grand Sceau. Ceux
qui se trouvent malheureusement dans le cas d'être relevés du laps de
tems, n'ont d'autre voye que de tâcher d'obtenir un Arrêt du Conseil
à cet effet, sur lequel il faut obtenir des Lettres Patentes adressées
au Tribunal qui doit connoître de l'entérinement des Lettres de Requête
Civile.

Enfin leur *forme extérieure*, c'est d'être ouvertes & non closes comme elles étoient auparavant l'Ordonnance ; ce qui mettoit l'Impétrant
dans la nécessité d'obtenir en outre sur ces Lettres une Commission qui
se trouve par ce moyen aujourd'hui retranchée ; parce que les Lettres
de Requête Civile étant délivrées, signées & scellées ouvertes, elles portent elles-mêmes Commission ; & cela diminue au moins
un quart de la dépense.

ARTICLE XVI.

Les Impétrans des Lettres en forme de Requête Ci-
vile contre les Arrêts contradictoires, soit qu'ils soient
préparatoires ou définitifs, seront tenus, en présentant
leur Requête afin d'entérinement, consigner la somme
de 300 liv. pour l'amende envers Nous, & 150 liv.
d'autre part, pour celle envers la Partie. Et si les Ar-
rêts sont par défaut, sera seulement consigné la somme
de 150 liv. pour l'amende envers Nous, & 75 liv.
pour celle envers la Partie ; lesquelles sommes seront
reçûes par le Receveur des amendes, qui s'en chargera
comme dépositaire, sans droits ni frais, & sans qu'il
puisse les employer en recette qu'elles n'ayent été défi-
nitivement adjugées, pour être, après le Jugement des
Requêtes Civiles, rendues & délivrées aussi sans frais à
qui il apartiendra.

La premiere démarche que doit faire celui qui a obtenu des Lettres
de Requête Civile, pour se mettre en régle, & pouvoir en poursuivre
l'entérinement, c'est de consigner l'amende. Les plus anciennes Or-

donnances (*a*) ont eû recours à ce remede , pour arrêter la fureur des Plaideurs & les obliger par avance à reflechir fur les suites & les dangers de leur entreprise. La nôtre en particulier a fixé cette amende à des sommes capables d'arrêter ceux qui ne seroient conduits que par une passion aveugle , & qui ne seroient pas intimement persuadés de la validité & de la réussite de leurs moyens de Requête Civile. L'amende en effet est de 450 liv. pour les Arrêts contradictoires , dont 300 liv. pour le Roi & 150 liv. pour la Partie ; & de 225 liv. pour les Arrêts par défaut , sçavoir 150 liv. pour le Roi , & 75 liv. pour la Partie , en cas que la Requête Civile ne soit point entérinée.

Le Receveur des amendes n'en est que le dépositaire & ne doit point s'en dessaisir , ni les porter en compte , jusqu'a ce que le fort des Lettres de Requête Civile soit décidé. Ce n'est qu'alors , ou qu'il rend l'amende à celui qui l'a consignée , en cas d'entérinement ; ou qu'il la délivre à qui il apartient , dans le cas contraire.

ARTICLE XVII.

Après que la Requête Civile aura été signifiée , avec assignation & copie donnée tant des Lettres que de la Consultation , la cause sera mise au rôle ou portée à l'Audience sur deux actes , l'un pour communiquer au Parquet , & l'autre pour venir plaider , sans autre procédure.

Cet article renferme toute la procédure que l'on doit faire pour parvenir à l'entérinement des Lettres en forme de Requête Civile ; elle est des plus sommaires.

Il faut commencer par faire assigner la Partie adverse pour voir ordonner cet entérinement ; & en tête de l'exploit d'assignation , lui donner copie tant des Lettres de Requête Civile que de la Consultation ; ensuite faire signifier deux actes de Procureur à Procureur , l'un pour communiquer au Parquet ; & l'autre pour venir plaider. Il n'en faut pas davantage pour mettre la cause en état d'être jugée , ou sur le rôle ou sur placet. Les Requêtes Civiles se mettent ordinairement au rôle des Jeudis.

Article XVIII.

*Les Requêtes Civiles ne pourront empêcher l'exécu-
tion des Arrêts ni des Jugemens en dernier reffort ; ni
les autres requêtes, l'exécution des Sentences Préfidiales au premier chef de l'Edit ; & ne feront données
aucunes défenfes ni furféances en aucun cas.*

Article XIX.

*Voulons que ceux qui auront été condamnés de
quitter la poffeffion & jouiffance d'un Bénéfice ou de
délaiffer quelque héritage ou autre immeuble, raportent la preuve de l'entiere exécution de l'Arrét ou Jugement en dernier reffort au principal, avant que d'ê-
tre reçûs à faire aucunes pourfuites pour communiquer
ou plaider fur les Lettres en forme de Requête Civile,
& que jufqu'à ce, ils foient déclarés non-recevables ;
fans préjudice de faire exécuter durant le cours de la
Requête Civile les Arrêts & Jugemens en dernier reffort & les Sentences Préfidiales au premier chef de l'E-
dit par les autres voyes, foit pour reftitution des fruits,
dommages & intérêts & dépens, que pour toutes autres
condamnations.*

Les Lettres de Requête Civile n'ont point d'effet fufpenfif. Au contraire ; comme elles font une grace du Prince & contre le droit commun, elles ne peuvent ni ne doivent mettre aucun obftacle à l'entiere
exécution des Arrêts & Jugemens qu'elles ont pour objet d'anéantir.

Il y a même plus ; dans les Arrêts & Jugemens qui tendent à rétablir le véritable propriétaire, pour affurer davantage la régle *fpoliatus
ante omnia reftituendus*, celui qui a été condamné de délaiffer la poffeffion d'un héritage ou d'un Bénéfice, ne peut être reçu à pourfuivre l'entérinement de la Requête Civile par lui obtenu contre l'Arrêt qui le condamne, fans juftifier par écrit qu'il y a fatisfait,

B b b b ij

du moins pour le principal, c'eft-à-dire le défiftement.

Car pour les acceffoires, la même fin de non-recevoir ne milite point contre lui. Ainfi quand on juftifieroit au contraire qu'il n'a point exe-cuté l'Arrêt pour ce qui concerne les reftitutions de fruits, dommages & intérêts, dépens & autres condamnations de cette efpece, on ne pourroit l'empêcher par là de pourfuivre l'entérinement de la Requête Civile ; fauf à celui au profit de qui l'Arrêt a été rendu, à prendre les autres voyes de droit qui lui font ouvertes, pour fe procurer, nonobftant la Requête Civile, l'exécution de l'Arrêt quant aux acceffoires.

ARTICLE XX.

Les Lettres en forme de Requête Civile feront por-tées & plaidées aux mêmes Compagnies ou les Arrêts & Jugemens en dernier reffort auront été donnés.

ARTICLE XXI.

Voulons néanmoins qu'en nos Cours de Parlement & autres nos Cours où il y aura une Grande Chambre ou Chambre de Plaidoyé, les Requêtes Civiles y foient plaidées, encore que les Arrêts ayent été donnés aux Chambres des Enquêtes ou aux autres Chambres. Mais fi les Parties font apointées fur la Requête Civile, les apointemens feront renvoyés aux Chambres ou les Arrêts auront été donnés, pour y être inftruits & jugés.

ARTICLE XXII.

Si la Requête Civile eft enterinée, & les Parties remifes au même état qu'elles étoient avant l'Arrêt ou Jugement en dernier reffort, le procès principal fera jugé en la même Chambre ou aura été rendu l'Arrêt ou Jugement, contre lequel avoit été obtenue la Requête Civile.

ARTICLE XXIII.

N'entendons comprendre en la difposition du précedent article les Requêtes Civiles renvoyées aux Chambres des Enquêtes par Arrêt de notre Confeil, lefquelles y feront plaidées, fans que les Parties en puiffent faire aucunes pourfuites aux Grandes Chambres ou Chambre du Plaidoyé.

ARTICLE XXIV.

Ceux qui font profeffion de la Religion prétendue Réformée, ne pourront faire renvoyer, retenir ni évoquer en nos Chambres de l'Edit ou Chambres mi-Parties, les caufes ou inftances des Requêtes Civiles, foit avant ou après les apointemens au Confeil contre les Arrêts ou Jugemens en dernier reffort rendus en d'autres Cours ou Chambres, & fans diftinction fi ceux de la Religion prétendue Réformée y ont été Parties principales ou jointes, ou s'ils ont depuis intervenu, ou font intéreffés en leur nom, ou comme héritiers, fucceffeurs, creanciers ou ayans caufe, à peine de nullité des renvois, rétentions & évocations.

Après avoir vû de quelle maniere doivent s'obtenir les Requêtes Civiles, & comment on en doit pourfuivre l'entérinement, il ne s'agit plus maintenant que de fçavoir quels font les Juges qui doivent en décider.

En general, la Requête Civile doit être portée dans le même Tribunal qui a rendu le Jugement contre lequel elle eft obtenue. Il y a cependant une exception relativement aux Cours de Parlement, qui font compofés d'une Grand'Chambre où fe portent toutes les affaires de plaidoirie, & de plufieurs Chambres des Enquêtes deftinées à juger les procès par écrit. Comme les Requêtes Civiles doivent par leur nature être portées à l'Audience & y être jugées, fi la matiere eft difpofée, par cette raifon la Grand'Chambre ou Chambre **des**

Plaidoyers en doit être naturellement faisie, quoique les Arrêts attaques soient intervenus dans une des Chambres des Enquêtes. Mais cette raison cessant, lorsque après la plaidoirie l'on est obligé d'appointer sur la Requête Civile, alors l'instruction & le jugement de l'appointement retourne de droit à la Chambre des Enquêtes, de laquelle est émané l'Arrêt attaqué.

De même lorsque les Requêtes Civiles sont renvoyées par Arrêt du Conseil à l'une des Chambres des Enquêtes, elles doivent y être plaidées, sans que la Grand'Chambre puisse les revendiquer, parce que les Juges d'attribution ne sont que Commissaires, & leur compétence étant renfermée en eux-mêmes, elle ne se peut conséquemment communiquer.

Mais quelque soit le Tribunal où la Requête Civile, (autrement dit le *rescindant*) ait été jugée, si elle a été enthérinée, & que les Parties ayent été en conséquence remises au même état où elles étoient avant l'Arrêt, le procès au fond (que les Praticiens appellent le *rescisoire*) ne peut être jugée de nouveau que dans la même Chambre où avoit été rendu le premier Arrêt.

A l'égard de l'Article de l'Ordonnance qui concerne ceux qui font profession de la Religion Prétendue Réformée, il est maintenant sans objet au moyen tant de la révocation faite depuis, de l'Edit de Nantes, que de la supression de la Chambre de l'Edit qui est une suite de cette révocation.

A R T I C L E   XXV.

Les Requêtes Civiles incidentes contre les Arrêts ou Jugemens en dernier ressort, interlocutoires, ou dans lesquels les Demandeurs en Requête Civile n'auront point été Parties, seront obtenues, signifiées & jugées en nos Cours, où les Arrêts & Jugemens en dernier ressort auront été produits ou communiqués. Et à cette fin leur en attribuons par ces Présentes, autant que bon seroit, toute Cour, Jurisdiction ou connoissance, encore qu'ils ayent été donnés en d'autres Cours, Chambres ou autres Jurisdictions.

A R T I C L E   XXVI.

Si les Arrêts ou Jugemens en dernier ressort produits ou communiqués, sont définitifs & rendus en-

tre les mêmes Parties , ou avec ceux dont ils ont droit ou cause, soit contradictoirement ou par défaut, ou for-clusion , les Parties se pourvoiront en cas de Requête Civile pardevant les Juges qui les auront donnés , sans que les Cours ou Juges pardevant lesquels ils se-ront produits ou communiqués , en puissent prendre aucune Jurisdiction ni connoissance, & passeront ou-tre au jugement de ce qui sera pendant pardevant eux, nonobstant les Lettres en forme de Requête Civile, sans y préjudicier ; si ce n'est que les Parties consentent respectivement qu'il soit procedé sur la Requête Civile où sera produit l'Arrêt ou Jugement en dernier ressort, ou qu'il soit sursis au jugement, & qu'il n'y ait d'autres Parties interessées.

La regle generale qui veut que les Requêtes Civiles soient portées dans les Tribunaux d'où sont émanés les Jugemens, ne peut trouver que très difficilement son aplication dans certains cas. Ainsi lorsque dans un procès pendant au Parlement, on produira un Arrêt du Grand-Conseil, la Partie contre laquelle cet Arrêt sera produit, & qui a in-terêt de l'écarter, n'ayant pour cela que la Requête Civile, porte-ra-t'elle cette Requête Civile au Parlement, où le procès principal est pendant, ou au Grand-Conseil, dont l'Arrêt produit est émané ? Si elle porte sa Requête Civile au Parlement, c'est rendre le Parlement superieur du Grand-Conseil, & blesser les droits des Tribunaux, qui sont l'un & l'autre Souverains & indépendans, chacun dans leur district. D'un autre côté, si la Partie qui veut faire tomber l'Arrêt qu'on lui opose, est obligé d'aller porter cette Requête Civile dans un autre Tri-bunal, comme au Grand-Conseil dans l'hypothèe ci-dessus, & que le procès principal pendant au Parlement y soit jugé, avant que le Grand-Conseil ait décidé sur la Requête Civile, le Parlement qui n'auroit pû se dispenser de regarder l'Arrêt du Grand-Conseil non en-core retracté, comme un titre valable, jugeroit en conformité. De sorte que si par la suite le Grand-Conseil, sur la Requête Civile, ve-noit à retracter son Arrêt, celui du Parlement auquel il auroit néan-moins servi de baze, devroit tomber du même coup ; ce qui occasion-neroit un nouveau procès, peut-être plus difficile & plus embarassant que le premier.

Pour trancher ces difficultés qui sont grandes de part & d'autre, lorsqu'une Partie communique, ou produit dans un procès pendant en une Cour, un Arrêt intervenu dans une autre Cour, il faut distinguer, d'après l'Ordonnance, si cet Arrêt est *interlocutoire* ou *définitif.*

S'il n'est qu'*interlocutoire*, ne décidant rien au fond, il n'y a point d'inconvenient que la Requête Civile prise contre, soit portée & jugée dans un autre Tribunal que celui où il a été rendu.

Mais s'il est *définitif*, il faut encore distinguer avec le Legislateur, si le Demandeur en Requête Civile y a été Partie, ou non. Si le Demandeur en Requête Civile n'y a point été Partie, c'est à son égard *res inter alios acta* ; les choses sont encore entieres vis-à-vis de lui ; & comme on ne peut l'obliger à plaider dans deux Tribunaux pour raison du même fait, celui qui a produit l'Arrêt, ne peut l'obliger à porter sa Requête Civile incidente dans un autre Tribunal que celui qui est saisi de la contestation principale. Mais si l'Arrêt avoit été rendu entre les mêmes Parties, ou avec ceux dont elles sont représentans, soit contradictoirement, soit par défaut ou forclusion, comme ce seroit alors chose jugée entr'elles, il faudroit nécessairement porter la Requête Civile incidente au Tribunal dont l'Arrêt seroit émané, sans que cela puisse retarder le jugement de la contestation principale, quelqu'inconvenient qui pût en resulter ; à moins que les Parties ne consentissent réciproquement de proceder, sur la Requête Civile incidente, dans le Tribunal où l'Arrêt auroit été produit; ou bien à moins qu'elles ne se prêtassent mutuellement à ce qu'il fût ordonné un sursis ; ou enfin à moins qu'il n'y eût d'autres Parties interessées à la Requête Civile qu'on ne pourroit traduire malgré elles en un autre Tribunal.

ARTICLE XXVII.

Toutes Requêtes Civiles tant principales qu'incidentes, seront communiquées à nos Avocats ou Procureurs Généraux, & portées à l'Audience, sans qu'elles puissent être apointées, sinon en plaidant ou du consentement des Parties.

ARTICLE XXVIII.

Lors de la communication au Parquet à nos Avocats & Procureurs Généraux, sera représenté l'Avis signé des Avocats qui auront été consultés, & les Avocats nommés par celui qui communiquera pour le Demandeur en Requête Civile.

Comme

Comme l'ordre public est interessé à la manutention des Jugemens souverains, on ne peut les attaquer par Requête Civile, & tenter de les faire rétracter, sans en avoir communiqué aux Gens du Roy chargés par leur état de tout ce qui concerne l'ordre public. Et pour éclairer pleinement leur religion sur la tentative que l'on veut faire, le Demandeur en Requête Civile doit leur déclarer lors de la communication le nom des Avocats qu'il a consultés, & leur exhiber & représenter l'Avis signé d'eux, afin que ces Magistrats puissent juger par eux-mêmes de la validité des moyens y contenus.

Sur cette communication, on porte la cause sur la Requête Civile à l'Audience, pour qu'elle y reçoive sa décision, s'il est possible; de sorte que, à suivre strictement la lettre de l'Ordonnance, elle ne pourroit être apointée que sur Plaidoirie préalable, ou en conséquence du consentement des Parties qui reconnoîtroient respectivement qu'elle n'est point de nature à être plaidée.

Néanmoins la multiplicité des Requêtes Civiles a mis quelquefois le Monarque dans la nécessité de déroger à cette regle, du moins momentanément. Ainsi le feu Roy ayant été informé en l'année 1690. que le nombre des Lettres en forme de Requête Civile obtenues contre les Arrêts du Parlement de Paris, & qui s'étoient amassées depuis plusieurs années, étoit trop grand pour qu'on pût les expédier par la voye ordinaire de l'Audience, il y pourvut, en ordonnant par sa Déclaration du 17 Novembre 1690, que toutes les Requêtes Civiles qui seroient mises au rôle du Parlement qui avoit commencé le 13 Novembre précédent, & qui devoit finir le 13 Septembre ensuivant, demeureroient apointées à la fin desdits rôles, ainsi que les autres causes, & seroient en conséquence renvoyées dans les Chambres où les Arrêts contre lesquels on se pourvoyoit, avoient été rendus; à moins qu'elles ne fussent fondées sur le moyen que l'Eglise & les Mineurs n'ont point été défendus. Mais l'expérience ayant fait connoître que les Requêtes Civiles fondées sur l'omission de défenses dans les procès de l'Eglise ou des Mineurs, étoient celles qu'il étoit souvent le plus difficile, d'expédier à l'Audience, parce qu'elles dépendent presque toujours de l'examen du fond; la Déclaration du 5 Décembre 1702. a renouvellé après douze années d'intervalle, la même permission, & a permis d'y comprendre toutes sortes de Lettres en forme de Requête Civile indistinctement. Ce renouvellement a encore été accordé successivement par les Déclarations des 12 Janvier 1710. & premier May 1715: la derniere de ces deux Déclarations ne devoit avoir lieu que pour les Requêtes Civiles qui seroient mises au rôle commencé au 13 Novembre précédent, & qui devoit finir au 7 Septembre de ladite année 1715. Nous ne connoissons aucune Déclaration du Monarque actuellement regnant, qui ait accordé la même permission; parce que vraisemblablement les Requêtes Civiles sont beaucoup moins fréquentes qu'elles ne l'étoient dans ce tems-là. Ainsi ces exceptions passageres ne font encore que confirmer davantage la regle generale qui exige que les Requêtes Civiles soient portées à l'Audience.

Cccc

ARTICLE XXIX.

Si depuis les Lettres obtenues, le Demandeur en Requête Civile découvre d'autres moyens contre l'Arrêt ou Jugement en dernier reſſort, que ceux employés en la Requête Civile, il ſera tenu de les énoncer dans une Requête qui ſera ſignifiée à cette fin au Procureur du Défendeur, ſans obtenir Lettres d'ampliation, leſquelles nous abrogeons.

ARTICLE XXX.

Abrogeons auſſi l'uſage de faire trouver en l'Audience les Avocats qui auront été conſultés; mais voulons que l'Avocat du Demandeur, avant que plaider, déclare les noms des Avocats, par l'avis deſquels la Requête Civile a été obtenue.

ARTICLE XXXIX.

Le Demandeur en Requête Civile & ſon Avocat, ne pourront alleguer d'autres ouvertures que celles qui ſeront mentionnées & expliquées aux Lettres & en la Requête tenant lieu d'ampliation; le tout dûement ſignifié & communiqué au Parquet avant le jour de la plaidoirie de la cauſe.

Comme il n'a jamais été permis de plaider d'autres moyens de Requête Civile que ceux qui ſont énoncés dans les Lettres & dans la Conſultation qui y eſt jointe, lorſqu'un examen plus mûr & plus réfléchi de l'affaire en faiſoit dans la ſuite découvrir d'autres, on ne pouvoit les faire valoir, qu'en prenant de nouvelles *Lettres* appellées *d'Ampliation* qui y autoriſoient le Demandeur en Requête Civile.

Pour épargner aux Parties les frais de ces Lettres, l'Ordonnance permet de mettre au jour les nouvelles ouvertures de Requête Civile, par une fimple Requête où elles feront expliquées. Cette Requête figni-fiée & communiquée au Parquet avant la Plaidoirie, le Deman-deur peut porter la caufe à l'Audience, & employer également les fecondes ouvertures, comme les premieres, pour faire réuffir fa Re-quête Civile ; mais fans pouvoir en alleguer d'autres, fuffent-elles conftantes & palpables.

On étoit encore autrefois dans l'ufage de faire trouver à l'Au-dience, lors de la Plaidoirie des Requêtes Civiles, les Avocats qui avoient figné la Confultation. Cet ufage n'étoit que difpendieux aux Parties, qui étoient obligées de payer les vacations des Avocats affif-tans, fans que cette affiftance leur procurât aucun avantage réel : auffi fe trouve-t'elle abrogée par l'Ordonnance.

ARTICLE XXXII.

Ne feront les Arrêts & Jugemens en dernier ref-fort rétractés fous prétexte du mal jugé au fond, s'il n'y a ouverture de Requête Civile.

ARTICLE XXXIII.

S'il y a ouverture fuffifante de Requête Civile, les Parties feront remifes en pareil état qu'elles étoient auparavant l'Arrêt, encore que ce fut une pure queftion de Droit ou de Coutume qui eût été jugée.

Ces deux difpofitions contiennent une alternative extrêmement jufte. Les ouvertures de Requête Civile font (du moins ordinairement) des moyens de forme qui n'ont aucun trait à ceux du fond, & qui font d'une nature toute differente. Par conféquent, lorfque le De-mandeur en Requête Civile manque de ces ouvertures ou moyens de forme, il ne peut jamais y fubftituer des moyens du fond, pour faire rétracter l'Arrêt fous prétexte de mal jugé ; c'eft ce qui fait dire aux Praticiens qu'on ne peut *cumuler le refcindant* ou le fond, *avec le refcifoire* qui eft la Requête Civile.

De même *vice verfâ*, fi le Demandeur a pour lui des ouvertures de Requête Civile capables de faire admettre fa Requête, & de faire rétracter l'Arrêt, on ne doit point envifager, fi la décifion portée par cet Arrêt, eft de nature à ne pouvoir être changée, lorfqu'on examinera enfuite l'affaire au fond; comme, s'il avoit été prononcé fur une queftion purement de Droit ou de Coûtume.

Néanmoins, nonobftant des difpofitions auffi précifes, nous voyons tous les jours au Barreau qu'on ne fe contente pas, en plaidant les Requêtes Civiles, d'y employer les ouvertures admifes par l'Ordonnance, & qu'on y fait auffi valoir de part & d'autre les moyens du fond. Effectivement pour peu qu'il y ait de doute fur les ouvertures de Requête Civile, les moyens du fond ne font pas abfolument impuiffans fur l'efprit des Juges, qui fe portent toujours à regret à donner un nouveau procès aux Parties, en enthérinant une Requête Civile, lorfqu'ils voyent évidemment que l'affaire au fond ne peut recevoir par l'événement une autre décifion que celle qui eft déja portée au premier Arrêt.

ARTICLE XXXIV.

Ne feront reçûes autres ouvertures de Requêtes Civiles, à l'égard des Majeurs, que le dol perfonnel; fi la procedure par Nous ordonnée n'a point été fuivie; s'il a été prononcé fur chofes non demandées ou non conteftées; s'il a été plus adjugé qu'il n'a été demandé; ou s'il a été obmis de prononcher fur l'un des chefs de demande; s'il y a contrarieté d'Arrêts ou Jugemens en dernier reffort, entre les mêmes Parties, fur les mêmes moyens, & en mêmes Cours ou Jurifdictions; fauf, en cas de contrarieté en differentes Cours ou Jurifdictions, à fe pourvoir en notre Grand Confeil. Il y aura pareillement ouverture de Requête Civile, fi dans un même Arrêt il y a des difpofitions contraires; fi ès chofes qui Nous concernent, ou l'Eglife ou la Police, il n'y a eu de communication à nos Avocats ou Procureurs Généraux; fi on a jugé fur Pieces fauffes, ou fur des offres ou confentemens qui ayent été défavoués, & le défaveu jugé valable; ou s'il y a des Pieces décifives nouvellement recouvrées & retenues par le fait de la Partie.

ARTICLE XXXV.

Les Ecclefiaftiques , les Communautés & les Mineurs , feront encore reçûs à fe pourvoir par Requête Civile , s'ils n'ont été défendus , ou s'ils ne l'ont été valablement.

ARTICLE XXXVI.

Voulons qu'aux Inftances & Procès touchant les droits de notre Couronne ou Domaine , où nos Procureurs Généraux feront Parties , ils foient mandés à la Chambre du Confeil, avant que mettre l'Inftance ou le Procès fur le Bureau , pour fçavoir s'ils n'ont point d'autres Pieces ou moyens, dont il fera fait mention dans l'Arrêt ou Jugement en dernier reffort ; & à faute d'y avoir fatisfait , il y aura ouverture de Requête Civile à notre égard.

Pour avoir une idée exacte des moyens ou ouvertures de Requête Civile , il faut en diftinguer de deux efpeces, les *ouvertures ordinaires ,* & les *privilegiées.*

Les *ouvertures* de Requête Civile *ordinaires ,* c'eft à-dire qui ont lieu en faveur de toutes fortes de perfonnes indiftinctement , font au nombre de dix, fuivant le detail que nous allons en faire d'après l'Ordonnance.

1°. S'il y a eu *dol perfonnel*, de la part de celui qui a obtenu l'Arrêt ou Jugement en fa faveur.

2°. *Si la procedure* prefcrite par l'Ordonnance *n'a point été obfervée.*

3°. S'il a été *prononcé fur chofes non demandées , ou non conteftées.*

4°. S'il a été *adjugé plus qu'il n'a été demandé*; ce que l'on apelle communément jugé *ultra petita.*

5°. S'il a été *obmis de prononcer fur quelques-uns des chefs de la demande.*

6°. S'il y a *contrariété d'Arrêts ;* mais il faut pour cela que trois circonftances concourent , fçavoir que les Arrêts contraires foient inter-

venus, *entre les mêmes Parties, fur les mêmes moyens, & dans les mê-*
mes Cours & Jurifdictions; car s'ils avoient été rendus dans des Tribunaux differens, ce feroit rendre l'un des Tribunaux Juge dans fa propre caufe, que d'y porter à juger la contrarieté d'un de fes Jugemens
avec celui d'un autre Tribunal. Il a donc fallu pour ces fortes de cas
choifir un Tribunal tiers & impartial : le choix du Légiftateur eft tombé
à cet égard fur le Grand Confeil, auquel il eft attribué de juger de la
contrarieté des Arrêts des differens Parlemens ou autres Cours Souveraines.

7°. Si *dans un même Arrêt* il y a des *difpofitions contraires.*

8°. *S'il n'y a eu communication aux Gens du Roy ès chofes concernantes*
le Roy, l'Eglife, le Public & la Police; car la communication n'eft pas
de néceffité abfolue dans les affaires des Mineurs.

9°. Si *l'on a jugé fur Pieces fauffes, ou offres & confentemens défavoués*
valablement.

10°. Enfin, fi, depuis l'Arrêt, on a *recouvré des Pieces décifives* qui
avoient été *retenues par le fait de la Partie* adverfe. Sans cette derniere
circonftance, il n'y auroit point ouverture de Requête Civile, parce que
ce feroit au Demandeur en Requête Civile à s'imputer de n'avoir point
fait les diligences néceffaires pour fe procurer ces Pieces, auparavant
l'Arrêt : *Sub fpecie novorum inftrumentorum poftea repertorum, res judi-*
catas reftaurari exemplo grave eft, porte la Loi 4. au Code *de re ju-*
dicatâ.

Quant aux *ouvertures* de Requête Civile *privilegiées,* ce font celles
qui ne font admifes qu'en faveur de certaines perfonnes privilegiées,
comme le Roy, les Gens de Mainmorte & les Mineurs.

Ainfi il y a *ouverture de Requête Civile en faveur du Roy,* fi dans les
affaires apointées qui intereffent la Couronne ou le Domaine, le Procureur Général n'a point été mandé à la Chambre avant le Jugement,
pour fçavoir de lui s'il n'a point de nouvelles Pieces à produire ou de
nouveaux moyens à ajouter, & s'il n'en eft fait mention dans l'Arrêt
même.

Les *Mineurs & Gens de Mainmorte,* ont auffi un moyen de Requête
Civile qui leur eft particulier; c'eft de prétendre n'avoir été défendus,
ou du moins ne l'avoir point été valablement.

ARTICLE XXXVII.

Ne feront plaidées que les ouvertures de Requête
Civile & les Réponfes du Défendeur, fans entrer aux
moyens du fond,

Cette défenfe de cumuler le refcindant avec le refcifoire, fe trouve
déja dans les Articles XXXI. & XXXII. qui précedent. Auffi nous
n'ajouterons rien ici à cet égard.

ARTICLE XXXVIII.

Celui au raport duquel sera intervenu l'Arrêt ou Jugement en dernier ressort, contre lequel la Requête Civile est intervenue, ne pourra être Raporteur du procès sur le rescindant ni sur le rescisoire.

Le Raporteur est ordinairement celui qui a le plus d'influence dans l'Arrêt rendu sur son raport, qu'il est en quelque sorte en droit de regarder comme son propre ouvrage, sur-tout s'il a été rendu en conformité de son avis. C'estpourquoi comme les Juges sont hommes, & qu'en cette qualité il est toujours à craindre que la jalousie que chacun a de soutenir ses premieres opinions, n'ait laissé dans l'esprit de ce Raporteur quelque préjugé désavantageux contre la Requête Civile prise contre son Arrêt, il y auroit du danger de le nommer une seconde fois Raporteur dans la même affaire, soit sur le rescindant, soit sur le rescisoire. La raison des contraires s'y oposeroit encore, quand bien même l'Arrêt attaqué auroit été rendu contre son propre avis. La fausse gloire & le desir de faire valoir une seconde fois un avis qui n'a pas prévalu, pourroient l'engager dans les extrêmités oposées, qu'il étoit également de la sagesse du Législateur de prévenir & d'empêcher.

ARTICLE XXXIX.

Si les ouvertures de Requête Civile ne sont jugées suffisantes, le Demandeur sera condamné aux dépens, & à l'amende de 300 liv. envers Nous & 150 liv. envers la Partie, si l'Arrêt contre lequel la Requête Civile aura été prise, est contradictoire, soit qu'il soit préparatoire ou définitif; & en 150 liv. envers Nous, & 75 liv. envers la Partie, s'il est par défaut : sans que les amendes puissent être remises ni moderées.

Nous avons déja parlé de l'utilité & de la nécessité des amendes en pareils cas, sur l'article 16 qui précede. C'est en effet le moyen le plus efficace pour empêcher la fréquence des Requêtes Civiles.

ARTICLE XL.

La Requête Civile qui aura été apointée au Con-
seil, sera jugée comme elle eut pû l'être à l'Audience,
sans entrer dans les moyens du fond.

L'apointement ne change rien à la nature des Requêtes Civiles ; il
prouve seulement la difficulté de l'affaire & l'impossibilité de la décider
à l'Audience. Ainsi cet apointement ne peut autoriser la cumulation du
rescindant avec le rescisoire.

ARTICLE XLI.

Celui qui aura obtenu Requête Civile & en aura été
débouté, ne sera plus recevable à se pourvoir par au-
tre Requête Civile, soit contre le premier Arrêt ou
Jugement en dernier ressort, ou contre celui qui l'au-
roit débouté ; même quand les Lettres en forme de Re-
quête Civile auroient été enterinées sur le rescindant,
s'il a succombé au rescisoire.

Il faut que les contestations ayent un terme. Les Requêtes Civiles
sont une grace, puisqu'elles tendent à anéantir des Jugemens souverains
qui par eux-même ne sont pas susceptibles de l'être. Il est donc essentiel à l'ordre public & à l'interêt de la Societé, de ne point multiplier
cette grace, pour favoriser la passion des Plaideurs qui n'est jamais as-
souvie. C'estpourquoi lorsqu'une Requête a été une fois rejettée, ce
seroit une dérision dangereuse de permettre de prendre de nouvelles
Lettres soit contre le premier Arrêt, soit contre celui qui auroit débouté
de l'entérinement des Lettres.
- Il y a plus : quand bien même les Lettres auroient été entérinées, si
sur le rescisoire on avoit rendu un second Arrêt conforme au premier,
il ne seroit pas moins dangereux d'autoriser à prendre des Lettres de
Requête Civile contre ce dernier Arrêt, après que la contestation auroit déja été jugée deux fois de même, dans le même Tribunal & entre
les mêmes Parties. Ne seroit-ce pas en effet vouloir rendre les procès
éternels?

ARTICLE

Article **XLII** & dernier.

Abrogeons les Propositions d'erreur ; & défendons aux Parties de les obtenir , & aux Juges de les permettre à peine de nullité & de tous dépens dommages & interêts.

Nous avons déja expliqué, sur le premier article de ce Titre, ce que c'étoit que les Propositions d'erreur, & les raisons qui ont pû déterminer le Législateur à les proscrire. Pour éviter toute répétition, on priera le Lecteur de vouloir bien y avoir recours.

FORMULES

DES PROCEDURES

RELATIVES

AU PRESENT TITRE.

Requête Civile contre un Arrêt de Cour Souveraine.

Lettres de Requête Civile.

LOuis par la grace de Dieu Roi de France & de Navarre ; A nos Amés & Féaux Conseillers les Gens tenans notre Cour de . . . à . . . Nous avons reçu l'humble Supliation de notre Amé . . . contenant que (*exposer ici le fait & les moyens de Requête Civile le plus succintement qu'il sera possible*) sur tous lesquels moyens ayant pris l'avis des Maîtres . . . Anciens Avocats en notre Cour de Parlement, sur le raport qui leur en a été fait par Maître . . . aussi Avocat en notredite Cour , dont la Consultation est ci-attachée sous le contrescel de notre Chancellerie , ils ont estimé que l'Exposant seroit bien fondé à se pourvoir par les voyes de droit contre ledit Arrêt à lui signifié le . . . ce qui l'oblige de recourir à nos Lettres en forme de Requête Civile, humblement requerant icelles. A ces causes, voulant favorablement traiter ledit Exposant, Nous vous mandons que les Parties dûment assignées pardevant Vous, s'il vous apert de ce que dessus & notamment que (*récapituler ici sommairement les ouvertures de Requête Civile*) & d'autres choses tant que

suffire doive, & que les Parties foient dans le tems prefcrit par l'Ordonnance, Vous, en ce cas, remettiez lefdites Parties en tel & femblable état qu'elles étoient auparavant ledit Arrêt, & faites au furplus aux Parties bonne & brieve Juftice. Car tel eft notre plaifir. DONNE' en notre Chancellerie du Palais à . . . le . . . l'an de grace mil fept cent . . . & de notre regne le . . . Par le Confeil.
· L'ufage de la Chancellerie du Palais à Paris, eft que la Confultation attachée aux Lettres, foit fur papier marqué.

Requête afin d'enterinement.

A Noffeigneurs . . .
· SUPLIE humblement . . . Qu'il vous plaife enteriner les Lettres en forme de Requête Civile obtenues en Chancellerie par le Supliant le . . . contre l'Arrêt de la Cour rendu le . . . entre . . . & le Supliant ; ce faifant remettre les Parties en tel & femblable état qu'elles étoient avant ledit Arrêt : & vous ferez bien.

Requête d'ampliation.

A Noffeigneurs . . . Suplie humblement . . . Difant que depuis l'obtention des Lettres de Requête Civile par lui prifes contre l'Arrêt du . . . il a découvert d'autres moyens que ceux employés dans lefdites Lettres, fçavoir &c. Ce Confideré Noffeigneurs il vous plaife en venant par les Parties plaider la caufe d'entre elles fur l'enterinement des Lettres en forme de Requête Civile obtenues par le Supliant le . . . contre l'Arrêt dudit jour . . . ordonner qu'elles viendront pareillement plaider fur la prefente Requête ; ce faifant donner acte au Supliant de ce que pour ampliation de Requête Civile, il employe les moyens ci-deffus énoncés, c'eft à fçavoir . . . en confequence ayant égard aufdites Lettres en forme de Requête Civile & icelles enterinant, remettre les Parties en l'état qu'elles étoient avant ledit Arrêt du . . . & vous ferez bien.

Acte de baillé copie de la quittance d'amende.

Me . . . Procureur de . . . Baille copie à Me . . . Procureur de . . . de la quittance d'amende confignée par ledit . . . en date du . . . à ce que ledit Me . . . n'en ignore, dont acte.

Sommation de communiquer au Parquet.

Me . . . Procureur de . . . Demandeur en Requête Civile, fomme & interpelle Me . . . Procureur de . . . de comparoir & faire trouver fon Avocat . . . au Parquet de Meffieurs les Gens du Roi, pour y communiquer de la caufe d'entre les Parties à M . . . Avocat Géneral avec Maître . . . Avocat dudit . . dont acte.

Avenir, lorfqu'on pourfuit l'Audience fur placet.

· Me . . . Procureur de . . . Declare à Me . . . Procureur de . . . Que . . . prochain du matin [ou de relevée] il pourfuivra en la Grand'Chambre l'Audience de la caufe d'entre les Parties fur les Lettres en forme de Requête Civile obtenues par ledit . . . le . . . & que Maître . . . Avocat eft chargé du fac : à ce qu'il n'en ignore dont acte.

Acte de déclaration, fi l'on a fait mettre la caufe au rôle.

Me . . . Procureur de . . . Declare à Me . . . Procureur de . . . Que la caufe d'entre les Parties fur les Lettres de Requête Civile obtenues par ledit . . . le . . . eft au rôle des . . . la . . . à ce qu'il n'en ignore ; & ait à charger un Avocat de fa part & à le faire communiquer, fi fait n'a été, au Parquet de Meffieurs les Gens du Roi, avec Maître Avocat dudit . . . dont acte.

Qualités.

ENTRE . . . Demandeur en Requête du . . . tendante à ce qu'il plût à la Cour enteriner les Lettres en forme de Requête Civile obtenues en Chancellerie par le Demandeur le . . . contre l'Arrêt rendu le . . . entre lui & le Défendeur ci-après nommé ; ce faifant, que les Parties fûffent remifes en tel & femblable état qu'elles étoient avant ledit Arrêt, d'une part. Et . . . Défendeur d'autre part.
Arrêt en la Grand'Chambre, du . . .
Me . . . Avocat du Demandeur.
Me . . . Avocat du Défendeur.

Requête Civile contre une Sentence Présidiale au premier chef de l'Edit.

A Meſſieurs les Préſidens & Conſeillers tenans le ſiege Préſidial au . .
SUPLIE humblement . . . Diſant que [*détailler le fait & les moyens de Requête Civile.*]
CE Conſideré , Meſſieurs , il vous plaiſe remettre les Parties en l'état qu'elles
étoient avant ledit Jugement en dernier reſſort ; & vous ferez bien.

A la requête de . . . Demandeur en Requête Civile, ſoit ſommé & interpellé
Me . . . Procureur de . . . de comparoir ou faire trouver ſon Avocat demain . . .
heures du matin au Parquet de Meſſieurs les Gens du Roi , pour communiquer de
la cauſe d'entre les Parties ſur la Requête Civile dudit . . . Declarant que Me . . .
eſt Avocat dudit Demandeur.

A la requête de . . . Demandeur en Requête Civile , ſoit ſignifié & declaré à
Me . . . Procureur de . . . Que . . . . heures du matin il pourſuivra à l'Audience
du Préſidial , l'Audience de la cauſe d'entre les Parties ſur la Requête Civile dudit . . . le ſommant d'y faire trouver ſon Avocat pour plaider , dont acte.

Requête contre une Sentence Preſidiale au premier chef de l'Edit.

Sommation de communiquer au Parquet.

Avenir.

Voulons que la préſente Ordonnance ſoit gardée & obſervée dans tout notre Royaume , terres & Pays de notre obéïſſance , à commencer au lendemain de Saint Martin , douzième jour de Novembre de la préſente année. Abrogeons toutes Ordonnances, Coutumes , Loix , Statuts , Réglemens , ſtiles & uſages differens ou contraires aux diſpoſitions y contenues. SI DONNONS EN MANDEMENT *à nos Amés & Féaux les Gens tenans nos Cours de Parlement , Grand Conſeil , Chambres des Comptes , Cours des Aydes , Baillifs , Sénéchaux & tous autres nos Officiers , que ces préſentes ils gardent , obſervent & entretiennent , faſſent garder , obſerver & entretenir ; & pour les rendre notoires à nos ſujets , les faſſent lire , publier & enregiſtrer.* CAR TEL EST NOTRE PLAISIR. *Et afin que ce ſoit choſe ferme & ſtable à toujours, nous y avons fait mettre notre Scel.* DONNE' *à Saint Germain en Laye au mois d'Avril, l'an de grace mil ſix cent ſoixante & ſept , & de notre regne le vingt-quatriéme ,*

D d d d ij

figné LOUIS, & plus bas , *Par le Roi* DE GUENEGAUD; & à côté eft écrit , SEGUIER , *pour fervir à la Déclaration en forme d'Edit pour la réformation de la Juftice.*

Regiftré au Parlement, en la Chambre des Comptes & en la Cour des Aydes le même jour 20 Avril 1667.

EDIT

Du mois d'Août 1669.

SERVANT DE REGLEMENT

POUR LES EPICES ET VACATIONS

DES COMMISSAIRES.

LOUIS *par la grace de Dieu Roi de France &*
de Navarre , à tous préfens & à venir ;
SALUT. *La Juftice devant être rendüe gratuitement,*
l'ufage des fiécles précédens a néanmoins introduit en
faveur des Juges quelque rétribution au de-là des
gages que Nous leur avons accordés , dont Nous
avons intention de Nous charger à l'avenir , lorfque
l'état de nos affaires le permettra. Cependant Nous
avons réfolu d'y pourvoir par un temperemment con-
venable. A CES CAUSES, *de l'avis de notre Confeil*
& de notre certaine fcience, pleine puiffance & auto-
rité Royale, Nous avons dit , déclaré & ordonné ,
difons , déclarons & ordonnons , & Nous plaît ce qui
enfuit.

ARTICLE PREMIER.

Voulons que par provifion , & en attendant que
l'état de nos affaires Nous puiffe permettre d'augmen-
ter les gages de nos Officiers de Judicature , pour leur
donner moyen de rendre gratuitement la juftice à nos
Sujets , aucuns de nos Juges ou autres , même de nos

Cours, ne puissent prendre d'autres Epices, salaires ni vacations pour les visites, raports & jugemens des Procès-Civils ou Criminels, que celles qui seront taxés par celui qui aura presidé, sans qu'on puisse prendre ni recevoir aucuns autres droits, sous prétexte d'Extraits, de sciendum *ou d'Arrêts.*

La Justice étoit originairement rendue gratuitement. Dans la suite un motif de gratitude engagea les Parties qui avoient gagné leur Procès dans les affaires apointées, à reconnoître les peines & les soins de leur Raporteur, en leur faisant après le Jugement quelque présent en Epiceries qui étoient dans ce tems là fort rares, attendu que les grandes Indes d'où elles proviennent, ne faisoient alors que d'être découvertes. Dans la suite ces présens qui n'étoient dans leur principe que de bonne volonté, sont devenus de nécessité, & ont été exigés comme un droit, sur-tout depuis la vénalité des Charges dont ils ont été regardés comme un produit ordinaire. Ce droit a depuis été converti en argent, en retenant néanmoins toujours la dénomination d'*Epices*, pour conserver la trace de son origine primitive.

Comme il y auroit lieu de craindre que, si le Raporteur taxoit lui-même ses Epices, son intérêt personnel ne le portât à ne point garder une juste moderation dans cette taxe, le Législateur veut qu'elle soit faite par celui qui aura présidé. Mais cela n'est pas toujours observé à la lettre.

ARTICLE II.

Ne seront taxées aucunes Epices pour les Procès qui seront évoqués ou dont la connoissance sera interdite aux Juges, encore que le Raporteur en ait fait l'extrait, qu'ils ayent été mis sur le Bureau, & même été vûs & examinés.

ARTICLE III.

Lorsqu'en matiere bénéficiale, après la communication au Parquet, toutes les Parties seront d'accord de passer apointement à l'Audience sur la maintenue définitive du Bénéfice contentieux , s'il intervient Arrêt portant que les titres & capacités seront vûs , ne pourront en ce cas être taxées aucunes Épices pour le raport , visite & jugement du Procès.

La régle générale est que les Épices sont dûes pour le raport & jugement de toutes les affaires apointées.

De-là. 1°. Si les affaires ne sont point jugées, comme si, avant le jugement, elles étoient évoquées ou que la connoissance en fût interdite aux Juges, on ne pourroit alors exiger aucunes Épices , quand bien même le Raporteur en auroit fait l'extrait, quand bien même les affaires auroient été mises sur le Bureau, & de plus vûes & examinées.

2°. Si en matiere de complainte bénéficiale, toutes les Parties & même le Ministere public sont d'accord, & qu'il ne s'agisse plus que de voir les titres & capacités, on ne pourroit ordonner un apointement sur cela, sans qu'il parût de la part des Juges une affectation de se procurer des Épices. C'estpourquoi la Loi leur défend dans ce cas de rien exiger.

ARTICLE IV.

Celui qui aura présidé, écrira de sa main au bas des minutes des Arrêts , Jugemens & Sentences , la taxe des Épices & Vacations ; & en sera fait mention par les Greffiers sur les Grosses & Expéditions qu'ils délivreront , tant des Arrêts que des Jugemens & Sentences ; comme aussi de tous les droits de Greffe & de l'Expédition.

L'Edit assujettit le Président à écrire sur la minute du Jugement la taxe des Épices & Vacations , afin de mettre ensuite les Greffiers dans la nécessité de faire mention de cette taxe sur les Grosses & Expéditions qu'ils délivrent aux Parties; ce qui peut avoir deux motifs également justes; l'un de mettre les Parties à portée de s'instruire par elles-mêmes, si leurs Procureurs ou Gens d'affaires, ne leur en imposent point sur cette taxe; l'autre, de faire connoître aux Juges supérieurs, si les Juges inférieurs n'ont point excedé les justes bornes dans la taxe de leurs Épices, & de les mettre en état de réformer & moderer cette taxe, si le cas le requiert, en jugeant l'apel.

ARTICLE V.

Les Epices & Vacations seront payées par les mains des Greffiers ou autres personnes chargées par l'ordre des Compagnies, qui en tiendront Régistres, à la marge desquels ceux qui les auront reçûes, mettront leur reçû, sans qu'eux ou leurs Clercs puissent les prendre ni recevoir par les mains des Parties ou autres personnes, ni les Greffiers percevoir pour raison de ce, aucuns droits ; & où il y auroit des Receveurs des Epices & Vacations établis en titre d'Office, voulons qu'ils ayent à se retirer pardevers Nous, pour être incessamment pourvû à leur remboursement.

Il n'y auroit point de décence que les Juges reçûssent immédiatement des Parties, par eux-mêmes, ou par les mains de leurs Clercs, leurs Epices & Vacations. Indépendamment de la décence qui se trouveroit par là violée, il pourroit encore en résulter de très-grands inconvéniens qui se sentent d'eux-mêmes. C'estpourquoi ces Epices & Vacations ne sont & ne doivent être reçus que par un préposé de la Compagnie à cet effet : c'est ordinairement un des Greffiers. Comme sa Commission est gratuite, il ne peut exiger aucun droit des Parties. Il doit tenir un Régistre exact de ce qu'il reçoit ; & les Juges en recevant de ses mains leurs parts & portions, déchargent, en marge, ce Régistre.

ARTICLE VI.

La communication des Arrêts, Jugemens & Sentences qui auront été mises au Greffe, ne pourra être refusée aux Parties, encore que les Epices & Vacations n'ayent été payées, à peine de 60 liv. d'amende contre les Greffiers de nos Cours, de 30 liv. contre ceux des autres Justices, qui ne pourra être remise ni moderée, à faute par eux de satisfaire dans la huitaine

à

à la premiere sommation qui leur en aura été faite , &
à leurs Clercs ou Commis.

On ne peut lever un Jugement , fans en payer les Epices & Vacations qui font une des principales parties du coût de ce Jugement. Mais
le défaut de payement préalable des Epices & Vacations ne peut fervir
de prétexte aux Greffiers , pour refuſer aux Parties la communication
d'un Jugement qui a été mis au Greffe ; ils peuvent même être contraints à cette communication, en cas de refus de leur part. Il faut
pourtant convenir qu'ils font rarement dans le cas de ces fortes de contraintes ; parce qu'il eſt d'ufage ordinaire de faire configner , même
avant le raport , les Epices & Vacations ou une fomme arbitraire à cet
effet, à celui qui pourſuit le Jugement du procès.

ARTICLE VII.

Défendons à toutes nos Cours & Juges, même à
ceux des Seigneurs, de décerner en leurs noms , ni de
leurs Greffiers ou Receveurs , aucuns exécutoires pour
le payement de leurs Epices & Vacations , à peine de
concuſſion. Pourront néanmoins les exécutoires être
délivrés aux Parties intéreſſées au procès , qui les au-
ront débourſés , ainſi qu'il eſt accoutumé.

La Dignité de la Magiſtrature & le déſintéreſſement qui doit l'accompagner, ſe trouveroient infiniment bleſſés , s'il étoit permis aux
Juges de décerner, foit en leur nom, foit en celui de leurs Greffiers ,
des exécutoires contre les Parties pour le rembourſement de leurs
Epices & Vacations. Mais ils ont trouvé en cela un tempéremment
dont Nous avons déja parlé ſur l'article précedent ; c'eſt de faire configner avant le raport. Au moyen de quoi, c'eſt à la Partie qui a conſigné,
ſi elle gagne ſon procès , à obtenir en ſon nom exécutoire de rembourſement. Nous avons cependant des Déclarations précifes qui con-
damnent cet uſage de confignation préalable des Epices pour les Parlemens de Bourgogne , de Normandie & de Bretagne ; mais elles le laiſ-
ſent ſubſiſter pour les Vacations. La Déclaration donnée à cet égard pour
le Parlement de Dijon, eſt du 26 Février 1683.

ARTICLE VIII.
Défendons à tous Juges de prendre aucunes taxes

*ni salaires pour les permissions de saisir ou d'assigner,
ni pour les publications des testamens & substitutions,
baux judiciaires, vente de fruits & de choses mobiliaires, remises & adjudications par decret & par licitation, & pour avoir reçu les affirmations.*

Article IX.

*Les Officiers des Présidiaux qui auront financé pour
les droits de signature & paraphe, raporteront leurs
titres dans six mois : passé lequel tems, faute d'y satisfaire, Nous leur défendons de continuer la perception de ces droits, à peine de concussion.*

Article X.

*Ne seront taxées ni prises aucunes Epices pour Ar-
rêts, Jugemens ou Sentences rendues sur Requête d'une
Partie sans ouir l'autre, tant en matiere Civile que
Criminelle, à peine de concussion & des dépens, dommages & intérêts, contre celui qui aura fait la taxe ;
si ce n'est qu'en matiere Criminelle, il y ait des Procès-
verbaux ou informations concernant le crime, joints
à la Requête.*

Article XI.

*Défendons à tous Officiers, même de nos Cours,
d'assister à la distribution & numeration des deniers
provenans des biens decretés & licités, & des deniers
déposés, qui seront payés par les Receveurs des Consignations ou Greffiers, encore qu'ils eûssent été requis*

par les Parties d'y affifter ; ni de prendre ou recevoir
pour raifon de ce , aucunes Epices ni Salaires.

ARTICLE XII.

Ne feront taxées aucunes Epices aux Subftituts de
nos Procureurs Généraux fur les Requêtes de l'une des
Parties fans oüir l'autre , défauts, congés , & autres
affaires , pour lefquelles Nous avons défendu aux Juges de prendre des Epices.

ARTICLE XIII.

Nos Avocats & Procureurs aux Bailliages , Sénéchauffées , Siéges Préfidiaux & autres Siéges inférieures , les Avocats & Procureurs Fifcaux des Seigneurs
& les Promoteurs des Officialités , ne pourront prendre aucuns droits ni vacations pour leur raport à l'Audience des Enquêtes , Informations & Conclufions par
eux verbalement données.

ARTICLE XIV.

Ne pourront auffi nos Avocats & Procureurs dans
les Sieges inférieurs , prendre aucunes Epices pour la
fignature des Sentences & Jugemens par apointé entre
les Procureurs des Parties , fous prétexte de notre interêt , ou de celui du Public , de l'Eglife ou des Mineurs , à peine de fufpenfion de leurs Charges.

ARTICLE XV.

Ne feront pris ancuns droits pour l'enrégiftrement
des Conclufions.   E e e e ij

ARTICLE XVI.

Enjoignons aux Cours de Parlement & autres nos Cours, en prononçant sur l'apel des Sentences des Juges inférieurs, de réformer la taxe des Epices, si elle est jugée excessive, encore même que de ce chef, il n'y ait point d'apel ; d'en ordonner la restitution tant par le Rapporteur, que par celui qui les aura taxées, & d'y user de plus grande sévérité & animadversion, s'il y échet.

Tous les Articles qui précedent, contiennent un détail exact & circonstancié des différens cas où il n'est permis ni aux Juges, ni à ceux qui exercent le Ministére public, de prendre aucunes épices, droits, ou salaires.

ARTICLE XVII.

Voulons que tous Procès tant Civils que Criminels, soient jugés à l'ordinaire en toutes nos Cours, Sieges & Justices, même en celles des Seigneurs. Défendons d'en juger par Commissaires, ni de commettre par les Juges aucuns d'entr'eux, pour, à jours & heures extraordinaires, faire les Calculs, voir les Titres, & arrêter les dattes & autres points & articles de fait.

ARTICLE XVIII.

N'entendons néanmoins rien innover à l'usage de notre Parlement de Paris, pour la visite des Procès par Petits Commissaires, qui ne se pourra faire pendant les heures d'Audience des Procès de l'ordinaire.

A R T I C L E XIX.

Ne pourront néanmoins aucuns Procès être vûs par Petits Commissaires aux Chambres des Enquêtes de notre Parlement de Paris, que le fait & l'état n'en ayent été sommairement raportés , toute la Chambre assemblée, & qu'il n'ait passé des deux tiers des voix à les voir par Petits Commissaires.

A R T I C L E XX.

Permettons à nos Cours seulement , de juger par Commissaires les procès ou instances où il y a plus de cinq chefs des demandes au fonds , justifiées par differens moyens , sans que les demandes concernant la procédures puissent être comptées ; les procès & instances d'ordre & de distribution de deniers procedant de la vente d'immeubles , & de contribution d'effets mobiliaires entre les créanciers ; ceux de liquidation de fruits , de dommages & intérêts , de débets de compte , d'oposition afin de charge & de distraire ; des taxes de dépens excedans dix croix ; le tout pourvû que ce dont il sera question excede la somme de 1000 livres ; sans que sous ce prétexte l'on y puisse comprendre les appellations de simples saisies réelles d'immeubles , criées, congés d'adjuger, adjudications par decret, & des pourfuites & procedures d'un decret , saisies d'effets mobilaires, de Sentence de condamnation de rendre compte, de restitution de fruits , & de dommages & interêts , & tous autres en quelque cas que ce puisse être , ni que nos Cours qui n'ont point accoutumé de juger par Commissaires , puissent en introduire l'u-

sage. Et sera le contenu au présent Article, observé,
à peine de nullité de Jugemens, restitution d'épices &
consignation, & des dommages & interêts des Parties
contre les Juges ; pour raison desquels leur permettons de se pourvoir pardevers Nous.

ARTICLE XXI.

Pourront néanmoins les Officiers de notre Grand
Conseil seulement, continuer de voir par Commissaires, outre les cas mentionnés au précedent Article, les
Procès & Instances pour raison des bornes & limites
des Terres & Seigneuries, quand il y a descente & figure ; combat de fief ; blâme d'aveu & dénombrement ;
commise & dépié de fief ; droits honorifiques entre Seigneurs prétendans Justice ; patronage Ecclésiastique
ou Laïc ; Dîmes entre Décimateurs ; les Procès pour
raison des Communess, ou entre deux Seigneurs, ou
entre un Seigneur & la Communauté ; ceux pour la
bannalité entre la Communauté & le Seigneur, ou entre deux Seigneurs ; ceux de substitution ; retrait lignager, quand les degrés, lignes & descendances seront contestées ; & ceux concernant le domicile, en
cas de succession & partage conjointement : sans qu'ils
puissent juger par Grands Commissaires aucuns autres Procès ni Instances, aux peines portées par l'Article précedent.

ARTICLE XXII.

Abrogeons l'usage de juger par Commissaires les
Procès évoqués, s'ils ne sont dans l'un des cas expri-
primés dans l'Article précedent.

ARTICLE XXIII

Les executions des Arrêts , incidens & suites de Procès qui auront été vûs & jugés par Commissaires, seront vûs & jugés à l'ordinaire ; si ce n'est que les executions, incidens & suites se trouvent être de la qualité, & en l'un des cas exprimés par notre présente Déclaration.

On ne connoît qu'une seule maniere de juger les affaires apointées , dans les Jurisdictions inférieures, c'est-à-dire toute la Chambre du Conseil assemblée.

Mais dans les Cours & Tribunaux Souverains, on les juge ou d'*ordinaire* ou *de Commissaires.*

Tous les Procès ou Instances qui ne sont pas nommément mis au nombre des affaires de Commissaires par le présent Edit, doivent être jugés *d'ordinaire*, c'est-à-dire toute la Chambre convoquée.

On admet au Parlement de Paris de deux especes de *Commissaires*, les *Grands & les Petits* ; cette distinction n'est point admise dans les autres Cours, où l'on ne juge que de Grands Commissaires.

Les affaires de Petits Commissaires au Parlement de Paris sont celles où il y a trois chefs de demande ou six actes à examiner ; alors, après qu'il a été arrêté sur le raport sommaire de l'affaire qu'elle sera vûe de petits Commissaires, quatre Conseillers y compris le Raporteur, s'assemblent chez un des Présidens, pour la voir, sans la juger ; après quoi on en fait un second raport à la Chambre, & elle s'y juge à la pluralité des suffrages , qui n'est pas toujours pour l'avis des Commissaires.

Les Grands Commissaires au contraire non-seulement voyent les affaires, mais encore les jugent, assemblés dans la Chambre du Conseil au nombre de dix des plus anciens, avec un Président. Les affaires de Grands Commissaires sont.

1°. Celles où il y a six chefs de demande au moins qui regardent le fonds, & qui soient fondés sur des moyens differens.

2°. Les procès & instances d'ordre & de contribution.

3°. Ceux de liquidation de fruits & de dommages & intérêts.

4°. Les debets de compte , opositions afin de charge, ou de distraire.

5°. Les taxes de dépens excedans dix Croix.

Pourvû néanmoins que les objets de ces differentes instances excedent la somme de 1000 livres ; sans quoi les frais des Vacations pourroient absorber & même exceder le principal.

Indépendamment de ces différentes natures d'affaires qui sont susceptibles d'être jugées de Commissaires dans toutes les Cours , le Grand

Conseil est encore dans l'usage de juger de Commissaires.

10. Les instances & procès pour bornage de Terres & Seigneuries, quand il a descente & figure.

2. Les combats de fiefs.

3°. Les blames d'aveu & dénombrement.

4°. Les Commises & depiés de fief.

5°. Les droits honorifiques entre Seigneurs prétendans justice.

6°. Les Patronages.

7°. Les Dîmes entre Codécimateurs.

8°. Les procès pour raison des Communes,

9°. Le droit de bannalité contesté ou entre deux Seigneurs, ou entre un Seigneur & une Communauté.

10°. Les Substitutions.

11°. Les retraits lignagers, quand le lignage est contesté.

12°. Les contestations pour raison du domicile, en matiere de succession & de partage.

L'usage particulier où est le Grand Conseil de juger ces sortes d'affaires de Commissaires, lui a été conservé par le présent Édit.

Article XXIV.

Il n'y aura pour chaque Vacation de Commissaires que six écus d'Epices. N'entendans néanmoins, que sous prétexte du présent article, celles de nos Cours qui n'ont point accoutumé de prendre de si grandes sommes, puissent les augmenter.

Article XXV.

Défendons de prendre plus de trois Vacations pour chaque jour, depuis le premier Octobre jusqu'au dernier Fevrier ; & plus de quatre, depuis le premier Mars jusqu'au dernier Septembre ; & sans qu'à l'occasion du présent article, les Cours qui ont accoutumé de ne faire qu'une Vacation en une après dînée, puissent les augmenter.

ARTICLE

ARTICLE XXVI.

Ne pourrout nos Cours quitter les Audiences , ni la visite & le jugement des procès de l'ordinaire , pour travailler aux procès de Commissaires , ni aux jours de Fêtes & de Dimanches , ni aux maisons particulieres des Présidens & Conseillers.

Ces trois articles reglent, 1°. ce que doit couter chaque Vacation ; 2°. ce qu'il est permis d'employer de Vacations en un jour, eû égard aux differentes saisons ; 3°. enfin, les tems, les jours & le lieu, où l'on peut juger de Commissaires.

ARTICLE XXVII.

Défendons au Grand Prévôt de notre Hôtel , & à ses Lieutenans Généraux & Particuliers , de prendre pour la visite & jugement des procès , avec les Maîtres des Requêtes ordinaires de notre Hôtel, Officiers de notre Grand Conseil , & autres Officiers ou Gradués , plus grande somme que celle de dix-neuf livres quatre sols pour le Raporteur & trois livres quatre sols pour chacun des Juges, pour chacune Vacation & Epices.

Cet article concerne la taxe des Vacations & Epices des procès que le Grand Prévôt de l'Hôtel & ses Lieutenans jugent avec les Maîtres des Requêtes, les Officiers du Grand Conseil, & autres Officiers ou Gradués. Chaque Vacation y est fixée à 19 liv. 4 f. pour le Raporteur , & à 3 liv. 4 f. pour chacun des autres Juges.

ARTICLE XXVIII.

Les Avocats seront tenus de mettre au pied de leurs écritures le reçu de leurs salaires , à peine de restitution & de rejet de la taxe des dépens.

Ffff

Cette difpofition eft demeurée fans execution, du moins relativement aux Avocats du Parlement de Paris, qui fe font toujours maintenus dans la poffeffion de ne point mettre ce qu'ils reçoivent pour honoraires, au pied de leurs écritures; attendu que ceshonoraires font une reconnoiffance arbitraire de leurs Parties, qui n'a & né peut avoir de détermination fixe. Nous avons déja eû occafion de faire cette obfervation, fur l'Ordonnance de 1637.

A R T I C L E XXIX.

Les Clers ou Commis des Préfidens, Maîtres des Requêtes, Confeillers, de nos Avocats & Procureurs Géneraux & de leurs Subftituts, & des Greffiers & Avocats, ne pourront prendre & recevoir plus grands droits, que ceux qui paffent en taxe aux Parties, encore qu'ils leur fûffent volontairement offerts, à peine d'exaction, qui pourra être prouvée par la dépofition de fix témoins, quoiqu'intéreffés & qu'ils dépofent de faits finguliers.

Qu'il feroit à fouhaiter, pour le bien public, qu'une auffi fage difpofition fût executée dans toute fa rigeur & dans toute fon étendue! Mais malheureufement pour les Citoyens qui font engagés dans des conteftations, les Secretaires des Confeillers - Raporteurs, du moins pour la plûpart, n'en exercent pas moins impunément leurs brigandages, non-obftant les précautions prifes par le Légiflateur pour en arrêter le cours. On ne les voit pas avec moins d'avidité faire gémir les infortunés Plaideurs de leurs exactions, & les rançoner impitoyablement, fur-tout pour le payement de leurs Extraits, dont ils font monter le prix fi haut que bon leur femble; fans quoi, ils menacent les Parties de ne point faire juger leurs affaires. Cette crainte, jointe à celle de fe les rendre defavorables vis-à-vis de leurs Raporteurs, obligent ces malheureufes victimes à foufcrire à toutes les conditions que l'on veut leur prefcrire ; & les fommes qu'elles payent pour cela, n'entrant point en taxe, font toujours perdues pour elles, foit qu'elles réuffiffent ou non. Dans l'un & l'autre cas, elles ne font point curieufes d'entreprendre après coup un un procès criminel, pour fe faire reftituer ce qu'elles ont indûment payé, & fur-tout de courir les rifques de le faire fans fruit. Il n'y a donc que le Miniftere Publc qui puiffe s'élever avec avantage & avec fuccès contre un abus dont les excès font portés auffi loin. Chargé par état du maintien & de l'exécution de la Loi, il rendroit un fervice fignalé à là

Patrie, s'il parvenoit à couper la racine d'un mal auffi dangereux ; & nous nous aplaudirions en particulier, d'avoir excité fon zèle & fa vigilance fur une matiere auffi importante. Les frais indifpenfables pour faire juger une conteftation dans les differens dégrés de Jurifdictions, où il faut qu'elle paffe avant que d'être décidée en dernier reffort, ne font-ils pas déja affez confiderables & affez ruineux, fans en laiffer encore fubfifter d'entierement inutiles & fruftratoires pour les l'arties ?

ARTICLE XXX.

Défendons aux Lieutenans Géneraux des Baillifs, Sénéchaux & aux Juges Commis par nos Ordonnances, pour parapher les feuilles des Régiftres des Batêmes, mariages, & mortuaires, de prendre ni recevoir aucuns droits ni falaires pour leur paraphe, que Nous leur enjoignons de faire gratuitement, à peine de concuffion.

On trouve la confirmation de cette difpofition dans là Déclaration du mois d'Avril 1736. qui a principalement pour objet la forme & la confervation des Régiftres de Batêmes, mariages & fépultures. Cette Loi récente exige auffi (art. 2.) que ces Régiftres font cottés & paraphés *fans frais* par le Lieutenant Géneral ou autre premier Officier du Bailliage, Sénéchauffée ou fiége Royal reffortiffant nûment aux Cours, qui a la connoiffance des cas Royaux dans le lieu où l'Eglife eft fituée.

VOULONS *que la préfente Ordonnance foit gardée & obfervée dans tout notre Royaume, terres & Païs de notre obéiffance, à commencer au premier jour de l'année préfente. Abrogeons toutes Ordonnances, Coutumes, Loix & Statuts, Réglemens, ftiles & ufages, differens ou contraires aux difpofitions y contenues.* SI DONNONS EN MANDEMENT *à nos Amés & Féaux les Gens tenans nos Cours de Parlement, Grand Confeil, Chambres des Comptes, Cour des Aydes, Bail-*

lifs, Sénéchaux & à tous autres Officiers, que ces présentes ils gardent, observent & entretiennent, fassent garder, observer & entretenir; & pour les rendre notoires à nos Sujets, les fassent lire, publier & enrégistrer. Car tel est notre Plaisir. Et afin que ce soit chose ferme & stable à toujours, Nous y avons fait mettre notre Scel. DONNÉ *à Saint Germain en Laye, au mois d'Août, l an de grace mil six cent soixante & neuf, & de notre regne le vingt-sept.* signé LOUIS, & plus bas *par le Roi* COLBERT & à côté est écrit; *Visa* SEGUIER, *pour servir au Lettres Patentes en forme d'Edit portant divers Réglemens touchant la Justice.*

Cet Edit a été enregistré à Paris, le même jour 23 Mars 1675, au Parlement, en la Chambre des Comptes & en la Cour des Aydes.

ORDONNANCE

DE 1669.

LOUIS par la grace de Dieu, Roy de France & de Navarre ; à tous préſens & à venir, SALUT. Notre Ordonnance du mois d'Avril 1667. a donné un ſoulagement ſi conſidérable à nos Sujets, par le retranchement d'un grand nombre de procedures inutiles, que Nous nous ſommes portés par le ſuccès de ce travail à continuer nos ſoins, pour achever un Ouvrage duquel nos Peuples doivent recevoir de ſi grands avantages. Et comme il n'y a point d'inſtruction qui doive être plus ſimple que celle des Reglemens de Juges & Evocations, puiſque ces actions ne concernent point le fond des conteſtations, & ne ſont formées que pour avoir des Juges ; que les Lettres de COMMITTIMUS ne ſont accordées que pour favoriſer l'aſſiduité du ſervice ; que les Lettres d'Etat ne ſont que pour les abſences néceſſaires & indiſpenſables, & les Lettres de Répy pour ſoulager la miſere & ſoutenir les familles des Débiteurs innocens : *Nous avons cru qu'il étoit important d'en épurer la pratique, en les réduisant aux termes d'un usage naturel & légitime. A CES CAUSES, de l'avis de notre Conseil, & de notre certaine science, pleine puissance & autorité Royale, Nous avons dit, déclaré & ordonné, disons, déclarons & ordonnons & Nous plait ce qui ensuit.*

Malgré les soins qui ont été pris pour réduire à une forme simple & facile les objets qui font la matiere de la présente Ordonnance, néanmoins plusieurs des dispositions y contenues ont eu besoin d'être étendues & expliquées par des Déclarations postérieures. Mais comme tout ce que renfermoient ces Déclarations, sur les trois premiers Titres de notre Ordonnance, c'est-à-dire sur les *Evocations* & les *Reglemens de Juges*, tant *en Matiere Civile* que *Criminelle*, a été réuni, dans une nouvelle Ordonnance du Monarque Regnant donnée au mois d'Août 1737, & que d'ailleurs cette nouvelle Loi contient nombre de dispositions, qui ont pour but de supléer à ce qui pouvoit avoir été obmis, & d'éclaircir encore d'une maniere plus particuliere ce qui paroissoit mériter une plus grande explication (*a*), Nous avons cru devoir borner notre attention à conférer, sur ces trois premiers Titres, l'ancienne Ordonnance avec la nouvelle.

_____

(*a*) ,, LOUIS par la grace de Dieu, Roy de France & de Navarre : A tous présens
,, & à venir, SALUT. La forme de proceder sur les demandes en évocation, ou en Regle-
,, ment de Juges, soit en matiere Civile ou en matiere Criminelle, avoit été reglée si exac-
,, tement par le feu Roy notre très-honoré Seigneur & bisayeul, dans les trois premiers
,, Titres de son Ordonnance du mois d'Août 1669, qu'il ne sembloit pas qu'on pût désirer
,, une nouvelle Loy sur ces Matieres. Mais la mauvaise foi ou l'artifice des Plaideurs ayant
,, invente de nouveaux détours pour éluder l'execution de cette Ordonnance, il a fallu y op-
,, poser de nouvelles précautions, par des Déclarations postérieures. Et ayant jugé à propos
,, de les faire revoir dans notre Conseil, Nous avons reconnu que pour le bien commun de
,, nos Sujets, & pour la conservation de l'ordre des Jurisdictions, il étoit nécessaire non-seu-
,, lement de réunir les dispositions de ces Déclarations à celles de l'Ordonnance de 1669,
,, pour ne former qu'une seule Loy, mais d'y supléer tout ce qui pouvoit avoir été obmis,
,, & d'y éclaircir tout ce qui avoit paru mériter une plus grande explication, afin que rien
,, ne manquât à la perfection & à l'utilité d'une Loy, qui n'ayant pour objet que des con-
,, testations préliminaires, où il ne s'agit que de donner & de conserver des Juges certains
,, aux Parties, ne sçauroit être trop simple & trop facile à entendre & a observer. A CES
,, CAUSES, de l'avis de notre Conseil & de notre certaine science, pleine puissance & auto-
,, rité Royale, Nous avons dit, déclaré & ordonné, disons, déclarons & ordonnons, voulons
,, & Nous plait ce qui suit. *Préambule de l'Ordonnance de 1737.*

TITRE I.

DES ÉVOCATIONS.

L'ORDRE des Jurisdictions fait une partie essentielle de notre Droit public. Il ne peut être conséquemment permis de l'interrompre, que pour des causes extrêmement importantes; parce que cette gradation de pouvoirs intermédiaires, dépendans tous du Souverain dont ils émanent, & distribués parmi les Sujets, forme l'enchaînement de toutes les parties de l'Etat.

Les Evocations altérant nécessairement cet ordre politique, elles n'ont d'abord été introduites que pour parer à un plus grand mal, & comme un secours nécessaire pour garantir les Sujets du Roy de l'oppression qu'ils pourroient souffrir par le crédit des parens & alliés, que ceux contre qui ils plaident, pourroient avoir dans le Tribunal saisi de la contestation. (*a*)

Mais comme la chicanne se sert souvent des moyens les plus justes & les plus légitimes en eux-mêmes, pour en étendre l'application, ou même pour en faire une toute contraire à l'esprit & à l'objet de la Loi, le feu Roy a tracé dans le présent Titre, les cas où ces sortes d'Evocations pour raison des parentés & alliances, peuvent être autorisés, relativement aux différens Tribunaux Souverains, & la procedure que l'on doit observer pour les introduire.

_____

(*a*) Déclar. du 31 Mars 1710.

ARTICLE PREMIER.

Aucune Evocation generale ne sera accordée, sinon pour très-grandes & importantes occasions jugées par Nous, en notre Conseil.

Le premier Article de l'Ordonnance de 1737, n'a fait que confirmer litteralement la présente disposition (*a*). En effet les Evocations, sur-tout les generales, tendantes à troubler l'ordre des Jurisdictions qui sont de droit public, il n'y a que le Souverain, comme auteur & dispensateur des Loix, qui puisse les accorder.

ARTICLE II.

On pourra évoquer du chef des parens ou alliés en ligne directe ou collaterale, ascendante ou descendante, comme oncles, grands-oncles, neveux & petits-neveux, en quelque degré qu'ils soient; & à l'égard des autres collateraux, l'évocation sera accordée du chef des parens & alliés, jusqu'au troisiéme degré inclusivement.

ARTICLE III.

Les degrés seront comptés entre collateraux en ligne transversale, c'est-à-dire les freres & sœurs, beaux-freres & belles-sœurs, pour le premier degré, les cousins germains pour le second, & les issus pour le troisiéme.

ARTICLE IV.

Et où il se trouveroit des parentés & alliances du

(*v*) ,, Aucune Evocation generale ne sera accordée à l'avenir, si ce n'est pour de très-grandes & importantes considérations, qui auront été jugées telles par Nous en notre Conseil. Ordonnance de 1737. Art. I.

second

fecond ou troifiéme degré au quatriéme , elles feront comptées au quatriéme.

Ces trois Articles déterminent jufqu'à quel degré on peut évoquer du chef des parens ou alliés , tant en ligne directe que collaterale , & du chef des autres collateraux. Les difpofitions qu'ils contiennent à cet égard , ont été renouvellées & développées par l'Ordonnance de 1737.

D'abord l'Article II. du Titre premier, permet d'évoquer du chef des parens ou alliés en ligne directe indéfiniment (*a*).

Quant à la ligne collaterale , il n'eft permis par l'Article III. d'évoquer que jufqu'au troifiéme degré inclufivement : mais en ce cas, les degrés fe comptent en ligne tranfverfale, fçavoir les freres & fœurs pour le premier degré ; les coufins germains pour le fecond ; & les iffus de germains pour le troifiéme (*b*).

L'Article IV. décide que lorfque les parentés ou alliances fe trouvent d'un degré plus proche à un plus éloigné, elles doivent fe compter fur le pied du degré le plus éloigné (*c*).

Enfin l'Ordonnance de 1737, a prévû le cas où les alliances auroient ceffé par le decès de ceux ou de celles qui y auroient donné lieu : & alors on ne peut compter, d'après l'Article V, les alliés au nombre de ceux du chef defquels on peut évoquer, lorfque le mariage qui avoit produit l'alliance, ceffe de fubfifter, & qu'il n'en refte point d'enfans exiftans lors de l'évocation (*d*).

De même fi l'Evoqué & l'Officier du chef duquel l'évocation eft requife, ont époufé les deux fœurs, il faut, pour que l'évocation ait lieu, que les deux mariages foient encore fubfiftans, ou que du moins il y ait des enfans reftans de l'un des deux mariages (*e*).

(*a*) ,, Pourra évoquer du chef des parens ou alliés en ligne directe afcendante ou defcen-
,, dante , même en collaterale à l'egard de ceux qui repréfentent les parens ou alliés en ligne
,, directe. comme oncles , grands-oncles , neveux & petits-neveux ; le tout en quelque degré
,, qu'ils foient. *Ordonnance de* 1737, *Tit. I. Art.* 2.
(*b*) ,, Il fera pareillement permis d'évoquer du chef des parens ou alliés en ligne collate-
,, rale , jufqu'au troifiéme degré inclufivement ; & feront en ce cas, les degrés comptés en
,, ligne tranfverfale, fçavoir les freres & fœurs, beaux-freres & belles-fœurs pour le premier
,, degré ; les coufins germains pour le fecond ; & les iffus de germains pour le troifiéme.
,, *Ibid. Art.* 3.
(*c*) ,, Et où il fe trouveroit des parentés ou alliances d'un degré plus proche à un degré
,, plus éloigné, elles feront comptées fur le pied du degré le plus éloigné. *Ibid. Art.* 4.
(*d*) ,, Les alliés ne pourront être comptés au nombre de ceux du chef defquels il fera
,, permis d'évoquer , lorfque le mariage qui avoit produit l'alliance, ne fubfiftera plus, &
,, qu'il n'y en aura point d'enfans exiftans lors de l'évocation. *Ibid. Art.* 5.
(*e*) ,, Lorfque l'Evoqué & l'Officier du chef duquel l'évocation fera demandée, fe trou-
,, veront avoir époufé les deux fœurs, ledit Officier ne pourra être compté au nombre des
,, alliés de l'Evoqué, qu'en cas que les deux mariages fubfiftent dans le tems de l'évoca-
,, tion, ou qu'il y ait des enfans de l'un defdits deux mariages, qui foient reftans audit tems,
,, encore que les deux fœurs foient decedees, ou l'une d'elles. *Ibid. Art.* 9.

ARTICLE V.

Les Procès mûs & à mouvoir de ceux qui feront du Corps de notre Parlement de Paris & Titulaires, qui auront jufqu'au nombre de huit proches parens ou alliés, & des autres Parties qui n'étant point du Corps, en auront dix au degré ci-deffus, feront évoqués & renvoyés au plus prochain Parlement, fi l'évocation eft requife. Ce que Nous voulons être obfervé en nos Parlemens de Touloufe, de Bordeaux & de Rouen, lorfqu'aucun du Corps aura cinq parens ou alliés au degré ci-deffus; ou lorfque les Parties n'étant point du Corps en auront fix. Comme auffi pour nos Parlemens de Dijon, d'Aix, de Grenoble, de Bretagne, de Pau & de Metz, aufquels aucuns du Corps auront trois parens ou alliés au degré ci-deffus; ou bien que la Partie n'étant point du Corps, en aura jufqu'au nombre de quatre.

Après avoir vû dans les Articles précedens quels étoient les degrés de parenté ou d'alliance qui pouvoient donner lieu à une évocation, celui-ci nous aprend quel nombre de parens ou d'alliés eft requis pour fonder une demande en évocation des Cours de Parlement. A cet égard nos Ordonnances ont toujours diftingué les Procès ou quelque Magiftrat du Corps dont on veut évoquer, eft Partie, d'avec les cas où aucunes des Parties intereffées dans la conteftation n'eft du Corps. Dans le premier cas, comme une Partie qui eft du Corps du Tribunal où il plaide, eft cenfé y avoir déja par lui-même, plus de credit qu'un autre qui n'en eft pas, il faut un moindre nombre de parens ou d'alliés pour fonder une demande en évocation, que dans le fecond cas.

Quant à la fixation de ce nombre, on l'a toujours faite proportionnément au nombre de Magiftrats dont les Compagnies font compofées. Ainfi dans celles où il y a plus de Magiftrats, on a exigé pour l'évocation un plus grand nombre de parens ou alliés; on en a exigé moins au contraire, dans celles où il y en a moins. Relativement à la fixation de ce nombre, l'Ordonnance de 1737, a encheri fur notre

Ordonnance, afin de reſtraindre encore les Evocations, qui ſont contre le droit commun, dans des bornes plus étroites (*a*).

A R T I C L E   VI.

Le même nombre ſera obſervé pour les Evocations de notre Grand Conſeil, à l'égard de ceux qui étant de la Compagnie, y auront quatre parens ou alliés; ou qui n'étant point de la Compagnie, en auront ſix aux degrés ci-deſſus; auſquels cas le renvoi ſera fait en notre Parlement de Paris, ſi ce n'eſt qu'il fût valablement excepté.

L'Ordonnance de 1737. n'a rien changé à la diſpoſition du préſent Article (*b*)

A R T I C L E   VII.

Les Procès pendans en la Cour des Aydes de Paris, pourront être évoqués, lorſque l'une des Parties étant du Corps, aura quatre parens ou alliés aux degrés mentionnés en l'Article ci-deſſus, ou que n'étant point du Corps, elle en aura ſix.

A R T I C L E   VIII.

Quant aux autres Cours des Aydes, lorſque l'une des Partie ſera du Corps, & qu'elle aura trois parens ou alliés; ou que n'en étant point, elle en aura quatre aux degrés ci-deſſus, l'évocation ſera accordée avec ren-

---

(*a*) ,, Lorſque la Partie évoquée ſera du Corps du Parlement, dont l'évocation ſera de-
,, mandée, le nombre des parens ou alliés aux degres ci-deſſus marqués, du chef deſquels
,, on pourra évoquer, ſera & demeurera fixé à l'avenir, ſçavoir, pour le Parlement de Paris
,, au nombre de dix; pour les Parlemens de Toulouſe, Rouen & Bretagne au nombre de ſix;
,, pour les Parlemens de Dijon, Grenoble, Aix, Pau, Metz & Bezançon au nombre de cinq.
,, Et lorſque la Partie évoquée ne ſera pas du Corps dont l'évocation ſera demandée, le nom-
,, bre deſdits parens & alliés ſera fixé, pour le Parlement de Paris à celui de douze; pour
,, pour ceux de Toulouſe, Bordeaux, Rouen & Bretagne, au nombre de huit; & pour
,, les Parlemens de Grenoble, Aix, Dijon, Pau, Metz & Bezançon au nombre de ſix.
,, Ordonnance de 17 7. Tit. 1. Art. 7.
(*b*) ,, Le nombre des parens & alliés du chef deſquels on pourra évoquer de notre Grand
,, Conſeil, demeurera fixé à quatre; pour ceux qui feront du Corps, & à ſix pour ceux qui n'en
,, feront pas, *Ibid. Art.* 8.

voy en une autre plus prochain & non suspect.

Nous ne trouvons encore aucune innovation sur ce point dans la nouvelle Ordonnance de 1737. (*a*).

ARTICLE IX.

Les Procès pendans en l'un des Semestres des Compagnies qui sont semestrés, & aux Chambres de nos Cours de Parlemens & des Aydes, ausquels Procès aucuns de nos Présidens ou Conseillers des Semestres & Chambres seront Parties, ou si l'une des Parties y a son pere, enfans, gendres, freres, beaux-freres, oncles, neveux, cousins germains, ou deux parens au troisiéme degré ou trois jusqu'au quatriéme inclusivement, seront renvoyés en une autre Chambre & Semestre à la simple requisition de l'une des Parties.

L'Ordonnance nouvelle de 1737. n'a point admis les Evocations d'un Semestre a un autre, ni d'une Chambre à une autre Chambre de la même Cour, pour quelque cause que ce soit.

ARTICLE X.

Les Procès pendans aux Chambres mi-Parties, soit qu'elles soient unies ou séparées des Parlemens, pourront être révoqués & renvoyés aux autres Chambres mi-Parties plus proches & non exceptées, à cause des Juges qui se trouveront parens ou alliés d'aucunes des Parties, sçavoir, un au second degré, deux au troisiéme ; ou qui auront dans le Corps des mêmes Parlemens, des parens & alliés au nombre & degré requis pour évoquer.

(*c*) ,, Les Procès & differentes pendans en la Cour des Aydes de Paris, ne pourront en ,, être évoques, que lorsque l'une des Parties étant du Corps, y aura quatre parens & alliés ,, aux degrés ci-dessus marqués, ou que n'étant point du Corps, elle en aura six. Or- ,, donnance de 1737. tit. 1. Art. 9.
,, Quant aux autres Cours des Aydes, l'évocation ne pourra avoir lieu que lorsque l'une ,, des Parties sera du Corps, & qu'elle y aura trois parens ou alliés aux degrés ci-dessus mar- ,, qués, ou que n'etant pas du Corps, elle en aura quare ; & le renvoi de l'affaire évo- ,, quée sera fait, dans le cas du présent Article & du précedent, en une autre Cour des Ay- ,, des la plus proche & la moins suspecte, ainsi qu'il sera marqué par l'Article 35. ci-dessous ,, Ibid.. art. 10.

Tout ce qui concernoit les privileges accordés à ceux qui profeſſoient la Religion prétendue Réformée en France, ſe trouvant anéanti par la révocation de l'Edit de Nantes poſterieure à notre Ordonnance, le preſent article ſe trouve maintenant ſans aplication.

ARTICLE XI.

Les procès ne pourront être évoqués, ſi les deux tiers des parens & alliés qui feront articulés, ne ſont Titulaires, pourvus & revêtus de leurs Offices, ſans que les Ducs & Pairs, Officiers honoraires & véterans puiſſent être comptés que pour un tiers.

Pour ôter tout équivoque ſur la qualité des Officiers d'une Compagnie, du chef deſquels on pouvoit évoquer, l'Ordonnance de 1737. décide qu'il ne peut y en avoir d'autres que ceux qui ont ſéance & voix déliberative, enſemble les Avocats & Procureurs Géneraux (a).

Enſuite la même Ordonnance veut, conformément au preſent article, qu'il y ait parmi ceux dont les parentés ou alliances ſont articulés, au moins les deux tiers qui ſont revêtus de leurs Offices (b).

Par conféquent les Ducs & Pairs, les Conſeillers d'honneur, les Officiers honoraires ou véterans (qui, quoiqu'ils ayent voix déliberative, ne ſont point en titre) ne peuvent être comptés tous enſemble & en quelque nombre qu'ils ſoient, que pour un tiers des parens néceſſaires pour l'évocation (a). Encore, ce privilege des Ducs & Pairs & Conſeillers d'honneur, d'être comptés tous enſemble pour un tiers, ne peut-il donner lieu à l'évocation, qu'aux Parlemens ſeulement, quoiqu'ils ayent droit de ſiéger dans d'autres Compagnies ; parce que cette ſéance

---

(a) „ N'entendons comprendre dans les articles précedens, ſous le nom d'Officiers du Corps
„ de nos Cours ou autres Compagnies, que ceux qui y auront ſéance & voix déliberative,
„ enſemble nos Avocats & Procureurs Généraux : ce qui ſera pareillement obſervé par raport
„ aux Officiers du chef deſquels l'évocation ſera demandée ; & ſans qu'elle puiſſe avoir lieu
„ ſous pretexte de parenté ou alliance avec d'autres Officiers que ceux qui ſont ci-deſſus men-
„ tionnés, encore qu'ils euſſent le privilege d'être Officiers du Corps, dans d'autres matieres.
Ordonnance de 1737. tit. 1. art. 11.

(b) „ Les procès ou conteſtations ne pourront être évoqués, ſi dans le nombre de ceux dont
„ les parentés ou alliances ſerout articulées, il n'y en a au moins les deux tiers qui ſont Titu-
„ laires, pourvus & revêtus de leurs offices *Ibidem, art. 12.*

(a) „ Les Ducs & Pairs, les Conſeillers d honneur, & les Officiers honoraires ou véterans,
„ en quelque nombre qu'ils ſoient, ne ſeront comptés que pour un tiers des parens néceſſaires
„ pour l'évocation ; c'eſt-à-dire pour un ſeul parent, dans les Cours où il en faut trois, quatre
„ ou cinq pour évoquer ; pour deux, dans celles où il en faut ſix ou huit ; pour trois, quand
„ il en faut dix ; & pour quatre, quand il en faut douze. *Ibid. art. 13.*

n'eſt que d'honneur & paſſagere, & ne peut leur donner un aſſez grand crédit dans ces Compagnies pour que leurs parentés ou alliances relativement à quelqu'une des Parties, y puiſſent faire quelque impreſſion (*a*).

ARTICLE XII.

L'évocation ne pourra être demandée par l'une ou l'autre des Parties, ſur leurs parentés ou alliances communes en égal dégré.

. Quoiqu'il fût clair que l'intention du Légiſlateur, en admettant les évocations d'une Cour Souveraine à une autre relativement aux parentés & alliances, ne fut pas d'autoriſer une Partie à demander l'évocation du chef de ſes propres parens ou alliés, néanmoins, comme l'Ordonnance de 1669. ne s'expliquoit point ſur cela d'une maniere poſitif, le feu Roi a expliqué depuis ſes intentions par une Déclaration poſterieure du 14 Août 1701. C'eſt en conſéquence de cette Déclaration que l'Ordonnance de 1737. défend à une Partie d'évoquer du chef de ſes parens ou alliés, à moins qu'ils ne le ſoient auſſi des autres Parties ou de l'une d'elles (*b*). Encore, cette parenté ou alliance commune ne peut-elle donner lieu à l'évocation qu'autant que les parens ou alliés communs ſont plus proches de l'évoqué que de celui qui demande l'évocation. On ne fait à cet égard aucune difference entre la qualité de parens & celle d'allié (*c*).

ARTICLE XIII.

Les parentés & alliances des Maîtres des Requêtes ordinaires de notre Hôtel, ne pourront être articulées ni reçues pour évoquer, que de notre Parlement de Paris.

(*a*) „ Ne pourront les parentés & alliances des Ducs & Pairs, Conſeillers d'honneur & au-
„ tres Officiers qui, en vertu du même Titre, ont ſéance non-ſeulement en notre Parlement
„ de Paris, mais en d'autres Compagnies, être articulées pour évoquer d'aucune deſdites
„ Cours, ſi ce n'eſt de notre Parlement de Paris. *Ordonnance de 1737. tit. 1. art.* 14.
(*b*) „ Il ne ſera permis à aucune des Parties d'évoquer du chef de ſes parens ou alliés, lorſ-
„ qu'ils ne le ſeront pas auſſi des autres Parties ou de l'une d'elles ; auquel cas ſera obſervé ce
„ qui eſt porté par l'article ſuivant. *Ibidem. art.* 16.
(*c*) „ Les parentés ou alliances communes aux Parties, ne pourront donner lieu à l'évoca-
„ tion, lorſqu'elles ſeront en égal degré, ou lorſque les parens ou alliés du chef deſquels l'é-
„ vocation ſera demandée, le ſeront dans un degré plus proche de celui qui évoque, que des
„ autres Parties ; ſans qu'en aucun cas il puiſſe être fait aucune difference à cet égard, entre
„ l'alliance & la parenté. *Ibidem. art.* 17.

L'Ordonnance de 1737, ajoute *le Grand Confeil.* Et en effet depuis que par la fuppreffion des Préfidens en titre de ce Tribunal, les Maîtres des Requêtes y font l'office de Préfidens par Commiffion, ils font cenfés membres de cette Compagnie, au moins autant que du Parlement de Paris (*a*).

ARTICLE XIV.

En jugeant les évocations, on n'aura aucun égard aux parentés & alliances des Officiers qui feront décedés, ou qui fe feront démis de leurs Offices & dont l'intérêt aura ceffé, pourvû que la preuve en ait été raportée avant le Jugement ; & le droit ne fera acquis à l'évoquant que du jour de l'Arrêt, fans néanmoins qu'en ce cas il puiffe être condamné aux dépens, nonobftant l'article premier des dépens.

L'Ordonnance de 1737. a rapellé exactement les mêmes difpofitions dans l'article 18 du Titre premier (*b*). Mais elle a de plus prévu le cas où indépendamment du décès, de la démiffion, ou ceffation d'intérêts des Officiers du chef defquels l'évocation eft requife, il fe trouveroit que l'affaire, par fa nature ou par l'état de la conteftation, n'étoit point fujet à évocation ; & elle a ftatué qu'alors l'évoquant n'en feroit pas moins condamné en l'amende & aux dépens : elle a ftatué la même chofe, dans le cas ou l'Officier décedé, qui fe feroit demis, ou dont l'intérêt auroit ceffé, fe trouveroit n'être parent ni allié de l'évoqué, ou ne l'être pas à des degrés compétens (*c*)

___

(*a*) „ Les parentés & alliances des Maîtres des Requêtes ordinaires de notre Hôtel, ne pour-
„ ront être articulées ou reçues pour évoquer d'aucune autre Cour, que de notre Parlement
„ de Paris, & de notre Grand Confeil. *Ordonnance de 1737. tit. 1. art. 15.*
(*b*) „ En jugeant les évocations, on n'aura aucun égard aux parentés & alliances des Offi-
„ ciers qui feront décedés, ou qui fe feront démis de leur office, ou dont l'intérêt aura ceffé
„ depuis l'évocation demandée. pourvû que la preuve en ait été raportée avant le Jugement,
„ fans néanmoins qu'en ce cas, l'évoquant puiffe être condamné à aucune amende ni aux dé-
„ pens. *Ibidem art. 18.*
(*c*) „ Voulons néanmoins que dans le cas ou, indépendamment du décès, de la démiffion,
„ ou de la ceffation d'intérêts des Officiers du chef defquels l'évocation avoit été demandée,
„ il fera jugé que l'affaire par fa nature, ou par l'état de la conteftation, n'étoit point fujette
„ à l'évocation, comme auffi quand il fe trouvera que l'Officier décedé, ou qui fe fera demis,
„ ou dont l'intérêt aura ceffé, n'étoit ni parent ni allié de l'évoqué, ou qu'il ne l'étoit point
„ à un des degrés ci-deffus marqués, l'évoquant foit condamné en l'amende & aux dépens.
Ibidem, art. 19.

ARTICLE XV.

Aucune évocation ne sera accordée sur les parentés & alliances des Syndics ou Directeurs, ou Administrateurs, Corps & Communautés, Tuteurs & Curateurs, pourvû qu'ils ne soient pas intéressés dans le procès en leurs noms.

La même disposition se retrouve dans l'Ordonnance de 1737, mais d'une maniere plus étendue & plus développée (*a*).

ARTICLE XVI.

Les affaires concernant notre Domaine ne pourront pareillement être évoqués.

ARTICLE XVII.

On ne pourra aussi évoquer les decrets ni les ordres ; & néanmoins les opositions qui y seront faites, pourront être évoquées.

Indépendamment des contestations concernant le Domaine du Roi & les decrets & les ordres, qui semblent être ici seules exceptées, par leur nature, des évocations, l'Ordonnance de 1737, a compris beaucoup d'autres matieres dans la même exception ; telles sont les affaires tant Civiles que Criminelles, pendantes aux Cours des Aydes concernant les Fermes du Roi & l'exécution des baux, même tous procès des Fermiers ou Adjudicataires des Fermes en nom Collectif contre

---

[*a*] „ Aucune évocation ne sera accordée sur les parentés & alliances des Syndics ou Directeurs, Tuteurs ou Curateurs ou autres Administrateurs, ni pareillement sur celle des „ membres des Corps & Communautés ; pourvû que dans la contestation dont l'évocation sera „ demandée, les uns ni les autres ne soient Parties en leurs noms, indépendamment de leurs „ qualités ci-dessus marquées, & pour un interêt personnel distinct & séparé de celui des per- „ sonnes qui sont sous leur direction ou administration, desdits Corps & Communautés ; au- „ quel cas l'évocation ne pourra avoir lieu que pour les demandes & contestations qui concer- „ neront leurdit interêt personnellement, & non celui desdites personnes, Corps & Commu- „ tés. *Ordonnance de 1737. tit. I. art. 20.*

leurs

leurs Commis ; telles font les affaires que le Procureur Géneral pourfuit au nom du Roi ou comme exerçant le Miniftere Public, les matieres des Eaux & Forêts & autres pendantes aux Tables de Marbre
établies pour les Parlemens, les pourfuites de criées, les affaires des
Pairies, lorfqu'il s'agit du titre & proprieté d'icelles ; deforte que fi l'on
pourfuivoit l'évocation de ces fortes de conteftations, nonobftant l'exception dans laquelle elles font comprifes, les Cours font autorifées à
pafler outre (*a*).

A R T I C L E   XVIII.

Les caufes & inftances des Requêtes Civiles & exe-
cutions d'Arrêts, ne pourront auffi être évoquées par
ceux qui auront été Parties aux procès fur lefquels ils
auront été rendus ; fi ce n'eft que depuis il ait été con-
tracté quelque alliance, ou qu'il foit intervenu quel-
que autre fait, qui puiffe donner lieu à l'évocation.

[*a*] ,, Les caufes ou procès tant Civils que Criminels, pendans en nos Cours des Aydes,
,, qui concerneront les droits de nos Fermes & l'exécution des baux, circonftances & dépen-
,, dances, même tous procès de nos Fermiers en nom collectif, ou des adjudicataires de nos
,, Fermes contre leurs Commis, en matiere civile ou criminelle, ne pourront être évoqués
,, fur les parentés & alliances des Officiers de nos Cours des Aydes, avec aucuns des intéref-
,, fés en nofdites Fermes, en quelque degré que ce foit : le tout fans préjudice des évocations
,, du chef de ceux defdits intéreffés, ou de leurs Commis, qui feroient parties en leur propre
,, & privé nom, & pour un interêt perfonnel, autre que celui de nos Fermes. *Ordonnance de*
,, 1737. *tit.* I. *art.* 21.
,, Les affaires concernant notre Domaine, ne pourront être évoquées ni pareillement celles
,, des Pairies où il s'agira du titre & de la proprieté de la Pairie, ou des droits qui en depen-
,, dent, quand le fond defdits droits fera contefté. *Ibidem. art.* 22.
,, Aucune évocation ne pourra être demandée du chef des parens & alliés de nos Procureurs
,, Généraux, lorfqu'ils ne feront parties, que comme exerçant le Miniftere public. *Ibidem art.*
23.
,, Ne pourront pareillement être évoquées les caufes & procès dont la connoiffance apartient
,, à nos Chambres des Eaux & Forêts, ou Tables de marbre, établies auprès de nos Cours de
,, Parlement ; & ce, de quelque nature que foient lefdites affaires, & de quelque maniere que
,, lefdites Chambres fe trouvent compofées. *Ibidem. art.* 24.
,, Les decrets, les pourfuites de criées & les ordres, ne pourront être évoqués, ni pareille-
,, ment les opofitions aux faifies réelles, de quelque nature qu'elles puiffent être, ni aucunes
,, des conteftations qui pourront furvenir, foit à l'occafion des contrats d'union, de direction
,, ou autres femblables entre les créanciers & leurs débiteurs, foit au fujet defdits decrets &
,, ordres. *Ibidem. art.* 25.
,, Voulons que s'il étoit fignifié aucunes cédules évocatoires dans les cas portés par les qua-
,, tre articles précedens, il foit paffé outre par nos Cours, à l'inftruction & au jugement des
,, caufes, inftances ou procès, fans avoir égard aufdites cédules évocatoires qui feront regardées
,, comme nulles & nul effet. *Ibidem. art.* 26.

Hhhh

L'Ordonnance de 1737. n'a rien innové dans la difposition du prefent article. (*a*)

ARTICLE XIX.

Les caufes & les procès dont la plaidoirie ou le raport auront été commencés, ne pourront être évoqués fous prétexte de parentés & alliances ; & en cas de conteftation, l'évoqué pour juftifier de l'état des caufes & procès, raportera pour les caufes d'Audience, un certificat du Greffier, & pour les procès par écrit, un Arrêt fur Requête, qui fera rendu par la Chambre ou le procès fera pendant, portant que la plaidoirie ou raport aura été commencé.

La difpofition du prefent article a encore été confervée prefque litteralement par l'Ordonnance de 1737, (*b*) qui y a feulement ajouté à la fin ; *en conféquence, fur la fimple Requête de l'évoqué, à laquelle ledit certificat ou ledit Arrêt fera attaché, il fera ordonné en notre Confeil, qu'il fera paffé outre au Jugement de la caufe ou du procès, & l'évoquant condamné à l'amende & aux dépens.*

ARTICLE XX.

L'évocation ne pourra être demandée par celui qui aura été reçu Partie intervenante en caufe d'apel feu-

---

[a] ,, Les caufes & inftances où il s'agira de l'entérinement de Lettres de Requête Civile, ,,ou de révifion, ou de demandes en execution d'Arrêts ou Jugemens en dernier reffort, ne ,, pourront être évoquées par ceux qui auront été parties aux procès ou conteftations fur lefquels lefdits Arrêts ou Jugemens auront été rendus : fi ce n'eft que, depuis, il ait ete contracté ,, quelque alliance, ou qu'il foit furvenu quelque autre fait qui puiffe donner lieu à l'évocation. *Ordonnance de 1737 tit. I. art. 27.*

(*b*) Les caufes & les procès dont la plaidoirie ou le raport auront été commencés, ne pour-,, ront être évoqués, fous prétexte de parentés ou alliances : & lorfque l'affaire fera en cet ,, état lors de l'évocation, l'évoqué raportera pour le juftifier, fçavoir, à l'égard des caufes ,, d'Audience, un certificat du Greffier, portant que la plaidoirie a été commencée ; & pour ,, les procès par ecrit, un Arrêt fur Requête qui fera rendu par la Chambre ou le procès fera ,, pendant, lequel portera que le raport du procès a été commencé : & en conféquence, fur la ,, fimple Requête de l'évoqué à laquelle ledit Arrêt fera attaché, il fera ordonné en notre Con-,, feil qu'il fera paffé outre au Jugement de la caufe ou du procès, & l'évoquant condamné à l'amende & aux dépens. *Ididem. art. 28.*

lement, ni de fon chef, fi ce n'eft que fes droits n'euf-
fent pas encore été ouverts & que lui & fes auteurs
n'euffent pû agir avant le Jugement difinitif rendu en
caufe principale.

La même difpofition fe retrouve auffi mot pour mot dans l'Ordonnance de 1737 (*a*) qui, après avoir ftatué comme la nôtre que l'évocation ne pourra être demandée par l'intervenant en caufe d'apel feule-
lement, ni de fon chef, a ajouté, *ou de celui de fes parens & alliés.*

ARTICLE XXI.

L'évocation pourra être demandée par celui ou du
chef de celui qui aura été affigné en garantie, ou pour
voir déclarer un Arrêt commun, dans les fix femaines
après qu'une caufe aura été mife au rôle, ou que le
premier acte pour venir plaider aura été fignifié, fi la
caufe en eft pourfuivie par placet, ou dans deux mois,
après le Réglement ou apointement, de quelque qua-
lité qu'il puiffe être ; & après les délais ci-deffus, il ne
fera plus reçu à évoquer.

Le prefent article femble autorifer *indiftinctement* celui qui eft affigné
en garantie ou pour voir déclarer un Arrêt commun, à demander l'é-
vocation même de la demande principale, pourvû qu'il foit dans le cas
de la Loi & qu'il fe pourvoye dans les délais prefcrits.
Mais l'Ordonnance de 1737. n'a admis cette difpofition qu'*avec di-*
ftinction. Si la demande en garantie fe trouve jointe & confondue avec la
demande principale, de maniere qu'elles ne forment plus enfemble
qu'une feule conteftation (comme lorfque l'affaire a été mife au rôle
avec l'affigné en garantie, ou que les avenirs lui ont été fignifiés, ou
lorfque la demande en garantie a été apointée avec la demande principale conjointement & par un même Arrêt ou du moins par un Arrêt

(*a*) ,, L'évocation ne pourra être demandée par celui qui aura été reçu Partie intervenante
ſ, en caufe d'apel feulement, ni de fon chef ou de celui de fes parens & alliés ; fi ce n'eft
,, que fes droits n'euffent pas encore été ouverts, & que lui ou fes auteurs n'euffent pû agir
,, avant le Jugement rendu en caufe principale. *Ordonnance de 1737. tit. 1. art. 29.*

Hhhh ij

poſterieur de jonction) alors celui qui eſt aſſigné en garantie peut faire évoquer enſemble la demande principale & la demande en garantie, parcequ'elles ne forment plus alors toutes deux qu'un tout indiviſible. Mais s'il n'y a point de jonction ni préſumée ni formelle, l'aſſigné en garantie ne peut faire évoquer que la demande en garantie dont l'évotion ne peut empêcher qu'il ne ſoit paſſé outre au Jugement de la demande principale. La même diſtinction a lieu par raport à la demande en déclaration d'Arrêt commun *(a)*.

Dans le cas de jonction des deux demandes principales & en garantie ou en déclaration d'Arrêt commun, l'Ordonnance de 1737 preſcrit les mêmes délais pour être admis à l'évocation, que ceux mentionnés dans notre article : de ſorte que, faute par l'évoquant de s'être pourvû dans ces délais, la Partie évoquée peut obtenir au Conſeil un ſimple Arrêt ſur Requête portant qu'il ſera paſſé outre au Jugement de la cauſe ou du procès, de même qu'elle auroit pû faire avant la ſignification de la cédule évocatoire *(b)*.

Il y a même plus ; c'eſt que ſi, dans l'intervale des délais preſcrits, l'aſſigné en garantie ou en déclaration d'Arrêt commun venoit à être mis hors de cauſe, ou que la demande en jonction n'eût pas lieu, ou enfin que la disjonction de la demande principale & de celle en garantie fut prononcée par Arrêt contradictoire, avant la ſignification de la cédule évocatoire, l'évocation ne pourroit plus être demandée *(c)*.

Enfin comme notre Ordonnance de 1669. s'étoit contentée de mar-

---

(a) ,, L'évocation de la demande principale ne pourra être demandée par celui ou du chef ,, de celui qui aura été aſſigné en garantie, ou pourvoir déclarer l'Arrêt commun, ni pareil- ,, lement du chef de ſes parens & alliés, qu'en cas que la cauſe, ſi l'affaire eſt à l'Audience ,, ,, ait été miſe au rôle avec l'aſſigné en garantie ou pour voir déclarer l'Arrêt commun & les ,, autres Parties, ou que le premier acte pour venir plaider avec toutes les Parties lui ait été ,, ſignifié, lorſque l'Audience ſera pourſuivie par placet. Et ſi la demande principale a été ,, apointée, l'évocation ne pourra avoir lieu qu'en cas que ladite demande en garantie ou ,, pour voir déclarer l'Arrêt commun ait été réglée par le même Arrêt, ou par un Arrêt ,, de jonction ; ſauf au Demandeur en garantie, à évoquer la conteſtation ſur la garantie ſeule- ,, ment, auquel cas il pourra être paſſé outre au Jugement de la demande principale. *Ordonnance de 1737. tit. I. art. 30.*

(b) ,, Ne pourra néanmoins l'évocation de la demande principale être admiſe, même dans le ,, cas ou elle peut avoir lieu ſuivant l'article précedent, ſi la cédule évocatoire n'a été ſigni- ,, fiée dans ſix ſemaines à compter du jour que la cauſe aura été miſe au rôle avec l'aſſigné ,, en garantie, ou pour voir déclarer l'Arrêt commun & les autres Parties, ou que le premier ,, acte pour venir plaider avec toutes les Parties aura été ſignifié, ou du jour de la ſignification ,, de l'Arrêt qui aura joint au principal la demande en garantie, ou pour voir déclarer l'Arrêt ,, commun ; après leſquels délais l'évocation ne ſera plus reçue. Voulons qu'en juſtifiant par la ,, Partie évoquée, que leſdits délais étoient expirés le jour de la ſignification de la cédule ,, évocatoire, il ſoit ſur ſa ſimple Requête rendu Arrêt en notre Conſeil, portant qu'il ſera ,, paſſé outre au Jugement de la cauſe ou du procès, comme on auroit pû faire avant la ſignifi- ,, cation de ladite cédule évocatoire. *Ibidem, art. 31.*

(c) ,, Si dans ledit délai de ſix ſemaines, l'aſſigné en garantie ou pour voir déclarer l'Arrêt ,, commun, étoit mis hors de cauſe, ou ſi Demandeur étoit débouté de ſa demande en jonc- ,, tion deſdites demandes au procès principal, ou qu'après avoir été jointes, elles euſſent été ,, disjointes par Arrêt contradictoire, avant la ſignification de la cédule évocatoire, l'évoca- ,, tion ne pourra être demandée. Voulons que ſi, au préjudice de la préſente diſpoſition, il ,, étoit ſignifié une cédule évocatoire, il ſoit accordé au Défendeur un Arrêt de notre Conſeil, ,, ſuivant ce qui eſt porté par l'article précedent. *Ibidem. art. 32.*

quer que les affaires évoquées d'une Cour Souveraine feroient renvoyées
à la Cour Souveraine la plus proche ; pour éviter tout sujet de conteftation à cet égard & toute interprétation arbitraire, l'Ordonnance de
1737 (d'après les Déclarations du 23 Juillet 1701 & 15 Novembre
1703) a fixé invariablement l'ordre dans lequel le renvoi devoit être
fait, dans les cas ou il y a lieu à l'évocation d'une Cour à une autre (*a*).

ARTICLE XXII.

Les Parties qui prétendront évoquer fur parentés &
alliances, feront tenues de faire fignifier au domicile
du Procureur de la Partie évoquée, une cédule évoca-
toire, contenant la qualité & l'état du procès, les noms
& furnoms des parens & alliés & leurs degrés de pa-
rentés & alliances ; avec fommation de les reconnoî-
tre & confentir à l'évocation & renvoi au Parlement ,
Chambre & autre Cour plus proche & non fufpecte ;
& en cas d'exception du plus proche de la part de l'é-
voquant, il fera tenu d'en cotter les caufes & moyens

,, (*a*) Dans les cas ou il y aura lieu à l'évocation d'un Parlement à un autre, le renvoi fera
,, fait dans l'ordre fuivant ; fçavoir, de notre Parlement de Paris, à notre Grand Confeil ou
,, au Parlement de Rouen : de notre Parlement de Rouen, à celui de Bretagne : de notre Par-
,, lement de Bretagne, à celui de Bordeaux : de notre Parlement de Bordeaux, à celui de Tou-
,, loufe : de notre Parlement de Pau, à celui de Bordeaux : de notre Parlement de Touloufe ,
,, à celui de Pau ou à celui d'Aix : de notre Parlement d'Aix, à celui de Grenoble : de notre
,, Parlement de Grenoble à celui de Dijon : de notre Parlement de Dijon , à celui do Bezan-
,, çon : de notre Parlement de Befançon , à celui de Metz : & de notre Parlement de Metz , à
,, celui de Paris : & à l'égard des caufes & procès qui feront évoqués de notre Grand Confeil,
,, le renvoi en fera fait en notredit Parlement de Paris. *Ordonnance de 1737. tit. I. art.* 33.
,, Les procès qui feront évoqués de nos Parlemens , pourront être renvoyés en notre Grand
,, Confeil, quand les Parlemens plus proches feront valablement exceptés. *Ibidem.* art. 34.
,, Dans les cas ou il y aura lieu a l'évocation d'une Cour des Aides, ou d'un Parlement , ou autre
,, Cour exerçant la même Jurifdiction , en une autre Cour femblable , le renvoi en fera fait
,, dans l'ordre fuivant, fçavoir : de notre Cour des Aydes de Paris, à celle de Rouen ou de
,, de Clermont : de celle de Rouen , au Parlement de Clermont , à celle de Clermont , à celle
,, de Paris : du Parlement de Bretagne, à la Cour des Aydes de Bordeaux : de celle de Bordeaux,
,, à celle de Montauban : de celle de Montauban , à celle de Montpellier : du Parlement de
,, Pau, à la Cour des Aydes de Montpellier : de celle de Montpellier, à celle d'Aix : de celle
,, d'Aix, au Parlement de Grenoble : du Parlement de Grenoble, au Parlement de Dijon : du
,, Parlement de Dijon, à la Cour des Aydes de Dole : de celle de Dole, au Parlement de Metz :
,, & du Parlement de Metz, à la Cour des Aydes de Paris. *Ibidem. art.* 35.
,, N'entendons préjudicier , par les trois articles précedens , aux exceptions particulieres qui
,, pourroient être propofées par les Parties , contre celles defdites Cours aufquels le renvoi
,, doit être fait fuivant lefdits articles : & en cas que lefdites exceptions foient jugées vala-
,, bles , Nous nous réfervons d'ordonner dans notre Confeil, le renvoi à une autre Cour non
,, fufpecte , ainfi qu'il apartiendra. *Ibidem. art.* 36.

dans la cédule évocatoire : l'évoqué fera tenu de faire le femblable par fa réponfe à la fignification & fommation qui lui fera faite ; le tout à peine de nullité.

L'Ordonnance de 1737. a encore fuivi prefqu'à la lettre la difpofition du prefent article (*a*).

ARTICLE XXIII.

Sera tenu le Défendeur en évocation, quinzaine après la fignification de la cédule évocatoire, de reconnoître ou dénier précifement les parentés ou alliances qui auront été articulées, & faire les exceptions des Parlemens qui leur feront fufpects, fans qu'il puiffe avant la réponfe faire aucunes pourfuites du procès.

ARTICLE XXIV.

Et faute de fournir par les Défendeurs en évocation, dans quinzaine après la fignification de la cédule évocatoire faite à la perfonne ou Procureur, leur réponfe contenant la reconnoiffance ou dénegation, la fignification leur fera réiterée ; & faute d'y répondre quinzaine après la feconde fignification, les faits feront tenus pour averés & reconnus, & en conféquence les évocations accordées.

Ces mêmes difpofitions fe retrouvent encore prefque mot pour

(*a*) ,, Les Parties qui prétendront évoquer fur parentés & alliances, feront tenues de faire ,, fignifier au domicile du Procureur de la Partie évoquée, une cédule évocatoire contenant la ,, qualité & l'état du procès, les noms & furnoms des parens & alliés & leur degré de parenté ,, & alliance, avec fommation de les reconnoître, & de confentir à l'évocation & au renvoi à ,, celle des Cours qui font marquées par les articles 33, 34 & 35 ci-deffus : & en cas d'excep- ,, tion de ladite Cour, de la part de l'évoquant, il fera tenu d'en marquer les caufes & moyens ,, dans la cédule évocatoire, à peine de nullité. *Ordonnance de 1737. tit. 1. art. 37.*

mot dans l'Ordonnance de 1737 (*a*).

Cette derniere Ordonnance a feulement ajouté à la nôtre , que fi le Défendeur en évocation employoit dans fa réponie à la cédule évocatoire des moyens indépendans des parentés & alliances articulées, fans les avoir précifément déniées, elles feront regardées comme reconnues (*b*).

ARTICLE XXV.

L'évoquant fera preuve feulement des parentés & alliances qui auront été déniées ; & ce faifant , les autres demeureront conftantes , fans qu'il foit befoin d'autre preuve.

Même difpofition dans l'Ordonnance de 1737 (*c*).

ARTICLE XXVI.

Lorfque les Parties évoquées auront convenu des parentés & alliances articulées par les cédules évocatoires, & confenti refpectivement l'évocation & le ren-

(*a*) ,, Le Défendeur en évocation fera tenu, quinzaine après la fignification de la cédule évo-
,, catoire, de reconnoître ou denier précifément les parentés & alliances qui auront été articu-
,, lées ; & en cas que la Cour ou le renvoi doit être fait fuivant les articles 33, 34 & 35 ci-
,, ou celle qui aura été indiquée par la cédule évocatoire, lui foient fufpectes , il fera auffi te-
,, nu de déclarer fes caufes & moyens d'exception , & fera la réponfe dudit Défendeur pareil-
,, lement fignifiée au domicile du Procureur du Demandeur en évocation ; le tout fans préju-
,, dice au Défendeur , d'affigner tels autres moyens de droit ou de fait contre l'évocation, qu'il
,, avifera bon être. *Ordonnance de 1737. tit. I. art.* 41.
,, Si le Demandeur en évocation ne fait point fignifier fa réponfe dans le terme porté par
,, l'article précedent, la fignification de la cédule évocatoire lui fera reiteréc dans la forme
,, prefcrite par les articles 37 & 38 de la prefente Ordonnance ; & faute d'y répondre quinzaine
,, après la feconde fignification , les faits feront tenus pour averés & reconnus ; & en confé-
,, quence, les évocations feront accordées pour celle de nos Cours à laquelle le renvoi doit être
,, fait fuivant les articles 33. 34 & 35 ci-deffus , fans que ledit Défendeur puiffe être reçu après
,, ledit délai , à contefter lefdites évocations en aucun cas , & fous quelque prétexte que ce foit.
Ibidem. art. 42.
(*b*) ,, Et ou ledit Défendeur auroit employé dans fa réponfe à la cédule évocatoire , des moyens
,, indépendans des parentés & alliances articulées , fans avoir précifément dénié lefdites pa-
,, rentés & alliances par ladite réponfe , & dans lefdits délais , elles feront regardées comme
,, reconnues, & il ne fera plus reçu à les contefter , fous quelque prétexte que ce puiffe être ;
,, fans préjudice néanmoins de fes autres moyens contre ladite évocation , fur lefquels il fera
,, ftatue en notre Confeil, ainfi qu'il apartiendra. *Ordonnance de* 1737. *tit.* I. *art.* 43.
(*c*) ,, Ne fera fait preuve que des parentés & alliances qui auront été deniées , & les autres
,, demeureront pour reconnuës , fans qu'il foit befoin d'aucune autre preuve. *Ibidem. article*
48.

voi de leurs *differens* au plus prochain *Parlement ou
autre Jurifdiction* , l'une des *Parties pourra fe retirer
pardevers nos Chancellier & Garde des Sceaux* , pour
les *refforts des Parlemens & autres Cours de Languedoc* , *Guyenne* , *Grenoble* , *Aix* , *Rennes & Pau* , dans
deux mois ; & pour les *Parlemens & autres Cours de
Paris* , *Rouen* , *Dijon & Metz* , dans un mois, à
compter du jour de la *fignification du confentement* ,
pour en obtenir *Lettres d'Evocation* , avec attribution
de *Jurifdiction* aux *Cours* plus proches & dont les *Parties* font demeurées d'accord, lefquelles feront expédiées en juftifiant & raportant préalablement la cédule
évocatoire & le confentement des *Parties* , qui demeureront attachés fous le contrefcel.

ARTICLE XXVII.

*Et ou l'évoquant ne raporteroit dans l'un ou l'au-
tre des délais* , des *Lettres d'évocation & d'attribution
de Jurifdiction* à la *Cour* dont on fera convenu , il
fera loifible à l'évoqué de les obtenir aux frais de l'é-
voquant ; & à cet effet il fera inféré claufe, pour les
mêmes *Lettres* , en forme d'executoire de la fomme qui
fera reglée par les *Lettres* .

Notre Ordonnance de 1669. femble ne permettre d'obtenir des
Lettres d'Evocation en Chancellerie que dans un feul cas, c'eft-à-
dire en cas de confentement de la Partie évoquée. Celle de 1737, après
avoir d'abord ftatué que l'évocation fera accordée, en cas de confentement par écrit de la part de toutes les Parties (*a*), autorife encore l'Evoquant à obtenir des Lettres d'évocation confentie en Chancellerie,

_____

(*a*) ,, L'évocation fera accordée, fi toutes les Parties confentent par écrit , tant à ladite évo-
,, cation qu'au renvoi dans la même Cour. *Ordonnance de 1737. tit. I. art. 44.*

non-feulement

non-feulement dans ce cas, mais encore dans celui, où fans un confentement par écrit à l'évocation, la Partie évoquée auroit reconnu les parentés & alliances articulées, ou feroit à cet egard demeurée dans le filence. Au furplus elle prefcrit les mêmes délais que la nôtre pour fe pourvoir, & elle exige les mêmes préalables & les mêmes juftifications *(a)*.

L'Ordonnance de 1737. permet auffi, de même que la nôtre, à la Partie évoquée, en cas de retard de la part de l'évoquant, d'obtenir à fes frais des Lettres d'évocation confentie *(b)*.

ARTICLE XXVIII.

Après l'évocation confentie, fi les Parties ne conviennent pas de Juges pour le renvoi de leurs procès, pourra l'une ou l'autre faire donner affignation aux Parties en notre Confeil au mois ou à deux mois, felon la diftance des lieux, pour en convenir; & fera l'affignation donnée par exploit libellé mis au bas de la cédule évocatoire, fans qu'il foit befoin d'Arrêts, Lettres, ni autre permiffion à cet effet, nonobftant la difpofition de l'article XIII des Ajournemens.

ARTICLE XXIX.

Le femblable fera obfervé, lorfque l'évoqué demeu-

(*a*) „ Dans tous les cas ou l'évocation doit avoir lieu fuivant les articles ci-deffus, foit par „ la reconnoiffance ou le filence du Defendeur, foit par le confentement par écrit de toutes „ les Parties, l'évoquant fe pourvoira en notre Grande Chancellerie, pour obtenir des Let- „ tres d'evocation confenti, avec attribution de Jurifdiction à la Cour à laquelle le renvoi „ devra être fait, ou aura été confenti : ce que le ledit évoquant fera tenude faire dans deux „ mois, pour les affaires pendantes aux Parlemens & autres Cours de Languedoc, Guyenne, „ Grenoble, Aix, Pau, Befançon & Rennes; & dans un mois, pour les affaires pendantes „ aux Parlemens & autres Cours de Paris, Rouen, Dijon & Metz; le tout à compter du jour de „ la reconnoiffance des parentés & alliances, ou de l'expiration du terme dans lequel elles doi- „ vent être reconnues ou déniées, fuivant ce qui eft porté ci-deffus, ou du confentement donné „ par ecrit à l'évocation & au renvoi : & feront lefdites Lettres d'evocation contentie ex- „ pediées, en raportant préalablement la cédule évocatoire, la réponfe à ladite cedule, fi „ aucune y a été faite, ou le confentement par écrit des Parties, ou les fignifications dont les „ dates juftifieront que les delais ci-deffus prefcrits feront expires; lefquelles pièces demeu- „ reront attachees fous le contrefcel defdites Lettres. *Ordonnance de 1737. tit. I. art. 45.*

(*b*) „ Faute par l'evoquant d'avoir farisfait à l'article précedent, dans l'un ou l'autre des „ delais qui y font marqués, il fera loifible à l'evoqué d'obtenir, aux frais de l'évoquant, des „ Lettres d'evocation confentie ; lefquelles, audit cas, contiendront une claufe en forme d'exé- „ cutoire, pour la fomme qui fera reglee par lefdites Lettres. *Ibidem, art.* 46.

Iiii

rant d'accord de ses parentés & alliances, soutiendra l'affaire n'être sujette à évocation.

Ces deux Articles permettent d'assigner au Conseil dans deux cas, sçavoir ;

1°. Lorsqu'après l'évocation consentie, les Parties ne conviennent point des Juges devant qui le renvoi de leurs contestations doit être fait.

2°. Lorsque l'Evoqué demeurant d'accord de ses parentés & alliances, il soutient néanmoins que l'affaire n'est point sujette à évocation.

L'Ordonnance de 1737. en rappellant les mêmes dispositions pour ces deux cas-là (a), permet encore d'assigner au Conseil dans un troisiéme cas; c'est lorsque le Défendeur, sans dénier que l'affaire soit sujette à évocation, & sans soutenir que les parentés & alliances ont été mal articulées, s'est réduit à proposer des exceptions contre la Cour où le renvoi est requis ou doit être fait suivant les regles ordinaires. Mais dans ce dernier cas on ne doit statuer au Conseil que sur les exceptions seulement, sans proposer aucuns moyens sur le fond de l'évocation (b).

ARTICLE XXX.

Si l'évoqué conteste le nombre & les degrés des parentés & alliances articulées, l'évoquant sera tenu, trois jours après la signification de la cédule évocatoire, de présenter Requête au premier Maître des Requêtes ordinaire de notre Hôtel trouvé sur les lieux, ou en son absence au Bailly ou Sénechal du lieu ou le

(a) „ Soit que le Défendeur à l'évocation ait dénié les parentés & alliances, ainsiqu'il a „ été dit ci-dessus; soit qu'en les contestant, ou même sans les contester, il ait soutenu dans „ sa réponse à la cédule évocatoire que l'affaire n'est pas sujette à l'évocation, la partie la plus „ diligente pourra faire donner assignation à l'autre partie, en notre Conseil, dans les délais „ portes par l'article 45 sans attendre qu'il ait été procédé à l'Enquête ou à la contre-Enquê- „ te, dans les cas ou il écherra d'en faire; & sera ladite assignation donnée au domicile du „ Procureur de la partie assignée, par exploit libellé qui sera mis au bas de la cédule évoca- „ toire, sans qu'il soit besoin d'Arrêts, Lettres ni autres Commissions, ou permissions à cet „ effet; & ce, nonobstant la disposition de l'article 8 du titre des ajournemens de l'Ordon- „ nance de 1667. *Ordonnance de 1737. tit. I. art. 53.*

(b) „ Si le Défendeur n'a point soutenu que l'affaire n'est pas sujette à l'évocation, ni que „ les parentés & alliances ayent été mal articulées, & qu'il se soit réduit à proposer des ex- „ ceptions contre la Cour ou le renvoi est requis par la cédule évocatoire, ou contre celle ou „ le renvoi doit être fait suivant les articles 33, 34, & 35 ci-dessus; il sera pareillement donné „ assignation en notre Conseil, ainsi qu'il est porté par l'article précedent, pour y être statué „ sur lesdites exceptions seulement, & sans qu'en ce cas ledit Défendeur puisse être reçu à „ proposer d'autres moyens sur le fond de l'évocation. *Ibidem. art. 54.*

Parlement fera établi, aux fins de faire enquête des parentés & alliances, à laquelle Requête fera attachée la cédule évocatoire & fignification.

ARTICLE XXXI.

L'évoqué pourra faire une contre-Enquête & les Parties fe faire interroger respectivement fur faits & articles communiqués.

ARTICLE XXXII.

Les Enquêtes, contre-Enquêtes & Interrogatoires feront faits dans quinzaine, fans qu'après le délai expiré il puiffe être accordé aux Parties qu'un feul renouvellement de délai, qui ne pourra être que de quinzaine, ni que pour proceder aux Enquêtes, contre-Enquêtes & interrogatoires, il foit befoin d'obtenir Lettres, Arrêts ou autre permiffion que celle qui fera accordée par le Commiffaire.

ARTICLE XXXIII.

Les Parties préfenteront leurs Requêtes au Confeil, pour faire commettre l'un des Maîtres des Requêtes ordinaires de notre Hôtel, & à fon raport leur être fait droit, entre les mains duquel feront mifes les Requêtes, les Enquêtes, contre-Enquêtes & autres pieces juftificatives de leurs demandes, pour être les évocations jugées fur ce qui aura été mis pardevers le Raporteur, fans autre conteftation, procès-verbaux, Ordonnances de referés, apointement ou autre formalité, fauf aux Parties de donner leurs reponfes dans trois jours pour tous délais après la communication qui aura été donnée des Requêtes & pieces ; & le délai passé, il sera procedé au Jugement de l'évocation, sans qu'il soit besoin de sommation ni de commandement.

Dans les quatre Articles qui précedent, se trouve rassemblée toute la procedure qui doit être observée en cas de déni des parentés & alliances articulées par l'Evoquant. Les mêmes dispositions ont été inserées dans l'Ordonnance de 1737, mais avec encore plus de clarté & de développement (a).

(a) „ Lorsque l'évoqué aura contesté, en tout ou en partie, le nombre & les degrés de parentés & alliances articulées, l'évoquant sera tenu, trois jours après la signification de la réponse du Défendeur contenant sa dénegation, de presenter Requête au premier Maître des Requêtes ordinaires de notre Hôtel trouvé sur les lieux ; sinon au plus ancien Officier du Bailliage ou de la Sénéchaussée du lieu où la Cour dont on voudra évoquer sera établie, aux fins de faire Enquête desdites parentés & alliances, à laquelle seront attachées la cédule évocatoire, la signification qui en aura été faite & la réponse du Défendeur. *Ordonnance de 1737. tit. 1. art. 47.*

„ Ne sera fait preuve que des parentés & alliances qui auront été déniées, & les autres demeureront pour reconnues, sans qu'il soit besoin d'aucune autre preuve. *Ibidem, article 48.*

„ L'évoqué pourra faire faire de sa part une contre-Enquête ; & seront observées dans la confection des Enquêtes & contre-Enquêtes les formalités prescrites par l'Ordonnance de 1667, au titre des Enquêtes *Ibidem. art. 49.*

„ Pourront aussi les Parties se faire interroger respectivement sur faits & articles communiqués, & ce, pardevant le Commissaire ci-dessus nommé : le tout, sans retardation de la procédure, & à la charge de se conformer, pour ce qui concerne lesdits interrogatoires, à ce qui est prescrit par le titre 10 de l'Ordonnance de 1667, à l'exception néanmoins de ce qui regarde l'assignation pour répondre sur faits & articles, laquelle sera donnée, dans le cas du present article, au domicile du Procureur ; sauf en cas d'absence de la Partie, à lui être accordé, s'il y échet, par le Commissaire ci-dessus nommé, un délai compétent pour répondre pardevant lui, ou autre Juge par lui commis, sur lesdits faits & articles. *Ibidem. art. 50.*

„ Les Enquêtes, contre-Enquêtes & interrogatoires, seront faits dans quinzaine, à compter du jour que la réponse du Défendeur, contenant sa dénegation des parentés & alliances, aura été signifiée, sans qu'après ce délai expiré, il puisse être accordé aux Parties, qu'un seul renouvellement de délai, qui ne pourra être que de quinzaine ; ni que pour proceder aux Enquêtes, contre-Enquêtes, Interrogatoires sur faits & articles, il soit besoin d'obtenir Lettres, Arrêts, ou autres permissions que celle qui sera accordée par le Commissaire. *Ibidem. art. 51.*

„ Defendons aux Parties de faire à l'occasion des cédules évocatoires aucunes procedures, autres que celles qui sont ci-dessus marquées ; & aux Juges mentionnés dans l'article 47 de dresser à cette occasion aucun procès-verbal de dires & contestations des Parties, à peine de nullité & de tous dépens, dommages & intérêts ; derogeant à cet effet à tous usages contraires. *Ibidem. art. 52.*

„ Dans les cas où il y aura lieu de faire des Enquêtes ou contre-Enquêtes, & après l'expiration des termes prescrits pour y proceder, voulons que, sans attendre que les assignations mentionnées dans l'article precedent soient données ou échues, les évoquans soient tenus de faire porter au Greffe du Conseil les Enquêtes & autres procedures faites à leur requete, suivant ce qui a été dit ci-dessus ; & ce, dans un mois au plus tard, à compter du jour que le délai donné pour faire lesdites Enquêtes & procedures aura été expiré. *Ibidem. article 55.*

„ Faute par les évoquans d'avoir fait aporter dans lesdits délais, leurs Enquêtes au Greffe du Conseil, les évoqués pourront, huit jours après, obtenir la levée des defenses, & faire debouter les évoquans de leur évocation, par Arrêt sur Requête, en raportant un certificat du Greffier, portant qu'il n'a été remis au Greffe du Conseil, aucune Enquête ou autre procedure ; & en consequence dudit Arrêt, toutes les assignations, si aucunes ont été données par l'évoquant, demeureront nulles & de nul effet. *Ibidem. art. 56.*

ARTICLE XXXIV.

Les Parties ne feront point reçues à fe pourvoir par reftitution contre les Arrêts rendus par défaut ou congé en matiere d'évocation & de Réglement de Juges ; mais feront tenues de donner leur Requête en caffation, s'il y échet, dans la quinzaine après que l'Arrêt aura été fignifié : & ne pourra la Requête être raportée, qu'elle n'ait été fignifiée trois jours avant le raport, & copie donnée à l'Avocat qui aura figné la Requête fur laquelle l'Arrêt dont on demande la caffation fera intervenu, & que le tout n'ait été communiqué à celui des Maîtres des Requêtes ordinaire de notre Hôtel, au raport duquel l'Arrêt aura été rendu, & qu'il n'ait été oui, s'il eft à la fuite de notre Confeil; fans qu'on puiffe alleguer ni recevoir pour moyen de caffation, que l'Arrêt a été rendu par défaut ou congé.

Le préfent Article fembloit n'interdire que la voye de *reftitution* pour fe pourvoir contre un Arrêt par défaut fur évocation ou Réglement de juger. Mais en lifant la fuite du même article, il étoit aifé de voir qu'il n'admettoit d'autre voye pour fe pourvoir à cet égard que celle de la *caffation*.

L'Ordonnance de 1737 (*a*) y eft en tout conforme. Pour ôter feulement toute équivoque fur ce point, elle met dans l'exclufion auffi-bien la voye de *l'opofition* que celle de la *reftitution*; pour n'admettre, comme l'Ordonnance de 1669, que la voye de la *caffation* contre les Arrêts ainfi rendus.

(*a*) ,, Les évoquans ne feront reçus à fe pourvoir par voye d'opofition ni de reftitution, con ,, tre les Arrêts ainfi rendus. *Ordonnance de 1737. tit. I. art.* 57.
,, Après l'expiration des délais des afignations, s'il y a lieu d'inftruire le procès en notre ,, Confeil, l'inftruction fera faite fommairement, dans les formes preferites par le Réglement ,, de notre Confeil ; & les Parties qui auront laiffé juger lefdits procès par défaut ou congé, ,, ne feront reçus à fe pourvoir par opofition ou reftitution contre lefdits Arrêts, fauf à les ,, attaquer par la voye de la caffation, s'il y échet, dans les formes preferites par ledit Re- ,, glement ; & fans qu'elles puiffent alleguer pour moyens de caffation, que lefdits Arrêts ont ,, été rendus par défaut ou par congé. *Ibidem, art.* 58.

ARTICLE XXXV.

L'évoquant qui succombera , sera condamné en 300 liv. d'amende , moitié envers Nous & moitié envers la Partie ; & celui qui se desistera de son évocation , sans qu'il soit de nouveau survenu aucune des causes portées par l'article XIV , sera condamné en 300 liv. d'amende , aplicable moitié à Nous , moitié à la Partie , & l'une & l'autre en tous les dépens qui seront taxés , en cas de désistement , par les Juges ou le procès sera pendant , qui passeront outre à l'instruction & jugement du procès , sans qu'il soit besoin d'aucunes Lettres ni Arrêt de nouvelle attribution.

L'Ordonnance de 1737 veut , de même que la nôtre, que l'évoquant qui succombe , ou qui se desiste hors des cas admis par la Loi , subisse la peine d'une amende & la condamnation des dépens que sa mauvaise contestation a occasionnés. Mais cette derniere Ordonnance a encheri sur la nôtre, pour la quotité de l'amende ; car au lieu de 300 liv. dont moitié au Roi & moitié à la Partie , elle fixe l'amende envers le Roi à 300 liv. & de plus celle envers la Partie à 150 liv. (*a*).

A l'égard des dépens , nulle difficulté que dans le cas ou l'évoquant auroit été débouté par Arrêt du Conseil de sa demande en évocation , la taxe des dépens prononcés contre lui par le même Arrêt , ne peut être faite qu'au Conseil, comme étant une suite de l'Arrêt. Mais il restoit plus de difficulté, dans le cas du désistement. Notre Ordonnance renvoyoit indistinctement dans ce cas la taxe des dépens devant les Juges ou le procès principal étoit pendant. L'Ordonnance de 1737 , a crû devoir admettre une distinction extrêmement juste à cet égard : si l'évoquant fait signifier son désistement avant que d'avoir assigné au Conseil en conséquence de la cédule évocatoire, l'Ordonnance de 1737. conserve alors la disposition de la nôtre , & veut que les dépens soient taxés

(*a*) ,, L'évoquant qui succombera en matiere Civile ou Criminelle , de quelque maniere ou ,, en quelques termes que la prononciation soit conçûe , & pareillement celui qui se desistera ,, de son évocation , sans qu'il soit survenu de nouveau aucune des causes portées en l'article ,, 18 de la presente Ordonnance , seront condamnés en tous les dépens , en 300 liv. d'amende ,, envers Nous , & en 150 liv. envers la Partie , lesquelles amendes ne pourront être remises ni ,, moderées. *Ordonnance de 1737. tit. I. art. 79.*

en la Cour ou le procès eſt pendant. Mais ſi au contraire le déſiſtement, n'a été ſignifié que depuis que le Conſeil eſt ſaiſi par les aſſignations qui y ont été données précedemment ſur l'évocation, alors les dépens doivent être liquidés au Conſeil & par le même Arrêt qui, en conſequence du déſiſtement, renvoyera les Parties en la Cour ou le procès principal eſt indecis *(a)*.

L'Ordonnance de 1737. permet en outre d'augmenter les condamnations d'amende, ſuivant l'exigence des circonſtances, *(b)* : elle impoſe de plus au Receveur des amendes ou du Domaine, l'obligation de ſe charger, ſans aucuns droits ni frais, de celles qui lui feront conſignées, ſauf à les rendre ou délivrer, à qui il apartiendra, après le Jugement définitif *(c)*.

ARTICLE XXXVI.

Et quant aux procès Criminels, ſoit qu'il y ait Partie Civile ou non, les Lettres d'évocation ne ſeront expediées nonobſtant l'acquieſcement & conſentement des Parties, ſinon en juſtifiant & raportant pareillement le conſentement par écrit de nos Procureurs Généraux ; & ou ils auroient formé empéchement à l'évocation, ils ſeront tenus d'en fournir les raiſons & moyens qui ſeront inſerés dans leurs réponſes à la ſignification qui leur ſera faite ; quoi faiſant ſera délivré commiſſion à la Partie qui le requerera, pour les faire aſſigner en notre Conſeil, enſemble les autres Parties pour proceder ſur leurs opoſitions.

(a) „ Lorſque le déſiſtement porté par l'article précedent aura été ſignifié, avant qu'il y ait eû aucune aſſignation donnée à notre Conſeil en conſequence de la cédule évocatoire, les dépens qui auront été faits à cette occaſion, ſeront taxés par la Cour ou le procès ſera pendant, & l'amende portée par ledit article ſera cenſée encourue en vertu de la preſente Ordonnance, ſans qu'il ſoit rendu aucun Jugement ; & en conſéquence elle ſera employée dans ladite taxe, & ſera audit cas paſſé outre à l'inſtruction & au jugement dudit procès en ladite Cour, ſans qu'il ſoit beſoin d'obtenir aucunes Lettres ni Arrêt. *Ordonnance de 1737. tit. I. art. 80.*

„ En cas que ledit déſiſtement n'ait été ſignifié que depuis les aſſignations données en notre Conſeil ſur l'évocation, leſdits dépens ſeront liquidés par l'Arrêt de notredit Conſeil qui, en conſéquence du déſiſtement, renvoyera les Parties en la Cour ou le procès ſera pendant, pour y proceder comme avant la cedule évocatoire, lequel Arrêt condamnera en outre l'évoquant en l'amende portée par l'article 79. *Ibidem. art 81.*

(b) „ Voulons que les condamnations d'amende qui ſeront prononcées en notre Conſeil, puiſſent être augmentées, notamment dans les cas de l'article précedent, lorſque les évoquans paroitront mériter une condamnation plus rigoureuſe pour indue vexation *Ibidem. art. 83.*

(c) „ Le Receveur des amendes ou du Domaine ſe chargera, comme dépoſitaire, ſans aucuns droits ni frais, de celles qui auront été conſignées ; ſans qu'il puſſe les employer en recette, juſqu'au Jugement définitif, après lequel elles ſeront rendues ou délivrées, à qui il apartiendra. *Ibidem. art. 84.*

ARTICLE XXXVII.

L'évoquant sera tenu de faire pareille signification de la cédule évocatoire à nos Procureurs Généraux, lorsqu'il s'agira d'affaire Criminelle, & de les faire assigner pour proceder à l'Enquête, à peine de nullité de l'évocation. Enjoignons à nos Procureurs Généraux d'y fournir de réponses dans quinzaine après trois sommations par trois jours consecutifs, sous telles peines qui seront par Nous ordonnées.

ARTICLE XXXVIII.

Les accusés contre lesquels originairement il y aura decret de prise de corps, ne pourront signifier, ni s'aider de cédules évocatoires, qu'auparavant ils ne soient actuellement en état dans les prisons des Juges desquels ils prétendent évoquer, dont il sera fait mention dans les cédules évocatoires par clauses expresses ; & seront tenus d'en faire aparoir au Juge qui fera l'Enquête par l'Extrait du Registre de la geole en bonne & dûe forme, attesté par le Juge ordinaire des lieux, joint aux cédules évocatoires ; jusqu'à ce, toute Audience leur sera déniée, & sera passé outre à l'instruction & jugement des procès Criminels, sans que les accusés se puissent pourvoir en notre Conseil par cassation ou autrement contre les Arrêts qui seront intervenus pour raison de ce, sous prétexte de procedures attentatoires.

ARTICLE XXXIX.

Pendant l'instance d'évocation l'instruction des procès

procès criminels fera continuée jufqu'à Jugement dé-
finitif exclufivement, & fans que pendant ce tems ils
puiffent être civilifés.

L'on trouve dans ces quatre articles réunis, tout ce que notre Ordonnance prefcrit relativement aux évocations des procès Criminels.
L'Ordonnance de 1737, en confervant le fond de ces difpofitions, les a
particularifées davantage & les a mifes dans un plus grand jour.

Cette derniere Ordonnance en effet, commence par affujettir les
évocations en matiere Criminelle, lorfqu'il y aura une Partie Civile, à
toutes les formalités ordinaires prefcrites pour les matieres Civiles (*a*).

Venant enfuite aux formalités extraordinaires qu'exigent néceffairement les matieres Criminelles, elle ne permet point qu'un accufé decreté d'un decret de prife de corps non purgé, puiffe valablement fignifier une cédule évocatoire, fans s'être mis préalablement en état (*b*).

De plus, l'Ordonnace de 1737. ne permet point que les procès Criminels puiffent être évoqués, du chef des Procureurs Géneraux, lorfqu'ils ne feront Parties que comme exerçant le Miniftere public (*c*).
Elle défend encore à aucun accufé d'évoquer du chef des parens &
alliés de ceux qui ne font point nommément Parties au procès, bien
qu'intéreffés à la punition du crime (*d*); comme auffi d'évoquer du chef
des parens & alliés de leurs complices & des ceffionnaires des intérêts
Civils (*e*). En confequence, elle déclare nulles toutes les cédules évo-

---

(*a*) ,, Les regles & formalités ci-deffus établies pour les évocations des affaires Civiles ,
,, auront lieu pareillement pour celles qui feront demandees en matiere Criminelle , lorfqu'il
,, y aura partie Civile , à l'exception néanmoins de ce qu'il fera dit dans les articles fui-
,, vans. *Ordonnance de* 1737. *tit.* 1. *art.* 59.
(*b*) ,, Les accufés contre lefquels il y aura un decretde prife de corps , fubfiftant & non pur-
,, gé , ne pourront fignifier aucune cedule évocatoire , & s'en fervir fur quelque prétexte
,, que ce foit , s'ils ne font actuellement en état dans les prifons des Juges dont le decret eft
,, emané ou dans celle de la Cour dont ils veulent évoquer , & il en fera fait mention dans les
,, cédules evocatoires , avec lefquelles il fera donné copie de l'écroue qui fera attefté par le
,, Juge ordinaire des lieux , quand l'accufé fe fera remis dans d'autres prifons que celles de la
,, Cour dont il pretend évoquer ; feront pareillement tenus lefdits accufés , de faire apparoit
,, dudit écroue au Juge qui fera l'Enquête , en cas qu'il y foit procedé. Voulons que jufqu'à
,, ce qu'ils ayent fatisfait au contenu dans le préfent article , il ne puiffe être procedé à au-
,, cunes pourfuites ni procedures fur l'evocation , & qu'il foit paffé outre à l'inftruction & au
,, jugement des procès Criminels , fans que les accufés puiffent fe pourvoir en notre Confeil ,
,, par voye de caffation ou autrement , contre les Arrêts même définitifs , qui feroient interve-
,, nus fur lefdits procès , lefquels aud t cas ne pourront être réputés attentatoires. *Ibid-m.*
art. 60.
(*c*) ,, Les procès Criminels ne pourront être évoqués du chef des parens & alliés de nos Pro-
,, cureurs Géneraux , lorfqu'ils ne feront Parties , que comme exerçant le Miniftere public.
Ibidem. art. 61.
(*d*) ,, Aucun accufé ne pourra évoquer du chef des parens & alliés de ceux qui ne feront
,, point Parties au procès , encore qu'ils fuffent intéreffés à la punition du crime ou du delit.
Ibidem. art. 62.
(*e*) ,, Ne pourront pareillement les accufés évoquer du chef des parens ou alliés de leurs
,, complices , ni du chef des parens & alliés des ceffionnaires des intérêts Civils. *Ibidem. art.*
63.

catoires qui pourroient être fignifiées dans aucun des trois cas précedens (*a*).

Comme la principale Partie en matiere Criminelle, c'eft le Miniftere
public, l'Ordonnance de 1737, conforme en ce point à la nôtre, ne
veut point qu'on demande & qu'on pourfuive une évocation, fans le
concours du Procureur Géneral de la Cour dont on prétend évoquer.
Mais fi ce concours eft requis, fi l'évoquant eft tenu à cet effet de
faire fignifier au Procureur Géneral fa cédule évocatoire, de le fommer d'affifter à l'Enquête en cas qu'il y foit procedé, & de lui faire
fignifier cet Enquête, dès qu'elle eft faite, il ne peut cependant rendre ce Magiftrat Partie dans l'inftance d'évocation ni le faire affigner
au Confeil pour y défendre. Le Magiftrat eft feulement tenu d'envoyer
au Chef de la Juftice fon confentement à l'évocation, ou fes moyens
pour l'empêcher, le tout par forme d'avis (*b*).

Par une fuite du même principe que le Miniftere public eft la principale Partie en procès Criminels, l'acquiefcement des accufés & des
Parties Civiles, ne fuffit pas pour pouvoir obtenir des Lettres d'évocation confentie; ces Lettres ne peuvent être accordées que fur le vû
du confentement par écrit du Procureur Géneral (*c*).

Enfin comme les cédules évocatoires pourroient n'avoir pour objet
de la part des accufés, que d'empêcher la continuation des procedures Criminelles, l'Ordonnance de 1737, de même que la nôtre, autorife les Juges, à continuer leur inftruction, nonobftance l'inftance
d'évocation, jufqu'à Jugement définitif exclufivement, & fans qu'on
puiffe non plus civilifer l'affaire avant le Jugement de l'évocation (*d*).

(*a*) ,, Déclarons nulles & de nul effet, toutes les cédules évocatoires qui feroient fignifiées
,, dans quelqu'un des cas portés dans les articles précedens. Voulons que fans y avoir egard,
,, il foit paffé outre par nos Couis, à l'inftruction & au jugement des procès Criminels, com-
,, me avant la fignification defdites cedules évocatoires. *Ordonnance de 1737. tit. I. art. 64.*

(*b*) ,, Dans les procès Criminels qui pourront être fujets à l'évocation, à caufe des parentés
,, & alliances de la Partie Civile, les evoquans feront tenus de faire fignifier à nos Procureurs
,, Géneraux dans les Cours dont l'évocation fera demandée, leurs cédules évocatoires,
,, comme auffi de leur faire faire une fommation d'affifter à l'Enquête, en cas qu'il y foit pro-
,, cedé, & de leur faire fignifier ladite Enquête dès qu'elle fera faite, le tout à peine de nul-
,, lité defdites cédules évocatoires. Enjoignons à nos Procureurs Géneraux d'envoyer a notre
,, Chancelier dans quinzaine du jour de la fignification defdites Enquêtes ou defdites cédules
,, evocatoires, dans les cas où il n'auroit été procedé à l'Enquête, leurs confentemens aufdi-
,, tes evocations, ou leurs moyens pour les empêcher; le tout, par forme d'avis, & fans
,, qu'ils puiffent être affignés & rendus Parties dans lefdites inftances d'évocation; & faute
,, par eux d'envoyer ledit avis dans ledit delai, il y fera pourvu par notre Confeil ainfi qu'il
,, apartiendra. *Ibidem. art. 65.*

(*c*) Les lettres d'évocation confentie, ne pourront pareillement être expediées, nonobftant
,, l'acquiefcement par ecrit des accufés & des Parties Civiles, que fur le vû du confentement
,, auffi donné par ecrit, de nos Procureurs Generaux, ou de leur avis, fuivant ce qui eft
,, porté par l'article precedent. *Ibidem. art. 66.*

(*d*) ,, L'inftruction des procès Criminels, dans les cas même où ils peuvent être fujets à l'é-
,, cation, fera continuée jufqu'au Jugement definitif exclufivement, nonobftant toutes cédules
,, evocatoires fignifiées; ce qui aura lieu pareillement pendant le cours de l'inftance d'évoca-
,, tion, fans que ladite inftruction puiffe être fufpendue, ni retardee, ni que les procès Cri-
,, minels puiffent être civiliées avant qu'il ait été ftatué fur l'évocation. *Ibidem. art. 67.*

ARTICLE XL.

Défendons à tous Procureurs de faire signifier aucunes cédules évocatoires pour raison des parentés & alliances, sans avoir une procuration spéciale passée à cet effet pardevant Notaires, dont ils seront tenus de donner copie, à peine de nullité, 60 liv. d'amende, dépens, dommages & interêts en leurs noms.

Non-seulement l'Ordonnance de 1737. exige de même que la nôtre, une procuration spéciale pour pouvoir faire signifier une cédule évocatoire ; mais bien, plus pour assurer la trace de cette procuration, elle prescrit formellement qu'il en reste minute. Bien entendu néanmoins que cette procuration n'est requise, que lorsque la Partie est absente. Car si elle étoit présente, il suffiroit qu'elle signât elle - même l'original & la copie de la cédule évocatoire. En cas de procuration, il faut en donner copie en tête de la cédule évocatoire ; faute de quoi les Procureurs sont sujets en leurs propres & privés noms à la peine de nullité, à une amende de 60 liv. & aux dépens, dommages & interêts des Parties. Mais outre cela, il est permis aux Cours, nonobstant la cédule évocatoire signifiée, de passer outre à l'instruction & même au Jugement du procès (*a*).

ARTICLE XLI.

Si au préjudice de l'évocation les procedures sont continuées en matiere Civile, & le procès jugé définitivement en matiere Criminelle, il y sera pourvû par

(*a*) ,, Défendons à tous Procureurs de faire signifier aucunes cédules évocatoires pour raison ,, de parentés & alliances, sans avoir une procuration spéciale, passée à cet effet pardevant ,, Notaires & de laquelle il restera minute, dont ils seront tenus de joindre la copie à la ,, signification desdites cédules évocatoires ; ce qui sera observé à peine de nullité, 60 liv. ,, d'amende, depens, dommages & interêts, à quoi lesdits Procureurs seront condamnés en ,, leurs noms ; sans neanmoins que ladite procuration spéciale soit nécessaire, lorsque leurs ,, Parties seront présentes & signeront avec eux l'original & la copie de la cédule évoca-,, toire. *Ordonnance d. 1737. tit. I. art.* 38.

,, Voulons que faute d'avoir satisfait aux formalités prescrites par l'article précédent, il ,, soit passé outre par nos Cours, à l'instruction & au jugement des causes & procès qui y ,, sont pendans, nonobstant les cedules évocatoires qui auroient été signifiées. *Ibidem. art.* 39.

notre Conseil, & les procedures attentatoires remises ès mains de celui des Maîtres des Requêtes qui aura été commis pour le raport du principal, & non d'autre; & ne pourra la Requête être raportée, qu'elle n'ait été signifiée à l'Avocat de la Partie adverse, & copie donnée des pieces justificatives trois jours avant le raport qui en sera fait.

Même difposition dans l'Ordonnance de 1737 (a).

ARTICLE XLII.

Lorfque l'évocation aura été demandée & acceptée par écrit par toutes les Parties, elles ne feront plus recevables à s'en défifter; mais feront tenues de proceder au Parlement dont elles auront convenu.

L'Ordonnance de 1737, de même que la nôtre, décide que l'évocation confentie par les Parties ne peut plus être retractée (b). La même Ordonnance de 1737 a encore prévu un autre cas; c'eft celui où un évoquant qui auroit fuccombé dans une premiere demande en évocation, feroit fignifier une nouvelle cédule évocatoire dans la même affaire & entre les mêmes Parties; & elle profcrit avec grande raifon une tentative auffi témeraire, autorifant les Cours à paffer outre au Jugement des conteftations pendantes pardevers elles (c). Cependant il

***

(a) ,, Dans tous les cas, autres que ceux où il eft permis de paffer outre à l'inftruction & au ,, jugement, nonobftant toutes fignifications de cédules evocatoires, fuivant ce qui eft porté ,, par les articles 26, 39, 40, 60, 64 & 70 ci-deffus & par les articles 77, 78 & 80 ci-après; ,, u les procedures étoient continuées en matiere Civile, ou le procès jugé définitivement en ,, matiere Criminelle, au préjudice de la cédule evocatoire dûment fignifiée, il y fera pourvû ,, en notre Confeil, dans les formes ordinaires. *Ordonnance de 1737. tit. 1. art. 75.*

(b) ,, Lorfqu l'évocation aura été demandée & acceptée par ecrit, de la part de toutes les ,, Parties, auffi-bien que le renvoi en une autre Cour, il ne leur fera plus permis de varier, & ,, elles feront tenues de proceder en celle de nos Cours dont elles feront convenues. *Ibidem. art. 76.*

(c) ,, Ceux qui auront été déboutés de leurs demandes en évocation, par Arrêt de notre ,, Confeil, ou qui ayant feulement fait fignifier une cedule evocatoire, fe trouveront dans un ,, des cas ci-deffus marqués où il y a lieu de paffer outre nonobftant toutes cédules evocatoi- ,, res, ne pourront en faire fignifier aucune autre dans la même affaire & entre les mêmes Par-

feroit un cas ou ces nouvelles cédules évocatoires pourroient être regardées d'un œil favorable ; comme, s'il étoit furvenu de nouvelles parentés
& alliances depuis la premiere évocation jugée. Il ne feroit pas poffible
alors de fe refufer à la feconde évocation comme fondée fur une caufe
nouvelle : c'eft auffi l'exception qu'admet l'Ordonnance de 1737. à la
regle générale (*a*).

Article XLIII.

*Lorfqu'aucun des Officiers étant du corps de nos
Parlemens ou autres nos Cours, aura follicité les Juges en perfonne, confulté & fourni aux frais d'un procès lequel y fera pendant, il fera cenfé en avoir fait
fon fait propre ; & fera la Partie qui l'articulera, recevable à en faire preuve par témoins, & à demander
l'évocation du procès de fon chef, s'il a nombre fuffifant de parens ou alliés au dégré ci-deffus ; & fera l'é-
vocation inftruite & jugée avec toutes les Parties, après
néanmoins que le fait propre aura été reçu par Arrêt
rendu fur Requête deliberée en notre Confeil.*

Trois objets importans font renfermés dans cet Article : Sçavoir
1°. les cas ou un Confeiller ou autre Officier d'une Cour eft cenfé avoir
fait fon *propre fait* d'une conteftation pendante en fon Tribunal ; 2°. la
permiffion accordée à la Partie qui articulera le *fait propre* d'un des Officiers, d'en faire preuve par témoins ; 3°. enfin la néceffité de le faire
autorifer à cette preuve par un Arrêt du Confeil préalable qui reçoive le
fait propre & en admette la preuve.

,, ties ; faifons défenfes à nos Cours d'avoir égard aufdites nouvelles cédules évocatoires que
,, Nous declarons nulles & de nul effet, voulant qu'il foit paffé outre à l'inftruction & au
,, jugement, ainfi que nofdites Cours l'auroient pû faire avant la fignification defdites nouvel-
,, les cédules évocatoires ; pour raifon de quoi elles pourront condamner les évoquans en l'a-
,, mende telle qu'elle fera reglée ci apres, & en tous les dépens, dommages & intérêts. *Ordonnance de 1737. tit. 1. art 77.*

(a) ,, N'entendons néanmoins empêcher que fi, dans les affaires fufceptibles d'évocation, il
,, e'oit furvenu de nouvelles parentés & alliances à l'égard des mêmes Parties, ou de celles
,, qui auroient été reçues depuis Parties intervenantes, il ne puiffe être fignifié une nouvelle
,, cédule évocatoire, même de la part de la Partie qui aura fuccombé dans la premiere évoca-
,, tion ; & feront nos Cours tenues d'y deferer, pourvû que la nouvelle cédule évocatoire
,, faffe mention expreffe des nouvelles parentés & alliances ; faute de quoi nofdites Cours
,, pourront paffer outre à l'inftruction & au jugement, ainfi qu'il a été dit ci-deffus.*Ibidem.
art. 78.*

Ces trois objets ont auſſi fixé l'attention du Légiſlateur dans l'Ordonnance de 1737.

D'abord cette Ordonnance exige le concours de trois circonſtances
pour qu'un Officier d'une Cour ſoit cenſé avoir fait ſon *fait propre* d'une
conteſtation dans ſon Tribunal; la premiere, c'eſt qu'il ait ſollicité les
Juges de la Compagnie en perſonne; la ſeconde, qu'il ait conſulté; la
troiſiéme enfin, qu'il ait fourni aux frais de la cauſe ou du procès [*a*].

Elle veut de plus, que la preuve du *fait propre* ne puiſſe être admiſe
que par Arrêt deliberé au Conſeil; & comme il arrivoit ſouvent que
des accuſés en matiere Criminelle demandoient & obtenoient un délai
dans les Cours pour faire juger le *fait propre*, l'Ordonnance de 1737,
d'après la Déclaration du 31 Mars 1710, défend d'en accorder aucun
ſous quelque prétexte que ce ſoit [*b*]. Dans l'Arrêt qui admet la preuve
du *fait propre*, doivent être énoncés tous les faits & notament les trois
circonſtances ci-deſſus ſpécifiées [*c*].

La même Ordonnance de 1737, autoriſe auſſi la contre-Enquête,
non-ſeulement de la part des Parties, mais encore de la part de l'Officier auquel on impute le *fait propre*, pourvû que cet Officier préſente
ſa Requête au Conſeil dans le mois de la ſignification faite à la Partie de
l'Arrêt qui en aura admis la preuve [*d*].

La ſignification de cet Arrêt & de la cédule évocatoire en ce cas a un
effet ſuſpenſif [*e*].

Mais ce n'eſt point aſſez à celui qui a été admis à la preuve

---

(*a*) ,, Aucun Officier de nos Cours, étant du nombre de ceux qui ſont mentionnés en l'arti-
,, cle 11 de la préſente Ordonnance, ne pourra être réputé avoir fait ſon fait propre d'une
,, cauſe ou d'un procès qui y ſera pendant, s'il n'a ſollicité les Juges de la Compagnie en per-
,, ſonne, conſulté & fourni aux frais de ladite cauſe ou dudit procès. Voulons que la
,, Partie qui demandera à en faire la preuve, pour évoquer ſur ce fondement, du chef
,, ou dit Officier, ne puiſſe y être admiſe, ſi elle n'articule en même tems leſdites trois cir-
,, conſtances dans ſa Requête, & que ledit Officier ne puiſſe être jugé avoir fait ſon fait pro-
,, pre de ladite affaire, ſi la preuve deſdites trois circonſtances n'eſt raportée lors du Jugement
,, de l'inſtance d'évocation. *Ordonnance de 1737. tit 1. art. 68.*

(*b*) ,, La demande afin d'être reçu à faire la preuve du fait propre, ne pourra être admiſe que
,, par Arrêt rendu ſur Requête deliberée en notre Conſeil, ſans que nos Cours ou le procès
,, ſera pendant, puiſſent, ſous quelque prétexte que ce ſoit, accorder aucun délai pour obte-
,, nir cet Arrêt; ni que ſur la ſimple allegation du fait propre, il puiſſe être ſignifié aucune
,, cédule évocatoire du chef dudit Officier, avant que ledit Arrêt ait été obtenu, s'il y échet.
Ibidem. art. 69.

(*c*) ,, Seront énoncés dans ledit Arrêt, lorſqu'il y aura lieu de l'accorder, tous les faits arti-
,, culés pour établir le fait propre, notament les trois circonſtances marquées par l'article 68;
,, & juſqu'à ce que ledit Arrêt ait été rendu & ſignifié avec ladite cédule évocatoire, nos Cours
,, pourront paſſer outre à l'inſtruction & au jugement du procès. *Ibidem. art. 70.*

[*d*] ,, Lorſqu'il y aura lieu de recevoir l'allegation du fait propre, la preuve par témoins en
,, ſera ordonnée; & par le même Arrêt qui interviendra à cet effet, il ſera permis aux Par-
,, ties qui ont intérêt d'empêcher l'évocation du chef de l'Officier contre lequel le fait propre
,, eſt allegué, de faire la preuve du contraire, ſi bon lui ſemble, laquelle preuve pourra être
,, auſſi admiſe en faveur dudit Officier, pourvû qu'il préſente ſa Requête en notre Conſeil,
,, dans le mois du jour de la ſignification faite à la Partie, de l'Arrêt qui aura ordonné la
,, preuve dudit fait propre. *Ibid. Art. 71.*

(*e*) ,, Après la ſignification dudit Arrêt, enſemble de la cédule évocatoire du chef dudit Of-
,, ficier, qui ſera ſignifiée en même tems, à peine de nullité, toutes pourſuites & procedures
,, ceſſeront dans la Cour ou le procès ſera pendant, ſi ce n'eſt dans les cas ci-deſſus marqués,
,, ou nos Cours peuvent paſſer outre à l'inſtruction & au jugement du procès, nonobſtant tou-
,, cédules évocatoires. *Ibidem. Art. 72.*

du *fait propre*, que fon adverfaire ne le denie pas formellement & garde le filence, pour être difpenfé de cette preuve : il ne le peut être, que par une reconnoiffance formelle & par écrit des faits de la part du Défendeur [*a*].

Enfin cette derniere Ordonnance prefcrit les mêmes formalités, après la preuve du fait propre, que celles ci-devant exigées pour l'inftruction des évocations demandées du chef d'une Partie qui feroit lui-même Of-ficier & de fes parens & alliés (*b*).

ARTICLE XLIV.

On ne pourra évoquer des Prefidiaux, foit en ma-tiere Civile ou Criminelle, fi ce n'eft que la Partie y fut Officier, ou qu'elle y eût fon pere, fon fils ou fon frere ; auquel cas le procès fera renvoyé au prochain fiege Prefidial à la fimple requifition.

Cette difpofition relative aux Préfidiaux, n'étant pas fuffifamment développée & pouvant laiffer encore matiere à bien des doutes, elle a été beaucoup plus étendue dans l'Ordonnance nouvelle de 1737, qui a prévu à cet égard tous les cas.

Premie ement elle diftingue (ce que la nôtre n'a point diftingué) les cas Préfidiaux au premier chef de l'Edit, d'avec ceux qui ne font qu'au fecond chef ; & elle n'admet l'évocation que pour les conteftations au premier chef : & en effet les Préfidiaux ne font fouverains ou plutôt ne jugent en dernier reffort qu'en ce feul point. Quant au fecond chef, on n'a pas befoin du remede extraordinaire de l'évocation ; d'autant que fi leurs jugemens fe trouvent reprehenfibles, on a, pour les faire réfor-mer, le remede ordinaire de l'apel à la Cour fuperieure. Au refte l'Or-donnance de 1737 difpofe comme la nôtre, quant à la qualité des pa-rens du chef duquel on peut évoquer des Prefidiaux, en exigeant que l'Officier du chef duquel on excipe, foit lui-même Partie, ou qu'il foit pere, ou fils, ou frere d'une des Parties, fans qu'aucun des alliés, ni aucun autre parent plus éloigné puiffent donner lieu à l'évocation (*c*).

(*a*),, Voulons que celui qui aura été admis à la preuve du fait propre, foit tenu de la ,, raporter, quand même la Partie adverfe garderoit le filence & ne denieroit point les faits ,, articulé par le Demandeur ; lequel ne pourra être difpenfe d'en faire la preuve, qu'en cas ,, que le Défendeur reconnoiffe expreffement par écrit la verité defdits faits. *Ordonnance de* 1737. *tit.* I. *art.* 73.

(*b*) ,, Lorfque le fait propre aura été prouvé, les mêmes regles & formalités qui ont ,, été établies fur les évocat ons du chef d'une Partie qui feroit Officier de la Cour dont l'évo-,, tion eft demandée & de fes parens & alliés, feront obfervées par raport à l'évocation du ,, chef de celui dont le fait propre aura été prouve & de fes parens & alliés. *Ib d. Art.* 74.

[*c*] ,, On ne pourra évoquer des Préfidiaux, que dans les cas feulement ou les Ordonnances ,, les autorifent à juger en dernier reffort ; aufquels cas l'évocation pourra être demandée, fi ,, l'une des Parties eft Officier dans le Prefidial, ou fi elle y a fon pere, fon fils, ou fon frere, ,, fans qu'aucun des alliés ni aucun autre parent puiffent donner lieu à ladite évocation. *Ib d. art.* 87.

L'Ordonnance de 1737. prescrit ensuite la forme dans laquelle ces sortes d'évocations particulieres doivent être suivies (a) ; & enfin par une derniere disposition, elle laisse aux Cours Souveraines, ausquelles les Présidiaux sont subordonnés, la faculté de renvoyer les Parties dans d'autres Jurisdictions, pour les affaires qui ne sont point de nature à être jugées en dernier ressort dans les Présidiaux, même pour celles qui seroient pendantes dans les Bailliages & Sénéchaussées, Prevôtés & autres Justices inférieures, lorsque le nombre des parens & alliés de l'une des Parties dans le Tribunal, ou d'autres circonstances, feroient naître des suspicions qui seroient suffisantes (b).

ARTICLE XLV.

Si dans les Compagnies semestres ou mi-Parties, en conséquence des partages d'opinions, ou de recusation, il ne restoit plus nombre suffisans de Juges pour se départir ou pour juger ; en ce cas, raportant par l'une des Parties certificat des Greffiers sur le fait du partage ou du nombre des Juges, Lettres d'évocation seront accordées avec renvoi ; sçavoir, pour les Compagnies semestres, en celui des semestres qui n'en aura pas connu ; & pour les Chambres mi-Parties, en une autre Chambre non suspecte ni exceptée.

L'Ordonnance de 1737, en conservant le fond de cette disposition, en a d'abord retranché ce qui concernoit les Chambres mi-Parties comme étant abolies par l'Edit de révocation de celui de Nantes. Reste donc

(a) „ Ladite évocation sera demandée par une simple Requête qui sera signifiée à l'autre Par-
„ tie, pour y ê re ensuite statué sans autres formalités, sauf l'apel au Parlement du ressort ;
„ & si ladite évocation se trouve bien fondée, la contestation sera renvoyée au plus prochain
„ Présidial non suspect. *Ordonnance de 1737. tit. I. art.* 88.
„ Seront au surplus suivies & exécutées pour lesdites évocations des Présidiaux, toutes les
„ regles prescrites par la présente Ordonnance, soit sur ceux qui ne peuvent donner lieu à l'é-
„ vocation, soit sur la nature des affaires qui se peuvent évoquer, soit sur les differens cas où
„ les évocations ne peuvent être admises. *Ibidem,* art. 89.
(b) „ A l'égard des affaires qui ne sont point de nature à être jugées en dernier ressort par
„ les Présidiaux ou elles auroient été portées, ou qui seroient pendantes dans un simple Bail-
„ liage ou Sénéchaussée, ou Prevôté & autre siege inférieure, n'entendons empêcher que le
„ renvoi n'en puisse être fait par nos Cours, dans d'autres Jurisdictions, lorsque par le nom-
„ bre des parens & alliés de l'une des Parties, ou par d'autres circonstances, il y aura des sus-
„ picions qui seront jugées suffisantes, ce que nous laissons à la prudence de nosdites Cours.
Ibid. art. 90.

les Compagnies femeftres, à l'égard defquelles cette Ordonnance a autorifé le renvoi d'un Semeftre à l'autre, en cas de partage d'opinions ou de
défaut du nombre de Juges; mais elle a affranchi les parties de la néceffité de prendre pour cela des Lettres de renvoi, comme le prefcrivoit
la prefente Ordonnance (*a*).

L'Ordonnance de 1737. a encore été plus loin : elle ne s'eft pas contentée d'ordonner le renvoi d'un Semeftre à un autre Semeftre, ou d'une
Chambre à une autre Chambre de la même Cour, dans les cas de partage d'opinions, ou de défaut de nombre de Juges occafionné par les
recufations : elle autorife encore le même renvoi, lorfque l'une des
Parties fera Officier dans la Chambre ou le Semeftre faifi de la conteftation; ou lors que fans y être Officier, il y aura fon pere, fon
beau-pere, fon fils, fon gendre, fon neveu ou fon coufin germain; ou
enfin lorfqu'une des deux Parties aura dans le même Semeftre ou dans
la même Chambre, deux parens au troifiéme degré, ou trois jufqu'au
quatriéme degré inclufivement (*b*).

ARTICLE XLVI.

Les procès évoqués feront jugés par les Juges par-
devant lefquels le renvoi a été fait, fuivant les Coutu-
mes des lieux, d'où les procès auront été évoqués, à
peine de nullité & caffation des Jugemens & Arrêts
qui auront été rendus, pour raifon de quoi les Parties
fe pourront pourvoir en notre Confeil.

(*a*) „ Lorfqu'à caufe des partages des opinions, ou à caufe des recufations, il ne reftera pas
„ dans les Compagnies femeftres un nombre fuffifant de Juges, pour vuider le partage ou pour
„ juger le procès, ledit partage ou le jugement feront devolus de plein droit au Semeftre qui
„ n'en aura pas connu; lequel pourra s'affembler, même hors du tems ordinaire de fon fervice,
„ fans qu'il foit befoin d'obtenir nos Lettres à cet effet. *Ordonnance de 1737. tit. 1. Art. 91.*

(*b*) „ Lorfque dans les Compagnies femeftres, ou dans nos Parlemens ou Cours des Aydes,
„ qui feront compofées de plufieurs Chambres, un de ceux qui ont une caufe ou un procès
„ pendant en l'un des femeftres ou en l'une des Chambres, y fera Préfident ou Confeiller,
„ ou que fans être Officier dans ledit femeftre ou dans ladite Chambre, il y aura fon pere,
„ beau-pere, fils, gendre, beau-fils, frere, beau-frere, oncle, neveu ou coufin germain,
„ foit Préfidens ou Confeillers, lefdites caufes ou procès feront renvoyés en un autre femef-
„ tre, ou en une autre Chambre de la même Cour, fur la fimple Requête qui fera préfentée à
„ ladite Cour par le Demandeur en renvoi, après que la communication en aura été donnée
„ à l'autre Partie, pour y répondre dans trois jours; & fur la réponfe qui y fera faite, ou
„ faute de la faire, il feroit ftatué fur le renvoi dans les trois jours fuivans; ce qui aura lieu
„ pareillement, lorfque dans le même femeftre, ou dans la même Chambre, une des Parties
„ aura deux parens au troifiéme degré, ou trois jufqu'au quatriéme inclufivement. *Ididem. art.*
85.

„ Les difpofitions de la prefente Ordonnance, au fujet des parens qui peuvent donner lieu
„ à l'évocation de nos Cours, & des cas où il n'y aura lieu à l'évocation, feront pareillement
„ obfervées pour les renvois d'un femeftre à un autre femeftre, ou d'une Chambre à une autre
„ Chambre. *Ibidem. art. 86.*

Cette maxime qui prend sa source, dans la Loi naturelle même & qui est du droit des gens, ne pouvoit manquer d'être confirmée par l'Ordonnance de 1737, ou elle se trouve inferée précisément dans les mêmes termes (a).

ARTICLE XLVII.

On ne pourra faire signifier aucune cédule évocatoire quinzaine avant la fin du Parlement, & des semestres à l'égard des Compagnies qui servent par semestres.

Même disposition dans l'Ordonnance de 1737. qui ajoute seulement qu'en cas de signification d'aucunes cédules évocatoires dans ladite quinzaine, il sera, sans s'y arrêter, passé outre au Jugement des causes & procès (b).

(a) ,, Les causes & procès évoqués seront jugés par les Cours ausquels le renvoi en aura été ,, fait, suivant les Loix, Coutumes & Usages des lieux dont ils auront été évoqués, à peine ,, de nullité des Jugemens & Arrêts qui seroient rendus au contraire, pour raison de quoi les ,, Parties pourront se pourvoir pardevers Nous en notre Conseil. *Ordonnance de 1737. tit. 1. art. 92.*

(b) ,, On ne pourra signifier aucunes cédules évocatoires, quinzaine avant la fin des séances ,, de nos Cours & de celles des Semestres, pour les Compagnies qui servent par semestres ; & ,, & si aucunes cedules evocatoires etoient signifiées dans le cours de ladite quinzaine, il ,, sera pareillement passé outre, sans s'y arrêter, à l'instruction & au jugement des causes & ,, procès. *Ibidem. article 40.*

TITRE II.

DES REGLEMENS DE JUGES

EN MATIERE CIVILE.

COMME toutes les Cours font indépendantes les unes des autres, il n'y a que le Roi duquel émane tout pouvoir & toute jurifdiction, qui puiffe décider, laquelle doit demeurer Juge d'un differend dont deux Cours ont été en même tems faifies. C'eftpourquoi pour éviter les contrarieté d'Arrêts & la diverfité des Jugemens fur une même queftion, il faut néceffairement, dans ces fortes de cas, fe pourvoir devant le Souverain qui regle en fon Confeil, lequel des deux Tribunaux doit demeurer maître de la conteftation.

Notre Ordonnance, perfectionnée depuis fur ce point par celle de 1737, nou. apprendra dans quels cas ces fortes de Réglemens de juges ont lieu, & la procédure qu'il faut obferver, pour l'obtenir, eû égard aux differentes pofitions ou peuvent fe rencontrer les Parties.

ARTICLE PREMIER.

Il y aura Réglement de Juges lorfque deux de nos Cours, & autres Jurifdictions inférieures indépendantes l'une de l'autre & non reffortiffantes en même Cour, feront faifies d'un même differend ; & raportant par l'une ou l'autre des Parties en notre Chancellerie ou en notre Confeil, les exploits qui leur auront été donnés en differentes Jurisdictions, permission leur sera accordée par Lettres ou par Arrêt, de faire assigner les Parties en notre Conseil pour être reglées de Juges.

L'Ordonnance de 1737. entre dans un bien plus grand détail que la nôtre, sur les cas dans lesquels il y a lieu de se pourvoir en Réglement de Juges, & sur les differentes circonstances qui peuvent accompagner ces cas.

Comme on ne peut obliger quelqu'un à plaider dans deux Jurisdictions differentes pour raison d'un même fait, & que lorsque deux Cours ou Jurisdictions d'une égale autorité, sont saisies d'un même differend, il n'y a que le Souverain comme premier principe de toute Jurisdiction dans son Royaume, qui puisse les regler, l'Ordonnance de 1737, conforme en cela au present article, permet aux Parties ou de prendre en Chancellerie des Lettres en Réglement de Juges, ou d'obtenir au Conseil Arrêt sur Requête à l'effet d'être statué sur ce Réglement (a).

La même Ordonnance de 1737, veut même que ces Lettres ou cet Arrêt sur Requête soient accordés, quand bien même l'impétrant ne representeroit point d'Arrêt qui la déchargeat de l'assignation à lui donnée dans la Cour ou Jurisdiction qu'il décline (b).

Cependant si les délais de l'assignation qui donne lieu au Réglement de Juge, n'étoient point encore expirés lors de l'obtention & signification, soit des Lettres de Chancellerie, soit de l'Arrêt du Conseil, & que la Partie assignée déclarât ou avant cette signification, ou lors d'icelle, qu'elle consent de proceder en la Cour ou Jurisdiction ou l'assignation lui a été donnée, le Réglement de Juges tombe de lui-même, sans que celui qui vouloit l'engager, puisse répeter les frais de l'obtention des Lettres ou de l'Arrêt du Conseil (c).

Enfin l'Ordonnance de 1737. prévoit le cas ou une même Partie auroit été assignée par deux autres, dans deux differentes Cours, ou dans

(a) „ Lorsque deux de nos Cours, ou deux Jurisdictions inférieures indépendantes l'une
„ de l'autre & non ressortissantes en même Cour, seront saisies d'un même differend, les Par-
„ ties pourront se pourvoir en Réglement de Juges; & sur le vû des exploits qui leur auront
„ été donnés dans lesdites Cours ou Jurisdictions, il leur sera expedie des Lettres en notre
„ Chancellerie, portant permission de faire assigner les autres en notre Conseil; ou accordé
„ un Arrêt sur leur Requête, par lequel il sera ordonné que ladite Requête sera communi-
„ quée ausdites Parties, pour être statué sur le Réglement de Juges, ainsi qu'il appartiendra.
Ordonnance de 1737. tit. 2. art. 1er.

(b) „ Lesdites Lettres ou ledit Arrêt pourront être accordés, encore que celui qui les demande
„ ne raporte point d'Arrêt qui le décharge de l'assignation à lui donnée dans la Cour ou Ju-
„ risdiction qu'il décline *Ibid. art. 2.*

(c) „ Si néanmoins les délais de l'assignation donnée par ledit Demandeur en la Cour ou Ju-
„ risdiction qu'il prétend être compétente, n'étoient point encore expirés, lorsqu'il a obtenu
„ & fait signifier lesdites Lettres ou ledit Arrêt, & que la Partie assignée déclare avant ladite
„ signification ou lors d'icelle, qu'elle consent de proceder en ladite Cour ou Jurisdiction,
„ ledit Demandeur ne pourra répeter contre elle les frais de l'obtention & signification desdites
„ Lettres ou dudit Arrêt. *Ibid. art. 3.*

deux Juridictions de differens reſſorts, pour raiſon de la même conteſtation ; auquel cas elle interdit a cette Partie la faculté de ſe pourvoir en Réglement de Juges, juſqu'à ce qu'elle ait dénoncé aux deux Parties les pourſuites faites contre elle en differens Tribunaux, & les ait ſommées de réunir ces pourſuites en un ſeul Tribunal. Si cette ſommation & dénonciation ne produit aucun effet, il eſt libre à la Partie, un mois après, d'obtenir Lettres ou Arrêt en Réglement de Juges *(a)*.

A R T I C L E I I.

Les Lettres ſeront raportées au Sceau par les Maîtres des Requêtes ordinaires de notre Hôtel, ou Grands Raporteurs, eſquels ſera fait mention du nom du Raporteur, qui les ſignera en queue, après qu'elles auront été accordées.

A R T I C L E III.

Faiſons défenſes à nos Secretaires de ſigner aucunes Lettres en Réglement de Juges, & de les préſenter au Sceau, ſi elles ne contiennent élection de domicile en la perſonne de l'un des Avocats en nos Conſeils, à peine de nullité des Lettres, & de demeurer reſponſable par notre Secretaire des dépens, dommages & intéréts des Parties en ſon nom.

A R T I C L E IV.

Les Lettres en Reglement de Juges feront mention

(a) ,, Lorſque la même Partie aura été aſſignée à la requête de deux autres Parties, dans ,, deux differentes Cours, ou dans deux Juriſdictions de differens reſſorts, pour la même con- ,, teſtation, elle ne pourra ſe pourvoir en Réglement de Juges, qu'après avoir denoncé auſ- ,, dites Parties les pourſuites faites contre elles en differens Tribunaux, avec ſommation de les ,, réunir dans un ſeul : au moyen de laquelle dénonciation, & un mois après qu'elle aura été ,, faite, elle pourra obtenir des Lettres ou un Arrêt, pour former le Reglement de Juges. *Ordonnance de 1737. tit. 2. art. 4.*

des assignations sur lesquelles elles seront fondées, & demeurera le tout attaché sous le contrescel pour en laisser copie à la Partie, conjointement avec l'assittion qui lui sera donnée en notre Conseil.

ARTICLE V.

Les Commissions contiendront clause de surséance des poursuites en toutes les Jurisdictions saisies du differend des Parties, pendant le délai accordé pour donner les assignations ; & sera porté qu'à la faute de les faire donner dans le délai, les défenses demeureront levées & ôtées : & courra le tems porté par les Lettres, du jour & date de l'expédition.

ARTICLE VI.

Les délais pour donner les assignations seront reglés par les Lettres, sans néanmoins qu'ils puissent être que de deux mois au plus.

Ces cinq dispositions réunissent tout ce que l'Ordonnance de 1669. exigeoit pour la forme des Lettres en Réglement de Juges.

L'Ordonnance de 1737, en les renouvellant presque dans les mêmes termes, étend ces mêmes formalités (qui n'avoient pour objet dans la premiere Ordonnance que les Lettres en Chancellerie) aux Arrêts sur Requête qui peuvent en tenir lieu, au choix des Parties. D'ailleurs elle ne rend point arbitraires, comme l'Ordonnance de 1669. les délais pour assigner en vertu des Lettres ou Arrêts en Réglement de Juges ; elle fixe irrevocablement ces délais, eû égard au plus ou moins d'éloignement des differentes Cours (a).

_____

(a) ,, Les Lettres seront raportées au Sceau par les Maitres des Requêtes ordinaires de notre ,, Hôtel, ou par les Grands Raporteurs ; & il y sera fait mention du nom de celui qui les aura ,, raportées, lequel les signera en queue, après qu'elles auront été accordees. *Ordonnance de* 1737. *tit.* 2. *art.* 5.
Faisons défenses à nos Secretaires de signer aucunes Lettres de Réglement de Juges, & de

ARTICLE VII.

Du jour de l'assignation qui sera donnée en notre Conseil, toutes poursuites demeureront sursises en toutes les Jurisdictions qui seront saisies des differens des Parties, à peine de nullité, cassation de procedures, 75 liv. d'amende envers la Partie, & des dépens, dommages & interêts.

ARTICLE VIII.

En signifiant les Lettres, la Partie sera tenue de faire donner l'assignation en notre Conseil par le même exploit, & ou les Lettres seroient signifiées sans assignation, défendons à nos Cours & Jurisdictions d'y avoir égard; & pourront les Parties continuer leurs poursuites, comme elles auront pû faire auparavant, sans qu'il soit besoin de se pourvoir en notre Conseil, pour faire lever les défenses.

,, les présenter au Sceau, si elles ne contiennent élection de domicile en la personne de l'un des ,, Avocats en nos Conseils, qui sera chargé d'occuper pour l'impetrant, à peine de nullité des ,, Lettres, & d'être nosdits Secretaires responsables en leur nom de tous les dépens, dommages ,, & intérêts des Parties; laquelle élection de domicile sera pareillement faite dans les Requê- ,, tes pour former le Réglement de Juges par Arrêt : & seront lesdites Requêtes signées de ,, l'Avocat qui se constituera ; le tout à peine de nullité. *Ordonnance de 1737. tit. 2. art. 6.*

,, Les Lettres ou Arrêt qui introduiront le Réglement de Juges, feront mention des assigna- ,, tions ou des jugemens sur lesquels le conflit aura été formé, & seront lesdites pieces atta- ,, chées sous le contrescel desdites Lettres ou de la Commission prise sur ledit Arrêt, pour en ,, être laissé copie à la Partie, le tout à peine de nullité. *Ibidem. art. 7.*

,, Les Lettres ou l'Arrêt porteront clause de surséance à toutes poursuites & procedures dans ,, dans les Jurisdictions saisies du differend des Parties. *Ibidem. art. 8.*

,, Lesdites Lettres ou ledit Arrêt, seront signifiés dans les délais ci-après marqués, sçavoir ; ,, de deux mois à l'egard des Parties domiciliées dans le ressort de nos Parlemens ou autres ,, Cours de Languedoc, Pau, Guyenne, Aix, Grenoble, Besançon, Metz & Bretagne, ou ,, Conseils superieurs de Roussillon & d'Alsace ; & d un mois pour les Parties domiciliées dans ,, les ressorts des Parlemens & autres Cours de Paris. Rouen, Dijon, Douay, & Conseil ,, Provincial d'Artois en ce qui concerne la Jurisdiction Criminelle dans les cas ou il a droit ,, d'en connoître en dernier ressort ; à la reserve toutesfois des Parties domiciliées dans l'é- ,, tendue de la ville de Paris, ou dans les dix lieues à la ronde, à l'égard desquelles le délai ,, de l'assignation ne sera que de quinzaine. *Ibidem. art. 9.*

,, Tous les délais marqués par l'article précedent, courront du jour &date des Lettres ou ,, de l'Arrêt. *Ibidem. art. 10.*

ARTICLE IX.

Les Parties assignées en notre Conseil pour être reglées de Juges, pourront sans attendre l'échéance des assignations, s'adresser à l'Avocat nommé dans les Lettres, qui sera tenu d'occuper : & seront les Reglemens de Juges, tant en matiere Civile que Criminelle, instruits & jugés en la même forme & maniere que les Evocations, ainsi qu'il est porté par les Articles XXIII. & XXXII. du Titre des Evocations.

Les mêmes dispositions se trouvent d'une maniere plus détaillée dans l'Ordonnance de 1737. qui ne contient d'ailleurs rien de nouveau sur la maniere d'engager & d'instruire les Instances en Reglement de Juges (*a*).

(*a*) En procedant à la signification des Lettres en Reglement de Juges, celui qui les aura obtenues, sera tenu de faire donner assignation en notre Conseil par le même Exploit, & il en sera inséré une clause expresse dans lesdites Lettres ; le tout à peine de nullité. Ordonnance de 1737. *tit.* 2. *art.* 11.

,, Lorsque le Reglement de Juges aura été formé par Arrêt, la signification qui sera faite ,, dudit Arrêt dans les délais ci-dessus marqués, tiendra lieu d'assignation en notre Con- ,, seil, & en conséquence les Parties seront tenues d'y proceder en la maniere accoutumee. ,, *Ibidem. art.* 12.

,, Faute par le Demandeur d'avoir satisfait à ce qui est porté par les quatre Articles pré- ,, cedens, il demeurera déchû de plein droit desdites Lettres ou dudit Arrêt, qui seront ,, regardés comme non avenus, & les Parties contre lesquelles ils auront été obtenus, pour- ,, ront continuer leurs poursuites dans le Tribunal qu'elles avoient saisi de leurs contestations, ,, ainsi qu'elles l'auroient pû faire avant lesdites Lettres ou ledit Arrêt, sans qu'il soit be- ,, soin de le faire ordonner ainsi par Arrêt de notre Conseil. *Ibidem*, *article* 13.

,, Lorsque le Demandeur se sera conformé à la disposition desdits Articles 9, 10, 11, & ,, & 12, toutes poursuites demeureront sursises dans toutes les Jurisdictions qui seront sai- ,, sies des différends des Parties, à compter du jour de la signification des Lettres ou de l'Ar- ,, rêt dans la forme ci-dessus marquée ; & ladite surseance aura lieu, à peine de nullité, ,, cassation de procedures, 75 liv. d'amende envers la Partie, & de tous depens, dommages ,, & interêts *Ibidem. art.* 14.

,, En cas que le Demandeur en Reglement de Juges se trouve avoir fait quelques poursuites ,, ou procedures depuis la date des Lettres ou de l'Arrêt par lui obtenus, pour l'intro- ,, duire, & avant la signification desdites Lettres ou dudit Arrêt, le Defendeur pourra, en ,, tout état de cause, se pourvoir en notre Conseil pour en demander la nullité ; & il y sera ,, statué sur sa Requête, ainsi qu'il apartiendra. *Ibidem. art.* 15.

,, N'entendons comprendre sous le nom de poursuites & procedures mentionnées dans les deux ,, Articles precedens, les actes ou procedures conservatoires, tels que les reprises d'Instances, ,, les saisies en vertu de titres executoires, opositions aux decrets, scellés ou autres actes de ,, pareille nature & qualité, qui pourront être faits nonobstant la signification des Lettres ,, ou de l'Arrêt qui auront introduit le Reglement de Juges, même pendant l'instruction de ,, l'Instance en notre Conseil ; sans que la cassation en puisse être demandée, comme de pro- ,, cedures attentatoires. *Ibidem. article* 16.

,, Les Defendeurs en Reglement de Juges pourront se présenter sans attendre l'échéance ,, des delais, & proceder avec l'Avocat au Conseil nommé dans les Lettres ou dans l'Arrêt, ,, qui sera tenu d'occuper ; & le présent Article sera observé tant en matiere Civile qu'en ma- ,, tiere Criminelle. *Ibidem. art.* 17.

,, Les Reglemens de Juges seront instruits & jugés sommairement, en la forme prescrite par ,, les Reglemens sur les procedures qui se font en notre Conseil. *Ibidem. art.* 18.

ARTICLE X.

ARTICLE X.

La Partie qui aura été déboutée du déclinatoire par elle propofé en la Jurifdiction qu'elle prétendra être incompétente & d'une autre Cour & Reffort, pourra fe pourvoir en notre Confeil, ou au Sceau, en rapportant le Jugement de retention & les Pieces Juftificatives du déclinatoire ; & lui feront accordées Lettres ou Arrêt, pour faire affigner en notre Confeil les Parties, aux fins du renvoy par elle requis, pardevant les Juges aufquels la connoiffance du differend appartiendra.

ARTICLE XI.

Les Lettres ou Arrêt fur les déclinatoires, contiendront les mêmes claufes ; & les Procès en conféquence feront inftruits & jugés en notre Confeil, en la même forme & maniere que les Reglemens de Juges.

Les Articles précedens ont déterminé la maniere de fe pourvoir en Reglement de Juges, lorfque le conflit de Jurifdiction étoit entre deux Cours fouveraines. Mais comme le même conflit peut fe trouver engagé entre deux Tribunaux inférieurs, qui étant dans differens refforts, n'ont point conféquemment de Superieurs communs qui puiffent fixer leurs Jurifdictions, les deux préfens Articles ont prévû ce cas ; & l'Ordonnance de 1737, en adoptant les difpofions y contenues, y a encore ajouté. Car non-feulement cette Ordonnance, de même que la nôtre, autorife en ce cas à fe pourvoir en Reglement de Juges, foit par Lettres en Chancellerie, foit par Artêt obtenu fur Requête au Confeil (*a*) : mais de plus elle veut que la même chofe ait lieu, quand bien même la Sentence qui auroit débouté du déclinatoire requis, au-

(*a*) ,, La Partie qui aura été deboutée du déclinatoire par elle propofé dans la Cour ou dans ,, la Jurifdiction qu'elle pretendra être incompetente, & de fa demande en renvoy dans une

M m m m

roit été confirmée par Arrêt fur l'apel (*b*).

Néanmoins fi les Juges dont on contefte la competence, fe trouvoient dépouillés de la conteftation, ayant déja porté leur Jugement fur le déclinatoire, l'Ordonnance de 1737 ne permet pas que l'on puiffe alors fe pourvoir en Reglement de Juges au Confeil, jufqu'à ce que la Sentence ait été confirmée par Arrêt. D'ailleurs comme les Déclinatoires intereffant l'ordre des Jurifdictions font un point de grande police & de droit public, la même Ordonnance intervertit à cet égard l'ordre des Jurifdictions, & veut que l'apel en foit porté directement aux Cours, *omiffo medio* (*c*).

Enfin par raport à la procedure qu'il faut tenir, l'Ordonnance de 1737, de même que la nôtre, fe réfere à ce qui a été dit ci-deffus, pour la procedure des Reglemens de Juges à l'ordinaire (*d*).

ARTICLE XII.

Pour regler les contentions de Jurifdictions d'entre nos Cours de Parlement & des Aydes de chacun Reffort, nos Avocats & Procureurs Généraux, s'af- fembleront tous les mois à jour certain, & plus fou- vent s'ils en font requis, pour conferer & convenir. Et fur les réfolutions qui feront prifes entre eux &

7. autre Cour ou dans une Jurifdiction d'un autre Reffort, pourra fe pourvoir en notre Grande ,, Chancellerie ou en notre Confeil, en raportant le Jugement rendu contre elle & les Pieces ,, juftificatives de fon declinatoire, moyennant quoi il lui fera accordé des Lettres ou Arrêt, ,, ainfi qu'il a été dit ci-deffus. *Ordonnance de 1737. tit. 2. art. 19.*

(*b*) ,, La difpofition de l'Article precedent aura lieu, encore que fur l'apel interjetté par le ,, Demandeur en declinatoire, de la Sentence qui l'en a débouté, ladite Sentence eût été ,, confirmée. *Ibidem. art. 20.*

(*c*) ,, Lorfque fur le déclinatoire propofé par l'une des Parties, les premiers Juges feront ,, dépouillés de la connoiffance de la conteftation, le Défendeur au declinatoire ne pourra ,, être reçu à fe pourvoir en notre Confeil pour être reglé de Juges; fauf à lui à interjetter ,, apel de la Sentence qui aura eu égard au declinatoire, ou à fe pourvoir en notre Con- ,, feil contre l'Arrêt qui l'aura confirmé. Voulons que l'apel de toutes Sentences rendues fur ,, déclinatoire, foit porté immédiatement dans nos Cours, chacune dans fon Reffort. ,, *Ibidem. art. 21.*

[*d*] ,, Les difpofitions des Articles 5, 6, 7, 8, 9, 10, 11, 12, 13, 14, 15, 16, 17 ,, & 18 du préfent Titre, feront pareillement obfervées à l'égard des Lettres ou Arrêts ob- ,, tenus dans le cas de l'Article 19, enfemble des pourfuites, procedures & inftructions qui ,, fe feront en confequence. *Ibid. art. 22.*

*fignées de part & d'autre, feront tenues les Parties de
fe pourvoir & proceder en celles des Cours dont ils
feront convenus : Et en cas de diverfité, ils délivreront leurs Avis avec les motifs aux Parties, pour leur
être fait droit fur le tout fommairement en notre Confeil ; ce qui fera pareillement obfervé en matiere Criminelle.*

Cette difpofition a parue trop generale ; & elle a été en confequence
modifiée dans l'Ordonnance de 1737. On y a diftingué avec raifon le
cas où le Parlement & la Cour des Aydes fe trouvent établis dans une
même Ville, & celui où ils font dans des Villes differentes.

Dans le premier cas, comme il eft facile de raffembler les Gens du
Roy des deux Cours pour conferer enfemble & regler entr'eux, s'il
eft poffible, la competence de l'une & de l'autre, l'Ordonnance a confervé en fon entier la prefente difpofition, comme étant le moyen le
plus fimple, le plus court & le moins difpendieux (*a*).

Mais ce même moyen eft impraticable, lorfque le Parlement & la
Cour des Aydes d'une même Province font dans des Villes differentes
fouvent fort éloignées les unes des autres, comme en Languedoc où
le Parlement eft féant à Touloufe, & la Cour des Aydes à Montpellier. Alors il faut recourir à la voye ordinaire, qui eft de fe pourvoir
directement au Confeil en Reglement de Juges (*b*).

Enfin l'Ordonnance de 1737 a cru devoir encore abolir les Inftances
en Reglement de Juges, dans les conflits où il n'y auroit de Parties
que les Procureurs Generaux, comme il peut arriver fouvent en ma-

---

[*a*] ,, Pour regler les conflits de Jurifdictions qui fe formeront en nos Cours de Parlement
,, & nos Cours des Aydes qui feront établies dans la même Ville, nos Avocats & nos Pro-
,, cureurs Généraux dans chacune defdites Cours, s'affembleront au Parquet de nofdites Cours
,, de Parlement, tous les mois, à jours certains, ou plus fouvent, s'ils en font requis, pour
,, conferer & convenir fur la competence de l'une ou de l'autre Cour ; & en confequence de
,, réfolutions qui feront prifes entre eux, fera donné Arrêt dans la Cour qui fera jugée in-
,, competente fur l'Avis de nos Avocats & Procureurs Généraux en ladite Cour, portant ren-
,, voy de la contestation en la Cour qui fera jugée competente ; & en cas de diverfité, ils
,, délivreront leur Avis avec les motifs aux Parties, pour leur être fait droit fur le tout en
,, notre Confeil en la forme ordinaire ; ce qui fera pareillement obfervé en matiere Crimi-
,, nelle. *Ordonnance de 1737. tit. 2. art. 23.*

[*b*] ,, Les conflits de Jurifdictions qui fe formeront entre des Cours qui ne font point éta-
,, blies dans la même Ville, ne pouvant fe terminer par voye de conférence entre nos
,, Avocats & Procureurs Généraux des deux Compagnies, il y fera pourvû en notre Con-
,, feil, à l'effet de quoi les Parties qui y feront intereffées, pourront obtenir des Lettres
,, ou Arrêts, pour y porter & y faire inftruire & juger leurs demandes en Reglement de
,, Juges, ainfi & de la même maniere qu'il a été reglé par les dix-neuf premiers Articles
,, du prefent Titre. *Ibid. art. 24.*

Mmmm ij

tiere Criminelle. Dans ce dernier cas le Reglement de Juges s'inftruit par fimples Memoires envoyés de part & d'autre à M. le Chancelier, qui les communique enfuite à chacun des Procureurs Generaux refpectivement pour avoir leurs réponfes : & finalement on rend au Confeil, fans aucune procedure préalable, un Arrêt qui décide la competence (*a*).

[*a*] ,, Entendons néanmoins que dans tous les conflits de Jurifdiction où il n'y aura point ,, d'autres Parties que nos Procureurs Généraux, ils puiffent envoyer, chacun de leur côté, ,, un Memoire à notre Chancelier, avec les Pieces qu'ils jugeront à propos d'y joindre, pour ,, foutenir la compétence de leurs Compagnies, fans être tenus d'obtenir des Lettres ou un ,, Arrêt pour introduire l'Inftance en Reglement de Juges en notre Confeil, ni de la pour- ,, fuivre dans les formes ordinaires. Voulons qu'après que les Memoires par eux envoyés ,, & les Pieces qui y feront jointes, auront été communiquées à chacun de nofdits Procureurs ,, Généraux, & fur la réponfe qu'ils y auront faite de part & d'autre, il foit rendu, fans ,, autre inftruction, un Arrêt en notre Confeil, par lequel l'affaire qui aura fait naître le ,, conflit de Jurifdiction, fera renvoyée dans le Tribunal qui fera jugé compétent pour en ,, connoître. *Ordonnance de* 1737, *tit.* 2. *art.* 25.

TITRE III.

DES REGLEMENS DE JUGES

EN MATIERE CRIMINELLE.

LE Reglement de Juges eſt encore plus eſſentiel en matiere Criminelle qu'en matiere Civile. Car, outre le motif commun à ces deux matieres, qui eſt, *ne reus ex eodem facto vexetur in duobus locis*, le conflit de Juriſdiction en matiere Criminelle pourroit donner lieu à l'impunité des crimes, en retardant le jugement des affaires de cette nature.

C'eſt donc avec raiſon que le Légiſlateur a pris, dans ce Titre, les plus ſages précautions, pour empêcher l'effet de ces ſortes de conflits, ou du moins pour en accelerer la décifion, ainſi que nous le verrons dans les Articles qui ſuivent.

ARTICLE PREMIER.

Le Reglement de Juges ſera formé en matiere Criminelle, lorſqu'en deux de nos Cours indépendantes l'une de l'autre, & non reſſortiſſantes en même Cour, aura été informé & decreté pour raiſon du même fait entre les mêmes Parties.

ARTICLE II.

Les Lettres ou Arrêts de Reglement de Juges en

matiere *Criminelle*, porteront claufe que l'inftruction
fera continuée en la Jurifdiction qui fera commife par
Lettres ou Arrêt, jufqu'à jugement définitif exclufivement, & que le Reglement de Juges ait été formé
& jugé ; & feront au furplus les Lettres & Arrêts ex-
pédiés en la même forme & maniere, & contiendront
les mêmes claufes qu'en matiere Civile.

ARTICLE III.

*Ne pourront néanmoins les Accufés qui auront été
déboutés des déclinatoires par eux propofés, fe pourvoir en Reglement de Juges, fi ce n'eft qu'un autre
Juge ait informé & decreté pour le même fait.*

Ces trois difpofitions fe trouvent prefque litteralement confervées
dans l'Ordonnance de 1737; fi ce n'eft par raport à la derniere, qui
femble autorifer un Accufé débouté d'un déclinatoire par lui propofé,
à fe pourvoir en Reglement de Juges, lorfqu'un autre Juge, quel qu'il
foit, a informé & decreté pour le même fait. L'Ordonnance de 1737
a corrigé ce que cette difpofition pouvoit avoir de trop vague. En effet,
quoique deux Juges differens ayent informé & decreté pour raifon d'un
même fait, fi ces deux Juges font dans un même Reffort, l'Accufé peut
fe pourvoir à la Cour Souveraine à laquelle ces deux Juges font fubordonnés pour faire regler leur competence ; & il n'y a lieu en ce
cas de fe pourvoir par l'Accufé en Reglement de Juges, que lorfque deux Cours ou deux Jurifdictions de differens Refforts ont informé
& decreté pour raifon du même fait. C'eft auffi la diftinction adoptée par l'Ordonnance de 1737 (*a*).

(*a*) ,, Le Réglement de Juges aura lieu en matiere Criminelle, lorfque deux de nos Cours
,, ou deux Jurifdictions independantes l'une de l'autre & non reffortiffantes en la même Cour,
,, auront informé & decreté pour raifon du même fait entre les mêmes Parties. *Ordonnance de*
1737. *tit.* 3. *Art.* 1.
,, Les Lettres ou Arrêts de Réglemens de Juges porteront que l'inftruction fera continuée à
,, la Jurifdiction qui fera commife par lefdites Lettres ou Arrêts, jufqu'au Jugement définitif
,, exclufivement, en attendant que le Réglement de Juges ait été terminé & jugé : feront au
,, furplus lefdites Lettres & Arrêts expediés en la même forme & maniere & avec les mêmes
,, claufes, qu'en matiere Civile. *Ibid. Art.* 2.
,, Ne pourront néanmoins les accufés qui auront été déboutés des déclinatoires par eux pro-
,, pofés, fe pourvoir au Réglement de Juges, fi ce n'eft qu'il ait été informé & decreté pour

ARTICLE IV.

Aucunes Lettres de Reglement de Juges ne seront accordées en matiere Criminelle au nom des Accusés contre lesquels originairement il y aura decret de prise corps, qu'ils ne soient actuellement prisonniers aux Prisons des Juges qui auront rendu les decrets, & n'en ayent rapporté l'écroue en bonne forme, attesté par le Juge ordinaire du lieu où il sera détenu, signifié aux Parties ou à leurs Procureurs, qui demeurera attaché sous le contrescel, & en sera fait mention dans les Lettres à peine de nullité.

Le préfent Article fe trouve en tous points confirmé par l'Ordonnance de 1737, qui y a feulement ajouté que l'écroüe, dans le cas y mentionné, fera fignifié non-feulement aux Parties Civiles, mais encore à la Partie publique du Tribunal dont le decret fera émané (a).

ARTICLE V.

Les contentions de Jurisdiction d'entre les premiers Juges ressortissans en même Parlement, ou autres nos

le même fait par une autre Cour eu Jurifdiction d'un autre reffort; le tout fans préjudice aufdits accufés de fe pourvoir par les voyes de droit contre les Arrêts ou Jugemens rendus en dernier reffort qui les auront deboutés de leur déclinatoire; ce qu'ils pourront faire lors même qu'aucune autre Jurifdiction n aura informé & decreté contre eux pour le même fait. *Ibidem. art.* 3.

(a) ,, Aucunes Lettres ou Arrêts de Réglement de Juges ne feront accordés en matiere Criminelle, aux accufés contre lefquels il y aura un decret de prife de corps fubfiftant, s'ils ne font actuellement prifonniers dans les prifons des Juges qui auront rendu les decrets ou des Cours fupérieures aufdits Juges, & s'ils n'en raportent l'écroue en bonne forme, & attefté par le Juge ordinaire des lieux, en cas que l'accufé fe foit remis dans d'autres prifons que celles defdites Cours; lequel écroue fera fignifié aux Parties Civiles, fi aucunes y a, ou à nos Procureurs Géneraux ou à leurs Subfhtuts dans les Jurifdictions Royales dans lefquelles le procès fera pendant, ou aux Procureurs des Hauts-Jufticiers dans la Juftice defquels ils feront pourfuivis; le tout à peine de nullité. *Ordonnance de* 1737. *tit.* 3. *art.* 4.

,, Ledit acte d'écroue fera attaché fous le contrefcel des Lettres en Réglement de Juges, ou de la Commiffion expediée fur l'Arrêt, faute de quoi l'accufé demeurera déchu de plein droit defdites Lettres ou Arrêts, qui feront regardés comme non avenus, il fera paffé outre à l'inftruction & au jugement du procès, comme avant icelles, fans qu'il foit befoin de le faire ordonner ainfi par Arrêt de notre Confeil. *Ibidem. art.* 5.

Cours feront reglées & jugées par voye d'apel aux Jurifdictions fuperieures.

Il y a une parfaite conformité entre notre Ordonnance & celle de 1737, pour ordonner qu'il n'y aura point lieu au Réglement de Juges, lorfque le conflit s'élevera entre deux Jurifdictions, toutes deux fubordonnées à la même Cour. Il y a cependant d'ailleurs quelques differences entre les difpofitions de ces deux Loix, quoique relatives entre elles. Car 1°. Notre Ordonnance fembloit reftraindre fa difpofition aux matieres Criminelles ; l'Ordonnance de 1737. au contraire s'étend tant aux matieres Civiles que Criminelles. 2°. Notre Ordonnance n'autorifoit en ce cas à avoir recours au Tribunal fuperieur que par la voye d'apel ; mais l'Ordonnance de 1737, outre la voye d'apel de la part des Parties, permet encore aux Cours de regler ces fortes de conflits de Jurifdiction, fur la requifition du Procureur Géneral, quand bien même il n'y auroit aucun apel interjetté par les Parties (*a*) : fans cependant que les Cours puiffent à cette occafion prononcer, ni fouffrir qu'il foit prononcé par les Juges inférieurs aucune amende pour diftraction de Jurifdiction (*b*) ; au lieu que, quand le Réglement de Juges eft décidé au Confeil, on y peut condamner ceux qui fuccombent en une amende, fuivant qu'il y échet, & eû égard aux circonftances (*c*).

ARTICLE VI.

Les Conflits d'entre nos Cours de Parlement & fieges Préfidiaux dans le même reffort pour raifon des cas portés par l'Edit, feront jugés & reglés par notre

(*a*) ,, Les conflits de Jurifdiction qui fe trouveront en matiere Civile ou Criminelle, entre ,, les premiers Juges reffortiffans en la même Cour, y feront reglés & jugés par voye d'apel, ,, & fur les conclufions de notre Procureur Géneral en ladite Cour, ou fur la requifition qu'il ,, pourra faire, lors même qu'il n'y aura point d'apel interjetté par les Parties ; le tout en ,, obfervant les regles & formalités en tel cas requifes & accoutumées. *Ordonnance de 1737. tit.* 2. *art.* 27.

(*b*) ,, Faifons au furplus très-expreffes inhibitions & défenfes à toutes nos Cours, de pro-,, noncer ni faire executer aucune condamnation d'amende, pour diftraction ou tranfport de ,, Jurifdiction, ni de fouffrir qu'il en foit prononcé aucune par les Juges qui leur font fubor-,, donés ; le tout à peine de nullité defdites condamnations, contraintes & procedures faites ,, en confequence. *Ibidem, même tit.* 2. *art.* 28.

(*c*) ,, Defirant néanmoins empêcher l'abus que plufieurs Parties font des inftances de Régle-,, ment de Juges qu'elles introduifent en notre Confeil, ou aufquelles elles donnent lieu, dans ,, la feule vûe d'éloigner le Jugement du fond de leur conteftation, Voulons que ceux qui ,, fuccomberont dans lefdites inftances, puiffent être condamnés en notre Confeil, s'il y échet, ,, en la même amende & aplicable de la même maniere, que les évoquans qui fuccombent ,, dans leurs demandes, fuivant ce qui eft porté par l'article 79 de notre préfente Ordonnace, ,, au Titre des Evocations ; & en outre aux dépens, dommages & intérêts de leurs Parties, ,, laquelle amende pourra même être augmentée dans les cas qui le mériteront, ainfi qu'il fera ,, jugé à propos en notre Confeil. *Ibidem. art.* 29 & *dernier du même tit.* 2.

Grand

Grand Conseil ; & sans que, pour raison de ce, il puisse être formé aucun Réglement de Juges entre nos Cours de Parlement & Grand Conseil ; ni que nos Cours de Parlement puissent, au préjudice des Commissions qui auront été décernées par notre Grand Conseil, prendre connoissance du differend des Parties, ni contrevenir aux Arrêts rendus par notre Grand Conseil pour raison de ce, à peine de nullité & de cassation de procedures. Faisons défenses aux Parties de faire aucunes poursuites ni de s'aider des Arrêts qui seront intervenus, à peine de cent livres d'amende, applicable moitié à Nous, & l'autre moitié à la Partie.

Cet article ne fait que confirmer au Grand Conseil un droit qui lui étoit attribué de l'origine même des Présidiaux.

L'Ordonnance de 1737, a adopté sur cela presque litteralement la disposition de notre article, à l'amende près, qu'elle a augmentée à la somme de 300 liv. (*a*).

ARTICLE VII.

Comme aussi la connoissance des Réglemens de Juges d'entre les Lieutenans Criminels & les Prévôts des Maréchaux apartiendra à notre Grand Conseil auquel nous faisons défenses de faire expedier aucunes Commissions, ni de donner Audience aux accusés contre

(*a*) ,, Les conflits de Jurisdictions qui naîtront entre nos Cours de Parlement & les Sieges ,, Présidiaux de leur ressort, pour raison des cas que lesdits Sieges jugent sans apel suivant l'E- ,, de leur creation, seront jugés & reglés en notre Grand Conseil ; sans que pour raison de ce, ,, il puisse être formé aucun Réglement de Juges entre nos Parlemens & notre Grand Conseil, ,, ni que nosdits Parlemens puissent, au préjudice des commissions qui auront été décernées ,, par notre Grand Conseil, prendre connoissance du differend des Parties, ni contrevenir aux ,, Arrêts rendus pour raison de ce, par le même Tribunal ; à peine de nullité & cassation des ,, procédures. Faisons défenses aux Parties de faire, audit cas, aucunes poursuites en nos ,, Parlemens, ni de se servir des Arrêts qui y seront intervenus à cet égard, à peine de 300 liv. ,, d'amende aplicable moitié à Nous, & l'autre moitié à la Partie. *Ordonnance de* 1737. *tit.* 2. *art.* 26.

*lefquels il y aura decret de prife de corps, qu'ils ne
foient actuellement en état, foit dans les prifons des
Juges qui les auront décernés, ou dans celles du Grand
Confeil, & qu'il ne leur en ait aparu par des extraits
tirés du Régiftre de la geole en bonne forme, à peine
de nullité.*

Même difpofition dans l'Ordonnance de 1737 (a), qui veut d'ailleurs
que les Réglemens de Juges en matiere Criminelle foient inftruits &
jugés au Confeil en la même forme & de la même maniere que ceux en
matiere Civile (b).

(a) ,, La connoiffance des conflits qui naîtront entre les Lieutenans Criminels & les Prévôts
,, des Maréchaux, pour fçavoir auquel defdits Officiers la connoiffance d'un crime qui doit
,, être jugé Préfidialement ou Prevôtalement, fera renvoyée pour être jugé en dernier reffort,
,, apartiendra à notre Grand Confeil, auquel Nous faifons défenfes de faire expedier aucunes
,, commiffions ni de donner Audience aux accufés, contre lefquels il y aura un decret de prife
,, de corps fubfiftant, à moins qu'ils ne foient actuellement en état, foit dans les prifons des
,, Juges qui les auront décretés, ou dans celles du Grand Confeil, & qu'il lui en ait aparu
,, par des extraits tirés du Régiftre de la geole, en bonne forme, atteftés & fignifiés, ainfi qu'il
,, a été dit ci-deffus dans l'article 4, le tout à peine de nullité. *Ordonnance de 1737. tit 3. art. 6.*
(b) ,, Les difpofitions des articles 17, 18, 23, 24, 25, 28 & 29 du Titre précedent, feront
,, pareillement obfervées à l'égard des Réglemens de Juges qui fe formeront en matiere crim-
,, nelle, & ils feront inftruits & jugés en notre Confeil, en la même forme & maniere que les
,, Réglemens de Juges en matiere Civile. *Ibidem, feptiéme & dernier Art. dudit tit 3.*
,, Voulons que la préfente Ordonnance, à compter du jour de la publication qui en fera faite,
,, foit gardée & obfervée dans toute l'étendue de notre Royaume, terres & pays de notre obéif-
,, fance, pour y tenir lieu à l'avenir des difpofitions contenues dans les Titres 1, 2 & 3 de
,, l'Ordonnance du mois d'Août 1669, aufquelles à cet effet nous avons dérogé & dérogeons, en
,, tant que befoin feroit. Abrogeons pareillement toutes Ordonnances, Loix, Coutumes, Sta-
,, tuts, Réglemens, ftiles & ufages differens & qui feroient contraires à notre préfente Ordon-
,, nance; fans néanmoins que les procedures qui auroient été faites avant fa publication, fui-
,, vant les regles établies par lefdits Titres de l'Ordonnance du mois d'Août 1669, puiffent être
,, déclarées nulles, fous prétexte qu'elles ne feroient point conformes aux difpofitions nouvel-
,, les des Préfentas.
,, Si donnons en mandement &c. Car tel eft notre plaifir : Et afin que ce foit chofe ferme & fta-
,, ble à toujours, Nous y avons fait mettre notre Scel Donné à Verfailles au mois d'Août l'an
,, de grace 1737, & de notre regne le vingt-deuxiéme *Signé* LOUIS, & *plus bas* PHELYPEAUX.
,, Vifa DAGUESSEAU. Et fcellé du Grand Sceau de cire verte, en lacs de foye rouge & verte.

Regiftré au Parlement à Paris le 11 Décembre 1737.

TITRE IV.

DES COMMITTIMUS

ET GARDES GARDIENNES.

QUOIQUE les Jurisdictions soient de droit public, & qu'il ne soit permis à qui que ce soit en géneral d'en interrompre l'ordre, il est cependant certaines personnes qui, soit par le service auquel elles sont engagées auprès du Prince, soit à cause des fonctions publiques dont elles sont chargées, soit enfin par raport à l'intérêt qu'a le Public dans les devoirs qu'ils remplissent, méritent d'être affranchies de la regle géneral.

C'est ce qui a donné lieu aux *Committimus*, pour les Grands Officiers de la Maison du Roi, pour les Cours superieures & autres qui jouissent de ce privilege, & aux *Lettres de Gardes Gardiennes*, pour les Professeurs & Maîtres des Universités & les Ecoliers qui y étudient.

Les articles qui suivent, vont donner une plus grande étendue à ces idées génerales.

ARTICLE PREMIER.

Ceux qui auront droit de Committimus *au Grand & Petit Sceau, pourront en vertu des Lettres qui leur seront expédiées, se pourvoir pardevant les Juges de leur privilege, tant en demandant qu'en défendant, pour causes civiles, personnelles, possessoires & mix-*

N n nn ij

tes, entieres & non conteftées pardevant d'autres Juges.

ARTICLE II.

Les Lettres de Committimus *ne pourront être expediées au Grand Sceau, ni les privilegiés en ufer, lorfqu'il s'agira de la diftraction de reffort d'un Parlement, que pour la fomme de 1000 liv. & au deffus, & au petit fceau pour 200 liv. dont fera fait mention dans les Lettres à peine de nullité.*

ARTICLE III.

Lorfqu'il ne s'agira que de 200 liv. & au deffous, voulons qu'à la requifition des petits Officiers de notre Maifon, compris dans l'état qui en fera arrêté, il foit furcis pendant leur fervice actuel à toutes procedures & jugemens, dans les affaires feulement pour lefquelles ils pourroient obtenir nos Lettres de Committimus.

ARTICLE IV.

Les mêmes furféances feront accordées aux Officiers de pareille qualité des Maifon des Reines & Enfans de France & premier Prince de notre Sang.

ARTICLE V.

Pourront néanmoins les Parties fe retirer pardevers Nous, pour obtenir main-levée des furféances accordées aux Officiers ordinaires, dans les cas que nous jugerons à propos.

ARTICLE VI.

Aucunes Lettres de Committimus *ne seront signées ni scellées aux Chancelleries établies près nos Cours de Parlement, qu'elles ne soient paraphées par les Maîtres des Requêtes ordinaires de notre Hôtel, ou Garde de nos Sceaux, & la date remplie de leur main, à peine de nullité.*

ARTICLE VII.

Les Committimus *ne seront valables après l'année de leur expédition, ni les exploits faits en vertu des Lettres surannées, dont sera fait mention dans les* Committimus, *à peine de nullité.*

ARTICLE VIII.

Défendons à tous Huissiers ou Sergens de faire aucuns exploits en vertu de Lettres de Committimus, *s'ils n'en sont porteurs, & seront tenus d'en donner copie avec l'assignation, à peine de nullité de l'exploit & de 50 liv. d'amende envers Nous contre les Huissiers ou Sergens.*

ARTICLE IX.

Les renvois seront faits en vertu des Committimus, *par l'exploit d'assignation donnée à la Partie ou à son Procureur, s'il y en a un constitué, sans que les Huissiers ou Sergens soient tenus d'en faire requisition aux Juges.*

ARTICLE X.

Du jour de la signification du renvoi, toutes pour-
suites, procedures & jugemens sursoiront en la Juris-
diction d'où le renvoi sera demandé ; & ou il y auroit
quelques procedures faites au préjudice, la cassation
en sera requise judiciairement, s'il n'y a point de
Procureur constitué de la part du Défendeur en ren-
voi ; ou par Requête signifié s'il y a Procureur ; &
tout ce qui auroit été fait au préjudice du renvoi,
sera cassé, encore qu'il n'y eût lieu à la retention de
la cause.

ARTICLE XI.

Aucune évocation ne pourra être faite aux Requê-
tes de notre Hôtel ou du Palais sous prétexte de litis-
pendence, si ce n'est entre les mêmes Parties & pour
raison du même fait ; & sera la demande afin d'évoca-
tion faite par Requête signifiées pour y être fait droit
à l'Audience, & non autrement, & sans toutesfois
que la demande puisse faire surseoir les procedures ni
le jugement en la Jurisdiction d'où l'évocation sera
requise, jusqu'à ce qu'elle ait été accordée & signifiée.

ARTICLE XII.

Aucunes Commissions ne seront délivrées aux Re-
quêtes de notre Hôtel ou du Palais, pour apeller Par-
ties, sans Lettres de Committimus, encore que le
Demandeur fût notoirement privilegié, à peine de
nullité des procedures & jugemens.

ARTICLE XIII.

Voulons qu'à l'avenir il n'y ait que ceux-ci après déclarés, qui puissent jouir du droit de Committimus, *au Grand Sceau; sçavoir les Princes de notre Sang, les Princes reconnus en France, Ducs & Pairs, & autres Officiers de notre Couronne, les Chevaliers & Officiers de notre Ordre du S. Esprit; les deux plus anciens Chevaliers de l'Ordre de S. Michel; les Conseillers en notre Conseil qui servent actuellement; ceux que nous aurons employés dans les Ambassades; les Maîtres des Requêtes ordinaires de notre Hôtel; les Huissiers de notre Conseil; les Presidens, Conseillers, nos Avocats & Procureurs Géneraux, Greffier en chef & premier Huissier de notre Grand Conseil, sans que ci-après ils ayent leurs causes commises en premiere instance en la Grande Prevôté de France; le Grand Prevôt de notre Hôtel, ses Lieutenans, notre Avocat & Procureur & Greffier; nos Conseillers & Secretaires & autres Officiers de Chancellerie de France; les quinze anciens* (a) *Avocats de notre Conseil, suivant l'ordre du tableau; les Agens Géneraux de France pendant leur agence; les Doyen, Dignités & Chanoines de l'Eglise de Notre-Dame de Paris; les quatre plus anciens de l'Academie Françoise établie à Paris, suivant l'ordre de leur réception, qui sera justifiée par un extrait signé du Secretaire de l'Academie;*

(*a*) Par Arrêt du Conseil du 26 Octobre 1671, tous les Avocats au Conseil ont été rétablis dans le droit de *Committimus*, conformement aux Edits des mois de Septembre 1643 & Janvier 1643; & ce, nonobstant la restriction portée au présent article qui limitoit ce privilege aux quinze anciens seulement.

les Capitaines, Lieutenans, sous-Lieutenans, Enseignes, Commissaires d'ancienne création, Sergent Major & son Aide, Prevôt & Marechal des Logis du Régiment de nos Gardes ; les Officiers, Domestiques & Commensaux de notre Maison & de celles des Reines, Enfans de France, & Premier Prince de notre Sang, dont les Etats sont portés à la Cour des Aydes, & qui servent ordinairement ou par quartier, aux gages de 60 liv. au moins ; tous lesquels Domestiques seront tenus de faire aparoir par certificats en bonne forme qu'ils y sont couchés & employés. Défendons aux Greffiers de notre Cour des Aydes, d'en expedier ou délivrer qu'à ceux qui y sont employés, à peine de faux, & des dommages & intérêts des Parties, en leurs noms ; & sans qu'aucun de ceux qui seront employés dans les Etats par honneur, puisse jouir du privilege. Voulons néanmoins que nos Officiers de la qualité ci-dessus Veterans, après en avoir obtenu nos Lettres & non autrement, jouissent de pareil privilege.

ARTICLE XIV.

Jouiront du droit de Committimus, *du petit Sceau les Officiers de nos Cours de Parlemens* (a) : *Sçavoir les Présidens, Conseillers, nos Avocats & Procureurs Généraux, Greffier en chef & Premier Huissier ; les Officiers de notre Cour des Monnoyes, sçavoir les Présidens, Conseillers, nos Avocats & Procureurs*

(a) Par Lettres patentes en forme d'Edit du 28 Décembre 1727 enregistrées le lendemain, le *Committimus* au Grand Sceau a été accordé aux Officiers du Parlement de Paris.

Généraux,

Géneraux , Greffier en chef & Premier Huiffier , les
fix anciens Tréforiers Géneraux de France établis à
Paris & les quatre anciens des autres Généralités entre
lefquels pourront être compris notre premier Avocat
& Procureur , fuivant l'ordre de leur réception ; les
Confeillers & Secretaires des Chancelleries établies près
nos Parlemens , Chambres mi-Parties , Chambres de
Comptes & Cours des Aydes ; le Prevôt de Paris , fes
Lieutenans Géneraux Civil , de Police , Criminel , &
Particulier & notre Procureur au Châtelet ; le Bailly ,
Lieutenant , & notre Procureur au Bailliage de notre
Palais à Paris ; les Officiers véterans de la qualité
ci-deffus , après en avoir obtenu nos Lettres & non
autrement , jouiront du même privilege ; les Doyen ,
Chantre & plus ancien des Chanoines de l'Eglife de
Saint Germain de l'Auxerrois à Paris , & le Chapitre
pour les affaires communes (a) ; le College de Na-
varre pour les affaires communes de la Maifon , & les
Directeurs de l'Hôpital de Paris.

ARTICLE XV.

Les Prevôt des Marchands & Echevins de notre
bonne ville de Paris pendant leur charge , les Confeillers de ville , notre Procureur , Receveur & Greffier ,
le Colonel des trois cens Archers de la Ville , jouiront
pareillement du droit de Committimus.

ARTICLE XVI.

Ne pourront les maris ufer du droit de Committi-

---

[a] „ Au moyen de l'extinction du Chapitre de Saint Germain l'Auxerrois & de fa réunion
„ à celui de Notre Dame, le privilege de *Committimus* ici accordé à ce Chapitre, eft maintenant
„ fans application.

mus *apartenant à leurs femmes, servant dans les mai-*
sons Royales & employées dans les Etats envoyés à la
Cour des Aydes ; mais les femmes séparées jouiront
du même droit de Committimus *que leurs maris ; com-*
me aussi les veuves de ceux qui seront décedés en jouis-
sant du privilege, tant qu'elles demeurent en viduité.

ARTICLE XVII.

Les douze anciens Avocats de notre Cour de Parle-
ment de Paris, & six des autres Parlemens, du nom-
bre de ceux qui sont appellés aux jours des sermens,
dont le rôle sera arrêté par les Premiers Présidens, nos
Avocats & Procureurs Géneraux jouiront du même
privilege de Committimus *au petit Sceau, & sera le*
rôle porté par chacune année en nos Chancelleries éta-
blies par les Parlemens.

ARTICLE XVIII.

Les Eglises, Chapitres, Abbayes, Prieurés, Corps,
& Communautés, qui prétendent droit de Committimus*, seront tenus d'en raporter les Titres à notre Chan-*
cellier, pour, au raport des Conseillers en notre Con-
seil qui seront par lui commis, y être pourvu, & l'ex-
trait envoyé aux Chancelleries de nos Parlemens, &
jusqu'à ce qu'ils y ayent satisfait, ne leur seront ac-
cordées aucunes Lettres.

ARTICLE XVIX.

Les Maîtres des Requêtes, les Officiers des Requê-

tes de notre Hôtel, & leurs Veuves, ne pourront plaider en vertu de leurs Committimus, qu'aux Requêtes de notre Palais à Paris ; comme aussi les Présidens, Conseillers & autres Officiers des Requêtes du Parlement de Paris, & leurs Veuves, ne pourront plaider en vertu de leurs privileges, qu'aux Requêtes de notre Hôtel, dont il sera fait mention dans les Lettres, & sans que la clause de pouvoir plaider à leur choix dans l'une des deux Jurisdictions y puisse être inserée, à peine de nullité, & de tout ce qui aura été fait en consequence.

ARTICLE XX.

Les Présidens & Conseillers des Requêtes du Palais de tous nos autres Parlemens, auront pour Juges de leurs privileges, le principal siege ordinaire de leur ressort.

ARTICLE XXI.

Ne pourront les privilegiés user du droit de Committimus, aux causes & procès où ils seront Parties principales ou intervenantes en vertu de transports à eux faits, si ce n'est pour dettes véritables & par actes passés pardevant Notaires, & signifiés trois ans avant l'action intentée ; desquels transports les privilegiés seront tenus de donner copie avec l'assignation, & même en affirmer la vérité en Jugement en cas de déclinatoire & s'ils en sont requis, à peine de 500 liv. d'amende contre ceux qui auront abusé de leurs privileges, aplicable moitié à Nous & moitié à la Partie.

ARTICLE XXII.

N'entendons néanmoins comprendre en la prohibition de l'article ci-dessus, en ce qui concerne la date des cessions & transports, ceux qui seront faits par contrat de mariage, par des partages, ou à titre de donations bien & dûment insinuées, à l'égard desquels les privilegiés pourront user de leur Committimus, quand & ainsi que bon leur semblera.

ARTICLE XXIII.

Les privilegiés ne pourront pareillement se servir de leur Committimus, pour assigner aux Requêtes de notre Hôtel ou du Palais, les débiteurs de leurs débiteurs, pour affirmer ce qu'ils doivent, si la créance n'est établie par piéces autentiques passées trois années avant l'assignation donnée ; & seront en outre tenus d'affirmer, s'ils en sont requis, que leur créance est véritable, & qu'ils ne prêtent point leur nom : le tout sous les peines portées par les précedens articles.

ARTICLE XXIV.

Ne pourront aussi avoir lieu les Committimus aux demandes pour passer déclaration ou titre nouvel de censives ou rentes foncieres, ni pour payement des arrerages qui en seront dûs, à quelques sommes qu'ils puissent monter, ni aux fins de quitter la possession d'heritages ou immeubles, ni pour les élections, tutelles, curatelles, scellés & inventaires, acceptation de de garde noble, ou pour matieres réelles, encore que

par le même exploit la demande fût faite afin de reſti-
tution de fruits.

Article XXV.

Les cauſes & procès concernant notre Domaine ,
& ceux ou nos Procureurs feront feules Parties , ne
pourront être évoquées des Sieges ordinaires en vertu
des Committimus.

Article XXVI.

Les cauſes pendantes en notre Grand Conſeil ,
Chambres de nos Comptes , Cours des Aydes , Cours
des Monnoyes , Elections , Greniers à fel , Juges ex-
traordinaires , & dont la connoiſſance leur apartient
par le titre de leur établiſſement , ou par attribution ,
ne pourront être évoqués en vertu des Committimus.

Article XXVII.

Les tuteurs honoraires, oneraires , & les curateurs ,
ne pourront ſe ſervir de leur droit de Committimus
pour les affaires de ceux qui font fous leur charges ,
en demandant ou en défendant.

Article XXVIII.

Les Principaux des Colleges , Docteurs , Regens ,
& autres du Corps des Univerſités , qui tiennent des
penſionnaires , pourront faire aſſigner de tous les en-
droits de notre Royaume pardevant les Juges des lieux

de leur domicile , les redevables des penſions & autres
choſes par eux fournies à leurs Ecoliers, ſans que
leurs cauſes en puiſſent être évoquées ni renvoyées pardevant d'autres Juges , en vertu de Committimus ou
autres privileges.

ARTICLE XXIX.

Les Recteurs , Regens & Lecteurs des Univerſités ,
exerçant actuellement, auront leurs cauſes commiſes
en premiere inſtance pardevant les Juges Conſervateurs des privileges des Univerſités , auſquels l'attribution en aura été faite par les titres de leur établiſſement; & à cet effet , il ſera par chacun an dreſſé un rôle
par le Recteur de chaque Univerſité , pour être porté
aux Juges Conſervateurs de leurs privileges.

ARTICLE XXX.

Les Ecoliers Jurés étudians actuellement depuis ſix
mois dans les Univerſités , jouiront des privileges de
ſcolarité , & ne pourront être diſtraits , tant en demandant qu'en défendant, de la Juriſdiction des Juges de
leurs privileges , ſi ce n'eſt en vertu d'actes paſſés avec
des perſonnes domiciliées hors la diſtance de 60 lieues,
de la ville où l'Univerſité eſt établie ; ſans que néanmoins ils en puiſſent uſer à l'égard des ceſſions & tranſports qui auront été par eux acceptés , & des ſaiſies &
arrêts faits à leur requête , ſi ce n'eſt en la forme &
maniere ci-deſſus ordonnée pour les Committimus.

ARTICLE XXXI.

Jouiront pareillement du même privilege ceux qui

àuront régenté pendant vingt ans dans les Univerſités, tant & ſi longuement qu'ils continueront d'y faire leur actuelle réſidence.

A R T ɪ C L E XXXII.

Si celui qui n'eſt point privilegié fait aſſigner ou renvoyer une cauſe pardevant des Juges de privilege, il ſera condamné par le Jugement ou Arrêt qui interviendra ſur le déclinatoire, en ſoixante & quinze liv. d'amende aplicable moitié à Nous, moitié à la Partie & qui ſera acquiſe de plein droit, dont il ſera délivré exécutoire au Greffe, encore que par omiſſion ou autrement, elle n'eut point été adjugée par le Jugement ou Arrêt.

TITRE V.

DES LETTRES D'ESTAT.

LA juftice & la reconnoiffance publique exigent qu'on ne permette point à des créanciers qui ne font touchés que de leur interêt perfonnel, de pourfuivre impitoyablement un débiteur, dans le tems qu'il eft abfent ou occupé ailleurs pour le fervice du Prince & de la Patrie.

Ceux qui fe trouvent dans ce cas, peuvent avoir recours à l'autorité du Prince qui leur accorde à cet égard une fauvegarde, en leur donnant des *Lettres d'Etat*, dont l'effet eft d'arrêter toutes les pourfuites qui pourroient être faites contre eux.

Nous allons vcir dans la fuite, les caufes pour lefquelles on peut les obtenir ; ce qui eft requis pour leur validité ; pour quel tems on les accorde ; & enfin par quelles voyes elles peuvent être débatues.

ARTICLE PREMIER.

Aucunes Lettres d'Etat ne feront accordées qu'aux perfonnes employées aux affaires importantes à notre fervice.

De tous ceux qui font employés au fervice du Roi & de la Patrie, il n'y en a point qui méritent plus l'indulgence de la Loi que les Officiers militaires, foit fur terre foit fur mer. Seroit-il jufte que dans le tems qu'ils abandonnent leurs affaires particulieres pour le bien public & qu'ils expofent génereufement leur propre vie, par un auffi louable motif, ils fuffent expofés aux pourfuites de leurs créanciers ? C'eft auffi par cette raifon que la Déclaration du 23 Décembre 1702, leur accorde une diftinction honorable, en ne les confondant point, comme

la

la nôtre, parmi ceux qui étant employés au service du Roi, sont dans le cas de demander des Lettres d'Etat, & en les mettant à la tête de ses dispositions sur les Lettres d'Etat, comme étant principalement ceux à qui par état elles sont dûes (*a*).

ARTICLE II.

Les Lettres ne pourront être expediées, qu'après qu'elles auront été signées de notre exprès commandement, par celui de nos Secretaires d'Etat dans le département duquel les impétrans feront employés ; & feront les Officiers militaires tenus de raporter certificat du Secretaire d'Etat, ayant le département de la Guerre, de leur service actuel ; le tout à peine de nullité.

La Déclaration de 1702, a supprimé l'obligation singuliere imposée ici aux Officiers militaires de raporter un certificat de service du Secretaire d'Etat ayant le département de la Guerre ; avec d'autant plus de raison que les Lettres d'Etat qu'ils sollicitent, doivent nécessairement passer par le canal de ce même Secretaire d'Etat pour être expediées & signées, comme celles des Officiers de mer doivent passer par le canal du Secretaire d'Etat ayant le département de la Marine &c. (*a*).

ARTICLE III.

Ne feront accordées que pour le tems de six mois qui fera compté du jour de l'impétration ; & ne pourront être renouvellées que pour grandes & importantes confiderations, dont fera fait mention dans les Lettres : autrement les avons déclarées nulles.

(*a*) ,, Aucunes Lettres d'Etat ne feront accordées qu'aux Officiers de nos troupes tant de ,, terre que de mer qui ferviront actuellement à leurs charges, ou aux personnes qui feront em- ,, ployées hors de leur réfidence ordinaire, pour affaires importantes ànotre fervice. *Déclar.* ,, *de* 1702. *art.* 1.

(*b*) ,, Les Lettres d'Etat ne pourront être expediées qu'après qu'elles auront été fignées de ,, notre exprès commandement, par celui de nos Secretaires d'Etat, dans le département du- , quel les impétrans feront employés. *Declar. de* 1702, *art.* 2.

P p p p

Cette difpofition eft confirmée par la Déclaration de 1702, quant au tems de fix mois pour lequel les Lettres d'Etat doivent être accordées. Mais on y a fait quelque changement, en ce qui concerne le renouvêllement de ces Lettres & la maniere de le faire. La Déclaration ne dit pas, comme notre Ordonnance, que ces Lettres ne feront renouvellées, que pour grandes confiderations énoncées dans les nouvelles Lettres. Élle femble au contraire autorifer à les demander, à deux conditions feulement ; la premiere, c'eft que la demande n'en foit faite que quinze jours avant l'expiration des premieres ; la feeonde, qu'il y ait de la part de l'impétrant continuation de fervice (*a*).

A R T I C L E   IV.

Quand les Lettres d'Etat feront débatues d'obreption & de fubreption, ou autrement, les Parties fe retireront pardevers Nous pour leur être pourvu. Faifons défenfes à tous Juges d'en connoître, ni de paffer outre à l'inftruction & jugement des procès ; & aux Parties de continuer leurs pourfuites, ni de s'aider des Jugemens qui pourroient être intervenus, à peine de nullité, caffation de procédures, dépens, dommages & interêts.

Cette difpofition eft reportée mot pour mot dans la Déclaration de 1702. (*b*)

A R T I C L E   V.

Nonobftant la fignification des Lettres d'Etat les créanciers pourront faire faifir réellement les immeubles de leurs débiteurs, & faire régiftrer la faifie, fans

---

(*a*) ,, Ne feront accordées que pour le tems de fix mois qui feront comptés du jour de leur
,, date & ne pourront être renouvellées plutôt que quinze jours avant l'expiration de celles
,, que l'impétrant aura précédemment obtenues, & en cas feulement de continuation de fon
,, fervice actuel. *Déclar. de* 1702. *art.* 3.
(*b*) Lorfque les Lettres d'Etat, pour quelque cas non fpécifié ci-deffus, feront débatues
,, d'obreption ou fubreption, les Parties fe retireront pardevers Nous pour y être pourvû ;
,, faifons défenfes à tous Juges d'en connoître ni de paffer outre à l'inftruction & jugement
,, des procès, au préjudice de la fignification des Lettres d'Etat, & aux Parties de continuer
,, leurs pourfuites, ni de s'aider des Jugemens qui pourroient être intervenus, à peine de nul-
,, lité, caffation de procedures, dépens, dommages & intérèts. *Déclar. de* 1702. *art.* 26.

*néanmoins qu'il puisse étre procedé au bail judiciaire ;
& si elles ont été signifiées depuis le bail , les criées
pourront étre continuées , jusqu'au congé d'adjuger
inclusivement.*

On trouve la confirmation de cette disposition dans l'article 12 de la Déclaration de 1702, qui y ajoute seulement *qu'au cas que pendant ces poursuites le bail judiciaire expire , on pourra proceder à un nouveau bail (a).*

ARTICLE VI.

Entendons que les Lettres d'Etat n'ayent aucun effet en matiere Criminelle.

Les affaires Criminelles ne font point les seules qui soient affranchies de l'effet des Lettres d'Etat par la Déclaration de 1702. Cette nouvelle Loi en admet encore beaucoup d'autres, dont on ne peut donner une plus juste idée qu'en mettant sous les yeux des Lecteurs le texte même de la Déclaration à cet égard (b).

(a) ,, Nonobstant la signification des Lettres d'Etat, les créanciers pourront faire saisir réel-
,, lement les immeubles de leurs débiteurs & faire régistrer la saisie, sans néanmoins qu'il
,, puisse être procedé au bail judiciaire. Que si elles ont été signifiées depuis le bail , les criées
,, pourront être continuées jusqu'au congé d'adjuger exclusivement. Et au cas que pendant ces
,, poursuites le bail expiré , on pourra proceder à un nouveau bail. *Déclar. de* 1702. *art.* 11.
(b) Entendons que les Lettres d'Etat n'ayent aucun effet dans les affaires ou Nous aurons in-
,, térêt (*attendu que le Roi ne donne point de privilege contre lui-même*) *Déclar. de* 1702. *art.* 2.
,, Non plus qu'en matiere criminelle , y compris l'inscription de faux tant incidente que prin-
,, cipale. *Ibidem. art.* 5.
,, Nul ne pourra se servir de Lettres d'Etat que dans les affaires ou il aura personnnellement
,, intérêt , sans que ses pere & mere ou autres parens, non plus que ses cobligés & certifica-
,, teurs puissent jouir du bénéfice desdites Lettres d'Etat. *Ibidem. art.* 6.
,, Entendons néanmoins que les femmes puissent dans les procès qu'elles auront de leur chef
,, contre autres personnes que leurs maris, se servir des Lettres d'Etat accordés à leurs maris,
,, quoique séparées de biens d'avec eux. *Ibidem. art.* 7.
,, Les tuteurs honoraires & onéraires, & les curateurs ne pourront se servir des Lettres d'E-
,, tat qu'ils auront obtenues en leur nom , pour les affaires de ceux qui sont sous leurs charges.
Ibidem. art. 8.
,, Celui qui dans un acte , aura pour son exécution renoncé au bénéfice des Lettres d'Etat, ne
,, pourra revenir contre cette renonciation , laquelle néanmoins ne pourra être que personnelle
,, & sans consequence pour ceux qui par la suite se trouveroient en ses droits. *Ibidem. art.* 9.
,, Celui qui se sera désisté de nos Lettres d'Etat dans une affaire pour laquelle il en aura ci-
,, devant fait signifier , ne pourra par la suite se servir d'autres Lettres d'Etat dans le cours de la
,, même affaire. *Ibidem. art.* 10.
,, Les Lettres d'Etat ne pourront empêcher qu'il ne soit passé outre au Jugement du procès ou
,, instance , lorsque les Juges auront commencé d'opiner , avant qu'elles ayent été signifiées.
,, *Ibidem. art.* 11.
,, Nota. *L'article* 12. *de la Déclaration est raporté ci-devant sur l'article* 5 *de la présente Ordon-*
nance.
,, Ceux qui auront été pourvus de Charge de notre maison , ou de Charges militaires, à con-

„ dition de payer une somme par forme de récompense à celui qui en étoit précedemment pour-
„ vû , ou à sa veuve , héritiers ou ayant cause, ne pourront se servir de Lettres d Etat pour se
„ dispenser de payer lesdites récompenses , & pareillement ceux qui auront obtenu des Lettres
„ d'Etat à l'occasion du service d'une Charge dont ils seront pourvus , ne pourront s'en servir
„ contre ceux qui leur auront vendu cette Charge , pour se dispenser d'en payer le prix. *Ibidem.*
art. 13.

„ Les adjudicataires des biens décretés en Justice , ne pourront se servir de Lettres d'Etat
„ pour se dispenser de consigner & payer le prix de leur adjudication, non plus que les acque-
„ reurs des biens immeubles par contrats volontaires , pour se dispenser de payer le prix de leurs
„ acquisitions. *Ibidem. art.* 14.

„ Ni pareillement ceux qui auront intenté action en retrait lignager ou féodal , pour se dis-
„ penser de consigner ou de rembourser l'acquereur du prix de l'acquisition dont ils préten-
„ dent l'évincer *Ibidem. art.* 15.

„ Les oposans aux saisies reelles ne pourront se servir de Lettres d'Etat pour suspendre les
„ poursuites du decret , ni des baux judiciaires & l'adjudication des biens saisis. *Ibidem art.* 16.

„ Non plus que les oposans à une saisie mobiliaire , pour retarder la vente des meubles saisis.
Ibidem. art. 17,

„ Ceux qui interviendront dans une instance ou procès , ne pourront faire signifier des
„ Lettres d Etat pour en suspendre le jugement ou les poursuites , que préalablement leur
„ intervention n'ait été reçue , & qu'ils n'ayent justifié du titre sur lequel intervention est
„ fondée , & seront tenus de joindre copie dudit titre , avec la signification des Lettres d'Etat.
Ibidem. art. 18.

„ Au cas qu'ils interviennent comme créanciers , & que leur créance soit fondée sur une
„ Donation, cession ou transport qui ne seront faits par contrat de mariage . ou par des parta-
„ ges de famille , ils ne pourront faire signifier des Lettres d'Etat que six mois après , à
„ compter du jour que la Donation aura été insinuée , ou que l'acte de la cession ou trans-
„ port aura été passé & signifié ; & si le titre de leur créance est sous seing privé, ils ne
„ pourront se servir de Lettres d'Etat qu'un an après que ledit titre aura été produit & re-
„ connu en Justice. *Ibidem. art.* 19.

„ Déclarons toutes Lettres d'Etat qui pourront être ci-après obtenues par ceux qui sont
„ obligés ou condamnés de rendre compte, subreptices. Voulons que nonobstant la significa-
„ tion desdites Lettres d'Etat, l'instance de compte puisse être poursuivie & jugée. Vou-
„ lons aussi que ceux qui seront tenus de rendre compte , puissent reciproquement faire les
„ poursuites necessaires pour y parvenir & se liberer , nonobstant toutes Lettres d'Etat qui leur
„ auroient été signifiées. *Ibidem. art.* 20.

„ Ceux qui auront obtenu des Lettres d'Etat , ne pourront s'en servir contre leurs cohéri-
„ tiers d'une même succession , à l'égard des procès & instances , concernant le partage de
„ ladite succession. *Ibidem. art.* 21.

„ Voulons que les Lettres d'Etat ne puissent avoir lieu en matiere de restitution de dot ,
„ payement de Douaire & Conventions matrimoniales , & que les veuves ou leurs héritiers &
„ ayans cause puissent faire toutes poursuites à cet effet, nonobstant toute signification de Let-
„ tres d'Etat. *Ibidem. art.* 22.

„ Voulons aussi que les Lettres d'Etat ne puissent empêcher les poursuites pour le payement
„ des legitimes des enfans puînés, pensions viageres, alimens, médicamens, loyers de mai-
„ sons, gages de Domestiques , journees d'Artisans , Reliquats de comptes de tutelles, Dépôts
„ necessaires & maniement de deniers publics, Lettres & billets de change , exécution des
„ societés de commerce, cautions judiciaires, frais funeraires , arrerages de rentes seigneu-
„ ria'es & foncieres & redevances de Baux Emphiteotiques *Ibidem. art.* 23.

„ Confirmons l'Hôtel Dieu , l'Hôpital General & celui des Enfans trouvés de notre bonne
„ ville de Paris dans le privilege que Nous lui avons accordé par notre Déclaration du 23 Mars
„ 1680 , d'être exceptés de l'effet des Lettres d'Etat , nonobstant lesquelles les débiteurs desdits
„ Hôpitaux , pourront être contraints au payement de ce qu'ils doivent par les voyes qu'ils y
„ sont obligés. *Ibidem. art.* 28.

„ Nous avons déclaré & declarons par ces Présentes , toutes Lettres d'Etat nulles & de nul
„ effet dans tous les cas ci-dessus spécifiés ; défendons à tous Juges d'y avoir egard : leur en-
„ joignons de passer outre esdits cas à l'instruction & au jugement des instances & procès.
art. 25.

Nota. *L'article* 26 *de la Déclaration est ci-dessus raporté sur l'article* 4 *de la présente Ordonnance.*

„ Entendons en outre que lorsque pour un fait particulier , Nous aurons par Arrêt de notre
„ Conseil d'Etat, Nous y étant , ou par Arrêt de notre Conseil d'Etat privé rendu en consé-
„ quence d'un Arrêt de notredit Conseil d'Etat, levé la surséance des Lettres d'Etat tant ob-
„ tenues qu'à obtenir par l'un de nos Officiers , ou Gens étant à notre service , les Lettres
„ d'Etat qu'il obtiendra en la suite, ne puissent, sous prétexte qu'elles sont posterieures à
„ l'Arrêt , être censées y deroger ; déclarons que notre intention est qu'il ne s'en puisse ser-
„ vir que dans les procès qu'il pourra avoir d'ailleurs , & nullement dans le même fait pour
„ lequel nous en aurions levé la surséance ; défendant en ce cas à tous Juges d'y avoir
égard. *Ibidem. art.* 27.

„ Défendons au surplus très-expressement aux Officiers de nos troupes & autres qui par,

,, leur fervice actuel feront en droit d'obtenir des Lettres d'Etat, de prêter leur nom, n
,, leurs Lettres d'Etat, dans les affaires ou ils n'auront point véritablement ni perfonnelle-
,, ment interêt, à peine, au cas que cela vienne à notre connoiffance, d'encourir notre indi-
,, gnation & d'être caffés de leurs Charges & privés de leurs emplois. *Ibidem. art.* 27 *& der-*
nier.

,, Si donnons en Mandement &c. Donné à Verfailles le 23 Décembre l'an de grace 1702.
,, *figné* LOUIS & *plus bas* par le Roi PHELYPEAUX, & fcelié du Grand Sceau de cire verte.
Regiftré au Parlement le 9 *Janvier* 1703.

TITRE VI.

DES LETTRES DE RE'PY.

IL eft des débiteurs malheureux qui, avec toute la probité & la bonne volonté poffibles, fe trouveroient hors d'état de pouvoir fatisfaire à leurs dettes, fi leurs créanciers vouloient exercer contre eux leurs droits à la rigeur. Tels font ceux à qui il eft arrivé des pertes confiderables, fans qu'on puiffe leur en imputer la faute, ceux qui ont effuyé des banqueroutes ou à qui il eft furvenu d'autres cas fortuits qui ont mis le dérangement dans leurs affaires. La Loi vient au fecours de ces infortunés, en leur préfentant une planche dans leur naufrage; c'eft le fecours des *Lettres de Repy.*

Ce qui eft porté fur cette matiere dans notre Ordonnance, a été depuis augmenté, tant par l'Ordonnance de 1673, que par la Déclaration de 1699. Nous aurons foin de remarquer ces augmentations, fur chacun des Articles aufquels elles pourront avoir raport.

ARTICLE PREMIER.

Défendons à toutes nos Cours & Juges de donner aucun terme, attermoyement, repy ni délai de payer,

qu'en conféquence de nos Lettres, qui leur feront adreffées, à peine de nullité des Jugemens, interdiction
contre les Juges, dépens, dommages & intérêts des
Parties en leur nom, 100 liv. d'amende contre la
Partie, & pareille fomme contre le Procureur qui
aura préfenté la Requête. Pourront néanmoins les Juges, en condamnant au payement de quelque fomme,
donner furféance à l'exécution de la condamnation,
qui ne pourra néanmoins être que de trois mois au plus,
fans qu'elle puiffe être renouvellée.

ARTICLE II.

Aucunes Lettres de Repy ne feront expediées qu'au
grand Sceau & pour des confiderations importantes,
dont il y aura commencement de preuves par actes autentiques, qui feront expliquées dans les Lettres, attachées fous le contrefcel.

ARTICLE III.

L'adreffe des Lettres de Repy fera faite au plus prochain Juge Royal du domicile de l'impétrant, fi ce
n'eft qu'il y ait inftance pendante pardevant un autre
Juge, avec la plus grande partie des créanciers hypotequaires ; auquel cas l'adreffe des Lettres lui fera faite ; & ne pourra aucune des Parties demander évocation ni renvoi pour caufe de fon privilege.

ARTICLE IV.

Les Lettres de Repy porteront mandement exprès
au Juge auquel elles feront adreffées, qu'en procedant

à *l'entérinement , les créanciers apellés , il donne à
l'impétrant tel délai qu'il jugera raisonnable pour
payer ses dettes , qui ne pourra néanmoins être de plus
de cinq ans , si ce n'est du consentement des deux tiers
des créanciers hypotequaires ; & cependant lui sera
accordé par les Lettres un délai de six mois , pour en
poursuivre l'entérinement pendant lequel défenses
seront faites à tous Huissiers & Sergens d'attenter
à sa personne , & meubles meublans servans à son usage , à peine de 100 liv. d'amende contre chacun des
Huissiers ou Sergens , moitié envers Nous , moitié
envers la Partie , & des dommages & intérêts contre
chacun des créanciers contrevenans ; ce qui sera ordonné par le Juge, auquel l'adresse des Lettres aura
été faite.*

L'Ordonnance du Commerce donnée au mois de Mars 1673 , &
la Déclaration concernant les Lettres de Repy du 23 Décembre 1699,
ont successivement augmenté les formalités prescrites par la présente
Ordonnance pour l'obtention des Lettres de Repy.

D'abord l'Ordonnance de 1673 astreignoit préalablement les Impétrans à mettre au Greffe un Etat certifié de leurs effets & de leurs dettes,
même de présenter à leurs Créanciers , s'ils le requeroient , leurs Livres & Regiftres ; & si l'Etat se trouvoit frauduleux , les Lettres devenoient nulles , même après leur entérinement , sans qu'on pût en obtenir de nouvelles , & réparer la fraude après coup (a).

[a] „ Aucun Négociant , Marchand ou Banquier , ne pourra obtenir des défenses géné-
„ rales de le contraindre , ou Lettres de Repy , qu'il n'ait mis au Greffe de la Jurifdiction
„ dans laquelle les défenses ou l'entérinement des Lettres devront être pourfuivis, de la Jurif-
„ diction Confulaire , s'il y en a , ou de l'Hôtel commun de la Ville , un Etat certifié de
„ tous fes Effets , tant meubles qu'immeubles & de fes dettes , & qu'il n'ait préfenté à fes
„ créanciers , ou à ceux qui feront par eux commis , s'ils le requierent , fes Livres & Re-
„ giftres , dont il fera tenu d'attacher le Certificat fous le contre-Scel des Lettres. *Ord. de*
„ *1673. art. 1. tit. 9.*
„ Au cas qu'il fe trouve frauduleux , ceux qui auront obtenu des Lettres ou des Défen-
„ fes en feront déchûs , encore qu'elles ayent été enthérinées , ou accordées contradictoi-
„ ment ; & le Demandeur ne pourra plus en obtenir d'autres , ni être reçû au bénéfice de
„ ceffion. *Même Ord. de 1673. art. 2. tit. 9.*

Mais par un furcroît de précautions, la Déclaration de 1699 a changé quelque chofe dans ces formalités. Elle veût que les Impétrans joignent aux Lettres de Repy qu'ils follicitent, un Etat certifié de tous leurs biens tant meubles qu'immeubles & de leurs dettes, qui puiffe former un tableau exact de leur fituation, & mettre le Prince en état de faire lui-même la balance des biens & des dettes ; & pour affurer la confervation de cet Etat, il doit demeurer attaché aux Lettres même fous le contre-Scel d'icelles (*a*). De forte que ce n'eft qu'après l'obtention des Lettres de Repy, que les Impétrans font obligés de remettre au Greffe tant du Juge auquel l'adreffe en aura été faite, que de la Jurifdiction Confulaire, un double certifié de l'Etat annexé aux Lettres, qu'ils font tenus de faire fignifier à chacun de leurs Créanciers, en même tems que les Lettres, ainfi que le Certificat du dépôt de cet Etat (*b*). Ceux qui font Négocians ou Banquiers font encore affujettis a une formalité de plus ; ils doivent remettre au Greffe de la Jurifdiction faifie de l'entérinement de leurs Lettres de Repy, leurs Livres & Regiftres, en tirer du Greffier un Certificat, & faire donner copie de ce Certificat à chacun de leurs Créanciers, avec les Lettres. Ces formalités font tellement de rigueur qu'elles emportent la déchéance du bénéfice des Lettres à l'égard de tous ceux relativement auxquels elles n'auroient point été remplies (*c*).

ARTICLE V.

La furféance octroyée par Lettres de Repy, aura lieu du jour de la fignification qui en fera faite, pourvû qu'elle porte conjointement affignation, pour proceder à l'entérinement.

[*a*] „ Que les Négocians, Marchands, Banquiers & autres qui voudront obtenir des „ Lettres de Repy, foient tenus d'y joindre un Etat qu'ils certifieront véritable de tous „ leurs Effets tant meubles qu'immeubles & de leurs dettes, qui demeurera attaché fous „ le contre-Scel. *Décl. de* 1699. *art.* 1.
[*b*] „ Ils feront pareillement tenus, auffi-tôt après le Sceau & expédition des Lettres de „ Repy, de mettre au Greffe tant du Juge auquel l'adreffe en aura été faite, que de la „ Jurifdiction Confulaire la plus prochaine, un double d'eux certifié du même Etat de leurs „ Effets & dettes, d'en retirer les Certificats des Greffiers, & de faire donner copie, tant „ dudit Etat que defdits Certificats, à chacun de leurs créanciers, dans le même tems qu'ils „ leur feront fignifier les Lettres de Repy qu'ils auront obtenues ; à peine d'être déchûs de „ l'effet de leurs Lettres, à l'égard de ceux auxquels ils n'auront point fait donner copie „ defdits Etats & Certificats. *Même Décl. art.* 2.
[*c*] „ Et fi les Impétrans font Négocians, Marchands ou Banquiers, ils feront tenus, „ outre les formalités contenues en l'Article précedent, & fous les mêmes peines, de re- „ mettre au Greffe du Juge à qui l'adreffe des Lettres aura été faite, leurs Livres & Re- „ giftres, d'en tirer un Certificat du Greffe, & d'en faire donner copie à chacun de leurs „ créanciers, dans le même tems qu'ils leur feront fignifier leurs Lettres. *Ib.* art. 3,

La

La préfente Ordonnance nous donne bien ici la datte de lá fignification des Lettres de Repy, (lorfqu'elle contient en même tems affignation pour proceder a l'entérinement) comme l'époque de laquelle
doit commencer à courir la furféance accordée par les Lettres ; mais
elle ne prefcrivoit rien fur le tems dans lequel cette fignification devoit être faite. L'Ordonnance de 1673 y a fupléé, en ordonnant que
les Lettres de Repy feroient fignifiées, dans la huitaine de l'obtention,
aux Créanciers & autres intereffés qui feroient fur les lieux (*a*).
Mais comme il pourroit fort bien y en avoir qui euffent leur domicile ailleurs, la Déclaration de 1699, en confirmant le delai de huitaine pour ceux qui font domiciliés dans le lieu où l'entérinement des
Lettres fe pourfuit, proroge pour ceux qui font domiciliés plus loin,
ce délai, à raifon d'un jour pour cinq lieues, fans diftinction du Reffort
des Parlemens (*b*).

ARTICLE VI.

Pourront néanmoins les Créanciers pour la fureté
de leur dû, faire arréter les autres meubles de leurs
Débiteurs, même faifir réellement leurs immeubles,
les mettre en criées, & proceder au Bail judiciaire,
nonobftant l'obtention & l'entérinement des Lettres de
Repy, fans toutefois que pendant le terme accordé
par les Lettres, ou par le Juge auquel elles auront
été préfentées, il puiffe être procedé à la vente & ad-
judication des chofes faifies, que du confentement du
Débiteur & des Créanciers, fi ce n'eft des meubles
qui pourroient déperir pendant la faifie.

[*a*] „ Les Défenfes générales & les Lettres de Repy feront fignifiées dans huitaine aux
„ créanciers & autres intereffés qui feront fur les lieux ; & n'auront effet qu'à l'égard de
„ ceux auxquels la fignification aura été faite. Ord. de 1673. art. 3. tit. 9.
[*b*] „ Et en interpretant l'Article III. du Titre IX. de notre Ordonnance du mois de
„ Mars 1673, ordonnons que les Négocians, Marchands, Banquiers & autres qui auront
„ obtenu des Lettres de Repy, feront tenus de les faire fignifier dans huitaine, s'ils font
„ domiciliés dans la Ville de Paris, à leurs créanciers & autres intereffés demeurans dans la
„ même Ville, & fi les Impétrans ou leurs créanciers ont leur domicile ailleurs, le délai de
„ huitaine fera prorogé, tant pour les uns que pour les autres, d'un jour pour cinq lieues
„ de diftance, fans diftinction du Reffort des Parlemens. *Décl.* de 1699. art. 4.

ARTICLE VII.

Les Ordonnances tant préparatoires que définitives, du Juge qui connoîtra de l'entérinement des Lettres, seront executées par provision, nonobstant opositions ou apellations.

ARTICLE VIII.

En cas de saisie de tous les biens de l'Impétrant ou de la principale partie, provision lui sera adjugée telle que de raison, sur les fruits & revenus de ses immeubles, ou sur les meubles, les Créanciers dûement apellés pardevant le Juge de l'entérinement des Lettres de Repy. ∗

Pour resserrer l'effet des Lettres de Repy dans des bornes encore plus étroites, l'Ordonnance de 1673, avoit défendu aux Impetrans, depuis leur obtention, de payer un Créancier au préjudice des autres (*r*). Et pour procurer une execution plus entiere à cette difposition, & donner sur cela des furveillans continuels au Débiteur, la Déclaraion de 1699 autorife les Créanciers aufquels on aura fignifié les Lettres de Repy de s'affembler & de nommer entre eux des Directeurs pour affifter aux ventes à l'amiable que le Débiteur pourroit faire de fes Effets, & pourfuivre conjointement avec lui le recouvrement des dettes actives (*b*); de telle forte qu'auffi-tôt que la notification eft faite au Débiteur de cette nomination de Directeurs, il a les mains liées, & ne peut plus rien faire ni recevoir que de concert avec eux

---

[*a*] „ Ceux qui auront obtenu des Défenfes génerales ou des Lettres de Repy, ne pourront payer ou préfider aucuns créanciers au préjudice des autres, à peine de déchoir des Lettres & Défenfes. Ord. de 1673. tit. 9. art. 5.
[*b*] „ Les créanciers auxquels les Lettres de Repy auront été fignifiées, pourront s'affembler & hommer entre eux des Directeurs ou Syndics, pour affifter aux ventes que l'Impetrant pourra faire à l'amiable de fes Effets, & pourfuivre conjointement avec lui le recouvrement des fommes qui lui font dûes. *Décl. de 1699. art. 5.*

& en leur préfence (*a*). Le Débiteur eft même obligé, s'il en eft requis par fes Créanciers, de remettre ès mains de la perfonne dont ils conviendroient ou qui feroit nommée à cet effet par le Juge, les Titres & Pieces juftificativet des biens & effets mentionnés dans l'Etat, afin d'en faciliter la vente ou le recouvrement (*b*). Cela n'empêche pourtant point chaque Créancier de pourvoir à fa fureté particuliere par des actes confervatoires, en faifant faifir & arrêter, faifir & executer, même faifir réellement tout ce qui apartient au débiteur commun, conformément à la difpofition de notre Ordonnance, confirmée à cet égard par la Déclaration de 1699 (*c*).

ARTICLE IX.

Les Apellations des Jugemens & Sentences rendues par les Juges aufquels les Lettres de Repy auront été adreffées, reffortiront fans moyen en nos Cours de Parlement.

Les Repys intereffant effentiellement le commerce dont les opérations doivent fouffrir le moins de retardement qu'il eft poffible, l'Ordonnance réduit ici à deux degrés de Jurifdictions ce qui les concerne; ce qui eft confirmé par la Déclaration de 1699 (*d*).

ARTICLE X.

Les Co-obligés, Cautions & Certificateurs, ne pourront jouir du bénéfice des Lettres de Repy accordées au principal Débiteur.

[*a*] „ Après que les Actes de nomination de Directeurs ou Syndics auront été fignifiés aux „ Impetrans & à leurs Débiteurs, les Impétrans ne pourront difpofer de leurs Effets, & en re-„ cevoir le prix, ni leurs Débiteurs pour les fommes qu'ils doivent, autrement qu'en pré-„ fence defdits Directeurs ou Syndics, ou eux dûement appellés ; à peine contre les contreve-„ nans d'être déchûs de l'effet des Lettres de Repy, & contre les Débiteurs de nullité des „ payemens. *Décl. de* 1699. art. 6.

[*b*] „ Ceux qui auront obtenu des Lettres de Repy, feront tenus, s'ils en font requis „ par leurs créanciers, de remettre au lieu & mains de celui dont ils conviendront, ou qui „ fera nommé par le Juge auquel elles auront été adreffées, les Titres & Pieces juftificatives „ des Effets mentionnes dans l'Etat qu'ils auront certifié véritable, pour y demeurer jufqu'à „ la vente ou recouvrement defdits Effets. Ib. art 8.

(*c*) „ N'entendons néanmoins par les deux Articles précédens, déroger à l'Article VI. de „ notredite Ordonnance du mois d'Août 1669, ni ôter aux créanciers des Impétrans la li-„ berté d'ufer des voyes portées par ledit Article. Ib. art. 5.

(*d*) „ Voulons que l'homologation des Contrats d'abandonnement des Biens & Effets qui „ feront paffés, en conféquence des Lettres de Repy par ceux qui les auront obtenues, foit „ portée devant les Juges aufquels l'adreffe en aura été faite, & que les appellations des Ju-„ gemens qui interviendront fur ce fujet, foient relevées & reffortiffent nûement en nos „ Cours de Parlement. *Ib.* art. 23.

Q q q q ij

ARTICLE XI.

Aucuns Repis ne feront accordés pour penfions, alimens, médicamens, loyers de maifons, moiffons de grains, gages de domeftiques, journées d'Artifans & Mercenaires, reliquats de compte de tutelle, dépôts néceffaires & maniement des deniers publics, Lettres de change, marchandifes prifes fur l'Etape, foires, marchés, balles, ports publics, poiffon de mer frais, fec & falé, cautions judiciaires, frais funeraires, arrerages de rentes foncieres, & redevances de baux emphitéotiques.

Outre les cas exprimés par ces deux Artic'es, où il eft défendu d'obtenu Le tres de Repy, la Déclaration de 1699 en a ajouté beaucoup d'au res qui font detaillés dans les Articles X, XI & XII, aufquels on ¡ourra avoir recours (*a*).

ARTICLE XII.

N'entendons qu'aucun puiffe être exclu d'obtenir

(*a*) ,, Voulons qu'outre les dettes fpécifiées dans l'Article XI. de notredite Ordonnance ,, du mois d'Août 1669, il ne foit accorde aucunes Lettres de Repy pour reftitution de dé- ,, pôts volontaires, ftellionats, réparations, domage, & interêts adjugés en matiere Crim- ,, nelle, ni pour les pourfuites des cautions extrajudiciaires, & des coobligés qui pourront ,, nonobftant les Lettres de Repy, agir contre ceux qui les auront obtenues par les memes ,, voyes qu'ils feront pourfuivis ; & en cas qu'il en fût obtenu quelques-unes, elles n'auront ,, aucun effet à l'égard des dettes de la qualité portee tant par ledit Article XI. que par le ,, préfent Article. *Décl. de 1699. art.* 10.

,, Et fi les créanciers pour dettes contre lefquelles les Lettres de Repy ne doivent point avoir ,, lieu, font vendre les meubles ou immeubles de leurs Débiteurs, les autres creanciers pour- ,, ront former leur opofition, & conteer fur la diftribution du prix, même toucher les fom- ,, mes qui leur feront adjugées, nonobftant l'enté. inement qui pourroit avoir été ordonné avec ,, eux des Lettres de Repy, fans néanmoins qu'ils puiffent, pendant le delai qui auia été ,, donné aux Débiteurs, faire aucunes executions fur lui, ni pourfuivre la vente de fes Ef- ,, fets, fi ce n'eft qu'ils euffent commencé leurs executions, ou qu'ils fuffent pourfuivans ,, ciiees avant la fignification des Lettres de Repy, & qu'ils fuffent fommes par les creanciers, ,, contre lefquels elles n'ont lieu, de continuer leurs pourfuites, ou de les y laffer fubroger ,, par la Juftice. *Même Decl. art.* 11.

,, Voulons pareillement que les Impêtrens ne puiffent s'en fervir, s'ils étoient accufés de ,, banqueroute & conftitués prifonniers, ou le fcellé apofe fur leurs effets pour ce fujet ; & ,, en cas qu'avant la fignification des Lettres de Repy, ils euffent été arrêtés prifonniers ,, pour dettes civiles, ils ne pourront être élargis en vertu de noîdites Lettres, s'il n'eft ,, ainfi ordonné par le Juge, auquel elles auront été adreffées, apres avoir entendu les ,, créanciers, à la requête defquels ils auront été arrêtés ou recommandés. *Ibidem. art.* 12.

repy, fous prétexte des renonciations qu'il y auroit faites dans les Actes & Contrats qu'il auroit passés, lesquelles renonciations nous déclarons nulles.

ARTICLE XIII.

Ne feront accordées de fecondes Lettres de Repy, finon pour caufes nouvelles & confidérables, dont il y aura commencement de preuves, ainfi qu'il eft ci-deffus ordonné, fans que pour quelque caufe & prétexte que ce foit, il en puiffe être accordé d'autres.

Ces deux difpofitions n'ont reçu aucun changement ni augmentation dans la Déclaration de 1699, qui au contraire les a confirmées d'une maniere generale, ainfi que toutes celles aufquelles elle n'a point dérogé fp cialement (*a*).

VOULONS *que la préfente Ordonnance foit gardée & obfervée dans tout notre Royaume, Terres & Pays de notre obéiffance, à commencer au premier jour de Décembre de la préfente année. Abrogeons toutes Or-nances, Coutumes, Loix, Statuts, Réglemens, Stiles, & ufages differens ou contraires aux difpofitions y con-tenues.* SI DONNONS EN MANDEMENT *à nos Âmés & Féaux les Gens tenans nos Cours de Parlement, Grand Confeil, Chambres des Comptes, Cours des Aydes, Baillifs, Sénéchaux & tous autres nos Officiers, que ces préfentes ils gardent, obfervent & entretiennent, faffent garder, obferver & entretenir; & pour les ren-*

(*a*) ,, Voulons au furplus que les difpofitions de nos Ordonnances des mois d'Août ,, 1669 & Mars 1673, aux Titres des Repis, foient executées felon leur forme & teneur en ,, tout ce qui n'eft pas contraire à notre préfente Déclaration. SI DONNONS EN MANDE- ,, MENT, &c. *Décl. du* 1699. *art.* 14. *& dernier.*

dre notoires à nos sujets, les fassent lire, publier &
enregistrer. CAR TEL EST NOTRE PLAISIR. Et afin
que ce soit chose ferme & stable à toujours, nous y avons
fait mettre notre Sçel. DONNÉ à Saint Germain en
Laye au mois d'Août, l'an de grace mil six cent soixante & neuf, & de notre regne le vingt-sept:
Signé LOUISEt. Et plus bas, Par le Roy, COLBERT.
Et à côté est écrit, Visa SEGUIER, pour servir aux
Lettres Patentes en forme d'Édit, portant divers Reglemens touchant la Justice,

Fin du Premier Volume,

APPROBATION.

J'AI lû par ordre de Monſeigneur le Chancelier *L'eſprit des Ordonnances de Louis XIV*, & n'y ai rien trouvé qui puiſſe en empêcher l'impreſſion. à Paris ce 9 Avril 1755. *Signé*, COQUELEY DE CHAUSSEPIERRE. ·

PRIVILEGE DU ROY.

LOUIS par la grace de Dieu, Roy de France & de Navarre : A nos Amés & Féaux Conſeillers, les Gens tenans notre Cour de Parlement, Maîtres des Requêtes ordinaires de notre Hôtel, Grand Conſeil, Prevôt de Paris, Baillifs, Senechaux, leurs Lieutenans Civils, & autres nos Juſticiers qu'il apartiendra, SALUT. Notre bien Amé le Sieur SALLE' Avocat en notre Parlement, Nous a fait expoſer qu'il deſireroit faire imprimer & donner au Public un Ouvrage qui a pour titre *L'Eſprit des Ordonnances de Louis XIV*. S'il Nous plaiſoit lui accorder nos Lettres de Privilege pour ce néceſſaires. A CES CAUSES, voulant favorablement traiter l'Expoſant, Nous lui avons permis & permettons par ces Préſentes de faire imprimer ledit Ouvrage autant de fois que bon lui ſemblera, & de le faire vendre & débiter par tout notre Royaume pendant le terme de douze années conſécutives, à compter du jour de la datte des Préſentes; faiſons défenſes à tous Imprimeurs, Libraires, & autres perſonnes de quelque qualité & condition qu'elles ſoient, d'en introduire d'impreſſion étrangere dans aucun lieu de notre obéïſſance : comme auſſi d'imprimer ou faire imprimer, vendre, faire vendre, débiter ni contrefaire ledit Ouvrage, ni d'en faire aucun Extrait ſous quelque prétexte que ce puiſſe être, ſans la permiſſion expreſſe & par écrit dudis Expoſant, ou de ceux qui auront droit de lui, à peine de confiſcation des Exemplaires contrefaits, de trois mille livres d'amende contre chacun des contrevenans, dont un tiers à Nous, un tiers à l'Hôtel-Dieu de paris, & l'autre tiers audit Expoſant, ou à celui qui aura droit de lui, & de tous dépens, dommages & interêts; à la charge que ces preſentes ſeront enregiſtrées tout au long ſur le Regiſtre de la Communauté des Imprimeurs & Libraires de paris dans trois mois de la datte d'icelles, que l'impreſſion dudit Ouvrage ſera faite dans notre Royaume & non ailleurs, en bon papier & beaux caracteres, conformément à la feuille imprimée, attachée pour modéle ſous le contre-Scel des preſentes; que l'Impétrant ſe conformera en tout aux Reglemens de la Librairie, & notamment à celui du 10 Avril 1725. Qu'avant de l'expoſer en vente, le Mauuſcrit qui aura ſervi de copie à l'impreſſion dudit Ouvrage, ſera remis dans le même état où l'aprobation y aura été donnée, ès mains de notre très-cher & féal Chevalier Chancelier de France le Sieur de la Moignon, & qu'il en ſera enſuite remis deux Exemplaires dans notre Bibliotheque publique, un dans celle de notre Château du Louvre, un dans celle de notredit très-cher & féal Chevalier Chancelier de France le Sieur de la Moignon, & un dans celle de notre très cher & féal Chevalier Garde des Sceaux de France le Sieur de Machault Commandeur de nos Ordres, le tout peine de nullité dès Présentes, du contenu desquelles vous mandons & enjoignons de faire jouir ledit Exposant & ses ayans causes pleinement & paisiblement, sans souffrir qu'il leur soit fait aucun trouble ou empêchement. Voulons que la copie des présentes qui sera imprimée tout au long au commencement ou à la fin dudit ouvrage, soit tenue pour dûement signifiée ; & qu'aux copies collationnées par l'un de nos Amés & Féaux Conseillers Secretaires, foi soit ajoutée comme à l'original. Commandons au premier notre Huissier ou Sergent sur ce requis, de faire pour l'execution d'icelles tous Actes requis & nécessaires, sans demander autre permission, nonobstant clameur de Haro, Charte Normande & Lettres à ce contraires : CAR tel est notre plaisir. DONNE' à Arnouville le vingt-deuxiéme jour du mois d'Avril, l'an de grace mil sept cent cinquante-cinq, & de notre Regne le quarantiéme.

REgistré sur le Registre treize de la Chambre Royale des Libraires & Imprimeurs de Paris, N°. 517. fol. 403. conformément au Reglement de 1723, qni fait défenses, article IV. à toutes personnes de quelque qualité qu'elles soient, autres que les Libraires & Imprimeus, de vendre, débiter & faire afficher aucuns Livres pour les vendre en leur nom, soit qu'il s'en disent les Auteurs ou autrement ; & à la charge de fournir à la susdite Chambre neuf Exemplaires prescrits par l'Article 108. du même Reglement. A Paris le 9 May 1755. Signé, DIDOT, Syndic.

De l'Imprimerie de KNAPEN.